電子學含實習
絕殺講義（全）

編輯大意

一、 本書係根據108年實施之十二年國民基本教育技術型高級中等學校群科課程綱要－電機與電子群『電子學』及『電子學實習』科目，融合統測等相關試題編寫而成，可做為高二課餘複習以及高三升學準備之用。

二、 本書全一冊，專為電子與電機群同學所編著，針對近年的各項升學命題趨勢，作有系統地歸納整理，可供同學平日進修、升四技二專或是國家考試等用途。

三、 全書內容共分為五部分：

   1. **考前速覽**：各章章首提示學習重點、命題分析，使同學能掌握命題的正確方向，以收『事半功倍』之研讀成效。

   2. **精選範例**：以實例解說重要觀念、原理、定理或公式，老師解題後同學立即練習，加深印象。

   3. **立即練習**：立即練習該單元的核心觀念與解題技巧，由『基礎』至『進階』，以奠定良好的基礎，並且增強解題觀念。

   4. **歷屆試題**：章末提供精選的歷屆試題，使同學『鑑往知來』，掌握統一入學測驗之命題趨勢。

   5. **素養題型**：章末提供符合統測與模擬考之素養題組，使同學熟悉統測與模擬考之出題方向。

四、 本書於各章章末附有習題答案，標示 * 表示該題於解答本（可選購）中提供詳解。

五、 本書內容雖經多次研究與校正，力求完美詳實，但疏漏難免，尚祈讀者、先進不吝指正。

編著　謹誌

114年統一入學測驗
電子學（含實習）試題分析

一、出題範圍

電機類、資電類的專業科目(一)考試為同一份試題，共50題，其中電子學及電子學實習的部分佔25題。出題比重較高的章節為CH2二極體及應用電路（4題）、CH11運算放大器振盪電路及濾波器（4題），其他章節大多有2題的命題。

二、題型及難易度分析

本屆考試的題目，大多為計算題型，少數幾題靈活不易取分。雖說題目新穎，但在本書中皆可找到相關題型，只要熟讀內容、熟記公式、靈活運用，即可順利求得解答取得高分。

三、配分比例

章節	單元名稱	題數	114年統測試題題次	比例
CH1	電子元件及波形基本概念	1	40	4%
CH2	二極體及應用電路	4	26, 27, 28, 42	16%
CH3	雙極性接面電晶體	2	41, 43	8%
CH4	雙極性接面電晶體放大電路	2	29, 30	8%
CH5	雙極性接面電晶體多級放大電路	2	44, 45	8%
CH6	金氧半場效電晶體	2	31, 32	8%
CH7	金氧半場效電晶體放大電路	3	33, 34, 35	12%
CH8	金氧半場效電晶體多級放大電路	1	46	4%
CH9	金氧半場效電晶體數位電路	2	37, 50	8%
CH10	運算放大器	2	36, 47	8%
CH11	運算放大器振盪電路及濾波器	4	38, 39, 48, 49	16%
	合計	25		100%

目錄

CHAPTER 1　電子元件及波形基本概念
- 1-1 電子學的發展歷史及未來趨勢　1-2
- 1-2 基本波形認識　1-3
- 1-3 實習專區：各種儀表之操作　1-7
- 1-4 實習專區：工業安全衛生　1-13

CHAPTER 2　二極體及應用電路
- 2-1 本質半導體與雜質半導體　2-2
- 2-2 PN接面二極體　2-5
- 2-3 二極體的等效電路　2-13
- 2-4 整流電路　2-17
- 2-5 濾波電路　2-24
- 2-6 稽納穩壓電路　2-31
- 2-7 實習專區　2-39

CHAPTER 3　雙極性接面電晶體
- 3-1 雙極性接面電晶體之構造及特性　3-2
- 3-2 雙極性接面電晶體之偏壓組態　3-9
- 3-3 雙極性接面電晶體之直流偏壓　3-17
- 3-4 共射極偏壓組態　3-21
- 3-5 共基極偏壓組態　3-35
- 3-6 實習專區　3-37

CHAPTER 4　雙極性接面電晶體放大電路
- 4-1 雙極性接面電晶體放大器工作原理　4-2
- 4-2 共射極放大電路　4-5
- 4-3 共集極放大電路　4-17
- 4-4 共基極放大電路　4-22
- 4-5 各種放大組態之比較　4-25

CHAPTER 5　雙極性接面電晶體多級放大電路
- 5-1 增益數以及分貝數　5-2
- 5-2 電阻電容（RC）耦合串級放大電路　5-8
- 5-3 直接耦合串級放大電路　5-16

CHAPTER 6　金氧半場效電晶體
- 6-1 金氧半場效電晶體之構造及特性　6-2
- 6-2 金氧半場效電晶體之直流偏壓　6-20
- 6-3 實習專區　6-40

CHAPTER 7 金氧半場效電晶體放大電路

- 7-1 金氧半場效電晶體放大器工作原理　7-2
- 7-2 小信號等效電路的分析步驟　7-6
- 7-3 共源極放大電路　7-7
- 7-4 共汲極放大電路　7-22
- 7-5 共閘極放大電路　7-29

CHAPTER 8 金氧半場效電晶體多級放大電路

- 8-1 疊接放大器　8-2
- 8-2 直接耦合串級放大電路　8-21

CHAPTER 9 金氧半場效電晶體數位電路

- 9-1 MOSFET反相器　9-2
- 9-2 MOSFET邏輯閘　9-8

CHAPTER 10 運算放大器

- 10-1 理想運算放大器的特性　10-2
- 10-2 運算放大器的輸入／輸出特性參數　10-7
- 10-3 反相、非反相放大器與電壓隨耦器　10-13
- 10-4 加法器及減法器　10-19
- 10-5 微分器及積分器　10-25
- 10-6 比較器　10-33

CHAPTER 11 運算放大器振盪電路及濾波器

- 11-1 金氧半場效電晶體放大器工作原理　11-2
- 11-2 小信號等效電路的分析步驟　11-13
- 11-3 共源極放大電路　11-20
- 11-4 共汲極放大電路　11-25

114統一入學測驗試題　114-1

電子學含實習　絕殺講義（全）

編　著　者	馬赫、王俞婷、葉又銓
出　版　者	旗立資訊股份有限公司
住　　　址	台北市忠孝東路一段83號
電　　　話	(02)2322-4846
傳　　　真	(02)2322-4852
劃　撥　帳　號	18784411
帳　　　戶	旗立資訊股份有限公司
網　　　址	https://www.fisp.com.tw
電　子　郵　件	school@mail.fisp.com.tw
出　版　日　期	2025 / 7月初版
I　S　B　N	978-986-385-401-2

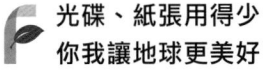
光碟、紙張用得少
你我讓地球更美好

Printed in Taiwan

※著作權所有，翻印必究

※本書如有缺頁或裝訂錯誤，請寄回更換

大專院校訂購旗立叢書，請與總經銷
旗標科技股份有限公司聯絡：
住址：台北市杭州南路一段15-1號19樓
電話：(02)2396-3257
傳真：(02)2321-2545

國家圖書館出版品預行編目資料

電子學含實習絕殺講義 /馬赫編著. -- 初版. -- 臺
　北市 : 旗立資訊股份有限公司, 2025.05
　　　面 ;　　公分
　　ISBN 978-986-385-401-2 (平裝)

　1.CST: 電子學 2.CST: 工業教育 3.CST: 技職教
育

528.8352　　　　　　　　　　　　　114005694

CHAPTER 1 電子元件及波形基本概念

本章學習重點

章節架構	必考重點
1-1 電子學的發展歷史及未來趨勢	• 電子學的發展歷程 ⚡🤍🤍🤍🤍
1-2 基本波形認識	• 各種波形的波形值 ⚡⚡🤍🤍🤍
1-3 實習專區：各種儀表之操作	• 直流電源供應器 • 函數波信號產生器 • 示波器 ⚡🤍🤍🤍🤍
1-4 實習專區：工業安全衛生	• 工業安全及衛生 • 消防安全的認識 ⚡🤍🤍🤍🤍

統測命題分析

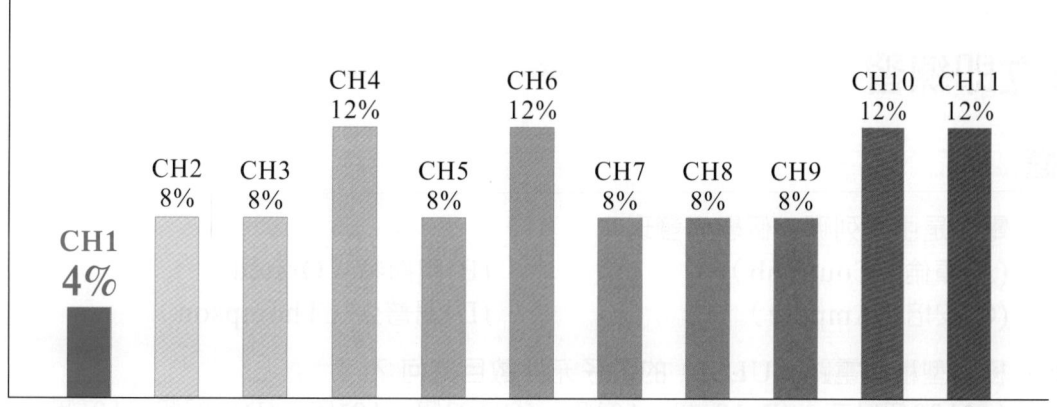

CH1 4% | CH2 8% | CH3 8% | CH4 12% | CH5 8% | CH6 12% | CH7 8% | CH8 8% | CH9 8% | CH10 12% | CH11 12%

1-1 電子學的發展歷史及未來趨勢

重點 1 電子學的發展歷程

1. 電子是由**湯普森**所發現。

2. **奧斯特**發現電流的磁效應。

3. 電子學的發展歷程由真空管時期→**電晶體時期**→**積體電路時期**→微電腦時期。

4. 積體電路依電子元件數與邏輯閘的數目分類：

積體電路	邏輯閘數目	電子元件數目
小型積體電路SSI	12個以下	100個以下
中型積體電路MSI	12個～10^2個	10^2個～10^3個
大型積體電路LSI	10^2個～10^3個	10^3個～10^4個
超大型積體電路VLSI	10^3個～10^4個	10^4個～10^5個
極大型積體電路ULSI	10^4個～10^6個	10^5個～10^7個
巨大型積體電路GLSI	10^6個以上	10^7個以上

5. 電子工業的發展趨勢而言，主要有以下四個領域：**電子元件（Components）**、**通訊（Communication）**、**電腦（Computer）**以及**控制（Control）**，簡稱為4C。

6. **碳化矽（SiC）**的**能隙**（band gap）約為矽的3倍，可達3.26電子伏特。其絕緣強度為矽的10倍，介質強度高達3.2MV/cm，其導熱率是矽的3.3倍，且工作電壓可以達到600V～數千V，**被廣泛用於製造高溫、高壓的電力用途半導體**。

7. **石墨烯**目前是世上最薄卻也是最堅硬的奈米材料，電阻係數小約$10^{-6}\Omega\cdot cm$（比金屬銅或銀更低），**為目前世上電阻係數最小的半導體材料**。因此石墨烯被視為下一世代半導體元件的主要材料。

ABCD 立即練習

基礎題

(　)1. 電子是由下列哪一個學者發現？
(A)庫倫（Coulomb）　　　　(B)奧斯特（Orsted）
(C)安培（Ampere）　　　　　(D)湯普生（Thompson）

(　)2. 極大型積體電路（ULSI）的電子元件數目為何？
(A)100個以下　(B)10^2個～10^3個　(C)10^3個～10^4個　(D)10^5個～10^7個

( )3. 超大型積體電路的英文簡稱為？　(A)LSI　(B)VLSI　(C)ULSI　(D)GLSI

( )4. 下列何者不是目前電子工業的發展趨勢？
(A)計算機運算速度的提升　(B)虛擬實境　(C)計算機的體積逐漸變大　(D)物聯網

進階題

( )1. 電子學的發展歷程，依序為何？
(A)真空管→積體電路→微電腦→電晶體　　(B)真空管→電晶體→積體電路→微電腦
(C)積體電路→微電腦→真空管→電晶體　　(D)真空管→電晶體→微電腦→積體電路

( )2. 星鏈（starlink）是太空服務公司（SpaceX）所發展的低軌衛星，提供高速的網際網路服務，在通訊工業中為第幾代的行動通訊技術？
(A)3G　(B)4G　(C)5G　(D)6G

1-2 基本波形認識

重點 1　各種波形的波形值

1. 弦波方程式 $V(t) = V_m \sin(\omega t \pm \theta)$，$V_m$ 為波形的**最大值**又稱振幅，ω 為角頻率，其 $\omega = 2\pi f$。當頻率 f 為50Hz的角頻率 $\omega = 314$ 弳／秒（rad/s），頻率 f 為60Hz的角頻率 $\omega = 377$ 弳／秒（rad/s）。

2. 平均值 V_{av} 的表示式為 $\dfrac{1週期內電壓之面積和}{1個週期的時間}$。

3. 均方根值 V_{rms}（有效值 V_{eff}）或以 V 簡稱，V_{rms} 的表示式為 $\sqrt{\dfrac{1個週期內電壓平方之面積和}{1個週期的時間}}$。

4. **波峰因數**（crest factor，CF）是波形之**最大值 V_m** 與**均方根值 V_{rms}** 的比值。

5. **波形因數**（form factor，FF）是波形之**均方根值 V_{rms}** 與**平均值 V_{av}** 的比值。

6. **工作週期**（duty cycle），即時脈寬度（T_W）佔用的時間與週期 T 的比值，

   工作週期的數學式為：$D\% = \dfrac{T_W}{T} \times 100\%$

   （其中時脈寬度即為高態電壓，也就是邏輯1所維持的時間）。

7. 鋸齒波應用在線性控制電壓電路作為掃描信號，如類比示波器的**水平掃描**，因此鋸齒波所產生的電壓又稱為**掃描電壓**。

8. 方波應用在電視、收音機及電腦電路作為**時序訊號**以及測試放大器的**頻率響應**。

9. 方波是由**基本波**與**奇次諧波**所組成。

10. 鋸齒波是由基本波、**偶次諧波**與**奇次諧波**所組成。

11. 各種波形的比較表：

波形 \ 函數	最大值 V_m	有效值 V_{eff}	平均值 V_{av}	波峰因數 CF	波形因數 FF
直流	V_m	V_m	V_m	1	1
方波（矩形波）	V_m	V_m	V_m	1	1
正弦波（半波整流）	V_m	$\frac{1}{2}V_m = 0.5V_m$	$\frac{1}{\pi}V_m = 0.318V_m$	2	1.57
正弦波（全波整流）	V_m	$\frac{1}{\sqrt{2}}V_m = 0.707V_m$	$\frac{2}{\pi}V_m = 0.636V_m$	$\sqrt{2} \approx 1.414$	$\frac{\pi}{2\sqrt{2}} \approx 1.11$
三角波（鋸齒波）	V_m	$\frac{1}{\sqrt{3}}V_m = 0.577V_m$	$\frac{1}{2}V_m = 0.5V_m$	$\sqrt{3} \approx 1.732$	$\frac{2}{\sqrt{3}} \approx 1.155$

12. 在一週期內，若交流電壓與直流電壓加在相同電阻產生之**熱功率**相等，則稱此**直流電壓值**即為交流電壓的**有效值**。

13. 混合波 $v_A = V_A + V_m \sin \omega t$ 的平均值 V_{av} 為 **V_A**，均方根值 V_{rms} 為 $\sqrt{V_A^2 + (\frac{V_m}{\sqrt{2}})^2}$。

正弦波之各種波形值的計算

老師教

1. 已知有一正弦波電壓標準式為
$v(t) = 100\sqrt{2} \sin(377t - 60°)$ V，試求
(1)角頻率 ω (2)頻率 f (3)週期 T
(4)最大值 V_m (5)有效值 V_{rms} (6)平均值 V_{av} (7)波峰因數 CF (8)波形因數 FF，分別為何？

解 (1) 角頻率 $\omega = 377$ rad/s（弳／秒）

(2) $\omega = 377 = 2\pi \times f$
$\Rightarrow$ 頻率 $f = 60$ Hz

學生做

1. 已知有一正弦波電壓標準式為
$v(t) = 200\sin(314t + 45°)$ V，試求
(1)角頻率 ω (2)頻率 f (3)週期 T
(4)最大值 V_m (5)有效值 V_{rms} (6)平均值 V_{av} (7)波峰因數 CF (8)波形因數 FF，分別為何？

答

(3) 週期 $T = \dfrac{1}{f} = \dfrac{1}{60} \approx 16.67 \text{ ms}$

(4) 最大值 $V_m = 100\sqrt{2}$ V

(5) 有效值 $V_{rms} = \dfrac{V_m}{\sqrt{2}} = \dfrac{100\sqrt{2}}{\sqrt{2}} = 100$ V

(6) 平均值 $V_{av} = \dfrac{2}{\pi} \times V_m = 0.636 V_m$
$= 0.636 \times 100\sqrt{2} \approx 90$ V

(7) 波峰因數 $CF = \dfrac{\text{最大值電壓}}{\text{有效值電壓}} = \dfrac{V_m}{V_{rms}}$
$= \dfrac{100\sqrt{2}}{100} = \sqrt{2} \approx 1.414$

(8) 波形因數 $FF = \dfrac{\text{有效值電壓}}{\text{平均值電壓}} = \dfrac{V_{rms}}{V_{av}}$
$= \dfrac{100}{90} \approx 1.11$

方波之各種波形值的計算

老師教

2. 如下圖所示的電壓波形，試求
(1)平均值　(2)有效值　(3)工作週期

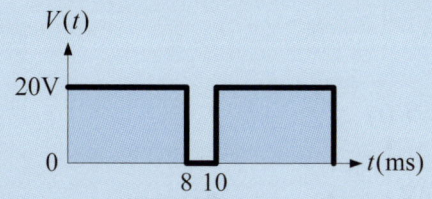

學生做

2. 如下圖所示的電壓波形，試求
(1)平均值　(2)有效值　(3)工作週期

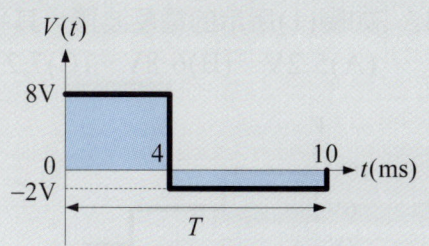

解 (1) 平均值 $V_{av} = \dfrac{20\text{V} \times 8\text{ms}}{10\text{ms}} = 16$ V

(2) 有效值 $V_{eff} = \sqrt{\dfrac{(20\text{V})^2 \times 8\text{ms}}{10\text{ms}}}$
$= 8\sqrt{5}$ V

(3) 工作週期（duty cycle）
$D\% = \dfrac{T_W}{T} \times 100\% = \dfrac{8\text{ms}}{10\text{ms}} \times 100\%$
$= 80\%$
（工作週期大於50%為寬幅波）

答

混合波的計算

老師教

3. 有一個交直流混合波的方程式為 $v(t) = 8 + 6\sqrt{2}\sin\omega t$ V，試求此電壓：(1)平均值 V_{av} (2)有效值 V_{rms}，分別為何？

解 (1) 平均值 $V_{av} = 8$ V

(2) 有效值 $V_{eff} = \sqrt{(8)^2 + (\dfrac{6\sqrt{2}}{\sqrt{2}})^2}$
$= \sqrt{64+36} = 10$ V

學生做

3. 有一個交直流混合波的方程式為 $v(t) = 3 + 4\sqrt{2}\sin\omega t$ V，試求此電壓：(1)平均值 V_{av} (2)有效值 V_{rms}，分別為何？

答

ABCD 立即練習

基礎題

( )1. 三角波的波峰因數（CF）為何？
(A)1.732　(B)1.57　(C)1.414　(D)1.15

( )2. 有一個交直流混合波的方程式為 $v(t) = 7 + \sqrt{2}\sin 100t$ V，試求此電壓之有效值 V_{rms} 為何？　(A)$3\sqrt{2}$V　(B)$4\sqrt{2}$V　(C)$5\sqrt{2}$V　(D)$7\sqrt{2}$V

( )3. 如圖(1)所示的電壓波形，其平均值為
(A)5.2V　(B)6.8V　(C)7.2V　(D)8.6V

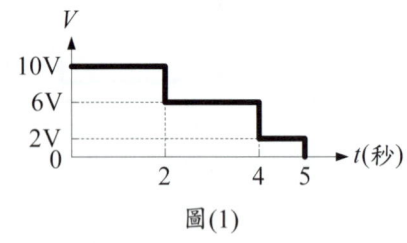
圖(1)

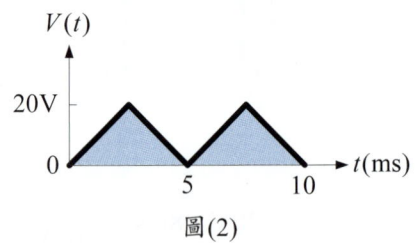
圖(2)

( )4. 試求圖(2)的平均值電壓 V_{av} 為多少伏特？
(A)6V　(C)8V　(C)10V　(D)12V

( )5. 方波是由下列何者所組合而成？
(A)基本波與偶次諧波　(B)基本波與奇次諧波
(C)只有基本波所組成　(D)由三角波所組成

( )6. 波形對稱之方波，其波形因數（FF）為何？
(A)1　(B)$\sqrt{2}$　(C)$\sqrt{3}$　(D)$\sqrt{5}$

1-3 實習專區：各種儀表之操作

重點 1　直流電源供應器

1. 外觀：

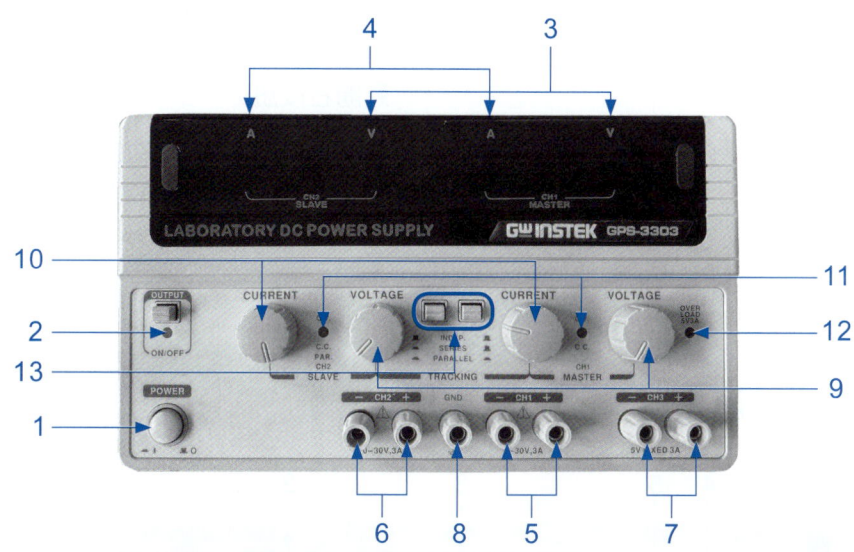

2. 面板開關及旋鈕功能說明：

編號	面板開關及旋鈕名稱	中文名稱	功能
1	POWER	電源開關	電源開關
2	OUTPUT	輸出開關	電源輸出開關
3	V	電壓指示欄位	指示主電源（MASTER）與輔（從）電源（SLAVE）的輸出電壓
4	A	電流指示欄位	指示主電源（MASTER）與輔（從）電源（SLAVE）的輸出電流
5	CH1	主電源輸出端	可輸出的電源範圍0～30V 可輸出的電流範圍0～3A
6	CH2	輔（從）電源輸出端	可輸出的電源範圍0～30V 可輸出的電流範圍0～3A
7	CH3	固定電壓輸出端	輸出電壓固定為5V 最大輸出電流為3A
8	GND	GND端子	機座與大地連接之端子
9	VOLTAGE	電壓調整旋鈕	調整輸出電壓之大小
10	CURRENT	電流調整旋鈕	調整輸出電流之大小
11	C.V. & C.C.	電壓與電流指示燈	亮綠燈表示電壓正常輸出；亮紅燈表示輸出電流超過額定值，或輸出被短路，限流在3A
12	OVER LOAD	CH3過載指示燈	當負載超過3A，燈號亮起

More…

1-7

編號	面板開關及旋鈕名稱	中文名稱	功能
13	INDEP	獨立控制模式	主電源（MASTER）與從電源（SLAVE）各自調整（▄ INDEP. ▄：鬆開左、右按鈕）
	SERIES	串聯追蹤模式	從電源（SLAVE）被主電源（MASTER）控制，MASTER與SLAVE串聯，最大電壓可達60V（▄ SERIES ▄：按下左按鈕，鬆開右按鈕）
	PARALLEL	並聯追蹤模式	從電源（SLAVE）被主電源（MASTER）控制，MASTER與SLAVE並聯，最大電流可達6A（▄ PARALLEL ▄：按下左、右按鈕）

重點 2 函數波信號產生器

1. 外觀：

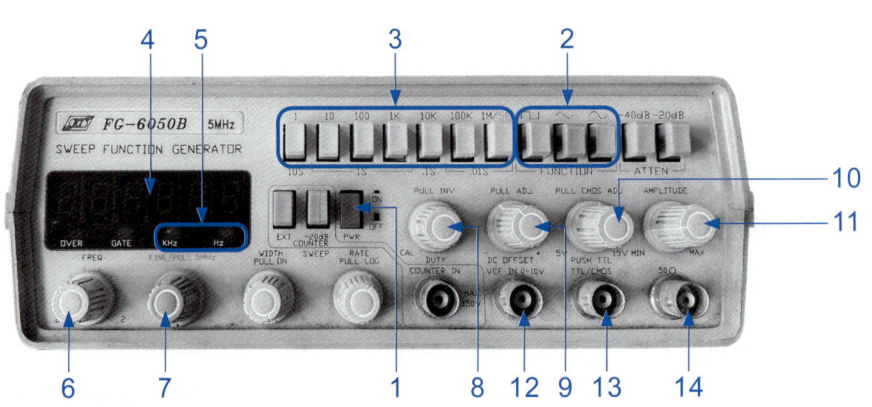

2. 面板開關及旋鈕功能說明：

編號	面板開關及旋鈕名稱	中文名稱	功能
1	PWR	電源開關	電源開關
2	FUNCTION	波形選擇	可選擇方波、三角波與正弦波
3	RANGE	頻率調整範圍	範圍從1Hz～1MHz調整
4	DISPLAY	數字顯示器	顯示輸出頻率
5	KHz / Hz	頻率單位	顯示的數字乘以燈號亮的次冪
6	FREQUENCY	頻率粗調旋鈕	調整輸出頻率
7	FINE	頻率微調旋鈕	調整輸出頻率
8	DUTY / INV	工作週期調整	(1) 旋鈕按下時調整輸出電壓之工作週期 (2) 旋鈕拉出時使輸出信號反相 (3) 置於CAL時輸出信號為對稱波形
9	OFFSET / ADJ	直流工作點調整	(1) 旋鈕按下時輸出信號的直流準位為0 (2) 旋鈕拉出時可調整輸出信號的直流準位

More…

第1章 電子元件及波形基本概念

編號	面板開關及旋鈕名稱	中文名稱	功能
10	TTL / CMOS	電壓準位調整	(1) 旋鈕按下時為TTL的固定電壓準位（$5V_{P-P}$脈波） (2) 旋鈕拉出時為CMOS的可調電壓準位（$5V_{P-P} \sim 15V_{P-P}$）
11	AMPL / −20dB	振幅調整	(1) 旋鈕按下時可調整輸出信號之振幅 (2) 旋鈕拉出時訊號衰減10倍
12	INPUT VCF	壓控輸入	電壓控制頻率輸入
13	OUTPUT TTL / CMOS	數位脈波調整	可輸出TTL與CMOS的電壓準位的脈波
14	OUTPUT 50Ω	信號輸出	信號輸出端子

重點 3 示波器

1. 外觀：

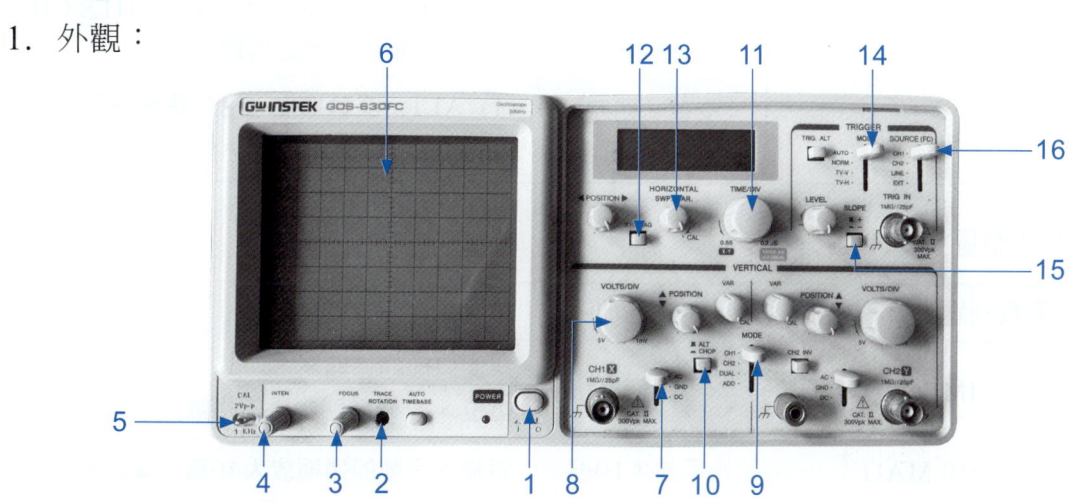

2. 面板開關及旋鈕功能說明：

(1) 螢幕顯示及校正

編號	面板開關及旋鈕名稱	中文名稱	功能
1	POWER	電源開關	110V交流電開關
2	TRACE ROTATION	光跡水平旋鈕	時基線水平調整
3	FOCUS	聚焦旋鈕	信號聚焦調整
4	INTEN	亮度調整旋鈕	信號亮度調整
5	CAL	標準校正信號端子	輸出$2V_{P-P}$/1kHz的方波，可將此接至CH1及CH2，可做示波器的自我測試以及校正
6	DISPLAY	螢光顯示螢幕	一般橫軸為10格、縱軸為8格

1-9

(2) 垂直調整區

編號	面板開關及旋鈕名稱	中文名稱	功能
7	AC-GND-DC	交流-接地-直流 選擇開關	(1) AC檔位：只顯示交流信號 (2) DC檔位：顯示直流準位以及交流信號 (3) GND檔位：零電壓位置調整
8	VOLTS / DIV	垂直刻度旋鈕	(1) 電壓測量範圍通常為5mV～5V (2) 待測信號的峰對峰值為： 檔位 × 垂直的格數
9	VERTICAL MODE	信號觀測模式 選擇開關	(1) CH1：單軌跡模式，只顯示CH1之輸入信號 (2) CH2：單軌跡模式，只顯示CH2之輸入信號 (3) DUAL：雙軌跡模式，同時顯示CH1及CH2信號 (4) ADD：單軌跡模式，顯示CH1及CH2信號輸入信號之代數和
10	ALT / CHOP	交替 / 切割 按鈕	(1) ALT：交替掃描，用於高頻信號 (2) CHOP：切割掃描，用於低頻信號

(3) 水平調整區

編號	面板開關及旋鈕名稱	中文名稱	功能
11	TIME / DIV	水平刻度旋鈕	待測信號的週期為： 檔位 × 一個週期水平的格數
12	×10 MAG	水平放大10倍	將輸入信號的週期放大10倍，顯示於螢幕
13	SWP.VAR	水平衰減校正旋鈕	置於CAL位置，所測得之週期才正確

(4) 觸發調整區

編號	面板開關及旋鈕名稱	中文名稱	功能
14	TRIGGER MODE	外部觸發模式 選擇開關	AUTO：自動觸發，一般將開關至於此位置
15	SLOPE	觸發斜率 切換開關	(1) 置於 "＋"：波形的起點為正斜率 (2) 置於 "－"：波形的起點為負斜率
16	TRIGGER SOURCE	外部觸發源 選擇開關	(1) CH1：以CH1信號為觸發信號 (2) CH2：以CH2信號為觸發信號 (3) LINE：以AC110V為觸發信號 (4) EXT：以TRIG IN端信號為觸發信號

示波器檔位的換算

老師教

1. 使用示波器測量某電路的電壓波形如下圖所示,若示波器的垂直刻度5V/DIV,水平刻度5ms/DIV,試求此電壓波形之
   (1)峰對峰值 (2)週期 (3)頻率?

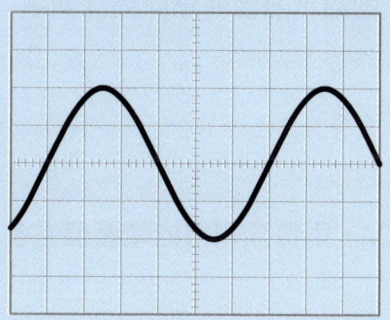

學生做

1. 使用示波器測量某電路的電壓波形如下圖所示,若示波器的垂直刻度1V/DIV,水平刻度1ms/DIV,試求此電壓波形之
   (1)峰對峰值 (2)週期 (3)頻率?

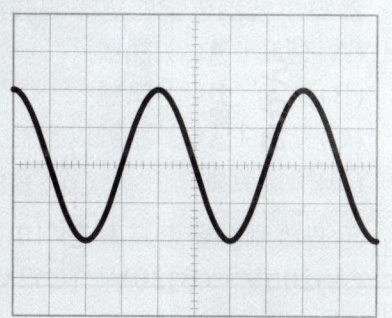

解 (1) 垂直的格數有4格,所以峰對峰值為
   檔位 × 垂直的格數
   = 5V/DIV × 4DIV = 20 V

(2) 一個週期的格數有6格,所以週期為
   檔位 × 一個週期水平的格數
   = 5ms/DIV × 6DIV = 30 ms

(3) 頻率為週期之倒數,所以
   $f = \dfrac{1}{T} = \dfrac{1}{30\text{ms}} \approx 33.33 \text{ Hz}$

答

ABCD 立即練習

基礎題

(　)1. 要增加示波器上波形顯示之寬度,應調整哪一個旋鈕?
   (A)FOCUS (B)TRIGGER (C)VOLTS/DIV (D)TIME/DIV

(　)2. 要增加示波器上波形顯示之高度,應調整哪一個旋鈕?
   (A)FOCUS (B)TRIGGER (C)VOLTS/DIV (D)TIME/DIV

(　)3. 函數信號產生器的「Duty」功能為何者?
   (A)控制輸出信號振幅的衰減倍數
   (B)調整輸出信號的波形
   (C)調整輸出信號波形的工作週期
   (D)調整輸出信號頻率範圍

1-11

( )4. 當電源供應器的「C.C.」指示燈亮表示何種意義？
(A)可控制電流輸出
(B)在定電壓狀態工作
(C)輸入電壓被短路狀態
(D)輸出電流超過設定值或輸出電壓被短路狀態

( )5. 欲使示波器的螢幕同時顯示兩個頻道的波形，必須將信號觀測模式調整為下列何者？
(A)ALT　(B)Change　(C)Add　(D)Dual

( )6. 若將示波器信號的選擇開關置於DC耦合模式，則顯示器會輸出何種信號？
(A)交流（AC）訊號
(B)直流（DC）訊號
(C)交流（AC）訊號以及直流（DC）訊號
(D)無法判斷

( )7. 示波器測試棒衰減率在×10位置，若螢幕顯示2V，則實際測得的電壓值為多少？
(A)200V　(B)20V　(C)2V　(D)0.2V

( )8. 用於示波器校準電壓的波形為下列何者？
(A)正弦波　(B)三角波　(C)鋸齒波　(D)方波

( )9. 調整示波器螢光幕光點之清晰之旋鈕為
(A)亮度　(B)聚焦　(C)振幅　(D)斜率

( )10. 欲量測純交流信號示波器之耦合模式選擇開關（COUPLING）應選擇哪一檔位？
(A)DC　(B)HF REJ　(C)TV　(D)AC

( )11. 測量兩個交流信號的相位差應使用
(A)三用電表　(B)信號產生器　(C)示波器　(D)電源供應器

( )12. 示波器螢光幕顯示的電壓為波形的
(A)峰對峰值　(B)平均值　(C)有效值　(D)峰值

進階題

( )1. 將電源供應器設定為『TRACKING』模式，且主電源（MASTER）調整為5V，則從電源（SLAVE）為　(A)0V　(B)5V　(C)10V　(D)15V

( )2. 將電源供應器設定為「▃ SERIES ▃」，且主電源（MASTER）調整為5V、1A，則輸出電壓最大可達
(A)5V、1A　(B)10V、1A　(C)5V、2A　(D)10V、1A

( )3. 電源供應器的規格，每個電源輸出端的範圍為0～30V、0～3A，若希望輸出電流為5A，則應使用何種模式？
(A)INDEP.　(B)SERIES　(C)EXTERNAL　(D)PARALLEL

1-4 實習專區：工業安全衛生

重點 1　工業安全及衛生

感電事故

1. 感電災害的類型區分為：**電擊感電災害**、**電弧灼傷**、**電氣火災**、**靜電危害**與**雷擊災害**等五種。

2. 電擊感電災害為人體某一部位碰觸電源或帶電部分，形成電氣回路所造成的災害，區分為：**直接觸電**、**間接觸電**。

3. 直接以手指碰觸110V或220V的交流電源，所造成的事故稱為**直接觸電**；人體碰觸非帶電金屬的部份，因電器故障，所造成的事故稱為**間接觸電**。

4. 人體觸電的方式，區分為**單相（線）觸電**、**兩相（線）觸電**、**跨步電壓觸電**。

5. 電壓只要超過**35V**對人體即有危害，人體只要通過**30mA**極可能造成昏迷，而通過**0.1A**的電流，即有可能造成死亡。

6. **低頻的交流電（40Hz～60Hz）**對人體的傷害最大，若頻率增加則對人體所造成的危險程度會降低。

感電事故的預防

1. 浴室或潮濕場所應裝設**漏電斷路器（ELCB）**，避免人員發生感電事故。

2. 安全帽依性質可分為A、B、C、D四類，其中**B類**適用於電氣類工作用，具備高度絕緣特性，可以承受**20kV**之交流電。

3. 發現有人發生感電事故，首要處理的第一個動作是**立即切斷電源**。

4. 避免雷擊事故，應該高樓頂端或電視機、收音機等戶外入口處加裝**避雷針**。

急救處理

1. 外傷出血急救分為：直接壓迫傷口止血法、止血點止血法與止血帶止血法，其中以**止血帶止血法**需標示使用的**日期**與**時間**，並且每隔**15～20分鐘**，緩慢鬆開15秒左右。

2. 呼吸停止急救又稱為**口對口人工呼吸法**，成人以每分鐘**12**次之方式，而小孩每分鐘**20**次，實施口對口人工呼吸急救，直至患者恢復呼吸。

3. 心肺復甦術其步驟為**叫叫CABD**，步驟如下：
   (1) 叫：**檢查意識**，拍打病患之肩部，以確定傷患有無意識，檢查呼吸。
   (2) 叫：**求救**：快找人幫忙，打119。
   (3) C（Compression）：每分鐘**100～120次**胸部按壓，下壓深度至少**5公分**。
   (4) A（Airway）：**暢通呼吸道**，壓額抬下巴。
   (5) B（Breathing）：**檢查呼吸**，若沒有呼吸，一律吹2口氣，每一口氣時間為1秒。胸部按壓與人工呼吸的比率為**30：2**，即30次胸部按壓後，施行2次人工呼吸。
   (6) D（Defibrillation）：D是指體外去顫，也就是俗稱**電擊**，每一次電擊之後緊接著實施心肺復甦術。

4. 若傷患呼吸停止但尚有脈搏，則應立即施予**人工呼吸**；
   若呼吸與脈搏皆已停止，則應施予**心肺復甦術**。

5. 體外去顫器（AED）之貼片應置於沒有呼吸或脈博患者之**右胸**以及**左腹**處。

6. 體外去顫器（AED）會**自動偵測**患者是否有心跳，若無心跳才會實施電擊，依語音指示：開（開電源）、貼（貼上電極）、插（線頭插入電擊插孔）、電（執行電擊）。

7. 灼傷與燒燙傷急救，一般灼傷與燒燙傷可分為四等級：其中第二度灼傷會造成皮膚出現紅腫，有水泡產生又稱為**水泡性灼傷**，又以第四度灼傷最嚴重，又稱為**炭化性灼傷**。

8. 灼傷與燒燙傷的急救步驟為：**沖、脫、泡、蓋、送**。

9. 灼傷或燒燙傷應泡在水中約**10～30**分鐘。

10. 患者意識清楚，而異物梗塞在氣管時，需施以**哈姆立克急救法**。

重點 2 消防安全的認識

1. 形成燃燒的四要素：**可燃物、熱力（熱能）、助燃物**與**連鎖反應**。

2. 滅火的原理與方法：
   (1) 隔離法：將可燃物從火場中移除或斷絕其供應來源，常見的方法為**開闢防火巷**。
   (2) 窒息法：氧氣是燃燒時的助燃物，如果隔離氧氣的供應，即可使燃燒停止。
   (3) 冷卻法：將燃燒物冷卻，使其溫度降低至燃燒點以下，即可達到滅火的目的，常見的方法為**水冷卻法**。
   (4) 抑制連鎖反應法：破壞燃燒中的游離子，使其連鎖反應失敗，例如乾粉滅火器。

3. 火災的種類與滅火器的種類：

火災類型	火災種類	燃燒物質	滅火方法	滅火器
甲類（A類）火災	普通火災	由可燃性的固體所引起的火災	冷卻法	消防水 泡沫滅火器 ABC類乾粉滅火器
乙類（B類）火災	油類火災	由可燃性液體或可燃性氣體所引起的火災	窒息法	泡沫滅火器 二氧化碳滅火器 ABC類乾粉滅火器
丙類（C類）火災	電氣火災	由電氣設備或配電失火所引起的火災	抑制連鎖反應法	二氧化碳滅火器 ABC類乾粉滅火器
丁類（D類）火災	金屬火災	由可燃性金屬或禁水性物質所引起的火災	抑制連鎖反應法	D類乾粉滅火器

4. **海龍（鹵化烷）滅火器**：適用於ＡＢＣ類火災，滅火效果最佳，但缺點是會破壞臭氧層，已禁止生產。

5. **潔淨滅火器是海龍滅火器**之替代品，適用於ＡＢＣ類火災，這類滅火器是最新的產品，符合NFPA 2001零污染滅火藥劑系統規範。

6. **泡沫滅火器**適用ＡＢ類火災，這種滅火器已經很少見，使用前必須先將滅火器倒過來。

7. 滅火器的使用口訣：

   (1) 拉：將安全插梢「旋轉並拉開」。

   (2) 瞄：握住皮管噴嘴後，瞄準火源底部。

   (3) 壓：用力握下手壓柄（壓到底），朝向火源根部上方2～3公分處噴射。

   (4) 掃：左右移動掃射後，持續監控並確定火源熄滅，滅火器有效距離是10至15公尺，因此在滅火時，使用者所站的位置最好是距火源處1至3公尺遠，並位在上風處。

立即練習

基礎題

(　　)1. 人體對電流的效應中，引起昏迷的電流為
(A)1mA　(B)10mA　(C)30mA　(D)0.3A

(　　)2. 校園中飲水機等設備的外殼，會連接一條綠色線至接地點。目的為何？
(A)預防設備發生短路事故
(B)預防設備發生過載事故
(C)預防設備漏電時，發生人員感電事故
(D)預防設備發生過熱事故

(　　)3. 安全帽依性質可分為A、B、C、D四類，其中哪一類之安全帽用於電器類施工時佩帶？　(A)A類　(B)B類　(C)C類　(D)D類

(　　)4. 下列哪一種急救法需標註施作之日期與時間？
(A)止血點止血法　(B)止血帶止血法　(C)直接壓止血法　(D)以上皆是

(　　)5. 水可用來撲滅
(A)A類火災　(B)B類火災　(C)C類火災　(D)A、B、C類火災

(　　)6. 一般工業用途以
(A)綠色　(B)黃色　(C)橙色　(D)紅色　標示安全及急救藥品存放位置

(　　)7. 何種滅火器是海龍滅火器之替代品，適用於ABC類火災？
(A)潔淨滅火器　(B)二氧化碳滅火器　(C)泡沫滅火器　(D)鹵化烷滅火器

(　　)8. 只能撲滅氣體、電線引起的火災之滅火器為
(A)清水泡沫滅火器　(B)水滅火器　(C)乾粉滅火器　(D)二氧化碳滅火器

(　　)9. CPR急救步驟，其施作口訣為「叫叫CABD」，若顧慮患者可能具有傳染病，施作時可以免除下列哪一步驟？　(A)C　(B)A　(C)B　(D)D

(　　)10. 使用前必須先將滅火器倒過來等待裡面液體產生化學作用者為
(A)潔淨滅火器　(B)二氧化碳滅火器　(C)泡沫滅火器　(D)鹵化烷滅火器

第 1 章 電子元件及波形基本概念

 歷屆試題

電子學試題

( ) 1. 積體電路中，依邏輯閘數目之多寡分類，且由多到少排序，何者正確？
(A)SSI > MSI > LSI > VLSI
(B)VLSI > ULSI > LSI > MSI
(C)ULSI > VLSI > SSI > LSI
(D)ULSI > VLSI > MSI > SSI [統測]

( ) 2. 一般而言，邏輯閘數目最少的積體電路為
(A)LSI (B)MSI (C)SSI (D)VLSI [統測]

( ) 3. 有一交流正弦波為 $v(t) = 155\sin(377t + 30°)$，其頻率為多少？
(A)50Hz (B)60Hz (C)155Hz (D)377Hz [統測]

( ) 4. 交流電的頻率為60Hz，則其角頻率為多少？
(A)60弳/秒 (B)220弳/秒 (C)377弳/秒 (D)480弳/秒 [統測]

( ) 5. 電晶體與真空管比較，下列何者為電晶體之優點？
(A)易生高熱 (B)消耗大量功率 (C)價格昂貴 (D)體積小 [統測]

( ) 6. 有一電壓源 $v(t) = -3 + 4\sqrt{2}\sin 5t$ V，其平均值電壓與有效值電壓比約為何？
(A)-0.6 (B)0 (C)0.75 (D)1 [統測]

( ) 7. 有 A、B 兩個獨立電壓源，A 串接一個100Ω的負載電阻，B 串接一個50Ω的負載電阻。A 輸出之電壓為脈波，其工作週期（duty cycle）為64%，高準位電壓為5V，低準位電壓為0V，頻率為50Hz；B 輸出之電壓為 $5\sin(50t)$ V。則下列敘述何者錯誤？（$\sqrt{0.64} = 0.8$，$\sqrt{2} = 1.414$）
(A)A 的電壓頻率較 B 高
(B)A 輸出的平均功率較 B 高
(C)A 的平均值電壓較 B 高
(D)A 的有效值電壓較 B 高 [統測]

( ) 8. 台電所供應之110V/60Hz家庭用電，以下何者最可能是其瞬時電壓表示式（單位：伏特）？
(A)$110\sin(60t)$ (B)$110\sin(60\pi t)$
(C)$110\sqrt{2}\sin(60\pi t)$ (D)$110\sqrt{2}\sin(120\pi t)$ [102統測]

( ) 9. 某電壓 $v(t) = 4\sqrt{2} + 6\sin 377t$ V，$v(t)$ 之最大值為何？
(A)11.66V (B)10.66V (C)6.66V (D)5.66V [103統測]

( ) 10. 兩電壓 $v_1(t) = 8\cos(20\pi t + 13°)$ V 及 $v_2(t) = 4\sin(20\pi t + 45°)$ V，則兩電壓之相位差為多少度？ (A)58 (B)45 (C)32 (D)13 [104統測]

( ) 11. 一週期性脈波信號其正峰值電壓為+10V，負峰值電壓為-2V。若此信號的平均值為+5.2V，則工作週期（duty cycle）約為下列何值？
(A)70% (B)60% (C)50% (D)40% [105統測]

1-17

( )12. 如圖(1)所示之 $v_1(t)$ 為週期性電壓波形，若 $V_P = 10\ V$，$T_1 = 3\ s$，$T_2 = 2\ s$，則其工作週期（duty cycle）為何？ (A)30% (B)40% (C)60% (D)80% [106統測]

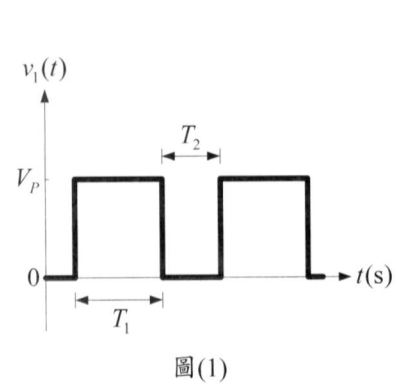

圖(1)

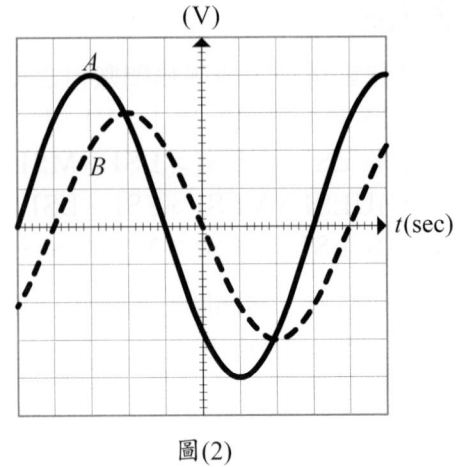

圖(2)

( )13. 如圖(2)所示，示波器顯示兩個相同頻率的電壓波形 A 與 B，則兩者間的相位關係敘述何者正確？
(A)A 波形落後 B 波形 135 度
(B)A 波形落後 B 波形 45 度
(C)A 波形超前 B 波形 135 度
(D)A 波形超前 B 波形 45 度 [107統測]

( )14. 如圖(3)所示之電壓信號，頻率為 50Hz，T 為週期，脈波寬度為 8ms，則此信號的平均值為何？ (A)10V (B)5V (C)4V (D)2V [110統測]

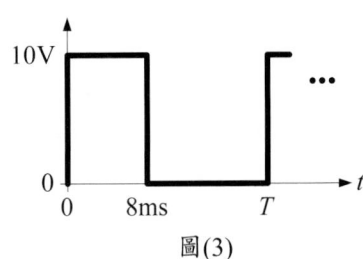

圖(3)

( )15. 電壓 $v(t) = 6 + 8\sqrt{2}\sin(10t)$ V，則其有效值 V_{rms} 與平均值 V_{av} 之比值（V_{rms}/V_{av}）約為何？ (A)1.67 (B)1.41 (C)1.34 (D)1.11 [111統測]

( )16. 如圖(4)所示之週期性電壓 $v(t)$，若 $V_p = 10\ V$、$T = 5\ ms$、$t_1 = 3\ ms$，則 $v(t)$ 之工作週期 D（duty cycle）與電壓平均值 V_{av} 分別為何？
(A)$D = 3\ ms$、$V_{av} = 6\ V$
(B)$D = 60\%$、$V_{av} = 6\ V$
(C)$D = 2\ ms$、$V_{av} = 4\ V$
(D)$D = 40\%$、$V_{av} = 4\ V$ [112統測]

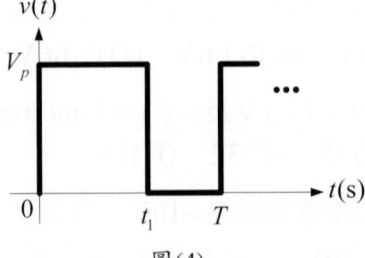

圖(4)

1-18

第 1 章　電子元件及波形基本概念

電子學實習試題

( )1. 使用示波器測量正弦波電壓信號時，測試棒調於衰減10倍的位置，VOLTS / DIV的旋鈕置於0.5V位置，若此信號的峰對峰值在示波器螢光幕上顯示為4格，則此信號的峰對峰值為多少？　(A)0.2V　(B)2.0V　(C)10V　(D)20V　[統測]

( )2. 如圖(1)所示為示波器量測之結果，若示波器之水平掃描時間刻度為$1\mu s$（$1\mu s$ / DIV）；垂直刻度為5V（5V / DIV）；測試探棒衰減係數等於1，則示波器顯示之波形為下列何者？
(A)頻率為250kHz；電壓值（峰對峰值）為20V之交流信號
(B)頻率為250kHz；電壓值（均方根值）為20V之交流信號
(C)頻率為1MHz；電壓值（峰對峰值）為20V之交流信號
(D)頻率為1MHz；電壓值（均方根值）為20V之交流信號　[統測]

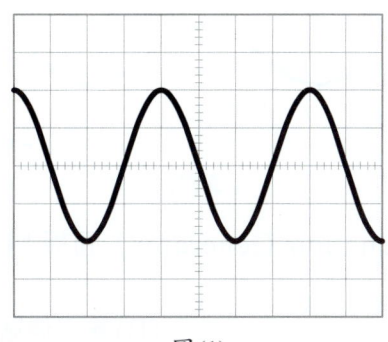

圖(1)

( )3. 假如不幸在實驗室受到大火灼傷，較佳的緊急處理程序為何？
(A)沖、脫、泡、蓋、送　　　　(B)沖、脫、蓋、泡、送
(C)沖、泡、脫、蓋、送　　　　(D)送、泡、沖、脫、蓋　[統測]

( )4. 電氣火災是屬於哪一類火災？
(A)甲類（A類）　(B)乙類（B類）　(C)丙類（C類）　(D)丁類（D類）　[統測]

( )5. 若變壓器發生短路故障，而保護設備失效時，所引起的火災，是屬於哪一類的火災？
(A)甲類（A類）火災　　　　　(B)乙類（B類）火災
(C)丙類（C類）火災　　　　　(D)丁類（D類）火災　[統測]

( )6. 鋰、鈉、鉀或鎂等金屬所引起的火災是屬於哪一類火災？
(A)甲類（A類）　(B)乙類（B類）　(C)丙類（C類）　(D)丁類（D類）　[統測]

( )7. 下列何者是示波器之垂直控制部份的主要功能之一？
(A)亮度控制　　　　　　　　　(B)水平感度調整（Time / DIV）
(C)待測信號感度調整（Volts / DIV）　(D)觸發模式選擇　[統測]

( )8. 示波器量測交流電壓V_1與V_2的波形如圖(2)所示，下列V_1與V_2的相位關係之敘述何者正確？
(A)V_1電壓相位落後V_2電壓相位約20°
(B)V_1電壓相位領前V_2電壓相位約45°
(C)V_1電壓相位領前V_2電壓相位約20°
(D)V_1電壓相位落後V_2電壓相位約45°　[統測]

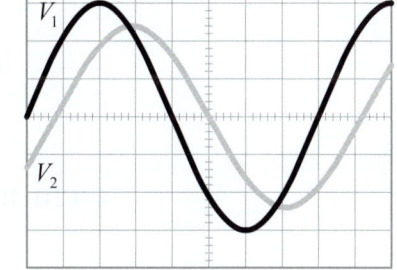

圖(2)

(　　)9. 若示波器之測試棒衰減比為10：1，VOLT／DIV鈕置於2V／DIV，TIME／DIV鈕置於2ms／DIV。當測量某週期信號時，顯示波形在水平軸每2格重覆一次，垂直軸高度6格，則此信號之頻率 f 與峰對峰電壓 V_{P-P} 分別為何？
(A) $f = 100$ Hz，$V_{P-P} = 100$ V
(B) $f = 125$ Hz，$V_{P-P} = 60$ V
(C) $f = 250$ Hz，$V_{P-P} = 120$ V
(D) $f = 500$ Hz，$V_{P-P} = 120$ V　　　　　　　　　　　　　　　　　[統測]

(　　)10. 如圖(3)所示為一直流漣波電壓波形，其直流平均值為 V_o，電壓漣波為 ΔV_o，欲使用示波器量測電壓漣波 ΔV_o 時，選擇開關應置於哪位置？
(A)AC　(B)DC　(C)GND　(D)ATT　　　　　　　　　　　　　　　　[統測]

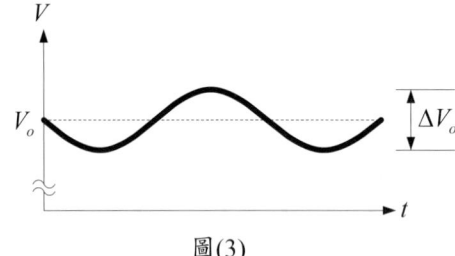

圖(3)

(　　)11. 函數波信號產生器（Function Generator）面板上的ATT.或ATTENUATOR的功能為何？
(A)輸入相位調整　　　　　　　　(B)輸出信號偏移調整
(C)輸入信號偏移調整　　　　　　(D)輸出信號振幅衰減調整　　　　　[統測]

(　　)12. 示波器上的CAL校正端子，其輸出波形為：
(A)正弦波　(B)方波　(C)三角波　(D)鋸齒波　　　　　　　　　　　　[統測]

(　　)13. 一雙電源之電源供應器設定於追蹤模式。假設主電源區的限流為1A且電壓調整鈕設定於10V，一負載兩端分別接於主電源輸出正極與副電源的輸出負極。若定電流模式指示燈亮起，請問此負載功率可能為下列何者？
(A)10W　(B)15W　(C)18W　(D)21W　　　　　　　　　　　　　　　[統測]

(　　)14. 如圖(4)為一數位儲存式示波器在直流檔位下的測量畫面，請問下列敘述何者有誤？
(A)觸發信號源為Ch1
(B)信號 V_{o1} 與 V_{o2} 的頻率約為10kHz
(C)Ch2信號的平均值 $V_{o2(ave)}$ 約為5V
(D)Ch1信號 V_{o1} 的峰對峰振幅約為20V　　　　　　　　　　　　　　[統測]

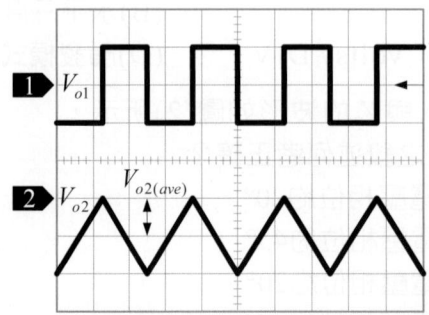

CH1：10.0V　CH2：5.0V　M：40.0μs　A　CH1∫400mV

圖(4)

第 1 章 電子元件及波形基本概念

( )15. 就火災種類之敘述，下列何項不正確？
(A)A類火災是由一般可燃性固體所引起的火災
(B)B類火災是由可燃性液體、氣體或固體油脂類物質所引起的火災
(C)C類火災是由通電中之電力設施或電氣設備所引起的火災
(D)D類火災是由可燃性非金屬所引起的火災 [統測]

( )16. 某示波器的水平刻度調整鈕切換在$5\mu s$檔位，垂直刻度調整鈕切換在10mV檔位。假設所顯示的波形最高與最低垂直間距為3.6格，且該波形一個週期佔用4格，則此波形之V_{P-P}與頻率各分別為多少？
(A)12mV、60kHz (B)24mV、50kHz
(C)24mV、60kHz (D)36mV、50kHz [統測]

( )17. 由一般可燃性物質如紙張、木材、紡織品等所引起的火災，可使用大量的水來撲滅，是屬於下列何種火災？
(A)A（甲）類火災 (B)B（乙）類火災
(C)C（丙）類火災 (D)D（丁）類火災 [102統測]

( )18. 當火災發生時，關於滅火的敘述，以下何者有誤？
(A)化學藥品及油類所引起的火災，可使用二氧化碳、乾粉等滅火器或水予以撲救較為有效
(B)滅火時應優先將火場內的電源先予截斷
(C)滅火最重要時刻是剛起火的數分鐘內
(D)一般物質的初期火災，可以考慮用沙、土或水等加以覆蓋撲滅 [102統測]

( )19. 在測量放大器的輸入信號電壓或輸出電壓時，示波器的選擇開關通常應放置在何位置？ (A)Series (B)GND (C)AC (D)Trigger [102統測]

( )20. 關於示波器輸入信號選擇按鈕AC、DC之操作功能，下列敘述何者正確？
(A)AC除可正確量測交流信號外，亦可正確量測直流信號
(B)DC僅可正確量測直流信號，不可正確量測交流信號
(C)DC可作為完整信號之量測
(D)AC可作為校正及完整信號之量測 [103統測]

( )21. 下列有關使用心肺復甦術（CPR）急救基本步驟的敘述，何者錯誤？
(A)Analysis（分析現場狀況）
(B)Breathing（實施人工呼吸）
(C)Circulation（按壓心臟維持循環）
(D)Defibrillation（利用心臟電擊器進行體外去顫） [103統測]

( )22. 有關電子學實習中所用的示波器，下列敘述何者正確？
(A)如果同時使用CH1與CH2量測電路信號，應將CH1與CH2共同接地才能量到正確結果
(B)示波器螢幕上的垂直方向刻度表示週期
(C)可以使用示波器的EXT輸入端子來量測電路待測點的電流信號
(D)如將示波器輸入耦合選擇開關置於DC位置，只能觀測待測點的直流信號 [103統測]

( )23. 小林上電子學實習課時，為了能準確量測其實驗電路，首先需校正他使用的雙軌跡示波器，示波器面板上有一個標示為CAL的小孔，則其輸出信號最有可能是哪一種波形？
(A)1kHz方波 (B)1kHz三角波 (C)0.5kHz鋸齒波 (D)0.5kHz三角波 [105統測]

1-21

( )24. "叫叫CABD" 為心肺復甦術（CPR）的急救步驟，下列何者代表字母A的意義？
(A)使用體外去顫器AED電擊　　(B)胸部按壓
(C)進行人工呼吸　　(D)暢通呼吸道　　　　　　　　　　　　　　　　　　[106統測]

( )25. 當示波器垂直軸刻度旋鈕（VOLTS / DIV）順時針轉動時，螢幕上觀察到的波形會變大，則下列敘述何者正確？
(A)電壓量測值變大　　(B)電壓量測值變小
(C)頻率量測值變大　　(D)電壓量測值不變　　　　　　　　　　　　　　[107統測]

( )26. 使用中的馬達起火燃燒，屬於下列何種火災類別？
(A)A（甲）類火災　　(B)B（乙）類火災
(C)C（丙）類火災　　(D)D（丁）類火災　　　　　　　　　　　　　　[107統測]

( )27. 示波器面板上所提供之校準方波，一般不是用於下列何種功能？
(A)校正示波器水平掃描時間檔位
(B)校正示波器電壓檔位
(C)校正示波器有效頻寬
(D)檢查測試棒的衰減檔位　　　　　　　　　　　　　　　　　　　　　[107統測]

( )28. 電源線路、電動機具或變壓器等電器設備因過載、短路或漏電所引起之火災，在電源未切斷時，不適合使用下列何種裝置滅火？
(A)泡沫滅火器　　(B)ABC乾粉滅火器
(C)BC乾粉滅火器　　(D)二氧化碳滅火器　　　　　　　　　　　　　　[108統測]

( )29. 示波器在觸發部份（TRIGGER）有一個LEVEL旋鈕，對它功能的敘述，下列何者正確？
(A)控制輸入觸發信號的阻抗
(B)控制輸入信號垂直電壓範圍
(C)控制水平時基線與輸入信號的同步
(D)控制輸入觸發信號頻寬　　　　　　　　　　　　　　　　　　　　　[108統測]

( )30. 火災分類依據燃燒物性質可分四類，對於火災分類的說明，下列何者錯誤？
(A)A類火災又稱普通火災，它是由可燃性紙張、油脂塗料等引起的火災
(B)金屬火災用特種乾粉式滅火器撲滅
(C)D類火災又稱金屬火災
(D)由可燃性液體如酒精所致的火災為B類火災　　　　　　　　　　　　[108統測]

( )31. 在實驗室若受到火焰灼傷時，較適當的急救程序為何？
(A)送、泡、脫、蓋、沖　　(B)沖、蓋、送、泡、脫
(C)沖、脫、泡、蓋、送　　(D)送、沖、蓋、泡、脫　　　　　　　　　　[109統測]

( )32. 採用示波器量測純弦波信號，示波器的VOLT / DIV設定於2V / DIV，TIME / DIV設定於0.5ms / DIV，探棒置於×10（衰減10倍）的位置，顯示信號的峰對峰值為4格刻度，每週期時間為4格刻度；若此信號無直流成分，則信號的頻率及電壓有效值各為何？
(A)頻率為200Hz，電壓有效值為$10\sqrt{2}$V
(B)頻率為200Hz，電壓有效值為40V
(C)頻率為500Hz，電壓有效值為$20\sqrt{2}$V
(D)頻率為500Hz，電壓有效值為$40\sqrt{2}$V　　　　　　　　　　　　　　[109統測]

( )33. 心肺復甦術（CPR）的步驟為「叫、叫、C、A、B、D」，其中字母「B」為進行下列哪一個步驟？
(A)以自動體外心臟電擊去顫器（AED）實施電擊
(B)暢通呼吸道
(C)實施人工呼吸
(D)實施胸部按壓 [111統測]

( )34. 有關示波器之使用，下列敘述何者正確？
(A)使用示波器的EXT輸入端子，與電路串聯接線，能測量電流信號
(B)將示波器輸入耦合設置於DC，只能測量電路的直流信號
(C)將示波器輸入耦合設置於AC，只能測量電路的交流信號
(D)示波器螢幕上的垂直方向刻度，只能測量電路的信號週期 [112統測]

( )35. 心肺復甦術（CPR）的急救步驟為「叫叫CABD」，其中字母D的意義，下列敘述何者正確？
(A)暢通呼吸道
(B)使用自動體外心臟電擊去顫器AED電擊
(C)取出口腔內的異物並進行人工呼吸
(D)成人每分鐘至少100次的胸部按壓 [113統測]

( )36. 如圖(5)所示，示波器量測得之弦波電壓信號$v(t)$，測試棒及示波器端之衰減比皆設定為1：1，若示波器垂直刻度設定為2V／DIV、水平刻度設定為1ms／DIV，則此信號峰對峰值及頻率分別為何？
(A)$16\sqrt{2}$V、500Hz
(B)16V、500Hz
(C)$8\sqrt{2}$V、250Hz
(D)8V、250Hz [114統測]

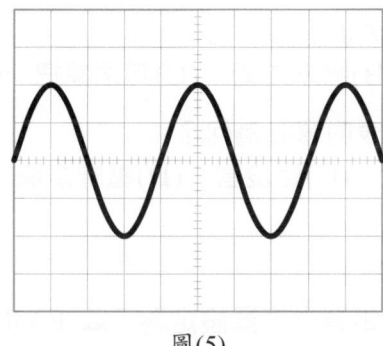

圖(5)

電子學含實習 絕殺講義

素養導向題

▲ 閱讀下文，回答第1～3題

在日常生活中，大部分民眾遇上火災時難免會驚慌失措，當火災發生時，最容易取得用來滅火的工具之一，即為滅火器，如圖(1)所示。內政部消防署早於105年已將使用20餘年的滅火器使用口訣「拉、拉、壓」，修正為「拉、瞄、壓、掃」。唯有正確操作滅火器才能發揮它的功能，試問：

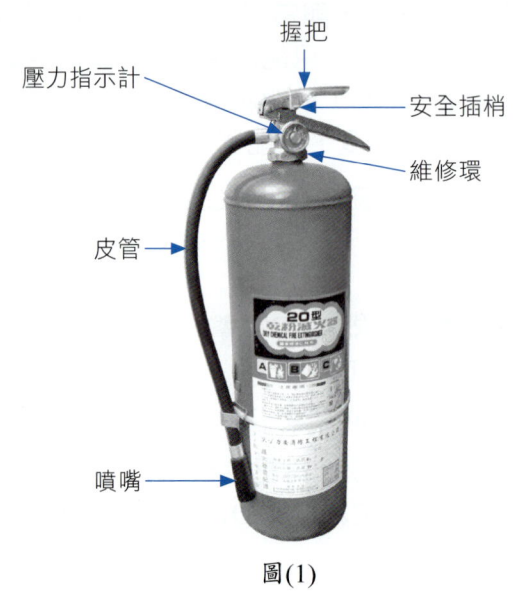

圖(1)

( )1. 口訣中的『拉』，所代表的意義為何？
(A)拉握把 (B)拉安全插梢 (C)拉皮管 (D)拉噴嘴

( )2. 口訣中的『瞄』，所代表的意義為何？
(A)瞄準壓力指示計 (B)瞄準皮管 (C)瞄準握把 (D)瞄準火源底部

( )3. 口訣中的『壓』，所代表的意義為何？
(A)壓握把 (B)壓噴嘴 (C)壓皮管 (D)壓維修環

▲ 閱讀下文，回答第4～5題

五條悟進行電子學實驗時，將電源供應器設定為「▬ PARALLEL ▬」，並將主電源輸出端CH1調整為10V、1A，試問：

( )4. 將8Ω電阻接在CH1的輸出兩端，則：
(A)電源供應器為CC定電流模式，輸出2A
(B)電源供應器為CV定電壓模式，輸出10V
(C)電源供應器為CC定電流模式，輸出1A
(D)電源供應器為CV定電壓模式，輸出20V

( )5. 承上題，電源供應器提供多少功率？
(A)10W (B)12.5W (C)15W (D)20W

第1章 電子元件及波形基本概念

| 解 答 |

1-1 立即練習

基礎題
1.D　2.D　3.B　4.C

進階題
1.B　2.D

1-2 立即練習

基礎題
1.A　*2.C　*3.B　*4.C　5.B　6.A

1-3 立即練習

基礎題
1.D　2.C　3.C　4.D　5.D　6.C　7.B　8.D　9.B　10.D
11.C　12.A

進階題
1.B　2.B　3.D

1-4 立即練習

基礎題
1.C　2.C　3.B　4.B　5.A　6.A　7.A　8.D　9.C　10.C

歷屆試題

電子學試題
1.D　2.C　3.B　4.C　5.D　*6.A　*7.B　8.D　*9.A　*10.A
*11.B　*12.C　*13.D　*14.C　*15.A　*16.B

電子學實習試題
*1.D　*2.A　3.A　4.C　5.C　6.D　7.C　*8.B　*9.C　10.A
11.D　12.B　*13.D　*14.C　15.D　*16.D　17.A　18.A　19.C　20.C
21.A　22.A　23.A　24.D　25.D　26.C　27.C　28.A　29.C　30.A
31.C　*32.C　33.C　34.C　35.B　*36D

素養導向題

1.B　2.D　3.A　*4.B　*5.B

NOTE

CHAPTER 2 二極體及應用電路

本章學習重點

章節架構	必考重點	
2-1 本質半導體與雜質半導體	• 本質半導體與外質半導體之差異 • 外質半導體之特性與計算	⚡⚡⚡⚡⚡
2-2 PN接面二極體	• 二極體之物理特性	⚡⚡⚡⚡⚡
2-3 二極體的等效電路	• 二極體之等效電路與相關計算	⚡⚡⚡⚡⚡
2-4 整流電路	• 整流電路之種類與計算	⚡⚡⚡⚡⚡
2-5 濾波電路	• 濾波電路之種類與計算	⚡⚡⚡⚡⚡
2-6 稽納穩壓電路	• 稽納二極體之物理特性與計算	⚡⚡⚡⚡⚡
2-7 實習專區	• 二極體之量測	⚡⚡⚡⚡⚡

統測命題分析

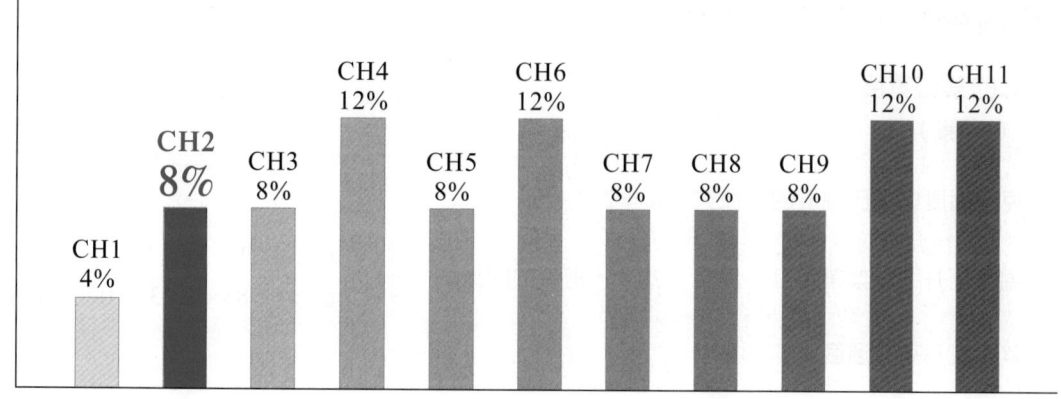

2-1 本質半導體與雜質半導體

重點 1 價電子學說

根據價電子學說，導體的價電子數**小於4個**，絕緣體的價電子數**大於4個**，半導體**等於4個**。

重點 2 能帶理論

1. 根據能帶理論，物質的能階分為，**傳導帶**、**價帶**、**禁帶**。而禁帶為傳導帶與價帶之間的能量間隙，又稱為**能隙**，其中價電子位於**價帶**，而自由電子位於**傳導帶**。

2. 各種物質的能隙：

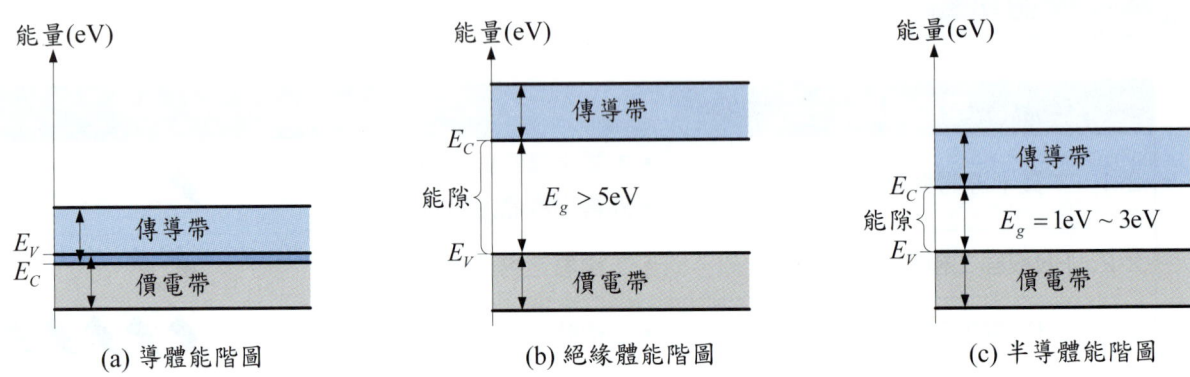

(a) 導體能階圖　　(b) 絕緣體能階圖　　(c) 半導體能階圖

重點 3 本質半導體

純矽或是純鍺製作而成的半導體，此種半導體不含其他雜質，只由單一元素結晶所組成，稱為**本質半導體**（intrinsic semiconductor）。

溫度 \ 元素名稱	矽（Si）	鍺（Ge）	特性
0K的禁帶寬度（能隙）	1.21eV	0.785eV	絕緣體
300K的禁帶寬度（能隙）	1.1 eV	0.72 eV	半導體

註1：克氏溫度與攝氏溫度的關係式：$K = 273 + °C$

註2：溫度上升造成禁帶寬度（能隙）減少，兩者的關係式：$\begin{cases}(1)\ 矽：1.21 - 3.6 \times 10^{-4} \times K \text{ (eV)} \\ (2)\ 鍺：0.785 - 2.23 \times 10^{-4} \times K \text{ (eV)}\end{cases}$，

其中K為克氏溫度。

重點 4　外質半導體

1. P型半導體：

    (1) **P型半導體**（P-type semiconductor）係將4個價電子的矽或鍺原子，**摻雜**（doping）帶有**3個價電子的硼（B）、鋁（Al）、銦（In）、鎵（Ga）**原子，3價元素提供額外的電洞，因此稱**3價元素為受體（acceptor）雜質**。

    (2) P型半導體的**電洞為多數載子**（majority carrier），而**少數載子**（minority carrier）**為電子，整塊P型半導體為電中性**。

2. N型半導體：

    (1) **N型半導體**（N-type semiconductor）係將4個價電子的矽或鍺原子，摻雜帶有**5個價電子的砷（As）、磷（P）、鉍（Bi）或銻（Sb）**原子，5價元素提供額外的自由電子，因此稱**5價元素為施體（donor）雜質**。

    (2) N型半導體的**電子為多數載子**，而**少數載子為電洞，整塊N型半導體為電中性**。

3. 一般二極體的**摻雜濃度，本質濃度**（矽或鍺的四價元素）與外質濃度（三價元素或五價元素）的比例為 $10^8:1$。

4. 摻雜可以使半導體的能隙降低，其目的是在改變半導體的導電特性。

5. **多數載子與摻雜濃度成正比；少數載子是由熱擾動所產生，與溫度成正比**，和逆向偏壓大小無關。

重點 5　質量作用定律

1. 外質半導體：在熱平衡的情況下，正、負載子濃度的乘積為定值，即 $n \times p = n_i^2$（n為自由電子的濃度，p為電洞的濃度，n_i為本質濃度）。

2. P型半導體

    (1) **P型半導體為電中性**，所以**電洞濃度（p）近似於受體的雜質濃度（N_A）**，即 $p \approx N_A$，且受體雜質濃度帶負電性，故以N_A^-表示。

    (2) 依質量作用定理（$n \times p = n_i^2$）可得：**電子濃度** $n = \dfrac{n_i^2}{p} \approx \dfrac{n_i^2}{N_A^-}$。

3. N型半導體

    (1) **N型半導體為電中性**，所以**電子濃度（n）近似於施體的雜質濃度（N_D）**，即 $n \approx N_D$，且施體雜質濃度帶正電性，故以N_D^+表示。

    (2) 依質量作用定理（$n \times p = n_i^2$）可得：**電洞濃度** $p = \dfrac{n_i^2}{n} \approx \dfrac{n_i^2}{N_D^+}$。

質量作用定律

老師教

1. 有一個純矽半導體，本質濃度 $n_i = 1.5 \times 10^{10}/cm^3$，原子密度為 $5 \times 10^{22}/cm^3$，若於每 10^9 個矽原子摻入1個施體（donor）雜質，則該半導體為何種類型的半導體且電洞密度為何？

解 (1) 加入施體（donor）雜質，因此為N型半導體

(2) 施體正離子的濃度
$$N_D^+ = \frac{5 \times 10^{22}}{10^9} = 5 \times 10^{13}/cm^3$$

(3) $p = \dfrac{n_i^2}{n} \approx \dfrac{n_i^2}{N_D^+} = \dfrac{(1.5 \times 10^{10})^2}{5 \times 10^{13}}$

$= 4.5 \times 10^6/cm^3$

學生做

1. 有一個純矽半導體，本質濃度 $n_i = 1.5 \times 10^{10}/cm^3$，原子密度為 $2 \times 10^{20}/cm^3$，若於每 10^8 個矽原子摻入1個硼原子，則該半導體何種類型的半導體且電子密度為何？

答

ABCD 立即練習

基礎題

( ) 1. 價電子存在於 (A)價帶 (B)禁帶 (C)傳導帶 (D)以上皆是

( ) 2. 自由電子存在於 (A)價帶 (B)禁帶 (C)傳導帶 (D)以上皆是

( ) 3. 純矽或是純鍺製作而成的半導體，稱為
(A)本質半導體 (B)雜質半導體 (C)N型半導體 (D)P型半導體

( ) 4. 在室溫下的矽晶體中，欲使價電子由共價鍵釋放出來而成為自由電子，至少需要多少能量？ (A)1.21eV (B)1.1eV (C)0.785eV (D)0.72eV

( ) 5. 在室溫下的鍺晶體中，欲使價電子由共價鍵釋放出來而成為自由電子，至少需要多少能量？ (A)1.21eV (B)1.1eV (C)0.785eV (D)0.72eV

( ) 6. 電子伏特（eV：electron volt）是下列何者所使用的單位？
(A)電壓 (B)電流 (C)能量 (D)電功率

( ) 7. P型半導體，是指本質半導體再加上微量的
(A)二價元素 (B)三價元素 (C)四價元素 (D)五價元素

( ) 8. 在P型半導體中，其多數載子為何？
(A)電子 (B)電洞 (C)中子 (D)負離子

( )9. 在N型半導體的載子為何？
(A)只有電洞
(B)只有電子
(C)多數載子為電子，少數載子為電洞
(D)多數載子為電洞，少數載子為電子

( )10. 下列何種元素摻入本質半導體中，可以使本質半導體轉為P型半導體？
(A)砷（As） (B)磷（P） (C)硼（B） (D)銻（Sb）

進階題

( )1. 矽半導體在攝氏100°C的能隙約為何？
(A)1.1eV (B)1.08eV (C)1.06eV (D)1.04eV

( )2. 某純矽半導體在溫度$T = 300\,K$下，假設本質半導體載子濃度為$1.5 \times 10^{10}\,cm^{-3}$，若將半導體摻雜「鎵原子」（濃度為$1.5 \times 10^{15}\,cm^{-3}$），又同時摻雜「砷原子」（濃度為$6 \times 10^{15}\,cm^{-3}$），則此時半導體內的電洞濃度約為：
(A)5×10^4電洞·cm^{-3}
(B)4.5×10^5電洞·cm^{-3}
(C)2.25×10^{10}電洞·cm^{-3}
(D)7.5×10^{15}電洞·cm^{-3}

2-2　PN接面二極體

重點 1　空乏區

P型與N型半導體結合後，接合面的多數載子（電洞與自由電子）跨越接合面而結合，**P側靠近接合面處形成帶負電的受體負離子，而在N側靠近接合面處形成帶正電的施體正離子**，此結構稱為PN接面二極體。

註1：PN接合面區域內的電洞與自由電子全結合了，所以沒有可任意移動的電洞與自由電子存在，僅有不可移動的正負離子。

註2：空乏區內的電場方向由N側（＋）指向P側（－）。

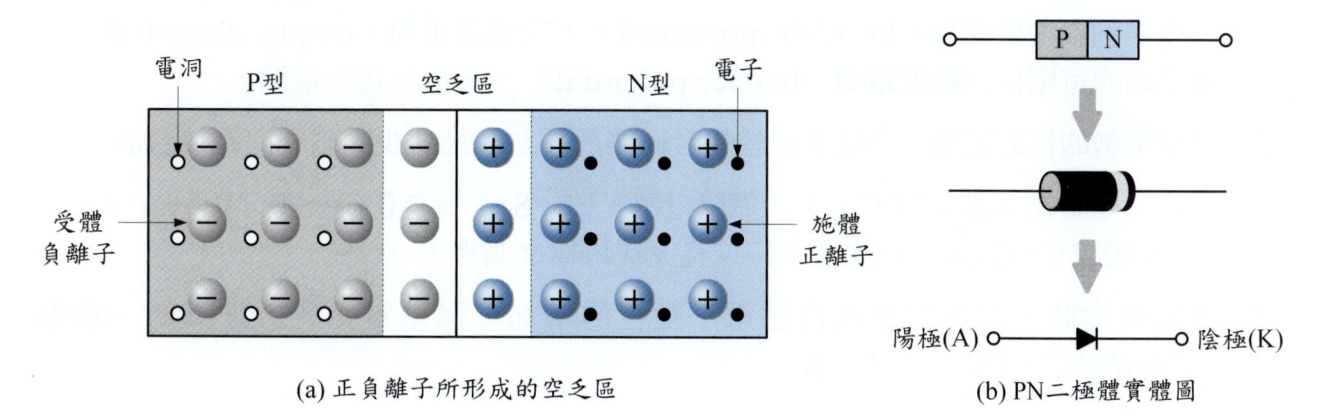

(a) 正負離子所形成的空乏區

(b) PN二極體實體圖

重點 2　擴散電流

P型與N型半導體結合後，因濃度的不同造成P型半導體高濃度的多數載子"電洞"往濃度低的N型區域移動，而N型半導體高濃度的多數載子"自由電子"往濃度低的P型區域移動，**多數載子流所形成的電流稱為擴散電流**（diffusion current，簡稱為I_F）。

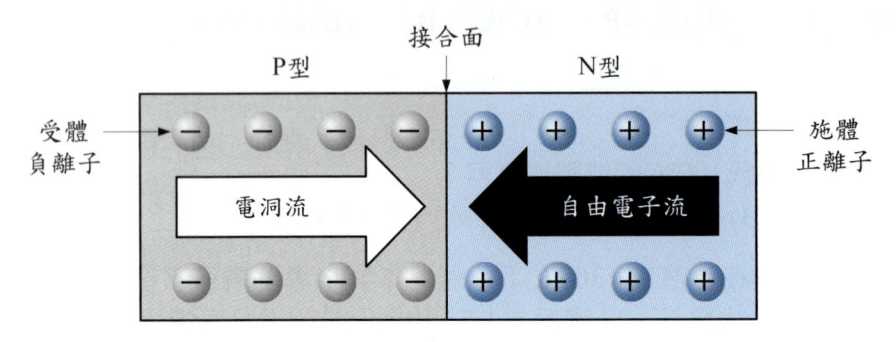

重點 3　漂移電流

N側空乏區內的施體正離子吸引P側的少數載子（電子），而P側空乏區內的受體負離子吸引N側的少數載子（電洞）加速跨越接合面與正負離子相復合，此種因**電場而產生的少數載子流，稱為漂移電流**（drift current），而此電流幾乎為定值故又稱為**逆向飽和電流**（reverse saturation current，簡稱為I_S）。

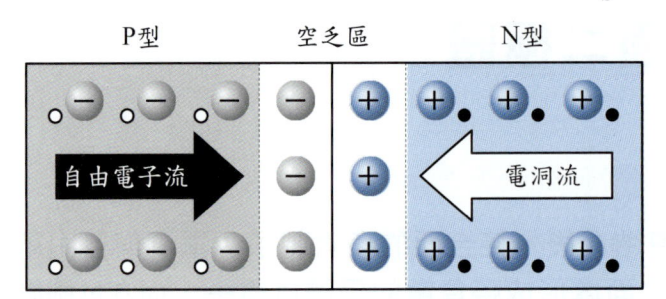

重點 4　障壁電勢

1. 空乏區：**P側的受體離子帶負電；N側的施體離子帶正電。正負電相對應所形成的電場稱為內建電場**（build-in potential），或**空乏電場**（empty potential），其形成的電壓稱為**障壁電勢**（barrier potential），又稱為切入電壓。

2. 障壁電勢的目的是阻止多數載子往接合面擴散，並且加速少數載子跨越接合面。

3. 一般二極體在室溫（25°C）下的障壁電勢，矽（Si）質為**0.6V～0.7V**；鍺（Ge）質約為**0.2V～0.3V**，且無法直接以直流伏特檔位測得。

4. 溫度增加時，因半導體內自由電子數目的增加，障壁電勢會隨之降低，**矽為$-2.5\text{mV}/°C$，鍺為$-1\text{mV}/°C$**。

重點 5 偏壓組態與電流方程式

1. **二極體的P側接正電壓，而N側接負電壓稱為順向偏壓**，外加的順向偏壓增加，造成空乏區減小，障壁電勢減小。

2. **二極體的P側接負電壓，而N側接正電壓稱為逆向偏壓**，只有少數載子會通過PN接面，產生微小逆向飽和電流I_S，其大小與逆向偏壓的大小無關，而與溫度成正比，矽二極體的逆向飽和電流I_S是以nA為單位，而鍺質二極體是以μA為單位。

3. 順向偏壓愈大則空乏區**愈小**；逆向偏壓愈大則空乏區**愈大**。

4. 二極體的順向電流方程式$I_D = I_S \times (e^{\frac{V_D}{\eta \times V_T}} - 1)$，順向電流隨順向偏壓的增加成指數增加。

公式	名稱	單位或意義
$I_D = I_S \times (e^{\frac{K \times V_D}{T_K}} - 1)$ $= I_S \times (e^{\frac{V_D}{\eta \times V_T}} - 1)$	I_D：二極體順向電流	安培（A）
	I_S：逆向飽和電流	安培（A）
	T_K：凱氏溫度	K
	V_D：二極體外加偏壓	伏特（V）
	$K：\dfrac{11600}{\eta}$ 二極體特性常數	鍺質：$\eta = 1$ 矽質：$\eta = 2$
	V_T：溫度的伏特當量 $(V_T = \dfrac{T_K}{11600})$	伏特（V）

5. 二極體兩端的電壓變化量 $\Delta V_D = \eta \times V_T \times \ln(\dfrac{I_2}{I_1})$。（$I_1$：初值電流；$I_2$：終值電流）

6. **逆向峰值電壓**（Peak Inverse Voltage，簡稱為PIV），矽質二極體的PIV約250V，而鍺質二極體的PIV約50V。

重點 6 漏電流的溫度效應

溫度約每增加10°C，逆向飽和電流增為約原來的2倍來計算，其數學表示式為：

$I_{S(T_2)} = I_{S(T_1)} \times 2^{(\frac{T_2 - T_1}{10})}$

（$I_{S(T_1)}$：初值漏電流，$I_{S(T_2)}$：終值漏電流，T_1：初值溫度，T_2：終值溫度）

重點 7　二極體的電阻特性

1. **靜態電阻**（static resistance）：順向偏壓特性曲線的工作點，二極體端電壓V_{DQ}與順向電流I_{DQ}兩者的比值，稱為直流電阻或靜態電阻，公式為$R_D = \dfrac{V_{DQ}}{I_{DQ}}$。

2. **順向電阻**（forward resistance）：**二極體製作完成後，受到摻雜濃度以及P型與N型面積大小的影響，每個二極體都有不同的內阻值，此電阻稱為分佈電阻、本體電阻或是順向電阻。**

    (1) 矽二極體：$r_f = \dfrac{V_2 - V_1}{I_2 - I_1} = \dfrac{1 - 0.7}{I_F - 0} = \dfrac{0.3}{I_F}$。

    (2) 鍺二極體：$r_f = \dfrac{V_2 - V_1}{I_2 - I_1} = \dfrac{1 - 0.3}{I_F - 0} = \dfrac{0.7}{I_F}$。

3. **動態電阻**（dynamic resistance）：公式為$r_d = \dfrac{\eta \times V_T}{I_{DQ}}$，其中$\eta$為實驗常數，依其物理結構及材質決定，$V_T$為**熱當電壓**（thermail voltage）。動態電阻又稱為交流電阻。

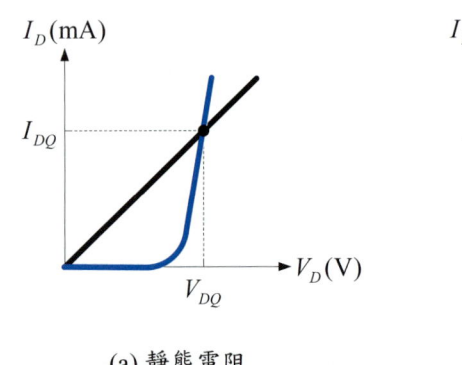

(a) 靜態電阻 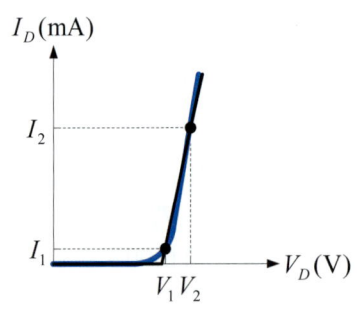　　　　(b) 順向電阻 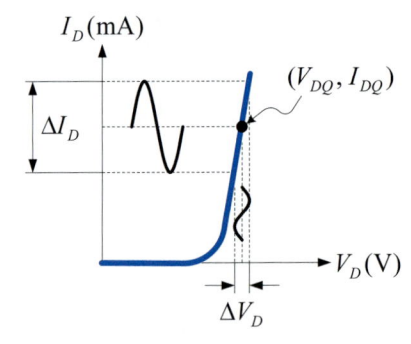　　　　(c) 動態電阻

重點 8　二極體的電容效應

1. **擴散電容**（diffusion capacitance，簡稱為C_D）：**二極體在順向偏壓時，在空乏區外由超額少數載子所形成的電容效應，又稱為儲存電容（storage capacitance）**，其公式如下：

公式	名稱	單位或意義
$C_D = \dfrac{\tau \times I_{DQ}}{\eta \times V_T}$	τ：少數載子的平均生存時間	秒（s）
	I_{DQ}：通過接合面的電流量	安培（A）
	η：材料特性係數	鍺質：$\eta = 1$ 矽質：$\eta = 2$
	V_T：熱當電壓	伏特（V）

第 2 章 二極體及應用電路

2. **過渡電容**（transition capacitance，簡稱為C_T）：**二極體在逆向偏壓的空乏區域內由正負離子所形成的電容效應**，又稱為**空乏電容**（depletion capacitance）或**空間電荷電容**（space-charge capacitance），係因外加偏壓改變造成空乏區寬度隨之改變，其公式如下：

公式	名稱	單位或意義
$C_T = \varepsilon \times \dfrac{A}{d}$ $= \varepsilon_0 \times \varepsilon_r \times \dfrac{A}{d}$	C_T：電容量	法拉（F）
	ε：介電係數	$\varepsilon = \varepsilon_0 \times \varepsilon_r$
	ε_0：真空中介電係數	$\dfrac{1}{36\pi \times 10^9} \approx 8.85 \times 10^{-12}$（法拉／公尺）
	ε_r：相對介電係數	空氣或真空中$\varepsilon_r = 1$
	d：空乏區寬度	公尺（m）
	A：空乏區接面的截面積	平方公尺（m^2）

3. 無論在順向偏壓或是逆向偏壓時，二極體皆會有與擴散電容C_D與過渡電容C_T。順向偏壓時擴散電容大於空乏電容；逆向偏壓時空乏電容大於擴散電容。

重點 9　矽質與鍺質二極體之比較

項目＼二極體	矽	鍺	特性
原子序	14	32	
電子排列	2-8-4	2-8-18-4	鍺的外層價電子較易成為自由電子
漏電流	約數nA	約數μA	鍺的漏電流受溫度影響較大
切入電壓	0.6V～0.7V	0.2V～0.3V	矽用於整流電路 鍺用於檢波電路
逆向峰值電壓（PIV）	250V	50V	矽的PIV較大
工作溫度	$-65°C \sim 175°C$	$-65°C \sim 75°C$	矽比鍺常用於一般積體電路
切入電壓與溫度係數之關係	$-2.5mV/°C$	$-1mV/°C$	矽的切入電壓受溫度影響較大

矽二極體—溫度對切入電壓之影響

老師教

1. 矽二極體的切入電壓在25°C時為0.7V，試求在65°C的切入電壓為何？

   解 $0.7 - 2.5\,\text{mV/°C} \times (65°C - 25°C) = 0.6\,\text{V}$

學生做

1. 矽二極體的切入電壓在25°C時為0.7V，試求在85°C的切入電壓為何？

   答

鍺二極體—溫度對切入電壓之影響

老師教

2. 鍺二極體的切入電壓在25°C時為0.3V，試求在65°C的切入電壓為何？

   解 $0.3 - 1\,\text{mV/°C} \times (65°C - 25°C) = 0.26\,\text{V}$

學生做

2. 鍺二極體的切入電壓在25°C時為0.3V，試求在85°C的切入電壓為何？

   答

溫度對漏電流之影響

老師教

3. 矽二極體，在溫度25°C時的逆向飽和電流為2nA，則溫度升高至65°C時，逆向飽和電流為？

   解 $I_{S(T_2)} = I_{S(T_1)} \times 2^{(\frac{T_2 - T_1}{10})} = 2\text{nA} \times 2^{(\frac{65-25}{10})}$
   $= 32\,\text{nA}$

學生做

3. 矽二極體，在溫度25°C時的逆向飽和電流為2nA，則溫度升高至85°C時，逆向飽和電流為？

   答

二極體靜態電阻（直流電阻）

老師教

4. 有一個二極體在工作點的直流電壓和電流分別為 $V_{DQ} = 2\,\text{V}$，$I_{DQ} = 25\,\text{mA}$，則此二極體直流電阻為？

   解 $R_D = \dfrac{V_{DQ}}{I_{DQ}} = \dfrac{2\,\text{V}}{25\,\text{mA}} = 80\,\Omega$

學生做

4. 有一個二極體在工作點的直流電壓和電流分別為 $V_{DQ} = 4\,\text{V}$，$I_{DQ} = 10\,\text{mA}$，則此二極體直流電阻為？

   答

二極體的動態電阻（交流電阻）

老師教

5. 鍺質二極體在室溫時，直流工作點電流為 1.3mA，則其動態電阻（dynamic resistance）為何？（$V_T = 26$ mV）

解 $r_d = \dfrac{\eta \times V_T}{I_{DQ}} = \dfrac{1 \times 26\text{mV}}{1.3\text{mA}} = 20\ \Omega$

學生做

5. 矽質二極體在室溫時，直流工作點電流為 1.3mA，則其動態電阻（dynamic resistance）為何？（$V_T = 26$ mV）

答

ABcD 立即練習

基礎題

( ) 1. 二極體的接合面，靠近N側的空乏區為
(A)施體正離子 (B)受體負離子 (C)電子 (D)電洞

( ) 2. 二極體的接合面，靠近P側的空乏區為
(A)施體正離子 (B)受體負離子 (C)電子 (D)電洞

( ) 3. 未偏壓之二極體，其障壁電壓的作用是
(A)阻止多數載子與少數載子通過接合面
(B)加速多數載子與少數載子通過接合面
(C)阻止多數載子通過接合面，加速少數載子跨越接合面
(D)阻止多數載子通過接合面，加速少數載子跨越接合面

( ) 4. 矽質二極體的切入電壓約為
(A)0.2V～0.3V (B)0.6V～0.7V (C)1V～2V (D)2V～3V

( ) 5. 空乏區內的電場方向由
(A)P側指向N側 (B)N側指向P側 (C)指向上方 (D)指向下方

( ) 6. 濃度不同所造成的多數載子流，稱為
(A)擴散電流 (B)漂移電流 (C)電子流 (D)電洞流

( ) 7. 電場強度不同所造成的少數載子流，稱為
(A)擴散電流 (B)漂移電流 (C)電子流 (D)電洞流

( ) 8. 過渡電容（transition capacitance）的大小
(A)與外加逆向偏壓成正比 (B)與外加逆向偏壓成反比
(C)與順向偏壓電流成正比 (D)與順向偏壓電流成反比

( ) 9. 擴散電容（diffusion capacitance）的大小
(A)與外加逆向偏壓成正比 (B)與外加逆向偏壓成反比
(C)與順向偏壓電流成正比 (D)與順向偏壓電流成反比

( ) 10. 少數載子流與逆向偏壓的大小 (A)成正比 (B)成反比 (C)成平方正比 (D)無關

(　　)11. 少數載子流與溫度　(A)成正比　(B)成反比　(C)成平方正比　(D)無關

(　　)12. 矽二極體溫度每上升1°C，切入電壓
(A)減少1mV　(B)減少2.5mV　(C)增加2.5mV　(D)減少2.5mV

(　　)13. 鍺二極體溫度每上升1°C，切入電壓
(A)減少1mV　(B)減少2.5mV　(C)增加2.5mV　(D)減少2.5mV

(　　)14. 矽二極體的漏電流大約是數　(A)nA　(B)μA　(C)pA　(D)mA

(　　)15. 二極體製作完成後，受到摻雜濃度以及P型與N型面積大小的影響，每個二極體都有不同的內阻值，此電阻稱為
(A)直流電阻　(B)靜態電阻　(C)動態電阻　(D)分布電阻

(　　)16. PN二極體產生之障壁電壓（barrier potential）的原因，下列何者正確？
(A)P型半導體自然產生　　　　　(B)N型半導體自然產生
(C)加偏壓後自然產生　　　　　　(D)PN結合時自然產生

(　　)17. 矽或鍺二極體，溫度約每增加多少度，其逆向飽和電流將增加一倍？
(A)10°C　(B)20°C　(C)30°C　(D)40°C

(　　)18. 鍺質二極體較矽質二極體，更適合當檢波器，原因為
(A)切入電壓低　　　　　　　　　(B)漏電流受溫度影響較小
(C)逆向峰值電壓較小　　　　　　(D)受雜訊影響較小

(　　)19. 鍺質二極體在室溫時的交流電阻為10Ω，則此時流經二極體的直流電流為
(A)5.2mA　(B)4.8mA　(C)4.5mA　(D)2.6mA

(　　)20. 下列關於二極體的空乏電容（transition capacitance）的敘述，下列何者錯誤？
(A)空乏電容的效應主要發生在逆向偏壓時
(B)空乏電容又稱為儲存電容
(C)空乏電容與空乏區的寬度成反比
(D)空乏電容與空乏區所形成的平行板面積成正比

進階題

(　　)1. 關於PN接面二極體的敘述，何者正確？
(A)逆向飽和電流主要是由多數載子所形成
(B)空乏區的P側帶正電
(C)空乏區內的電場方向由P側指向N側
(D)溫度增加，障壁電勢會隨之降低

(　　)2. 下列有關二極體電容效應的敘述，何者正確？
(A)過渡電容與二極體外加逆向偏壓大小無關
(B)二極體的外加逆向偏壓增加，過渡電容亦增加
(C)擴散電容與二極體順向電流大小無關
(D)二極體的順向電流增加，擴散電容之值隨之增加

(　　)3. 有一個PN二極體的逆向飽和電流I_S與溫度成正比，溫度每上升8°C約增加一倍，當室溫26°C時，這個二極體的$I_S=100$ nA，當溫度上升至66°C時，I_S應為：
(A)200nA　(B)400nA　(C)3.2μA　(D)4μA

(　)4. 下列有關矽質與鍺質二極體之比較敘述，何者正確？
　　　(A)矽質二極體的逆向峰值電壓較高　　(B)矽質二極體的可工作溫度較低
　　　(C)矽質二極體的抵補電壓較低　　　　(D)矽質二極體的逆向飽和電流較大

(　)5. 圖(1)為二極體在三種不同溫度下之特性曲線，何者正確？
　　　(A)$T_3 > T_2 > T_1$
　　　(B)$T_2 > T_3 > T_1$
　　　(C)$T_3 > T_1 > T_2$
　　　(D)$T_1 > T_2 > T_3$

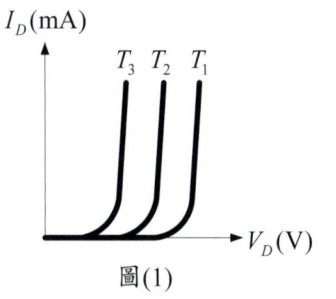

圖(1)

2-3　二極體的等效電路

重點 1　二極體的等效電路

1. 理想模型：理想二極體順向偏壓視為**短路**，逆向偏壓視為**開路**。

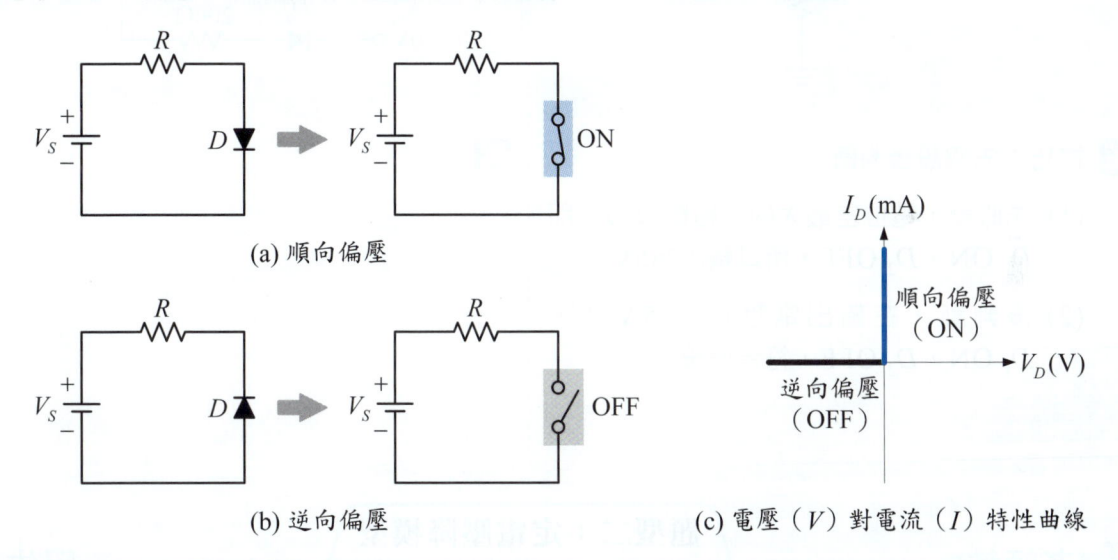

(a) 順向偏壓

(b) 逆向偏壓

(c) 電壓(V)對電流(I)特性曲線

2. 定電壓降模型：順向偏壓大於二極體的切入電壓時，二極體導通（ON）；而當順向偏壓小於二極體的切入電壓或逆向偏壓時，二極體截止（OFF）。

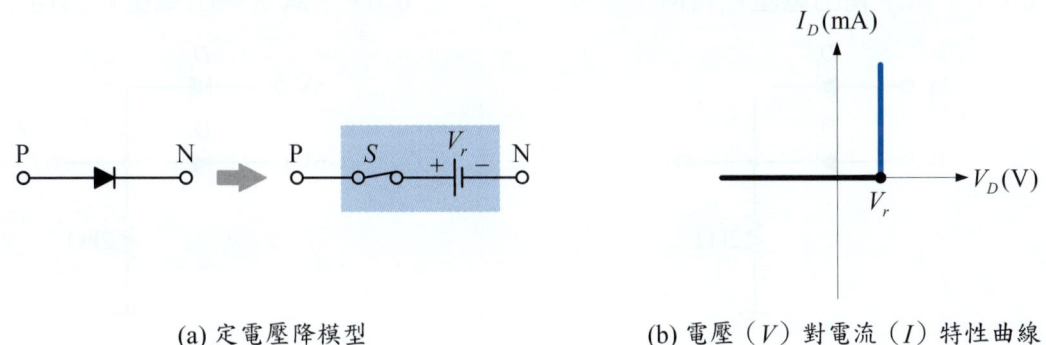

(a) 定電壓降模型

(b) 電壓(V)對電流(I)特性曲線

2-13

3. 片段線性模型：二極體的等效電路類似開關、電阻與電壓源三者串聯的電路。

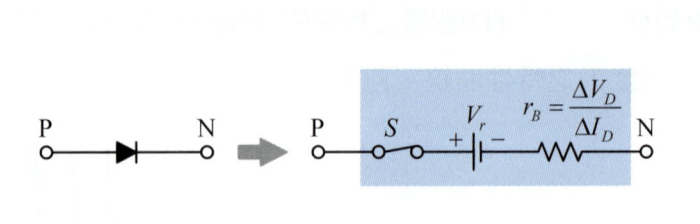

(a) 片段線性模型 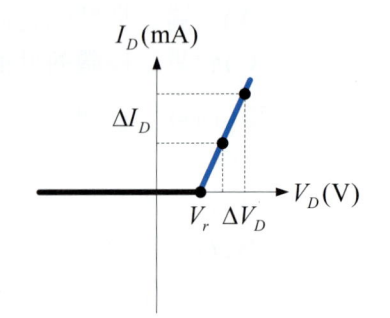　　　　　　　(b) 電壓（V）對電流（I）特性曲線

其中 $r_B = \dfrac{\Delta V_D}{\Delta I_D}$

題型一：理想二極體模型

老師教

1. 如下圖所示，試求輸出電壓 V_o 為何？

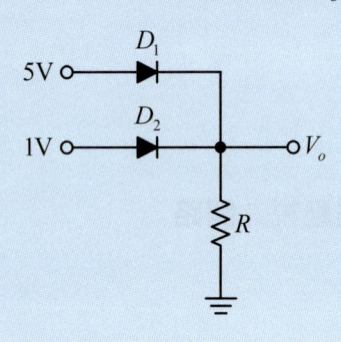

解 技巧：先假設後判斷

(1) 先假設，電位差最大的二極體導通，即 D_1 ON，D_2 OFF，所以輸出為 5V。

(2) 後判斷，在輸出電壓 $V_o = 5\,\text{V}$ 時，D_1 ON，D_2 OFF，符合假設

學生做

1. 如下圖所示，試求輸出電壓 V_o 為何？

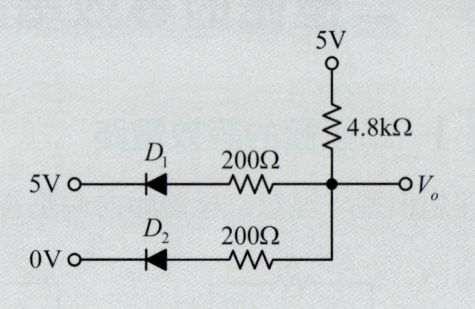

答

題型二：定電壓降模型

老師教

2. 如下圖所示，若二極體切入電壓為 0.6V，試求輸出電壓 V_o 為何？

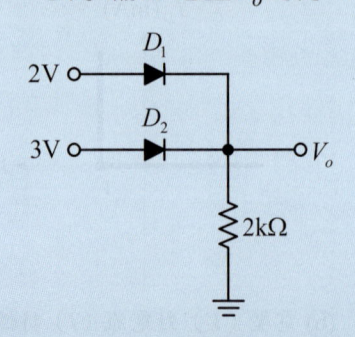

學生做

2. 如下圖所示，若二極體切入電壓為 0.6V，試求輸出電壓 V_o 為何？

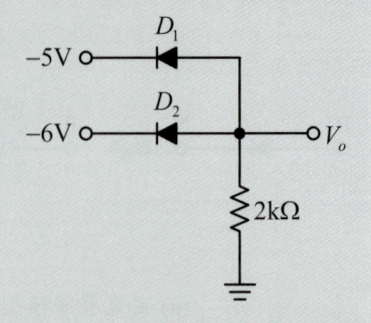

解 技巧：先假設後判斷

(1) 先假設，電位差最大的二極體導通，即 D_1 OFF，D_2 ON，所以輸出電壓 $V_o = 3 - 0.6 = 2.4$ V

(2) 後判斷，在輸出電壓 $V_o = 2.4$ V 時，D_1 OFF，D_2 ON，符合假設

答

題型三：片段線性模型

老師教

3. 如下圖所示，若二極體切入電壓為 0.6V，順向電阻 $R_f = 500\,\Omega$，逆向電阻 $R_R = \infty$，試求輸出電壓 V_o 為何？

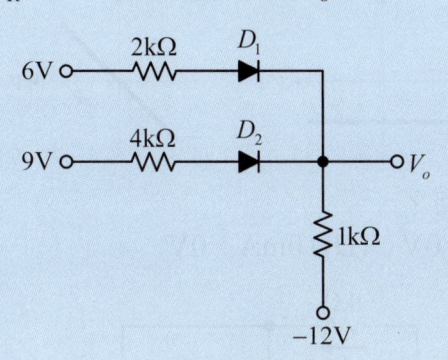

學生做

3. 如下圖所示，若二極體切入電壓為 0.6V，順向電阻 $R_f = 500\,\Omega$，逆向電阻 $R_R = \infty$，試求輸出電壓 V_o 為何？

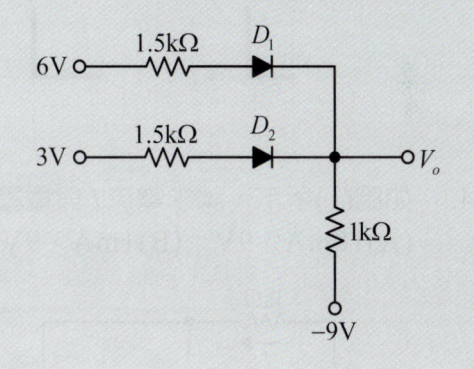

解 (1) 先假設，假設兩者皆ON，運用密爾門定理，可得

$$V_o = \frac{\left(\dfrac{6-0.6}{2500} + \dfrac{9-0.6}{4500} + \dfrac{-12}{1000}\right)}{\left(\dfrac{1}{2500} + \dfrac{1}{4500} + \dfrac{1}{1000}\right)}$$

$$\approx -5 \text{ V}$$

(2) 後判斷，在輸出電壓 $V_o = -5$ V 時，D_1 與 D_2 皆 ON，符合假設

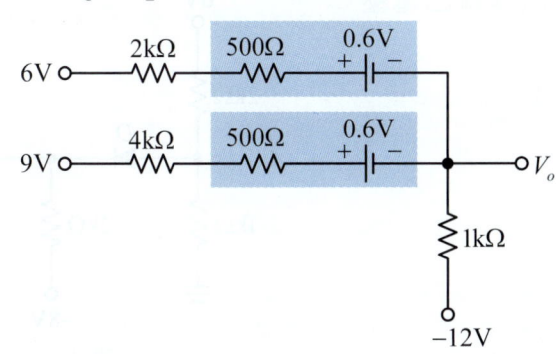

答

ABCD 立即練習

基 礎 題

(　　)1. 理想二極體的特性，下列敘述何者錯誤？
(A)順向時視為短路，逆向時視為開路　　(B)順向電阻等於零，逆向電阻無限大
(C)無順向電壓降，無逆向電流　　(D)順向電壓等於零，逆向電流無限大

(　　)2. 理想二極體的電壓（V）與電流（I）特性曲線為何？
(A)　(B)　(C)　(D)

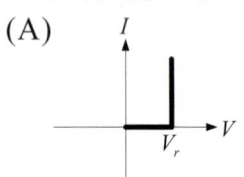

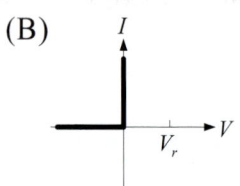

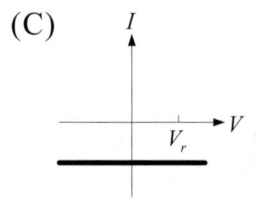

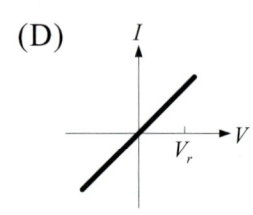

(　　)3. 定電壓降模式的二極體電壓（V）與電流（I）特性曲線為何？（若二極體的切入電壓為V_r）
(A)　(B)　(C)　(D)

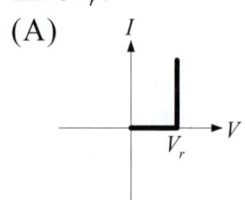

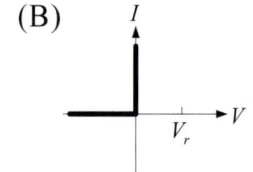

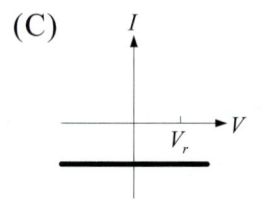

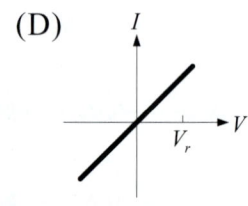

(　　)4. 如圖(1)所示，試求電流I與電壓V，分別為何？
(A)10mA、9V　(B)1mA、9V　(C)1mA、0V　(D)10mA、0V

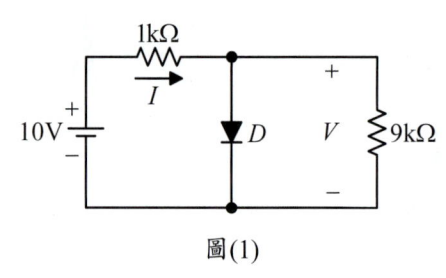

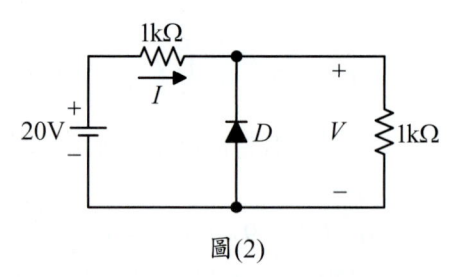

圖(1)　　圖(2)

(　　)5. 如圖(2)所示，試求電流I與電壓V，分別為何？
(A)5mA、1V　(B)5mA、10V　(C)10mA、10V　(D)10mA、20V

進 階 題

(　　)1. 如圖(1)所示，若二極體具理想特性，試求輸出電壓V_o？
(A)−0.5V
(B)−1V
(C)−2V
(D)−4V

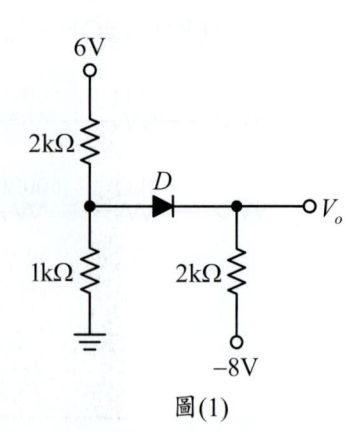

圖(1)

2-4 整流電路

重點 1 電源電路

交流電源轉為穩定直流電源的過程，一般需要 **降壓** ⇒ **整流** ⇒ **濾波** ⇒ **穩壓** 等四個流程。

重點 2 變壓器

1. 匝數比：$a = \dfrac{N_1}{N_2} = \dfrac{V_1}{V_2} = \dfrac{I_2}{I_1} = \sqrt{\dfrac{Z_1}{Z_2}}$

2. 視在功率：$S = V_1 \times I_1 = V_2 \times I_2$
（輸出的視在功率等於輸入的視在功率）

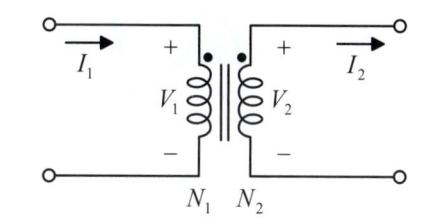

重點 3 整流電路

1. 半波整流電路：

電路名稱	輸出正半週的半波整流電路	輸出負半週的半波整流電路
電路圖		
輸出波形		
輸出波形的週期 T_o	$T_o = T_i$（電源週期）	$T_o = T_i$（電源週期）
輸出波形的頻率 f_o	$f_o = f_i$（電源頻率）	$f_o = f_i$（電源頻率）
輸出波形的平均值 $V_{o(av)}$	$\dfrac{1}{\pi} \times V_m \approx 0.318 V_m$	$-\dfrac{1}{\pi} \times V_m \approx -0.318 V_m$
輸出波形的有效值 $V_{o(rms)}$（有效值必為正）	$\dfrac{1}{2} \times V_m$	$\dfrac{1}{2} \times V_m$
漣波因數 $r\%$	121%	121%
二極體的 PIV	V_m	V_m

註1：負載為電阻時，二極體的 $PIV = V_m$；負載為電容時，二極體的 $PIV = 2V_m$。
註2：負載為電容時，由於電容器沒有放電路徑，輸出電壓 $V_{rms} = V_{av} = V_m$。

2. 全波整流電路：

(1) 中心抽頭全波整流：

◎ 當輸入訊號為正半週時：
二極體D_1順向導通，二極體視為短路狀態（ON），而二極體D_2逆向截止，二極體視為開路狀態（OFF），此時輸出正半週的波形。二極體D_2逆向截止，二極體D_2必須能夠承受2倍輸入的峰值電壓，即二極體的 $PIV = 2V_m$。

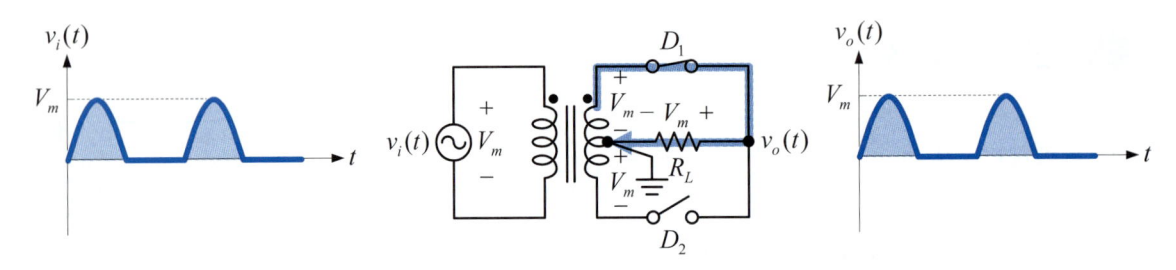

◎ 當輸入訊號為負半週時：
二極體D_2順向導通，二極體視為短路狀態（ON），而二極體D_1逆向截止，二極體視為開路狀態（OFF），此時輸出正半週的波形。二極體D_1逆向截止，二極體D_1必須能夠承受2倍輸入的峰值電壓，即二極體的 $PIV = 2V_m$。

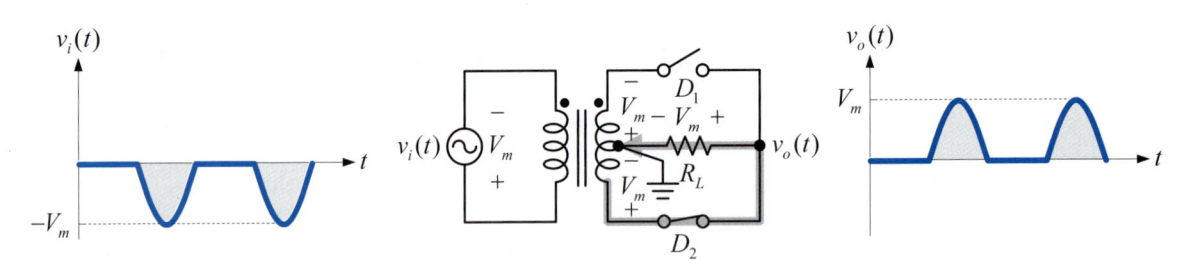

電路名稱	輸出正半週的中心抽頭整流電路	輸出負半週的中心抽頭整流電路
電路圖		
動作說明	正半週：D_1 ON，D_2 OFF 負半週：D_1 OFF，D_2 ON	正半週：D_1 OFF，D_2 ON 負半週：D_1 ON，D_2 OFF
輸出波形		

More…

第 2 章　二極體及應用電路

電路名稱	輸出正半週的中心抽頭整流電路	輸出負半週的中心抽頭整流電路
輸出波形的週期 T_o	$T_o = \dfrac{1}{2}T_i$（電源週期）	$T_o = \dfrac{1}{2}T_i$（電源週期）
輸出波形的頻率 f_o	$f_o = 2 \times f_i$（電源頻率）	$f_o = 2 \times f_i$（電源頻率）
輸出波形的平均值 $V_{o(av)}$	$\dfrac{2}{\pi} \times V_m \approx 0.636 V_m$	$-\dfrac{2}{\pi} \times V_m \approx -0.636 V_m$
輸出波形的有效值 $V_{o(rms)}$	$\dfrac{1}{\sqrt{2}} \times V_m \approx 0.707 V_m$	$\dfrac{1}{\sqrt{2}} \times V_m \approx 0.707 V_m$
漣波因數 $r\%$	48.3%	48.3%
二極體的 PIV	$2V_m$	$2V_m$

註1：無論負載為電阻或是電容時，二極體的 $PIV = 2V_m$。
註2：負載為電容時，由於電容器沒有放電路徑，輸出電壓 $V_{rms} = V_{av} = V_m$。

(2) 橋式整流電路：

橋式全波整流電路由4個PN二極體組成4個接線端，其中 a、b 兩端點為交流電之輸入端，c、d 兩端點為接負載之輸出端；輸入電源為交流訊號，而輸出信號為脈動直流電。

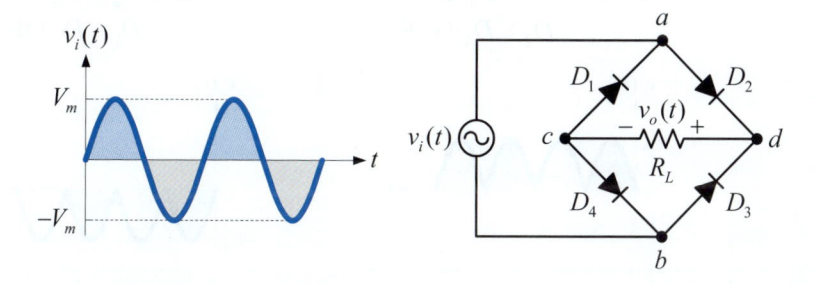

◎ 當輸入訊號為正半週時：

二極體 D_2、D_4 順向導通，二極體視為短路狀態（ON），而二極體 D_1、D_3 逆向截止，二極體視為開路狀態（OFF），二極體所能承受的逆向峰值電壓為1倍的峰值電壓，表示式為 $PIV = V_m$。

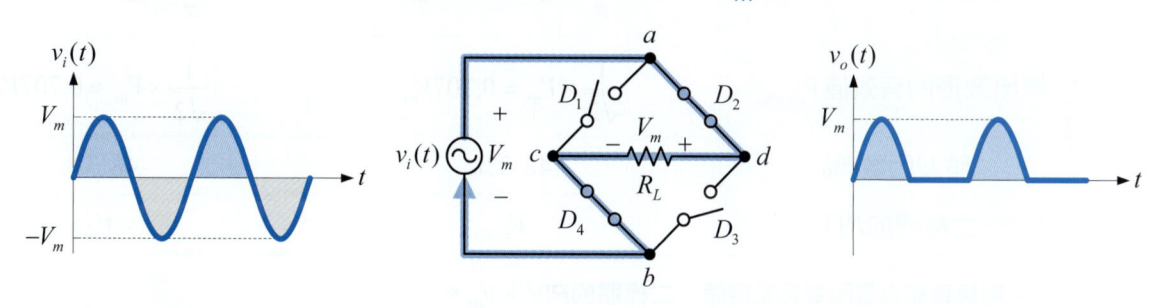

◎ 當輸入訊號為負半週時：

二極體 D_1、D_3 順向導通，二極體視為短路狀態（ON），而二極體 D_2、D_4 逆向截止，二極體視為開路狀態（OFF）。二極體所能承受的逆向峰值電壓為1倍的峰值電壓，表示式為 **PIV = V$_m$**。

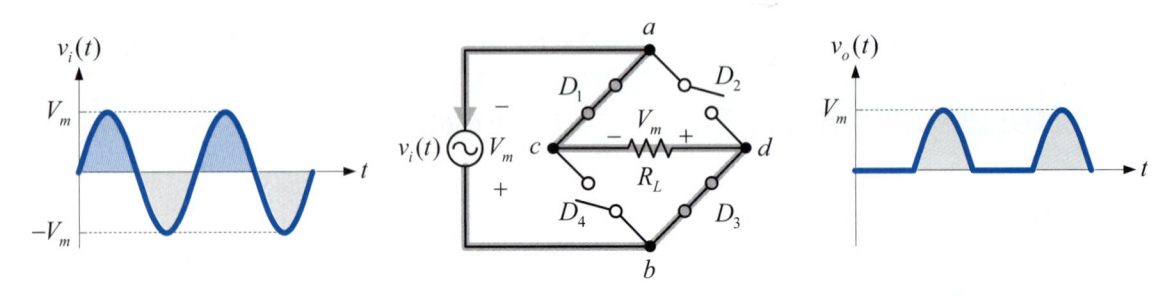

電路名稱	輸出正半週的橋式全波整流電路	輸出負半週的橋式全波整流電路
電路圖		
動作說明	正半週：D_2、D_4 ON，D_1、D_3 OFF 負半週：D_1、D_3 ON，D_2、D_4 OFF	正半週：D_1、D_3 ON，D_2、D_4 OFF 負半週：D_2、D_4 ON，D_1、D_3 OFF
輸出波形		
輸出波形的週期 T_o	$T_o = \dfrac{1}{2}T_i$（電源週期）	$T_o = \dfrac{1}{2}T_i$（電源週期）
輸出波形的頻率 f_o	$f_o = 2 \times f_i$（電源頻率）	$f_o = 2 \times f_i$（電源頻率）
輸出波形的平均值 $V_{o(av)}$	$\dfrac{2}{\pi} \times V_m \approx 0.636 V_m$	$-\dfrac{2}{\pi} \times V_m \approx -0.636 V_m$
輸出波形的有效值 $V_{o(rms)}$	$\dfrac{1}{\sqrt{2}} \times V_m \approx 0.707 V_m$	$\dfrac{1}{\sqrt{2}} \times V_m \approx 0.707 V_m$
漣波因數 $r\%$	48.3%	48.3%
二極體的 PIV	V_m	V_m

註1：無論負載為電阻或是電容時，二極體的 $PIV = V_m$。
註2：負載為電容時，由於電容器沒有放電路徑，輸出電壓 $V_{rms} = V_{av} = V_m$。

半波整流電路（電阻負載）

老師教

1. 二極體具理想特性，且輸入電壓 $v_i(t) = 100\sin 377t$ V，試求：
   (1) 輸出電壓的平均值
   (2) 輸出電壓的有效值
   (3) 二極體 PIV 分別為何？

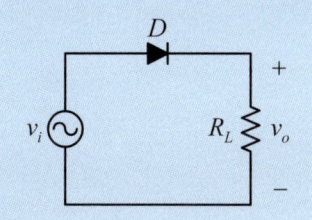

解 輸入電壓的最大值為 100V

(1) $V_{dc} = V_m \times \dfrac{1}{\pi} = \dfrac{100}{\pi}$ V ≈ 31.8 V

(2) $V_{rms} = V_m \times \dfrac{1}{2} = \dfrac{100}{2}$ V ≈ 50 V

(3) 二極體的 $PIV = 1 \times V_m = 100$ V

學生做

1. 二極體具理想特性，且輸入電壓 $v_i = 110$ V，試求：
   (1) 輸出電壓的平均值
   (2) 輸出電壓的有效值
   (3) 二極體 PIV 分別為何？

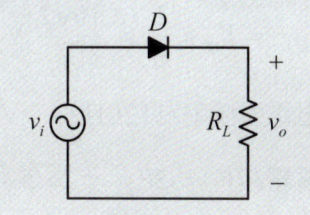

答

中心抽頭全波整流電路

老師教

2. 變壓器的匝數比 $N_1 : N_2 = 10 : 1$，且輸入電壓為 100V／60Hz 的交流電，試求：
   (1) 輸出電壓的有效值
   (2) 輸出電壓的平均值
   (3) 輸出電壓的頻率
   (4) 二極體 PIV 分別為何？

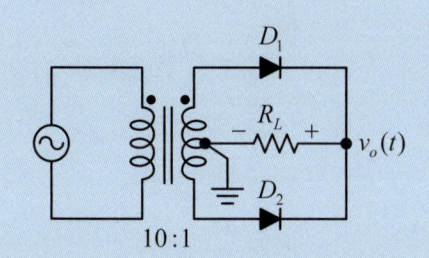

學生做

2. 變壓器的匝數比 $N_1 : N_2 = 10 : 1$，且輸入電壓為 100V／60Hz 的交流電，試求：
   (1) 輸出電壓的有效值
   (2) 輸出電壓的平均值
   (3) 輸出電壓的頻率
   (4) 二極體 PIV 分別為何？

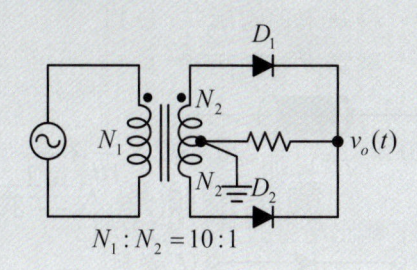

解 次級線圈的最大值

$$V_m = 100\sqrt{2} \times \frac{1}{10} \times \frac{1}{2} = 5\sqrt{2} \text{ V}$$

（輸出電壓最大值是指二次側繞組1/2的電壓，因此需再乘以1/2）

(1) $V_{o(rms)} = V_m \times \frac{1}{\sqrt{2}} = 5$ V

(2) $V_{o(dc)} = V_m \times \frac{2}{\pi} = \frac{10\sqrt{2}}{\pi}$ V

(3) 輸出電壓頻率為120Hz

(4) 二極體 $PIV = 2V_m = 2 \times 5\sqrt{2} = 10\sqrt{2}$ V

橋式全波整流電路

老師教

3. 若輸入電壓／頻率為220V／60Hz，試求：
(1) 輸出電壓的平均值
(2) 輸出電壓的有效值
(3) 輸出電壓的頻率
(4) 二極體 PIV 分別為何？

學生做

3. 若輸入電壓／頻率為110V／50Hz，試求：
(1) 輸出電壓的平均值
(2) 輸出電壓的有效值
(3) 輸出電壓的頻率
(4) 二極體 PIV 分別為何？

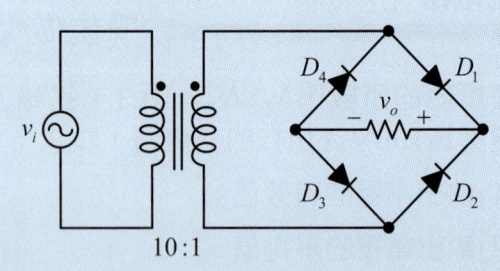

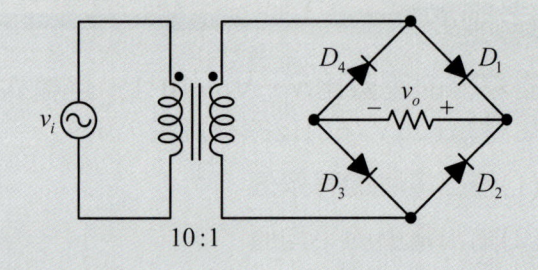

解

(1) $V_{o(dc)} = 220 \times \sqrt{2} \times \frac{1}{10} \times \frac{2}{\pi}$

$= \frac{44\sqrt{2}}{\pi}$ V

(2) $V_{o(rms)} = 220 \times \sqrt{2} \times \frac{1}{10} \times \frac{1}{\sqrt{2}} = 22$ V

(3) 輸出電壓的頻率為120Hz

(4) 二極體 $PIV = V_m = 22\sqrt{2}$ V

第 2 章 二極體及應用電路

ABCD 立即練習

基礎題

( ) 1. 將交流電轉換為平穩的直流訊號，工作流程依序為？
(A)變壓 ⇒ 整流 ⇒ 濾波 ⇒ 穩壓
(B)變壓 ⇒ 濾波 ⇒ 整流 ⇒ 穩壓
(C)整流 ⇒ 變壓 ⇒ 濾波 ⇒ 穩壓
(D)變壓 ⇒ 穩壓 ⇒ 濾波 ⇒ 整流

( ) 2. 直流電源供應器中將交流電壓升壓或是降壓的裝置為
(A)變壓器 (B)整流器 (C)濾波器 (D)穩壓裝置

( ) 3. 直流電源供應器中，將交流電壓轉換為脈動直流電壓為
(A)變壓器 (B)整流器 (C)濾波器 (D)穩壓裝置

( ) 4. 有一半波整流電路輸出電壓的有效值為100V，試求峰值電壓為何？
(A)$100\sqrt{2}$V (B)$\frac{100\sqrt{2}}{\pi}$V (C)150V (D)200V

( ) 5. 有一半波整流電路輸出電壓的有效值為100V，試求輸出電壓的平均電壓為何？
(A)$100\sqrt{2}$V (B)$\frac{100\sqrt{2}}{\pi}$V (C)150V (D)63.6V

( ) 6. 峰值電壓為100V的交流電源，經過5:1的變壓器降壓後，再經過半波整流器，此時以三用電錶的直流電壓檔測量整流後的電壓，則所得到的電壓值為何？
(A)$20\sqrt{2}$V (B)$\frac{20}{\pi}$V (C)$\frac{40}{\pi}$V (D)20V

( ) 7. 有一中心抽頭全波整流電路，其輸出電壓的有效值為$10\sqrt{2}$V，試問電路中每一個二極體的逆向峰值電壓（PIV）為何？
(A)20V (B)30V (C)40V (D)60V

( ) 8. 如圖(1)所示為橋式全波整流電路，若輸入電壓／頻率為100V／60Hz，下列敘述何者錯誤？
(A)正半週：D_1、D_3 ON，D_2、D_4 OFF
(B)輸出電壓的頻率為120Hz
(C)輸出電壓的峰對峰值為$20\sqrt{2}$V
(D)輸出電壓的有效值為10V

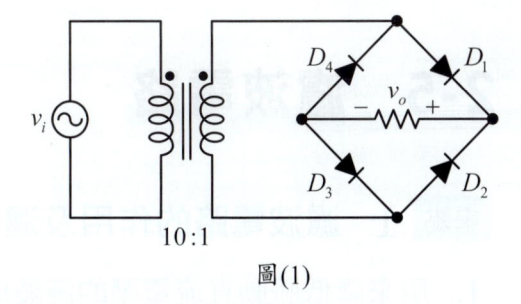

圖(1)

( ) 9. 有一橋式全波整流電路，其輸出電壓的有效值為63.6V，試問電路中每一個二極體的逆向峰值電壓（PIV）為何？
(A)63.6V (B)70.7V (C)100V (D)200V

( ) 10. 一中心抽頭全波整流電路，輸出電壓平均值為50V，求電路中每一個二極體所受到逆向峰值電壓PIV為多少？
(A)70.7V (B)78.6V (C)141.4V (D)157.2V

2-23

進階題

( )1. 如圖(1)所示為半波整流電路,若電源電壓為50V之交流電,試求輸出電壓為多少伏特?
(A)25V (B)25$\sqrt{2}$V (C)50V (D)50$\sqrt{2}$V

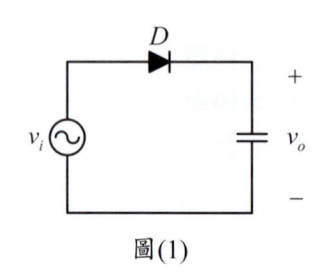

圖(1)

( )2. 100sin377t伏特之交流電壓,經半波整流電路以測量其輸出,下列敘述何者錯誤?
(A)輸出直流電壓約31.8V (B)輸出電壓的有效值約50V
(C)輸出電壓的頻率為60Hz (D)輸出電壓的峰對峰值為200V

( )3. 如圖(2)為中心抽頭全波整流電路且輸入電壓之弦波方程式為100sin(314t)V,若二極體為理想二極體,則關於下列敘述何者正確?(若$N_1:N_2:N_3=4:2:1$)
(A)二極體D_1的$PIV=50$ V,二極體D_2的$PIV=25$ V
(B)二極體D_1的$PIV=75$ V,二極體D_2的$PIV=50$ V
(C)輸出電壓的平均值為$\frac{75}{\pi}$V
(D)輸出電壓的漣波頻率為100Hz

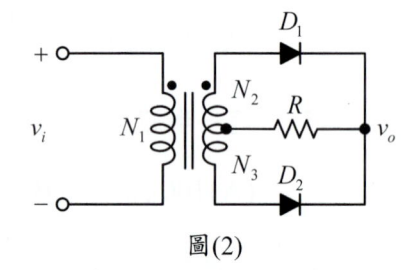

圖(2)

2-5 濾波電路

重點 1 濾波電路的作用及漣波因數之定義

1. 用來降低脈動直流電壓的漣波成分,以得到更平穩的直流電。

2. **漣波因數**(ripple factor,簡稱為r)或稱漣波百分比,用來判斷漣波的大小,其**定義為漣波有效值與平均值的比值**,表示式為$r\%=\frac{V_{r(rms)}}{V_{dc}}\times 100\%$(理想值為0,即無交流成分$V_{r(rms)}$)。

3. 整流後（濾波前）的漣波因數：

$$V_{r(rms)} = \sqrt{V_{rms}^2 - V_{av}^2}$$

$$\Rightarrow \begin{cases} \text{半波整流後（濾波前）}: V_{r(rms)} = \sqrt{(0.5V_m)^2 - (0.318V_m)^2} \approx 0.385V_m \\ \text{全波整流後（濾波前）}: V_{r(rms)} = \sqrt{(0.707V_m)^2 - (0.636V_m)^2} \approx 0.308V_m \end{cases}$$

(1) 半波整流後（濾波前）$r\% = \dfrac{V_{r(rms)}}{V_{dc}} \times 100\% = \dfrac{0.385V_m}{0.318V_m} \times 100\% \approx 121\%$

(2) 全波整流後（濾波前）$r\% = \dfrac{V_{r(rms)}}{V_{dc}} \times 100\% = \dfrac{0.308V_m}{0.636V_m} \times 100\% \approx 48.3\%$

重點 2　半波整流濾波電路

1. 電路圖

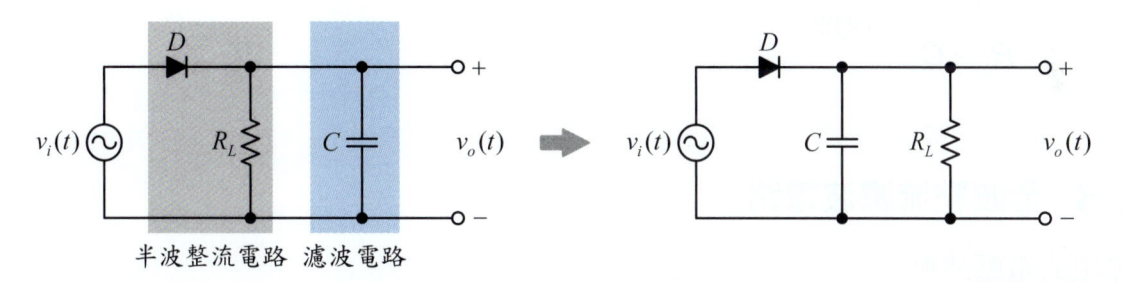

半波整流電路　濾波電路

2. 充電路徑

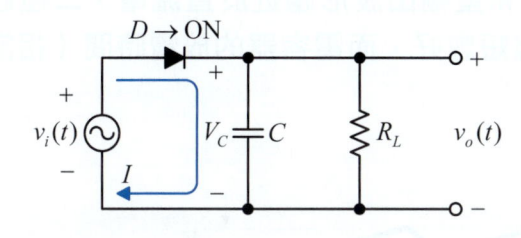

3. 放電路徑

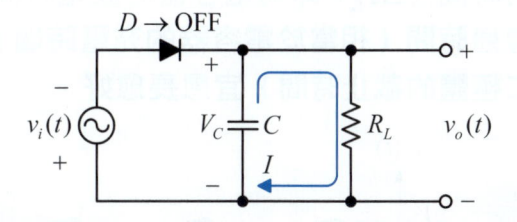

4. 輸出的電壓波形

二極體導通（ON）的時間（ΔT_2）即為電容器的充電時間；而二極體截止（OFF）的時間（ΔT_1）即為電容器的放電時間，若**希望輸出波形趨近於直流電，二極體的導通時間（相當於電容器的充電時間）宜愈短愈好，而電容器的放電時間（相當於二極體的截止時間）宜愈長愈好**。

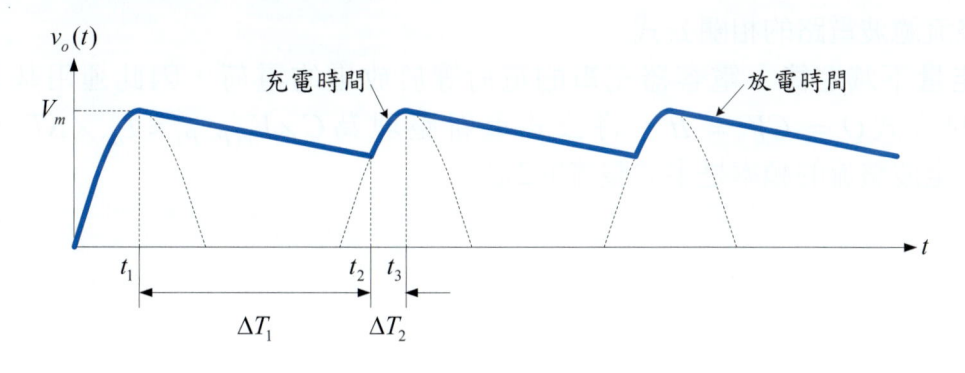

5. 半波整流濾波電路的相關公式

根據能量不滅定律，電容器充電的電荷等於放電的電荷，因此運用基本電學中電荷的公式 $Q = CV = It$，將公式重新整理為 $C \times V_{r(P-P)} \approx I_{dc} \times \Delta T_1$，可得：

(1) **漣波峰對峰值電壓** $V_{r(P-P)} \approx \dfrac{I_{dc} \times \Delta T_1}{C} \approx \dfrac{V_m}{f_i \times R_L \times C}$

其中，V_m：峰值電壓（伏特，V）、f_i：電源頻率（赫茲，Hz）、R_L：負載電阻（歐姆，Ω）、C：電容量（法拉，F）。

(2) **漣波有效值** $V_{r(rms)} = \dfrac{V_{r(P-P)}}{2\sqrt{3}} = \dfrac{V_m}{2\sqrt{3} \times f_i \times R_L \times C}$

(3) **漣波因數** $r = \dfrac{V_{r(rms)}}{V_{dc}} = \dfrac{\dfrac{V_m}{2\sqrt{3} \times f_i \times R_L \times C}}{V_m} \times 100\% = \dfrac{1}{2\sqrt{3} \times f_i \times R_L \times C} \times 100\%$

(4) 電源頻率 f_i 為 60Hz，且電阻以 kΩ 為單位，電容以 μF 為單位，可得漣波因數

$r = \dfrac{4.8}{R_L \times C} \times 100\%$。

重點 3 全波整流濾波電路

1. 輸出的電壓波形

二極體導通（ON）的時間（ΔT_2）即為電容器的充電時間；而二極體截止（OFF）的時間（ΔT_1）即為電容器的放電時間，若**希望輸出波形趨近於直流電，二極體的導通時間（相當於電容器的充電時間）宜愈短愈好，而電容器的放電時間（相當於二極體的截止時間）宜愈長愈好**。

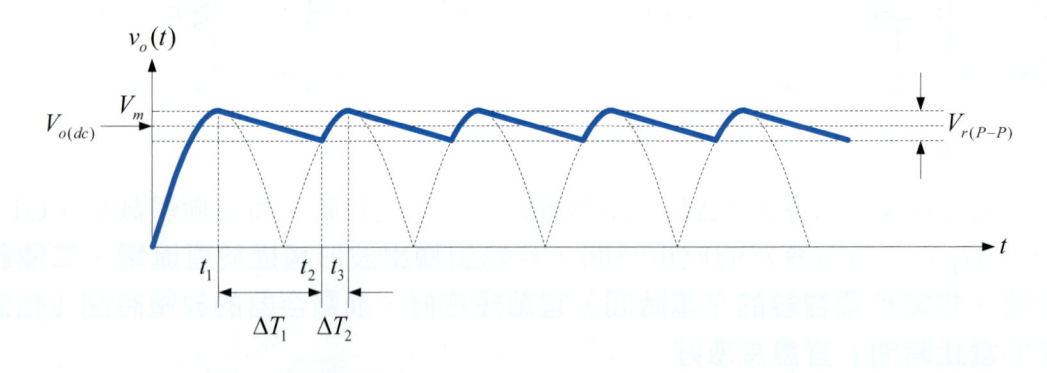

2. 全波整流濾波電路的相關公式

根據能量不滅定律，電容器充電的電荷等於放電的電荷，因此運用基本電學中電荷的公式 $Q = CV = It$，將公式重新整理為 $C \times V_{r(P-P)} \approx I_{dc} \times \Delta T_1$，可得：
（其中全波整流的頻率是半波整流的2倍）

(1) 漣波峰對峰值電壓 $V_{r(P-P)} \approx \dfrac{I_{dc} \times \Delta T_1}{C} \approx \dfrac{V_m}{2 \times f_i \times R_L \times C}$

其中，V_m：峰值電壓（伏特，V）、f_i：電源頻率（赫茲，Hz）、R_L：負載電阻（歐姆，Ω）、C：電容量（法拉，F）。

(2) 漣波有效值 $V_{r(rms)} = \dfrac{V_{r(P-P)}}{2\sqrt{3}} = \dfrac{V_m}{4\sqrt{3} \times f_i \times R_L \times C}$

(3) 漣波因數 $r = \dfrac{V_{r(rms)}}{V_{dc}} = \dfrac{\frac{V_m}{4\sqrt{3} \times f_i \times R_L \times C}}{V_m} \times 100\% = \dfrac{1}{4\sqrt{3} \times f_i \times R_L \times C} \times 100\%$

(4) 電源頻率 f_i 為 60Hz，且電阻以 kΩ 為單位，電容以 μF 為單位，可得漣波因數 $r = \dfrac{2.4}{R_L \times C} \times 100\%$。

3. 相關公式彙整

型式＼項目	漣波峰對峰值 $V_{r(P-P)}$	漣波有效值 $V_{r(rms)}$	二極體 PIV	漣波因數 r%（f_i：60Hz、R_L：kΩ、C：μF）
半波整流濾波電路	$\dfrac{V_m}{f_i \times R_L \times C}$	$\dfrac{V_m}{2\sqrt{3} \times f_i \times R_L \times C}$	$2V_m$	$r\% = \dfrac{4.8}{R_L \times C} \times 100\%$
全波整流濾波電路（中心抽頭）	$\dfrac{V_m}{2 \times f_i \times R_L \times C}$	$\dfrac{V_m}{4\sqrt{3} \times f_i \times R_L \times C}$	$2V_m$	$r\% = \dfrac{2.4}{R_L \times C} \times 100\%$
全波整流濾波電路（橋式）	$\dfrac{V_m}{2 \times f_i \times R_L \times C}$	$\dfrac{V_m}{4\sqrt{3} \times f_i \times R_L \times C}$	V_m	$r\% = \dfrac{2.4}{R_L \times C} \times 100\%$

重點 4　電容輸入式與電感輸入式濾波器之比較

項目＼種類	電容輸入式 RC濾波器	電容輸入式 π型濾波器	電感輸入式
電路圖	電容濾波器　RC濾波器	π型濾波器	電感濾波器
負載電阻 R_L	R_L 宜愈大愈好（輕負載）	R_L 宜愈大愈好（輕負載）	R_L 宜愈小愈好（重負載）
電容量與電感量	C_1 與 C_2 宜愈大愈好	C_1、C_2 與 L 宜愈大愈好	L 宜愈大愈好

漣波因數 r 的定義

老師教

1. 濾波電路輸出的直流電壓成分（V_{dc}）為10V，漣波電壓有效值（$V_{r(rms)}$）為0.2V，則漣波因數 r% 為何？

   解 $r\% = \dfrac{V_{r(rms)}}{V_{dc}} \times 100\% = \dfrac{0.2}{10} \times 100\% = 2\%$

學生做

1. 濾波電路輸出的直流電壓成分 V_{dc} 為2V 且漣波因數為5%，則漣波電壓有效值 $V_{r(rms)}$ 為何？

   答

半波整流濾波電容量 C 的設計

老師教

2. 半波整流器之負載電阻為 5kΩ 且輸入電壓 $v_i = 50\sin(314t)$ V，若要使整流後之漣波電壓 $V_{r(P-P)}$ 限制在 1V，則需並聯的電容量最小為何？

   解 $V_{r(P-P)} \approx \dfrac{V_m}{f_i \times R_L \times C}$

   $\Rightarrow \dfrac{50}{50 \times 5\text{k} \times C} \leq 1 \Rightarrow C \geq 200\ \mu\text{F}$

學生做

2. 半波整流器之負載電阻為 10kΩ 且輸入電壓 $v_i = 120\sin(377t)$ V，若要使整流後之漣波電壓 $V_{r(P-P)}$ 限制在 2V，則需並聯的電容量最小為何？

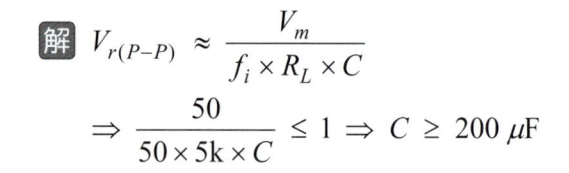

   答

全波整流濾波電容量 C 的設計

老師教

3. 中心抽頭整流器之負載電阻為 5kΩ 且輸入電壓 $v_i = 50\sin(314t)$ V，若要使整流後之漣波電壓 $V_{r(P-P)}$ 限制在 1V，則需並聯的電容量 C 最小為何？

   解 $V_{r(P-P)} \approx \dfrac{V_m}{2 \times f_i \times R_L \times C}$

   $\Rightarrow \dfrac{50}{2 \times 50 \times 5\text{k} \times C} \leq 1 \Rightarrow C \geq 100\ \mu\text{F}$

學生做

3. 橋式整流器之負載電阻為 10kΩ 且輸入電壓 $v_i = 120\sin(377t)$ V，若要使整流後之漣波電壓 $V_{r(P-P)}$ 限制在 2V，則需並聯的電容量 C 最小為何？

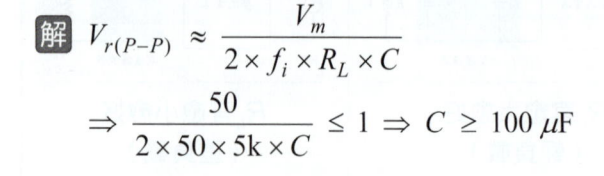

   答

半波整流濾波的漣波有效值 $V_{r(rms)}$

老師教

4. 半波整流器之負載電阻為5kΩ且輸入電壓 $v_i = 100\sqrt{3}\sin(314t)$ V，當濾波電容器為 10μF 時的漣波有效值 $V_{r(rms)}$ 為何？

解
$$V_{r(rms)} \approx \frac{V_m}{2\sqrt{3} \times f_i \times R_L \times C}$$
$$= \frac{100\sqrt{3}}{2\sqrt{3} \times 50 \times 5k \times 10\mu} = 20 \text{ V}$$

學生做

4. 半波整流器之負載電阻為100kΩ且輸入電壓 $v_i = 120\sqrt{3}\sin(377t)$ V，當濾波電容器為 10μF 時的漣波有效值 $V_{r(rms)}$ 為何？

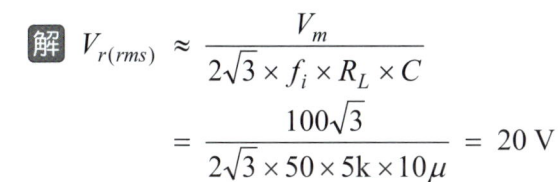

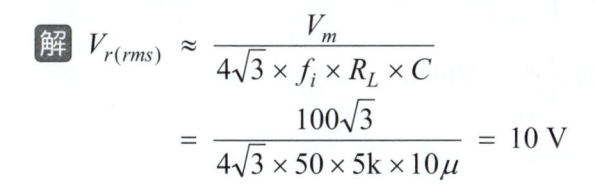

答

全波整流濾波的漣波有效值 $V_{r(rms)}$

老師教

5. 全波整流器之負載電阻為5kΩ且輸入電壓 $v_i = 100\sqrt{3}\sin(314t)$ V，當濾波電容器為 10μF 時的漣波有效值 $V_{r(rms)}$ 為何？

解
$$V_{r(rms)} \approx \frac{V_m}{4\sqrt{3} \times f_i \times R_L \times C}$$
$$= \frac{100\sqrt{3}}{4\sqrt{3} \times 50 \times 5k \times 10\mu} = 10 \text{ V}$$

學生做

5. 全波整流器之負載電阻為100kΩ且輸入電壓 $v_i = 120\sqrt{3}\sin(377t)$ V，當濾波電容器為 10μF 時的漣波有效值 $V_{r(rms)}$ 為何？

答

半波整流濾波的漣波因數

老師教

6. 半波濾波器，負載電阻 $R_L = 2$ kΩ，濾波電容 $C = 10\mu$F，頻率為60Hz，則漣波因數 r 為何？

解
$$r = \frac{4.8}{R_L \times C} = \frac{4.8}{2 \times 10} = 0.24$$
或 $r\% = 24\%$

學生做

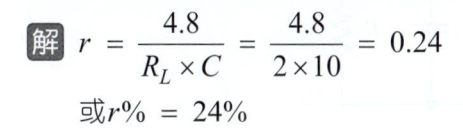

6. 半波濾波器，負載電阻 $R_L = 10$ kΩ，濾波電容 $C = 3\mu$F，頻率為60Hz，則漣波因數百分比 $r\%$ 為何？

答

全波整流濾波的漣波因數

老師教

7. 全波濾波器，負載電阻 $R_L = 2\text{ k}\Omega$，濾波電容 $C = 10\mu\text{F}$，頻率為 60Hz，則漣波因數 r 為何？

解 $r = \dfrac{2.4}{R_L \times C} = \dfrac{2.4}{2 \times 10} = 0.12$

或 $r\% = 12\%$

學生做

7. 全波濾波器，負載電阻 $R_L = 10\text{ k}\Omega$，濾波電容 $C = 3\mu\text{F}$，頻率為 60Hz，則漣波因數百分比 $r\%$ 為何？

答

立即練習

基礎題

( ) 1. 二極體的整流電容濾波電路中，當電容量 C 愈大，則二極體的導通時間
(A)愈短　(B)愈長　(C)不變　(D)以上皆非

( ) 2. 漣波因數百分率的定義為何？
(A) $\dfrac{V_{r(rms)}}{V_{dc}} \times 100\%$　　　(B) $\dfrac{V_{dc}}{V_{r(rms)}} \times 100\%$
(C) $\dfrac{V_{rms}}{V_{dc}} \times 100\%$　　　(D) $\dfrac{V_{dc}}{V_{rms}} \times 100\%$

( ) 3. 理想的漣波因數百分比為
(A)−1%　(B)0%　(C)1%　(D)∞

( ) 4. 電容輸入式濾波器與電感輸入式濾波器，分別較適合何種負載的電路？
(A)重負載、輕負載　　(B)輕負載、重負載
(C)輕負載、輕負載　　(D)重負載、重負載

( ) 5. 圖(1)為 RC 濾波器，欲減少輸出電壓的漣波成份，下列哪個方法無效？
(A)增加負載電阻 R_L　　(B)增加電容量 C_2
(C)將整流電路改為全波整流電路　(D)增加電容抗 X_{C_2}

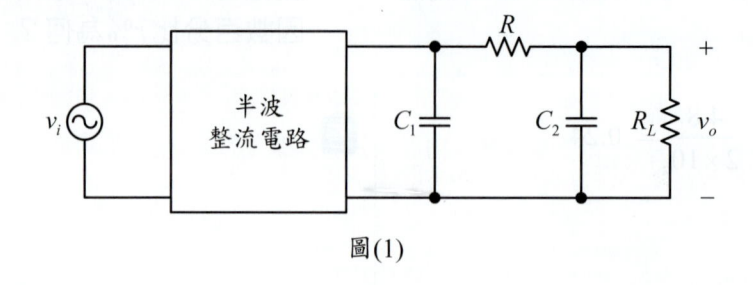

圖(1)

進階題

( )1. 全波整流濾波後之輸出電壓波形如圖(1)所示，其漣波因數百分比 $r\%$ 約為多少？
 (A)5.24%　(B)5.77%　(C)6.42%　(D)6.82%

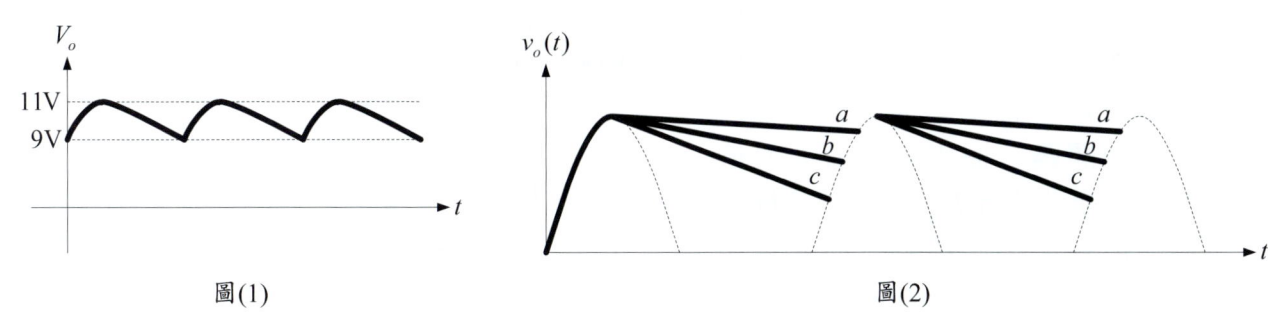

圖(1)

圖(2)

( )2. 如圖(2)所示，為二極體半波整流濾波電路的輸出波形，下列敘述何者正確？
 (A)輸出電壓的平均值 V_{dc} : $c > b > a$
 (B)輸出電壓的漣波電壓有效值 $V_{r(rms)}$: $a > b > c$
 (C)二極體的導通時間：$c > b > a$
 (D)漣波因數 r : $a > b > c$

2-6 稽納穩壓電路

重點 1　稽納二極體之特性

1. **稽納二極體（Zener diode）是一種工作在逆向偏壓崩潰區的二極體，又稱為崩潰二極體（breakdown diode），主要目的是穩壓。**

2. 稽納二極體摻雜之**濃度較高，本質濃度：雜質濃度約 $10^5:1$**。

3. 稽納二極體摻雜之濃度較高，其目的在於縮小PN接面之空乏區，以提高內建電場，使其能夠在崩潰區中工作。

4. **稽納二極體的摻雜濃度愈高，則崩潰電壓愈低。**

重點 2　稽納二極體之崩潰現象

項目＼特性	摻雜濃度	崩潰電壓	產生原因	溫度係數
累增崩潰	低	$V_Z > 6\,V$	熱效應	正溫度係數（$T\uparrow V_Z\uparrow$）
稽納崩潰	高	$V_Z < 6\,V$	電場效應	負溫度係數（$T\uparrow V_Z\downarrow$）

重點 3 　稽納二極體之偏壓特性

1. 順向偏壓，特性如同一般二極體。

2. 逆向偏壓時，當工作電流小於最小稽納電流 I_{ZK} 或逆向偏壓小於稽納電壓 V_Z，稽納二極體的狀態可以視同**開路**，而工作電流大於最大逆向崩潰電流 I_{ZM}，稽納二極體將會**燒毀**，因此稽納二極體具正常穩壓的工作電流 I_Z 的範圍為：
$I_{ZK} \le I_Z < I_{ZM}$。

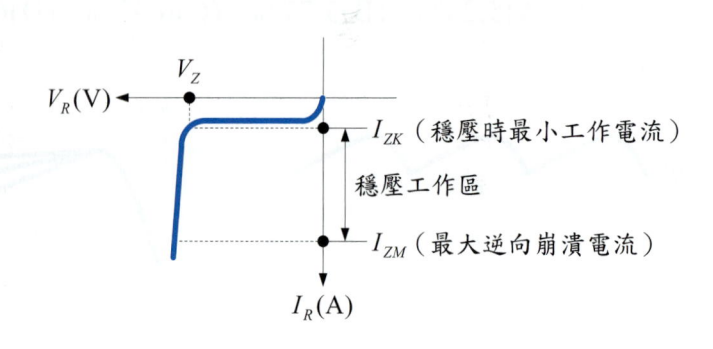

重點 4 　稽納二極體之溫度係數

稽納二極體的崩潰電壓會隨著週遭的環境溫度而改變，一般係指溫度每變化1°C（ΔT）時崩潰電壓的變化率（ΔV_Z）即**溫度係數**（temperature coefficient，簡稱為 TC），其中**溫度係數公式為** $TC = \dfrac{\Delta V_Z}{V_Z \times \Delta T}$。

重點 5 　稽納二極體崩潰時之等效模型

1. 定電壓降模型

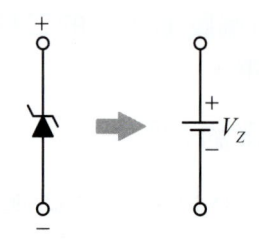

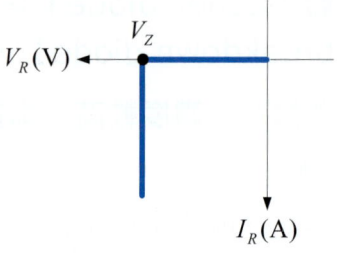

　　(a) 定電壓降模型的等效電路　　(b) 電壓（V）對電流（I）特性曲線

2. 片段線性模型

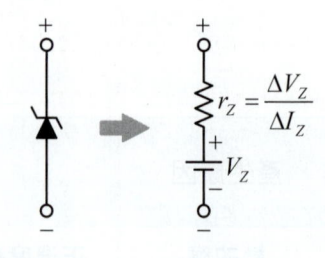

　　(a) 實際稽納二極體的等效電路　　(b) 電壓（V）對電流（I）特性曲線

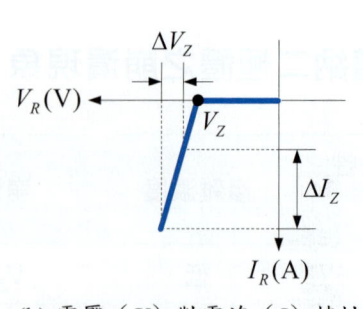

重點 6　稽納二極體之應用電路

題型1：忽略稽納二極體之內阻 r_z

1. 若 $I_Z < I_{ZK}$ 或 $V_i \times \dfrac{R_L}{R_S + R_L} < V_Z$，則稽納二極體視為**開路**。

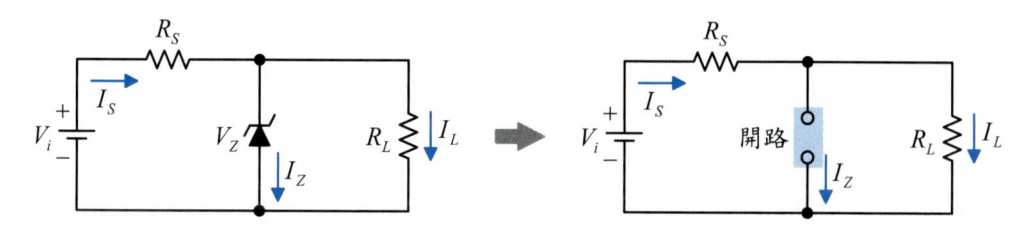

    (1) $I_Z = 0$　　(2) $I_L = \dfrac{V_i}{R_S + R_L}$　　(3) 稽納二極體消耗功率 $P_Z = V_Z \times I_Z = 0$

2. 若 $V_i \times \dfrac{R_L}{R_S + R_L} > V_Z$，則稽納二極體以電壓源 V_Z 取代，具**穩壓特性**。

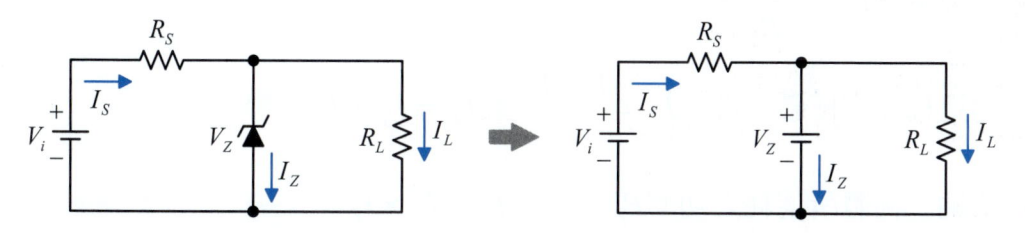

    (1) 負載電流 $I_L = \dfrac{V_Z}{R_L}$　　(2) 電源電流 $I_S = \dfrac{V_i - V_Z}{R_S}$

    (3) KCL：$I_Z = I_S - I_L$　　(4) 稽納二極體消耗功率 $P_Z = V_Z \times I_Z$

題型2：考慮稽納二極體之稽納電阻 r_z

1. 若 $I_Z < I_{ZK}$ 或 $V_i \times \dfrac{R_L}{R_S + R_L} < V_Z$，則稽納二極體視為**開路**。

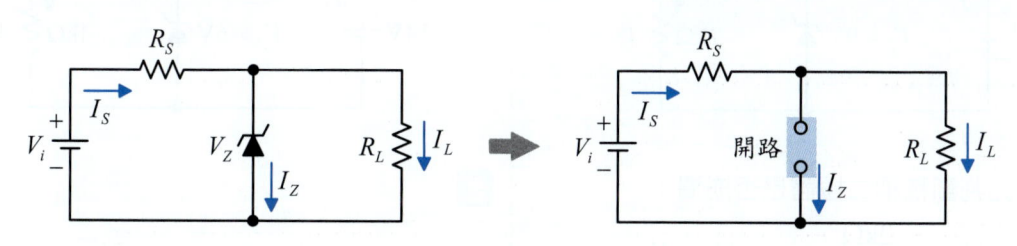

    (1) $I_Z = 0$　　(2) $I_L = \dfrac{V_i}{R_S + R_L}$　　(3) 稽納二極體消耗功率 $P_Z = V_Z \times I_Z$

2. 若 $V_i \times \dfrac{R_L}{R_S + R_L} > V_Z$，則稽納二極體以電壓源$V_Z$以及稽納電阻$r_Z$取代，具**穩壓特性**。

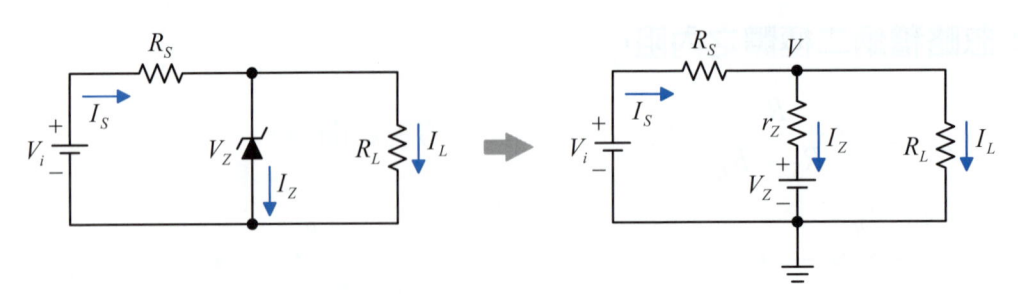

(1) 先運用節點電壓法或密爾門定理求出電壓 $V = \dfrac{(\dfrac{V_i}{R_S} + \dfrac{V_Z}{r_Z})}{\dfrac{1}{R_S} + \dfrac{1}{r_Z} + \dfrac{1}{R_L}}$（密爾門定理）

(2) 負載電流 $I_L = \dfrac{V}{R_L}$

(3) 電源電流 $I_S = \dfrac{V_i - V}{R_S}$

(4) 通過稽納二極體之電流 $I_Z = \dfrac{V - V_Z}{r_Z}$ 或 $I_Z = I_S - I_L$

(5) 稽納二極體所消耗之功率 $P_Z = V_Z \times I_Z + I_Z^2 \times r_Z$

忽略稽納二極體之內阻（稽納二極體未穩壓）

老師教

1. 如下圖所示，試求輸出電壓V_o與稽納二極體電流I_Z，分別為何？

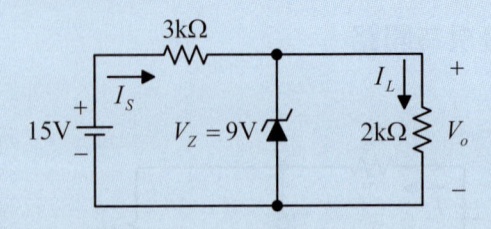

（電路圖：15V，3kΩ，$V_Z = 9V$，2kΩ，V_o）

解 (1) 先判斷稽納二極體是否崩潰：

$15V \times \dfrac{2k\Omega}{2k\Omega + 3k\Omega} = 6V < V_Z$

稽納二極體視為開路

(2) 輸出電壓 $V_o = 6\ V$

(3) 稽納電流 $I_Z = 0\ A$

學生做

1. 如下圖所示，試求輸出電壓V_o與電源電流I_S，分別為何？

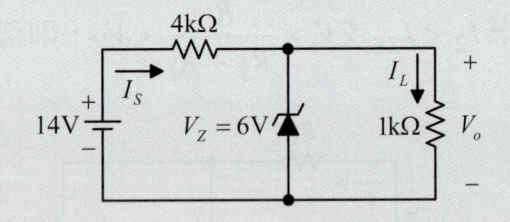

（電路圖：14V，4kΩ，$V_Z = 6V$，1kΩ，V_o）

答

2-34

忽略稽納二極體之內阻（稽納二極體已穩壓）

老師教

2. 如下圖所示，試求：(1)輸出電壓V_o (2)稽納電流I_Z 分別為何？

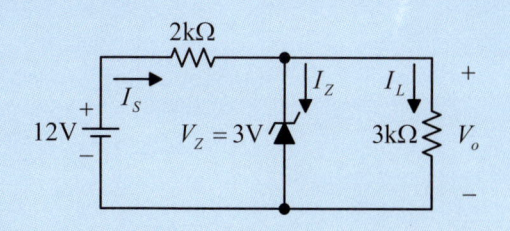

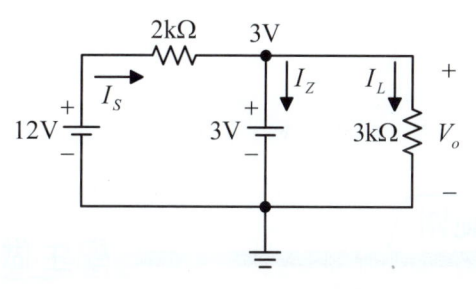

學生做

2. 如下圖所示，試求：(1)輸出電壓V_o (2)電源電流I_S (3)稽納二極體消耗功率 分別為何？

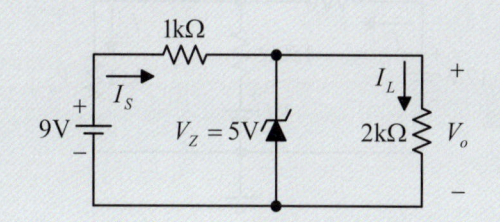

解 (1) 先判斷稽納二極體是否崩潰：

$$12\text{V} \times \frac{3\text{k}\Omega}{2\text{k}\Omega + 3\text{k}\Omega} = 7.2 \text{ V} > V_Z$$

稽納二極體崩潰穩壓

(2) 輸出電壓$V_o = 3$ V

(3) 電源電流$I_S = \dfrac{12\text{V} - 3\text{V}}{2\text{k}\Omega} = 4.5$ mA

負載電流$I_L = \dfrac{3\text{V}}{3\text{k}\Omega} = 1$ mA

所以稽納電流$I_Z = 4.5\text{mA} - 1\text{mA}$
$= 3.5$ mA

答

考慮稽納二極體之內阻（稽納二極體已穩壓）

老師教

3. 如下圖所示，若稽納電阻$r_Z = 150\,\Omega$，試求：(1)輸出電壓V_o (2)稽納二極體所消耗之功率 分別為何？

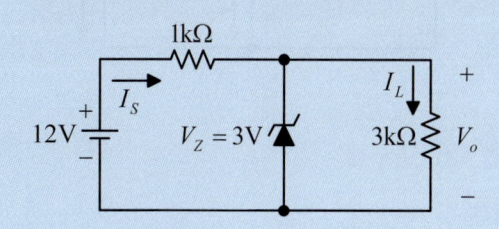

學生做

3. 如下圖所示，若稽納電阻$r_Z = 200\,\Omega$，試求：(1)輸出電壓V_o (2)稽納二極體所消耗之功率 分別為何？

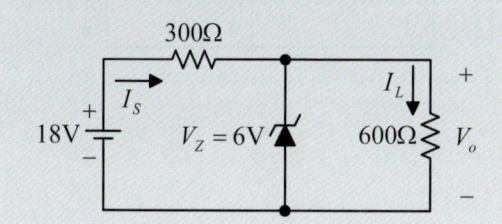

解 (1) $12V \times \dfrac{3k\Omega}{1k\Omega + 3k\Omega} = 9\,V > V_Z$ **答**

所以稽納二極體崩潰穩壓，等效電路如下：

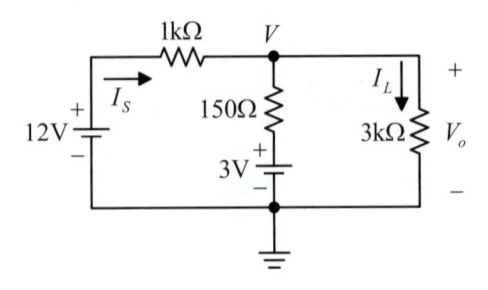

(2) 運用節點電壓法：
$$\dfrac{V-12}{1k\Omega} + \dfrac{V-3}{150\Omega} + \dfrac{V-0}{3k\Omega}$$
$\Rightarrow V = 4$ 伏特

(3) 通過稽納二極體之電流：
$$I_Z = \dfrac{V_o - V_Z}{r_Z} = \dfrac{4-3}{150} = \dfrac{1}{150}\,A$$

(4) 稽納二極體所消耗之功率：
$$P_Z = V_Z \times I_Z + I_Z^2 \times r_Z$$
$$= 3 \times \dfrac{1}{150} + (\dfrac{1}{150})^2 \times 150 = \dfrac{2}{75}\,W$$

負載電阻 R_L 的範圍

老師教

4. 如下圖電路，假設稽納二極體之 $V_Z = 10\,V$，最大額定功率為 $400\,mW$，若負載電阻 R_L 兩端的 V_o 電壓要維持在 $10V$，試求 R_L 之範圍？

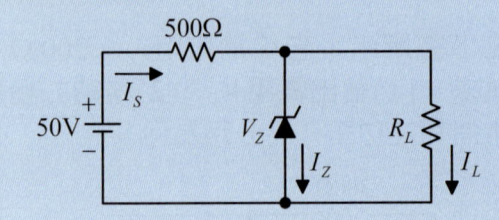

學生做

4. 如下圖電路，稽納二極體的參數為 $V_Z = 8\,V$、$I_{ZK} = 2\,mA$ 及 $I_{ZM} = 10\,mA$，則使稽納二極體工作的負載電阻 R_L 範圍？

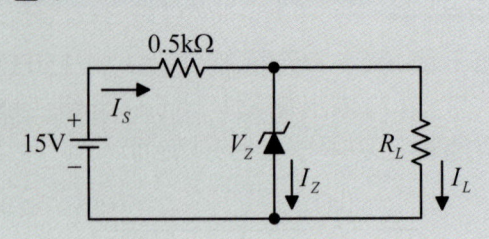

解 (1) $50\text{V} \times \dfrac{R_L}{500+R_L} \geq 10\text{ V}$

$\Rightarrow 50R_L \geq 5000 + 10R_L$

$\Rightarrow R_L \geq 125\,\Omega$（最小值）

(2) $P_{Z(\max)} = V_Z \times I_{Z(\max)}$

$\Rightarrow 400\text{mW} = 10 \times I_{Z(\max)}$

$\Rightarrow I_{Z(\max)} = 40\text{ mA}$

(3) 電源電流 $I_S = \dfrac{50\text{V} - 10\text{V}}{500\Omega} = 80\text{ mA}$

$I_{L(\min)} = I_S - I_{Z(\max)}$

$= 80\text{mA} - 40\text{mA} = 40\text{ mA}$

(4) $R_{L(\max)} = \dfrac{V_Z}{I_{L(\min)}} = \dfrac{10\text{V}}{40\text{mA}}$

$= 250\,\Omega$（最大值）

答

ABCD 立即練習

基礎題

(　　)1. 稽納二極體應用於　(A)放大電路　(B)濾波電路　(C)整流電路　(D)穩壓電路

(　　)2. 稽納二極體使用於穩壓時，是操作在
(A)順向偏壓　(B)升壓作用區　(C)逆向崩潰區　(D)線性放大區

(　　)3. 稽納二極體的摻雜濃度，本質濃度：雜質濃度一般為何？
(A)$10^8:1$　(B)$10^5:1$　(C)$10^3:1$　(D)$1:1$

(　　)4. 關於稽納二極體（Zener diode）的稽納電壓
(A)負溫度係數
(B)正溫度係數
(C)零溫度係數
(D)稽納電壓在6V以上為正溫度係數，在6V以下為負溫度係數

(　　)5. 產生累增崩潰，主要是
(A)電場效應　(B)熱效應　(C)西貝克效應　(D)壓電效應

(　　)6. 產生稽納崩潰，主要是
(A)電場效應　(B)熱效應　(C)西貝克效應　(D)壓電效應

(　　)7. 稽納二極體未崩潰，視為　(A)短路　(B)開路　(C)穩壓　(D)定電流

(　　)8. 稽納二極體的摻雜濃度增加，則稽納電壓V_Z？
(A)增加　(B)減小　(C)不變　(D)不一定

( )9. 稽納二極體之額定功率為200mW，崩潰電壓為10V，則其最大電流為
(A)2A (B)100mA (C)20mA (D)10mA

( )10. 稽納二極體在25°C操作時稽納（Zener）電壓為6.5V，具有正溫度係數0.05%/°C，則此稽納二極體在85°C操作時的稽納電壓為何值？
(A)6.3V (B)6.5V (C)6.7V (D)6.9V

進階題

( )1. 關於稽納二極體的崩潰效應，下列敘述何者錯誤？
(A)累增崩潰（avalanche breakdown）是由於熱效應所產生
(B)稽納崩潰（Zener breakdown）是由於電場效應所產生
(C)崩潰電壓大於6V時，屬於累增崩潰（avalanche breakdown）
(D)稽納崩潰（Zener breakdown）為傳導的載子經過不斷的碰撞所產生

( )2. 如圖(1)所示，在正常工作下，當電源電壓固定而負載電阻R_L變大時，下列敘述何者正確？ (A)I_L增加 (B)I_S減少 (C)I_Z減少 (D)P_Z增加

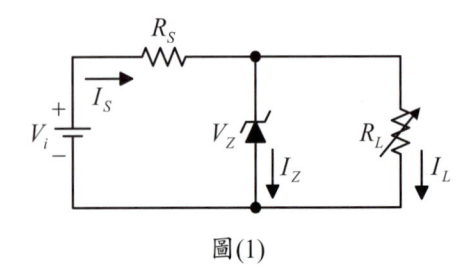

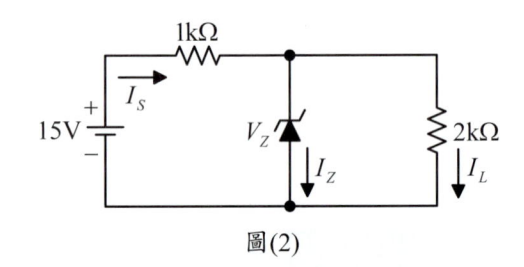

( )3. 如圖(2)，若稽納電壓為3V，則下列敘述何者錯誤？
(A)$I_S = 12\text{ mA}$
(B)$I_Z = 10.5\text{ mA}$
(C)電源提供功率$P_S = 180\text{ mW}$
(D)稽納二極體提供功率$P_Z = 31.5\text{ mW}$

( )4. 如圖(3)所示，若稽納二極體的順向切入電壓為0.6V，且逆向崩潰電壓$V_{Z1} = 6\text{ V}$、$V_{Z2} = 4\text{ V}$，試求輸出電壓的範圍為何？
(A)$-6.6\text{V} \sim 6.6\text{V}$
(B)$-4.6\text{V} \sim 4.6\text{V}$
(C)$-4.6\text{V} \sim 6.6\text{V}$
(D)$-6.6\text{V} \sim 4.6\text{V}$

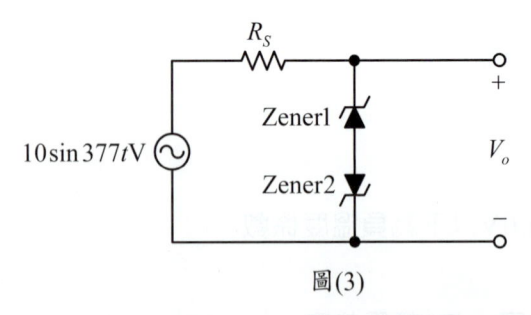

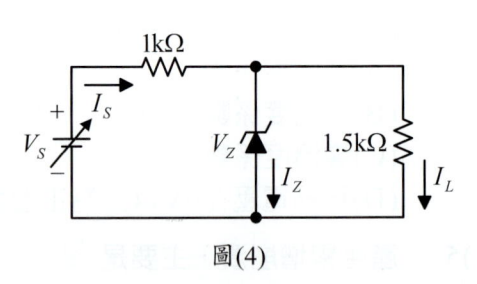

( )5. 如圖(4)電路，假設稽納二極體之$V_Z = 3\text{ V}$，$I_{Z(\min)} = 4\text{ mA}$及$I_{Z(\max)} = 12\text{ mA}$，則使稽納二極體工作的電源電壓$V_S$範圍？
(A)8V～20V (B)8V～17V (C)9V～17V (D)9V～19V

2-7 實習專區

重點 1 日式規格

1. 二極體的規格一般以日本製以及美國製為主。
2. 日式編號：日本工業標準（JIS），如下表所示。

項次	第一項	第二項	第三項	第四項	第五項
編號	1	S		11	

(1) 第一項：

　　0：光電晶體或光二極體

　　1：**二極體**

　　2：**三極元件**，如電晶體（BJT）、場效應電晶體（FET）、SCR、UJT等

　　3：四極元件，如雙閘FET、SCS

(2) 第二項：半導體以S（semiconductor）表示。

(3) 第三項：表示用途與極性

　　A：**PNP高頻用電晶體**　　　　B：**PNP低頻用電晶體**

　　C：**NPN高頻用電晶體**　　　　D：**NPN低頻用電晶體**

(4) 第四項：表示序號，依照廠商向日本電子機械工會登記之序號，由11號開始。

(5) 第五項：改良品以A（Advanced）表示。

重點 2 美式規格

1. 美式編號：如下表所示

項次	第一項	第二項
編號	1N	6001

(1) 第一項：

　　1N：二極體

　　2N：三極體

　　3N：四極體

(2) 第二項：表示用途及極性，需查詢資料手冊。

重點 3　常用二極體之編號

1. 常用二極體之編號，矽二極體為 1N40XX 系列，常用於整流電路；鍺二極體為 1N60XX 系列，常用於**檢波電路**。

2. 常用整流用二極體之編號（編號愈大，耐壓愈大）

編號	規格	編號	規格
1N4001	1A／50V	1N4005	1A／600V
1N4002	1A／100V	1N4006	1A／800V
1N4003	1A／200V	1N4007	1A／1000V
1N4004	1A／400V		

重點 4　二極體之量測

1. 使用日式指針式三用電錶之歐姆檔作元件的測試，需注意**黑色測試棒**接於電表內部電池的**正極**，而**紅色測試棒**接於電表內部電池的**負極**。

2. 極性判斷：

    步驟1：先將歐姆檔切換至 $R \times 10$ 檔位，並作歸零調整。

    步驟2：順偏測量，將黑棒接到二極體的P側，紅棒接到二極體的N側，指針偏轉，電阻值顯示約 $50\Omega \sim 100\Omega$ 表示正常，若指針偏轉到0（短路）或 ∞（開路），表示二極體已經損壞。

    步驟3：逆偏測量，黑棒接到二極體的N側，紅棒接到二極體的P側，若指針不偏轉，表示正常；偏轉很大，表示二極體已經損壞。

3. 矽質、鍺質二極體之判斷

    (1) 將歐姆檔撥到 $R \times 1k$ 檔位，並作歸零調整。

    (2) 將黑棒接到二極體的P側，紅棒接到二極體的N側，若電表上的LV刻度上的數值為 **0.4V～0.75V** 表示為矽質二極體，LV刻度上的數值為 **0.1V～0.3V** 則為鍺質二極體。

重點 5　發光二極體之特性及量測

1. 發光二極體（簡稱LED），符號如下，其工作電壓約1.5V～2V。

$$A \circ\!\!-\!\!\blacktriangleright\!\!|-\!\!\circ K$$
（陽極）　　　　（陰極）

2. 工作原理：**LED需接順向偏壓，較長接腳（極板面積小）接電源正極，較短接腳（極板面積大）接電源負極**。

3. 常用的光電半導體材料有砷化鎵（GaAs）、磷化鎵（GaP）、氮化鋁鎵（AlGaN）、磷化銦鎵鋁（AlGaInP）等，以光的形式釋放能量，而矽與鍺是以熱的形式釋放能量，較不適合製作LED。

4. **矽與鍺屬於間接能隙（indirect bandgap）材料，所以不會發光；而LED以化合物半導體為材料，屬於直接能隙的材料，故可以發光**。

5. 化合物半導體依元件採用無機與有機材料，簡單區分為**無機（Inorganic）LED與有機（Organic）LED**。

6. LED利用電子與電洞進行共價鍵結合時發光屬於**冷性發光**。

7. **LED的發光強度與順向電流的大小成正比**。

8. **LED的發光顏色與製造材料有關，而與順向偏壓的大小無關**。

9. 發光二極體所發射的光波長由半導體材料的能隙大小所決定。

10. **有機發光二極體（Organic Light Emitting Diode，簡稱為OLED）**，係藉由外加的強電場下，激發螢光物質使其發光的機制。

11. 無機發光二極體為單點發光，而有機發光二極體則是整面發光，因此有機發光二極體為目前顯示器發展的趨勢。

12. LED主要用於數字的指示與顯示用途。

13. 測量方法：

    (1) 運用日式指針式三用電錶的歐姆檔進行測量，以$R \times 1$的檔位測量（不需要歸零調整），將**黑棒接到長腳，紅棒接到短腳，若二極體發光表示正常**。

    (2) 將檔位逐漸由$R \times 1 \rightarrow R \times 1k$，發光二極體的亮度逐漸變暗，主因是三用電錶的內阻變大，造成輸出電流減小的緣故。

重點 6 橋式整流二極體之量測

1. 常見的橋式整流器：圓形整流器、梳形（方形）整流器與IC形整流器，其中梳形（方形）整流器的**較長接腳**為輸出的正端。

2. 橋式整流器的符號如下，通常會直接標示在各種形式整流器的外殼，以方便使用者辯識。

   (1) 外殼標識『～』的符號，接至交流電源。

   (2) 外殼標識『+』與『-』的符號，接至輸出的負載端，其中『+』為輸出之正端，『-』為輸出之負端。

   (3) 量測方式與一般二極體的量測方式相同，以黑棒接P側而紅棒接N側，指針小幅度偏轉；而黑棒接N側而紅棒接P側，指針不偏轉，表示二極體正常。

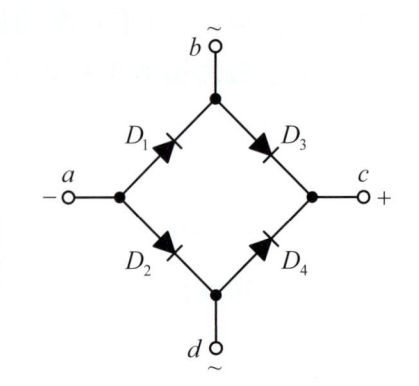

發光二極體

老師教

1. 如下圖所示，LED之工作電壓為1.5V，內阻為30Ω，工作電流為30mA，需串接的電阻R為何？

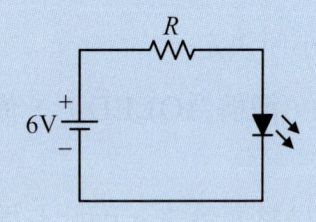

   解 $\dfrac{6-1.5}{R+30} = 30\text{mA} \Rightarrow R = 120\,\Omega$

學生做

1. 如下圖所示，LED之工作電壓為2V，內阻為50Ω，工作電流為20mA，需串接的電阻R為何？

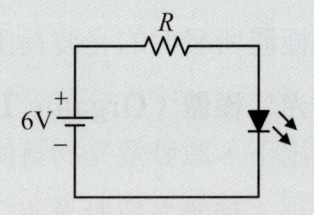

   答

ABCD 立即練習

基礎題

(　)1. LED的發光顏色與下列何者有關？
(A)外加順向偏壓之大小　(B)外加逆向偏壓之大小　(C)電流大小　(D)製作的材料

(　)2. LED的發光亮度與下列何者有關？
(A)外加順向偏壓之大小　(B)外加逆向偏壓之大小　(C)製作的材料　(D)接腳長度

(　)3. LED工作於 (A)順向偏壓 (B)逆向偏壓 (C)零電壓 (D)順向或逆向偏壓

(　)4. 通常會將LED串聯一個電阻器，該電阻的功用是
(A)恆壓　(B)定電流　(C)限流　(D)放大

2-42

( )5. LED塑膠殼內，極板面積較小者，為 (A)陽極 (B)陰極 (C)閘極 (D)射極

( )6. LED工作時，其接腳的接法為
(A)長腳接正電壓，短腳接負電壓　　(B)長腳接負電壓，短腳接正電壓
(C)長腳與短腳都接負電壓　　(D)長腳與短腳都接正電壓

( )7. 發光二極體（LED）的光波長度與下列何者有關？
(A)外加逆向偏壓的大小　　(B)工作電壓的頻率
(C)製造材料的能隙寬度　　(D)工作電流的大小

( )8. 發光二極體主要的功用為何？ (A)整流 (B)檢波 (C)顯示 (C)放大

( )9. 使用日式指針式三用電錶的歐姆檔測量二極體，下列敘述何者正確？
(A)黑棒接二極體P端，紅棒接二極體的N端，指針偏轉到零歐姆
(B)紅棒接二極體P端，黑棒接二極體的N端，指針不偏轉
(C)黑棒接二極體N端，紅棒接二極體的P端，指針偏轉到低電阻
(D)紅棒接二極體N端，黑棒接二極體的P端，指針不偏轉

( )10. 使用指針式三用電錶的歐姆檔，測量發光二極體，使用下列哪個檔位，發光二極體的亮度最亮？ (A)$R\times 1$ (B)$R\times 10$ (C)$R\times 100$ (D)$R\times 1k$

( )11. 以三用電表歐姆檔測試二極體兩端，倘若不論正、負兩測試棒如何調換，其指針均偏轉至低電阻時，則表示此二極體 (A)短路 (B)開路 (C)正常 (D)無法判定

( )12. 利用歐姆表測試二極體兩端，結果指針均指示在無限大位置，表示此二極體
(A)短路 (B)開路 (C)正常 (D)無法判定

( )13. 下列何者為二極體之編號？ (A)1N4002 (B)2SC1384 (C)CS9012 (D)SH12

( )14. 橋式整流器是將四個整流二極體直接封裝在一起，變為單一個電子元件，而元件通常會有1支接腳會較其他3支還長，此接腳通常為何？
(A)輸入的正端 (B)輸入的負端 (C)輸出的正端 (D)輸出的負端

( )15. 有關二極體的特性及測試之敘述，下列何者錯誤？
(A)編號1N40系列的二極體較適用於整流電路；而1N60系列的二極體較適用於檢波電路
(B)歐姆檔$R\times 10$檔位，將紅棒接1N4001二極體的標記處，黑棒接另一端，此時指針顯示低電阻
(C)將三用電表的黑棒接至發光二極體的長腳，紅棒接至另一腳位，則歐姆檔的檔位越大，發光二極體越亮
(D)經由三用電表上LV刻度的指示值可以判別矽或鍺二極體

進階題

( )1. 如圖(1)為一個良好的橋式整流器之底視圖，以三用電表之歐姆檔測試時，當第2支腳接黑棒時與另外三支腳都會導通，則下列接線何者可以正確的將交流電轉為脈動直流電？
(A)第1腳及第4腳接交流電，第2腳及第3腳接負載，其中第2腳輸出正電壓
(B)第1腳及第4腳接交流電，第2腳及第3腳接負載，其中第3腳輸出正電壓
(C)第2腳及第3腳接交流電，第1腳及第4腳接負載，其中第1腳輸出正電壓
(D)第2腳及第3腳接交流電，第1腳及第4腳接負載，其中第4腳輸出正電壓

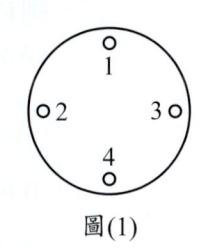

圖(1)

歷屆試題

電子學試題

( ) 1. 如圖(1)所示，下列何種方法，可達到降低輸出電壓漣波因數的效果？
(A)輸入端由半波整流器改為全波整流器
(B)降低 L 之電感值
(C)降低 C_1 之電容值
(D)降低 C_2 之電容值 [統測]

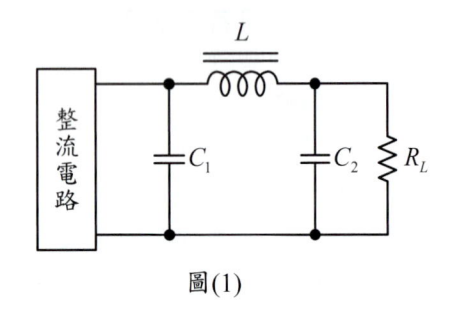

圖(1)

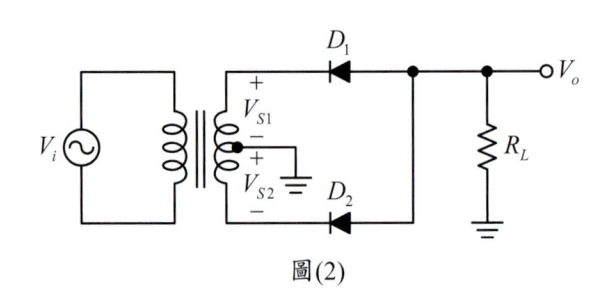

圖(2)

( ) 2. 如圖(2)所示，已知 $|V_{S1}|=|V_{S2}|$，$V_{S1}=10\sin\omega t$ V，且 D_1、D_2 皆為理想二極體，則 V_o 之平均直流電壓為　(A) -6.37V　(B) -3.18V　(C) 3.18V　(D) 6.37V [統測]

( ) 3. 下列對於半導體之敘述，何者錯誤？
(A)當加逆向偏壓於PN接面時，空乏區會變窄
(B)當加順向偏壓於PN接面時，空乏區外存在擴散電容
(C)在本質半導體中摻雜五價元素，可形成N型半導體
(D)當加小於崩潰電壓之逆向偏壓於PN接面時，仍有少數載子流動，此為逆向飽和電流 [統測]

( ) 4. 如圖(3)所示，已知 D 為理想二極體，則下列何種做法對改善其漣波因數的效果最差？
(A)將輸入電壓變小　　　　　　　　(B)將電容值加大
(C)改用全波整流　　　　　　　　　(D)將電阻值加大 [統測]

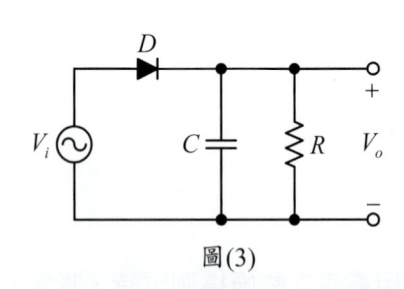

圖(3)

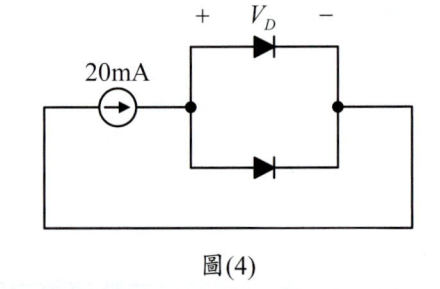

圖(4)

( ) 5. 圖(4)之二極體在流通 1 mA 電流時，兩端的電壓差為 0.7 V，若 $\eta=1$ 且 $V_T=25$ mV，則 V_D 為（計算時可參考底下的自然對數表）：
(A) 0.7V　(B) 0.73V　(C) 0.76V　(D) 0.79V [統測]

ln2	ln3	ln4	ln5	ln6	ln7	ln8	ln9	ln10	ln11
0.693	1.099	1.386	1.609	1.792	1.946	2.079	2.197	2.303	2.398
ln12	ln13	ln14	ln15	ln16	ln17	ln18	ln19	ln20	
2.485	2.565	2.639	2.708	2.773	2.833	2.890	2.944	2.996	

( )6. 某直流電源無載時電壓為30V，已知電源內電阻為20Ω，滿載電流為0.25A，則其電壓調整率$VR\%$為多少？
(A)5% (B)10% (C)20% (D)25% [統測]

( )7. 下列有關半導體的敘述，何者錯誤？
(A)具有受體雜質的半導體稱為P型半導體
(B)具有施體雜質的半導體稱為N型半導體
(C)電子的漂移速度比電洞的漂移速度快
(D)在P型半導體中，電子被稱為多數載子 [統測]

( )8. 在矽半導體材料中，摻入三價的雜質，請問此半導體形成何種型式？半導體內部的多數載子為何？此塊半導體之電性為何？
(A)N型半導體；電子；電中性
(B)N型半導體；電子；負電
(C)P型半導體；電洞；電中性
(D)P型半導體；電洞；正電 [統測]

( )9. 請使用二極體近似模型計算圖(5)之電路，假設二極體D_1與D_2之切入電壓$V_r = 0.7$ V、順向電阻$R_f = 200\ \Omega$、及逆向電阻$R_r = \infty$，電路中之$R_S = 1.8\ \text{k}\Omega$及$R_L = 12\ \text{k}\Omega$，當$V_1 = V_2 = 2$ V，請問電壓$V_o = ?$
(A)0.15V (B)1.8V (C)0.1V (D)1.2V [統測]

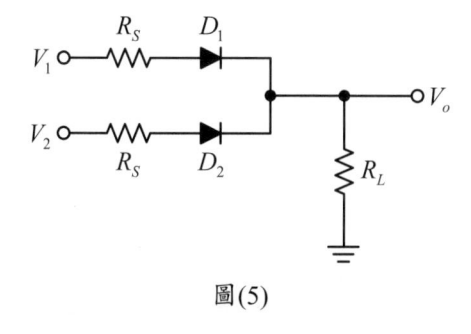

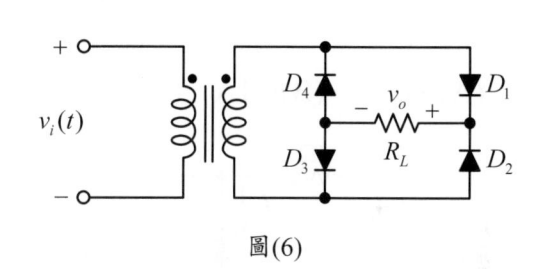

圖(5)　　　　　　圖(6)

( )10. 如圖(6)所示，假設二極體均具理想特性，當輸入交流電壓$v_i(t) > 0$ V時，則下列有關二極體此時的狀態描述，何者正確？
(A)D_1、D_3：ON，D_2、D_4：OFF
(B)D_2、D_4：ON，D_1、D_3：OFF
(C)D_1、D_4：ON，D_2、D_3：OFF
(D)D_2、D_3：ON，D_1、D_4：OFF [統測]

( )11. 在P型半導體中，導電的多數載子為何者？
(A)電子 (B)原子核 (C)電洞 (D)離子 [統測]

( )12. 矽、鍺半導體材料的導電性，隨溫度上升而產生何種變化？
(A)成為絕緣體 (B)減少 (C)不變 (D)增加 [統測]

( )13. 二極體的空乏區，隨著逆偏電壓的增加而產生何種變化？
(A)增加 (B)減少 (C)不變 (D)先減後增 [統測]

( )14. 家用的交流電源110V、60Hz，經半波整流，但未濾波，則此整流後電壓的平均值約為多少？ (A)35V (B)40V (C)50V (D)55V [統測]

( )15. 如圖(7)所示，V_i為家用交流電源110V、60Hz，則輸出電壓V_o約為多少？
(A)10V　(B)14V　(C)20V　(D)28V　[統測]

圖(7)

圖(8)

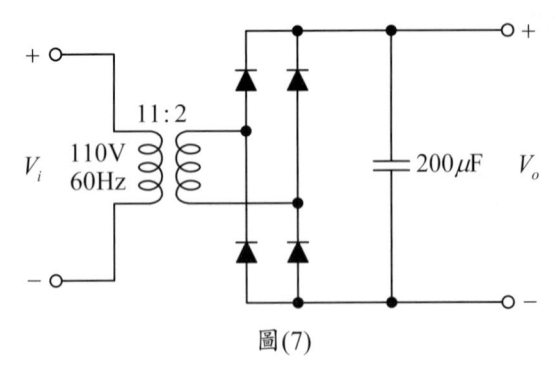

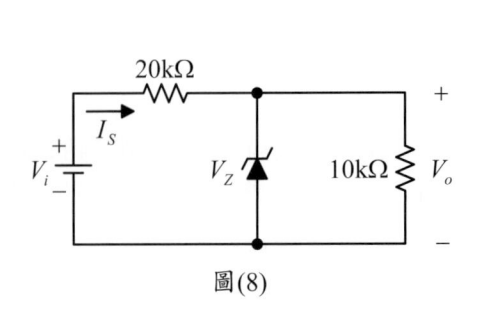

( )16. 如圖(8)所示，$V_i = 30\,V$，稽納二極體的$V_Z = 15\,V$，則輸出電壓V_o為多少？
(A)5V　(B)10V　(C)15V　(D)30V　[統測]

( )17. 下列關於價電子與自由電子的敘述，何者錯誤？
(A)價電子位於原子核最外層軌道
(B)價電子成為自由電子會釋放熱能
(C)自由電子位於傳導帶
(D)價電子脫離原來的軌道所留下之空缺，稱為電洞　[統測]

( )18. 若一電源頻率為50Hz，經半波整流後，輸出電壓漣波頻率為何？
(A)25Hz　(B)30Hz　(C)50Hz　(D)60Hz　[統測]

( )19. 如圖(9)所示，已知稽納二極體的崩潰電壓為6V，則I_Z為
(A)0.05A　(B)0.1A　(C)0.25A　(D)0.5A　[統測]

圖(9)

圖(10)

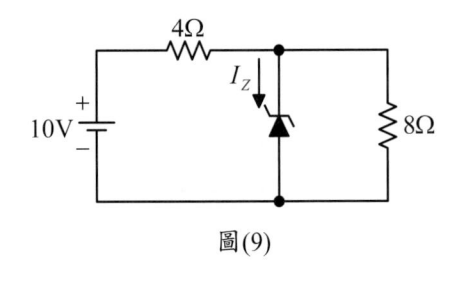

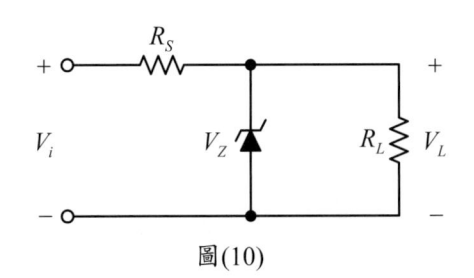

( )20. 如圖(10)所示電路，$R_S = 1\,k\Omega$，$R_L = 5\,k\Omega$，$V_Z = 10\,V$，則能使稽納二極體崩潰導通的最小輸入電壓V_i為多少？
(A)9V　(B)10V　(C)12V　(D)15V　[統測]

( )21. 稽納二極體在電源調整電路中通常是作何用途？
(A)作為控制元件　　　　　　(B)提供參考電壓
(C)作為取樣電路　　　　　　(D)作為誤差檢測　[統測]

( )22. 下列關於半波整流加上電容器濾波電路之敘述，何者錯誤？
(A)二極體所需的峰值反向偏壓（PIV）與未加上電容器濾波時一樣
(B)漣波頻率與未加上電容器濾波時一樣
(C)加上電容器濾波後電壓漣波因數得到改善
(D)加上電容器濾波後輸出電壓增加　[統測]

( )23. 如圖(11)所示之電路，D 為理想二極體，$V_i = 12\text{ V}$，則電流 I 為何？
(A)3mA　(B)4mA　(C)5mA　(D)6mA　[統測]

圖(11)

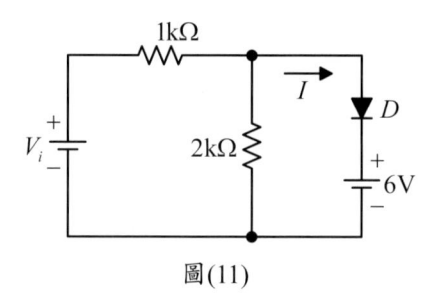

( )24. 當二極體於逆向偏壓時，下列敘述何者正確？
(A)空乏區變寬、障壁電位增加
(B)空乏區變窄、障壁電位增加
(C)空乏區變寬、障壁電位減少
(D)空乏區變窄、障壁電位減少　[統測]

( )25. 下列何者為摻入施體（donor）雜質後之半導體名稱？
(A)P型半導體　(B)N型半導體　(C)本質半導體　(D)載子半導體　[統測]

( )26. 如圖(12)所示之電路，下列有關 V_o 漣波電壓有效值之敘述，何者正確？
(A)與 V_i 頻率成正比
(B)與 V_i 振幅成正比
(C)與電阻 R_L 成正比
(D)與電容 C 成正比　[統測]

圖(12)

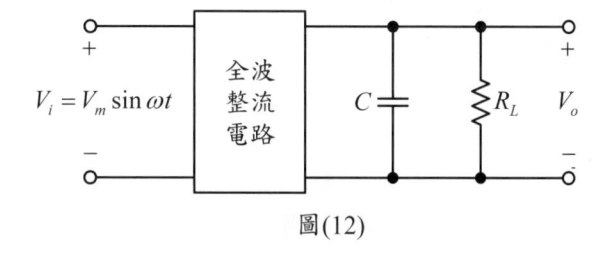

( )27. 下列敘述何者錯誤？
(A)稽納二極體之崩潰電壓與摻雜濃度成正比
(B)稽納二極體工作在逆向崩潰區才有穩壓功能
(C)發光二極體屬於冷性發光
(D)發光二極體由摻雜材料來決定發光顏色　[統測]

( )28. 下列有關各類二極體的敘述，何者錯誤？
(A)稽納二極體可作為產生參考電壓的元件
(B)稽納二極體一般使用時，是在逆向偏壓下工作
(C)一般發光二極體在使用時，是在順向偏壓下工作
(D)發光二極體發光的波長與其偏壓的電壓值成正比　[統測]

( )29. 如圖(13)所示之電路，若稽納二極體之稽納電壓 $V_Z = 8\text{ V}$，逆向導通內阻 $r_Z = 5\text{ Ω}$，則通過負載電阻 R_L 上的電流大小為何？
(A)83.2mA
(B)64.0mA
(C)46.6mA
(D)40.0mA　[統測]

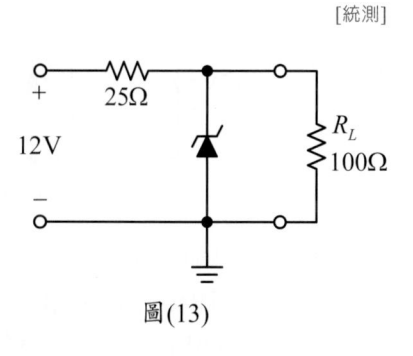

圖(13)

( )30. 有一發光二極體之順向導通電壓為1.7V，導通電流為10mA，欲使其正常的發光，則下列哪一個電路是正確的？ [統測]

(A) 330Ω 5V　(B) 170Ω 5V　(C) 170Ω 5V　(D) 330Ω 5V

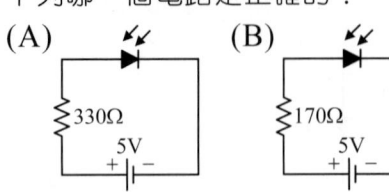

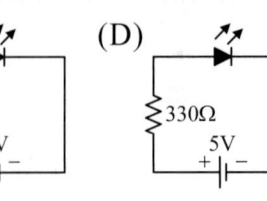

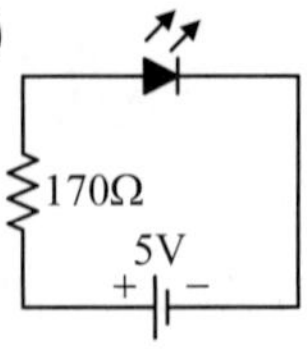

( )31. 如圖(14)所示之電路中，二極體的切入（障壁）電壓為0.7V，輸入電壓V_{in}為$15\sin(60t)$V，則下列敘述何者正確？
(A)輸出電壓V_{out}最高為2.3V
(B)輸出電壓V_{out}最低為−2.7V
(C)輸出電壓V_{out}最高為3.7V
(D)通過2kΩ電阻的最大電流為6.15mA [統測]

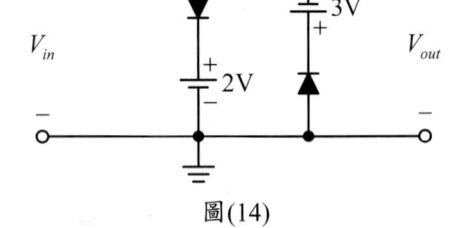

圖(14)

( )32. 如圖(15)所示之電路中，V_{in}是接家中插座的交流電110V/60Hz，$D_1 \sim D_4$的切入電壓為0.7V，D_5的稽納電壓為12V，若所有二極體的內阻都忽略不計，則下列敘述何者錯誤？（$\sqrt{2} \approx 1.414$）
(A)D_1導通時，D_2也導通
(B)電容C兩端的最大電壓降為12V
(C)通過電阻R的最大電流約為6.5mA
(D)D_1與D_2所承受的峰值逆向電壓（PIV）大小相同 [統測]

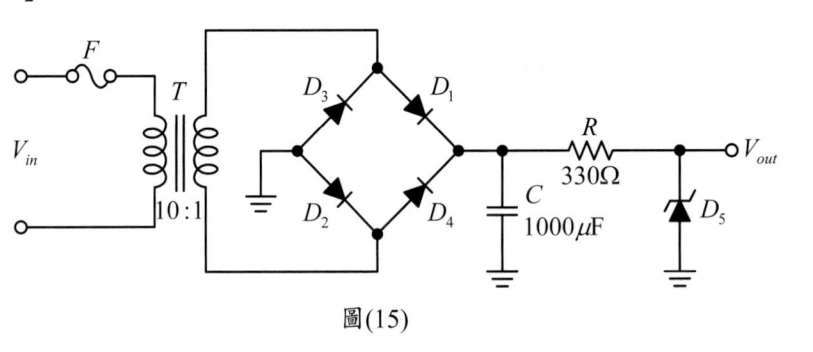

圖(15)

( )33. 如圖(16)所示電路，若$V_Z = 4\,V$，則稽納二極體的消耗功率為多少？（不考慮稽納二極體的電阻）
(A)120mW　(B)240mW　(C)360mW　(D)480mW [統測]

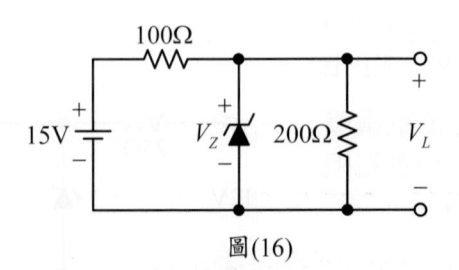

圖(16) 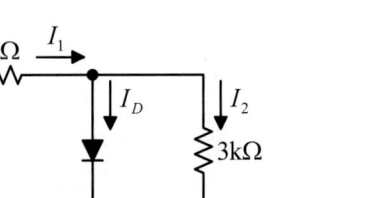 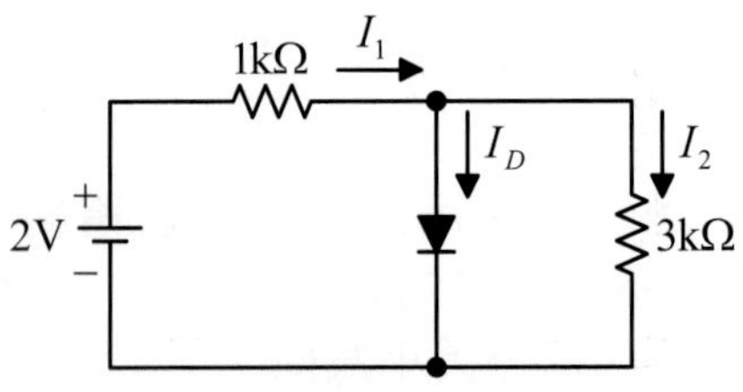　　圖(17)

( )34. 如圖(17)所示電路，若不考慮二極體的順向電阻，二極體的障壁電壓為0.75V，試求二極體的電流I_D大小為何？
(A)0mA　(B)1mA　(C)2mA　(D)3mA [統測]

第 2 章 二極體及應用電路

( )35. 在未外加偏壓下,下列有關PN接面二極體空乏區的敘述,請問何者錯誤?
(A)所形成的障壁電位,在空乏區N側的電位比P側的電位高
(B)達到平衡狀態時,在空乏區P側中有電洞、在N側中有自由電子
(C)在空乏區中,P側有負離子、N側有正離子
(D)P、N兩側空乏區的寬度,其所摻雜的雜質濃度愈高,則該側空乏區的寬度愈窄
[102統測]

( )36. 如圖(18)之電路,其中稽納電壓$V_Z = 6\ V$,且$15mA \le I_Z \le 90mA$時,稽納二極體才有穩壓作用。若不考慮稽納電阻,在R_S電阻的範圍,何者可使稽納二極體產生穩壓作用?
(A)$60\Omega \le R_S \le 120\Omega$ (B)$60\Omega \le R_S \le 150\Omega$
(C)$50\Omega \le R_S \le 120\Omega$ (D)$50\Omega \le R_S \le 150\Omega$
[102統測]

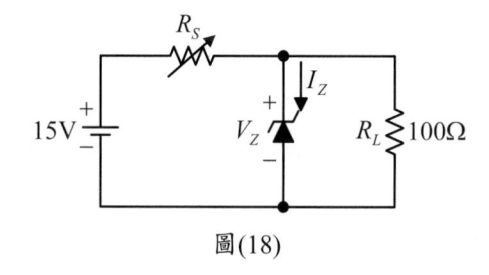

圖(18)

( )37. 下列有關單一個發光二極體(LED)元件之敘述,何者正確?
(A)在逆向偏壓下才能發光
(B)順向電流大小決定發光顏色
(C)順向偏壓下電子和電洞復合時釋出能量發光
(D)發光強度與順向電流成反比
[103統測]

( )38. 下列有關稽納二極體之敘述,何者正確?
(A)稽納崩潰時其稽納電壓為負溫度係數
(B)累增崩潰時其稽納電壓為負溫度係數
(C)累增崩潰是由於電場效應增強所引發
(D)稽納崩潰是由於熱效應增強所引發
[103統測]

( )39. 如圖(19)所示之電路,若D_1及D_2均為理想二極體,$v_i(t) = 200\sqrt{2}\sin 377t\ V$,變壓器匝數比$N_1 : N_2 : N_3 = 10 : 1 : 1$,則電流$i_o$之有效值為何?
(A)2A (B)$2\sqrt{2}$A (C)4A (D)$4\sqrt{2}$A
[103統測]

( )40. 下列有關半導體之敘述,何者正確?
(A)當溫度升高時本質半導體的電阻會變大
(B)P型半導體內電洞載子濃度約等於受體濃度
(C)外質半導體中電洞與自由電子的濃度相同
(D)N型半導體內總電子數大於總質子數
[104統測]

圖(19)

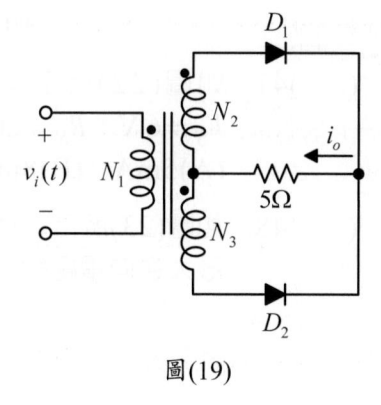

( )41. 下列敘述何者正確?
(A)紅外線LED可發紅色可見光
(B)LED發光原理與白熾鎢絲燈泡相同
(C)矽二極體之障壁電壓即為熱當電壓(thermal voltage)
(D)矽二極體於溫度每上升10°C,其逆向飽和電流約增加一倍
[104統測]

( )42. 如圖(20)所示之理想二極體整流電路，若V_o之平均值為$39.5V$，$R_L = 10\,k\Omega$，$V_i = 100\sin(100\pi t)\,V$，$V_o$之漣波電壓峰對峰值為$1V$，則$C$值約為多少$\mu F$？
(A)2　(B)40　(C)120　(D)360　[104統測]

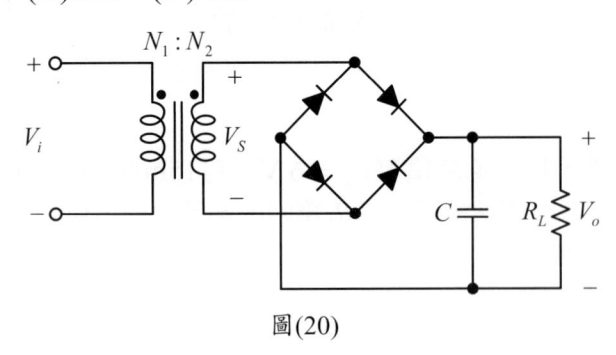

圖(20)

( )43. 承上題，若變壓器匝數比$N_1/N_2 = x$，則x約為何？
(A)5.5　(B)4.5　(C)3.5　(D)2.5　[104統測]

( )44. 單相中間抽頭變壓器型二極體全波整流電路中，其輸出電壓平均值為$50V$，負載為純電阻，則每個二極體之逆向峰值電壓（PIV）約為多少伏特？
(A)173　(B)157　(C)79　(D)50　[104統測]

( )45. 二極體在正常工作下逐漸增加順向電壓時，下列敘述何者正確？
(A)擴散電容變小
(B)多數載子流向接面
(C)空乏區寬度變大
(D)障壁電壓提高　[105統測]

( )46. 如圖(21)所示電路，假設二極體的順向導通電壓為$0.7V$，若不考慮順向電阻，則I_{D2}為多少mA？　(A)1.0mA　(B)2.1mA　(C)2.7mA　(D)3.0mA　[105統測]

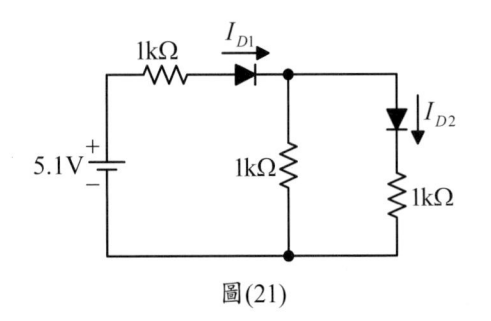

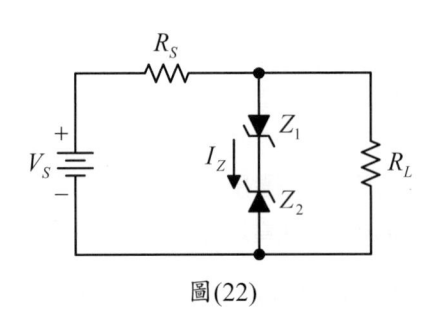

圖(21)　　　圖(22)

( )47. 如圖(22)所示之理想稽納二極體電路，若Z_1、Z_2之崩潰電壓分別為$2V$及$3V$，$V_S = 6\,V$，$R_S = 200\,\Omega$，$R_L = 300\,\Omega$，則電流I_Z為何？
(A)5mA　(B)8mA　(C)10mA　(D)15mA　[106統測]

( )48. 如圖(23)所示之理想二極體電路，AC電源接於110V交流市電，則二極體D_4所承受之最大逆向電壓約為多少？　(A)48V　(C)34V　(C)24V　(D)17V　[106統測]

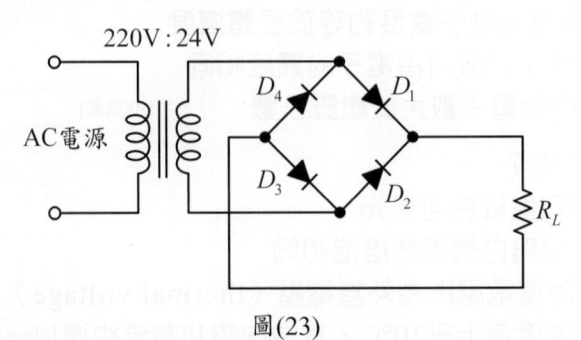

圖(23)

第 2 章 二極體及應用電路

( )49. 有關輸入、輸出電壓與容量規格皆相同之理想二極體全波整流電路的比較,下列敘述何者正確?

(A)橋式整流電路之二極體逆向耐壓需求為中間抽頭式整流電路之 $\frac{1}{2}$

(B)中間抽頭式整流電路之變壓器線圈僅半波動作,故變壓器容量可縮小約 $\frac{1}{2}$

(C)橋式整流電路之輸出電壓漣波值較中間抽頭式整流電路高

(D)中間抽頭式整流電路之二極體電流規格可較橋式整流電路為小 [107統測]

( )50. 下列全波整流電路之接線,何者正確? [107統測]

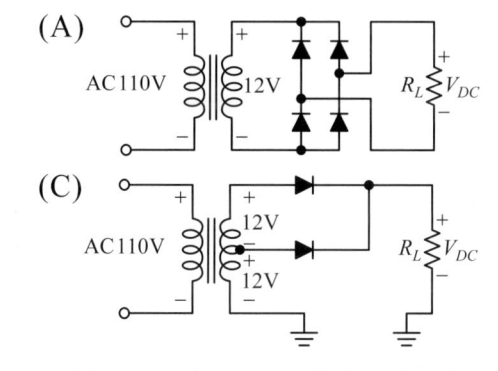

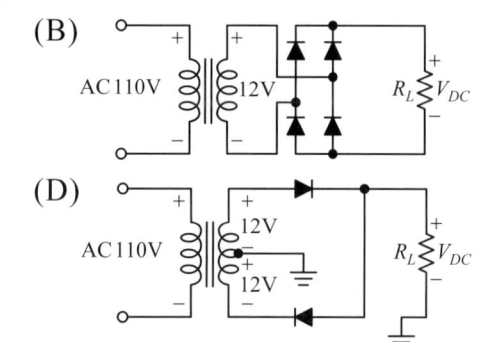

(A) (B) (C) (D)

( )51. 假設矽二極體在25°C時,其順向電壓降為0.65V,則當溫度上升至65°C時,其順向電壓降約為何? (A)0.75V (B)0.65V (C)0.55V (D)0.25V [108統測]

( )52. 單相橋式全波整流電路,若其整流二極體視為理想,則輸出電壓漣波百分率約為何?
(A)121% (B)48% (C)21% (D)0% [108統測]

( )53. 如圖(24)所示之理想二極體電路,若輸入正弦波電壓 v_i 之有效值為110V,若 D_1、D_4 燒毀時呈現斷路狀態,則輸出波形 v_o 為何? [2-5][109統測]

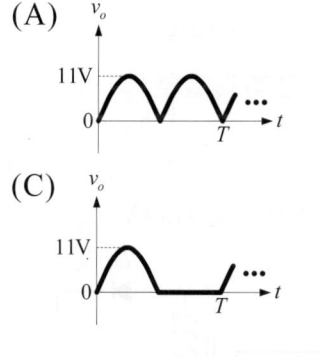

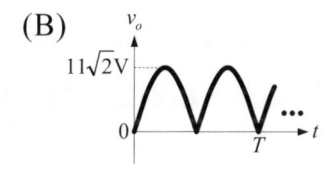

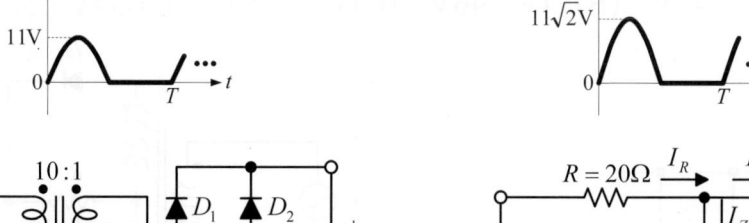

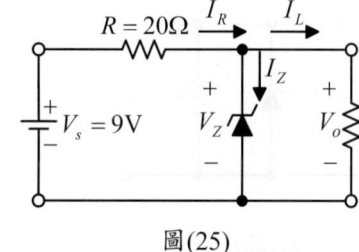

(A) v_o 11V (B) v_o $11\sqrt{2}$V

(C) v_o 11V (D) v_o $11\sqrt{2}$V

圖(24) 圖(25)

( )54. 如圖(25)所示之稽納(Zener)二極體電路,其逆向崩潰電壓為6V,P_Z 為稽納二極體消耗功率,P_L 為負載 R_L 功率,則下列何者錯誤?
(A)$I_L = 0.3$ A (B)$I_R = 0.3$ A (C)$P_L = 0.9$ W (D)$P_Z = 2.7$ W [109統測]

( )55. 矽二極體的溫度在25°C時其障壁電壓V_D為0.7V，且溫度每上升1°C，障壁電壓下降2.5mV，當V_D為0.55V時，矽二極體溫度為何？
(A)85°C　(B)60°C　(C)−45°C　(D)−60°C　　　　　　　　　　　　　　　　　　[110統測]

( )56. 如圖(26)所示電路，已知稽納二極體之崩潰電壓$V_Z = 5\,V$、最大崩潰電流$I_{ZM} = 9\,mA$，若電路維持在正常穩壓狀態，則限流電阻R_1最小值為何？
(A)200Ω　(B)300Ω　(C)400Ω　(D)500Ω　　　　　　　　　　　　　　　　　　[110統測]

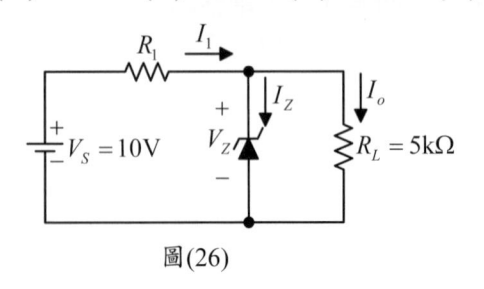

圖(26) 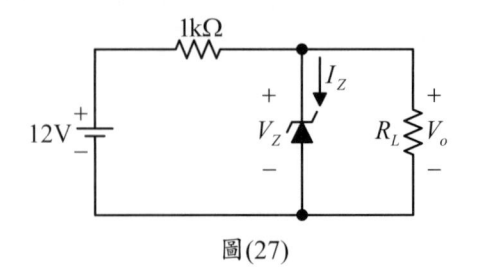　　　　　圖(27)

( )57. 如圖(27)所示電路，若稽納二極體（Zener Diode）之崩潰電壓$V_Z = 6\,V$，崩潰膝點電流$I_{ZK} = 1\,mA$，最大崩潰電流$I_{ZM} = 16\,mA$，忽略稽納電阻，在正常穩壓狀態下維持$V_o = V_Z = 6\,V$，則負載電阻R_L之最小值為何？
(A)4.7kΩ　(B)3.5kΩ　(C)2.4kΩ　(D)1.2kΩ　　　　　　　　　　　　　　　　[111統測]

( )58. 某單相橋式整流電容濾波電路，若輸出直流電壓波形之最大值為16V，最小值為12V，且其漣波波形近似鋸齒波，則此直流電壓波形之漣波百分率約為何？
(A)12%　(B)8%　(C)5%　(D)2%　　　　　　　　　　　　　　　　　　　　　[111統測]

( )59. 有關半導體材料，下列敘述何者正確？
(A)半導體因電位差產生載子移動而形成擴散電流
(B)外質半導體中電洞與自由電子的載子濃度相同
(C)P型矽半導體是由本質矽半導體摻雜（doping）三價元素而成
(D)N型半導體多數載子為自由電子，少數載子為電洞，帶負電位　　　　　[112統測]

( )60. 如圖(28)所示電路，稽納二極體（Zener diode）之崩潰電壓$V_Z = 20\,V$，最大額定功率320mW，且其逆向最小工作電流（崩潰膝點電流）$I_{ZK} = 2\,mA$。若忽略稽納電阻，在$R_L = 2\,kΩ$且正常工作時V_o要維持20V，則電壓源V_S之最小值及最大值分別為何？　(A)32V、46V　(B)34V、46V　(C)32V、50V　(D)34V、58V　　　　　　[112統測]

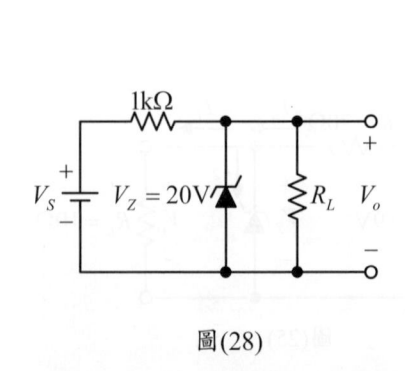

圖(28) 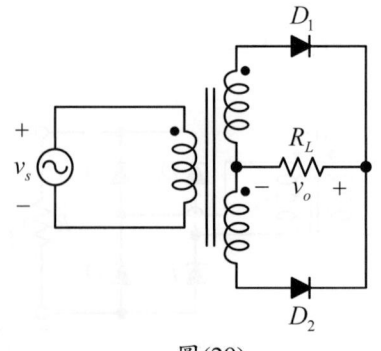　　　　　圖(29)

( )61. 如圖(29)所示之理想二極體整流電路，v_s為有效值100V、50Hz之正弦波電源，若變壓器的電壓規格：一次側120V、二次側0-12-24V，輸出電壓v_o供給固定電阻負載R_L，則下列敘述何者正確？
(A)v_o的平均值為$20/\pi$ V　　　　　　(B)v_o的有效值為12V
(C)v_o的漣波頻率為50Hz　　　　　　(D)v_o的漣波週期為0.01秒　　　[112統測]

第 2 章 二極體及應用電路

( )62. 如圖(30)所示理想二極體整流電路，v_o的平均值及每個二極體的逆向峰值電壓（PIV）分別為何？

(A)$\dfrac{24\sqrt{2}}{\pi}$V、$12\sqrt{2}$V (B)$\dfrac{24\sqrt{2}}{\pi}$V、12V

(C)$\dfrac{24}{\pi}$V、$12\sqrt{2}$V (D)$24\sqrt{2}$V、$\dfrac{12\sqrt{2}}{\pi}$V [113統測]

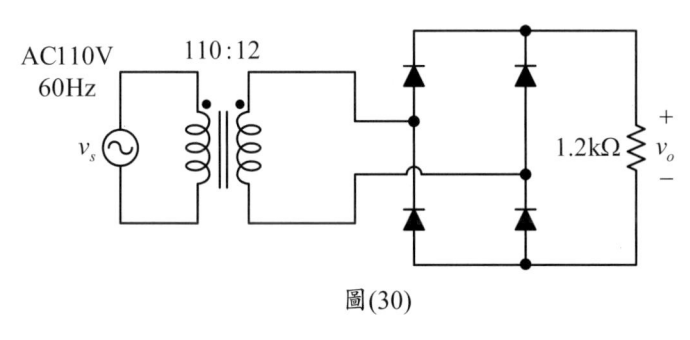

圖(30) 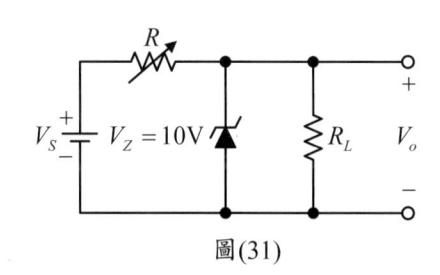　　　圖(31)

( )63. 如圖(31)所示電路，稽納二極體（Zener diode）之崩潰電壓$V_Z = 10$ V，最大額定功率為150mW，且其逆向最小工作電流（膝點電流）$I_{ZK} = 2$ mA。若忽略稽納電阻，$V_S = 16$ V、$R_L = 1$ kΩ且調整電阻R以維持V_o為固定10V，則電阻R之最小值及最大值分別為何？

(A)300Ω、600Ω (B)250Ω、600Ω (C)250Ω、500Ω (D)240Ω、500Ω [113統測]

( )64. 理想二極體組成之單相全波整流電路，輸入端接弦波電壓v_s，若輸出端接負載電阻R_L及並聯濾波電容器C，則下列敘述何者正確？

(A)輸出漣波頻率與v_s頻率相同　　(B)v_s峰值愈大，輸出漣波電壓愈小

(C)R_L值愈大，輸出漣波電壓愈大　(D)C值愈大，輸出漣波電壓愈小 [113統測]

( )65. 下列有關半導體材料之敘述，何者正確？
(A)矽（Si）摻雜（doping）砷（As），形成P型半導體
(B)N型半導體為電中性，其多數載子為電子
(C)P型半導體為正電性，其多數載子為電洞
(D)本質半導體摻雜三價元素，形成 N 型半導體 [114統測]

( )66. 單相理想二極體橋式全波整流電路，若輸入弦波電源且負載為純電阻，則輸出電壓的波形因數（form factor）為何？

(A)$\dfrac{1}{\sqrt{2}}$　(B)$\dfrac{2\sqrt{2}}{\pi}$　(C)$\dfrac{\pi}{2\sqrt{2}}$　(D)$\sqrt{2}$ [114統測]

( )67. 如圖(32)所示理想二極體全波整流電路，$v_s = 110\sqrt{2}\sin(377t)$ V，變壓器匝數比$N_1 : N_2 : N_3 = 11 : 1 : 1$，若負載$R_L = 10$ Ω，則二極體電流i_D的平均值為何？

(A)$\dfrac{\sqrt{2}}{\pi}$A　　(B)$\dfrac{2\sqrt{2}}{\pi}$A

(C)$\sqrt{2}$A　　(D)$2\sqrt{2}$A [114統測]

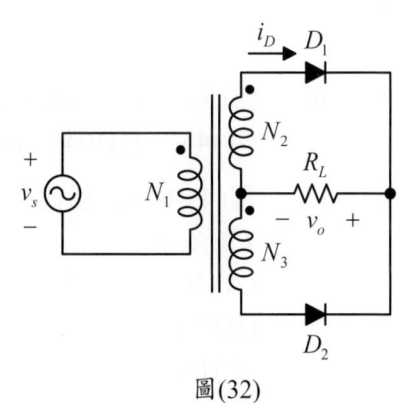

圖(32)

2-53

電子學實習試題

( )1. 使用三用電表之電阻檔測量二極體，假設二極體的順向電阻為R_1及逆向電阻為R_2，若二極體為良好，則下列敘述何者正確？
(A)R_1的值非常小，R_2的值非常大
(B)R_1的值非常小，R_2的值亦非常小
(C)R_1的值非常大，R_2的值非常小
(D)R_1的值非常大，R_2的值亦非常大 [統測]

( )2. 下列何者為二極體的編號？ (A)1N 4001 (B)2N 2222 (C)7404 (D)7806 [統測]

( )3. 圖(1)理想二極體電路中，輸出電壓V_{out}為多少？
(A)2V (B)4V (C)8V (D)16V [統測]

圖(1)

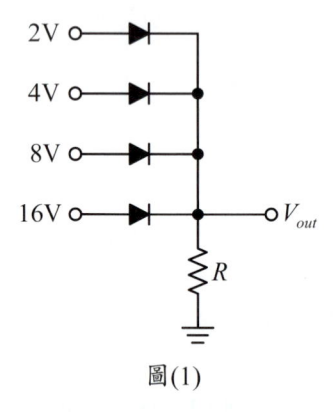

( )4. 下列有關PN接面二極體的敘述，何者有誤？
(A)矽二極體的障壁電壓（barrier potential）較鍺二極體高
(B)二極體加順向偏壓後，空乏區變窄
(C)溫度上升時，障壁電壓上升
(D)溫度上升時，漏電流上升 [統測]

( )5. 圖(2)中的二極體假設具有理想特性，求輸出電壓V_o約為多少？
(A)–3V (B)0V (C)3V (D)5V [統測]

圖(2)

圖(3)

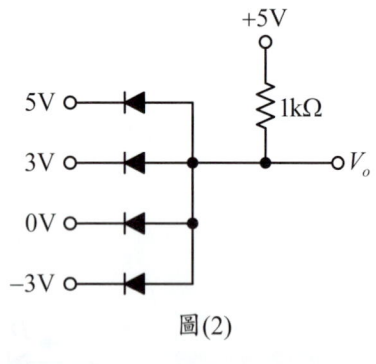

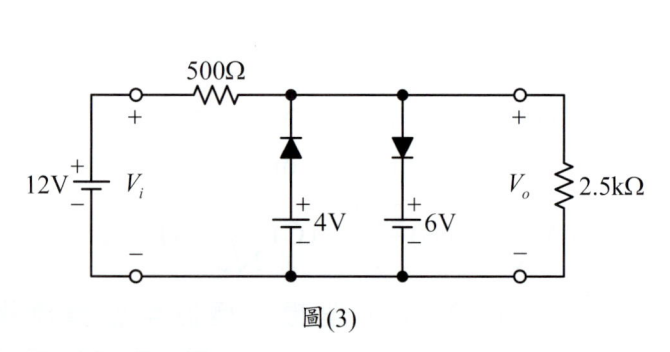

( )6. 圖(3)中的二極體假設具有理想特性，求輸出電壓V_o為多少？
(A)4V (B)6V (C)10V (D)12V [統測]

( )7. 圖(4)中的二極體為理想二極體，求電路中電流I為多少？
(A)40mA
(B)20mA
(C)10mA
(D)5mA [統測]

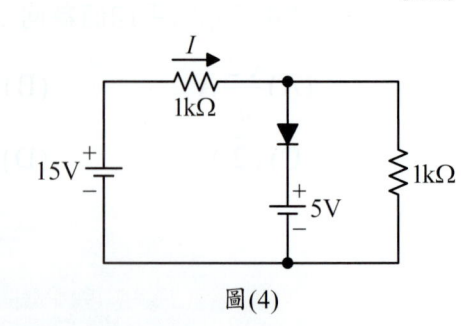

圖(4)

第 2 章 二極體及應用電路

( )8. 圖(5)所示之直流電源供應器，係用交流電源轉換成直流電源，其轉換過程為何？
(A)降壓→整流→穩壓→濾波　　　　(B)降壓→整流→濾波→穩壓
(C)整流→降壓→穩壓→濾波　　　　(D)整流→降壓→濾波→穩壓 [統測]

圖(5)

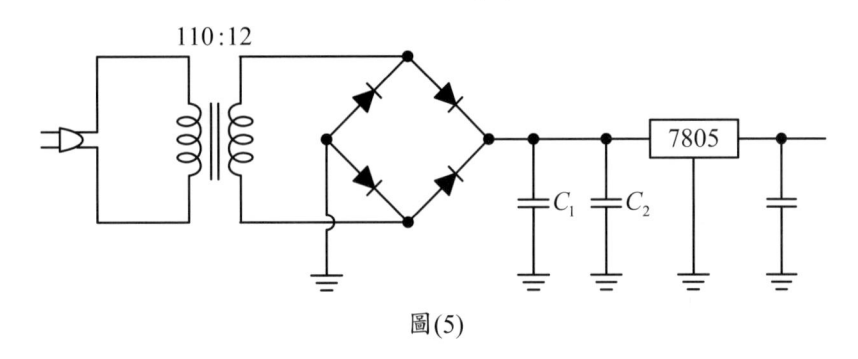

( )9. 下列何者為二極體接逆向偏壓時的等效？
(A)短路　(B)斷路　(C)電阻　(D)電感 [統測]

( )10. 稽納二極體（Zener Diode）常應用於下列何種電路？
(A)穩壓電路　(B)微分電路　(C)濾波電路　(D)放大電路 [統測]

( )11. 發光二極體（LED）的相對發光強度與
(A)逆向偏壓成正比　　　　(B)順向電流成正比
(C)逆向偏壓成反比　　　　(D)順向電流成反比 [統測]

( )12. 如圖(6)所示的橋式全波整流電路，次級線圈電壓V_i為峰對峰值50V之交流電壓，若二極體為理想元件，則輸出電壓之平均值約為多少？
(A)15.9V　(B)17.7V　(C)31.8V　(D)35.4V [統測]

圖(6)

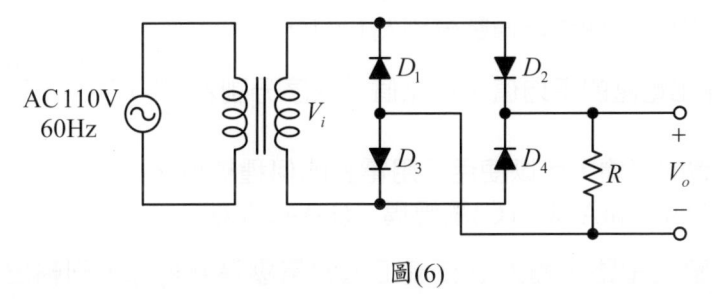

( )13. 如圖(7)所示之電路，下列R_L與C的組合中，何者會使V_o的漣波電壓最小？
(A)$R_L = 10\ k\Omega$、$C = 10\ \mu F$　　　　(B)$R_L = 10\ k\Omega$、$C = 1\ \mu F$
(C)$R_L = 1\ k\Omega$、$C = 10\ \mu F$　　　　(D)$R_L = 1\ k\Omega$、$C = 1\ \mu F$ [統測]

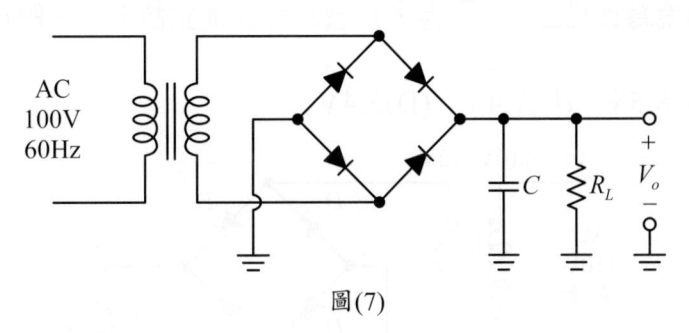

圖(7)

2-55

( )14. 圖(8)中之二極體D_3於實驗時燒毀成斷路狀態,則其電路之功能為何?
(A)全波整流　　(B)半波整流且V_o之平均值>0
(C)半波整流且V_o之平均值<0　　(D)無法輸出任何信號 [統測]

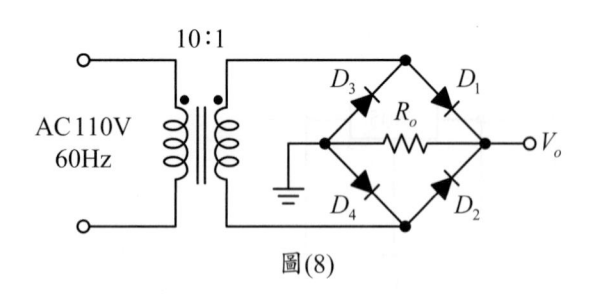

圖(8)

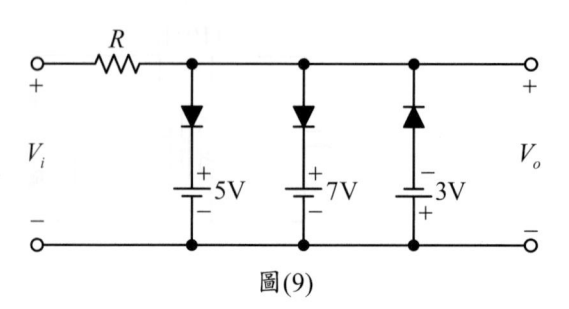

圖(9)

( )15. 圖(9)中之二極體為理想,且V_i為峰對峰值20V之弦波信號,請問V_o之峰對峰值電壓為何?　(A)8V　(B)10V　(C)13V　(C)20V [統測]

( )16. 就二極體1N4001、1N4002、1N4003和1N4004而言,依據其規格特性,下列敘述何項不正確?
(A)其額定電流皆為1A
(B)1N4001之最大逆向電壓為50V
(C)1N4004之最大逆向電壓為最大
(D)1N4001之額定電流遠大於1N4004 [統測]

( )17. 就整流電路而言,半波整流、全波整流及橋式整流電路之比較,以下敘述何者錯誤?
(A)此三者其二極體使用數依序分別為1,2,4個
(B)此三者其二極體逆向電壓峰值PIV依序分別為V_m,V_m,$2V_m$(V_m為輸入電壓的峰值)
(C)此三者其輸出時二極體導通數分別為1,1,2個
(D)此三者其輸出電壓的平均值(直流值)依序分別為$\frac{V_m}{\pi}$、$\frac{2V_m}{\pi}$、$\frac{2V_m}{\pi}$ [102統測]

( )18. 若要判斷二極體的好壞,可以使用三用電表的何種檔位?
(A)DCV檔　(B)DCmA檔　(C)歐姆檔　(D)ACV檔 [102統測]

( )19. 一個全波橋式整流電路,輸入之交流正弦波電壓為$16V_{P-P}$,則輸出之平均電壓約為多少?
(A)5.1V　(B)7.2V　(C)8.2V　(D)9.4V [102統測]

( )20. 如圖(10)所示之電路,當電源變壓器一次側接至AC110V(有效值),$R_L=2\text{k}\Omega$,若二極體均視為理想二極體,當二極體D_1發生開路故障時,則V_{DC}之直流電壓平均值約為何?
(A)9V　(B)8.5V　(C)7.4V　(D)5.4V [103統測]

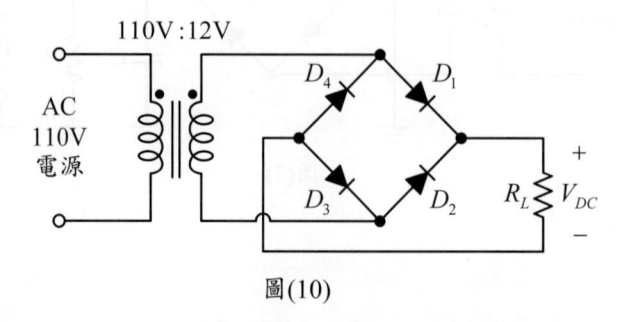

圖(10)

第 2 章 二極體及應用電路

( )21. 中間抽頭整流電路如圖(11)所示，假設此電路中 D_1 與 D_2 均為理想二極體。輸出電壓 V_o 為電阻 R_L 的端電壓。請問下列何者為比較接近正確輸出的電壓波形？ [103統測]

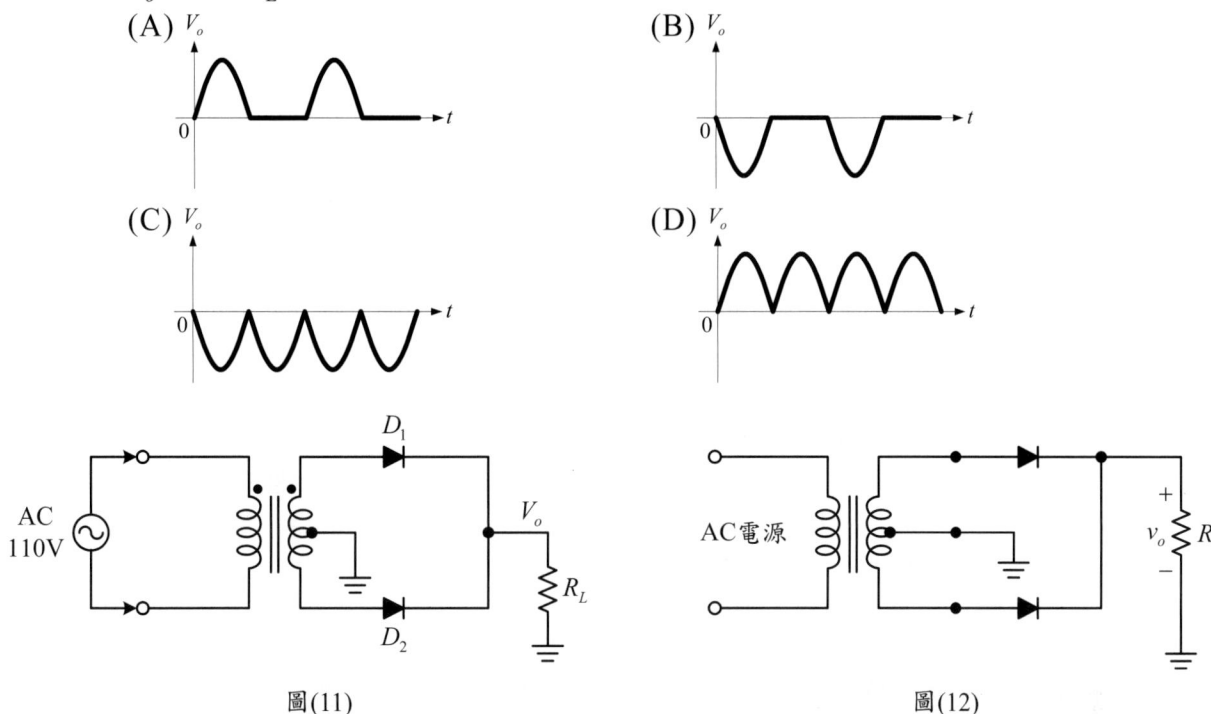

(A) 　(B) 　(C) 　(D)

圖(11)　　　　　圖(12)

( )22. 如圖(12)所示之理想中心抽頭式全波整流電路，AC電源接於110V之市電，若變壓器之電壓規格：一次側為120V，二次側為0-12-24V。電阻 R 為1kΩ，則輸出電壓 v_o 之峰值為何？　(A)$24\sqrt{2}$V　(B)$22\sqrt{2}$V　(C)$12\sqrt{2}$V　(D)$11\sqrt{2}$V [104統測]

( )23. 圖(13)為某生作實驗的電路圖，量 V_o 端波形時發現漣波因數太大，下列何者不是降低漣波因數的可行做法？
(A)將二極體反接　　　　　(B)增加電容 C 的值
(C)增加電阻 R_L 的值　　　(D)增加 V_i 的頻率 [104統測]

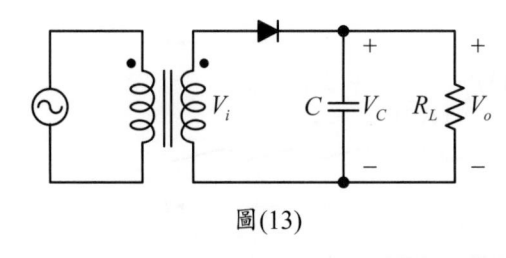

圖(13) 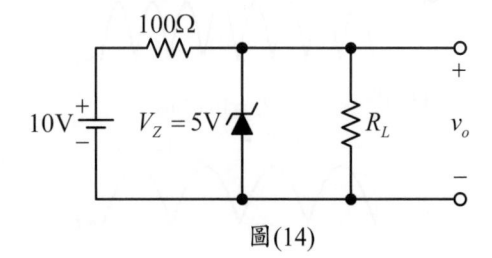　　　　　圖(14)

( )24. 如圖(14)所示之電路，稽納二極體之 $V_Z = 5$ V，最大額定功率為200mW，且其逆向最小工作電流（膝點電流）$I_{ZK} = 0$ A。若 v_o 要維持在5V，則負載電阻 R_L 值之範圍為何？
(A)10Ω～50Ω　(B)50Ω～100Ω　(C)100Ω～500Ω　(D)500Ω～900Ω [105統測]

( )25. 如圖(15)所示之理想二極體電路，若 v_i 為±12V、頻率為100Hz之對稱方波，則 v_o 之平均值約為何？
(A)−3V
(B)−1.5V
(C)1.2V
(D)2.5V [105統測]

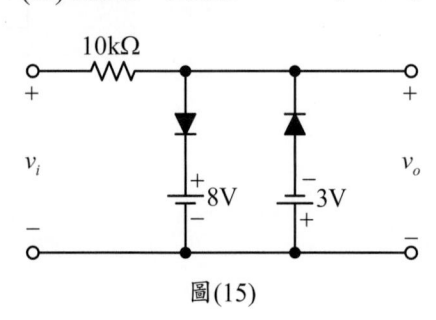

圖(15)

2-57

( ) 26. 小林上電子學實習課時，想要設計一個穩定電壓的全波整流輸出電路供給手機充電，其輸出的直流平均電壓 $V_{DC} = 3.7\,V$，則其輸入的交流正弦波的峰對峰值電壓約為多少？
(A)4V (B)8V (C)10V (D)12V
[105統測]

( ) 27. 小林上電子學實習課時，想要設計一個穩定電壓的橋式整流輸出電路供給手機充電，他先量測其輸出的直流脈動電壓，得到漣波電壓的峰對峰值 $V_{r(P-P)}$ 為2V，其輸出電壓的峰值 V_P 或 V_m 為10V，則其漣波百分率 $r(\%)$ 約為多少？
(A)4% (B)8% (C)10% (D)12%
[105統測]

( ) 28. 以下是一段關於判斷一顆PN二極體1N4001是否為良品之操作步驟的敘述：
「首先，將一臺指針型三用電表切到歐姆檔，然後以此三用電表之測試棒A和測試棒B分別接到另一臺直流電壓表的正極和負極。若此直流電壓表之電壓指針顯示為正電壓，則表示測試棒A端為三用電表內電動勢之 ① 極。接著，取一顆待測PN二極體，以三用電表之測試棒A接此PN二極體之 ② 極，測試棒B接此PN二極體之 ③ 極，此時三用電表指針發生大幅順向偏轉；最後，以此三用電表之測試棒A接此PN二極體之 ④ 極，測試棒B接此PN二極體之 ⑤ 極，此時三用電表指針不偏轉。由以上操作結果，基本上我們可以判定此PN二極體為良品的可能性極高。」
此段文字敘述中編號①到編號⑤依序應填入的文字為以下哪一組？
(A)負、陽、陰、陰、陽
(B)負、陰、陽、陽、陰
(C)正、陰、陽、陽、陰
(D)正、陽、陰、陰、陽
[106統測]

( ) 29. 如圖(16)所示之理想二極體電路，電阻 R_L 的色碼為（紅棕黃金），電容C外觀標示為105，輸出電壓 v_o 的波形為何？
[107統測]

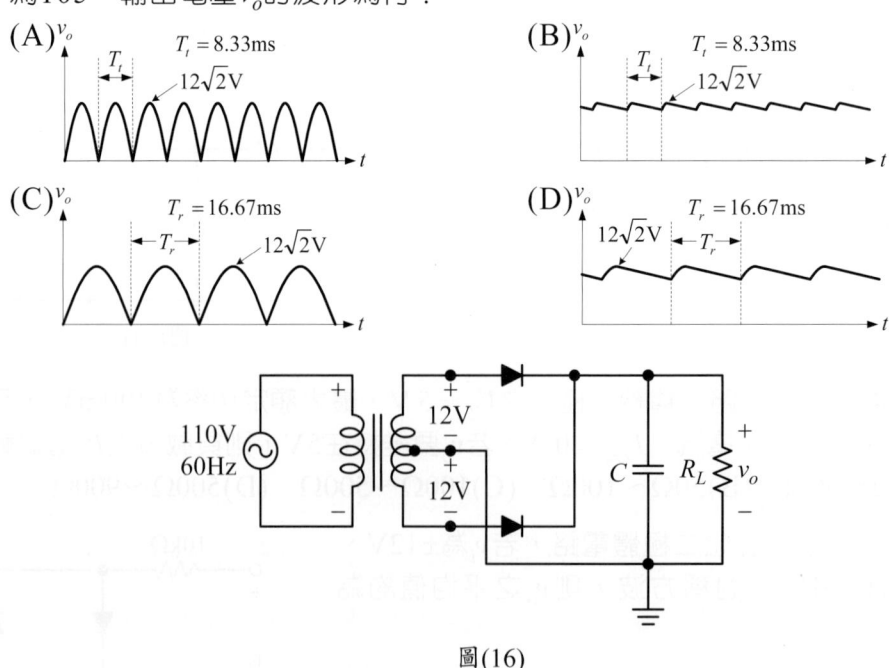

(A) $T_t = 8.33\text{ms}$, $12\sqrt{2}\,V$
(B) $T_t = 8.33\text{ms}$, $12\sqrt{2}\,V$
(C) $T_r = 16.67\text{ms}$, $12\sqrt{2}\,V$
(D) $T_r = 16.67\text{ms}$, $12\sqrt{2}\,V$

圖(16)

第 2 章 二極體及應用電路

( )30. 如圖(17)所示之整流電路及輸入與輸出波形，經檢測後，下列敘述何者正確？
(A)D_1及D_2皆故障開路
(B)D_2或D_4故障開路
(C)D_1或D_3故障開路
(D)D_3及D_4皆故障開路 [108統測]

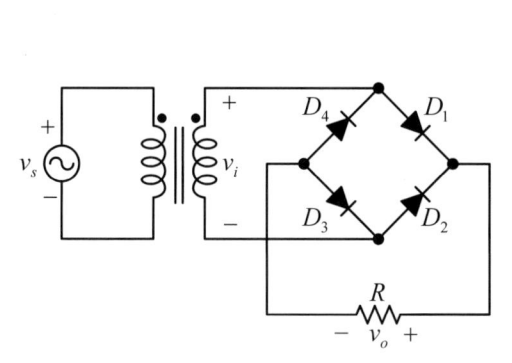

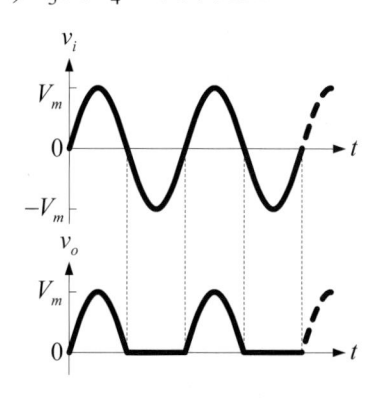

圖(17)

( )31. 小明做二極體特性實驗時，量測並繪得二條I-V曲線，如圖(18)所示之實線與虛線，則下列敘述何者錯誤？
(A)逆向偏壓時，曲線中斜率較大的部分其內阻較大
(B)若分別是矽與鍺二極體的量測，則曲線(1)是鍺二極體
(C)順向偏壓時，曲線中斜率較大的部分其內阻較小
(D)若是同一矽二極體在不同工作溫度下的量測，則曲線(1)比曲線(2)溫度高 [108統測]

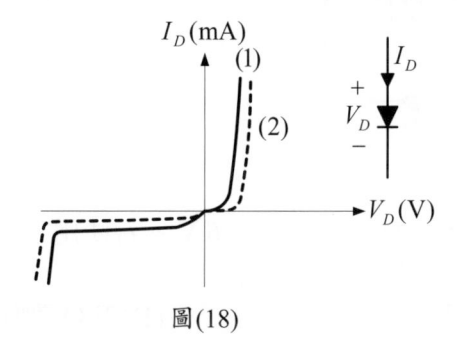

圖(18)

( )32. 實驗時，使用主級線圈與次級線圈比例為110:24之變壓器裝配如圖(19)所示之全波整流電路，若二極體順向導通時兩端的電壓為零。下列選用的二極體之額定峰值逆向電壓（Peak Inverse Voltage），何者較為適當？
(A)28V (B)30V (C)32V (D)34V [108統測]

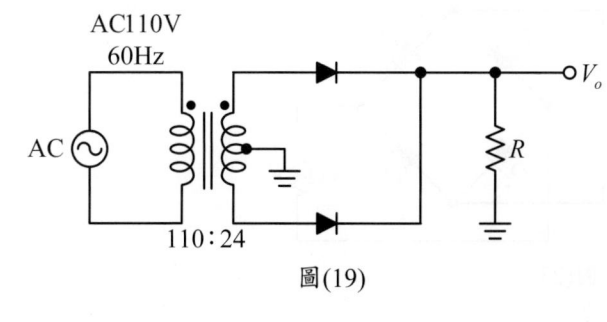

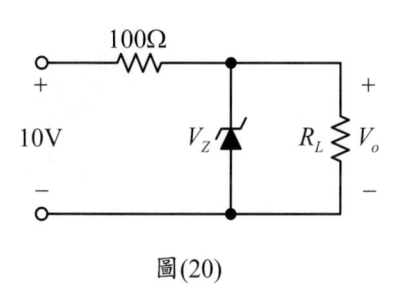

圖(19)　　　圖(20)

( )33. 如圖(20)所示電路，稽納（Zener）二極體之額定功率為200mW，稽納電壓$V_Z = 5$ V，若正常工作下V_o能保持為5V，則負載電阻R_L的最大值為何？
(A)600Ω (B)500Ω (C)400Ω (D)300Ω [109統測]

( )34. 某理想二極體橋式全波整流電路，其輸入交流電源 $v_i = 10\sin(100\pi t)$ V，其輸出電壓 v_o 供給固定電阻之負載，則下列何者錯誤？
(A) v_o 的週期為0.02秒
(B) v_o 的平均值約為6.37V
(C) v_o 的有效值約為7.07V
(D)每個二極體的逆向峰值電壓（PIV）為10V [109統測]

( )35. 在使用示波器量測二極體的特性曲線實驗中，以示波器兩個通道分別量測二極體電壓與電流的關係，下列敘述何者錯誤？
(A)示波器兩個通道探棒的負端接在不同的節點上
(B)流過二極體的電流是透過電阻的壓降來量測
(C)待測二極體與電阻成串聯連接
(D)示波器可顯示順向偏壓與逆向偏壓時之特性曲線 [109統測]

( )36. 如圖(21)所示電路，$v_i(t) = 110\sqrt{2}\sin(377t)$ V、$R_L = 1k\Omega$，變壓器的匝數比為 $N_1:N_2:N_3 = 10:1:1$，假設電路元件皆為理想，若 D_1 在實驗中被燒毀成斷路，則 $v_o(t)$ 之平均值約為何？ (A)11V (B)9.9V (C)4.95V (D)0V [110統測]

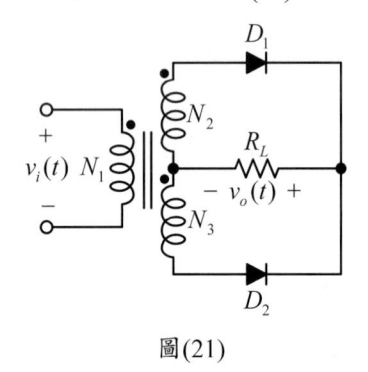

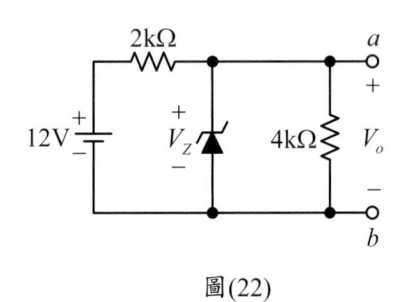

圖(21)

圖(22)

( )37. 如圖(22)所示電路，崩潰電壓 $V_Z = 6$ V，若使用三用電表DCV檔，測得輸出電壓 V_o 之值為8V，則電路故障情形為何？
(A)稽納二極體斷路　　　　　　　　(B)2kΩ電阻斷路
(C)4kΩ電阻斷路　　　　　　　　　(D)稽納二極體短路 [110統測]

( )38. 如圖(23)所示，將有效電壓值為110V之交流電經過變壓器降壓後，再利用整流器電路進行整流，其中二極體皆為理想。若以三用電表DCV檔測量整流器之輸出電壓，則輸出電壓 V_o 應為多少？ (A)4.0V (B)5.6V (C)7.2V (D)11.3V [110統測]

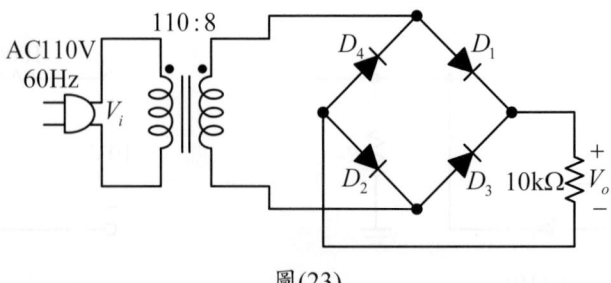

圖(23)

( )39. 下列有關二極體之敘述，何者正確？
(A)PN接面二極體，空乏區內的電位差，稱為順向偏壓
(B)PN接面二極體，溫度升高時，逆向飽和電流降低
(C)一般發光二極體（LED）元件，發光顏色主要由工作電壓值大小決定
(D)發光二極體元件，順向偏壓下，電子和電洞復合時釋出能量發光 [114統測]

素養導向題

▲ 閱讀下文，回答第1～5題

鬼塚老師的電子學實驗號稱是台灣科大最硬的課程，其中五條悟、彌豆子、范馬勇次郎與日向翔陽，不約而同地選修這門課。今天的課程是濾波電路，如圖(1)所示，其中五條悟選用的電容器是$10\mu F$、電阻器是$10k\Omega$；彌豆子選用的電容器是$10\mu F$、電阻器是$100k\Omega$；范馬勇次郎選用的電容器是$10\mu F$、電阻器是$1k\Omega$；日向翔陽選用的電容器是$10\mu F$、電阻器是$0.5k\Omega$，試問：

(a) 半波整流濾波電路　　　　(b) 輸出波形

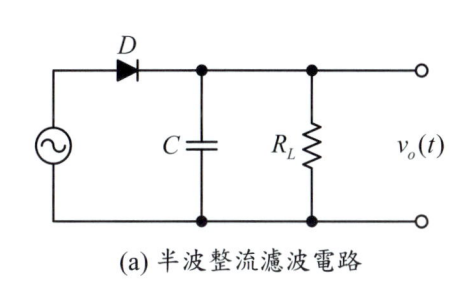

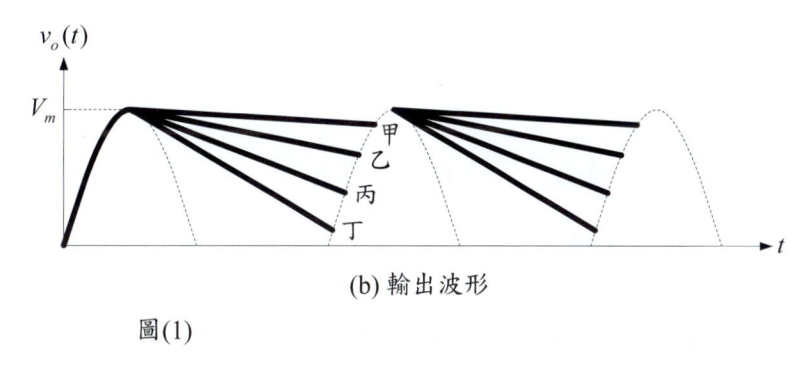

圖(1)

( )1. 甲波形是由誰測得？
(A)五條悟　(B)彌豆子　(C)范馬勇次郎　(D)日向翔陽

( )2. 丁波形是由誰測得？
(A)五條悟　(B)彌豆子　(C)范馬勇次郎　(D)日向翔陽

( )3. 誰設計的電路，其漣波峰對峰值最大？
(A)五條悟　(B)彌豆子　(C)范馬勇次郎　(D)日向翔陽

( )4. 誰設計的電路，其平均值是第二大的？
(A)五條悟　(B)彌豆子　(C)范馬勇次郎　(D)日向翔陽

( )5. 誰設計的電路，濾波效果最好？
(A)五條悟　(B)彌豆子　(C)范馬勇次郎　(D)日向翔陽

解 答

2-1立即練習

基礎題
1.A 2.C 3.A 4.B 5.D 6.C 7.B 8.B 9.C 10.C

進階題
*1.B *2.A

2-2立即練習

基礎題
1.A   2.B   3.C   4.B   5.B   6.A   7.B   *8.B 9.C   *10.D
11.A 12.B 13.A 14.A 15.D 16.D 17.A 18.A *19.D 20.B

進階題
1.D 2.D *3.C 4.A *5.A

2-3立即練習

基礎題
1.D 2.B 3.A *4.D *5.C

進階題
*1.A

2-4立即練習

基礎題
1.A 2.A 3.B *4.D *5.D *6.B *7.C *8.C *9.C *10.D

進階題
*1.D *2.D *3.C

2-5立即練習

基礎題
1.A 2.A 3.B 4.B *5.D

進階題
*1.B 2.C

2-6立即練習

基礎題
1.D 2.C 3.B 4.D 5.B 6.A 7.B 8.B *9.C *10.C

進階題
1.D *2.D *3.D *4.C *5.C

第 2 章 二極體及應用電路

| 解　答 |

2-7 立即練習

基礎題

| 1.D | 2.A | 3.A | 4.C | 5.A | 6.A | 7.C | 8.C | 9.B | 10.A |
| 11.A | 12.B | 13.A | 14.C | 15.C | | | | | |

進階題

*1.B

歷屆試題

電子學試題

1.A	*2.A	3.A	*4.A	*5.C	*6.C	*7.D	8.C	*9.D	*10.A
11.C	12.D	13.A	*14.C	*15.D	*16.B	*17.B	18.C	*19.C	*20.C
21.B	22.A	*23.A	24.A	25.B	*26.B	27.A	28.D	*29.A	*30.D
*31.D	*32.B	*33.C	*34.B	*35.B	*36.A	37.C	38.A	*39.C	40.B
41.D	*42.B	*43.D	*44.B	45.B	*46.A	*47.A	*48.D	49.A	50.B
*51.C	52.B	*53.D	*54.D	*55.A	*56.D	*57.D	*58.B	*59.C	*60.C
*61.D	*62.A	*63.D	*64.D	65.B	*66.C	*67.A			

電子學實習試題

1.A	2.A	3.D	*4.C	*5.A	*6.B	*7.C	8.B	9.B	10.A
11.B	*12.A	*13.A	14.B	*15.A	*16.D	*17.B	18.C	*19.A	*20.D
21.D	*22.D	23.A	*24.C	*25.D	*26.D	*27.B	28.D	*29.B	30.B
*31.A	*32.D	*33.B	*34.A	*35.A	*36.C	*37.A	*38.C	39.D	

素養導向題

*1.B　　*2.D　　*3.D　　4.A　　*5.B

NOTE

CHAPTER 3 雙極性接面電晶體

本章學習重點

章節架構	必考重點
3-1 雙極性接面電晶體之構造及特性	• 雙極性接面電晶體之構造 • 雙極性接面電晶體之特性
3-2 雙極性接面電晶體之偏壓組態	• 雙極性接面電晶體之偏壓組態
3-3 雙極性接面電晶體之直流偏壓	• 直流工作點的位置與波形關係
3-4 共射極偏壓組態	• 共射極組態之各種電路
3-5 共基極偏壓組態	• 共基極組態之各種電路
3-6 實習專區	• 電晶體之量測

統測命題分析

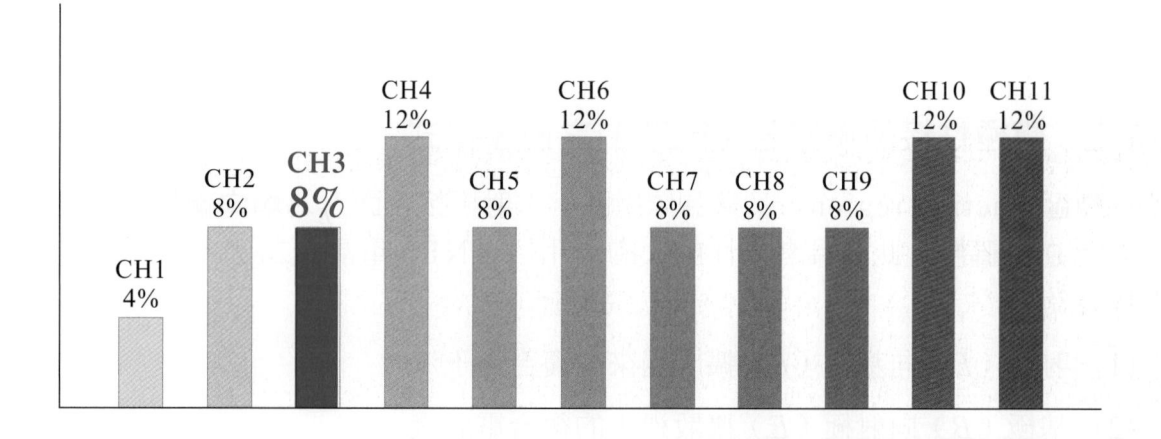

CH1 4%　CH2 8%　CH3 8%　CH4 12%　CH5 8%　CH6 12%　CH7 8%　CH8 8%　CH9 8%　CH10 12%　CH11 12%

3-1 雙極性接面電晶體之構造及特性

重點 1 雙極性接面電晶體（BJT）之構造

1. 射極採用高摻雜濃度，目的是產生高的多數載子注入量；集極濃度最低，目的是得到高的耐壓。

2. NPN與PNP電晶體皆為雙載子元件，NPN電晶體的射極注入多數載子為電子、少數載子為電洞；PNP電晶體的射極注入多數載子為電洞、少數載子為電子。

3. 多數載子與摻雜濃度成正比主要是由電場產生，少數載子由熱擾動產生與溫度成正比。

4. 電子的移動速度快於電洞，所以NPN電晶體的交換速度（反應速度）快於PNP電晶體。

5. BJT為電流控制型元件，對於共射極與共集極組態是以基極電流控制集極電流；而共基極組態是以射極電流控制集極電流。

6. 基極的寬度最薄，約佔總寬度的 $\frac{1}{150}$。

7. BJT之特性：

各極寬度	$W_C > W_E > W_B$
各極摻雜濃度	$n_E > n_B > n_C$
各極耐壓	$C > B > E$
各極電阻係數	$C > B > E$
各極導電率	$E > B > C$
接合面空乏區寬度（未加偏壓）	$W_{B-E} < W_{B-C}$
接合面崩潰電壓	$V_{B-E} < V_{B-C}$
接合面電容（未加偏壓）	$C_{B-E} > C_{B-C}$

重點 2 雙極性接面電晶體（BJT）之偏壓模式

1. **主動區**（active region，又稱為作用區）：射極接合面J_E為**順向偏壓**，集極接合面J_C為**逆向偏壓**，此時具有線性放大的作用。以NPN電晶體為例，基極電流的四種成分為：

    (1) 射極（E）向基極（B）擴散過來的復合電子流。

    (2) 基極（B）向射極（E）擴散過去的復合電洞流。

(3) 集極（C）向基極（B）的漂移過來的電洞流。

(4) 基極（B）向集極（C）的漂移而去的電子流。

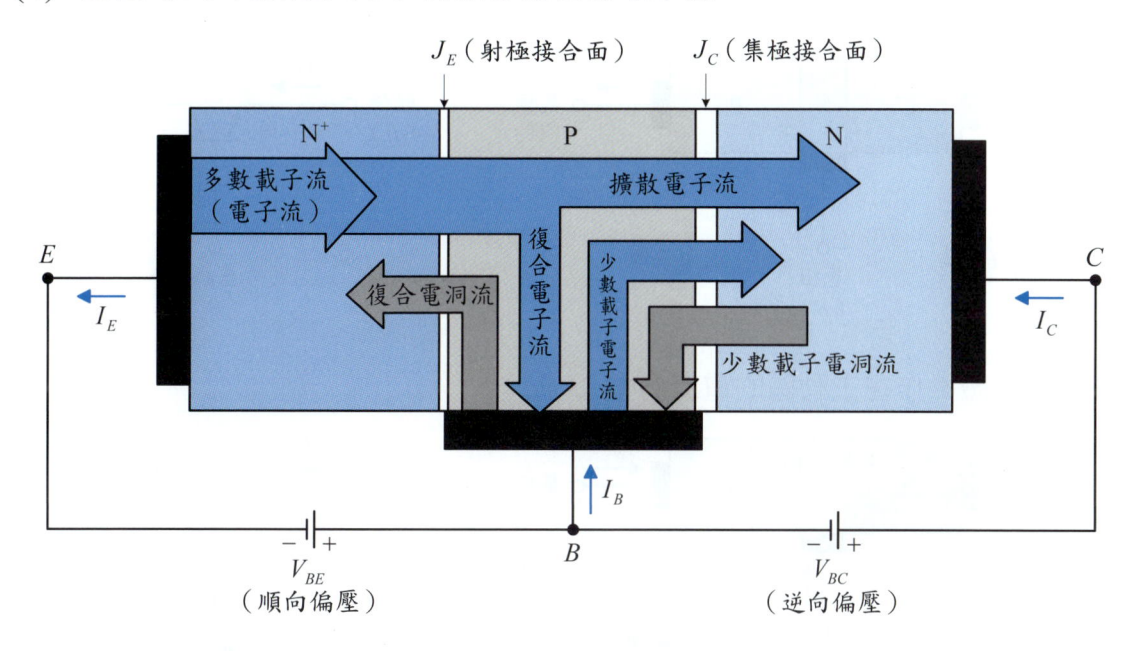

2. **截止區**（cutoff region）：射極接合面J_E為**逆向偏壓**，集極接合面J_C為**逆向偏壓**，用於數位開關電路（OFF）。

3. **飽和區**（saturation region）：射極接合面J_E為**順向偏壓**，集極接合面J_C為**順向偏壓**，用於數位開關電路（ON）。

4. **反主動區**（reverse-active region）：射極接合面J_E為**逆向偏壓**，集極接合面J_C為**順向偏壓**，造成電晶體的放大倍數與逆向崩潰電壓兩者皆變差，因此反主動區在實際的電路很少運用，一般用於數位控制電路。

5. 電晶體在不同工作區域的接腳電壓關係：

電晶體型式	主動區 （作用區、線性區）	截止區	飽和區
NPN型	$V_{BE}>0$（順向偏壓） $V_{BC}<0$（逆向偏壓） $V_{CE}>0$	$V_{BE}<0$（逆向偏壓） $V_{BC}<0$（逆向偏壓） $V_{CE}>0$	$V_{BE}>0$（順向偏壓） $V_{BC}>0$（順向偏壓） $V_{CE}>0$
	$V_C>V_B>V_E$	$V_C>V_E>V_B$	$V_B>V_C>V_E$
PNP型	$V_{BE}<0$（順向偏壓） $V_{BC}>0$（逆向偏壓） $V_{CE}<0$	$V_{BE}>0$（逆向偏壓） $V_{BC}>0$（逆向偏壓） $V_{CE}<0$	$V_{BE}<0$（順向偏壓） $V_{BC}<0$（順向偏壓） $V_{CE}<0$
	$V_E>V_B>V_C$	$V_B>V_E>V_C$	$V_E>V_C>V_B$
用途	線性放大電路	數位電路	數位電路

註：(1) 進入飽和區的NPN電晶體，$V_{CE} \approx 0.2\ V$；PNP電晶體，$V_{EC} \approx 0.2\ V$。

(2) 進入截止區的NPN電晶體，$V_{CE}=V_{CC}$（電源電壓）；PNP電晶體，$V_{EC}=V_{CC}$（電源電壓）。

重點 3 雙極性接面電晶體（BJT）之電流成分

1. PNP電晶體操作在主動區的電流方向

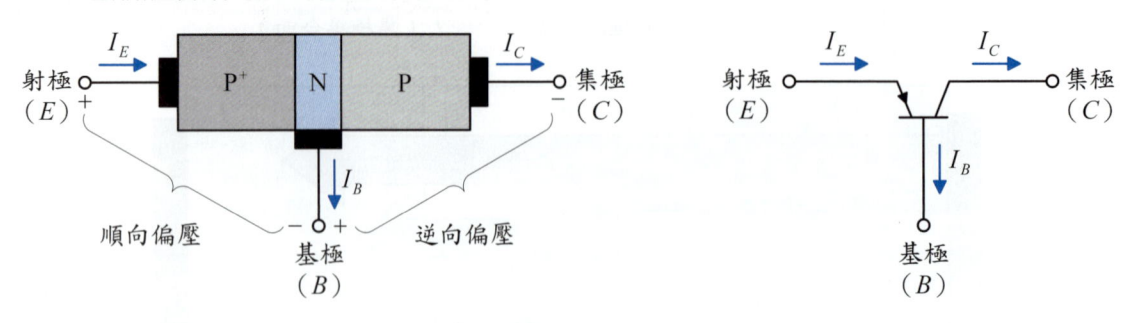

2. NPN電晶體操作在主動區的電流方向

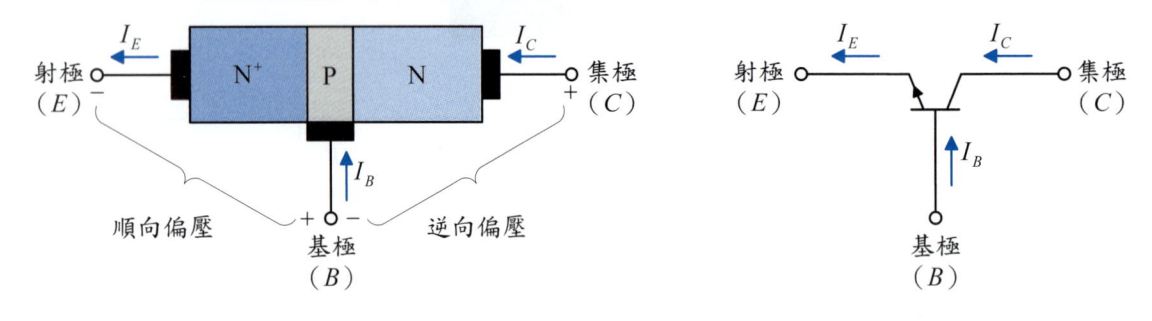

3. 電流關係

    (1) 把電晶體當作一個節點，根據KCL：$I_E = I_C + I_B$（主動區、截止區、飽和區或反轉區皆符合此條件）

    (2) $I_E > I_C \gg I_B$

    (3) $I_E \approx I_C$（常用於電晶體的直流分析中的近似解，以方便計算與分析）

4. 雙極性接面電晶體（BJT）之電流放大率

    (1) $\alpha = \dfrac{I_C}{I_E} = \dfrac{I_C}{I_C + I_B} = \dfrac{\beta \times I_B}{\beta \times I_B + I_B} = \dfrac{\beta}{1+\beta}$

    (2) $\beta = \dfrac{I_C}{I_B} = \dfrac{I_C}{I_E - I_C} = \dfrac{\alpha \times I_E}{I_E - \alpha \times I_E} = \dfrac{\alpha}{1-\alpha}$

    (3) $\gamma = 1 + \beta = \dfrac{1}{1-\alpha}$

5. 提升電流放大率的方法

    (1) **減少基極寬度及摻雜濃度**。

    (2) **提高射極的摻雜濃度**。

電流放大率的基本計算

老師教

1. 電晶體工作於主動區且 $I_E = 5\,\text{mA}$、$I_C = 4.95\,\text{mA}$，試求 α、β、γ 為何？

解 (1) $I_E = I_C + I_B$
$\Rightarrow 5\text{mA} = 4.95\text{mA} + I_B$
$I_B = 5\text{mA} - 4.95\text{mA} = 0.05\,\text{mA}$

(2) $\alpha = \dfrac{I_C}{I_E} = \dfrac{4.95\text{mA}}{5\text{mA}} = 0.99$

(3) $\beta = \dfrac{I_C}{I_B} = \dfrac{4.95\text{mA}}{0.05\text{mA}} = 99$

(4) $\gamma = \dfrac{I_E}{I_B} = \dfrac{5\text{mA}}{0.05\text{mA}} = 100$

或 $\gamma = 1 + \beta = 1 + 99 = 100$

學生做

1. 電晶體工作於主動區且 $I_C = 1.96\,\text{mA}$、$I_B = 40\,\mu\text{A}$，試求 α、β、γ 為何？

答

電流放大率 α、β、γ 的轉換

老師教

2. 電晶體工作於主動區且 $\alpha = 0.95$，試求 β、γ 為何？

解 (1) $\beta = \dfrac{\alpha}{1-\alpha} = \dfrac{0.95}{1-0.95} = 19$

(2) $\gamma = 1 + \beta = 1 + 19 = 20$

或 $\gamma = \dfrac{1}{1-\alpha} = \dfrac{1}{1-0.95} = 20$

學生做

2. 電晶體工作於主動區且 $\beta = 199$，試求 α、γ 為何？

答

ABCD 立即練習

基礎題

(　)1. 圖(1)所示之符號為何種型式之電晶體？且接腳 b 為何？
(A)NPN電晶體、基極（Base，B）
(B)NPN電晶體、射極（Emitter，E）
(C)PNP電晶體、基極（Base，B）
(D)PNP電晶體、射極（Emitter，E）

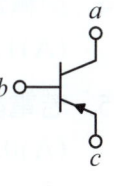

圖(1)

(　　)2. 下列有關雙極性電晶體BJT特性敘述，何者正確？
(A)NPN電晶體頻率特性高於PNP電晶體
(B)PNP電晶體頻率特性高於NPN電晶體
(C)頻率特性完全相等
(D)無法比較

(　　)3. 射極採用高摻雜濃度，目的是
(A)提高多數載子的注入量　(B)提高耐壓　(C)增加電阻率　(D)有助於散熱

(　　)4. 雙極性接面電晶體三極摻雜之濃度不同，試比較三極摻雜濃度之大小？
(A)$E > B > C$　(B)$B > C > E$　(C)$C > E > B$　(D)$B > E > C$

(　　)5. 雙極性接面電晶體三極之寬度不同，試比較三極寬度之大小為何？
(A)$E > B > C$　(B)$B > C > E$　(C)$C > E > B$　(D)$B > E > C$

(　　)6. 下列關於一般雙極性接面電晶體之敘述，何者正確？
(A)射極摻雜濃度最低且寬度最窄　　(B)射極摻雜濃度最低且寬度最寬
(C)集極摻雜濃度最高且寬度最窄　　(D)集極摻雜濃度最低且寬度最寬

(　　)7. 下列有關雙極性接面電晶體結構與特性之敘述，何者錯誤？
(A)集極接合面電容小於射極接合面電容
(B)雜質的摻雜濃度是射極多於集極
(C)崩潰電壓，集極接合面高於射極接合面
(D)NPN電晶體的射極內，電洞為多數載子

(　　)8. 下列有關電晶體工作在飽和區時之特性敘述，何者正確？
(A)基極與射極接面逆偏，基極與集極接面逆偏
(B)基極與射極接面順偏，基極與集極接面逆偏
(C)基極與射極接面逆偏，基極與集極接面順偏
(D)基極與射極接面順偏，基極與集極接面順偏

(　　)9. 有一雙極性接面電晶體，已知B-E接面為順向偏壓，B-C接面為逆向偏壓，則此電晶體處於　(A)截止區　(B)飽和區　(C)作用區　(D)空乏區

(　　)10. 電晶體而言，下列公式何者正確？
(A)$I_C = I_E + I_B$　(B)$I_B = I_C + I_E$　(C)$I_C = I_E$　(D)$I_E = I_C + I_B$

(　　)11. 下列關於一般雙極性接面電晶體之敘述，何者正確？
(A)射極的摻雜濃度最低　　　　(B)集極最薄
(C)集極的摻雜濃度最低　　　　(D)基極寬度最厚

(　　)12. 有一雙極性接面電晶體，已知B-E接面為逆向偏壓，B-C接面為逆向偏壓，則此電晶體處於　(A)截止區　(B)飽和區　(C)作用區　(D)空乏區

(　　)13. 射極電流$I_E = 3\,\text{mA}$、集極電流$I_C = 2.98\,\text{mA}$，則基極電流I_B為何？
(A)$10\mu A$　(B)$15\mu A$　(C)$20\mu A$　(D)$30\mu A$

(　　)14. 射極電流$I_E = 3\,\text{mA}$，電流放大率$\alpha = 0.98$，則集極電流I_C為何？
(A)1.98mA　(B)2.94mA　(C)3mA　(D)3.2mA

(　　)15. 若電晶體工作於主動區且$I_B = 50\,\mu A$、$I_E = 2.5\,\text{mA}$，試求α為何？
(A)0.99　(B)0.98　(C)0.97　(D)0.96

第 3 章　雙極性接面電晶體

( )16. 若量測電路中的PNP型雙極性接面電晶體，得知其射極接地，基極電壓為0.7V，集極電壓為−3V，請問電晶體操作在哪個區域？
(A)截止區　(B)順向主動區　(C)飽和區　(D)逆向主動區

( )17. NPN電晶體工作於作用區，其射極流出的電子有0.25%在基極與電洞結合，其餘99.75%被集極收集，則此電晶體之β值為何？　(A)99　(B)199　(C)299　(D)399

( )18. 下列有關雙極性接面電晶體BJT的敘述，何者錯誤？
(A)對NPN型BJT而言，$I_E = I_B + I_C$　　(B)對PNP型BJT而言，$I_E = I_B + I_C$
(C)$\alpha = \dfrac{\beta}{1+\beta}$　　(D)$\beta = \dfrac{\alpha}{1+\alpha}$

( )19. 若電晶體工作於主動區且$I_B = 0.01\,\text{mA}$、$I_E = 5\,\text{mA}$，試求α為何？
(A)0.998　(B)0.988　(C)0.976　(D)0.965

( )20. 若電晶體工作於主動區且$I_B = 50\,\mu\text{A}$、$I_C = 5.95\,\text{mA}$，試求γ為何？
(A)118　(B)119　(C)120　(D)125

( )21. NPN電晶體操作於主動區（active region）的偏壓關係為何？
(A)$V_{BE} > 0$、$V_{BC} > 0$　　(B)$V_{BE} < 0$、$V_{BC} < 0$
(C)$V_{BE} > 0$、$V_{BC} < 0$　　(D)$V_{BE} < 0$、$V_{BC} > 0$

( )22. NPN電晶體操作於飽和區（saturation region），三支接腳的電壓關係為何？
(A)$V_B > V_C > V_E$　(B)$V_C > V_E > V_B$　(C)$V_E > V_C > V_B$　(D)$V_B > V_E > V_C$

( )23. 雙極性電晶體BJT偏壓時，將集極與射極對調，使得基極對射極接面為逆向偏壓，而基極對集極接面為順向偏壓，則下列何者正確？
(A)耐壓增加，增益降低　　(B)耐壓降低，增益提高
(C)耐壓及增益皆增加　　(D)耐壓及增益皆降低

( )24. 電晶體操作於飽和區，則電流關係為何？
(A)$I_E > I_B + I_C$　(B)$I_E < I_B + I_C$　(C)$I_E = I_B + I_C$　(D)$I_E = I_B$

( )25. 雙極性接面電晶體中，若流入各極的電流取正值，流出的電流取負值，已知NPN電晶體的基極電流$|I_B| = 0.1\,\text{mA}$，集極電流$|I_C| = 1.9\,\text{mA}$，則射極電流I_E為何？
(A)1.8mA　(B)2mA　(C)−1.8mA　(D)−2mA

( )26. 要提高電流放大率，下列哪個方法無效？
(A)增加射極摻雜濃度　　(B)減少基極寬度
(C)減少基極的摻雜濃度　　(D)提高集極摻雜濃度

( )27. BJT電晶體寬度最寬與濃度摻雜最低，分別為
(A)射極、基極　(B)集極、基極　(C)集極、集極　(D)射極、集極

( )28. NPN操作在截止區時的接腳電壓大小關係為：
(A)$V_C > V_E > V_B$　(B)$V_E > V_B > V_C$　(C)$V_C > V_B > V_E$　(D)$V_B > V_C > V_E$

( )29. NPN操作在主動區時的接腳電壓大小關係為：
(A)$V_B > V_E > V_C$　(B)$V_E > V_B > V_C$　(C)$V_C > V_B > V_E$　(D)$V_B > V_C > V_E$

( )30. NPN電晶體操作在飽和區時的接腳電壓關係為：
(A)$V_{BE} > 0$、$V_{BC} < 0$、$V_{CE} > 0$　　(B)$V_{BE} > 0$、$V_{BC} > 0$、$V_{CE} > 0$
(C)$V_{BE} < 0$、$V_{BC} > 0$、$V_{CE} < 0$　　(D)$V_{BE} < 0$、$V_{BC} < 0$、$V_{CE} < 0$

( )31. PNP電晶體操作在主動區時的接腳電壓差關係為：
(A)$V_{BE} > 0$、$V_{BC} < 0$、$V_{CE} > 0$ (B)$V_{BE} > 0$、$V_{BC} > 0$、$V_{CE} > 0$
(C)$V_{BE} < 0$、$V_{BC} > 0$、$V_{CE} < 0$ (D)$V_{BE} < 0$、$V_{BC} < 0$、$V_{CE} < 0$

( )32. 假設流入電晶體的電流為正，則NPN雙極性電晶體的直流成分中，何者為負值？
(A)I_B (B)I_C (C)I_E (D)以上皆是

( )33. BJT電晶體之集極電流（I_C）、基極電流（I_B）、射極電流（I_E），則電流增益（β）為 (A)$\dfrac{I_E}{I_C}$ (B)$\dfrac{I_C}{I_B}$ (C)$\dfrac{I_E}{I_B}$ (D)$\dfrac{I_B}{I_E}$

( )34. 電晶體的共射極電流增益為β，共基極之電流增益為α，則α值與β值之關係應為
(A)$\beta = \dfrac{\alpha}{1-\alpha}$ (B)$\beta = \dfrac{1-\alpha}{\alpha}$ (C)$\beta = \dfrac{\alpha}{1+\alpha}$ (D)$\beta = \dfrac{1+\alpha}{\alpha}$

( )35. 電晶體之基極電流I_B由$40\mu A$增加至$140\mu A$，集極電流I_C由$10mA$增加至$15mA$，則$\beta_{ac} = $ (A)15 (B)20 (C)25 (D)50

( )36. 電晶體之射極電流由$2mA$改變為$2.1mA$時，集極電流$1.91mA$改變為$2mA$，則此電晶體之α值為 (A)1.25 (B)1.00 (C)0.9 (D)0.8

( )37. 電晶體BJT由實驗得知$I_B = 25\mu A$，$I_C = 3mA$，且$V_{CE} = 5V$，則此電晶體的α值約為多少？ (A)0.92 (B)0.964 (C)0.985 (D)0.992

( )38. 電晶體BJT的偏壓為共射極組態，在主動區的電流放大率為β_1、飽和區的電流放大率為β_2、反動區的電流放大率為β_3，則下列敘述何者正確？
(A)$\beta_1 > \beta_3 > \beta_2$ (B)$\beta_1 > \beta_2 > \beta_3$ (C)$\beta_3 > \beta_2 > \beta_1$ (D)$\beta_2 > \beta_1 > \beta_3$

( )39. 電晶體全部寬度和基極寬度的比值，是
(A)150:1 (B)100:1 (C)50:1 (D)25:1

( )40. NPN射極電子注入基極，若其中3.5%和基極電流複合，則此電晶體之α值為
(A)0.035 (B)0.9 (C)0.965 (D)1.035

進階題

( )1. 一般雙極性接面電晶體BJT，若欲提高其內部電流放大率，則可由下列哪兩個方面著手來改善？
①集極摻雜濃度 ②集極寬度 ③射極摻雜濃度 ④基極寬度 ⑤射極寬度
(A)①④ (B)②⑤ (C)②③ (D)③④

( )2. 電晶體操作於主動區，則關於接合面空乏區的敘述，下列何者正確？
(A)射極接合面的空乏區較深入基極（B）；集極接合面的空乏區較深入集極（C）
(B)射極接合面的空乏區較深入射極（E）；集極接合面的空乏區較深入集極（C）
(C)射極接合面的空乏區較深入基極（B）；集極接合面的空乏區較深入基極（B）
(D)射極接合面的空乏區較深入射極（E）；集極接合面的空乏區較深入基極（B）

3-2 雙極性接面電晶體之偏壓組態

重點 1　BJT之各種偏壓組態

1. 電晶體做放大器使用時需操作於主動區。

2. 電晶體的放大組態：電晶體的放大電路組態共區分為**共基極組態**（Common-Base configuratuin，簡稱CB）、**共射極組態**（Common-Emitter configuratuin，簡稱CE）與**共集極組態**（Common-Collecter configuratuin，簡稱CC）等三種。

3. 電晶體的集極（C）不得當輸入接腳，而基極（B）不得當輸出接腳。

4. 電晶體的三種放大組態

    (1) 共基極組態，基極（B）為共同接腳，射極（E）為輸入接腳，集極（C）為輸出接腳。

    (2) 共射極組態，射極（E）為共同接腳，基極（B）為輸入接腳，集極（C）為輸出接腳。

    (3) 共集極組態，又稱射極隨耦器，集極（C）為共同接腳，基極（B）為輸入接腳，射極（E）為輸出接腳。

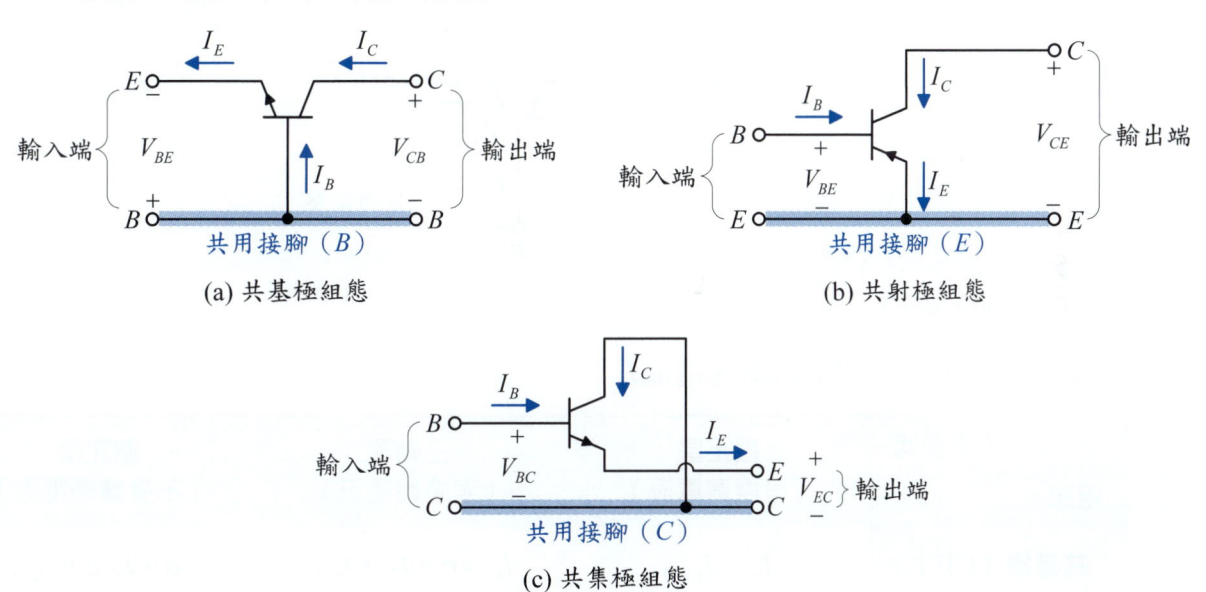

(a) 共基極組態

(b) 共射極組態

(c) 共集極組態

工作組態	輸入接腳	輸出接腳	共用接腳	電流增益 $A_I = \dfrac{I_o}{I_i}$
共基極（CB）	射極（E）	集極（C）	基極（B）	$\alpha = \dfrac{I_C}{I_E}$
共射極（CE）	基極（B）	集極（C）	射極（E）	$\beta = \dfrac{I_C}{I_B}$
共集極（CC）（又稱射極隨耦器）	基極（B）	射極（E）	集極（C）	$\gamma = \dfrac{I_E}{I_B}$

重點 2　BJT之漏電流 I_{CEO} 與 I_{CBO} 之定義

1. I_{CEO} 的定義

   共射極或共集極組態，當基極開路（$I_B = 0$），由集極（C）流至射極（E）間的逆向飽和電流，I_{CEO} 的電流值甚小，矽質電晶體約數 μA，鍺質電晶體約數百 μA，在一般的電晶體的直流分析計算中通常忽略不計。

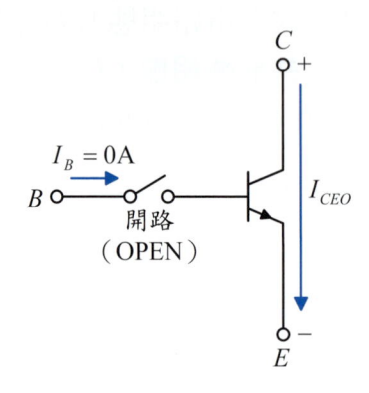

2. I_{CBO} 的定義

   共基極組態，當射極開路（$I_E = 0$）時，由集極（C）流至基極（B）間的逆向飽和電流，I_{CBO} 的電流值甚小，矽質電晶體約數 nA，鍺質電晶體約數 μA，在一般的電晶體的直流分析計算中通常忽略不計。

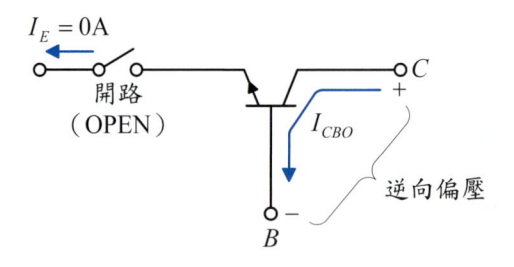

   註：$I_{CEO} = (1+\beta) \times I_{CBO}$。

3. 三種組態在不同模式下的集極電流 I_C

組態＼工作模式	截止區（考慮漏電流）	主動區（考慮漏電流）	飽和區（不考慮漏電流）
共基極（CB）	$I_C = I_{CBO}$	$I_C = \alpha \times I_E + I_{CBO}$	$\alpha \times I_E \geq I_{C(sat)}$
共集極（CC）	$I_C = I_{CEO}$	$I_C = \beta \times I_B + I_{CEO}$	$\beta \times I_B \geq I_{C(sat)}$
共射極（CE）	$I_C = I_{CEO}$	$I_C = \beta \times I_B + I_{CEO}$	$\beta \times I_B \geq I_{C(sat)}$

註：$I_{C(sat)}$ 為集極飽和電流，其中 $I_{C(sat)} = \dfrac{V_{CC} - 0.2}{R_C + R_E}$。

重點 3 電晶體開關電路

1. 電晶體工作於截止區相當於開關的**截止狀態（OFF）**，而工作於飽和區時相當於開關的**導通（ON）**。

2. 飽和區：電晶體進入飽和區，如同開關電路的ON。

    (1) 集射極間的飽和電壓 $V_{CE} \approx 0.2 \text{ V}$。

    (2) 集射極間的飽和電流 $I_C = \dfrac{V_{CC} - V_{CE(sat)}}{R_C} = \dfrac{V_{CC} - 0.2\text{V}}{R_C}$。

    (3) 電晶體進入飽和區之條件：$\beta \times I_B \geq I_{C(sat)}$。
    （電晶體的I_B與I_C兩者之間，無β倍之關係）

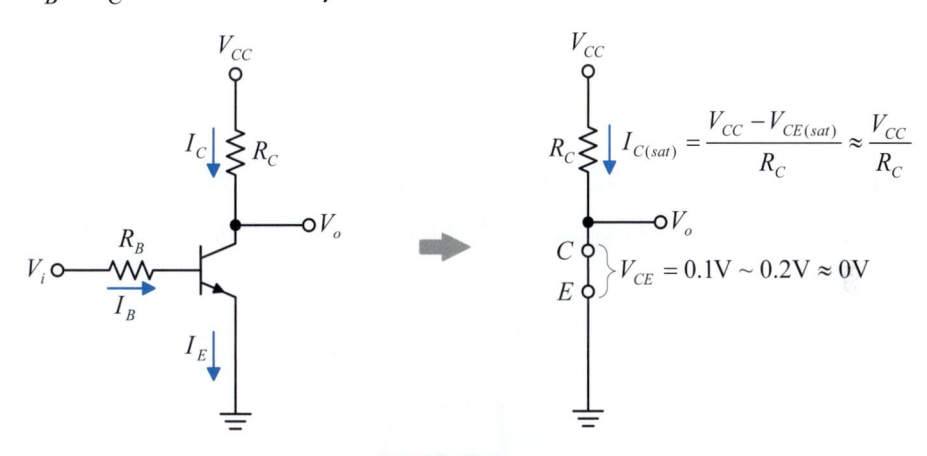

3. 截止區：電晶體進入截止區，如同開關電路的OFF。

    (1) 集射極間的飽和電壓 $V_{CE} = V_{CC}$。

    (2) 基極電流 $I_B = 0$、集極電流 $I_C = 0$。

    (3) 電晶體進入截止區之條件：$V_{BE} < V_{BE(t)}$。
    （BE接合面的輸入電壓小於切入電壓$V_{BE(t)}$）

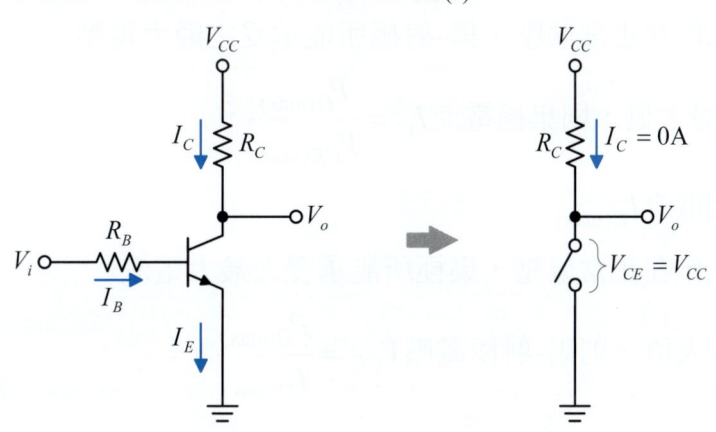

重點 4 電晶體之耐壓

1. V_{CBO}：定義為射極開路時，集-基極間的最大逆向耐壓。
2. V_{CEO}：定義為基極開路時，集-射極間的最大逆向耐壓。
3. V_{BEO}：定義為集極開路時，基-射極間的最大逆向耐壓。
4. 摻雜濃度愈高，則耐壓愈低，因此：$V_{CBO} > V_{CEO} > V_{BEO}$。

重點 5 電晶體的額定值

1. 最大額定功率 $P_{D(max)}$
   (1) 最大額定功率是指電晶體在正常工作下，所能承受之最大功率消耗，超過此一功率時，電晶體將會燒燬，因此：$V_{CE} \times I_C < P_{D(max)}$。
   (2) 下圖為共射極偏壓組態，線段 ab 為集極最大額定電流 $I_{C(max)}$，線段 cd 為集極最大額定電壓 $V_{CE(max)}$，線段 bc 為最大集極散逸功率 $P_{D(max)}$ 曲線，該曲線為雙曲線。

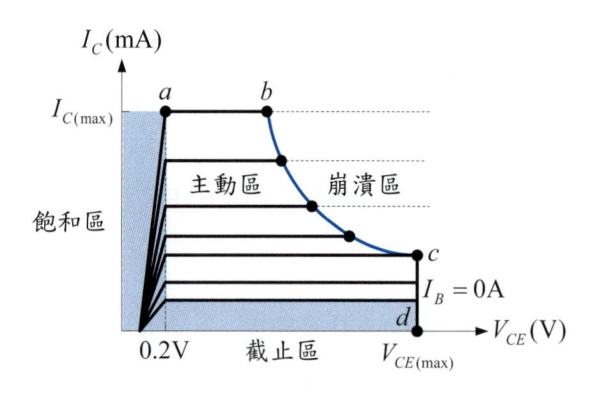

2. 集極最大額定電壓 $V_{CE(max)}$
   (1) 電晶體工作在正常偏壓，集-射極所能承受之最大電壓。
   (2) 若 V_{CE} 為最大值，則集極電流 $I_C = \dfrac{P_{D(max)}}{V_{CE(max)}}$。

3. 集極最大額定電流 $I_{C(max)}$
   (1) 電晶體工作在正常偏壓，集極所能承受之最大電流。
   (2) 若 I_C 為最大值，則集-射極電壓 $V_{CE} = \dfrac{P_{D(max)}}{I_{C(max)}}$。

第 3 章　雙極性接面電晶體

CB組態考慮漏電流的集極電流

老師教

1. 有一CB組態電晶體工作於主動區，若 $\alpha = 0.95$ 且射極電流 $I_E = 10\,\text{mA}$，且當射極開路時集基極間之逆向飽和電流 $I_{CBO} = 800\,\text{nA}$，試求此時的集極電流 I_C 為何？

解 (1) 考慮漏電流

$$\begin{aligned} I_C &= \alpha \times I_E + I_{CBO} \\ &= 0.95 \times 10\,\text{mA} + 800\,\text{nA} \\ &= 9.5008\,\text{mA} \end{aligned}$$

(2) 忽略漏電流（一般計算皆忽略漏電流）

$$\begin{aligned} I_C &= \alpha \times I_E \\ &= 0.95 \times 10\,\text{mA} \\ &= 9.5\,\text{mA} \end{aligned}$$

學生做

1. 有一CB組態電晶體工作於主動區，若 $\alpha = 0.98$ 且射極電流 $I_E = 20\,\text{mA}$，且當射極開路時集基極間之逆向飽和電流 $I_{CBO} = 600\,\text{nA}$，試求此時的集極電流 I_C 為何？

答

CE組態考慮漏電流的集極電流

老師教

2. CE組態電晶體工作於主動區，若 $\beta = 100$、基極電流 $I_B = 100\,\mu\text{A}$ 且 $I_{CEO} = 600\,\text{nA}$，則集極電流 I_C 為何？

解 (1) 考慮漏電流

$$\begin{aligned} I_C &= \beta \times I_B + I_{CEO} \\ &= 100 \times 100\,\mu\text{A} + 600\,\text{nA} \\ &= 10.0006\,\text{mA} \end{aligned}$$

(2) 忽略漏電流（一般計算皆忽略漏電流）

$$\begin{aligned} I_C &= \beta \times I_B \\ &= 100 \times 100\,\mu\text{A} \\ &= 10\,\text{mA} \end{aligned}$$

學生做

2. CE組態電晶體工作於主動區，若 $\beta = 200$、基極電流 $I_B = 80\,\mu\text{A}$ 且 $I_{CEO} = 500\,\text{nA}$，則集極電流 I_C 為何？

答

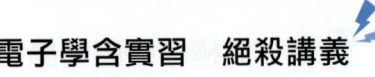

飽和區的判別

老師教

3. 如圖所示，若 $\beta=100$、$V_{BE}=0.7\text{ V}$ 且 $V_{CE(sat)}=0.2\text{ V}$，試求：

   (1) 當輸入電壓 $V_i=0\text{ V}$ 時的輸出電壓 V_o 為何？

   (2) 電晶體的集極飽和電流 $I_{C(sat)}$ 為何？

   (3) 使電晶體進入飽和區的最小基極電流為何？

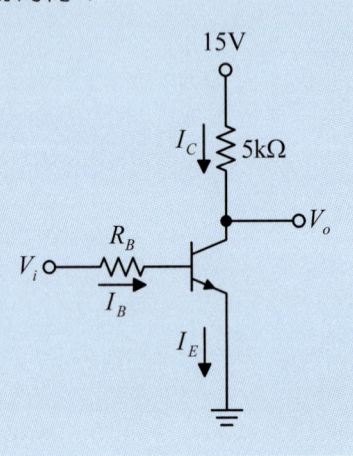

學生做

3. 如圖所示，若 $\beta=100$、$V_{BE}=0.7\text{ V}$ 且 $V_{CE(sat)}\approx 0\text{ V}$，試求使電晶體進入飽和區的最大基極電阻 R_B 為何？

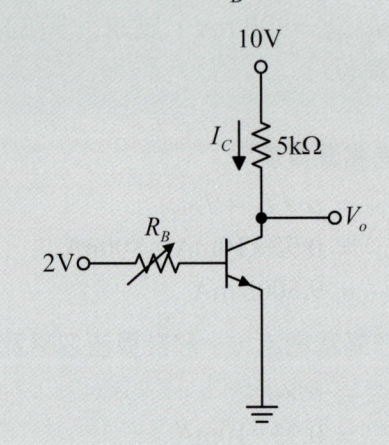

解

(1) $V_i < V_{BE}$：電晶體為截止狀態，因此
$V_{CE} = V_o = V_{CC} = 15\text{ V}$

(2) $I_{C(sat)} = \dfrac{V_{CC} - V_{CE(sat)}}{R_C}$

$= \dfrac{15\text{V} - 0.2\text{V}}{5\text{k}\Omega}$

$= 2.96\text{ mA}$

(3) $I_B \times \beta \geq I_{C(sat)}$

$\Rightarrow I_B \times 100 \geq 2.96\text{mA}$

$\Rightarrow I_B \geq 29.6\ \mu\text{A}$

因此使電晶體進入飽和區的最小基極電流為 $29.6\mu\text{A}$

答

第 3 章 雙極性接面電晶體

ABCD 立即練習

基礎題

( ) 1. 電晶體BJT放大電路，哪支接腳不得當輸入接腳？
(A)基極（B） (B)集極（C） (C)射極（E） (D)閘極（G）

( ) 2. 電晶體BJT放大電路，哪支接腳不得當輸出接腳？
(A)基極（B） (B)集極（C） (C)射極（E） (D)閘極（G）

( ) 3. 欲使電晶體具線性放大作用，必須操作於
(A)截止區 (B)飽和區 (C)主動區 (D)反主動區

( ) 4. 電晶體之 γ 參數為
(A)共射極放大之電流增益 (B)共基極放大之電流增益
(C)共集極放大之電流增益 (D)共集極放大之電壓增益

( ) 5. 電晶體之 β 參數為
(A)共射極放大之電流增益 (B)共基極放大之電流增益
(C)共集極放大之電流增益 (D)共集極放大之電壓增益

( ) 6. 關於共基極放大電路之敘述，下列何者為是？
(A)輸入訊號從基極輸入 (B)輸出訊號從射極輸出
(C)輸出訊號從集極輸出 (D)輸入訊號從集極輸入

( ) 7. 共射極放大電路的輸入端、輸出端分別為
(A)基極、集極 (B)集極、基極 (C)射極、集極 (D)集極、射極

( ) 8. 共集極放大電路的輸入端、輸出端分別為
(A)基極、集極 (B)集極、基極 (C)基極、射極 (D)集極、射極

( ) 9. NPN電晶體，其 $\beta=100$，且流入集極電流為1.2A，流入基極電流為14mA，則此電晶體處在 (A)截止區 (B)作用區 (C)飽和區 (D)無法判定

( ) 10. 雙極性接面電晶體BJT內部有漏電流 I_{CBO} 和 I_{CEO}，則 $\dfrac{I_{CEO}}{I_{CBO}}$ 應為多少？
(A)1 (B)$\dfrac{\alpha}{1-\alpha}$ (C)$\dfrac{\beta}{1+\beta}$ (D)$1+\beta$

( ) 11. 電晶體之 $I_{CBO}=20\mu A$ 及 $\beta=49$，則其 I_{CEO} 為
(A)$50\mu A$ (B)$80\mu A$ (C)1mA (D)5mA

( ) 12. 雙極性電晶體BJT的 I_{CBO} 值為900nA，且其 I_{CEO} 值為90μA，則此電晶體的 β 增益為多少？ (A)10 (B)99 (C)100 (D)101

( ) 13. NPN電晶體操作在飽和區，則 V_{CE} 為
(A)小的正電壓 (B)小的負電壓 (C)大的正電壓 (D)大的負電壓

( ) 14. PNP電晶體操作在飽和區，則 V_{CE} 為
(A)小的正電壓 (B)小的負電壓 (C)大的正電壓 (D)大的負電壓

( ) 15. 電晶體工作於截止區相當於
(A)開關的截止狀態（OFF） (B)開關的導通狀態（ON）
(C)具線性放大作用 (D)無法判斷

( )16. 電晶體工作於飽和區相當於
(A)開關的截止狀態（OFF） (B)開關的導通狀態（ON）
(C)具線性放大作用 (D)無法判斷

( )17. 如圖(1)所示，使用電晶體控制繼電器時，二極體之作用為何？
(A)箝位波形
(B)整流波形
(C)加速電晶體之工作速度
(D)保護電晶體

圖(1)

( )18. NPN電晶體採共射極偏壓組態，若操作於飽和區，下列敘述何者正確？
(A)$I_B = 0$、$V_{CE} \approx 0.2$ V
(B)$\beta I_B > I_{C(sat)}$、$V_{CE} \approx 0.2$ V
(C)$I_B = 0$、$V_{CE} \approx V_{CC}$
(D)$\beta I_B < I_{C(sat)}$、$V_{CE} \approx V_{CC}$

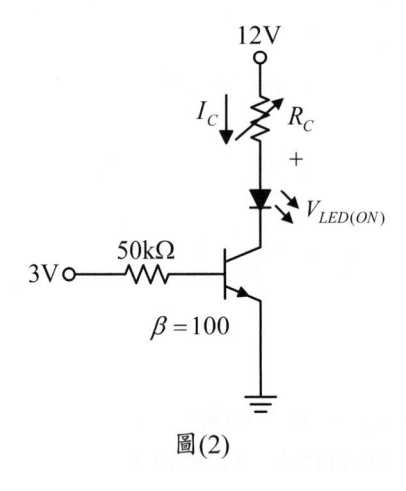

( )19. NPN電晶體採共射極偏壓組態，若操作於截止區，下列敘述何者正確？
(A)$I_B = 0$、$V_{CE} \approx 0.2$ V (B)$I_B \gg 0$、$V_{CE} \approx 0.2$ V
(C)$I_B = 0$、$V_{CE} \approx V_{CC}$ (D)$I_B \gg 0$、$V_{CE} \approx V_{CC}$

( )20. 共射極組態與共集極組態，輸入腳皆為 (A)閘極 (B)射極 (C)基極 (D)集極

( )21. 如圖(2)所示，若$V_{BE} = 0.6$ V、$V_{CE(sat)} = 0.2$ V且$V_{LED(ON)} = 1.6$ V，試求點亮LED時集極電阻R_C的最小值為何？ (A)1.125kΩ (B)2.125kΩ (C)2.5kΩ (D)5.625kΩ

圖(2)

進階題

( )1. 電晶體於基極斷路時，測得$I_C = 2\ \mu A$，而於射極斷路時，測得$I_C = 50$ nA，若電晶體操作於主動區，且已知$I_B = 50\ \mu A$，則I_C約為多少？
(A)5mA (B)2.5mA (C)3mA (D)2mA

( )2. 對於電晶體偏壓時，若將射極與集極對調，下列何者正確？
(A)V_{CEO}下降；β下降 (B)V_{CEO}下降；β增加
(C)V_{CEO}上升；β下降 (D)V_{CEO}上升；β增加

3-3 雙極性接面電晶體之直流偏壓

重點 1 直流工作點與直流負載線

1. BJT作為放大器，必需操作於主動區，使其特性能線性化，以得到最大不失真。
2. 工作點，又稱**靜態工作點**（Quiescent operating point，簡稱為Q點），故直流工作點一般簡稱 **Q 點**。
3. 工作點的位置位於飽和區、崩潰區與截止區中間。
4. 直流負載線為**飽和點**與**截止點**兩點之連線。

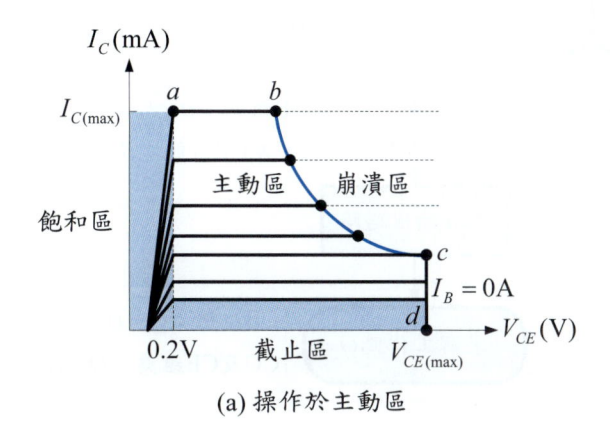

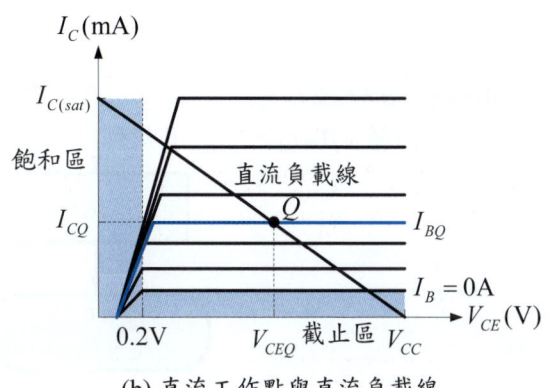

(a) 操作於主動區

(b) 直流工作點與直流負載線

重點 2 直流工作點的計算步驟

Step 1 　**求解輸入電流**：從輸入迴路求解

$$\begin{cases} (1) \ 共射極（CE）或共集極（CC）\Rightarrow 求解基極電流 I_B \\ (2) \ 共基極（CB）\Rightarrow 求解射極電流 I_E \end{cases}$$

註：進行直流分析時，電容器視為開路。

Step 2 　**求解集極飽和電流 $I_{C(sat)}$**：從輸出迴路求解集極飽和電流 $I_{C(sat)}$

Step 3 　**進行飽和判別**：

$$\begin{cases} (1) \ 共射極（CE）或共集極（CC）\Rightarrow 若 I_B \times \beta \geq I_{C(sat)} \\ (2) \ 共基極（CB）\Rightarrow 若 I_E \times \alpha \geq I_{C(sat)} \end{cases}$$

表示進入飽和區，此時電晶體不具放大作用。

註：亦可直接計算V_{CE}，若$V_{CE} \leq 0.2$ V表示操作在飽和區（NPN電晶體偏壓組態）。

3-17

Step 4 求解直流工作點：從輸出迴路求解

若電晶體未進入飽和區，表示電晶體具線性放大作用，則直流工作點 Q 為：

$$\begin{cases} (1) & \text{共射極（CE）或共集極（CC）} \Rightarrow Q(V_{CEQ}, I_{CQ}) \\ (2) & \text{共基極（CB）} \Rightarrow Q(V_{CBQ}, I_{CQ}) \end{cases}$$

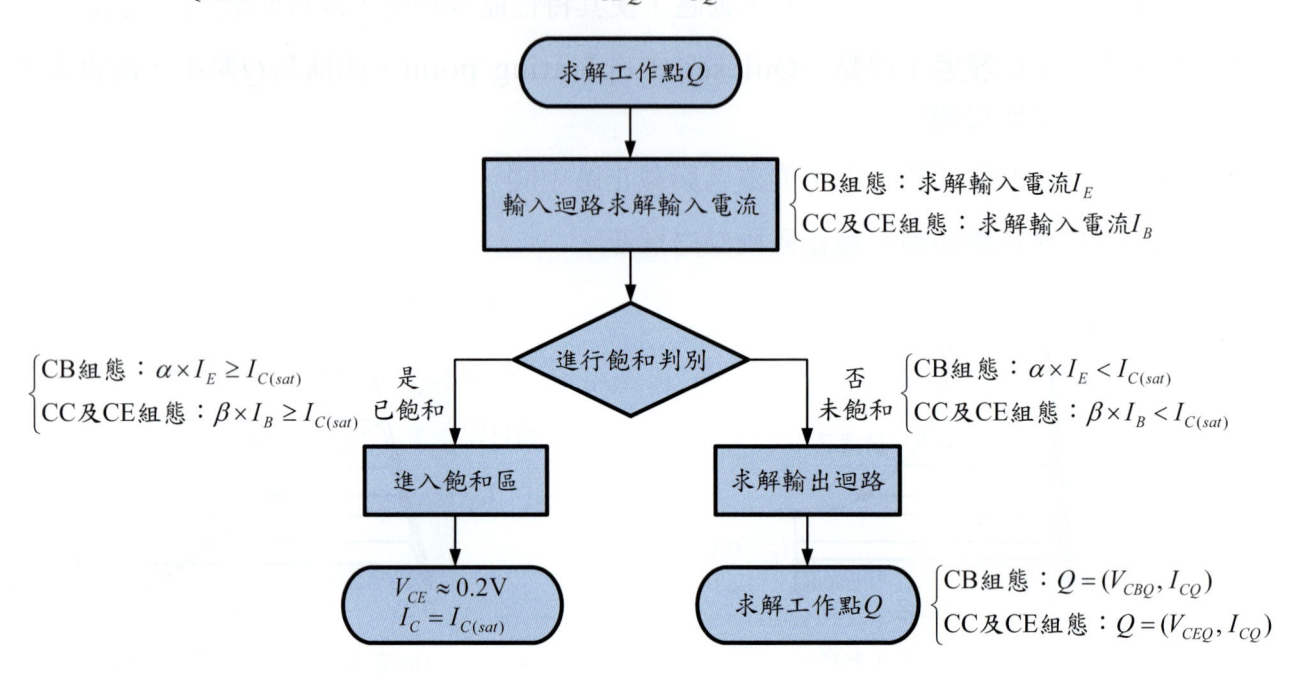

流程圖：

求解工作點 Q → 輸入迴路求解輸入電流
- CB組態：求解輸入電流 I_E
- CC及CE組態：求解輸入電流 I_B

→ 進行飽和判別

是（已飽和）：
- CB組態：$\alpha \times I_E \geq I_{C(sat)}$
- CC及CE組態：$\beta \times I_B \geq I_{C(sat)}$

→ 進入飽和區 → $V_{CE} \approx 0.2\text{V}$, $I_C = I_{C(sat)}$

否（未飽和）：
- CB組態：$\alpha \times I_E < I_{C(sat)}$
- CC及CE組態：$\beta \times I_B < I_{C(sat)}$

→ 求解輸出迴路 → 求解工作點 Q
- CB組態：$Q = (V_{CBQ}, I_{CQ})$
- CC及CE組態：$Q = (V_{CEQ}, I_{CQ})$

重點 3　直流工作點位置對於輸出信號的影響

1. 共射極組態的直流工作點

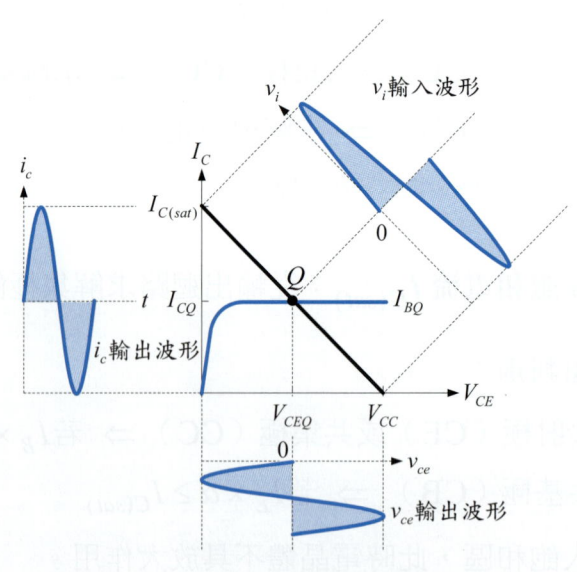

(a) 直流工作點位於負載線中央

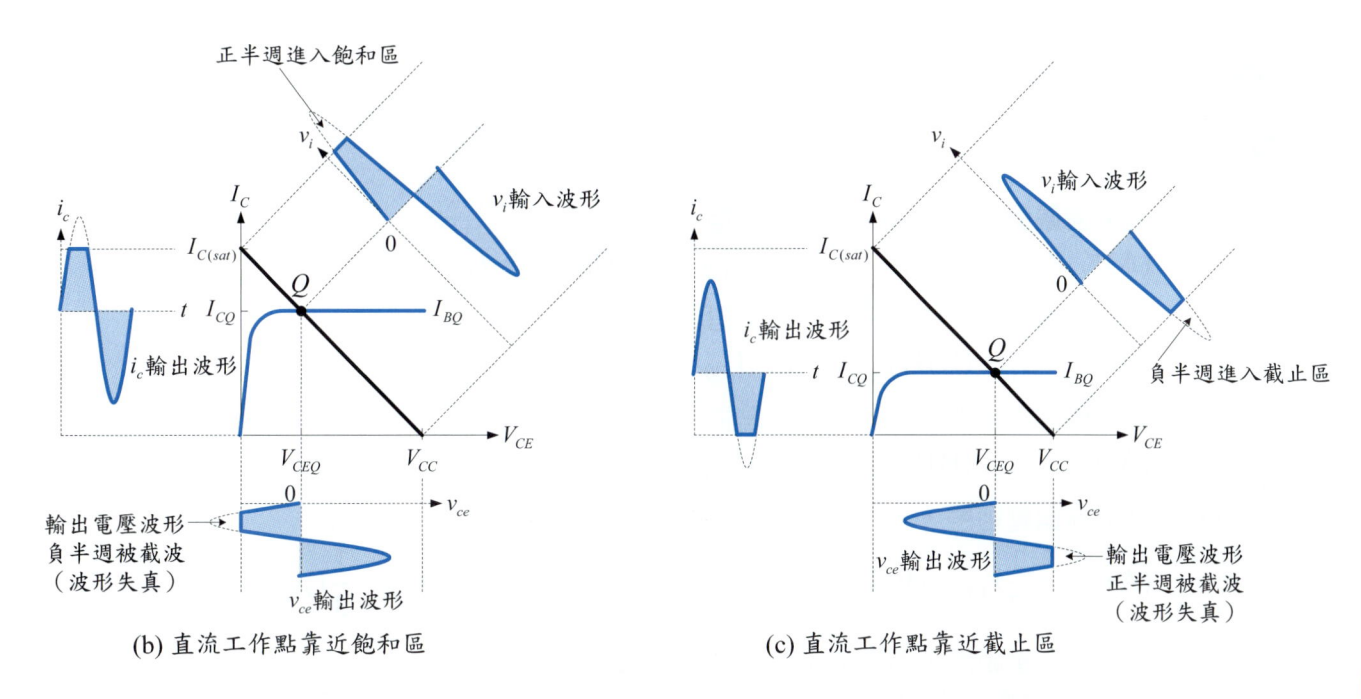

(b) 直流工作點靠近飽和區　　　　　　(c) 直流工作點靠近截止區

2. 不同組態（CB、CC、CE）的工作點位置與輸出電壓波形的關係

組態＼直流工作點位置	靠近飽和區	靠近截止區
共基極（CB）	正半週可能失真	負半週可能失真
共集極（CC）	正半週可能失真	負半週可能失真
共射極（CE）	負半週可能失真	正半週可能失真

註：最大不失真的直流工作點需設計在 $V_{CE} = \dfrac{1}{2}V_{CC}$（共射極與共集極偏壓組態）。

重點 4　直流工作點位置的漂移

直流工作點除了受到外加偏壓 V_{CC} 以及偏壓電阻 R_B、R_C 的影響之外也與下列各種因素有關。

1. 電晶體 β 的影響：
相同的偏壓電路，選擇 β 值較大的電晶體，則產生的集極電流 I_C 也較大，直流工作點會向飽和區移動；相對的，若選擇 β 值較小的電晶體，則產生的集極電流 I_C 也較小，直流工作點向截止區移動。

2. 切入電壓 V_{BE} 與溫度變化的關係：
溫度每增加1°C矽電晶體的切入電壓 V_{BE} 下降2.5mV，而鍺晶體的切入電壓 V_{BE} 下降1mV，因此，溫度上升，直流工作點向飽和區移動；溫度下降，直流工作點向截止區移動。

3. 漏電流 I_{CO} 與溫度變化的關係：
溫度約每上升10°C，漏電流增加一倍，因此，溫度上升，直流工作點向**飽和區**移動；溫度下降，直流工作點向**截止區**移動。

ABCD 立即練習

基礎題

( ) 1. 共射極偏壓組態的直流工作點是指
(A)V_{CE}、I_C (B)V_{CE}、I_E (C)V_{CB}、I_C (D)V_{CB}、I_E

( ) 2. 共集極偏壓組態的直流工作點是指
(A)V_{CE}、I_C (B)V_{CE}、I_E (C)V_{CB}、I_C (D)V_{CB}、I_E

( ) 3. 共基極偏壓組態的直流工作點是指
(A)V_{CE}、I_C (B)V_{CE}、I_E (C)V_{CB}、I_C (D)V_{CB}、I_E

( ) 4. 共射極偏壓組態,若希望有最大不失真的電壓輸出波形,需設計
(A)$V_{CE} = \frac{1}{2}V_{CC}$ (B)$V_{CE} = \frac{1}{3}V_{CC}$ (C)$V_{CB} = \frac{1}{2}V_{CC}$ (D)$V_{CB} = \frac{1}{3}V_{CC}$

( ) 5. 共射極偏壓組態,若直流工作點太靠近截止區,則
(A)輸出電壓波形的正半週,可能失真
(B)輸出電壓波形的負半週,可能失真
(C)輸入電壓波形的正半週,可能失真
(D)輸入電壓波形的負半週,可能失真

( ) 6. 共集極偏壓組態,若直流工作點太靠近截止區,則
(A)輸出電壓波形的正半週,可能失真
(B)輸出電壓波形的負半週,可能失真
(C)輸入電壓波形的正半週,可能失真
(D)輸入電壓波形的負半週,可能失真

( ) 7. 共基極偏壓組態,若直流工作點太靠近飽和區,則
(A)輸出電壓波形的正半週,可能失真
(B)輸出電壓波形的負半週,可能失真
(C)輸入電壓波形的正半週,可能失真
(D)輸入電壓波形的負半週,可能失真

( ) 8. 溫度上升,造成直流工作點往何處移動?
(A)飽和區 (B)截止區 (C)崩潰區 (D)反主動區

( ) 9. 電流放大率β增加,造成直流工作點往何處移動?
(A)飽和區 (B)截止區 (C)崩潰區 (D)反主動區

( ) 10. 共射極偏壓組態輸出電壓波形的負半週失真,下列何者不是主因?
(A)β值太大 (B)溫度增加 (C)R_B阻值太大 (D)工作點太靠近飽和區

3-4 共射極偏壓組態

共射極偏壓組態（CE）最常見的電路，區分為**固定偏壓電路、射極回授偏壓電路、集極回授偏壓電路、射極與集極回授偏壓電路**（同時具備射極回授及集極回授，因此在本節不額外介紹）及**分壓式偏壓電路**等五種。

重點 1 固定偏壓電路

固定偏壓電路，又稱為**基極偏壓**（base bias）電路，由於該電路容易受 β 的影響，直流工作點容易漂移，因此穩定性差，較常用於**數位開關**（操作在飽和區或是截止區）的用途。

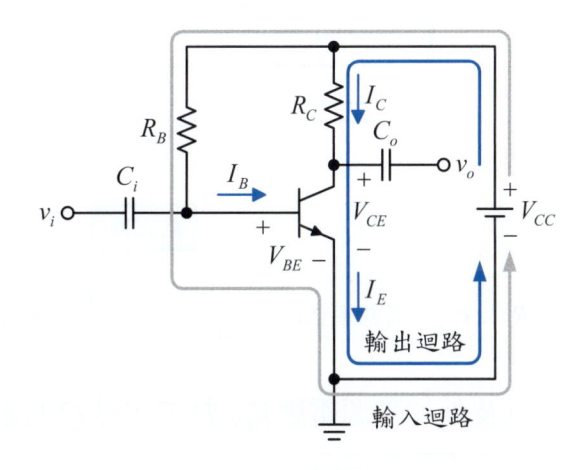

1. 求解工作點 $Q(V_{CEQ}, I_{CQ})$ 的步驟如下：

   Step 1 輸入迴路求解基極電流 I_{BQ}

   $$I_B = I_{BQ} = \frac{V_{CC} - V_{BE}}{R_B}$$

   Step 2 輸出迴路求解集極飽和電流 $I_{C(sat)}$

   $$I_{C(sat)} = \frac{V_{CC} - V_{CE(sat)}}{R_C} = \frac{V_{CC} - 0.2\text{V}}{R_C}$$

   Step 3 進行飽和判別

   (1) 若 $I_B \times \beta \geq I_{C(sat)}$，則該電晶體進入飽和區

   (2) 若 $I_B \times \beta < I_{C(sat)}$，則該電晶體工作於主動區，工作點 $Q(V_{CEQ}, I_{CQ})$

   Step 4 若電晶體操作於主動區，則運用輸出迴路求解工作點 $Q(V_{CEQ}, I_{CQ})$

   (1) 集極電流 $I_C = I_{CQ} = \beta \times I_B = \beta \times \dfrac{V_{CC} - V_{BE}}{R_B} \approx \beta \times \dfrac{V_{CC}}{R_B}$

   (2) 集-射極電壓 $V_{CE} = V_{CEQ} = V_{CC} - I_{CQ} \times R_C$

   註：V_{BE} 及 $V_{CE(sat)}$ 忽略不計，當 $\beta \times R_C \geq R_B$，電晶體操作在飽和區。

3-21

2. 繪製直流負載線

   輸出迴路方程式為$V_{CC} = I_C \times R_C + V_{CE}$，輸出迴路方程式即為直流負載線方程式，輸出特性曲線的X軸為V_{CE}，而Y軸為I_C，因此只需要令$V_{CE} = 0$，即可求出該直線與Y軸的交點，令$I_C = 0$，即可求出該直線與X軸的交點。

   (1) 令$V_{CE} = 0 \Rightarrow I_C = \dfrac{V_{CC}}{R_C}$（飽和點）

   (2) 令$I_C = 0 \Rightarrow V_{CE} = V_{CC}$（截止點）

   (3) 直流負載線：

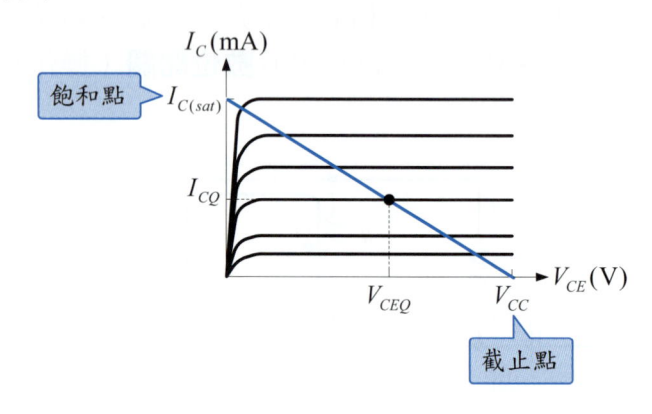

   註：直流負載線$V_{CC} = I_C \times R_C + V_{CE}$，其斜率式$I_C = -\dfrac{1}{R_C} \times V_{CE} + \dfrac{V_{CC}}{R_C}$，可以得知直線的斜率$m = -\dfrac{1}{R_C}$。

3. 調整偏壓電阻R_B、R_C以及外加電源電壓V_{CC}對工作點Q的影響

僅調整基極電阻R_B	僅調整集極電阻R_C	僅調整電源電壓V_{CC}
動作說明： (1) 基極電阻$R_B \uparrow$：$I_B \downarrow I_C \downarrow$ 　工作點$Q \to D \to E \to F$ 　（往截止區移動） (2) 基極電阻$R_B \downarrow$：$I_B \uparrow I_C \uparrow$ 　工作點$Q \to C \to B \to A$ 　（往飽和區移動）	動作說明： (1) 集極電阻$R_C \uparrow$：$V_{CE} \downarrow$ 　工作點$Q \to A$ 　（直流負載線的斜率絕對值$\lvert m \rvert$減少） (2) 集極電阻$R_C \downarrow$：$V_{CE} \uparrow$ 　工作點$Q \to B$ 　（直流負載線的斜率絕對值$\lvert m \rvert$增加）	動作說明： (1) 電源電壓$V_{CC} \uparrow$： 　負載線$\overline{BB'} \to \overline{AA'}$ 　（直流負載線的斜率m不變） (2) 電源電壓$V_{CC} \downarrow$： 　負載線$\overline{BB'} \to \overline{CC'}$ 　（直流負載線的斜率m不變）

第 3 章　雙極性接面電晶體

固定偏壓電路

老師教

1. 如圖所示為共射極固定偏壓電路，若 $V_{BE}=0.7\,\text{V}$、$V_{CE(sat)}=0.2\,\text{V}$、$R_B=500\,\text{k}\Omega$、$\beta=100$ 且 $R_C=1\,\text{k}\Omega$，試求工作點 $Q(V_{CEQ},I_{CQ})$為何？

(電路圖：$V_{CC}=5.7\text{V}$，R_B、R_C、I_C)

學生做

1. 如圖所示為共射極固定偏壓電路，若 $V_{BE}=0.7\,\text{V}$、$V_{CE(sat)}=0.2\,\text{V}$、$R_B=100\,\text{k}\Omega$、$\beta=50$ 且 $R_C=1\,\text{k}\Omega$，試求工作點 $Q(V_{CEQ},I_{CQ})$為何？

(電路圖：$V_{CC}=10.7\text{V}$，R_B、R_C、I_C)

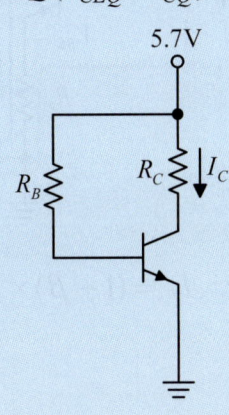

解

(1) 輸入迴路：$V_{CC}=I_B\times R_B+V_{BE}$

$$I_B=\frac{V_{CC}-V_{BE}}{R_B}=\frac{5.7\text{V}-0.7\text{V}}{500\text{k}\Omega}$$
$$=0.01\,\text{mA}$$

(2) 集極飽和電流

$$I_{C(sat)}=\frac{5.7\text{V}-0.2\text{V}}{1\text{k}\Omega}=5.5\,\text{mA}$$

(3) $I_B\times\beta=0.01\text{mA}\times100$
$$=1\,\text{mA}<I_{C(sat)}$$
因此工作於主動區

(4) 輸出迴路：$V_{CC}=I_C\times R_C+V_{CE}$

$V_{CE}=V_{CC}-I_C\times R_C$
$\quad=5.7\text{V}-1\text{mA}\times1\text{k}\Omega=4.7\,\text{V}$

(5) 工作點

$Q(V_{CEQ},I_{CQ})=(4.7\text{V},\,1\text{mA})$

(6) 速解判別：

$100\times1\text{k}\Omega<500\text{k}\Omega$

（$\beta\times R_C<R_B$）

所以操作在主動區

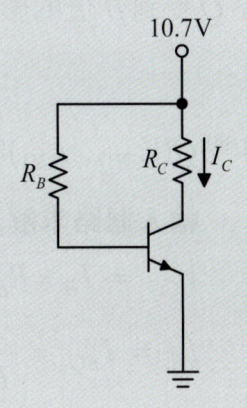

答

3-23

重點 2　射極回授偏壓電路

射極回授偏壓（Emitter feedback bias）電路，與固定偏壓電路最大的差別在於多一個射極電阻R_E，此電阻提供了負回授的路徑，主要目的為改善固定偏壓電路的工作點Q受到β值的影響而造成的漂移現象。

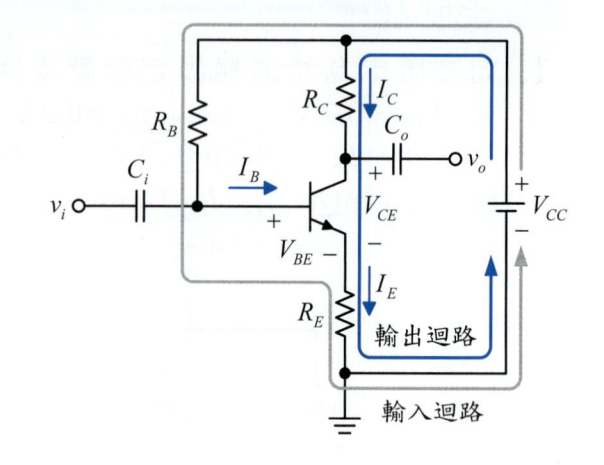

1. 求解工作點$Q(V_{CEQ}, I_{CQ})$的步驟如下：

   Step 1　輸入迴路求解基極電流I_{BQ}

   $V_{CC} = I_B \times R_B + V_{BE} + (1+\beta) \times I_B \times R_E$（$\because I_E = (1+\beta) \times I_B$）

   $I_B = I_{BQ} = \dfrac{V_{CC} - V_{BE}}{R_B + (1+\beta) \times R_E}$

   Step 2　輸出迴路求解集極飽和電流$I_{C(sat)}$

   $I_{C(sat)} = \dfrac{V_{CC} - V_{CE(sat)}}{R_C + R_E}$

   Step 3　進行飽和判別

   (1) 若$I_B \times \beta \geq I_{C(sat)}$，則該電晶體進入飽和區

   (2) 若$I_B \times \beta < I_{C(sat)}$，則該電晶體工作於主動區，工作點$Q(V_{CEQ}, I_{CQ})$

   Step 4　若電晶體操作於主動區，則運用輸出迴路求解工作點$Q(V_{CEQ}, I_{CQ})$

   (1) 集極電流$I_C = I_{CQ} = \beta \times I_B = \beta \times \dfrac{V_{CC} - V_{BE}}{R_B + (1+\beta) \times R_E}$

   (2) 集-射極電壓$V_{CE} = V_{CEQ} = V_{CC} - I_C \times R_C - I_E \times R_E$
   　　　　　　　　（$V_{CE} \approx V_{CC} - I_C \times (R_C + R_E)$）

2. 繪製直流負載線

   輸出迴路方程式為$V_{CC} \approx I_C \times (R_C + R_E) + V_{CE}$，輸出迴路方程式即為直流負載線方程式，輸出特性曲線的X軸為V_{CE}，而Y軸為I_C，因此只需要令$V_{CE} = 0$，即可求出該直線與Y軸的交點，令$I_C = 0$，即可求出該直線與X軸的交點。

   (1) 令$V_{CE} = 0$

   $\Rightarrow I_C = \dfrac{V_{CC}}{R_C + R_E} \approx I_{C(sat)}$（飽和點）

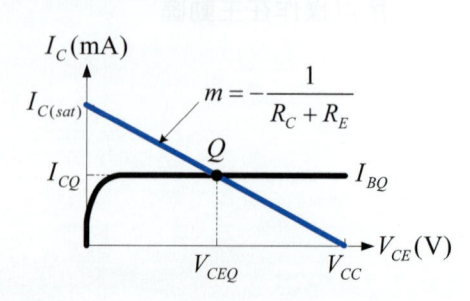

   (2) 令$I_C = 0 \Rightarrow V_{CE} = V_{CC}$（截止點）

   (3) 直流負載線：如右圖

射極回授偏壓電路

老師教

2. 如圖所示為共射極射極回授偏壓電路，試求工作點 $Q(V_{CEQ}, I_{CQ})$ 為何？

電路：$V_{CC}=12.7\text{V}$，$R_B=500\text{k}\Omega$，$R_C=2\text{k}\Omega$，$R_E=1\text{k}\Omega$，$\beta=99$，$V_{BE}=0.7\text{V}$

學生做

2. 如圖所示為共射極射極回授偏壓電路，試求工作點 $Q(V_{CEQ}, I_{CQ})$ 為何？

電路：$V_{CC}=6.7\text{V}$，$R_B=100\text{k}\Omega$，$R_C=0.5\text{k}\Omega$，$R_E=1\text{k}\Omega$，$\beta=99$，$V_{BE}=0.7\text{V}$

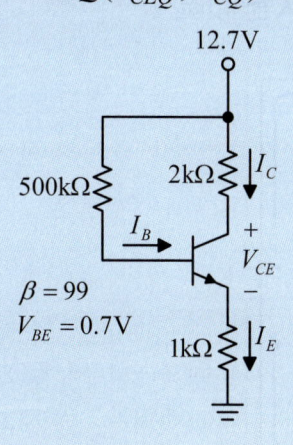

解 (1) 輸入迴路

$$I_B = \frac{V_{CC}-V_{BE}}{R_B+(1+\beta)\times R_E}$$

$$= \frac{12.7\text{V}-0.7\text{V}}{500\text{k}\Omega+(1+99)\times 1\text{k}\Omega}$$

$$= 0.02\text{ mA}$$

(2) 集極飽和電流 $I_{C(sat)}$

$$I_{C(sat)} = \frac{V_{CC}-V_{CE(sat)}}{R_C+R_E}$$

$$= \frac{12.7\text{V}-0.2\text{V}}{2\text{k}\Omega+1\text{k}\Omega} \approx 4.17\text{ mA}$$

(3) $I_B \times \beta = 0.02\text{mA}\times 99$

$$= 1.98\text{ mA} < I_{C(sat)}$$

因此工作於主動區，且 $I_C = 1.98\text{ mA}$

(4) 輸出迴路

$$V_{CE} \approx V_{CC}-I_C\times(R_C+R_E)$$

$$= 12\text{V}-1.98\text{mA}\times(2\text{k}\Omega+1\text{k}\Omega)$$

$$\approx 6\text{ V}$$

(5) 直流工作點

$$Q(V_{CEQ}, I_{CQ}) = (6\text{V}, 1.98\text{mA})$$

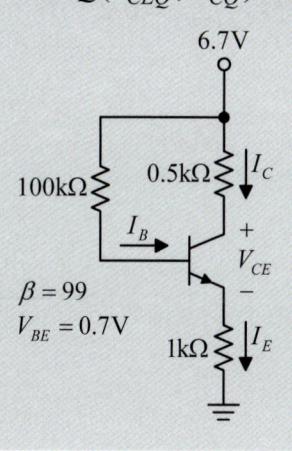

答

重點 3　集極回授偏壓電路

集極回授偏壓電路中的集極電阻R_C提供了負回授的路徑，因此具有穩定直流工作點之功能，由於集射極（CE）間的電壓方程式為$V_{CE}=I_B R_B+V_{BE}>0.7\text{ V}$（由於電晶體飽和時$V_{CE(sat)}=0.2\text{ V}$），因此**電晶體絕對不會進入飽和區**。

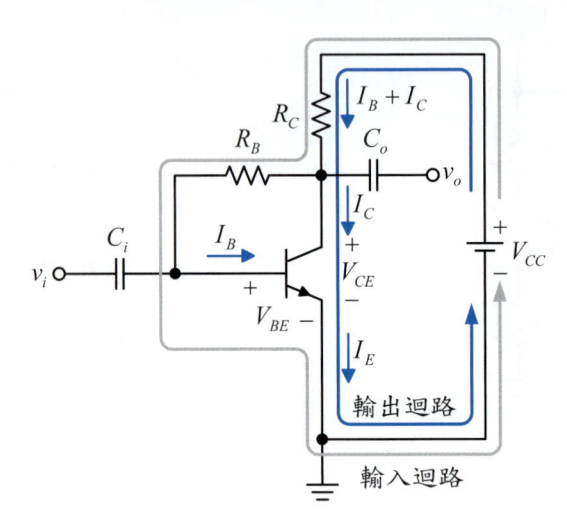

1. 求解工作點$Q(V_{CEQ}, I_{CQ})$的步驟如下：

    Step 1　**輸入迴路求解基極電流I_{BQ}**

    $$V_{CC}=(I_B+I_C)\times R_C+I_B\times R_B+V_{BE}$$
    $$=(I_B+\beta\times I_B)\times R_C+I_B\times R_B+V_{BE}$$

    將基極電流I_B化簡為：$I_B=I_{BQ}=\dfrac{V_{CC}-V_{BE}}{R_B+(1+\beta)\times R_C}$

    Step 2　**電晶體必操作於主動區，所以輸出迴路求解工作點$Q(V_{CEQ}, I_{CQ})$**

    (1) 集極電流$I_C=I_{CQ}=\beta\times I_B=\beta\times\dfrac{V_{CC}-V_{BE}}{R_B+(1+\beta)\times R_C}$

    (2) 集-射極電壓$V_{CE}=V_{CEQ}=V_{CC}-I_E\times R_C$

2. 繪製直流負載線

    輸出迴路方程式為$V_{CC}=I_E\times R_C+V_{CE}$，令$V_{CE}=0$，即可求出該直線與$Y$軸的交點，令$I_C=0$，即可求出該直線與$X$軸的交點。

    (1) 令$V_{CE}=0$

    $\Rightarrow I_C=\dfrac{V_{CC}}{R_C}\approx I_{C(sat)}$（飽和點）

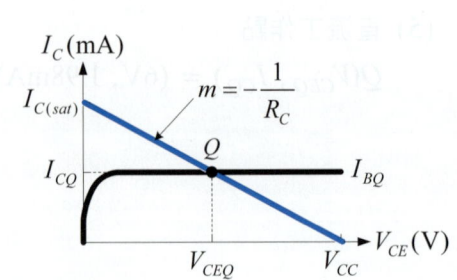

    (2) 令$I_C=0\Rightarrow V_{CE}=V_{CC}$（截止點）

    (3) 直流負載線：如右圖

集極回授偏壓電路

老師教

3. 如圖所示為共射極集極回授偏壓電路，試求工作點 $Q(V_{CEQ}, I_{CQ})$ 為何？

（電路圖：$V_{CC} = 12.7V$，$R_C = 1k\Omega$，$R_B = 100k\Omega$，$\beta = 99$，$V_{BE} = 0.7V$）

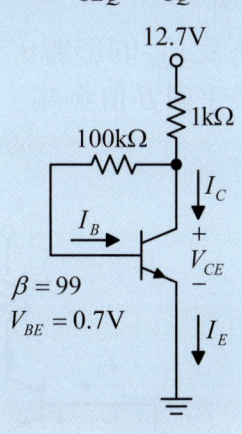

解 (1) 輸入迴路

$$I_B = \frac{V_{CC} - V_{BE}}{R_B + (1+\beta) \times R_C}$$

$$= \frac{12.7V - 0.7V}{100k\Omega + (1+99) \times 1k\Omega}$$

$$= 0.06 \text{ mA}$$

(2) V_{CE} 必大於 0.2V，故工作於主動區

$$I_C = \beta \times I_B = 99 \times 0.06\text{mA}$$
$$= 5.94 \text{ mA}$$

$$I_E = (1+\beta) \times I_B = 100 \times 0.06\text{mA}$$
$$= 6 \text{ mA}$$

(3) 輸出迴路

$$V_{CE} = V_{CC} - I_E \times R_C$$
$$= 12.7V - 6\text{mA} \times 1\text{k}\Omega = 6.7 \text{ V}$$

(4) 直流工作點

$$Q(V_{CEQ}, I_{CQ}) = (6.7V, 5.94\text{mA})$$

學生做

3. 如圖所示為共射極集極回授偏壓電路，試求工作點 $Q(V_{CEQ}, I_{CQ})$ 為何？

（電路圖：$V_{CC} = 8.7V$，$R_C = 1k\Omega$，$R_B = 50k\Omega$，$\beta = 49$，$V_{BE} = 0.7V$）

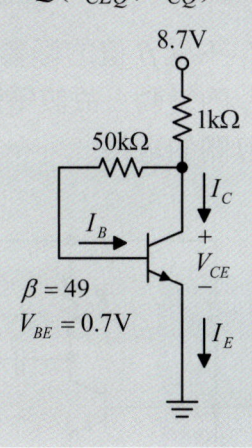

答

重點 4　分壓式偏壓電路

分壓式偏壓（voltage-divider Bias）電路又稱為**自給偏壓**（self-bias）電路。由於當電晶體的 β 值夠大（$\beta \to \infty$，$I_B = \dfrac{I_C}{\beta} = \dfrac{I_C}{\infty} = 0$）、$(1+\beta) \times R_E \gg R_{th}$ 時，則 I_C 不受 β 值的影響；而當 $E_{th} > V_{BE}$ 時，則 I_C 不受 V_{BE} 的影響。且回授電阻 R_E 抵消了 I_C 的變動，故該電路的直流工作點 Q 的位置幾乎與 β 值無關，故此電路又稱為與 β 無關的電路。

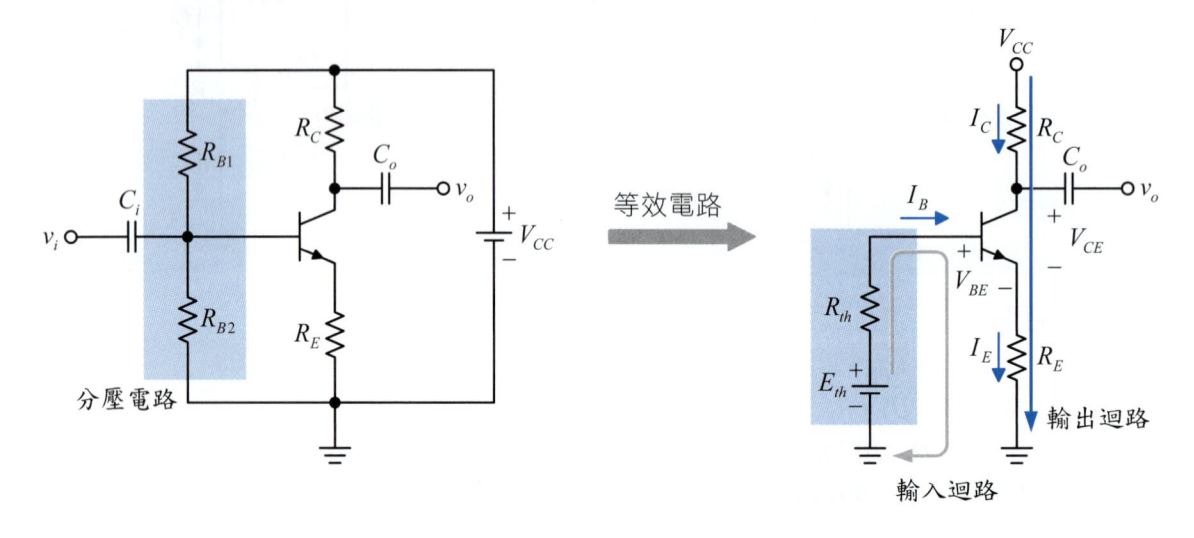

精確解

1. 先將電路化簡戴維寧等效電路

   $R_{th} = R_{B1} \parallel R_{B2}$；$E_{th} = V_{CC} \times \dfrac{R_{B2}}{R_{B1} + R_{B2}}$

2. 求解工作點 $Q(V_{CEQ}, I_{CQ})$ 的步驟如下：

   Step 1　**輸入迴路求解基極電流 I_{BQ}**

   $E_{th} = I_B \times R_{th} + V_{BE} + I_E \times R_E = I_B \times R_{th} + V_{BE} + (1+\beta) \times I_B \times R_E$，

   將基極電流 I_B 化簡為：$I_B = I_{BQ} = \dfrac{E_{th} - V_{BE}}{R_{th} + (1+\beta) \times R_E}$

   Step 2　**輸出迴路求解集極飽和電流 $I_{C(sat)}$**

   $I_{C(sat)} \approx \dfrac{V_{CC} - V_{CE(sat)}}{R_C + R_E}$

   Step 3　**進行飽和判別**

   (1) 若 $I_B \times \beta \geq I_{C(sat)}$，則該電晶體進入飽和區

   (2) 若 $I_B \times \beta < I_{C(sat)}$，則該電晶體工作於主動區，工作點 $Q(V_{CEQ}, I_{CQ})$

Step 4 若電晶體操作於主動區,則運用輸出迴路求解工作點 $Q(V_{CEQ}, I_{CQ})$

(1) 集極電流 $I_C = I_{CQ} = \beta \times I_B = \beta \times \dfrac{E_{th} - V_{BE}}{R_{th} + (1+\beta) \times R_E}$

(2) 集-射極電壓 $V_{CE} = V_{CEQ} = V_{CC} - I_C \times R_C - I_E \times R_E$

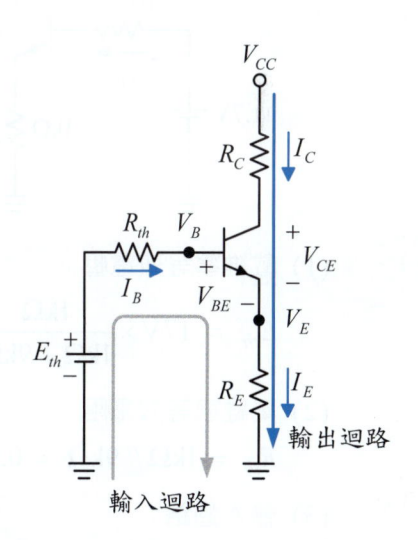

3. 繪製直流負載線

輸出迴路方程式為 $V_{CE} = V_{CC} - I_C \times R_C - I_E \times R_E$,由於 $I_C \approx I_E$,因此 $V_{CE} \approx V_{CC} - I_C \times (R_C + R_E)$。

(1) 令 $V_{CE} = 0 \Rightarrow I_C = \dfrac{V_{CC}}{R_C + R_E} \approx I_{C(sat)}$(飽和點)

(2) 令 $I_C = 0 \Rightarrow V_{CE} = V_{CC}$(截止點)

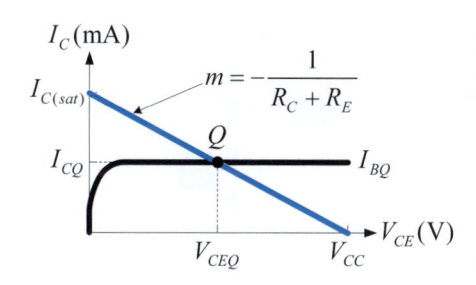

(3) 直流負載線:

近似解

條件:當符合 $(1+\beta) \times R_E \gg R_{th}$ 或 $\beta \to \infty$(或題目不提供 β),就可令基極電流 $I_B = 0\,A$

Step 1 求解基極電壓 V_B

$$V_B = E_{th} = V_{CC} \times \dfrac{R_{B2}}{R_{B1} + R_{B2}}$$

($\because I_B = 0$)

Step 2 求解射極電壓 V_E

$$V_E = V_B - V_{BE}$$

(其中 V_{BE} 為電晶體的切入電壓)

Step 3 求解射極電流 I_E

$$I_E \approx I_C = \dfrac{V_E}{R_E}$$

Step 4 若電晶體操作於主動區,則運用輸出迴路求解工作點 $Q(V_{CEQ}, I_{CQ})$

$$V_{CE} = V_{CEQ} = V_{CC} - I_C \times R_C - I_E \times R_E$$

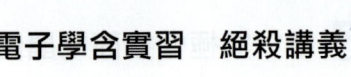

分壓式偏壓電路

老師教

4. 如圖所示為共射極分壓式偏壓電路，試求工作點 $Q(V_{CEQ}, I_{CQ})$ 為何？（使用精確解）

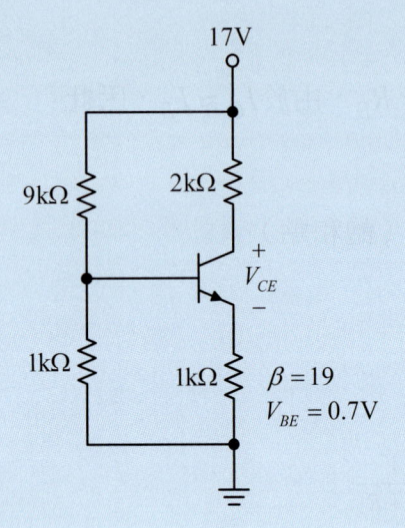

學生做

4. 如圖所示為共射極分壓式偏壓電路，試求工作點 $Q(V_{CEQ}, I_{CQ})$ 為何？（使用近似解）

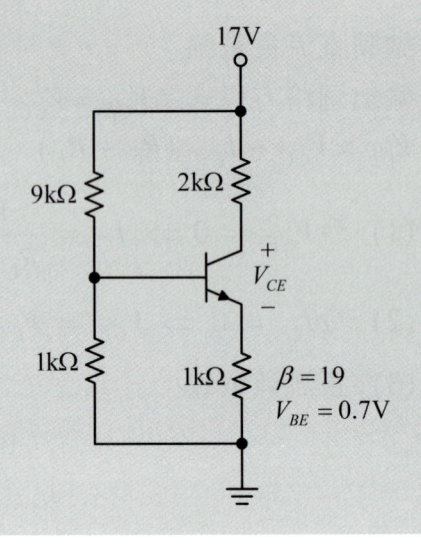

解（採精確解）

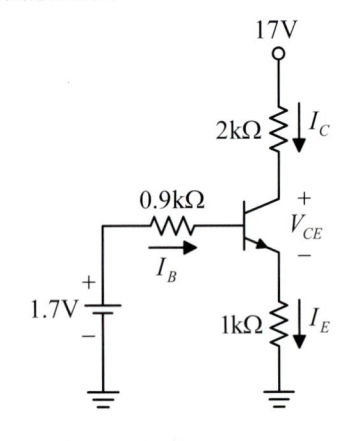

(1) 戴維寧等效電壓

$$E_{th} = 17\text{V} \times \frac{1\text{k}\Omega}{1\text{k}\Omega + 9\text{k}\Omega} = 1.7\text{ V}$$

(2) 戴維寧等效電阻

$$R_{th} = 1\text{k}\Omega \;//\; 9\text{k}\Omega = 0.9\text{ k}\Omega$$

(3) 輸入迴路

$$I_B = \frac{V_{CC} - V_{BE}}{R_B + (1+\beta) \times R_E}$$

$$= \frac{1.7\text{V} - 0.7\text{V}}{0.9\text{k}\Omega + (1+19) \times 1\text{k}\Omega}$$

$$\approx 47.84\ \mu\text{A}$$

(4) 集極飽和電流 $I_{C(sat)}$

$$I_{C(sat)} \approx \frac{V_{CC} - V_{CE(sat)}}{R_C + R_E} = \frac{17\text{V} - 0.2\text{V}}{2\text{k}\Omega + 1\text{k}\Omega}$$
$$= 5.6 \text{ mA}$$

(5) 集極電流

$$I_C = \beta \times I_B = 19 \times 47.84 \mu\text{A}$$
$$\approx 0.9 \text{ mA} < I_{C(sat)}$$

故電晶體工作於主動區

(6) 輸出迴路

$$V_{CE} \approx V_{CC} - I_C \times (R_C + R_E)$$
$$= 17\text{V} - 0.9\text{mA} \times 3\text{k}\Omega = 14.3 \text{ V}$$

(7) 直流工作點

$$Q(V_{CEQ}, I_{CQ}) = (14.3\text{V}, 0.9\text{mA})$$

ABCD 立即練習

基礎題

( ) 1. 共射極偏壓電路中,下列何種偏壓方法的直流工作點最容易受到溫度之影響?
(A)固定偏壓電路　　　　　　　　(B)集極回授偏壓電路
(C)射極回授偏壓電路　　　　　　(D)分壓式偏壓電路

( ) 2. 共射極偏壓電路中,下列何種偏壓方法的直流工作點不會進入飽和區?
(A)固定偏壓電路　　　　　　　　(B)集極回授偏壓電路
(C)射極回授偏壓電路　　　　　　(D)分壓式偏壓電路

( ) 3. 共射極偏壓電路中,下列何種偏壓方法的直流工作點最穩定?
(A)固定偏壓電路　　　　　　　　(B)集極回授偏壓電路
(C)射極回授偏壓電路　　　　　　(D)分壓式偏壓電路

( ) 4. 在矽質電晶體中,I_{CO}及V_{BE}的變化哪一種原因受溫度影響最大?
(A)I_{CO}　(B)V_{BE}　(C)兩者差不多　(D)不一定

( ) 5. 有關電晶體之偏壓電路的工作點,下列何者受β改變之影響最大?
(A)固定偏壓　　　　　　　　　　(B)集極回授偏壓
(C)分壓偏壓　　　　　　　　　　(D)射極回授偏壓

( )6. 如圖(1)所示，若集極電流為5mA，則V_{CE}為何？
(A)2.5V (B)4V (C)5V (D)5.6V

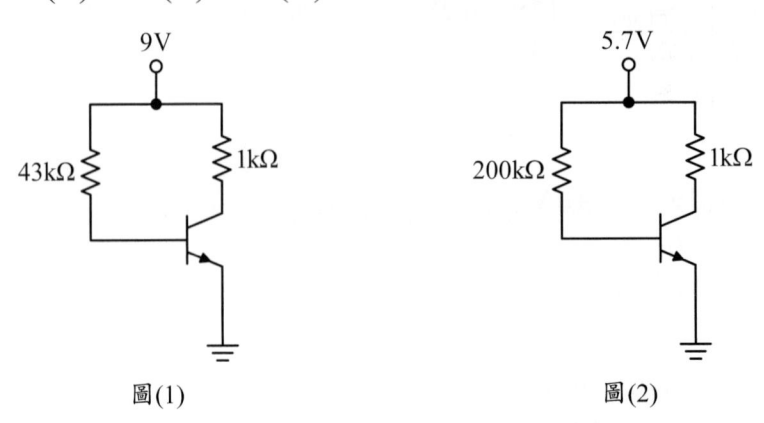

圖(1)

圖(2)

( )7. 如圖(2)所示，若$\beta=100$、$V_{BE}=0.7$ V，則集基極電壓$V_{CB}=$？
(A)1.2V (B)2.5V (C)3.2V (D)4.4V

( )8. 如圖(3)所示之電晶體電路，此電路中R_E最主要的作用為
(A)增加直流偏壓工作點的穩定度　(B)提高小信號放大之電壓增益
(C)提高小信號放大之電流增益　　(D)降低輸出電阻

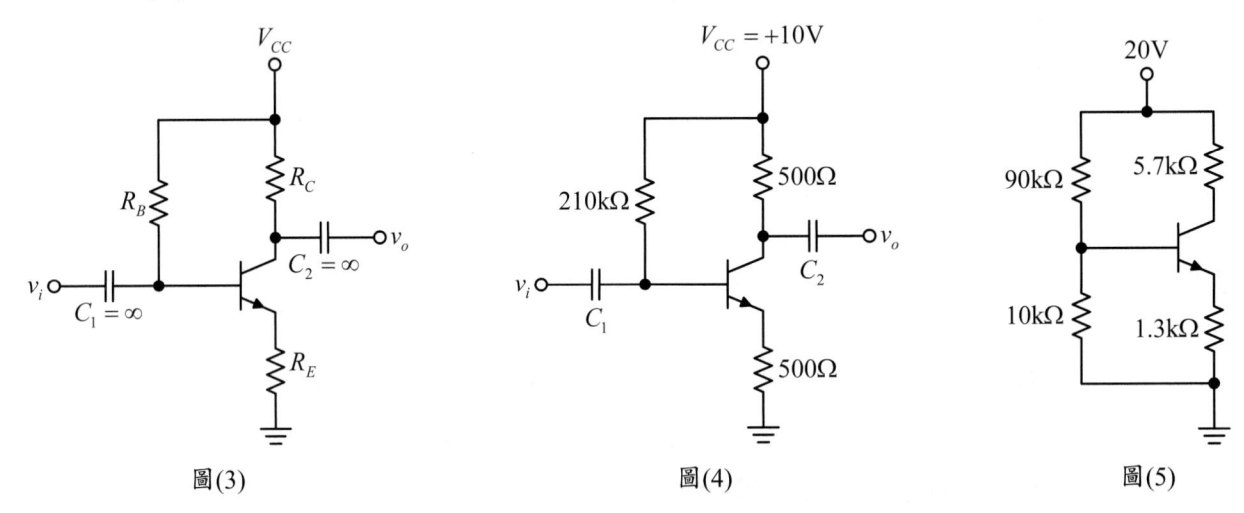

圖(3)

圖(4)

圖(5)

( )9. 如圖(4)所示，已知雙極性接面電晶體的$\beta=200$，順偏時$V_{BE}=0.7$ V，則電路中集極對地的電壓V_C約為 (A)9.3V (B)8V (C)7V (D)6V

( )10. 如圖(5)所示電路，設$I_B \approx 0$ A，$\beta=100$，$V_{BE}=0.7$ V，其電晶體為矽質，其集極與基極之電位差V_{CB}為 (A)10.3V (B)11.3V (C)12.3V (D)14.3V

( )11. 如圖(6)，試求電壓V_{CE}？ (A)3V (B)4V (C)5V (D)6V

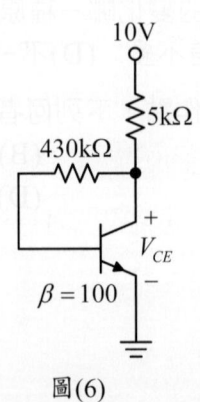

圖(6)

( )12. 共集極放大電路之結構是
(A) (B) (C) (D)

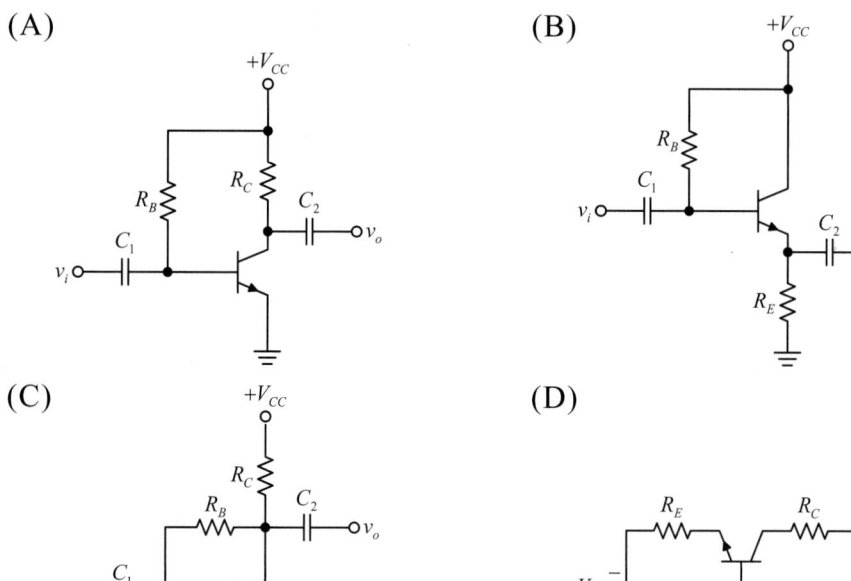

( )13. 下圖偏壓電路中，工作點位置的決定與電晶體 β 值幾乎無關的是
(A) (B) (C) (D)

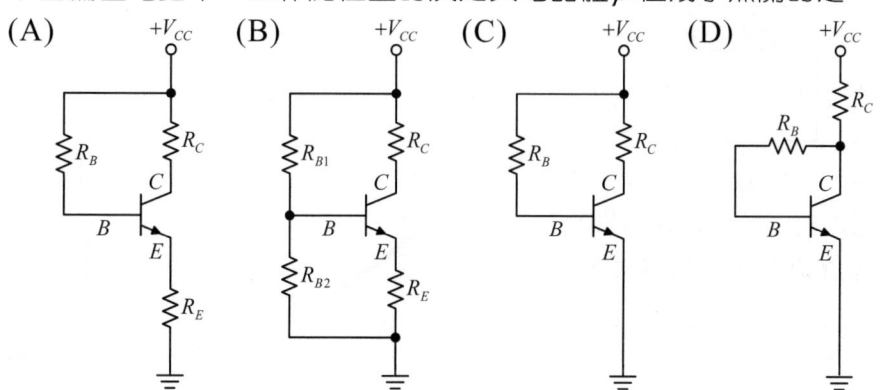

( )14. 如圖(7)所示，若雙極性接面電晶體為矽質材料，$\beta = 50$，則電路之集極電壓 V_C 為何？ (A)0.2V (B)6.56V (C)7.85V (D)8.6V

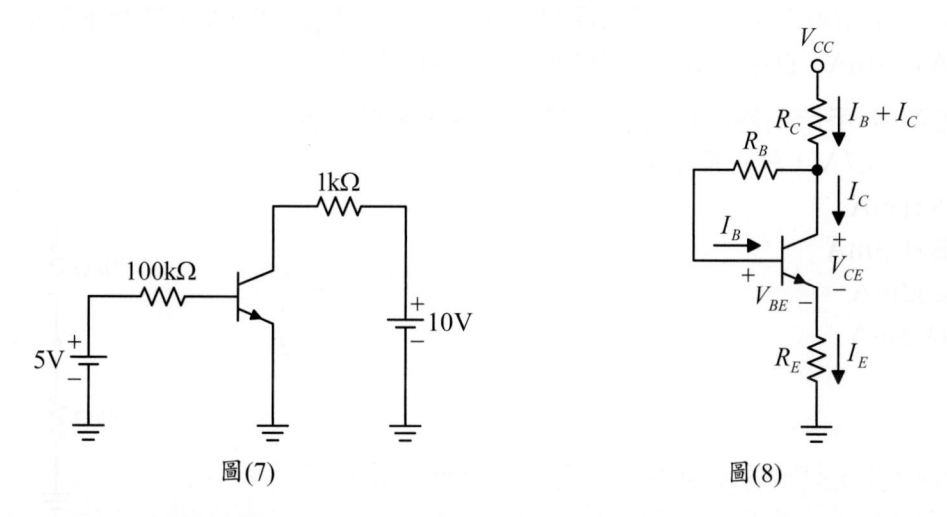

圖(7)

圖(8)

( )15. 如圖(8)所示電路，若 $V_{CC} = 15.7$ V、$V_{BE} = 0.7$ V、$\beta = 49$、$R_B = 150$ kΩ、$R_C = 2$ kΩ、$R_E = 1$ kΩ，試求集極-射極電壓 V_{CE} 為何？ (A)6.8V (B)7.5V (C)8.2V (D)9.5V

( )16. 如圖(9)所示為共射極固定偏壓電路,工作點位置為 Q 點,若將電阻 R_B 增加,則新的工作點位置可能為何點?　(A)A 點　(B)B 點　(C)C 點　(D)D 點

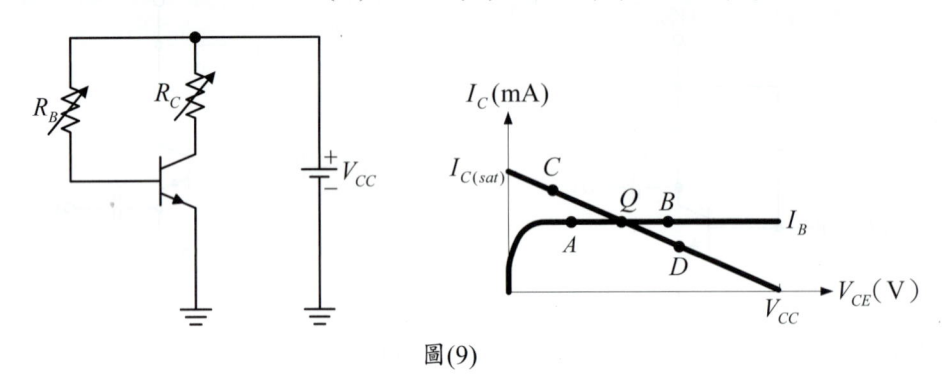

圖(9)

進階題

( )1. 如圖(1),若 $\beta = 40$,則下列敘述何者正確?(V_{BE} 的電壓可忽略不計)
(A)$I_B \approx 40\ \mu A$　(B)$I_C \approx 2\ mA$　(C)$V_C \approx 9\ V$　(D)$V_E \approx 5\ V$

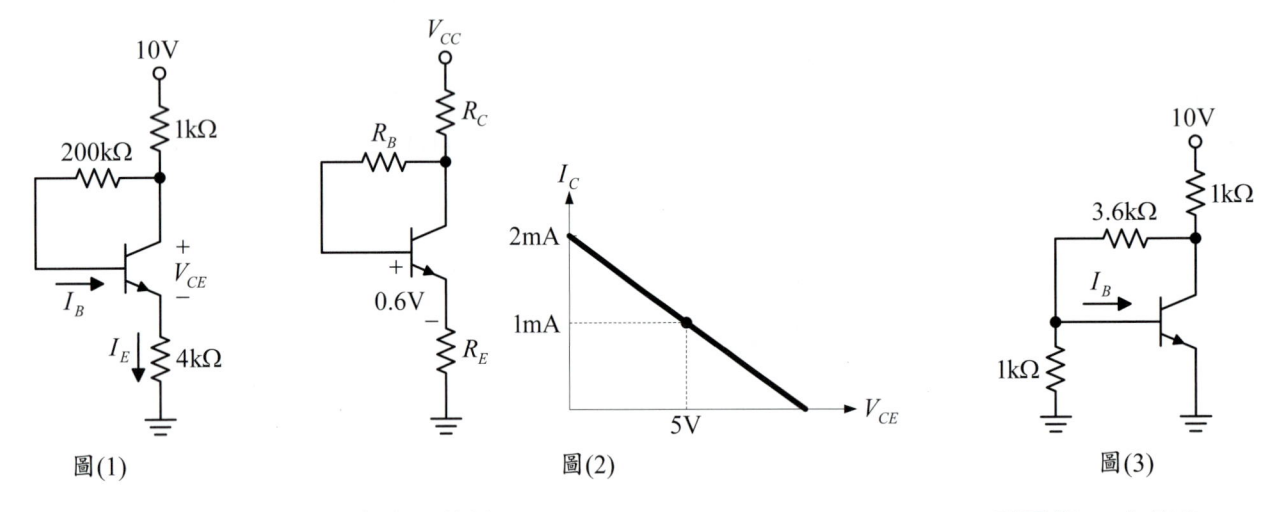

圖(1)　　　圖(2)　　　圖(3)

( )2. 如圖(2)電路與直流負載線,$V_{BE} = 0.6\ V$、$\beta = 50$、$V_{CC} = 12\ V$,則電阻 R_B 之值?
(A)330kΩ　(B)220kΩ　(C)110kΩ　(D)50kΩ

( )3. 如圖(3)所示之電路,假設電晶體BJT之 $\beta = 5$、$V_{BE} = 0.5\ V$,試測量基極電流 I_B?
(A)750μA　(B)500μA　(C)300μA　(D)150μA

( )4. 如圖(4)所示電路,假設電晶體工作於主動區,$\beta = 99$ 且 $V_{EB} = 0.7\ V$,試求集極電流 I_C 約為何?
(A)1mA
(B)1.3mA
(C)2mA
(D)3mA

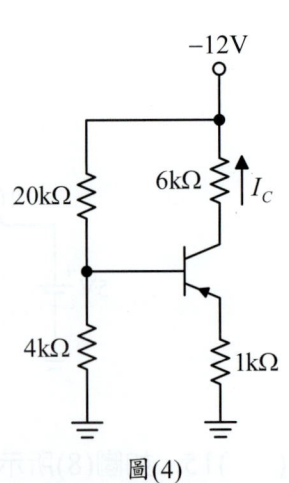

圖(4)

3-34

3-5 共基極偏壓組態

重點 1 共基極偏壓電路

共基極組態放大電路,其輸入信號由射極(E)輸入而輸出信號由集極(C)取出,該電路需要兩組直流電源,且**輸入阻抗小**、**輸出阻抗大**、**電流增益小**而**電壓增益大**,一般常用於高頻電路。

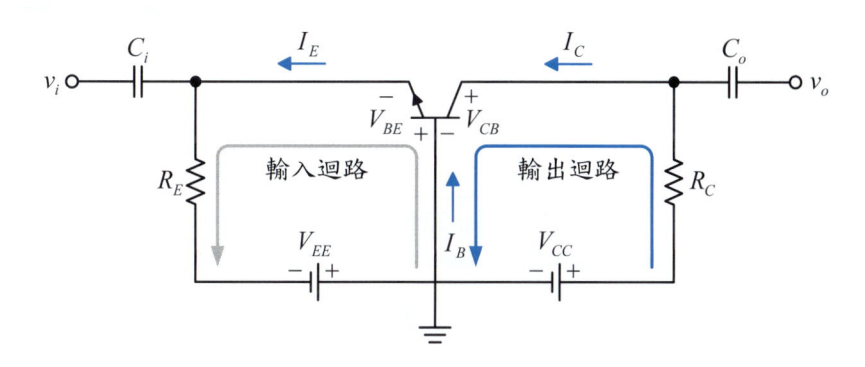

2. 求解工作點 $Q(V_{CBQ}, I_{CQ})$ 的步驟如下:

Step 1 輸入迴路求解射極電流 I_{EQ}

輸入迴路的電壓方程式為 $V_{EE} = V_{BE} + I_E \times R_E$,

將射極電流 I_E 化簡為:$I_E = \dfrac{V_{EE} - V_{BE}}{R_E}$,且 $I_C = \alpha \times I_E$

Step 2 輸出迴路求解集極飽和電流 $I_{C(sat)}$

$$I_{C(sat)} = \dfrac{V_{CC} - V_{CE(sat)} + V_{BE}}{R_C} \approx \dfrac{V_{CC}}{R_C}$$

Step 3 進行飽和判別

(1) 若 $I_E \times \alpha \geq I_{C(sat)}$,則該電晶體進入飽和區

(2) 若 $I_E \times \alpha < I_{C(sat)}$,則該電晶體工作於主動區,工作點 $Q(V_{CBQ}, I_{CQ})$

Step 4 若電晶體操作於主動區,則運用輸出迴路求解工作點 $Q(V_{CBQ}, I_{CQ})$

(1) 集極電流 $I_C = I_{CQ} = \alpha \times I_E = \alpha \times \dfrac{V_{EE} - V_{BE}}{R_E}$

(2) 集-基極電壓 $V_{CB} = V_{CBQ} = V_{CC} - I_C \times R_C$

3. 繪製直流負載線

輸出迴路方程式為 $V_{CC} = V_{CB} + I_C \times R_C$，輸出特性曲線的 X 軸為 V_{CB}，而 Y 軸為 I_C，因此只需要令 $V_{CB} = 0$，即可求出該直線與 Y 軸的交點，令 $I_C = 0$，即可求出該直線與 X 軸的交點，分析如下：

(1) 令 $V_{CB} = 0$

$$\Rightarrow I_C = \frac{V_{CC}}{R_C} \approx I_{C(sat)} \text{（飽和點）}$$

(2) 令 $I_C = 0 \Rightarrow V_{CB} = V_{CC}$（截止點）

(3) 直流負載線：如右圖

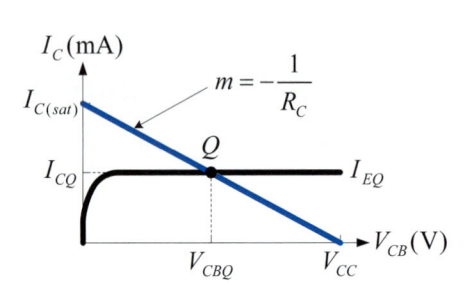

共基極偏壓電路

老師教

1. 如圖所示，試求：
   (1) 射極電流 I_E
   (2) 集極電流 I_C
   (3) 集極-基極電壓 V_{CB} 分別為何？

   （電路圖：5kΩ, 5.7V, 2kΩ, 10V, α = 0.99, V_{BE} = 0.7V）

學生做

1. 如圖所示，試求：
   (1) 射極電流 I_E
   (2) 集極電流 I_C
   (3) 集極-基極電壓 V_{CB} 分別為何？

   （電路圖：5kΩ, 10.7V, 4kΩ, 10V, α = 0.99, V_{BE} = 0.7V）

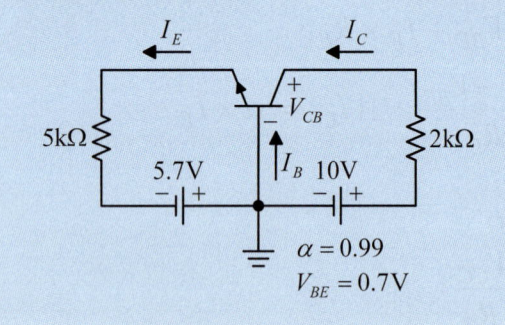

解

(1) 輸入迴路：$V_{EE} = V_{BE} + I_E \times R_E$

$$I_E = \frac{V_{EE} - V_{BE}}{R_E} = \frac{5.7 - 0.7}{5\text{k}\Omega} = 1\,\text{mA}$$

(2) 集極飽和電流

$$I_{C(sat)} = \frac{V_{CC} - V_{CE(sat)} + V_{BE}}{R_C}$$

$$\approx \frac{V_{CC}}{R_C} = \frac{10\text{V}}{2\text{k}\Omega} = 5\,\text{mA}$$

(3) 集極電流

$$I_C = \alpha \times I_E = 0.99 \times 1\text{mA}$$
$$= 0.99\,\text{mA}$$

(4) $I_C < I_{C(sat)}$，故電晶體工作於主動區

(5) $V_{CB} = V_{CC} - I_C \times R_C$
$$= 10\text{V} - 0.99\text{mA} \times 2\text{k}\Omega = 8.02\,\text{V}$$

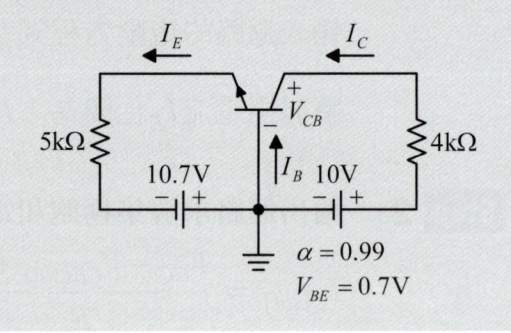

答

ABcD 立即練習

基礎題

(A)1. 如圖(1)所示，若電晶體 $\alpha = 0.98$、$V_{EE} = 10.7\text{ V}$、$V_{CC} = 12\text{ V}$、$V_{EB} = 0.7\text{ V}$、$R_C = 3\text{ k}\Omega$、$R_E = 5\text{ k}\Omega$，試求基極-集極電壓 V_{BC} 約為何？
(A)6V　(B)7V　(C)8V　(D)9V

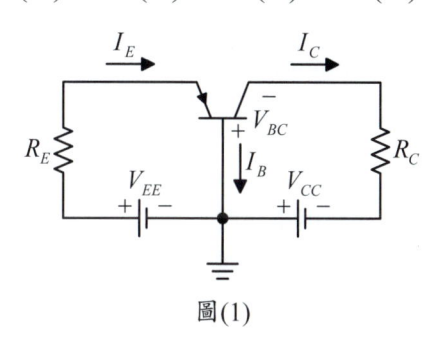

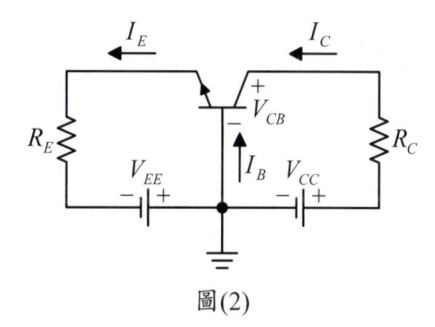

(D)2. 如圖(2)所示，若電晶體 $\alpha = 0.95$、$V_{EE} = 10.7\text{ V}$、$V_{CC} = 18\text{ V}$、$V_{BE} = 0.7\text{ V}$、$R_C = 2\text{ k}\Omega$、$R_E = 2.5\text{ k}\Omega$，試求集極-基極電壓 V_{CB} 約為何？
(A)7V　(B)8V　(C)9V　(D)10V

3-6 實習專區

重點 1　電晶體的識別

1. 電晶體依用途分為：**通用 / 小訊號元件**，**高功率用途**，**射頻 / 微波用途**。

2. 低功率電晶體是採用**塑膠**包裝，中高功率電晶體是採用**金屬**包裝並加裝散熱裝置，並且將**集極**連接至外殼，其目的是幫助散熱。

3. 電晶體的型式：

   (1) TO-92型為塑膠包裝的小功率用電晶體。

   (2) TO-39型為金屬外殼包裝的小功率用電晶體。

   (3) TO-220型為功率電晶體。

4. 電晶體的日製編號

項次	代號	說明
第一項	0	光電晶體或光二極體
	1	二極體
	2	三極體
	3	四極體
第二項	S	半導體（semiconductor）
第三項	A	PNP高頻用電晶體
	B	PNP低頻用電晶體
	C	NPN高頻用電晶體
	D	NPN低頻用電晶體
	F	P閘型SCR
	G	N閘型SCR（PUT）
	H	UJT
	J	P通道FET
	K	N通道FET
	M	TRIAC
第四項	數字	編號
第五項	英文字母	改良順序，以A、B、C…表示

5. 電晶體的美製編號

(1) 1N：二極體（1個PN接面）。

(2) 2N：三極體（2個PN接面）。

(3) 3N：四極體（3個PN接面）。

重點 2　E、B、C接腳之判別

1. B 腳判別：（以日製指針式電表測量）

   (1) B-E 順向偏壓測得低電阻、逆向偏壓測得高電阻（B腳判別）。

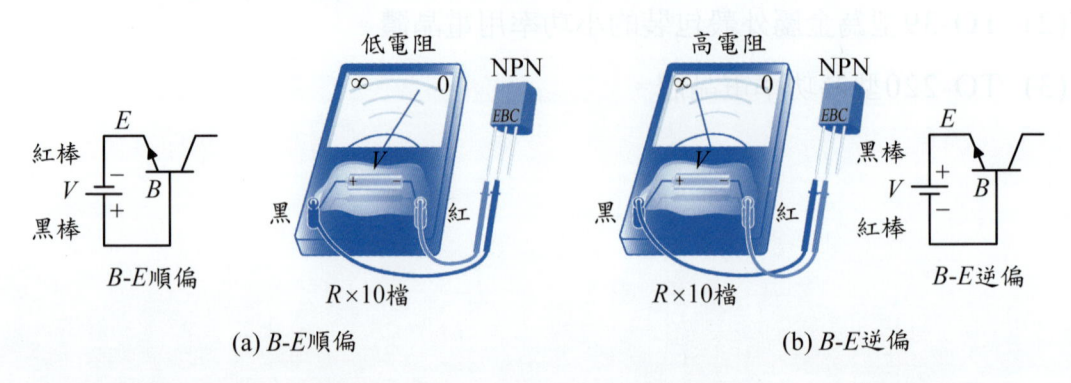

   (a) B-E 順偏　　　(b) B-E 逆偏

(2) B-C 順向偏壓測得低電阻、逆向偏壓測得高電阻（B 腳判別）

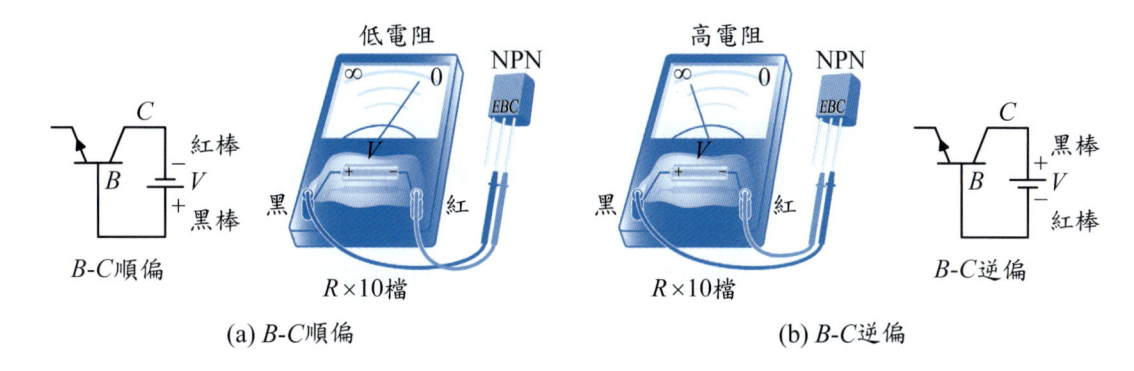

(a) B-C 順偏　　　　　　　　　　　(b) B-C 逆偏

2. C、E 腳的判別（以手指的體電阻代替電阻 R）。

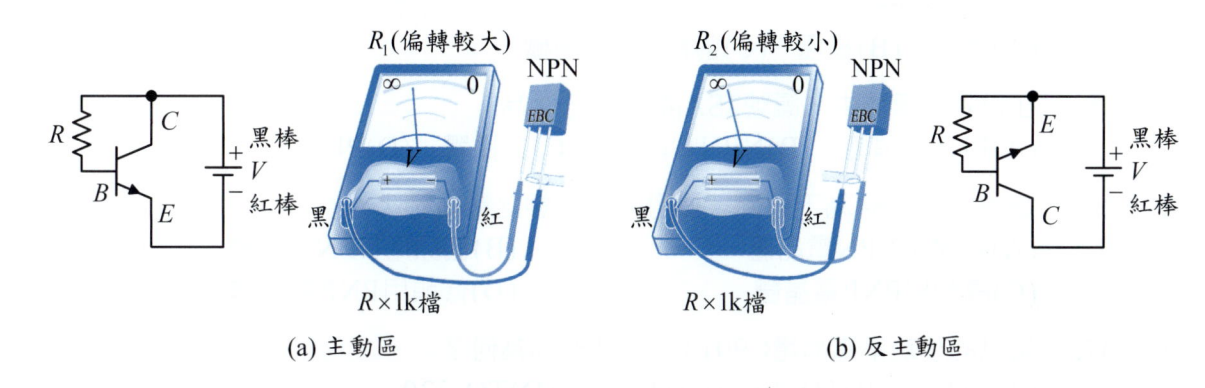

(a) 主動區　　　　　　　　　　　(b) 反主動區

3. PNP 電晶體的型號判別與 NPN 電晶體相同，但極性相反。

重點 3　音訊放大器

1. 音訊放大器主要有 A 類（甲類）放大器、B 類（乙類）放大器、AB 類（甲乙類）放大器與 C 類（丙類）放大器。

2. A 類（甲類）放大器的工作點在負載線的中點。對於共射極放大器的工作點 $V_{CE} = \frac{1}{2}V_{CC}$，因此可以獲得最大不失真的輸出波形。

3. B 類（乙類）放大器的工作點在截止點。

4. AB 類（甲乙類）放大器的工作點介於 A 類與 B 類中間。

5. C 類（丙類）放大器的工作點在截止點以下的截止區。

6. 音訊放大器的效率由大至小排序為：$\eta_C > \eta_B > \eta_{AB} > \eta_A$。

立即練習

基礎題

( )1. 下列編號何者不是電晶體？
(A)CS9014　(B)2N2222　(C)CS9013　(D)1N4001

( )2. 下列何者為高頻用NPN電晶體？
(A)2SB77　(B)1N4007　(C)2SC372　(D)2SK30

( )3. 下列何種為電晶體的零件編號？
(A)1N4001　(B)CS9012　(C)7404　(D)7912

( )4. 功率電晶體的外殼通常與哪一極相連接，以方便散熱？
(A)集極　(B)基極　(C)射極　(D)閘極

( )5. 在日規半導體中，編號2SA開頭之元件為
(A)PNP電晶體　(B)NPN電晶體　(C)二極體　(D)PUT

( )6. 編號2SC1384為下列哪一種用途及型態之電晶體？
(A)高頻用NPN電晶體　(B)低頻用NPN電晶體
(C)高頻用PNP電晶體　(D)低頻用PNP電晶體

( )7. 常見的小功率電晶體C9013，包裝形式為何？
(A)TO-3　(B)TO-39　(C)TO-92　(D)TO-220

( )8. 音訊放大器中，可獲得最大不失真的輸出波形為
(A)A類放大器　(B)B類放大器　(C)AB類放大器　(D)C類放大器

( )9. A類放大器採用共射極組態，則工作點 V_{CEQ} 為
(A)$\frac{1}{4}V_{CC}$　(B)$\frac{1}{3}V_{CC}$　(C)$\frac{1}{2}V_{CC}$　(D)V_{CC}

( )10. B類放大器採用共射極組態，則工作點 V_{CEQ} 為
(A)$\frac{1}{4}V_{CC}$　(B)$\frac{1}{3}V_{CC}$　(C)$\frac{1}{2}V_{CC}$　(D)V_{CC}

進階題

( )1. 電子學實驗時，假設將日式指針式，量測電晶體的3支接腳，得到下表的結果，試問下列實驗敘述何者正確？
(A)1號腳為基極（B），電晶體為PNP型
(B)1號腳為基極（B），電晶體為NPN型
(C)2號腳為基極（B），電晶體為NPN型
(D)3號腳為基極（B），電晶體為PNP型

黑棒所接的腳	1	1	2	2	3	3
紅棒所接的腳	2	3	1	3	1	2
是否導通	否	否	是	是	否	否

第 3 章 雙極性接面電晶體

歷屆試題

電子學試題

( )1. 若圖(1)所有的電阻與電容特性都不受溫度影響，則一旦溫度升高時會造成何種變動：
(A)I_C減少，V_{CE}減少 (B)I_C減少，V_{CE}增加
(C)I_C增加，V_{CE}減少 (D)I_C增加，V_{CE}增加 [統測]

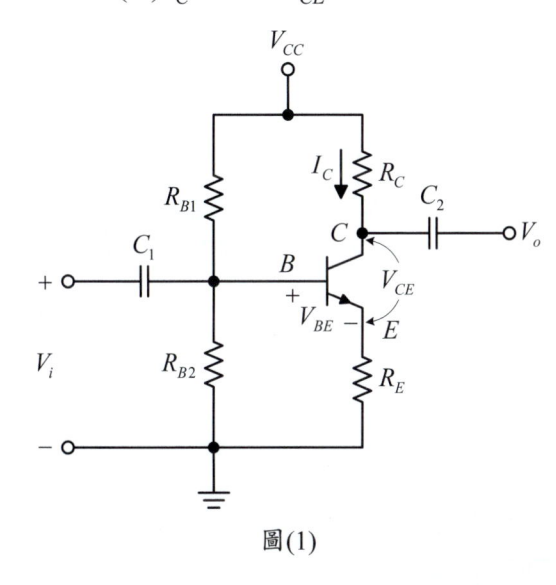

圖(1)

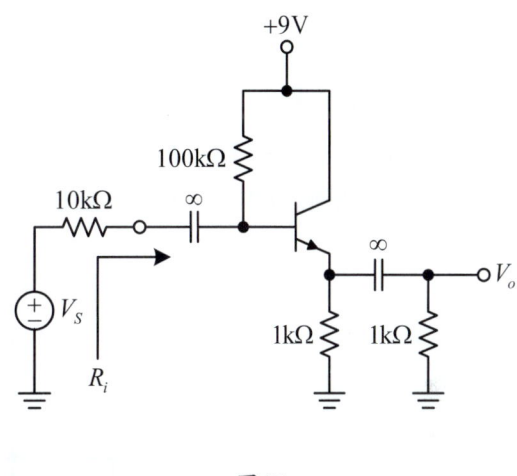

圖(2)

( )2. 如圖(2)所示，已知雙極性接面電晶體$\beta=100$，且電晶體導通時的$V_{BE}=0.7$ V，則電路之射極電流為何？ (A)2.25mA (B)4.15mA (C)5.3mA (D)6.3mA [統測]

( )3. 如圖(3)所示，已知$R_C=1$ kΩ，$R_B=10$ kΩ，並假設電晶體的特性：V_{CE}飽和電壓為0.2V，V_{BE}飽和電壓為0.8V，V_{BE}順向作用之切入電壓為0.7V，共射極順向電流增益$\beta=100$，請問下列敘述何者錯誤？
(A)若$V_{CC}=5$ V，$V_{BB}=1.15$ V，則$V_{CE}=0.5$ V
(B)若$V_{CC}=5$ V，$V_{BB}=1.0$ V，則$I_C=3$ mA
(C)若$V_{CC}=5$ V，$V_{BB}=5$ V，則$I_C=43$ mA
(D)若$V_{CC}=5$ V，$V_{BB}=0$ V，則$V_{CE}=5$ V [統測]

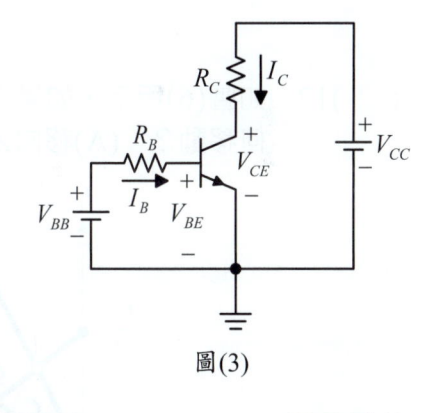

圖(3)

( )4. 若某雙極性接面電晶體的基極電流$I_B=10$ μA，集極電流$I_C=1$ mA，且電晶體的$\beta=150$，則此電晶體工作在哪一區？
(A)作用區 (B)截止區 (C)定電流區 (D)飽和區 [統測]

( )5. 電晶體做為開關用途時，是操作於哪些區？
(A)截止區與作用區 (B)截止區與飽和區
(C)僅於作用區 (D)作用區與飽和區 [統測]

( )6. 有一電晶體，適當偏壓於作用區，測得$I_B=0.05$ mA，$I_E=5$ mA，則此電晶體的 α 參數值為多少？ (A)0.01 (B)0.99 (C)9.9 (D)100 [統測]

( )7. 雙極性電晶體BJT做為開關用途時，若動作在ON時，電路應工作在何區？
(A)截止區 (B)飽和區 (C)作用區 (D)定電流區 [統測]

3-41

( )8. 如圖(4)所示,已知雙極性電晶體BJT的$\beta=100$,則使電晶體處於飽和狀態的最小電流I_B約為多少?
(A)0.05mA (B)0.5mA
(C)5mA (D)500mA [統測]

( )9. 下列關於BJT的敘述,何者錯誤?
(A)對NPN BJT而言,$I_E = I_B + I_C$
(B)對PNP BJT而言,$I_E = I_B + I_C$
(C)β為共射極放大器的電流增益
(D)α為共集極放大器的電流增益 [統測]

圖(4)

( )10. 某放大電路中,電晶體工作於作用區,且其$\alpha=0.98$,基極電流$I_B=0.04$ mA,則射極電流為多少? (A)0.1mA (B)2mA (C)3.8mA (D)5mA [統測]

( )11. 如圖(5)所示電路,V_i為輸入信號,R_L為負載,下列何者為此放大器電路組態?
(A)共基極放大器 (B)共射極放大器 (C)共集極放大器 (D)射極隨耦器 [統測]

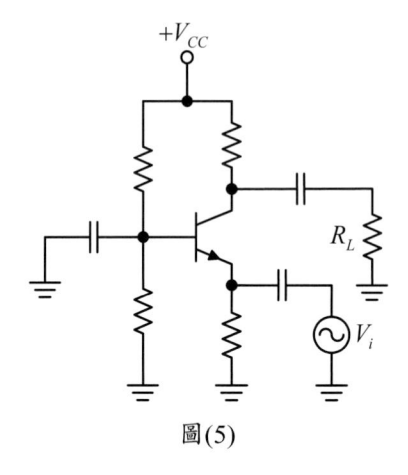

圖(5)

( )12. 如圖(6)所示,如果減小電阻R_B之值,則電路之工作點(Q點)在直流負載線上會如何移動? (A)移向A點 (B)移向B點 (C)移向C點 (D)移向D點 [統測]

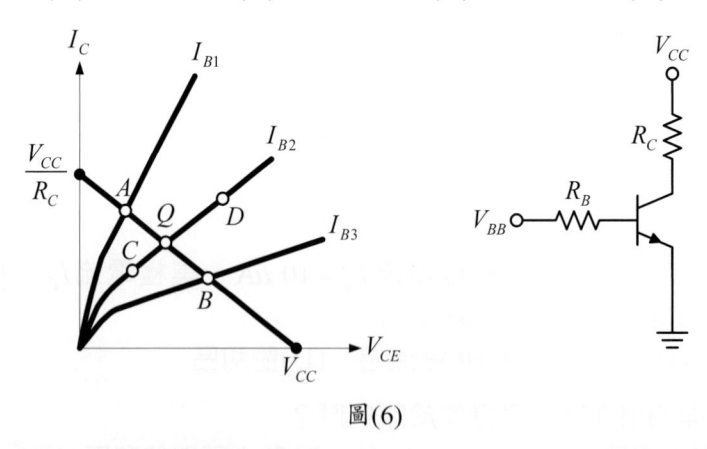

圖(6)

( )13. PNP電晶體工作在作用區時,下列敘述何者正確?
(A)基極電壓大於射極電壓
(B)集極電壓大於基極電壓
(C)射極電壓大於集極電壓
(D)集極電壓等於射極電壓 [統測]

第 3 章 雙極性接面電晶體

( )14. 如圖(7)所示之電路,若電晶體 $\beta = 50$,切入電壓 $V_{BE} = 0.7\,\text{V}$,則此電路消耗直流功率為何? (A)130.4mW (B)102.1mW (C)85.2mW (D)65.2mW [統測]

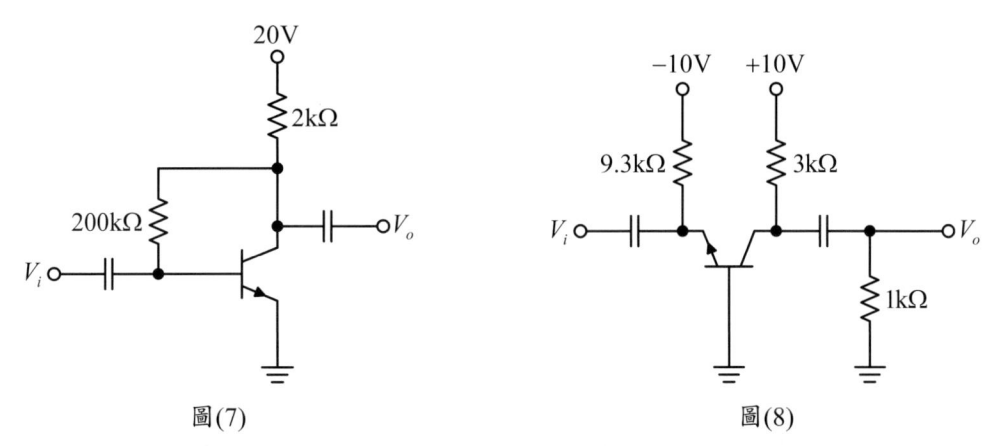

圖(7)

圖(8)

( )15. 如圖(8)所示之電路,電晶體 $\beta = 50$,切入電壓 $V_{BE} = 0.7\,\text{V}$,則集射極電壓 V_{CE} 為何?
(A)5.3V (B)6.8V (C)7.8V (D)9.1V [統測]

( )16. PNP電晶體工作於飽和區時,其基射極電壓 V_{BE} 和基集極電壓 V_{BC} 為何?
(A) $V_{BE} > 0$ 及 $V_{BC} > 0$ (B) $V_{BE} > 0$ 及 $V_{BC} < 0$
(C) $V_{BE} < 0$ 及 $V_{BC} > 0$ (D) $V_{BE} < 0$ 及 $V_{BC} < 0$ [統測]

( )17. 下列關於一般雙極性接面電晶體之敘述,何者正確?
(A)射極摻雜濃度最低且寬度最窄
(B)射極摻雜濃度最低且寬度最寬
(C)集極摻雜濃度最高且寬度最窄
(D)集極摻雜濃度最低且寬度最寬 [統測]

( )18. 如圖(9)所示之電路,若將 V_{CC} 由3V提升至12V,則下列何者會大量增加?
(A) V_{CE} (B) I_B (C) I_C (D) I_E [統測]

圖(9)

圖(10)

圖(11)

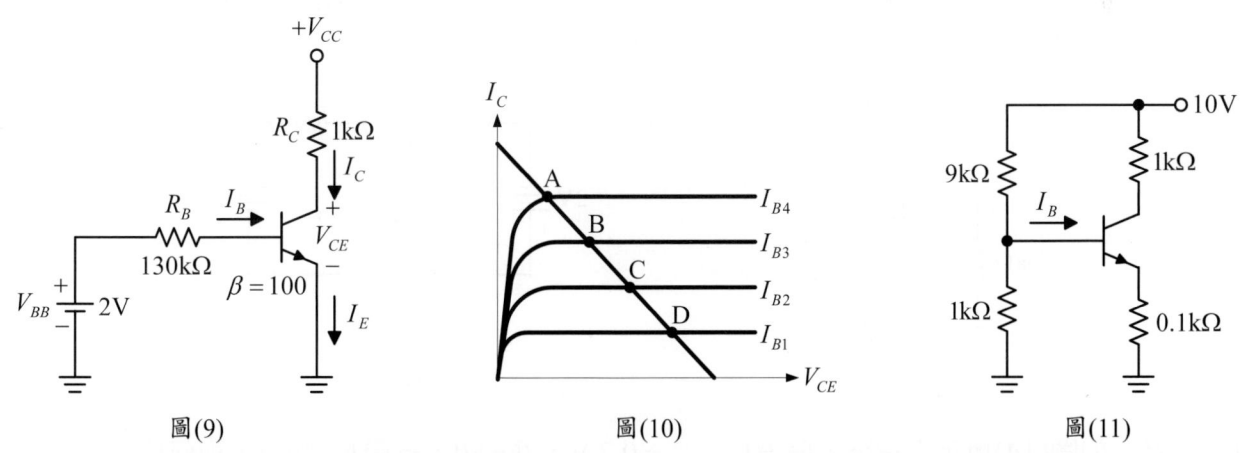

( )19. 如圖(10)所示為雙極性接面電晶體的輸出特性曲線,其中直線為負載線,A、B、C、D四個點為不同 I_B 時的工作點。已知 $I_{B1} \sim I_{B4}$ 分別為 $10\mu\text{A}$、$20\mu\text{A}$、$30\mu\text{A}$、$40\mu\text{A}$,在避免失真產生的條件下,請問哪一點的輸入訊號振幅可以最大?
(A)A (B)B (C)C (D)D [統測]

( )20. 如圖(11)所示之電路中,雙極性接面電晶體的 $V_{BE} = 0.7\,\text{V}$,$\beta = 50$,則 I_B 大小為何?
(A)0.5mA (B)0.25mA (C)0.1mA (D)0.05mA [統測]

3-43

( )21. 下列何種摻雜的改變行為,可增加BJT電晶體的電流增益β?
(A)基極與射極摻雜濃度均降低
(B)基極與射極摻雜濃度均增加
(C)基極摻雜濃度增加與射極摻雜濃度降低
(D)基極摻雜濃度降低與射極摻雜濃度增加　　　　　　　　　　　　　　　[統測]

( )22. 下列敘述何者有誤?
(A)BJT當開關使用時是工作於飽和區或截止區
(B)BJT當放大器使用時是工作於主動區
(C)BJT在主動區的偏壓方式是BE接面順向偏壓,BC接面逆向偏壓
(D)BJT在飽和區的偏壓方式是BE接面逆向偏壓,BC接面逆向偏壓　　　[統測]

( )23. 如圖(12)所示之電路,$\beta=120$。假設L_1為原先之直流負載線(load line),Q_1為原先之直流工作點。若只改變R_C值,欲使得直流負載線由L_1變成L_2,試問R_C值需變為下列何值?　(A)0.50kΩ　(B)0.75kΩ　(C)1.00kΩ　(D)1.25kΩ　[統測]

圖(12)

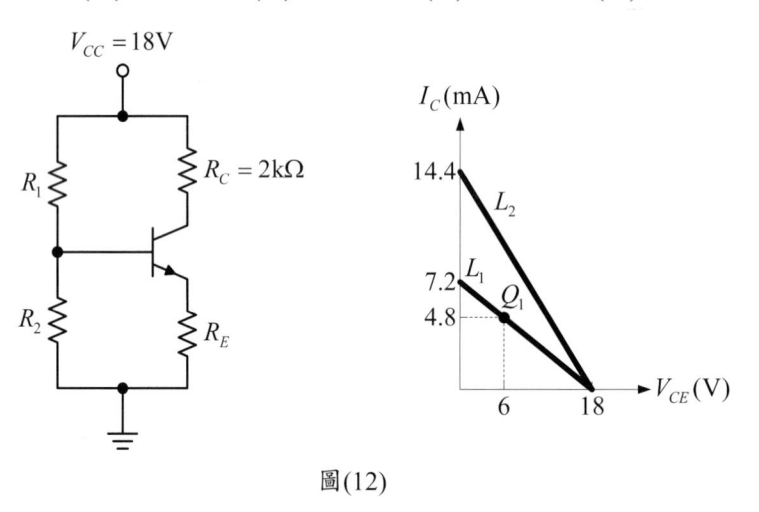

( )24. 如圖(13)所示之電路,$V_{EB(on)}=0.7\text{ V}$,$\beta=120$,求V_{EC}之值為多少?
(A)6.9V　(B)7.9V　(C)8.9V　(D)9.9V　　　　　　　　　　　　　　　[統測]

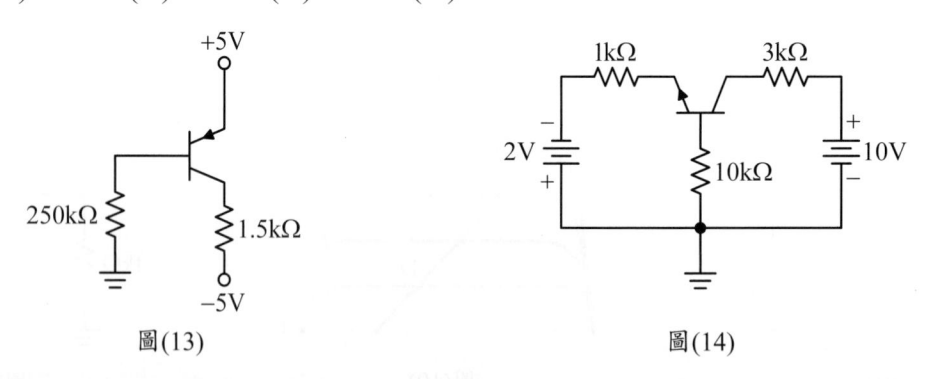

圖(13)　　　　　　　　　　　　　　圖(14)

( )25. 如圖(14)所示之電路,假設$V_{BE(on)}=0.7\text{ V}$,$\beta=80$,試問V_{CE}約為下列何值?
(A)1.4V　(B)3.4V　(C)5.4V　(D)7.4V　　　　　　　　　　　　　　　[統測]

( )26. 有關NPN與PNP電晶體的特性比較,請問以下敘述何者錯誤?
(A)PNP電晶體主要是由電洞來傳導、NPN電晶體主要是由電子來傳導
(B)工作在主動區(工作區)時,不論是NPN或PNP電晶體,其基極-射極接面都是順向偏壓
(C)現今使用的電晶體大多數為NPN電晶體
(D)PNP電晶體的頻率響應較NPN電晶體佳,適合在高頻電路使用　　　　[102統測]

( )27. 在偏壓電路的直流工作點，工作溫度改變會造成電晶體 β 值的變化，下列何者最為穩定不受影響？
(A)固定偏壓電路
(B)集極回授偏壓電路
(C)射極回授偏壓電路
(D)基極分壓偏壓電路 [102統測]

( )28. 下列有關BJT基極之敘述，何者正確？
(A)發射載子以提供傳導之電流
(B)收集射極發出的大部分載子
(C)控制射極載子流向集極的數量
(D)基極摻雜濃度最高 [103統測]

( )29. 如圖(15)所示之電路，若BJT之 $\beta = 100$，$V_{BE} = 0.7\,\text{V}$，則 V_{CE} 約為何？
(A)4.4V (B)5.5V (C)6.9V (D)8.7V [103統測]

( )30. NPN型BJT工作於飽和區時，下列敘述何者正確？
(A)適合作為訊號放大
(B)集極電流與基極電流成正比
(C)相同集極電流下，BJT消耗功率比工作於主動區小
(D)基-射極與基-集極間均為逆向偏壓 [104統測]

( )31. PNP型BJT工作於主動區時，其射極電壓（V_E）、基極電壓（V_B）及集極電壓（V_C）之大小關係為何？
(A)$V_E > V_B > V_C$
(B)$V_B > V_E > V_C$
(C)$V_B > V_C > V_E$
(D)$V_C > V_B > V_E$ [104統測]

圖(15)

( )32. 如圖(16)所示放大器直流偏壓電路，電晶體 $\beta = 99$，$V_{BE} = 0.7\,\text{V}$。若 $I_B = 50\,\mu\text{A}$，$V_{CE} = 5\,\text{V}$，則 R_E 為多少 Ω？ (A)500 (B)600 (C)800 (D)920 [105統測]

圖(16)

圖(17)

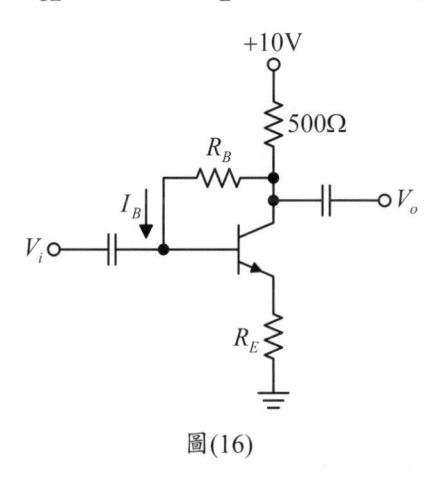

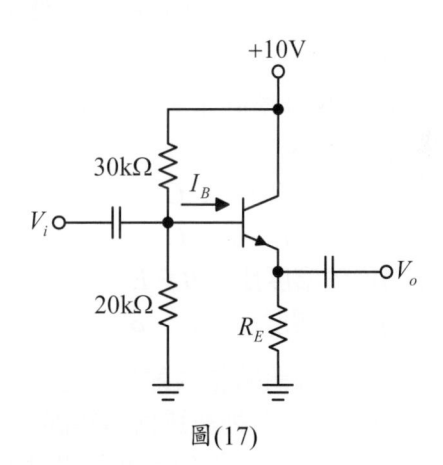

( )33. 如圖(17)所示放大器直流偏壓電路，電晶體 $\beta = 99$，$V_{BE} = 0.7\,\text{V}$。若 $I_B = 40\,\mu\text{A}$，R_E 為多少 Ω？ (A)413Ω (B)502Ω (C)612Ω (D)705Ω [105統測]

( )34. 關於BJT電晶體之 B、C、E 三極摻雜濃度之敘述，下列何者正確？
(A)B 極濃度最高
(B)C 極、E 極濃度相同且較 B 極高
(C)C 極濃度最高
(D)E 極濃度最高 [106統測]

( )35. 關於BJT電晶體放大電路在正常工作時之特性，下列敘述何者正確？
(A)集極回授式電路不會發生飽和
(B)射極回授式偏壓電路之工作點較不穩定
(C)固定式偏壓電路可得穩定之工作點
(D)射極隨耦器之電流增益低於1 [106統測]

(　　)36. 如圖(18)所示之電路，電晶體的 $\beta=100$、$V_{BB}=6\,\text{V}$、$V_{CC}=12\,\text{V}$、$R_B=100\,\text{k}\Omega$、$R_C=1\,\text{k}\Omega$、$V_{BE}=0.7\,\text{V}$，則 V_{CE} 約為？
(A)5.3V　(B)6.0V　(C)6.7V　(D)7.4V　　　　　　　　　　　　　　　　　　　　[106統測]

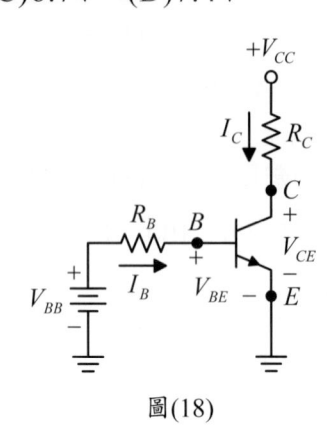

圖(18)

(　　)37. 下列有關雙極性接面電晶體（BJT）操作於順向主動（active）區之條件描述，何者正確？
(A)NPN電晶體操作條件為 B-E 接面順偏，B-C 接面逆偏
(B)NPN電晶體操作條件為 B-E 接面順偏，B-C 接面順偏
(C)PNP電晶體操作條件為 B-E 接面逆偏，B-C 接面順偏
(D)PNP電晶體操作條件為 B-E 接面逆偏，B-C 接面逆偏　　　　　　　　　　　　　[107統測]

(　　)38. 下列有關BJT電晶體偏壓電路之敘述，何者正確？
(A)當電晶體未飽和時，β 值會隨工作溫度上升而變小
(B)具射極電阻之分壓式偏壓電路，工作點 I_C 易隨 β 變動
(C)集極回授式偏壓電路之基極電阻具正回授特性
(D)射極回授式偏壓電路之射極電阻具負回授特性　　　　　　　　　　　　　　　　[107統測]

(　　)39. 有關雙極性接面電晶體（BJT）射極（E）、基極（B）、集極（C）特性之敘述，下列何者正確？
(A)寬度：$B > E > C$
(B)寬度：$E > B > C$
(C)摻雜濃度比：$B > E > C$
(D)摻雜濃度比：$E > B > C$　　　　　　　　　　　　　　　　　　　　　　　　[108統測]

(　　)40. 有關NPN電晶體共射極組態電路，直流工作點之設計，當輸入適當之弦波電壓信號測試時，則下列敘述何者錯誤？
(A)理想之工作點位置通常設計於負載線之中間
(B)工作點位置若接近截止區時，當輸入電壓信號波形為負半週時之輸出信號波形會失真
(C)工作點位置在負載線之中間時，輸出電壓信號波形與輸入電壓信號波形反相
(D)工作點位置若接近飽和區時，會使得輸出電壓信號波形之正半週發生截波失真
[108統測]

(　　)41. 於主動區工作之電晶體電流增益 $\alpha=0.99$，若射極電流 $I_E=10\,\text{mA}$，漏電流 $I_{CBO}=5\,\mu\text{A}$，則其集極電流 I_C 值為何？
(A)0.005mA　(B)9.905mA　(C)10mA　(D)10.005mA　　　　　　　　　　　　　[109統測]

( )42. 如圖(19)所示之電晶體直流偏壓電路，若 $V_{BE}=0.7\text{ V}$，$\beta=200$，$V_{CC}=10\text{ V}$，$R_B=300\text{ k}\Omega$，$R_C=1\text{ k}\Omega$，則其直流工作點 I_C 與 V_{CE} 之值各約為何？
(A)$I_C=0.5\text{ mA}$、$V_{CE}=9.5\text{ V}$ (B)$I_C=1.7\text{ mA}$、$V_{CE}=8.3\text{ V}$
(C)$I_C=2.5\text{ mA}$、$V_{CE}=7.5\text{ V}$ (D)$I_C=3.7\text{ mA}$、$V_{CE}=6.3\text{ V}$ [109統測]

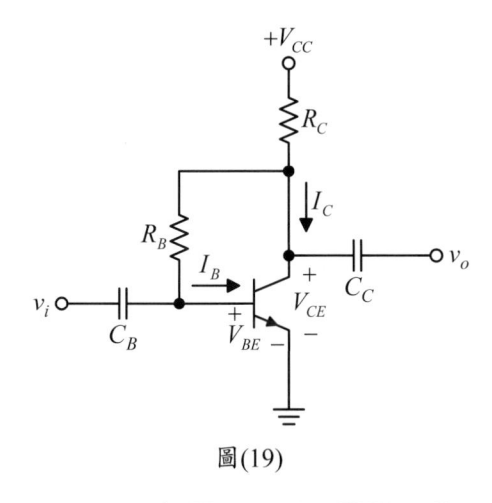

圖(19) 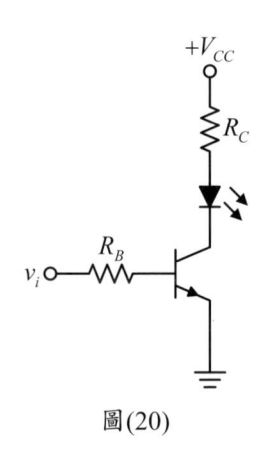　　　圖(20) 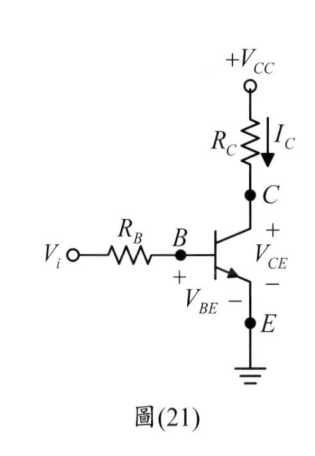　　　圖(21)

( )43. 如圖(20)所示電路，若BJT做開關動作使LED呈週期性閃爍，則此電路中的BJT操作模式為何？
(A)飽和模式及主動模式　(B)飽和模式及截止模式
(C)主動模式及崩潰模式　(D)主動模式及截止模式 [110統測]

( )44. 如圖(21)所示電路，BJT之切入電壓 $V_{BE}=0.7\text{ V}$、$V_{CE}=0.2\text{ V}$ 且 $V_{CC}=10.2\text{ V}$、$V_i=5.7\text{ V}$、$R_B=10\text{ k}\Omega$、$R_C=1\text{ k}\Omega$，則電流 I_C 為何？
(A)0mA (B)0.5mA (C)5mA (D)10mA [110統測]

( )45. 有關BJT射極隨耦器之特性，下列敘述何者正確？
(A)高輸入阻抗、高輸出阻抗　(B)高輸入阻抗、低輸出阻抗
(C)低輸入阻抗、高輸出阻抗　(D)低輸入阻抗、低輸出阻抗 [110統測]

( )46. 如圖(22)所示電路，BJT之 $\beta=50$，切入電壓 $V_{BE}=0.7\text{ V}$，且 $V_{CC}=10.7\text{ V}$、$R_C=1\text{ k}\Omega$，若 $V_{CE}=5.7\text{ V}$，則 R_B 應為何？
(A)51kΩ (B)102kΩ (C)153kΩ (D)204kΩ [110統測]

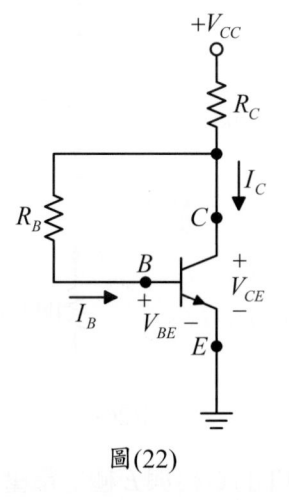

圖(22) 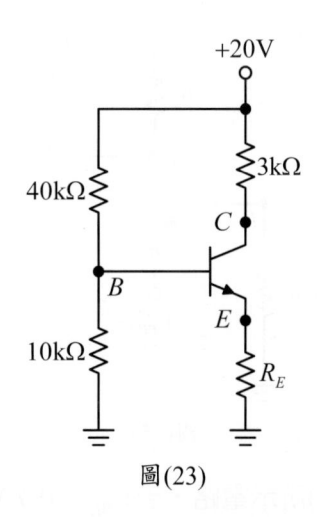　　　圖(23)

( )47. 如圖(23)所示電路，若BJT工作於主動區，且 $\beta=100$，切入電壓 $V_{BE}=0.7\text{ V}$，集極電流為2mA，則電阻 R_E 約為何？
(A)4.13kΩ (B)3.24kΩ (C)2.47kΩ (D)1.55kΩ [111統測]

3-47

▲ 閱讀下文，回答第48-49題

如圖(24)所示電路，若BJT之 $\beta = 100$，切入電壓 $V_{BE} = 0.7\text{ V}$，飽和電壓 $V_{BE(sat)} = 0.8\text{ V}$，$V_{CE(sat)} = 0.2\text{ V}$；BJT須先建立一個適當的直流工作點，才能作線性放大器使用，以下設計及判斷合理的直流工作點。

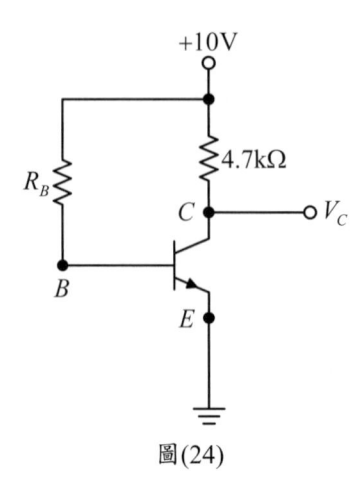

圖(24)

( ) 48. 圖中若電阻 $R_B = 372\text{ k}\Omega$，則基-集極間電壓 V_{BC} 約為何？
(A) -2V (B) -0.6V (C) 0.6V (D) 2V [111統測]

( ) 49. 圖中若電阻 $R_B = 1\text{M}\Omega$ 且電路其他參數不變，則集極電壓 V_C 約為何？
(A) 6.7V (B) 5.6V (C) 4.5V (D) 0.2V [111統測]

( ) 50. 有關雙極性接面電晶體（BJT）工作於飽和區之敘述，下列何者正確？
(A) BJT之集極電流與基極電流成正比
(B) BJT之集-射極間，猶如開關的導通（ON）狀態
(C) BJT之基-射極接面為順向偏壓且基-集極接面是逆向偏壓
(D) BJT之基-射極接面為逆向偏壓且基-集極接面是順向偏壓 [112統測]

( ) 51. 如圖(25)所示電路，$V_{EE} = -12\text{ V}$，$R_B = 200\text{ k}\Omega$，$R_C = 1\text{ k}\Omega$，若BJT之 $\beta = 100$，$V_{BE} = 0.7\text{ V}$，則 V_C 為何？
(A) 6.35V (B) -6.35V (C) 5.65V (D) -5.65V [112統測]

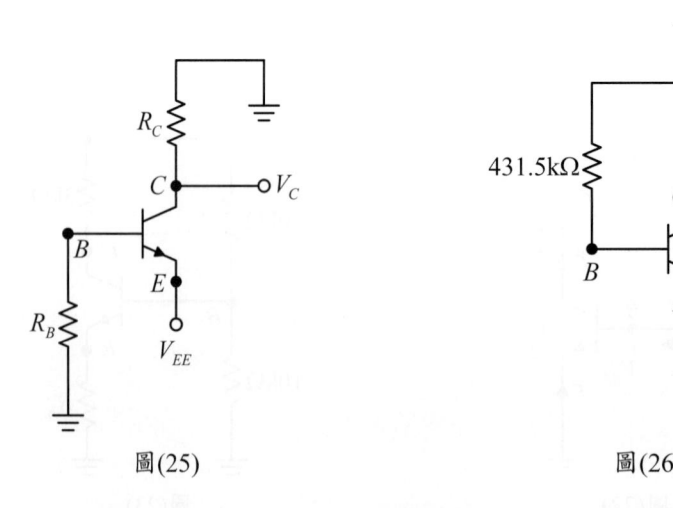

圖(25)　　　　圖(26)

( ) 52. 如圖(26)所示電路，若 $V_{BE} = 0.7\text{ V}$，量測得BJT的 C 極與 E 極之電壓分別為 $V_C = 16\text{ V}$，$V_E = 2.04\text{ V}$，則此BJT之 β 值為何？
(A) 120 (B) 100 (C) 80 (D) 50 [112統測]

( )53. 當PNP型BJT偏壓於主動區（作用區），其基極電壓V_B、集極電壓V_C及射極電壓V_E之大小關係，下列敘述何者正確？
(A)$V_B > V_C > V_E$ (B)$V_E > V_B > V_C$ (C)$V_C > V_E > V_B$ (D)$V_B > V_E > V_C$ [113統測]

( )54. ＢＪＴ電路直流分析時，電晶體之$\beta = 150$，若基極電流$I_B = 1\,\text{mA}$，集極電流$I_C = 120\,\text{mA}$，則此電晶體之工作區為何？
(A)稽納崩潰區 (B)截止區 (C)主動區 (D)飽和區 [113統測]

( )55. 如圖(27)所示電路，$V_{CC} = 12\,\text{V}$、$V_{EE} = -12\,\text{V}$，若BJT之$\beta = 54$、$V_{BE} = 0.7\,\text{V}$，則V_C約為何？ (A)7.4V (B)6.2V (C)5.1V (D)4.2V [113統測]

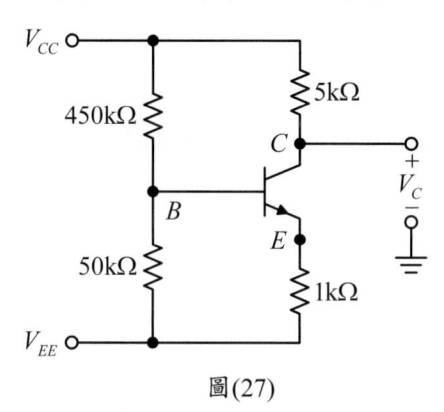

圖(27)

電子學實習試題

( )1. 一般大型BJT功率電晶體包裝外殼為電晶體的哪一極？
(A)射極　(B)基極　(C)集極　(D)沒有通用的規範 [統測]

( )2. 如圖(1)所示，已知電晶體參數 $\beta = 100$，$V_{BE(sat)} = 0.8$ V，$V_{CE(sat)} = 0.2$ V，且電晶體進入飽和區，則下列選項何者正確？
(A)$R_{C(\max)} = 161\,\Omega$
(B)$R_{C(\min)} = 161\,\Omega$
(C)$R_{C(\max)} = 1609.8\,\Omega$
(D)$R_{C(\min)} = 1609.8\,\Omega$ [統測]

( )3. 電晶體小訊號放大電路中，同學可依電晶體的偏壓找到集極輸出迴路負載線（直流負載線），而有關集極輸出迴路負載線特性的敘述，下列何者錯誤？
(A)可預知為負斜率
(B)可預知頻率響應
(C)可預知該電路輸出訊號（電壓值）
(D)可預知工作點 Q 的位置 [統測]

圖(1)

( )4. 已知某電晶體操作於飽和區與截止區，則下列何者為不適合驅動的元件？
(A)擴音器的放大級
(B)小燈泡
(C)發光二極體（LED）
(D)繼電器（Relay） [統測]

( )5. 如圖(2)電路中的電晶體當開關使用，求輸出電壓 V_o 為多少？
(A)20V　(B)10V　(C)5V　(D)0V [統測]

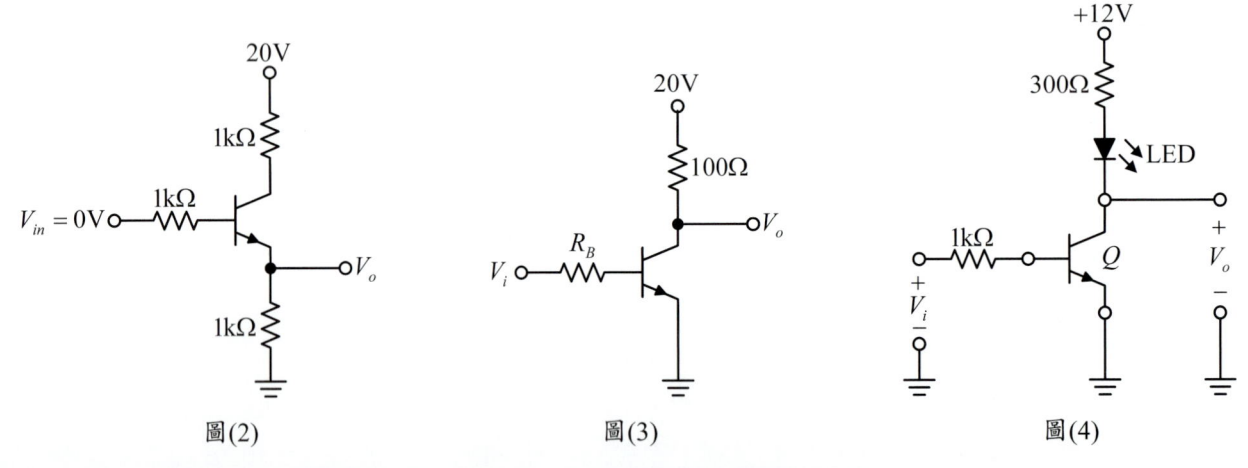

圖(2)　　　圖(3)　　　圖(4)

( )6. 如圖(3)所示電路，$\beta = 100$，若 $V_i = 5$ V欲使電晶體開關閉合，則 R_B 最大約為
(A)100Ω　(B)2kΩ　(C)4kΩ　(D)10kΩ [統測]

( )7. 圖(4)中電路為電晶體驅動發光二極體LED之電路，其中電晶體 Q 作為開關用，當輸入電壓 V_i 是0V時，在此電路上，所量測之輸出電壓 V_o 的值約為下列何者？
(A)12V　(B)8V　(C)4V　(D)0V [統測]

第 3 章 雙極性接面電晶體

(　)8. 如圖(5)所示的電晶體電路，若 $R_C = 1\,k\Omega$、$V_{CC} = 15\,V$、$\beta = 100$，電晶體基射極順向導通電壓為 $0.7\,V$，集射極飽和電壓為 $0.4\,V$，則可使電路得到最大不失真輸出訊號之電阻 R_B 值約為多少？
(A)95kΩ　(B)123kΩ　(C)196kΩ　(D)343kΩ　[統測]

(　)9. 電晶體放大器施加直流偏壓的主要目的是決定電晶體之
(A)熱電壓（thermal voltage, V_T）
(B)α 值
(C)h_{fe} 值
(D)靜態工作點　[統測]

圖(5)

(　)10. 射極隨耦器屬於下列何種放大電路組態？
(A)共射極放大器　(B)共基極放大器　(C)共集極放大器　(D)共源極放大器　[統測]

(　)11. 已知NPN電晶體的 $V_{BE} = 0.7\,V$，$V_{CE} = 2.5\,V$，此電晶體工作在哪一個區域？
(A)截止區　(B)工作區　(C)飽和區　(D)崩潰區　[統測]

(　)12. 一個量測電晶體特性的電路如圖(6)所示，若電晶體 $\beta = 50$，$R_B = 100\,k\Omega$，求 R_C 值為何？　(A)5kΩ　(B)10kΩ　(C)15kΩ　(D)20kΩ　[統測]

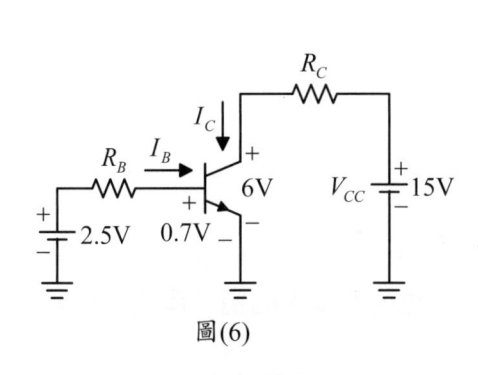

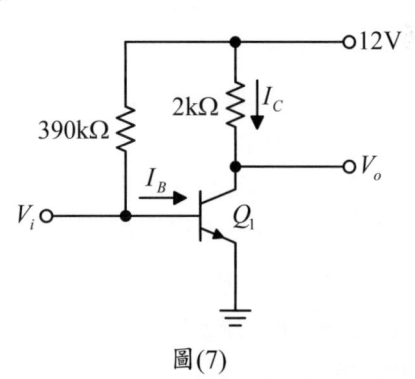

圖(6)　　圖(7)

(　)13. 共射極電路如圖(7)所示，若 $V_{CE} = 6\,V$，$V_{BE} = 0.7\,V$，則電晶體之 β 值約為多少？
(A)104　(B)123　(C)133　(D)145　[統測]

(　)14. 三個學生使用相同的共基極放大電路圖，分別進行電路實驗，每位學生量測到的靜態工作電壓都有誤差，下列何者對該誤差的影響最小？
(A)電晶體 β 值之差異　　　　(B)電阻的誤差
(C)電源電壓之誤差　　　　　(D)導線的電阻差異　[統測]

(　)15. NPN型電晶體位於順向主動區（工作區）時，下列敘述何者錯誤？
(A)基-射極接面為順向偏壓，基-集極接面為逆向偏壓
(B)射極電壓小於基極電壓
(C)集極電壓小於基極電壓
(D)對於射極電壓、基極電壓和集極電壓，射極電壓最小　[統測]

(　)16. 處於工作區（主動區）的電晶體，已知集極電流為 $14.7\,mA$，基極電流為 $0.3\,mA$。請問共基極組態電流放大因數（α）為何？
(A)0.1　(B)0.98　(C)49　(D)50　[統測]

( )17. 如圖(8)所示之偏壓電路。若電晶體Q的共射極組態電流放大因數（β）值為50，請問I_B約為多少μA？ (A)10 (B)30 (C)50 (D)70 [統測]

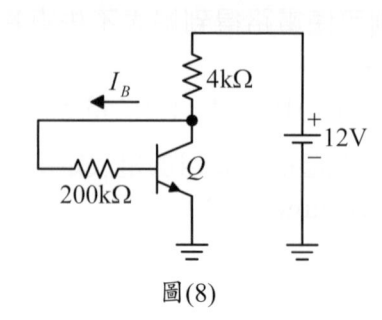

圖(8)

( )18. 使用指針式三用電表歐姆檔置於$R \times 10$位置，用來辨識電晶體之接腳，以此三用電表的兩支測試棒，順序地連接到待測電晶體三接腳中之任何兩接腳，直到三用電表的指針產生偏轉，此時表示電表與待測電晶體的兩接腳間之PN接面為順向偏壓連接狀態，請問下列敘述何者正確？
(A)紅色測試棒連接之接腳為P端，黑色測試棒連接之接腳為N端
(B)此待測電晶體必為NPN型電晶體及同時可知其β值
(C)紅色測試棒連接之接腳為N端，黑色測試棒連接之接腳為P端
(D)此待測電晶體必為PNP型電晶體及同時可知其β值 [統測]

( )19. 在電晶體之編號規則中，下列敘述何項不正確？
(A)2SC1384為高頻用NPN型電晶體
(B)2SC848為矽（Si）半導體製造材料
(C)2SA684為低頻用PNP型電晶體
(D)2N3055為美規電晶體編號 [統測]

( )20. 以三用電表判斷電晶體是NPN或PNP時，首先的步驟是將三用電表旋轉至$R \times 1k$，然後將測試棒接觸在三個接腳中的二個接腳，使三用電表的指針產生大偏轉，則這二個接腳中必有一腳為以下何者？
(A)基極B (B)集極C (C)射極E (D)以上三者皆有可能 [102統測]

( )21. 圖(9)的射極回授偏壓電路，就其回授過程而言，以下敘述何者錯誤？
(A)當溫度增加時，集極電流增加，射極電壓V_E也隨之增加
(B)當射極電壓V_E增加，且基極電壓V_B固定不變，則基-射極電壓V_{BE}將減少
(C)當基-射極電壓V_{BE}減少，集極電流也會減少
(D)就穩定性而言，射極回授偏壓電路與固定偏壓電路大致相等 [102統測]

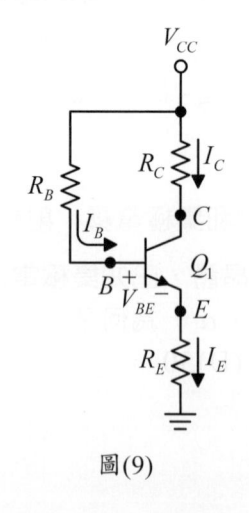

圖(9)

( )22. 如圖(10)所示為電晶體直流負載線實驗電路，若電晶體之 $\beta=100$，調整 V_{BB} 使得 $I_B=20\ \mu A$，若不考慮電表的負載效應，則此時直流伏特表與直流安培表分別顯示的值為何？ (A)0.2V、11.8mA (B)4V、2mA (C)10V、2mA (D)11V、1mA [102統測]

圖(10)

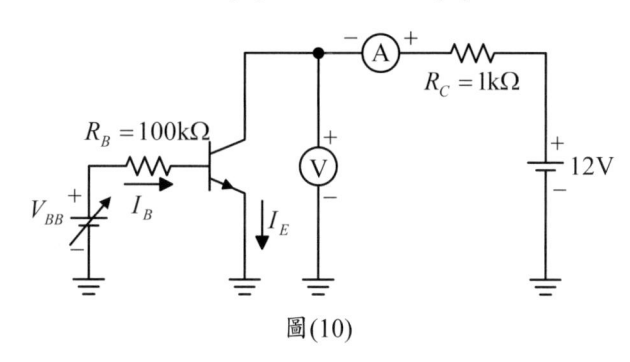

( )23. 將BJT電晶體設計為開關用途時，電晶體在哪些區操作？
(A)截止區與作用區 (B)作用區與飽和區
(C)飽和區 (D)截止區與飽和區 [102統測]

( )24. 如圖(11)所示之電晶體電路，$V_{CC}=8\ V$，$R_C=1\ k\Omega$，$\beta=100$，假設 $V_{BE}=0\ V$，若欲將Q點（工作點）置於負載線之中點，則 R_B 之值應為何？
(A)100kΩ (B)200kΩ (C)300kΩ (D)400kΩ [103統測]

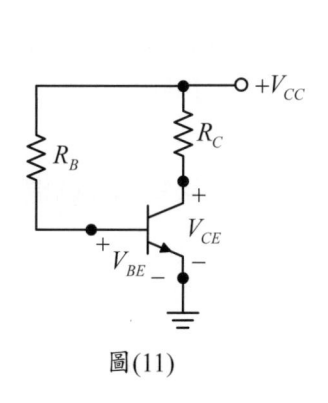

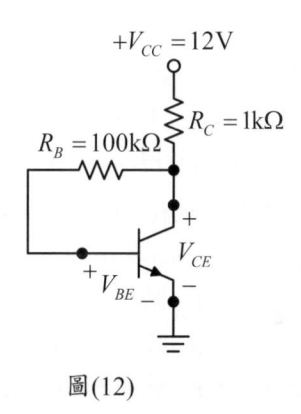

圖(11)　　　圖(12)

( )25. 如圖(12)所示之電路，若電晶體之 $\beta=50$，V_{CE} 測得約為0.7V，則其故障原因最可能為何？
(A)R_B 電阻器發生短路 (B)R_B 電阻器發生斷路
(C)R_C 電阻器發生斷路 (D)R_C 電阻器發生短路 [103統測]

( )26. 某一電晶體由其規格表中得知其 α 值（即共基極組態直流電流轉換率）為0.96，則共集極組態之直流電流增益 I_E/I_B（即射極電流／基極電流）為何？
(A)24 (B)25 (C)28 (D)31 [103統測]

( )27. 關於雙極性接面電晶體（Bipolar unction Transistor，BJT）的特性，下列敘述何者錯誤？
(A)NPN型電晶體與PNP型電晶體流入基極的電流 I_B 方向相反
(B)NPN電晶體工作在飽和區（Sturation Region）時，其基射極間的電壓（V_{BE}）為順向偏壓，且基集極間的電壓（V_{BC}）為順向偏壓
(C)若用此電晶體來設計共基極放大器（CB）時，其輸入端是射極（E極），輸出端是基極（B極）
(D)當此電晶體作為開關使用時，其必須工作在截止區（Cut-off Region）或飽和區
[103統測]

( )28. 如圖(13)所示之電晶體電路，$V_{CC}=15\text{ V}$，$R_B=429\text{ k}\Omega$，$R_C=1.2\text{ k}\Omega$，若$V_{BE}=0.7\text{ V}$，$V_{CE}=7\text{ V}$，則電晶體之β值約為何？
(A)152　(B)188　(C)200　(D)220 [104統測]

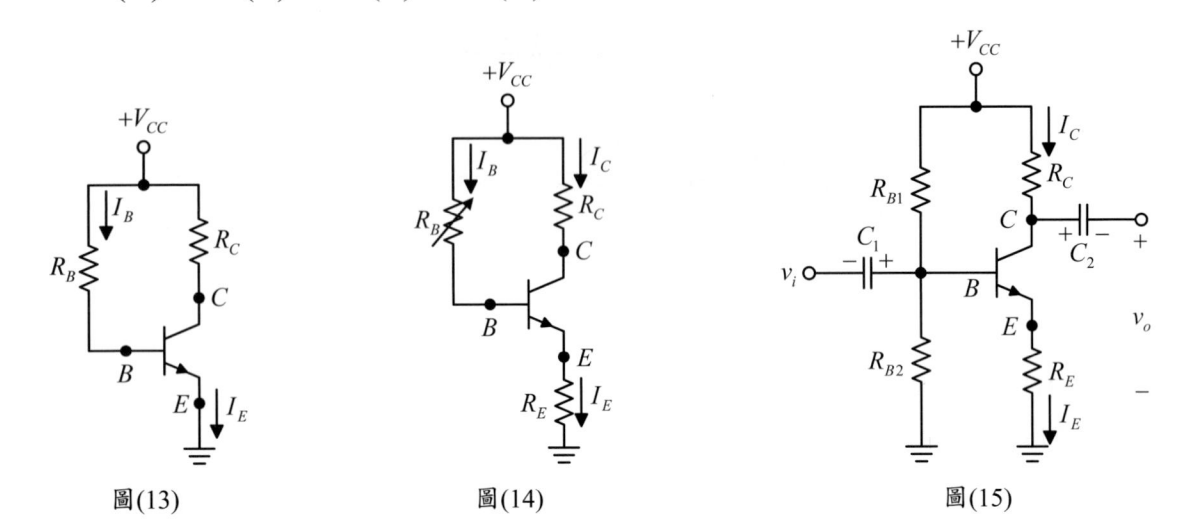

圖(13)　　　圖(14)　　　圖(15)

( )29. 如圖(14)所示之電路，$V_{BE}=0.7\text{ V}$，$\beta=150$，$V_{CC}=15\text{ V}$，$R_C=1.2\text{ k}\Omega$，$R_E=1\text{ k}\Omega$，調整R_B使$I_C=4.2\text{ mA}$，則此時R_B之值約為何？
(A)395kΩ　(B)360kΩ　(C)330kΩ　(D)312kΩ [104統測]

( )30. 如圖(15)所示之電路，電晶體$\beta=100$，$V_{BE}=0.7\text{ V}$，$V_{CC}=15\text{ V}$，$R_C=1\text{ k}\Omega$，$R_E=1\text{ k}\Omega$，$R_{B1}=120\text{ k}\Omega$，$R_{B2}=80\text{ k}\Omega$，則$I_C$之值約為何？
(A)4.80mA　(B)4.25mA　(C)3.56mA　(D)3.25mA [104統測]

( )31. 如圖(16)電路所示，已知電晶體Q_1工作在主動區，如果電晶體Q_1溫度上升了，以下的回授過程分析，何者正確？
(A)I_C減少 → V_X減少 → V_Y減少 → I_C增加
(B)V_X減少 → I_C減少 → V_Y減少 → I_C增加
(C)I_C增加 → V_Y減少 → V_X減少 → I_C減少
(D)V_Y減少 → I_C增加 → V_X減少 → I_C減少 [104統測]

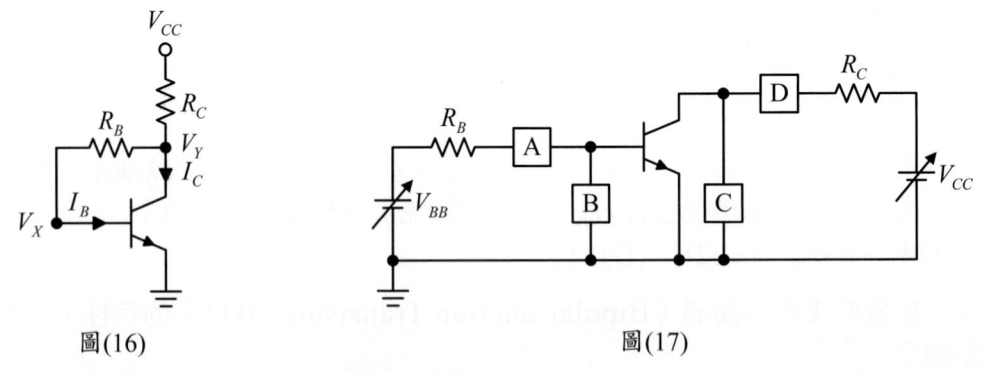

圖(16)　　　圖(17)

( )32 如圖(17)電路所示，若要量測電晶體特性曲線，下列哪一個方塊的儀表安排是錯誤的？
(A)A為電流表　(B)B為電壓表　(C)C為示波器　(D)D為電壓表 [104統測]

( )33. 以指針型三用電表歐姆檔判別BJT接腳，若①號接腳分別對②號與③號接腳測試時皆呈現導通狀態，則①號接腳為下列何者？
(A)基極　(B)源極　(C)集極　(D)射極 [105統測]

( )34. 如圖(18)所示之電路，BJT之 $\beta = 100$，$V_{BE} = 0.7\text{ V}$，則 V_{CE} 約為何？
(A)9.2V　(B)8.2V　(C)7.6V　(D)6.6V　　　　　　　　　　　　　　　　　　[105統測]

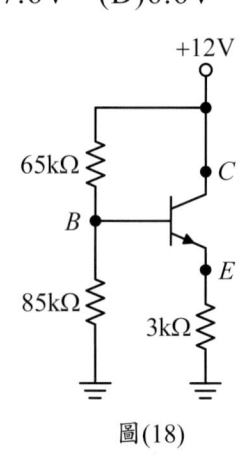

圖(18)

( )35. 實作圖(19)之電路以繪製輸出特性曲線，A、B、C、D為量測儀表，繪製成3條曲線，請選出錯誤的敘述？
(A)若曲線1、2、3各自對應的是在工作溫度 T_1、T_2、T_3 所量得的結果，則 $T_1 < T_2 < T_3$
(B)儀表A與D可以是電流表
(C)儀表B與C可以是示波器或電壓表
(D)此電路架構為共射極組態　　　　　　　　　　　　　　　　　　　　　　[105統測]

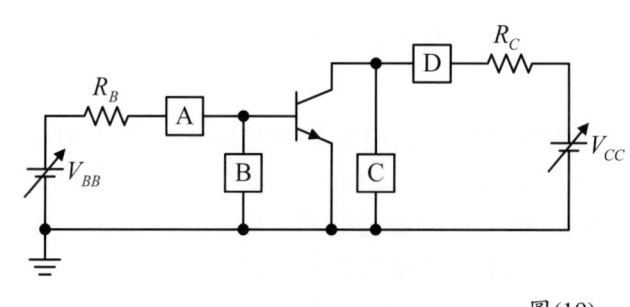

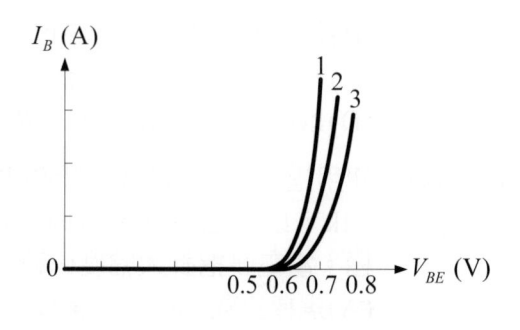

圖(19)

( )36. 某BJT電晶體之最大集極功率消耗 $P_{C(\max)} = 400\text{ mW}$，最大集極電壓 $BV_{CEO} = 80\text{ V}$，最大集極電流 $I_{C(\max)} = 100\text{ mA}$，則下列選項何者不在電晶體之安全工作區？
(A) $V_{CE} = 15\text{ V}$，$I_C = 10\text{ mA}$　　　(B) $V_{CE} = 25\text{ V}$，$I_C = 20\text{ mA}$
(C) $V_{CE} = 40\text{ V}$，$I_C = 8\text{ mA}$　　　(D) $V_{CE} = 8\text{ V}$，$I_C = 35\text{ mA}$　[106統測]

( )37. 已知一NPN型電晶體之三支接腳分別為接腳1、接腳2和接腳3，其中已知接腳1為基極（Base），先以單手之手指捏住其中兩支接腳，且不讓三支接腳直接短路，最後將指針型三用電表切至歐姆檔之 $R \times 1\text{k}$ 或 $R \times 100$（黑棒：輸出正電壓）。下列判斷電晶體接腳的敘述何者正確？
(A)若同時捏住接腳1和接腳2，用黑棒接在接腳2，紅棒接在接腳3，指針發生順時針偏轉，可判斷接腳2為集極（Collector），接腳3為射極（Emitter）
(B)若同時捏住接腳2和接腳3，用黑棒接在接腳3，紅棒接在接腳1，指針發生順時針偏轉，可判斷接腳2為集極（Collector），接腳3為射極（Emitter）
(C)若同時捏住接腳1和接腳3，用黑棒接在接腳3，紅棒接在接腳2，指針發生逆時針偏轉，可判斷接腳2為集極（Collector），接腳3為射極（Emitter）
(D)若同時捏住接腳1和接腳3，用黑棒接在接腳1，紅棒接在接腳3，指針發生逆時針偏轉，可判斷接腳2為集極（Collector），接腳3為射極（Emitter）　[106統測]

( )38. 如圖(20)所示，若電晶體保持在主動區工作，當提高R_C值而V_{CC}與R_B值保持不變，則下列敘述何者正確？
(A)工作點不變
(B)工作點朝飽和區反方向移動
(C)基極電流增加
(D)工作點朝飽和區方向移動 [106統測]

圖(20)

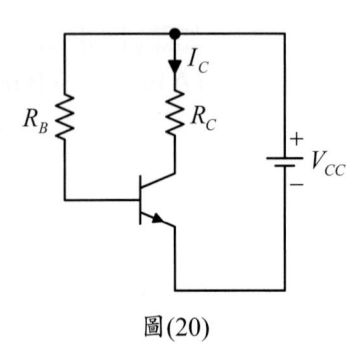

( )39. 共射極（Common Emitter）放大器特性測試實驗所得到的輸入特性曲線與下列何者最為接近？ [107統測]
(A) (B) (C) (D)

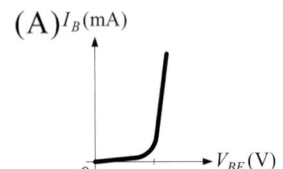

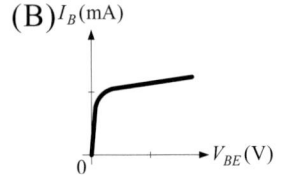

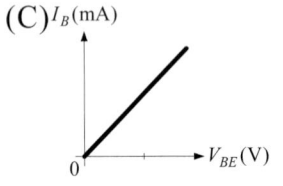

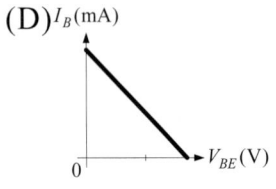

( )40. 雙極性接面電晶體（BJT）的接腳分別為集極（C）、基極（B）、射極（E），則下列敘述何者正確？
(A)放大器電路實驗中若要將NPN型電晶體改換為PNP型電晶體，只需將NPN型電晶體的C、E接腳對調即可
(B)電晶體的電流放大率以β或h_{FE}表示，且$h_{FE}=I_C/I_E$
(C)判定電晶體為PNP型或NPN型，可用三用電表之歐姆檔進行量測
(D)以摻雜濃度而言，$C>B>E$ [107統測]

( )41. 使用指針型三用電表判別NPN電晶體接腳時，若已知基極接腳，將電表撥至歐姆檔×1k，以手指接觸基極與假設的集極，再以電表黑棒及紅棒交替接觸量測集極和射極。當電表指針大幅度偏轉（低電阻）時，下列敘述何者正確？
(A)黑棒接觸的接腳為集極　　(B)黑棒接觸的接腳為射極
(C)紅棒接觸的接腳為集極　　(D)無法判別接腳 [108統測]

( )42. 將指針型三用電表撥至$R\times10$歐姆檔，且將電表黑測棒固定接觸雙極性接面電晶體之其中一接腳，再將電表紅測棒分別接觸另外兩隻接腳，若電表皆指示低電阻狀態，則下列敘述何者正確？
(A)此電晶體為NPN型　　(B)此電晶體為PNP型
(C)黑測棒接觸的接腳為集極　　(D)黑測棒接觸的接腳為射極 [109統測]

( )43. 在雙極性電晶體的E、B、C接腳的判別實驗中，使用指針式三用電表並轉到$R\times1k\Omega$的檔位（此時黑棒為正電壓），已知電晶體可正常運作，則下列敘述何者錯誤？
(A)將三用電表的黑棒接在一電晶體任一接腳，紅棒接另兩接腳的任一接腳時，若三用電表都量到低電阻，可判斷此電晶體為NPN型
(B)將三用電表的紅棒與黑棒接到一電晶體任兩接腳，若發現在兩次量測中三用電表都有大偏轉，則此兩次量測中同時都選到的接腳是E極
(C)一電晶體任選兩接腳與三用電表的紅棒與黑棒相接，發現三用電表不（或小）偏轉，之後再將紅棒與黑棒對調，發現三用電表還是不（或小）偏轉，可確定沒選到的一腳為B極
(D)若已知一電晶體為NPN型與其B極腳位，另兩接腳任選一接腳與三用電表的黑棒相接並使用手指電阻將此接腳與B極連接，且另一接腳與三用電表的紅棒連接時，若三用電表指針有大偏轉，則可判斷與紅棒端相接的電晶體腳位為E極 [109統測]

第 3 章 雙極性接面電晶體

( )44. 在雙載子接面電晶體偏壓電路實驗中，下列敘述何者錯誤？
(A)固定偏壓電路組態具有工作點較不受溫度變動影響的特性
(B)射極回授偏壓電路工作點穩定是因為負回授的作用
(C)射極回授偏壓電路工作點較不受溫度變動影響
(D)集極回授偏壓電路是在電晶體的集極與基極間加入回授電阻 [109統測]

( )45. 在雙極性電晶體特性實驗時，實作圖(21)之電路以繪製特性曲線，A、B、C、D為電壓或電流量測儀表，下列敘述何者正確？
(A)利用儀表C、D可繪製出電晶體輸入特性曲線
(B)實驗時必須確定電晶體操作於順向主動（Active）區
(C)此電路架構為共射極組態
(D)電晶體輸出特性曲線是指利用儀表B、C所量測的數值作圖 [109統測]

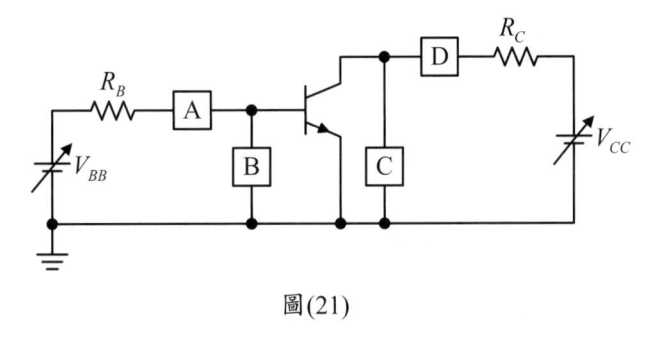

圖(21)

( )46. 指針型三用電表撥至 $R \times 1k\Omega$ 檔，並完成歸零調整後，測量BJT電晶體 B-E 接腳或 B-C 接腳，接順向偏壓時，指針皆偏轉（導通）；接逆向偏壓時，指針皆不偏轉（不通）； C-E 接腳，不管如何接，指針皆不偏轉（不通），下列敘述何者正確？
(A)電晶體良好 (B)電晶體損壞
(C)電晶體時好時壞 (D)視電晶體編號而定 [110統測]

( )47. 如圖(22)所示電路，示波器設定在2V/DIV，量測10kΩ兩端電壓大小為5DIV、量測100Ω兩端電壓大小為4DIV，則電晶體 β 值為何？
(A)16 (B)80 (C)100 (D)200 [110統測]

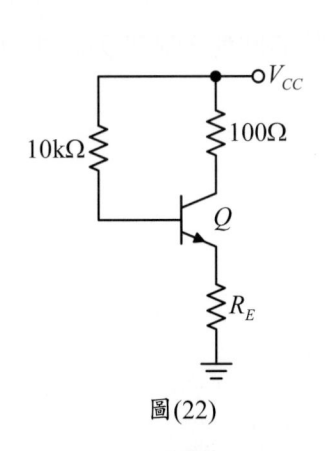

圖(22) 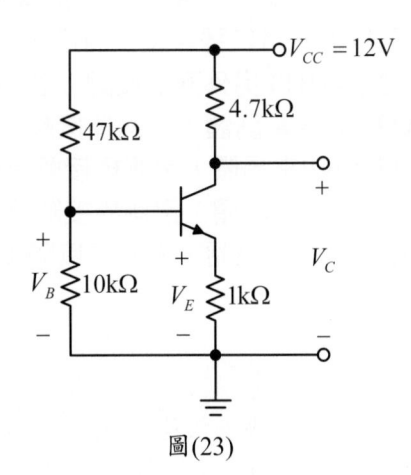　　　　圖(23)

( )48. 如圖(23)所示電路，若 $V_B = 0\text{ V}$， $V_C = 12\text{ V}$， $V_E = 0\text{ V}$，則可能故障原因為何？
(A)47kΩ電阻開路 (B)10kΩ電阻開路
(C)4.7kΩ電阻開路 (D)1kΩ電阻開路 [110統測]

3-57

( )49. 某甲使用指針式三用電表對NPN電晶體進行接腳判別，電晶體腳位編號包括1～3號接腳。某甲將三用電表置於歐姆檔×10Ω進行測試。利用測棒交替接觸電晶體1、2號接腳兩端，指針只有一次偏轉。利用測棒交替接觸電晶體1、3號接腳兩端，指針只有一次偏轉。利用測棒交替接觸電晶體2、3號接腳兩端，指針兩次都不偏轉。則該電晶體的基極（Base）為幾號接腳？
(A)1號　(B)2號　(C)3號　(D)測試方法錯誤無法判定 [110統測]

( )50. 圖(24)所示集極回授偏壓共射極放大電路，其中 $V_{CC} = 8.7\text{ V}$、$R_B = 470\text{ k}\Omega$、$R_C = 3.3\text{ k}\Omega$，已知電晶體的 $V_{BE} = 0.7\text{ V}$，$\beta = 100$，則電路的直流工作點 I_{CQ} 與 V_{CEQ} 最接近下列何者？
(A) $I_{CQ} = 800\ \mu\text{A}$、$V_{CEQ} = 6.1\text{ V}$　　(B) $I_{CQ} = 900\ \mu\text{A}$、$V_{CEQ} = 5.7\text{ V}$
(C) $I_{CQ} = 1000\ \mu\text{A}$、$V_{CEQ} = 5.4\text{ V}$　(D) $I_{CQ} = 1224\ \mu\text{A}$、$V_{CEQ} = 4.7\text{ V}$ [110統測]

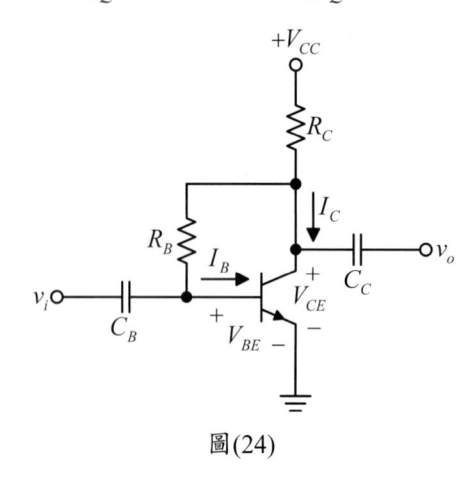

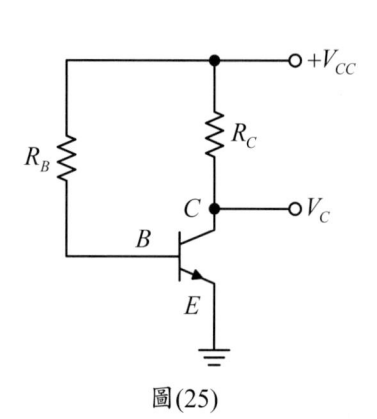

圖(24)　　　　　　　　　　　　　圖(25)

( )51. 如圖(25)所示音訊放大器直流偏壓電路，$V_{CC} = 12\text{ V}$、$R_B = 452\text{ k}\Omega$ 及 $R_C = 3\text{ k}\Omega$，當BJT之 $V_{BE} = 0.7\text{ V}$、$\beta = 80$ 時，則 $V_C = \dfrac{V_{CC}}{2} = 6\text{ V}$。若BJT之 β 變為100，則 V_C 為何？　(A)7.5V　(B)6.5V　(C)5.5V　(D)4.5V [114統測]

( )52. 指針型三用電表，將功能旋扭轉至 $R \times 1\text{k}$ 歐姆檔，並依常規將紅色及黑色測試線正確接至電表。電表歸零後，將電表黑測棒固定接觸BJT之其中一接腳，再將電表紅測棒分別接觸BJT另外兩隻接腳，若電表皆指示低電阻值狀態，則下列敘述何者正確？
(A)為NPN電晶體，黑測棒接觸接腳為射極
(B)為PNP電晶體，黑測棒接觸接腳為基極
(C)為PNP電晶體，黑測棒接觸接腳為射極
(D)為NPN電晶體，黑測棒接觸接腳為基極 [114統測]

素養導向題

▲ 閱讀下文,回答第1～3題

五條悟進行電晶體的開關電路實驗,如圖(1)所示,已知電晶體 β 值為50,而繼電器線圈的電阻值為100Ω,控制電壓 V_i 如圖中所示,試問:

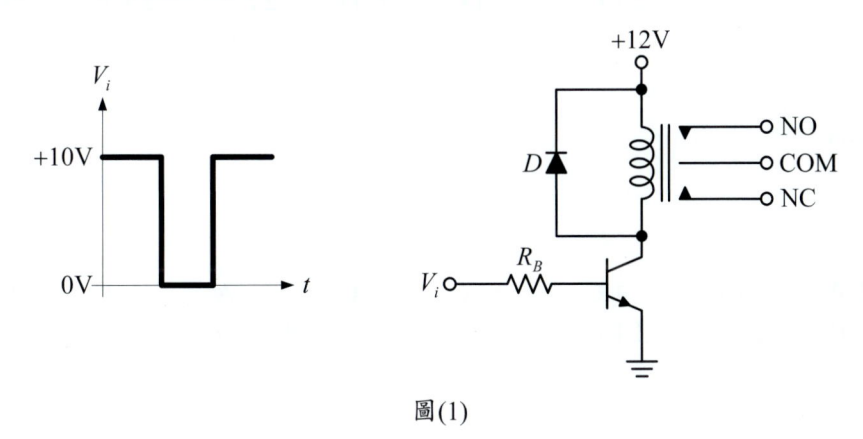

圖(1)

( )1. 二極體的名稱與作用為何?
(A)飛輪二極體,保護電晶體　　(B)飛輪二極體,保護繼電器
(C)蕭特基二極體,保護電晶體　　(D)蕭特基二極體,保護繼電器

( )2. 繼電器不動作時,表示電晶體操作在
(A)飽和區　(B)截止區　(C)歐姆區　(D)夾止區

( )3. 電阻 之最大值最接近以下何值?(假設飽和時 $V_{BE} = 0.7$ V、$V_{CE(sat)} = 0.2$ V)
(A)2.4kΩ　(B)3.5kΩ　(C)3.9kΩ　(D)4.3kΩ

解 答

3-1 立即練習

基礎題

1.A	2.A	3.A	4.A	5.C	6.D	7.D	8.D	9.C	10.D
11.C	12.A	*13.C	*14.B	*15.B	*16.A	*17.D	18.D	*19.A	*20.C
*21.C	22.A	23.D	*24.C	*25.D	26.D	27.C	28.A	29.C	30.B
31.C	32.C	33.B	34.A	*35.D	*36.C	*37.D	38.A	39.A	*40.C

進階題

1.D   *2.A

3-2 立即練習

基礎題

1.B	2.A	3.C	4.C	5.A	6.C	7.A	8.C	*9.C	10.D
*11.C	*12.B	*13.A	*14.B	15.A	16.B	*17.D	18.B	19.C	20.C
*21.B									

進階題

*1.D   2.A

3-3 立即練習

基礎題

1.A	2.A	3.C	4.A	5.A	6.B	7.A	8.A	9.A	*10.C

3-4 立即練習

基礎題

1.A	2.B	3.D	4.B	5.A	*6.B	*7.B	8.A	*9.C	*10.C
*11.C	12.B	*13.B	*14.C	*15.C	*16.D				

進階題

*1.C   *2.B   *3.A   *4.B

3-5 立即練習

基礎題

*1.A   *2.D

3-6 立即練習

基礎題

1.D	2.C	3.B	4.A	5.A	6.A	7.C	8.A	9.C	10.D

進階題

1.C

第 3 章 雙極性接面電晶體

| 解 答 |

歷屆試題

電子學試題

1.C	*2.B	*3.C	*4.D	5.B	*6.B	7.B	*8.A	9.D	*10.B
11.A	12.A	*13.C	*14.D	*15.C	16.D	17.D	*18.A	19.C	*20.D
21.D	22.D	*23.B	*24.A	*25.D	26.D	27.D	28.C	*29.D	*30.C
31.A	*32.A	*33.D	34.D	35.A	*36.C	37.A	38.D	39.D	40.D
*41.B	*42.D	43.B	*44.D	45.B	*46.A	*47.D	*48.C	*49.B	*50.B
*51.D	*52.D	53.B	*54.D	*55.A					

電子學實習試題

1.C	*2.D	3.B	4.A	*5.D	*6.B	*7.A	*8.C	9.D	10.C
*11.B	*12.B	*13.A	14.D	*15.C	*16.B	*17.B	18.C	19.C	20.A
21.D	*22.C	23.D	*24.B	25.A	*26.B	27.C	*28.C	*29.B	*30.C
31.C	32.D	33.A	*34.D	35.A	*36.B	37.A	*38.D	39.A	40.C
41.A	42.A	43.B	44.A	45.C	46.A	*47.B	48.A	*49.A	*50.C
*51.D	52.D								

素養導向題

| 1.A | 2.B | *3.C |

NOTE

CHAPTER 4 雙極性接面電晶體放大電路

本章學習重點

章節架構	必考重點
4-1 雙極性接面電晶體放大器工作原理	• 射極與基極交流電阻之計算
4-2 共射極放大電路	• 共射極組態相關電路之計算
4-3 共集極放大電路	• 共集極組態相關電路之計算
4-4 共基極放大電路	• 共基極組態相關電路之計算
4-5 各種放大組態之比較	• 各種放大組態之阻抗與增益的比較

統測命題分析

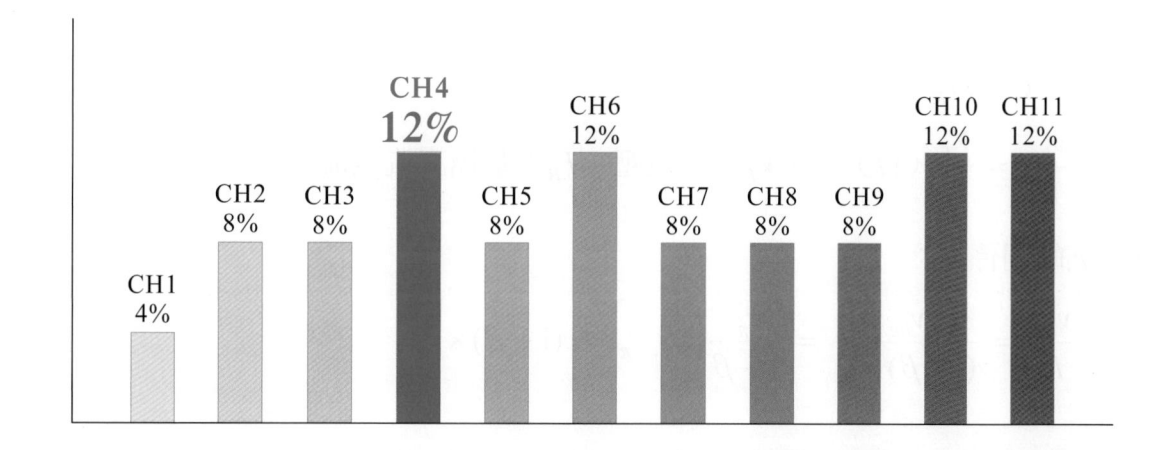

- CH1 4%
- CH2 8%
- CH3 8%
- CH4 12%
- CH5 8%
- CH6 12%
- CH7 8%
- CH8 8%
- CH9 8%
- CH10 12%
- CH11 12%

4-1 雙極性接面電晶體放大器工作原理

重點 1 電晶體的小信號放大作用

1. 電晶體小信號放大電路是工作於主動區。
2. 小信號放大器是指輸入電壓必須小於熱電壓25mV。

重點 2 電晶體的交流等效電路（r參數模型）

1. r參數模型是以直流工作點來決定，分為兩種，一為r_π模型，簡稱π模型，另一個為r_e模型，簡稱T模型。

	CE組態	CC組態	CB組態
組態			
r參數模型	（π模型）	（π模型）	（T模型）

註：r參數模型的電流方向以實際的電流方向為主。

2. 射極交流電阻r_e：

$$r_e = \frac{v_{be}}{i_e} = \frac{V_T}{I_E} \ (\Omega) \quad (V_T：熱電壓；I_E：射極直流電流)$$

3. 基極交流電阻r_π：

$$r_\pi = \frac{v_{be}}{i_b} = \frac{V_T}{I_B} \ (\Omega) \quad (V_T：熱電壓；I_B：基極直流電流)$$

4. r_π與r_e的關係式：

$$r_e = \frac{v_{be}}{i_e} = \frac{v_{be}}{(1+\beta) \times i_b} = \frac{r_\pi}{1+\beta} \Rightarrow r_\pi = (1+\beta) \times r_e$$

第 4 章 雙極性接面電晶體放大電路

重點 3 交流互導參數

1. 共射極組態（CE）與共集極組態（CC）的輸入交流基極電阻 r_π（r_b）與交流轉移電（互）導 g_m 之關係：

$$g_m = \frac{I_{CQ}}{V_T} = \frac{\beta \times I_{BQ}}{V_T} = \frac{\beta}{r_\pi} \Rightarrow \beta = g_m \times r_\pi$$

2. 共基極組態（CB）的輸入交流射極電阻 r_e 與交流轉移電（互）導 g_m 之關係：

$$g_m = \frac{I_{CQ}}{V_T} = \frac{\alpha \times I_{EQ}}{V_T} = \frac{\alpha}{r_e} \Rightarrow \alpha = g_m \times r_e$$

r_π 參數的計算

老師教

1. 電晶體的基極電流 $I_{BQ} = 10\ \mu A$，熱電壓 $V_T = 25\ mV$，試求電晶體的基極交流電阻 r_π 為何？

解 $r_\pi = \dfrac{V_T}{I_{BQ}} = \dfrac{25\mathrm{mV}}{10\mu\mathrm{A}} = 2500\ \Omega$

學生做

1. 電晶體的基極電流 $I_{BQ} = 25\ \mu A$，熱電壓 $V_T = 25\ mV$，試求電晶體的基極交流電阻 r_π 為何？

答

r_e 參數的計算

老師教

2. 電晶體的射極電流 $I_{EQ} = 1\ mA$，熱電壓 $V_T = 25\ mV$，試求電晶體的射極交流電阻 r_e 為何？

解 $r_e = \dfrac{V_T}{I_{EQ}} = \dfrac{25\mathrm{mV}}{1\mathrm{mA}} = 25\ \Omega$

學生做

2. 電晶體的射極電流 $I_{EQ} = 5\ mA$，熱電壓 $V_T = 25\ mV$，試求電晶體的射極交流電阻 r_e 為何？

答

轉移互導參數 g_m 的計算

老師教

3. 直流偏壓電流 $I_{CQ} = 2.5\ mA$、$V_T = 25\ mV$，試求轉移互導參數 g_m 為何？

解 $g_m = \dfrac{I_{CQ}}{V_T} = \dfrac{2.5\mathrm{mA}}{25\mathrm{mV}} = 0.1\mathrm{S} = 100\ \mathrm{mS}$
或 $100\ \mathrm{mA/V}$

學生做

3. 直流偏壓電流 $I_{CQ} = 2\ mA$、$V_T = 25\ mV$，試求轉移互導參數 g_m 為何？

答

α、r_e 與 g_m 的轉換

老師教

4. 電晶體的轉移互導參數 $g_m = 18$ mA/V、射極交流電阻 $r_e = 50\ \Omega$，試求 α 為何？

解　$\alpha = g_m \times r_e$
$\Rightarrow \alpha = 18\,\text{mA/V} \times 50\,\Omega = 0.9$

學生做

4. 電晶體的轉移互導參數 $g_m = 19.5$ mA/V、射極交流電阻 $r_e = 50\ \Omega$，試求 α 為何？

答

β、r_π 與 g_m 的轉換

老師教

5. 電晶體的轉移互導參數 $g_m = 20$ mA/V、基極交流電阻 $r_\pi = 1.5$ kΩ，試求 β 為何？

解　$\beta = g_m \times r_\pi$
$\Rightarrow \beta = 20\,\text{mA/V} \times 1500\,\Omega = 30$

學生做

5. 電晶體的轉移互導參數 $g_m = 100$ mA/V、基極交流電阻 $r_\pi = 1.2$ kΩ，試求 β 為何？

答

β、r_π、r_e 與 g_m 的轉換

老師教

6. 電晶體的輸出直流偏壓電流 $I_{CQ} = 1.3$ mA，熱電壓 $V_T = 26$ mV，$\beta = 100$，試求電晶體的交流等效輸入電阻 r_π 以及 r_e 分別為何？

解

(1) $I_{BQ} = \dfrac{I_{CQ}}{\beta} = \dfrac{1.3\text{mA}}{100} = 13\ \mu\text{A}$

(2) $r_\pi = \dfrac{V_T}{I_{BQ}} = \dfrac{26\text{mV}}{13\mu\text{A}} = 2000\ \Omega$

(3) $r_e = \dfrac{r_\pi}{(1+\beta)} = \dfrac{2000}{1+100} \approx 20\ \Omega$

學生做

6. 電晶體的輸出直流偏壓電流 $I_{CQ} = 2$ mA，熱電壓 $V_T = 25$ mV，$\beta = 50$，試求電晶體的交流等效輸入電阻 r_π 以及 r_e 分別為何？

答

ABCD 立即練習

基礎題

( ) 1. 如圖(1)所示，試求Z_i為何？
(A)$(r_\pi + R_E) \times (1+\beta)$　(B)$(r_\pi + R_E) \times \beta$　(C)$r_\pi + R_E \times (1+\beta)$　(D)$r_\pi + R_E \times \beta$

圖(1)　　　　　　圖(2)

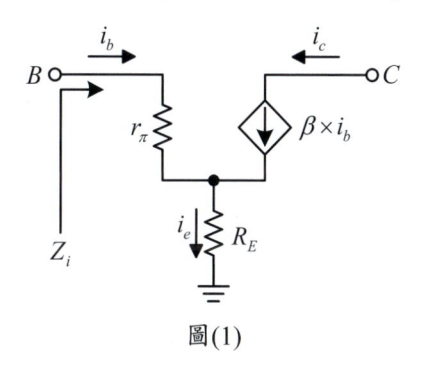

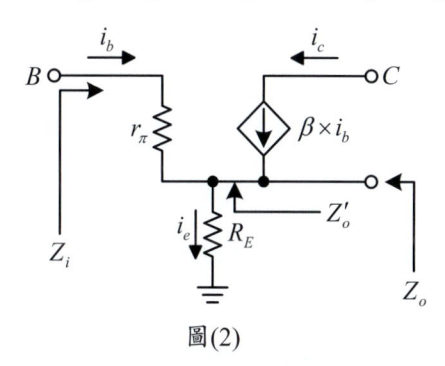

( ) 2. 如圖(2)所示，試求輸出阻抗Z_o'？　(A)$\dfrac{r_\pi}{(1+\beta)}$　(B)$r_e \mathbin{/\mkern-3mu/} R_E$　(C)r_π　(D)$r_e + R_E$

( ) 3. 承上題所示，試求輸出阻抗Z_o？　(A)$\dfrac{r_\pi}{(1+\beta)}$　(B)$r_e \mathbin{/\mkern-3mu/} R_E$　(C)r_π　(D)$r_e + R_E$

4-2 共射極放大電路

重點 1 小信號等效電路的分析步驟

電晶體的組態有分為共射極（CE）、共集極（CC）與共基極（CB），但不論電晶體的組態與偏壓方式為何，其小信號電路的分析流程如下圖所示：

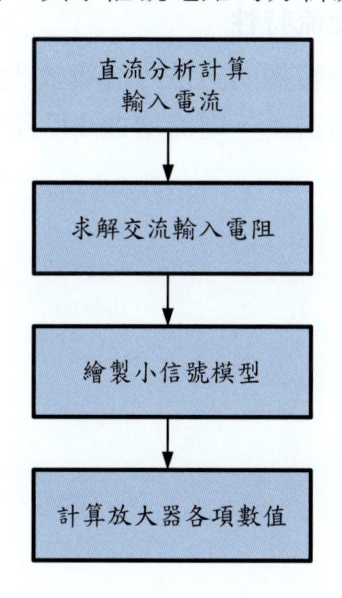

直流分析計算輸入電流
↓
求解交流輸入電阻
↓
繪製小信號模型
↓
計算放大器各項數值

Step 1 進行直流分析,直流分析時所有的電容器視為開路狀態

(1) 若電路為共射極組態(CE)或是共集極組態(CC)時,計算輸入電流I_B。

(2) 若電路為共基極組態(CB)時,計算輸入電流I_E。

(3) 判斷電晶體是否工作於飽和區?若電晶體工作於飽和區,則不具電壓與電流放大作用。

(4) 若工作於主動區,則分別求出各組態的直流工作點位置:
   ◎ 對共射極組態或是共集極組態而言,工作點$Q(V_{CEQ}, I_{CQ})$。
   ◎ 對共基極組態而言,工作點$Q(V_{CBQ}, I_{CQ})$。

Step 2 求出各偏壓組態的交流輸入電阻

(1) 共射極組態(CE)或是共集極組態(CC)時,計算該電路的輸入交流電阻$r_\pi = \dfrac{V_T}{I_B}$(其中$I_B = I_{BQ}$)。

(2) 共基極組態(CB)時,計算該電路的輸入交流電阻$r_e = \dfrac{V_T}{I_E}$(其中$I_E = I_{EQ}$)。

Step 3 繪製小信號模型

(1) 共射極組態(CE)或是共集極組態(CC),直接將電晶體的電路符號以π模型取代。

(2) 電晶體為共基極組態(CB)時,直接將電晶體的電路符號以T模型取代。

Step 4 計算各偏壓組態的交流特性

運用在基本電學中學習過的方法,計算放大器各種交流特性:輸入阻抗Z_i、輸出阻抗Z_o、電壓增益A_v、電流增益A_i以及功率增益A_p……等。

第 4 章 雙極性接面電晶體放大電路

重點 2　射極回授偏壓電路（有旁路電容器 C_E）

射極電阻 R_E 的回授方式為電流串聯負回授，其目的是提供直流電流的路徑，提高直流工作點之**穩定度**。

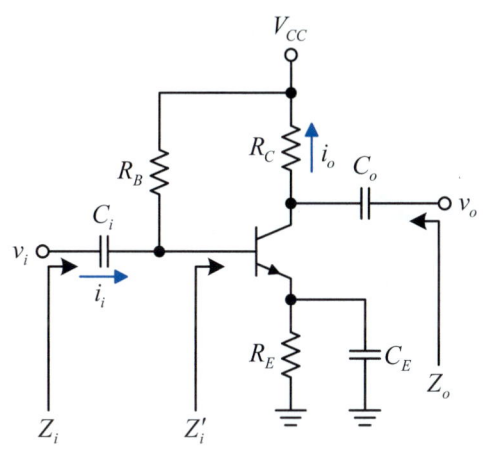

π 模型的精確解	T 模型的速解（近似解）
(1) 輸入阻抗 $Z'_i = r_\pi$	(1) 輸入阻抗 $Z'_i = r_e \times (1+\beta) = r_\pi$
(2) 輸入阻抗 $Z_i = R_B \mathbin{/\mkern-5mu/} r_\pi$	(2) 輸入阻抗 $Z_i = R_B \mathbin{/\mkern-5mu/} r_\pi$
(3) 輸出阻抗 $Z_o = \infty \mathbin{/\mkern-5mu/} R_C = R_C$	(3) 輸出阻抗 $Z_o = \infty \mathbin{/\mkern-5mu/} R_C = R_C$
(4) 電壓增益 A_v $$A_v = \frac{v_o}{v_i} = -\frac{\beta \times i_b \times R_C}{i_b \times r_\pi} = -\beta \times \frac{R_C}{r_\pi}$$	(4) 電壓增益 A_v $$A_v = \frac{v_o}{v_i} = -\frac{上}{下}$$ $$= -\frac{\text{和集極連接的電阻} \Rightarrow 並聯}{\text{和射極連接的電阻} \Rightarrow 串聯}$$ $$= -\frac{R_C}{r_e}（近似解）$$
(5) 電流增益 A_i（運用分流定則，假設 $i_i = 1\,\text{A}$） $$A_i = -1 \times \frac{R_B}{R_B + r_\pi} \times \beta = -\beta \times \frac{R_B}{R_B + r_\pi}$$	(5) 電流增益 A_i $$A_i = \pm A_v \times \frac{Z_i}{R_{io}}$$ $$\cong \pm \frac{R_C}{r_e} \times \frac{R_B \mathbin{/\mkern-5mu/} r_\pi}{R_C}（近似解）$$ （±：i_o 和實際的電流同方向取 +；相反取 −） （R_{io}：電路圖 i_o 所流過的電阻）

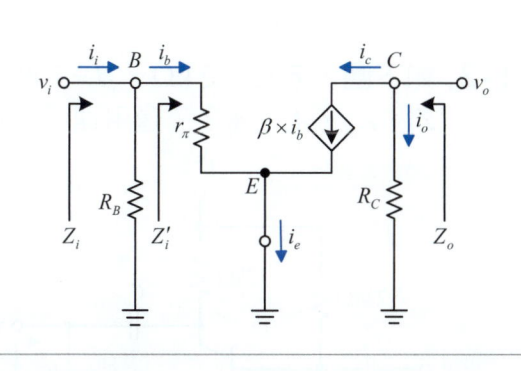

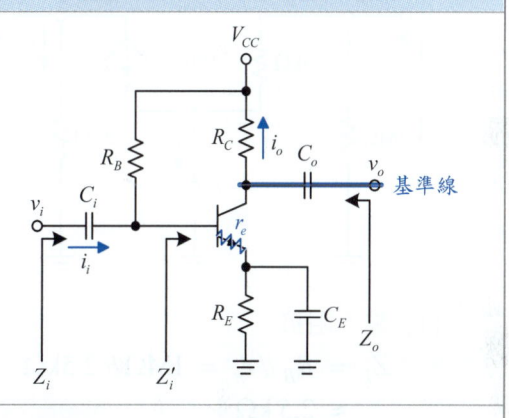

4-7

射極回授偏壓電路（有旁路電容器 C_E）

老師教

1. 如下圖，若 $r_\pi = 2.5\,\text{k}\Omega$，試求 Z_i、Z_o、A_v、A_i？

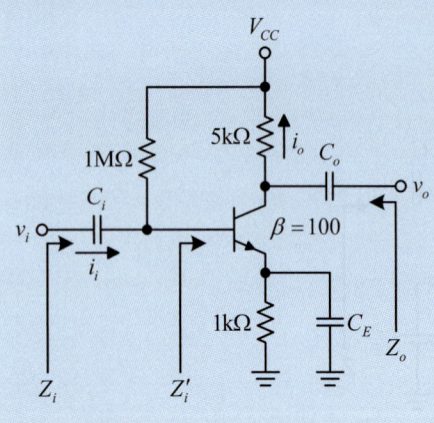

解 繪製小訊號模型如下：

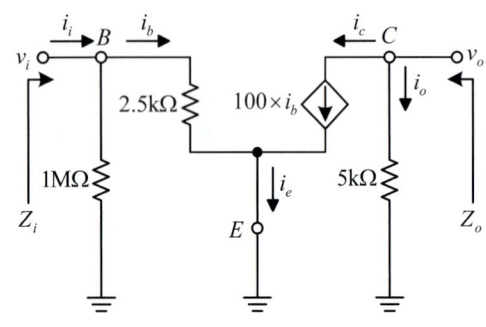

(1) 輸入阻抗
$$Z_i = R_B // r_\pi = 1\text{M}\Omega // 2.5\text{k}\Omega$$
$$\approx 2.5\,\text{k}\Omega$$

(2) 輸出阻抗
$$Z_o = \infty // R_C = \infty // 5\text{k}\Omega = 5\,\text{k}\Omega$$

(3) 電壓增益
$$A_v = \frac{v_o}{v_i} = \frac{-\beta \times i_b \times R_C}{i_b \times r_\pi} = -\beta \times \frac{R_C}{r_\pi}$$
$$= -100 \times \frac{5\text{k}\Omega}{2.5\text{k}\Omega} = -200$$

(4) 電流增益
$$A_i = -1 \times \frac{R_B}{R_B + r_\pi} \times \beta = -\beta \times \frac{R_B}{R_B + r_\pi}$$
$$= -100 \times \frac{1\text{M}\Omega}{1\text{M}\Omega + 2.5\text{k}\Omega} \approx -100$$

（電路圖 i_o 的流向和實際電流 i_c 反向，所以加負號）

學生做

1-1. 如左題，運用速解法求解 Z_i、Z_o、A_v、A_i？

答

1-2. 如下圖，若 $r_\pi = 2\,\text{k}\Omega$、$\beta = 100$，試求 Z_i、Z_o、A_v、A_i？（運用速解技巧）

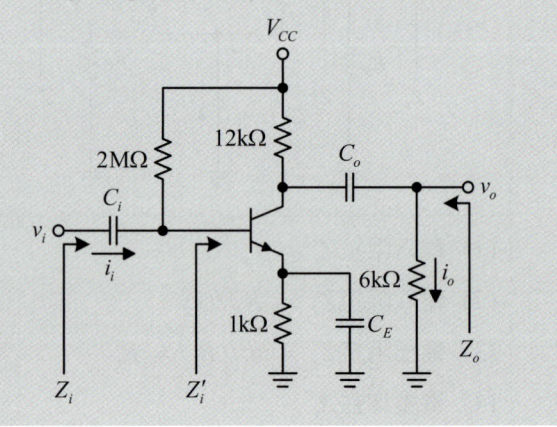

答

4-8

第 4 章　雙極性接面電晶體放大電路

重點 3　射極回授偏壓電路（無旁路電容器C_E）

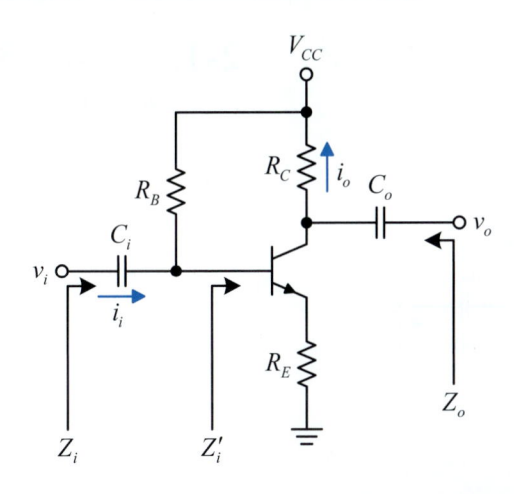

π 模型的精確解	T 模型的速解（近似解）
(1) 輸入阻抗$Z_i' = r_\pi + (1+\beta) \times R_E$	(1) 輸入阻抗$Z_i' = (r_e + R_E) \times (1+\beta)$
(2) 輸入阻抗$Z_i = R_B // [r_\pi + (1+\beta) \times R_E]$	(2) 輸入阻抗$Z_i = R_B // [(r_e + R_E) \times (1+\beta)]$
(3) 輸出阻抗$Z_o = \infty // R_C = R_C$	(3) 輸出阻抗$Z_o = \infty // R_C = R_C$
(4) 電壓增益A_v $$A_v = \frac{v_o}{v_i} = -\frac{\beta \times i_b \times R_C}{i_b \times Z_i'}$$ $$= -\beta \times \frac{R_C}{r_\pi + (1+\beta) \times R_E}$$ (5) 電流增益A_i（運用分流定則，假設$i_i = 1\,\text{A}$） $$A_i = -1 \times \frac{R_B}{R_B + Z_i'} \times \beta = -\beta \times \frac{R_B}{R_B + Z_i'}$$	(4) 電壓增益A_v $$A_v = \frac{v_o}{v_i} = -\frac{上}{下}$$ $$= -\frac{\text{和集極連接的電阻} \Rightarrow \text{並聯}}{\text{和射極連接的電阻} \Rightarrow \text{串聯}}$$ $$= -\frac{R_C}{r_e + R_E} \approx -\frac{R_C}{R_E} \quad (\because R_E \gg r_e)$$ (5) 電流增益A_i $$A_i = \pm A_v \times \frac{Z_i}{R_{io}}$$ $$\approx \pm \frac{R_C}{R_E} \times \frac{R_B // [r_\pi + (1+\beta) \times R_E]}{R_C} \text{（近似解）}$$ （$\pm$：i_o和實際的電流同方向取$+$；相反取$-$） （R_{io}：電路圖i_o所流過的電阻）

4-9

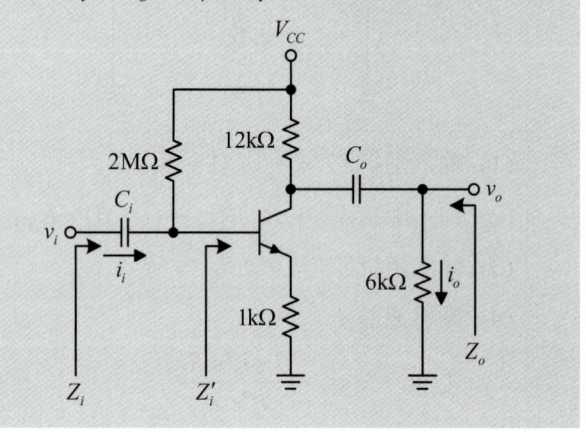

射極回授偏壓電路（無旁路電容器 C_E）

老師教

2. 如下圖，若 $r_\pi = 2.5\,\text{k}\Omega$，試求 Z_i、Z_o、A_v、A_i？

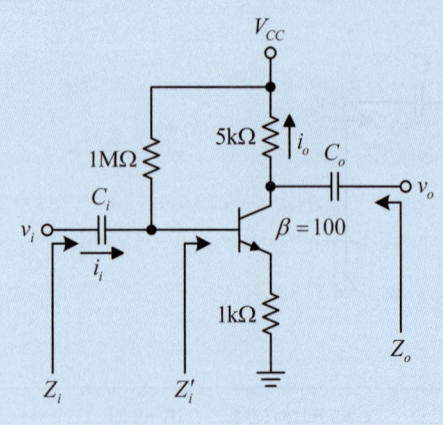

學生做

2-1. 如左題，運用速解法求解 Z_i、Z_o、A_v、A_i？

答

解 繪製小訊號模型如下：

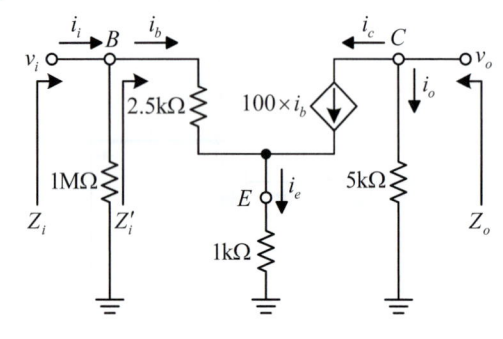

(1) 輸入阻抗
$$Z_i' = 2.5\text{k}\Omega + (1+100) \times 1\text{k}\Omega$$
$$= 103.5\text{ k}\Omega$$
$$Z_i = 1\text{M}\Omega // 103.5\text{k}\Omega \approx 94\text{ k}\Omega$$

(2) 輸出阻抗
$$Z_o = \infty // R_C = \infty // 5\text{k}\Omega = 5\text{ k}\Omega$$

(3) 電壓增益
$$A_v = \frac{v_o}{v_i} = -\beta \times \frac{R_C}{r_\pi + (1+\beta) \times R_E}$$
$$= -100 \times \frac{5\text{k}\Omega}{2.5\text{k}\Omega + (1+100) \times 1\text{k}\Omega}$$
$$\approx -4.83$$

（將旁路電容 C_E 移除後，造成電壓增益降低）（對照老師教1）

(4) 電流增益
$$A_i = -1 \times \frac{R_B}{R_B + Z_i'} \times \beta = -\beta \times \frac{R_B}{R_B + Z_i'}$$
$$= -100 \times \frac{1\text{M}\Omega}{1\text{M}\Omega + 0.1035\text{M}\Omega} \approx -91$$

（電路圖 i_o 的流向和實際電流 i_c 反向，所以加負號）

2-2. 如下圖，若 $r_\pi = 2\text{ k}\Omega$、$\beta = 100$，試求 Z_i、Z_o、A_v、A_i？（運用速解技巧）

答

第 4 章　雙極性接面電晶體放大電路

重點 4　分壓式偏壓電路（有旁路電容器 C_E）

射極電阻 R_E 的回授方式為電流串聯負回授，其目的是提供直流電流的路徑，提高直流工作點之穩定度；而旁路電容器 C_E，其目的是提供交流電流的路徑，提高交流電壓增益。

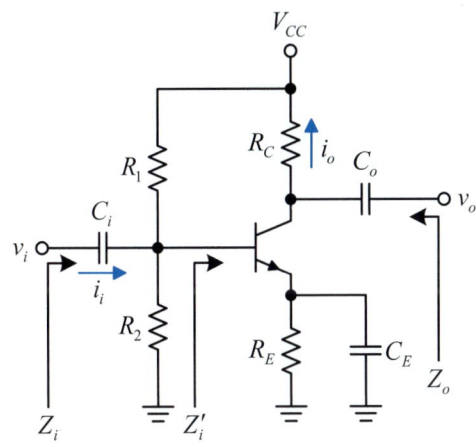

π 模型的精確解	T 模型的速解（近似解）
(1) 輸入阻抗 $Z_i' = r_\pi$	(1) 輸入阻抗 $Z_i' = r_e \times (1+\beta) = r_\pi$
(2) 輸入阻抗 $Z_i = R_1 // R_2 // r_\pi$	(2) 輸入阻抗 $Z_i = R_1 // R_2 // r_\pi$
(3) 輸出阻抗 $Z_o = \infty // R_C = R_C$	(3) 輸出阻抗 $Z_o = \infty // R_C = R_C$
(4) 電壓增益 A_v $$A_v = \frac{v_o}{v_i} = -\frac{\beta \times i_b \times R_C}{i_b \times r_\pi} = -\beta \times \frac{R_C}{r_\pi}$$	(4) 電壓增益 A_v $$A_v = \frac{v_o}{v_i} = -\frac{上}{下}$$ $$= -\frac{\text{和集極連接的電阻} \Rightarrow \text{並聯}}{\text{和射極連接的電阻} \Rightarrow \text{串聯}}$$ $$= -\frac{R_C}{r_e}$$
(5) 電流增益 A_i（運用分流定則，假設 $i_i = 1\,\text{A}$） $$A_i = -1 \times \frac{(R_1 // R_2)}{(R_1 // R_2) + r_\pi} \times \beta$$ $$= -\beta \times \frac{(R_1 // R_2)}{(R_1 // R_2) + r_\pi}$$	(5) 電流增益 A_i $$A_i = \pm A_v \times \frac{Z_i}{R_{io}}$$ $$= \pm \frac{R_C}{r_e} \times \frac{R_1 // R_2 // r_\pi}{R_C} \text{（近似解）}$$ （$\pm$：i_o 和實際的電流同方向取 +；相反取 －） （R_{io}：電路圖 i_o 所流過的電阻）

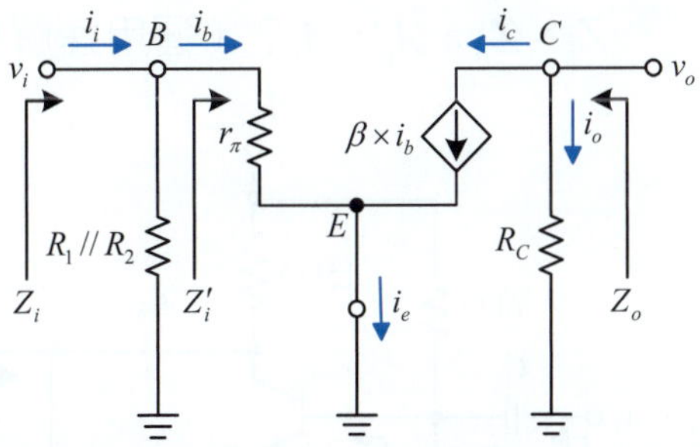

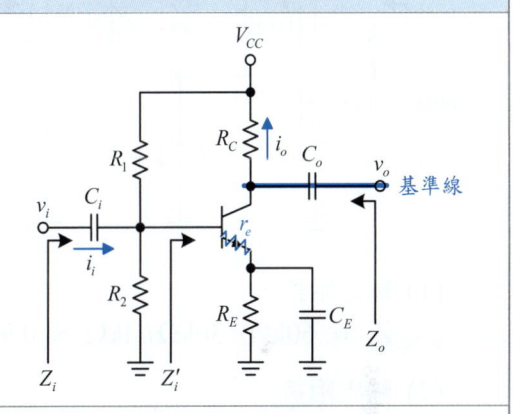

4-11

分壓式偏壓電路（有旁路電容器 C_E）

老師教

3. 如下圖，若 $r_\pi = 1\,\text{k}\Omega$、$\beta = 49$，試求 Z_i、Z_o、A_v、A_i？

學生做

3-1. 如左題，運用速解法求解 Z_i、Z_o、A_v、A_i？

答

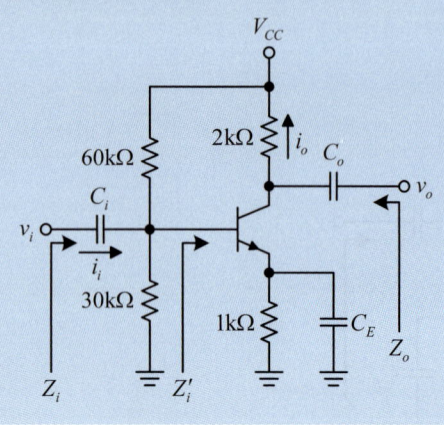

解 繪製小訊號模型如下：

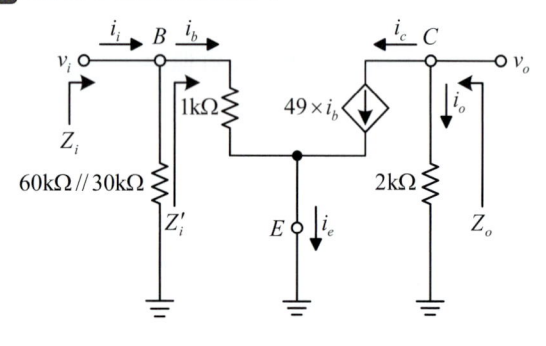

(1) 輸入阻抗
$$Z_i = 60\text{k}\Omega \,//\, 30\text{k}\Omega \,//\, 1\text{k}\Omega \approx 0.95\,\text{k}\Omega$$

(2) 輸出阻抗
$$Z_o = \infty \,//\, R_C = \infty \,//\, 2\text{k}\Omega = 2\,\text{k}\Omega$$

(3) 電壓增益
$$A_v = \frac{v_o}{v_i} = -\frac{\beta \times i_b \times R_C}{i_b \times Z_i'} = -\beta \times \frac{R_C}{r_\pi}$$
$$= -49 \times \frac{2\text{k}\Omega}{1\text{k}\Omega} = -98$$

(4) 電流增益
$$A_i = -1 \times \frac{(R_1 \,//\, R_2)}{(R_1 \,//\, R_2) + r_\pi} \times \beta$$
$$= -\beta \times \frac{(R_1 \,//\, R_2)}{(R_1 \,//\, R_2) + r_\pi}$$
$$= -49 \times \frac{(60\text{k}\Omega \,//\, 30\text{k}\Omega)}{(60\text{k}\Omega \,//\, 30\text{k}\Omega) + 1\text{k}\Omega}$$
$$\approx -46.67$$

（電路圖 i_o 的流向和實際電流 i_c 反向，所以加負號）

3-2. 如下圖，若 $r_\pi = 2\,\text{k}\Omega$、$\beta = 100$，試求 Z_i、Z_o、A_v、A_i？（運用速解技巧）

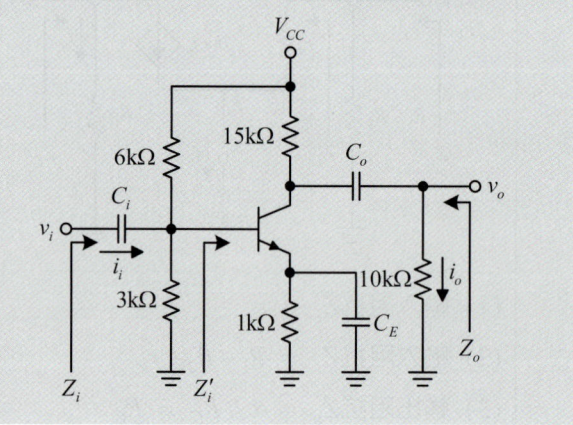

答

4-12

第 4 章　雙極性接面電晶體放大電路

重點 5　分壓式偏壓電路（無旁路電容器C_E）

射極電阻R_E的回授方式為電流串聯負回授，其目的是提供直流電流的路徑，提高直流工作點之穩定度。

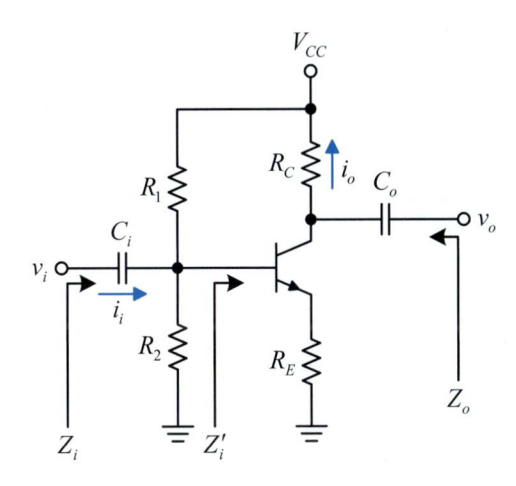

π 模型的精確解	T 模型的速解（近似解）
(1) 輸入阻抗$Z_i' = r_\pi + (1+\beta) \times R_E$	(1) 輸入阻抗$Z_i' = (r_e + R_E) \times (1+\beta)$
(2) 輸入阻抗$Z_i = R_1 /\!/ R_2 /\!/ [r_\pi + (1+\beta) \times R_E]$	(2) 輸入阻抗$Z_i = R_1 /\!/ R_2 /\!/ [(r_e + R_E) \times (1+\beta)]$
(3) 輸出阻抗$Z_o = \infty /\!/ R_C = R_C$	(3) 輸出阻抗$Z_o = \infty /\!/ R_C = R_C$
(4) 電壓增益A_v $$A_v = \frac{v_o}{v_i} = -\frac{\beta \times i_b \times R_C}{i_b \times Z_i'}$$ $$= -\beta \times \frac{R_C}{r_\pi + (1+\beta) \times R_E}$$	(4) 電壓增益A_v $$A_v = \frac{v_o}{v_i} = -\frac{上}{下}$$ $$= -\frac{\text{和集極連接的電阻} \Rightarrow \text{並聯}}{\text{和射極連接的電阻} \Rightarrow \text{串聯}}$$ $$= -\frac{R_C}{r_e + R_E} \approx -\frac{R_C}{R_E} \quad (\because R_E \gg r_e)$$
(5) 電流增益A_i（運用分流定則，假設$i_i = 1\,\text{A}$） $$A_i = -1 \times \frac{(R_1 /\!/ R_2)}{(R_1 /\!/ R_2) + Z_i'} \times \beta$$ $$= -\beta \times \frac{(R_1 /\!/ R_2)}{(R_1 /\!/ R_2) + Z_i'}$$	(5) 電流增益A_i $$A_i = \pm A_v \times \frac{Z_i}{R_{io}}$$ $$\approx \pm \frac{R_C}{R_E} \times \frac{R_1 /\!/ R_2 /\!/ [(r_e + R_E) \times (1+\beta)]}{R_C} \text{（近似解）}$$ （$\pm$：i_o和實際的電流同方向取$+$；相反取$-$） （R_{io}：電路圖i_o所流過的電阻）

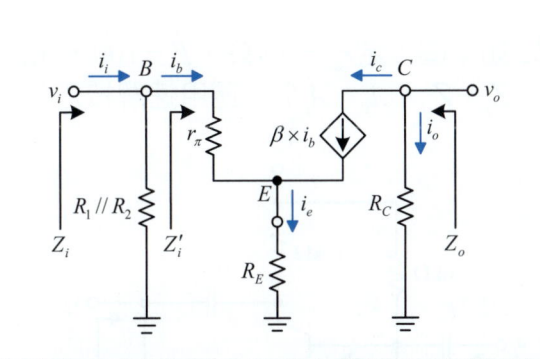

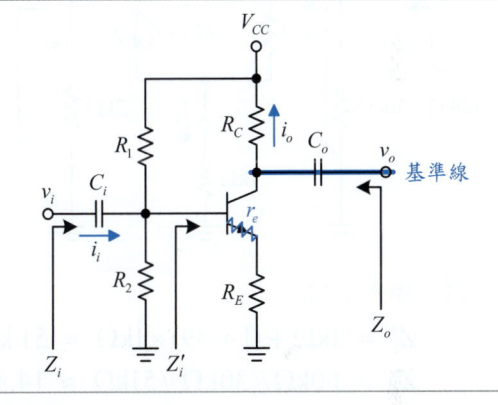

分壓式偏壓電路（無旁路電容器 C_E）

老師教

4. 如下圖，若 $r_\pi = 1\,\text{k}\Omega$、$\beta = 49$，試求 Z_i、Z_o、A_v、A_i？

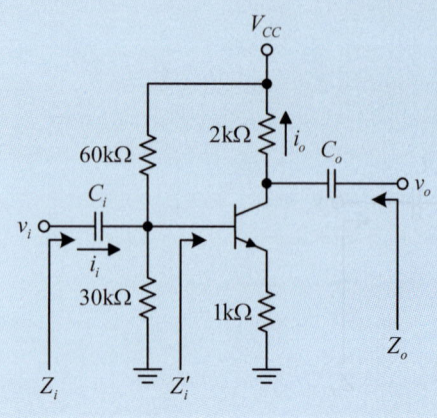

解 繪製小訊號模型如下：

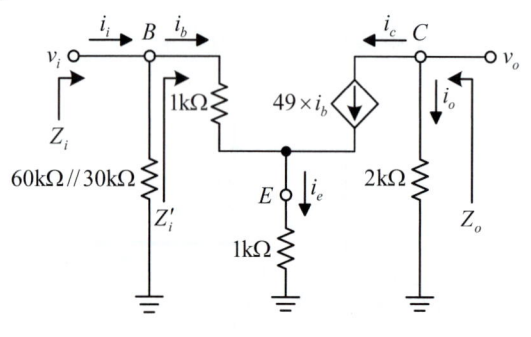

(1) 輸入阻抗
$$Z_i' = 1\,\text{k}\Omega + (1+49)\times 1\,\text{k}\Omega = 51\,\text{k}\Omega$$
$$Z_i = 60\,\text{k}\Omega // 30\,\text{k}\Omega // 51\,\text{k}\Omega \approx 14.37\,\text{k}\Omega$$

(2) 輸出阻抗
$$Z_o = \infty // R_C = \infty // 2\,\text{k}\Omega = 2\,\text{k}\Omega$$

(3) 電壓增益
$$A_v = \frac{v_o}{v_i} = -\frac{\beta \times i_b \times R_C}{i_b \times Z_i'} = -\beta \times \frac{R_C}{Z_i'}$$
$$= -49 \times \frac{2\,\text{k}\Omega}{51\,\text{k}\Omega} \approx -1.92$$

(4) 電流增益
$$A_i = -1 \times \frac{(R_1 // R_2)}{(R_1 // R_2) + Z_i'} \times \beta$$
$$= -\beta \times \frac{(R_1 // R_2)}{(R_1 // R_2) + Z_i'}$$
$$= -49 \times \frac{(60\,\text{k}\Omega // 30\,\text{k}\Omega)}{(60\,\text{k}\Omega // 30\,\text{k}\Omega) + 51\,\text{k}\Omega}$$
$$\approx -13.8$$

（電路圖 i_o 的流向和實際電流 i_c 反向，所以加負號）

學生做

4-1. 如左題，運用速解法求解 Z_i、Z_o、A_v、A_i？

答

4-2. 如下圖，若 $r_\pi = 2\,\text{k}\Omega$、$\beta = 100$，試求 Z_i、Z_o、A_v、A_i？（運用速解技巧）

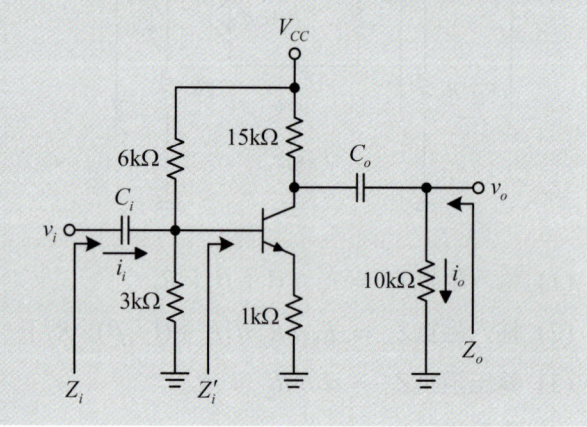

答

第 4 章 雙極性接面電晶體放大電路

ABcd 立即練習

基 礎 題

( )1. 有關共射極放大電路的輸出電壓相位的敘述，何者正確？
(A)與輸入的電壓信號同相位　　(B)與輸入的電壓信號反相
(C)需視需入信號的頻率而定　　(D)需視輸入信號的波形而定

( )2. 圖(1)中若 $R_B = 1\,M\Omega$、$r_\pi = 2\,k\Omega$、$R_C = 10\,k\Omega$、$\beta = 50$，則輸入阻抗 Z_i 約為何？
(A)1kΩ　(B)2kΩ　(C)3kΩ　(D)4kΩ

圖(1)

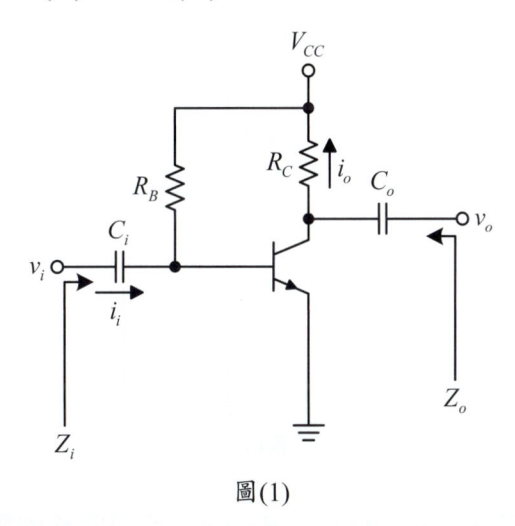

( )3. 圖(2)中若 $R_B = 100\,k\Omega$、$r_\pi = 1\,k\Omega$、$R_C = 8\,k\Omega$、$R_E = 1\,k\Omega$、$\beta = 98$，則輸入阻抗 Z_i 為何？　(A)50kΩ　(B)60kΩ　(C)80kΩ　(D)100kΩ

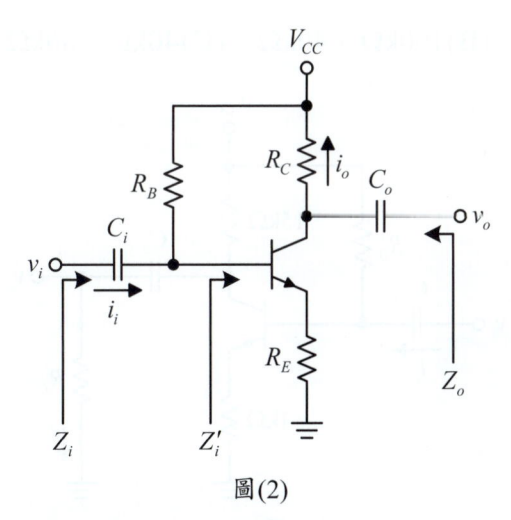

圖(2)

( )4. 承上題，試求電壓增益 A_v 約為何？
(A)−4　(B)−6　(C)−8　(D)−10

( )5. 承上題，試求電流增益 A_i 約為何？
(A)−30　(B)−40　(C)−50　(D)−100

4-15

進階題

(A)1. 如圖(1)所示，若$r_\pi = 1\text{k}\Omega$，$\beta = 50$，且輸入電壓$v_i = 1\sin(\omega t)\text{ mV}$，直流電壓$V_C = 5\text{ V}$，則下列敘述何者正確？
五條梧：『兩個開關皆閉合時，輸出電壓的範圍為4.7V～5.3V』
科南：『開關S_1閉合，而開關S_2打開，則輸出電壓的範圍為5V±3mV』
路飛：『開關S_1與開關S_2同時打開，則直流電壓V_C略為減小』
馬修：『開關S_1打開，而開關S_2閉合，則直流電壓V_C略為增加』
(A)五條梧、科南　(B)科南、馬修　(C)五條梧、路飛　(D)路飛、馬修

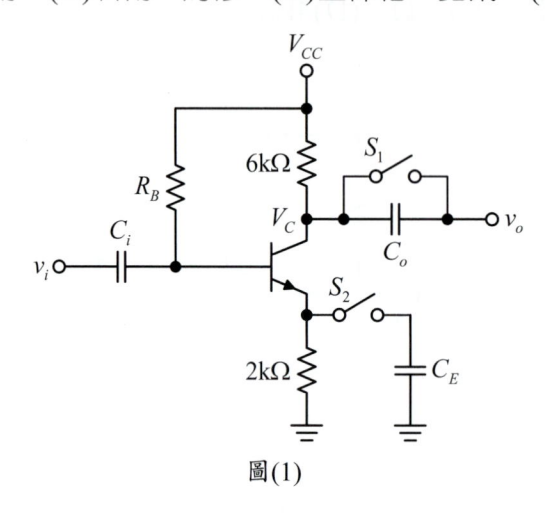

圖(1)

(D)2. 如圖(2)所示之電路，若$r_\pi = 1\text{k}\Omega$，$\beta = 98$，假設電路的電壓增益$|A_v| = \dfrac{v_o}{v_i} = 6$且電流增益$|A_i| = \dfrac{i_o}{i_i} = 30$，則電阻$R_B$與$R_L$分別為何？
(A)10kΩ、40kΩ　(B)100kΩ、40kΩ　(C)40kΩ、80kΩ　(D)100kΩ、10kΩ

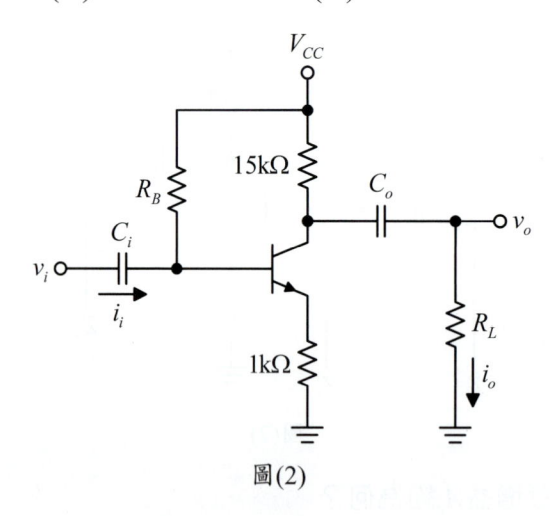

圖(2)

4-3 共集極放大電路

重點 1　射極回授偏壓電路

射極電阻 R_E 的回授方式為電壓串聯負回授，其目的是提供直流電流的路徑，提高直流工作點之穩定度。

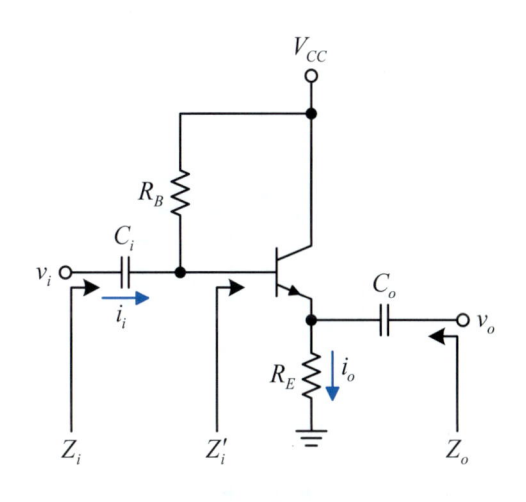

π 模型的精確解	T 模型的速解（近似解）
(1) 輸入阻抗 $Z_i' = r_\pi + (1+\beta) \times R_E$	(1) 輸入阻抗 $Z_i' = (r_e + R_E) \times (1+\beta)$
(2) 輸入阻抗 $Z_i = R_B // [r_\pi + (1+\beta) \times R_E]$	(2) 輸入阻抗 $Z_i = R_B // [(r_e + R_E) \times (1+\beta)]$
(3) 輸出阻抗 $Z_o = \dfrac{r_\pi}{(1+\beta)} // R_E = r_e // R_E$	(3) 輸出阻抗 $Z_o = \dfrac{r_\pi}{(1+\beta)} // R_E = r_e // R_E$
(4) 電壓增益 A_v $A_v = \dfrac{v_o}{v_i} = \dfrac{i_e \times R_E}{i_b \times Z_i'} = \dfrac{(1+\beta) \times i_b \times R_E}{i_b \times Z_i'}$ $= \dfrac{(1+\beta) \times R_E}{r_\pi + (1+\beta) \times R_E} < 1$（一般大約 0.97～0.99） 註：分子與分母同除 $(1+\beta)$，可得 $A_v = \dfrac{R_E}{\dfrac{r_\pi}{(1+\beta)} + R_E} = \dfrac{R_E}{r_e + R_E}$	(4) 電壓增益 A_v $A_v = \dfrac{v_o}{v_i} = \dfrac{下}{下+上}$ $= \dfrac{射極下方的電阻}{射極下方的電阻 + 射極上方的電阻}$ $= \dfrac{R_E}{r_e + R_E} < 1$（$\because R_E >> r_e$）
(5) 電流增益 A_i（運用分流定則，假設 $i_i = 1\,\text{A}$） $A_i = 1 \times \dfrac{R_B}{R_B + Z_i'} \times (1+\beta) = (1+\beta) \times \dfrac{R_B}{R_B + Z_i'}$	(5) 電流增益 A_i $A_i = A_v \times \dfrac{Z_i}{R_{io}}$ $\approx \dfrac{R_E}{r_e + R_E} \times \dfrac{R_B // [r_\pi + (1+\beta) \times R_E]}{R_E}$

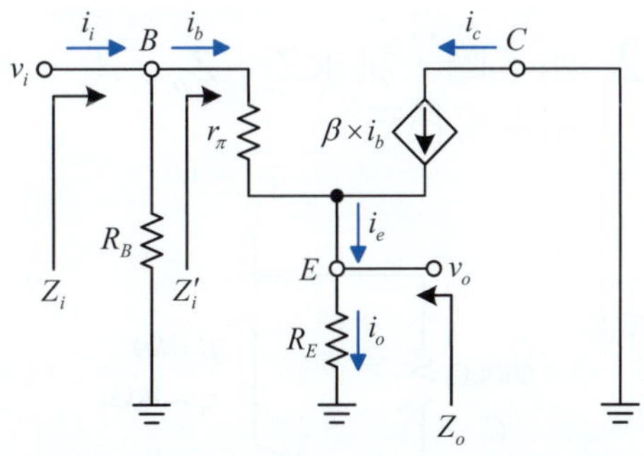

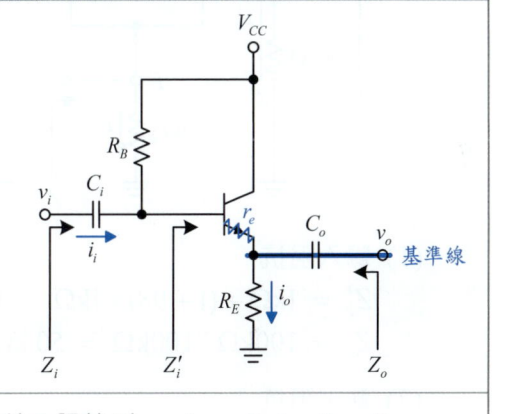

射極回授偏壓電路

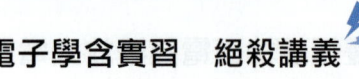

老師教

1. 如下圖，試求Z_i、Z_o、A_v、A_i？

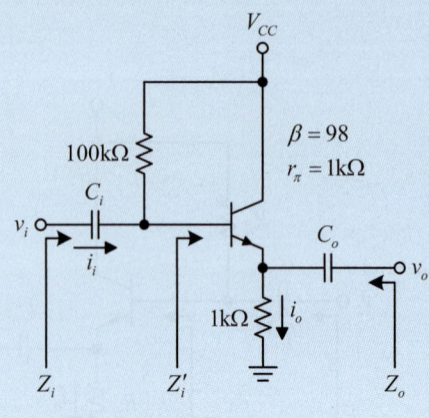

解 繪製小訊號模型如下：

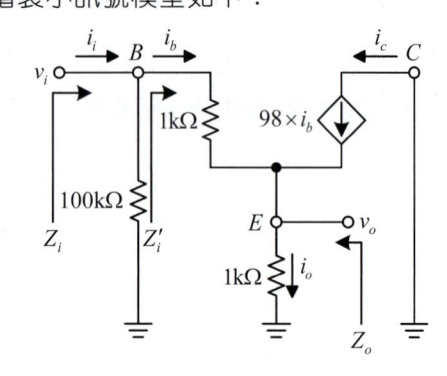

(1) 輸入阻抗

$Z_i' = 1\text{k}\Omega + (1+98) \times 1\text{k}\Omega = 100 \text{ k}\Omega$

$Z_i = 100\text{k}\Omega // 100\text{k}\Omega = 50 \text{ k}\Omega$

(2) 輸出阻抗

$Z_o = r_e // R_E = \dfrac{r_\pi}{1+\beta} // R_E$

$= \dfrac{1\text{k}\Omega}{(1+98)} // 1\text{k}\Omega \approx 10 \text{ }\Omega$

(3) 電壓增益

$A_v = \dfrac{v_o}{v_i} = \dfrac{(1+\beta) \times R_E}{r_\pi + (1+\beta) \times R_E}$

$= \dfrac{(1+98) \times 1\text{k}\Omega}{1\text{k}\Omega + (1+98) \times 1\text{k}\Omega} = 0.99$

(4) 電流增益

$A_i = 1 \times \dfrac{R_B}{R_B + Z_i'} \times (1+\beta)$

$= (1+98) \times \dfrac{100\text{k}\Omega}{100\text{k}\Omega + 100\text{k}\Omega}$

$= 49.5$

學生做

1-1. 如左題，運用速解法求解Z_i、Z_o、A_v、A_i？

答

1-2. 如下圖，試求Z_i、Z_o、A_v、A_i？（運用速解技巧）

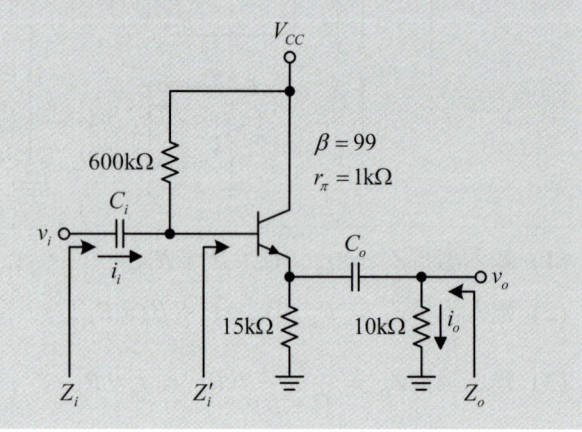

答

4-18

第 4 章 雙極性接面電晶體放大電路

重點 2 分壓式偏壓電路

射極電阻R_E的回授方式為電壓串聯負回授,其目的是提供直流電流的路徑,提高直流工作點之穩定度。

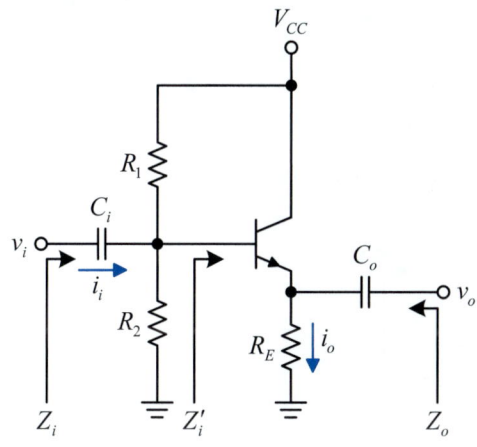

π 模型的精確解	T模型的速解(近似解)
(1) 輸入阻抗$Z'_i = r_\pi + (1+\beta) \times R_E$	(1) 輸入阻抗$Z'_i = (r_e + R_E) \times (1+\beta)$
(2) 輸入阻抗$Z_i = R_1 // R_2 // [r_\pi + (1+\beta) \times R_E]$	(2) 輸入阻抗$Z_i = R_1 // R_2 // [(r_e + R_E) \times (1+\beta)]$
(3) 輸出阻抗$Z_o = \dfrac{r_\pi}{(1+\beta)} // R_E = r_e // R_E$	(3) 輸出阻抗$Z_o = \dfrac{r_\pi}{(1+\beta)} // R_E = r_e // R_E$
(4) 電壓增益A_v $$A_v = \frac{v_o}{v_i} = \frac{i_e \times R_E}{i_b \times Z'_i} = \frac{(1+\beta) \times i_b \times R_E}{i_b \times Z'_i}$$ $$= \frac{(1+\beta) \times R_E}{r_\pi + (1+\beta) \times R_E} < 1 \text{(一般大約0.97~0.99)}$$ 註:分子與分母同除$(1+\beta)$,可得 $$A_v = \frac{R_E}{\dfrac{r_\pi}{(1+\beta)} + R_E} = \frac{R_E}{r_e + R_E}$$	(4) 電壓增益A_v $$A_v = \frac{v_o}{v_i} = \frac{\text{下}}{\text{下}+\text{上}}$$ $$= \frac{\text{射極下方的電阻}}{\text{射極下方的電阻} + \text{射極上方的電阻}}$$ $$= \frac{R_E}{r_e + R_E} < 1 \text{ ($\because R_E \gg r_e$)}$$ (5) 電流增益A_i $$A_i = A_v \times \frac{Z_i}{R_{io}}$$ $$\approx \frac{R_E}{r_e + R_E} \times \frac{R_1 // R_2 // [r_\pi + (1+\beta) \times R_E]}{R_E}$$
(5) 電流增益A_i(運用分流定則,假設$i_i = 1$ A) $$A_i = 1 \times \frac{(R_1 // R_2)}{(R_1 // R_2) + Z'_i} \times (1+\beta)$$ $$= (1+\beta) \times \frac{(R_1 // R_2)}{(R_1 // R_2) + Z'_i}$$	

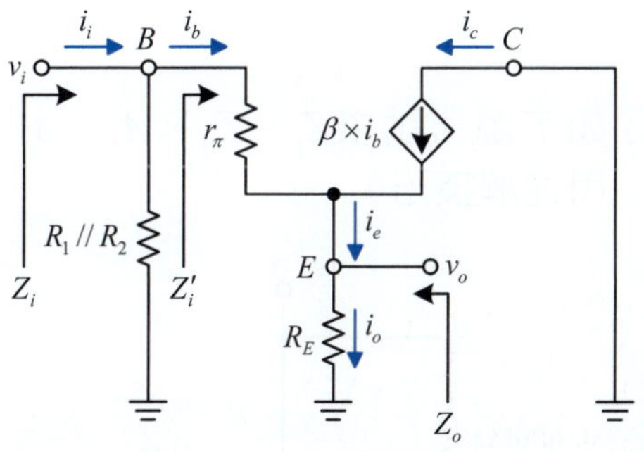

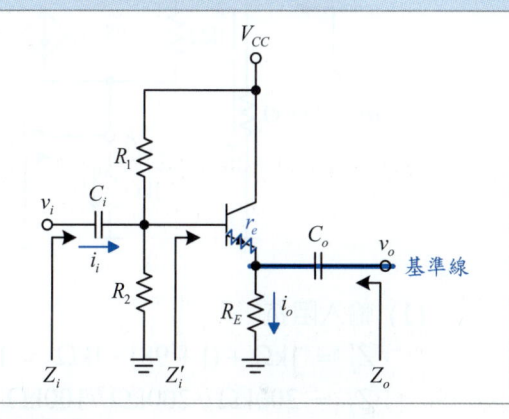

4-19

分壓式偏壓電路

老師教

2. 如下圖，試求Z_i、Z_o、A_v、A_i？

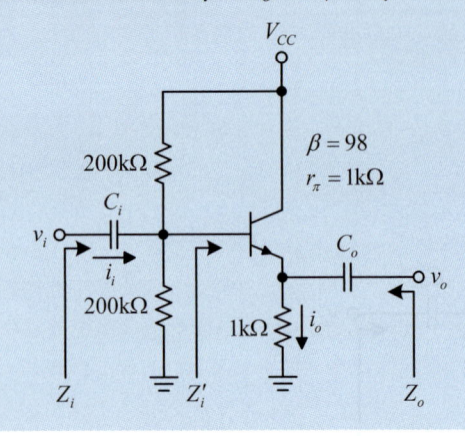

學生做

2-1. 如左題，運用速解法求解Z_i、Z_o、A_v、A_i？

答

解 繪製小訊號模型如下：

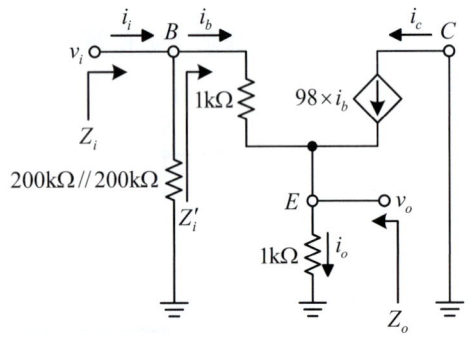

(1) 輸入阻抗
$$Z_i' = 1\text{k}\Omega + (1+98) \times 1\text{k}\Omega = 100 \text{ k}\Omega$$
$$Z_i = 200\text{k}\Omega // 200\text{k}\Omega // 100\text{k}\Omega$$
$$= 50 \text{ k}\Omega$$

(2) 輸出阻抗
$$Z_o = r_e // R_E = \frac{r_\pi}{1+\beta} // R_E$$
$$= \frac{1\text{k}\Omega}{(1+98)} // 1\text{k}\Omega \approx 10 \text{ }\Omega$$

(3) 電壓增益
$$A_v = \frac{v_o}{v_i} = \frac{(1+\beta) \times R_E}{r_\pi + (1+\beta) \times R_E}$$
$$= \frac{(1+98) \times 1\text{k}\Omega}{1\text{k}\Omega + (1+98) \times 1\text{k}\Omega} = 0.99$$

(4) 電流增益
$$A_i = 1 \times \frac{R_1 // R_2}{(R_1 // R_2) + Z_i'} \times (1+\beta)$$
$$= (1+98) \times \frac{100\text{k}\Omega}{100\text{k}\Omega + 100\text{k}\Omega}$$
$$= 49.5$$

2-2. 如下圖，試求Z_i、Z_o、A_v、A_i？（運用速解技巧）

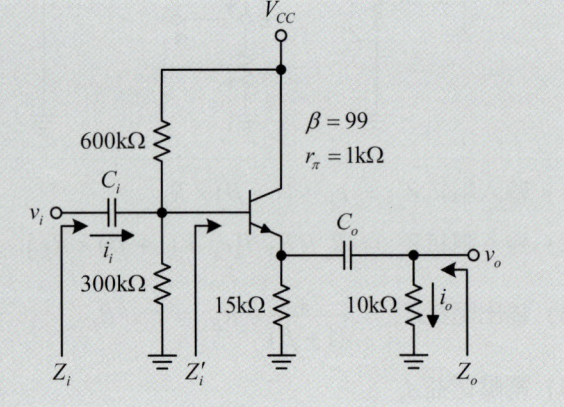

答

4-20

第 4 章 雙極性接面電晶體放大電路

ABCD 立即練習

基礎題

( )1. 如圖(1)所示，共集極之射極回授偏壓電路，若忽略交流輸入信號源的內阻R_S以及輸出負載R_L，$V_{CC}=15.7$ V、$R_B=0.5$ MΩ、$R_E=1$ kΩ、$\beta=99$及$V_T=25$ mV，試求r_π為何？ (A)1kΩ (B)2kΩ (C)4kΩ (D)8kΩ

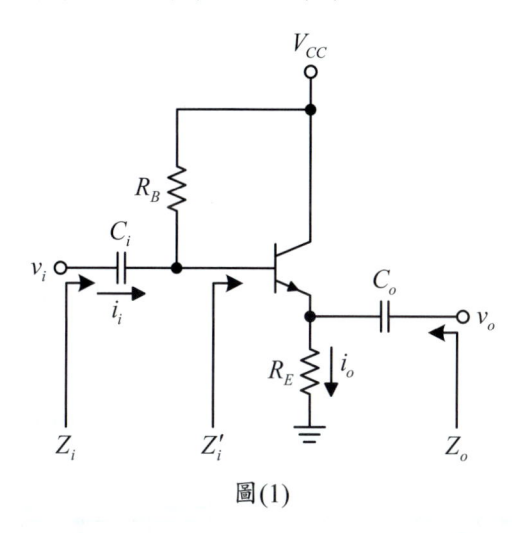

圖(1)

( )2. 承上題，試求輸入阻抗Z_i約為何？ (A)78kΩ (B)84kΩ (C)90kΩ (D)120kΩ

( )3. 承上題，試求輸出阻抗Z_o約為何？ (A)5Ω (B)10Ω (C)15Ω (D)20Ω

( )4. 承上題，試求電壓增益A_v約為何？ (A)0.5 (B)0.88 (C)0.99 (D)1.1

( )5. 承上題，試求電流增益A_i約為何？ (A)67 (B)75 (C)80 (D)83

進階題

( )1. 如圖(1)所示，若$V_{CC}=14.25$ V，$V_{BE}=0.7$ V、$V_T=25$ mV、$R_1=60$ kΩ、$R_2=40$ kΩ、$R_E=1.76$ kΩ、$\beta=99$，則電流增益A_i約為何？ (A)8 (B)10 (C)12 (D)20

圖(1)

4-21

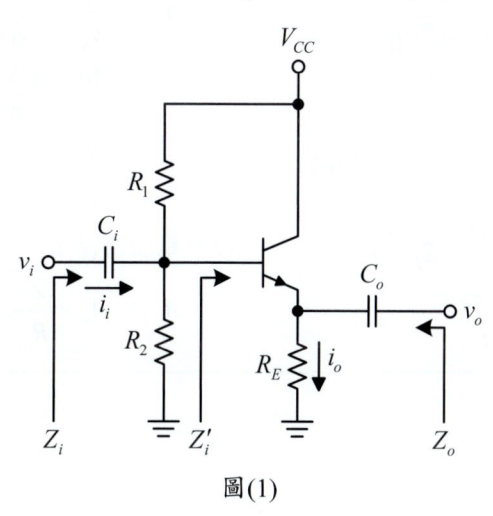

4-4 共基極放大電路

重點 1 共基極偏壓電路

共基極組態放大電路，其輸入信號由射極（E）輸入而輸出信號由集極（C）取出，該電路需要兩組直流電源，且**輸入阻抗小**、**輸出阻抗大**、**電流增益小**而**電壓增益大**，一般常用於高頻電路。

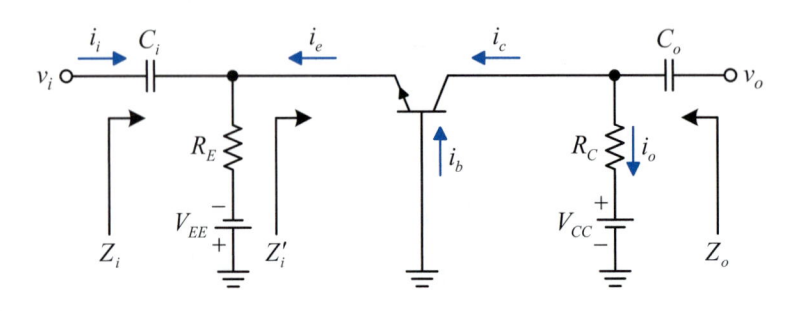

T模型的精確解	T模型的速解（近似解）
(1) 輸入阻抗 $Z_i' = r_e$	(1) 輸入阻抗 $Z_i' = r_e$
(2) 輸入阻抗 $Z_i = R_E // r_e$	(2) 輸入阻抗 $Z_i = R_E // r_e$
(3) 輸出阻抗 $Z_o = R_C$	(3) 輸出阻抗 $Z_o = R_C$
(4) 電壓增益 A_v $$A_v = \frac{v_o}{v_i} = \frac{-i_c \times R_C}{-i_e \times r_e} = \frac{-\alpha \times i_e \times R_C}{-i_e \times r_e}$$ $$= \alpha \times \frac{R_C}{r_e}$$	(4) 電壓增益 A_v $$A_v = \frac{v_o}{v_i} = \frac{右}{左}$$ $$= \frac{\text{和集極連接的電阻} \Rightarrow 並聯}{射極交流電阻}$$ $$= \frac{R_C}{r_e}$$
(5) 電流增益 A_i（運用分流定則，假設 $i_i = 1\,A$） $$A_i = 1 \times -\frac{R_E}{R_E + r_e} \times -\alpha = \alpha \times \frac{R_E}{R_E + r_e}$$ ∵ α 介於 $0.97 \sim 0.99$ 且 $R_E \gg r_e$ ∴ $A_i < 1$（不具電流放大）	(5) 電流增益 A_i $$A_i = A_v \times \frac{Z_i}{R_{io}} \approx \frac{R_C}{r_e} \times \frac{(R_B // r_e)}{R_C}$$

第 4 章 雙極性接面電晶體放大電路

共基極的小訊號分析

老師教

1. 如下圖，試求 Z_i、Z_o、A_v、A_i？

學生做

1-1. 如左題，運用速解法求解 Z_i、Z_o、A_v、A_i？

答

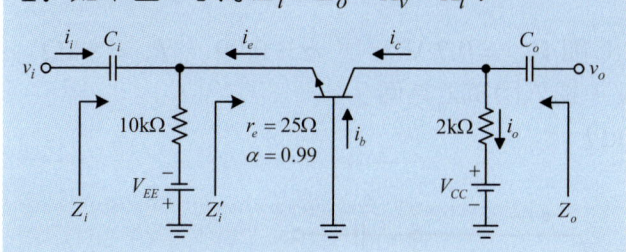

解 繪製小訊號模型如下：

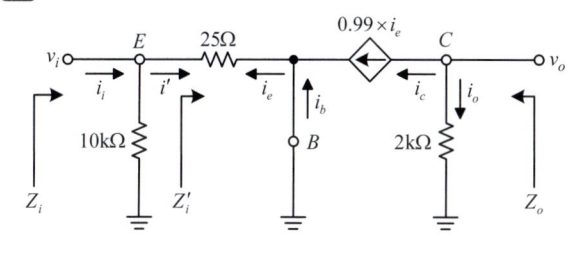

(1) 輸入阻抗

$$Z_i' = r_e = 25\,\Omega$$
$$Z_i = R_E // r_e = 10\text{k}\Omega // 25\Omega \approx 25\,\Omega$$

(2) 輸出阻抗

$$Z_o = \infty // R_C = R_C = 2\text{ k}\Omega$$

(3) 電壓增益

$$A_v = \frac{v_o}{v_i} = \frac{-i_c \times R_C}{-i_e \times r_e}$$
$$= \frac{-\alpha \times i_e \times R_C}{-i_e \times r_e} = \alpha \times \frac{R_C}{r_e}$$
$$= 0.99 \times \frac{2\text{k}\Omega}{25\Omega} = 79.2$$

(4) 電流增益

$$A_i = \alpha \times \frac{R_E}{R_E + r_e}$$
$$= 0.99 \times \frac{10\text{k}\Omega}{10\text{k}\Omega + 25\Omega} \approx 0.99$$

1-2. 如下圖，試求 Z_i、Z_o、A_v、A_i？（運用速解技巧）

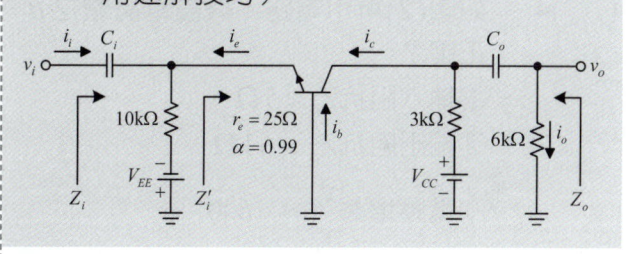

答

4-23

ABCD 立即練習

基礎題

(　　)1. 如圖(1)所示，若電晶體為矽質（即 $V_{BE}=0.7\text{ V}$），$\alpha=0.99$、$R_C=8\text{ k}\Omega$、$R_E=10\text{ k}\Omega$、$V_{EE}=10.7\text{ V}$、$V_{CC}=15\text{ V}$，輸入阻抗 Z_i 為何？
(A)25Ω　(B)100Ω　(C)150Ω　(D)1kΩ

圖(1)

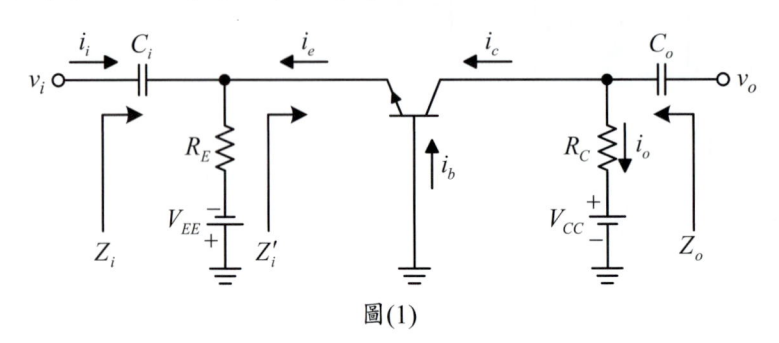

(　　)2. 承上題所示，則電壓增益 $A_v=\dfrac{v_o}{v_i}$ 為何？

(A)350.8　(B)345.5　(C)335.2　(D)316.8

(　　)3. 承上題所示，則電流增益 $A_i=\dfrac{i_o}{i_i}$ 為何？

(A)0.9875　(B)0.9725　(C)0.96　(D)0.9545

(　　)4. 如圖(2)所示電路，假設電晶體之 $\beta=120$，射極交流電阻 $r_e=10\,\Omega$，則下列敘述何者正確？

①輸入阻抗 $Z_i\approx5\,\Omega$

②輸出阻抗 $Z_o=6\text{ k}\Omega$

③電壓增益 $\dfrac{v_o}{v_i}\approx-600$

④電流增益 $\dfrac{i_o}{i_i}\approx0.6$

(A)①③　(B)②④　(C)①④　(D)②③

圖(2)

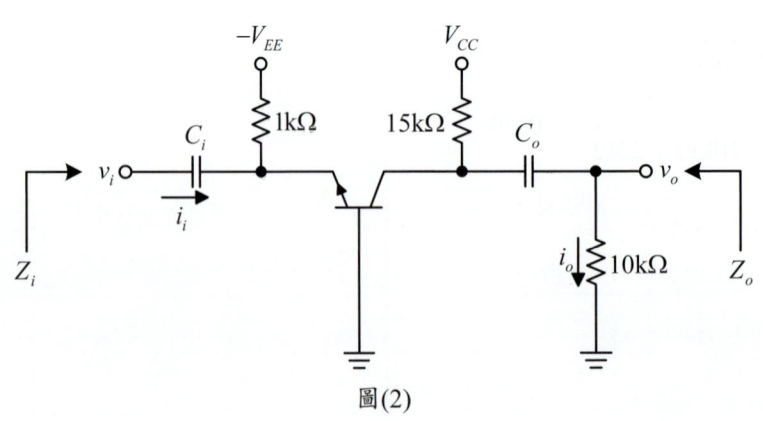

進階題

( ) 1. 如圖（1）所示，若 $\alpha = 0.99$、$V_{EB} = 0.7\,V$、$V_T = 25\,mV$，則下列敘述何者錯誤？
(A)輸入阻抗 $Z_i \approx 25\,\Omega$
(B)輸出阻抗 $Z_o \approx 2\,k\Omega$
(C)電壓增益 $A_v = \dfrac{v_o}{v_i} = 79.2$
(D)電流增益 $A_i = \dfrac{i_o}{i_i} = 0.5$

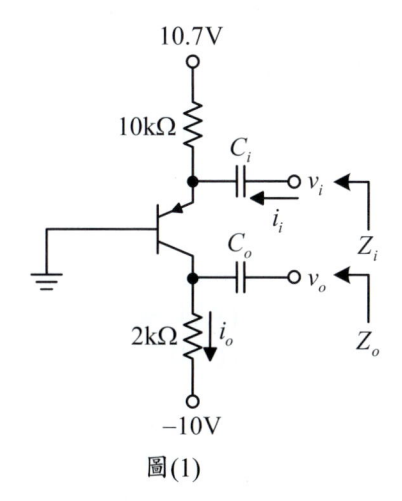

4-5 各種放大組態之比較

重點 1 三種組態的比較

1. 共射極組態（CE）的輸出電壓與輸入電壓**反相180°**。

2. 共集極組態（CC）的特性為輸入阻抗大、輸出阻抗小、電壓增益小、電流增益大，主要作為電壓緩衝器，又稱**電壓隨耦器**（voltage follower），俗稱射極隨耦器。

3. 共基極組態（CB）的特性為輸入阻抗小、輸出阻抗大、電壓增益大、電流增益小，主要用途為電流緩衝器，又稱**電流隨耦器**（current follower），因沒有米勒電容效應，所以輸入的等效電容量最小，因此適用於**高頻放大電路**。

特性＼組態	共基極（CB）	共射極（CE）	共集極（CC）（射極隨耦器）
電流增益 A_i	α（最小）	β（中）	γ（最大）
電壓增益 A_v	最大	中	最小
輸入阻抗 Z_i	最小	中	最大
輸出阻抗 Z_o	最大	中	最小
功率增益 A_p	中	最大	最小
輸出信號與輸入信號	同相	反相180°	同相

ABCD 立即練習

基礎題

( )1. 下列電晶體放大器中，具有最高輸入阻抗的為何者？
(A)共集極放大器 (B)共射極放大器
(C)共基極放大器 (D)多級共射極放大器

( )2. 下列電晶體放大器中，具有最高電壓增益的為何者？
(A)共集極放大器 (B)共射極放大器
(C)共基極放大器 (D)多級共射極放大器

( )3. 下列電晶體放大器中，具有最高電流增益的為何者？
(A)共集極放大器 (B)共射極放大器
(C)共基極放大器 (D)多級共射極放大器

( )4. 下列電晶體放大器中，輸出電壓與輸入電壓反相180°者，為下列何者？
(A)共集極放大器 (B)共射極放大器
(C)共基極放大器 (D)多級共射極放大器

( )5. 下列電晶體放大器中，何者最適合用於高頻電路？
(A)共集極放大器 (B)共射極放大器
(C)共基極放大器 (D)多級共射極放大器

( )6. 下列電晶體放大器中，何者又稱為電壓隨耦器？
(A)共集極放大器 (B)共射極放大器
(C)共基極放大器 (D)多級共射極放大器

進階題

( )1. 下列有關BJT共射極（CE）、共集極（CC）和共基極（CB）基本組態放大電路特性之比較，何者錯誤？
(A)輸入阻抗：CC > CE > CB
(B)輸出阻抗：CB > CE > CC
(C)電壓增益：CB > CE > CC
(D)輸出與輸入信號之相位關係：CC和CB為反相，CE為同相

第 4 章　雙極性接面電晶體放大電路

歷屆試題

電子學試題

( )1. 雙極性電晶體（BJT）放大器有三種基本組態：共基極（CB）組態、共射極（CE）組態與共集極（CC）組態，其中具有電壓大小放大作用但不具電流大小放大作用者為：　(A)CB　(B)CE　(C)CC　(D)CE及CB　　　　　　　　　　　　　　　　[統測]

( )2. 若如圖(1)所有的電阻與電容特性都不受溫度影響，$V_{CC}=15\text{ V}$，$R_{B1}=R_{B2}=100\text{ k}\Omega$，$R_C=4.3\text{ k}\Omega$，$R_E=6.8\text{ k}\Omega$，$V_{BE}=0.7\text{ V}$，且 C_1、C_2 及 β 都非常大，則電壓增益 A_v 約為　(A)-0.63　(B)-0.76　(C)-0.996　(D)-2.58　　　　　　　　　　[統測]

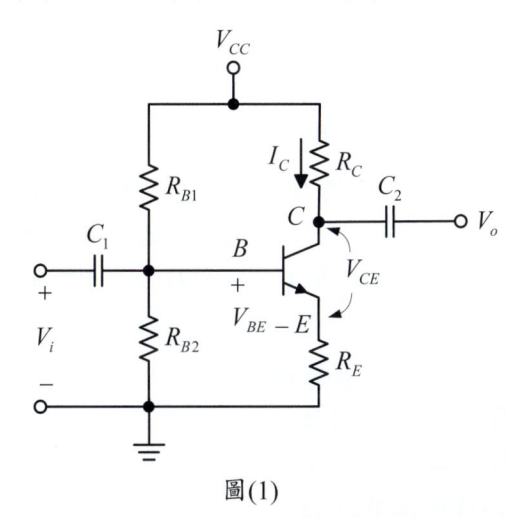

圖(1)

( )3. 對於需要具備低輸入阻抗及高輸出阻抗、卻不要求高電流增益的電路而言（如：電流緩衝器），最適合採用下列哪一種形式之電晶體放大電路？
(A)無射極電阻之共射極放大電路　　　　(B)有射極電阻之共射極放大電路
(C)共基極放大電路　　　　　　　　　　(D)共集極放大電路　　　　　　　[統測]

( )4. 如圖(2)為電晶體放大電路，假設其工作點位於作用區，若 $V_{CC}=22\text{ V}$、$R_{B1}=45\text{ k}\Omega$、$R_{B2}=5\text{ k}\Omega$、$R_C=10\text{ k}\Omega$、$R_E=1.5\text{ k}\Omega$，並假設電晶體之電流增益 $\beta=100$，且熱電壓 $V_T=25\text{ mV}$，進行電路小訊號分析，計算阻抗 Z_b、Z_o、及放大器電壓增益 $A_v=V_o/V_i$，請問下列答案何者最接近？
(A)$Z_b=25\text{ }\Omega$，$Z_o=10\text{ k}\Omega$，$A_v=-400$
(B)$Z_b=2.5\text{ k}\Omega$，$Z_o=1\text{ M}\Omega$，$A_v=400$
(C)$Z_b=2.5\text{ k}\Omega$，$Z_o=10\text{ k}\Omega$，$A_v=-400$
(D)$Z_b=2.5\text{ k}\Omega$，$Z_o=10\text{ k}\Omega$，$A_v=400$　　[統測]

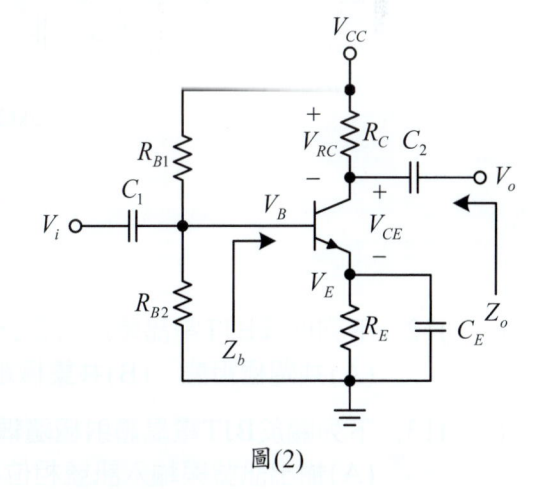

圖(2)

( )5. 下列關於電晶體基本放大電路組態特性的敘述，何者錯誤？
(A)共射極組態放大電路又稱為射極隨耦器
(B)共射極組態之輸入與輸出信號相位差180度
(C)共基極組態放大電路的高頻響應最佳
(D)共射極組態兼具有電流放大與電壓放大的作用　　　　　　　　　　　　[統測]

( )6. 下列關於共射極放大電路之敘述，何者錯誤？
(A)在共射極偏壓電路中加入射極電阻，可提高工作點的穩定度
(B)在共射極偏壓電路中加入射極電阻，是一種負回授作用
(C)在共射極偏壓電路中加入射極電阻，可提高電壓增益
(D)在共射極偏壓電路中的射極電阻加入並聯的旁路電容，可提高電壓增益 [統測]

( )7. 一電晶體放大電路中，電晶體之 $h_{fe} = 99$，熱電壓 $V_T = 25$ mV，基極直流電流為 50μA，則電晶體之射極交流電阻 $r_e = $？
(A)0.25Ω　(B)5Ω　(C)50Ω　(D)500Ω [統測]

( )8. 關於雙極性接面電晶體基本放大電路組態的特性比較，下列敘述何者錯誤？
(A)電壓增益最大的是共基極組態
(B)電流增益最大的是共集極組態
(C)輸入阻抗最大的是共射極組態
(D)輸出阻抗最大的是共基極組態 [統測]

( )9. 關於雙極性接面電晶體的共基極偏壓組態的特性，下列敘述何者錯誤？
(A)輸入信號與輸出信號同相位　(B)輸入阻抗低，輸出阻抗高
(C)電壓增益大，電流增益約等於1　(D)適合用於低頻電路中作阻抗匹配 [統測]

( )10. 下列敘述何者正確？
(A)共射極電路常用於高頻振盪電路
(B)共射極電路常用作阻抗匹配器
(C)共集極電路常用作電壓隨耦器
(D)共基極電路適合作電流放大器 [統測]

( )11. 如圖(3)所示之電路，電晶體 $\beta = 100$，$V_{BE} \approx 0$ V，熱電壓 $V_T = 25$ mV，則輸入阻抗 Z_{in} 之值約為何？　(A)9kΩ　(B)15kΩ　(C)20kΩ　(D)25kΩ [統測]

圖(3)

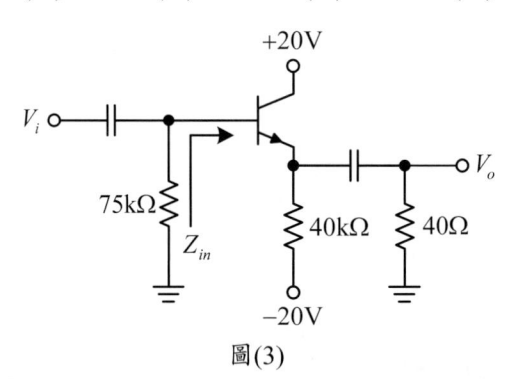

( )12. 下列何種BJT電晶體放大電路組態之功率增益最高？
(A)共閘極組態　(B)共集極組態　(C)共基極組態　(D)共射極組態 [統測]

( )13. 下列關於BJT電晶體射極隨耦器之特性敘述，何者錯誤？
(A)輸出訊號與輸入訊號相位相同　(B)電壓增益略小於1
(C)電流增益低於1　(D)輸入阻抗甚高 [統測]

( )14. 下列關於有射極電阻 R_E（無射極旁路電容）之電晶體共射極放大電路之敘述，何者正確？
(A)射極電阻 R_E 會有正回授作用　(B)射極電阻 R_E 可降低輸入阻抗
(C)射極電阻 R_E 會增加電路穩定度　(D)射極電阻 R_E 會增加電壓增益 [統測]

( )15. (A) 33.5kΩ

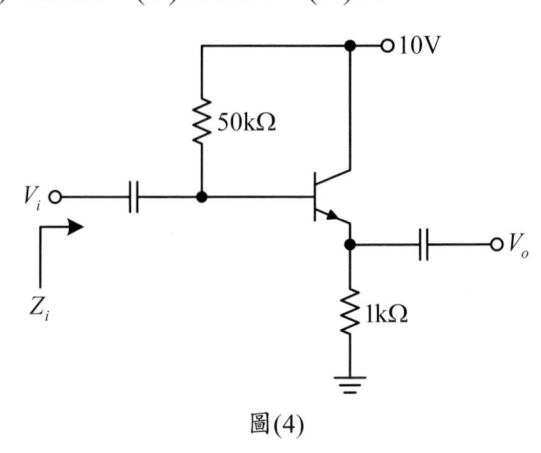

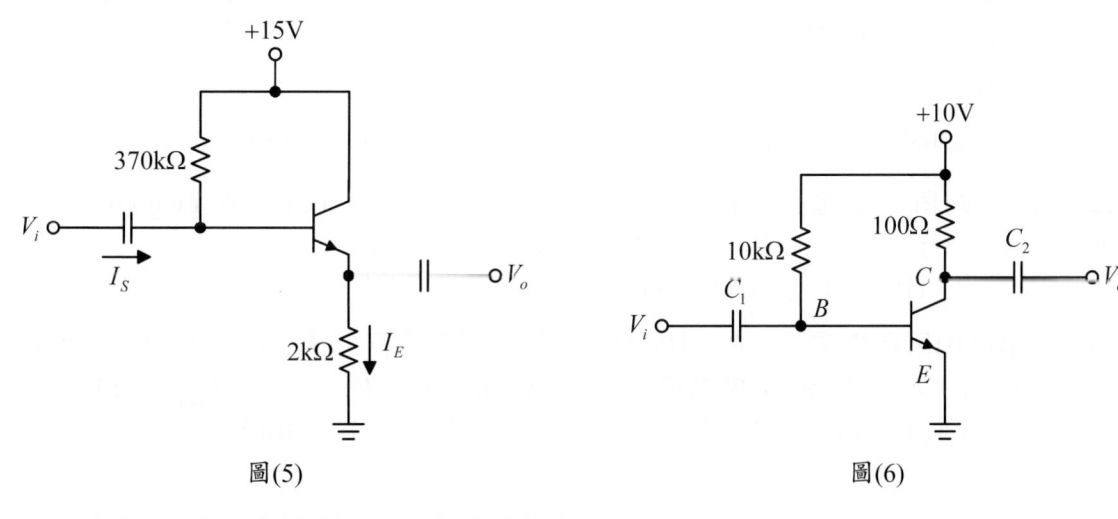

( )16. (D) 與有旁路電容之射極回授偏壓電路比較，電壓增益增加

( )17. (D) 65.2

( )18. (A) 隔離直流偏壓

( )19. (A) 交流的電壓增益會受到射極直流電流大小的影響

( )20. 如圖(7)所示之電路中，基極電壓為0.7V，集極電壓為2V，若熱電壓$V_T = 25\text{ mV}$，則基極交流電阻r_π的值為何？ (A)25Ω (B)250Ω (C)400Ω (D)4kΩ [統測]

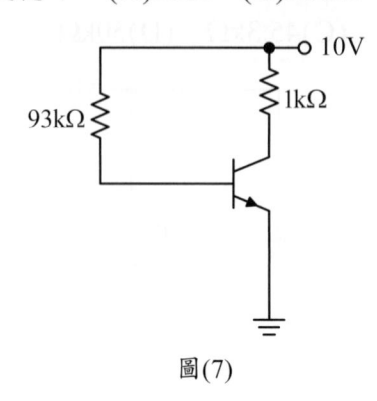

圖(7)

( )21. 如圖(8)所示之電路，電晶體處於主動區（active region），其β值為89，I_i為交流輸入電流。已知基極交流電阻r_π為1.9kΩ，則交流電流增益I_L/I_i的值為何？
(A)−4.37 (B)−8.73 (C)−17.5 (D)−27.5 [統測]

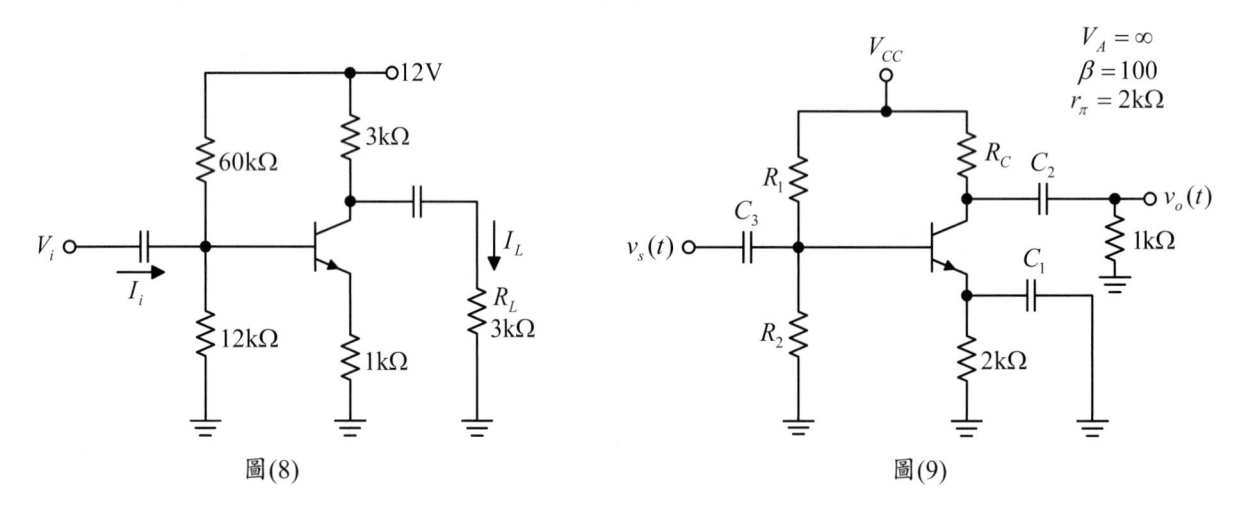

圖(8)   圖(9)

( )22. 如圖(9)所示之電路，假設電晶體工作於主動區（active region），欲使$A_v = v_o(t)/v_s(t) = -40$，則$R_C$應為下列何值？
(A)1kΩ (B)2kΩ (C)3kΩ (D)4kΩ [統測]

( )23. 如圖(10)所示之電路，$R_1 = 100\,\Omega$，I_S為理想電流源，$\beta = 100$，熱電壓（thermal voltage）$V_T = 26\text{ mV}$，歐力電壓（Early voltage）$V_A = \infty$，若$R_{out} = 3\,\Omega$，則I_S值為何？ (A)3.93mA (B)6.93mA (C)9.93mA (D)12.93mA [統測]

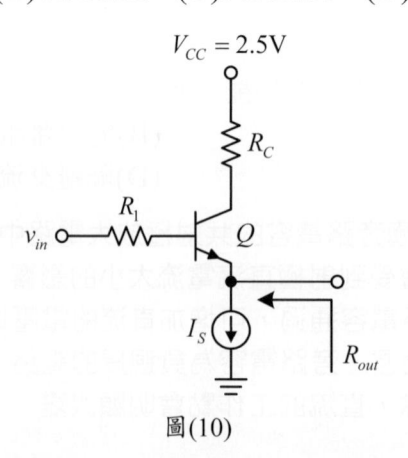

圖(10)

4-30

第 4 章　雙極性接面電晶體放大電路

(　)24. 雙極性接面電晶體（BJT）共射極放大器的輸出與輸入信號欲呈現比例放大關係，則應輸入何種信號？
(A)小信號　(B)大信號　(C)直流信號　(D)任意大小信號 [102統測]

(　)25. 射極隨耦器，屬於下列何種放大器？
(A)共射極放大器　(B)共集極放大器　(C)共基極放大器　(D)共源極放大器 [102統測]

(　)26. 如圖(11)所示電路，已知電晶體的 $\beta = 60$，熱電壓 $V_T = 25\,\text{mV}$，則其輸出阻抗 Z_o 約為多少？　(A)50Ω　(B)100Ω　(C)11kΩ　(D)11.1kΩ [102統測]

圖(11)

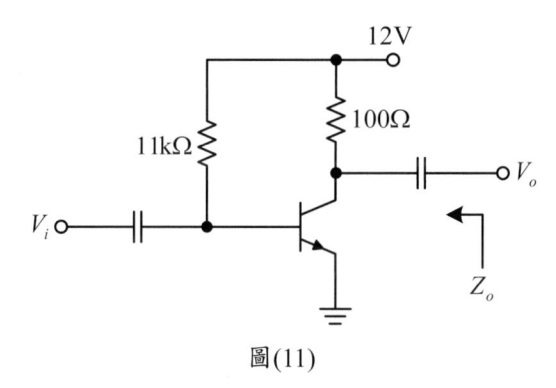

(　)27. 下列有關BJT含射極回授電阻的分壓偏壓電路（無射極旁路電容）放大器之敘述，何者正確？
(A)直流工作點位置幾乎和 β 值無關
(B)加入射極回授電阻可使得電壓增益提升
(C)加入射極回授電阻可使得輸入阻抗降低
(D)電路為正回授設計 [103統測]

(　)28. 若BJT工作在主動區且基極直流偏壓電流為 $12.5\,\mu A$，$\beta = 80$，熱電壓（thermal voltage）$V_T = 25\,\text{mV}$，則轉移電導 g_m 為何？
(A)2mA/V　(B)6mA/V　(C)20mA/V　(D)40mA/V [103統測]

(　)29. 如圖(12)所示之放大電路，BJT之切入電壓 $V_{BE(t)} = 0.7\,\text{V}$，$\beta = 100$，熱當電壓 $V_T = 26\,\text{mV}$，交流等效輸出電阻 $r_o = \infty$，則 I_o/I_i 約為何？
(A)92.34　(B)56.68　(C)48.42　(D)39.27 [104統測]

圖(12)

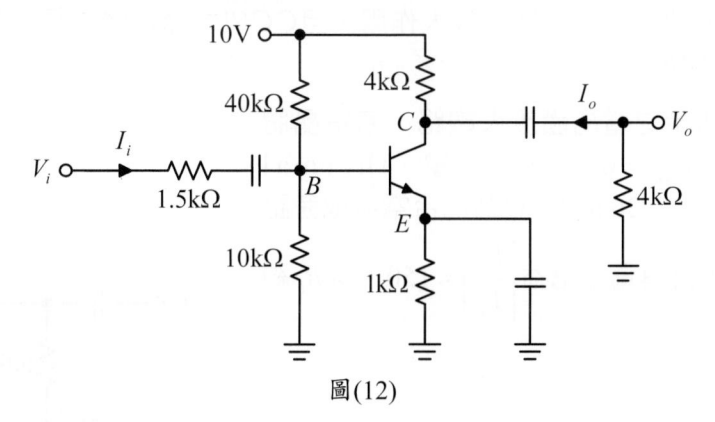

(　)30. 承接上題，V_o/V_i 約為何？　(A)−95.3　(B)−57.6　(C)−48.9　(D)−30.5 [104統測]

(　)31. 常作為射極隨耦器的電晶體組態為何？
(A)共射極組態　(B)共基極組態　(C)共集極組態　(D)共閘極組態 [104統測]

4-31

( )32. 關於雙極性接面電晶體（BJT）共基極放大電路，下列敘述何者正確？
(A)輸出電流為射極電流I_E
(B)輸入電流為集極電流I_C
(C)輸入阻抗小
(D)輸入與輸出電壓反相
[105統測]

( )33. 雙極性接面電晶體（BJT）小訊號模型中，V_T為熱電壓，r_e為射極交流電阻，Δi_C為集極電流微小變動量、Δv_{BE}為基射極電壓微小變動量，i_c為集極小訊號電流，v_{be}為基射極小訊號電壓，Q為工作點，I_{CQ}為工作點集極直流偏壓電流。若不考慮歐力效應（Early effect），則下列有關轉移電導g_m的敘述，何者錯誤？
(A)$g_m = \left.\dfrac{\Delta i_C}{\Delta v_{BE}}\right|_{Q點}$
(B)$g_m = \dfrac{I_{CQ}}{V_T}$
(C)$g_m = \dfrac{i_c}{v_{be}}$
(D)$g_m = \dfrac{\beta}{r_e}\Delta v_{BE}$
[105統測]

( )34. 如圖(13)所示電路，電晶體工作於作用區，$\beta = 99$，射極交流電阻$r_e = 20\,\Omega$。若此放大電路之電壓增益$A_v = \dfrac{V_o}{V_i} = 200$，則$R_C$約為何值？
(A)2.2kΩ　(B)4.1kΩ　(C)6.8kΩ　(D)13.6kΩ
[105統測]

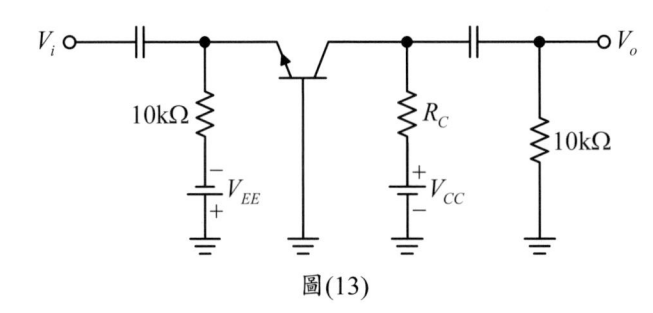

圖(13)

( )35. 關於共基極（CB）、共射極（CE）、共集極（CC）電晶體放大器三者之比較，下列何者正確？
(A)只有CC放大器之輸入電壓與輸出電壓同相位，其餘二者之輸入電壓與輸出電壓為反相
(B)只有CE放大器同時具有電壓與電流放大作用，且CE放大器之功率增益的絕對值為三者中最大
(C)只有CB放大器不具電流放大作用，且CB放大器之輸出阻抗及電壓增益的絕對值為三者中最小
(D)只有CC放大器不具電壓放大作用，且CC放大器之輸入阻抗及電流增益的絕對值為三者中最小
[106統測]

( )36. 如圖(14)所示之電晶體放大電路，若電晶體之$\beta = 99$，$V_{BE} = 0.7\,\text{V}$，熱電壓（thermal voltage）$V_T = 26\,\text{mV}$，C為耦合電容或旁路電容，欲設計其電壓增益$\left|\dfrac{V_o}{V_i}\right| \approx 150$，則$R_C$約為多少？
(A)2kΩ
(B)3kΩ
(C)4kΩ
(D)6kΩ
[106統測]

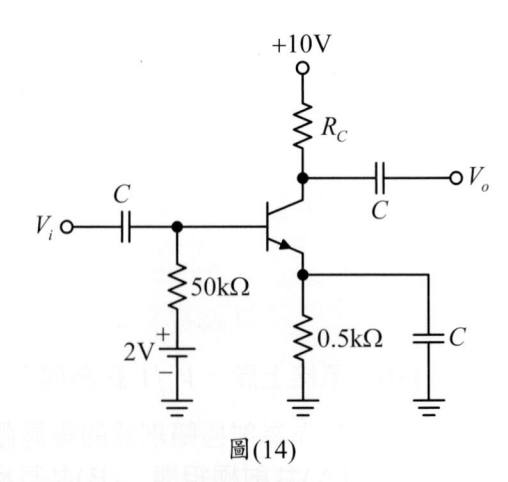

圖(14)

第 4 章 雙極性接面電晶體放大電路

( )37. 如圖(15)所示之電晶體放大電路，C為耦合電容，在正常工作下，其 $\beta = 99$，射極交流電阻 $r_e = 50\,\Omega$，則此電路之電壓增益 V_o/V_s 約為何？
(A)59.4　(B)36.8　(C)13.1　(D)3.3
[106統測]

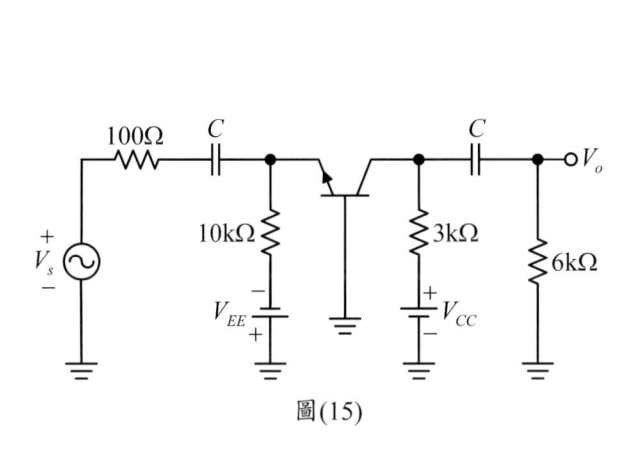

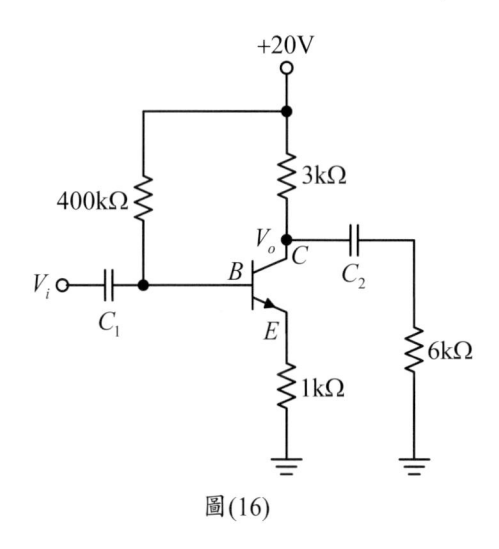

( )38. 如圖(16)所示之電晶體電路，$V_{BE} = 0.7\,\text{V}$，電晶體 $\beta = 50$，熱電壓（thermal voltage）$V_T = 26\,\text{mV}$。若正弦波輸入電壓 V_i 的平均值為零，且電晶體操作於主動區，則電壓 V_o 的平均值為何？
(A)13.58V　(B)12.43V　(C)10.58V　(D)8.75V
[107統測]

( )39. 如圖(17)所示之電晶體電路，$V_{BE} = 0.7\,\text{V}$，$V_T = 26\,\text{mV}$，則此電路小信號電壓增益 $\dfrac{v_o}{v_i}$ 約為何？　(A)−100　(B)−80　(C)80　(D)100
[107統測]

( )40. 承上題，則此電路小信號電流增益 $\left|\dfrac{i_o}{i_i}\right|$ 約為何？
(A)1.2　(B)0.49　(C)0.31　(D)0.25
[107統測]

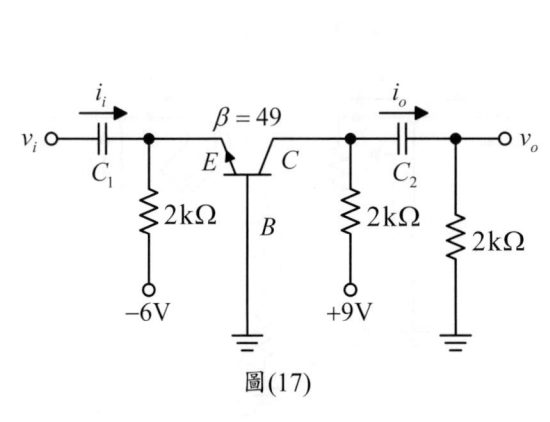

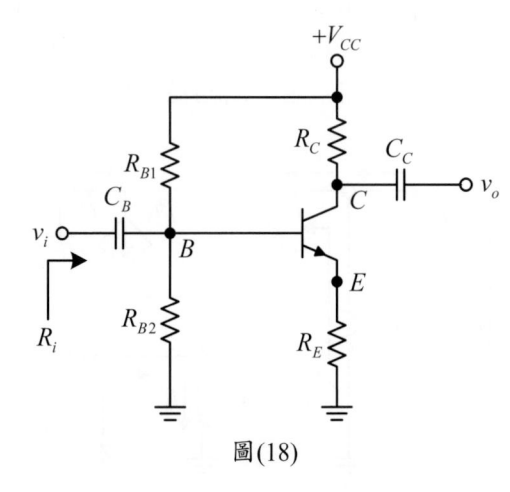

圖(15)　　圖(16)　　圖(17)　　圖(18)

( )41. 如圖(18)所示操作於作用區（active region）之電路，若 $R_{B1} = 120\,\text{k}\Omega$，$R_{B2} = 60\,\text{k}\Omega$，$R_E = 1\,\text{k}\Omega$，$\beta = 119$，$\pi$ 模型參數 $r_\pi = 1.25\,\text{k}\Omega$，則交流輸入電阻 R_i 約為何？
(A)18.2kΩ　(B)24.3kΩ　(C)30.1kΩ　(D)36.5kΩ
[108統測]

( )42. 下列有關BJT放大器小信號模型分析之敘述，何者正確？
　　(A)輸入耦合電容應視為開路
　　(B)混合π模型之r_π參數可由直流工作點條件求出
　　(C)T模型之r_e無法由直流工作點條件求出
　　(D)射極旁路電容應視為斷路　　　　　　　　　　　　　　　　　　[108統測]

( )43. 如圖(19)所示操作於作用區之電路，若工作點之基極電壓$V_B = 2.2$ V，$V_{BE} = 0.7$ V，熱電壓（thermal voltage）$V_T = 25$ mV，$R_E = 1$ kΩ，$R_C = 3.3$ kΩ，$\beta = 119$，則電壓增益v_o/v_i約為何？　(A)−196.4　(B)−168.8　(C)−141.2　(D)−121.4　[108統測]

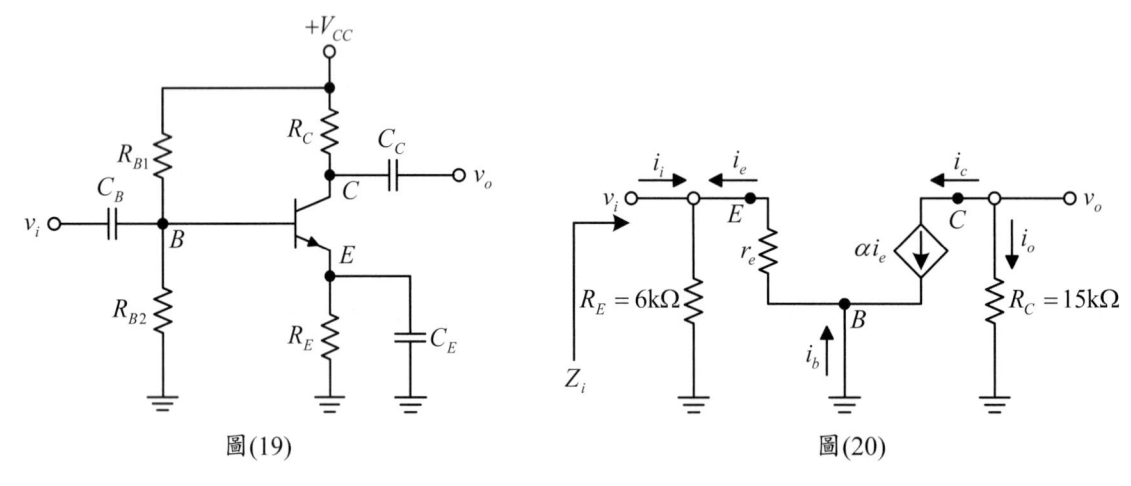

圖(19)　　　　　　圖(20)

( )44. 如圖(20)所示為BJT共基極放大電路之小信號等效電路模型，於室溫下之熱電壓（thermal voltage）$V_T = 26$ mV，工作點之$I_C = 0.26$ mA，α約為1.0，下列敘述何者錯誤？
　　(A)r_e約為100Ω　　　　　　　　(B)電壓增益$A_v = v_o/v_i$約為150
　　(C)輸入阻抗Z_i約為6kΩ　　　　(D)電流增益$A_i = i_o/i_i$約為1　　[109統測]

( )45. 如圖(21)所示為BJT共集極放大電路之小信號等效電路模型，若$\beta = 100$，直流偏壓$I_B = 0.1$ mA，熱電壓$V_T = 26$ mV，則下列敘述何者錯誤？
　　(A)電壓增益$A_v = v_o/v_i$約為1　　(B)r_π約為260Ω
　　(C)輸入阻抗Z_i約為66kΩ　　　　(D)電流增益$A_i = i_o/i_i$約為100　[109統測]

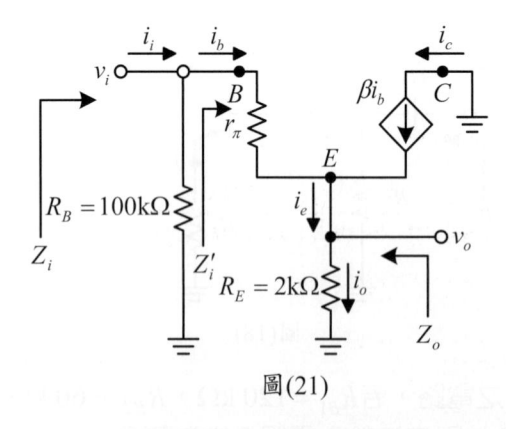

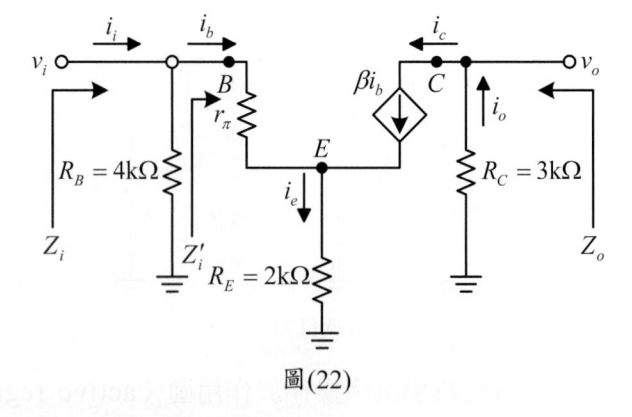

圖(21)　　　　　　圖(22)

( )46. 如圖(22)所示為BJT共射極放大電路之小信號等效電路模型，若$\beta = 99$，直流偏壓$I_B = 0.01$ mA，熱電壓$V_T = 26$ mV，則下列敘述何者錯誤？
　　(A)電壓增益$A_v = v_o/v_i$約為−1.5　(B)r_π約為2.6kΩ
　　(C)輸出阻抗Z_o約為3kΩ　　　　　(D)電流增益$A_i = i_o/i_i$約為−20　[109統測]

第 4 章 雙極性接面電晶體放大電路

(　)47. 若BJT共射極組態電路工作於主動區，其直流偏壓基極電流為$10\mu A$，集極電流為$1mA$，且熱電壓$V_T = 26\,mV$，則BJT之射極交流電阻r_e約為何？
(A)64.8Ω　(B)52.2Ω　(C)25.7Ω　(D)2.6Ω
[110統測]

(　)48. 如圖(23)所示電路，若BJT之$\beta = 100$，切入電壓$V_{BE} = 0.7\,V$，熱電壓$V_T = 26\,mV$，則輸出阻抗Z_o約為何？　(A)10Ω　(B)22Ω　(C)100Ω　(D)220Ω
[110統測]

圖(23)

圖(24)

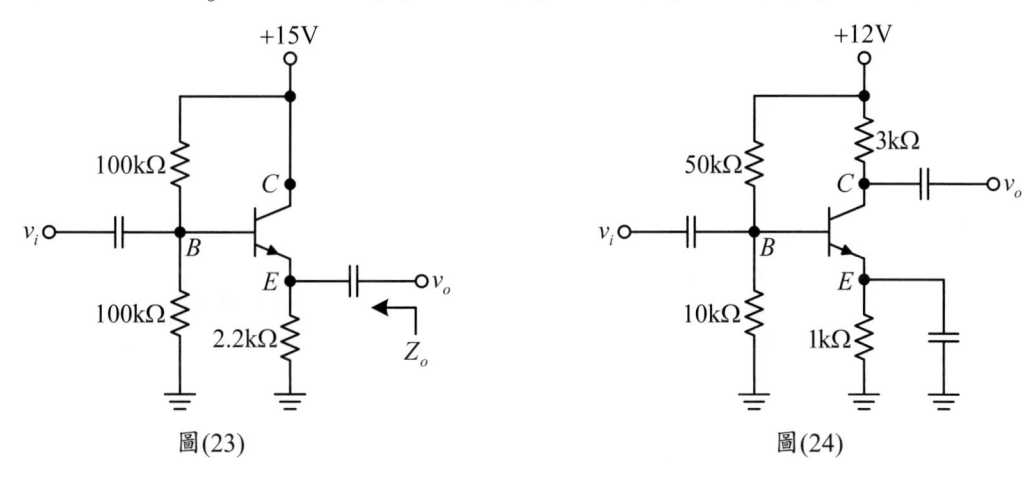

(　)49. 如圖(24)所示電路，若BJT之$\beta = 100$，切入電壓$V_{BE} = 0.7\,V$，熱電壓$V_T = 26\,mV$，則電壓增益v_o/v_i約為何？　(A)−101　(B)−121　(C)−137　(D)−182
[110統測]

(　)50. 如圖(25)所示電路，若BJT工作於主動區，$\beta = 99$，且已知基極交流電阻$r_\pi = 1\,k\Omega$，則i_o/i_i約為何？　(A)25　(B)50　(C)75　(D)100
[111統測]

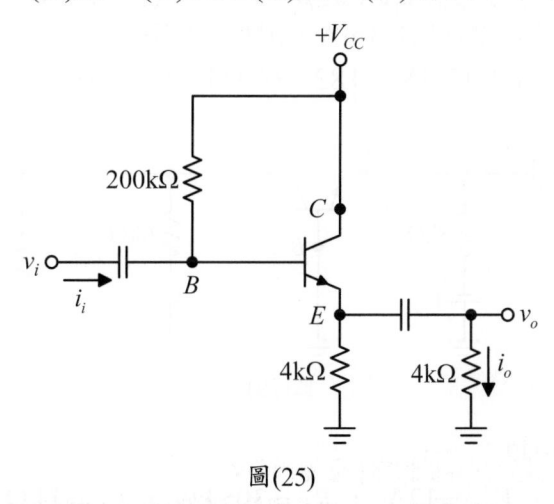

圖(25)

(　)51. 如圖(26)所示電路，若BJT之$\beta = 100$，切入電壓$V_{BE} = 0.7\,V$，熱電壓$V_T = 26\,mV$，則電壓增益v_o/v_i約為何？　(A)−135　(B)−115　(C)−95　(D)−75
[111統測]

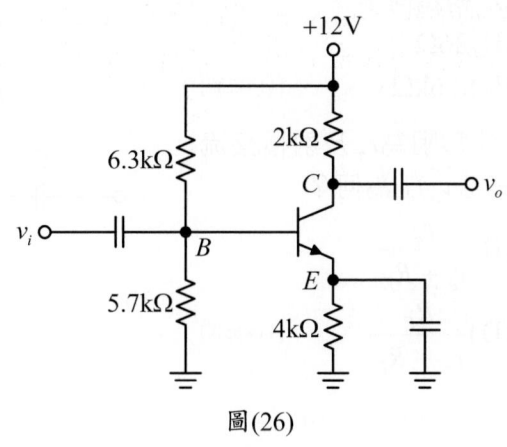

圖(26)

(　　)52. 如圖(27)所示電路，$V_{CC}=18\text{ V}$，$R_C=3\text{ k}\Omega$，$R_E=0.82\text{ k}\Omega$，$R_{F1}=238\text{ k}\Omega$，$R_{F2}=42\text{ k}\Omega$，若BJT之$\beta=100$，且已知基極交流電阻$r_\pi=1\text{ k}\Omega$，則電壓增益$v_o/v_i$約為何？　(A)−100　(B)−250　(C)−280　(D)−300 [112統測]

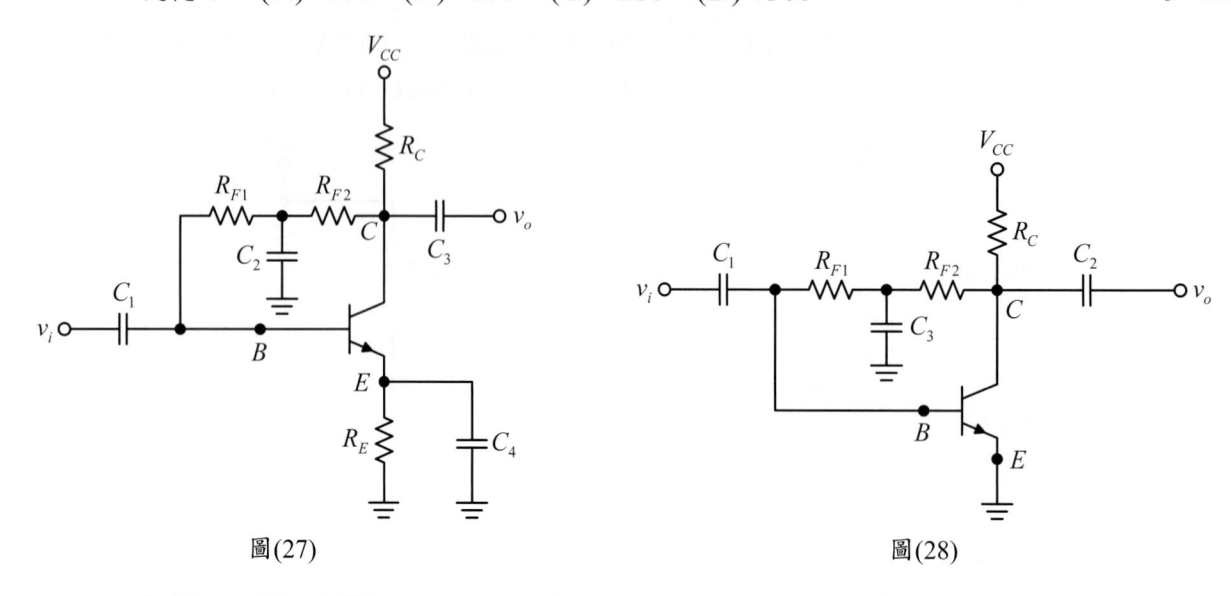

圖(27)　　圖(28)

(　　)53. 如圖(28)所示電路，$R_C=3\text{ k}\Omega$及$R_{F1}=R_{F2}=68\text{ k}\Omega$，若BJT之$\beta=100$，且已知基極交流電阻$r_\pi=1\text{ k}\Omega$，則電壓增益$A_v=v_o/v_i$約為何？
(A)−182　(B)−198　(C)−238　(D)−287 [113統測]

(　　)54. 如圖(29)所示放大電路，BJT之$\beta=199$、$V_{BE}=0.7\text{ V}$，若熱電壓$V_T=26\text{ mV}$，且工作點之射極電流I_E設計為1.3mA，則V_{EE}及電壓增益$A_v=v_o/v_i$分別約為何？
(A)12.3V、178　(B)12.3V、182　(C)11.1V、158　(D)11.1V、149 [113統測]

圖(29)

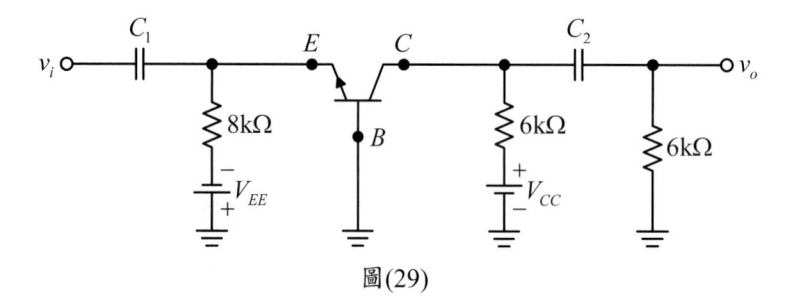

▲ 閱讀下文，回答第55-56題

如圖(30)所示電路，$V_{CC}=12\text{ V}$，$R_B=305\text{ k}\Omega$，$R_C=1\text{ k}\Omega$，$R_E=2.6\text{ k}\Omega$，BJT之$V_{BE}=0.7\text{ V}$，$\beta=99$，熱電壓$V_T=26\text{ mV}$。（C_1、C_2為耦合電容）

(　　)55. 此放大器輸出阻抗Z_o約為何？
(A)12.9Ω　　(B)26Ω
(C)129Ω　　(D)2.6kΩ [114統測]

(　　)56. 若此BJT之基極交流電阻為r_π及射極交流電阻為r_e，則電壓增益v_o/v_i為何？
(A)$\dfrac{R_E}{r_e+r_\pi}$　(B)$\dfrac{r_\pi}{r_e+R_E}$
(C)$\dfrac{R_E}{r_e+R_E}$　(D)$\dfrac{R_E}{r_\pi+R_E}$ [114統測]

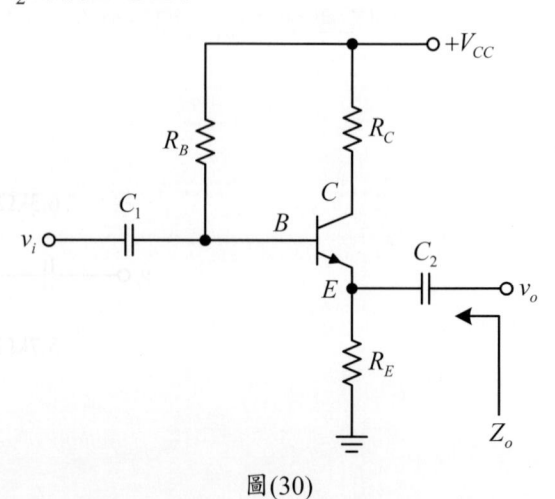

圖(30)

第 4 章 雙極性接面電晶體放大電路

電子學實習試題

( )1. 小華想要設計一個電晶體（BJT）小訊號放大電路，下列零件何者不適合？
(A)2SA914　(B)2SK241　(C)2SC3356　(D)2SB945 [統測]

( )2. 圖(1)中的電晶體放大電路，從V_i端輸入交流信號，則輸出信號V_o為何？
(A)V_o約等於V_i，V_o與V_i反相位
(B)V_o將V_i放大約h_{fe}倍，V_o與V_i反相位
(C)V_o約等於V_i，V_o與V_i同相位
(D)V_o將V_i放大約h_{fe}倍，V_o與V_i同相位 [統測]

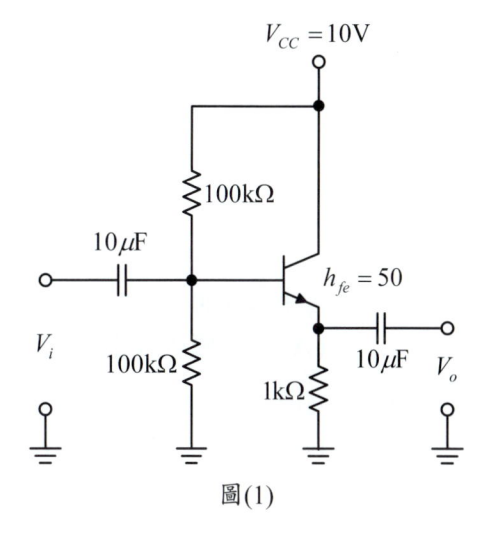

圖(1)

( )3. 下列有關電晶體三種放大器組態的敘述，何者正確？
(A)共集極放大器電壓增益略小於1
(B)共基極放大器電壓增益與集極電阻成反比
(C)共集極放大器之輸入訊號與輸出訊號相位反相
(D)共射極放大器輸入訊號與輸出訊號相位同相 [統測]

( )4. 如圖(2)所示之電晶體共集極放大電路，若由射極看入之交流電阻為r_e，由輸出端看入之電阻為R_o，電晶體之電流增益$\beta = I_C/I_B$，則$R_o = $？
(A)$(1+\beta)(r_e + R_E)$　(B)$\dfrac{(1+\beta)r_e R_E}{r_e + R_E}$　(C)$\dfrac{r_e R_E}{r_e + R_E}$　(D)$r_e + R_E$ [統測]

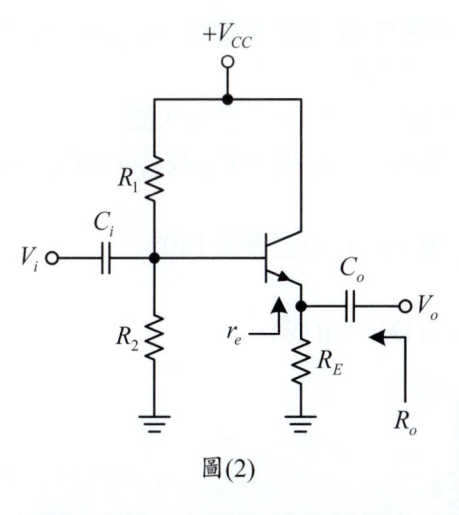

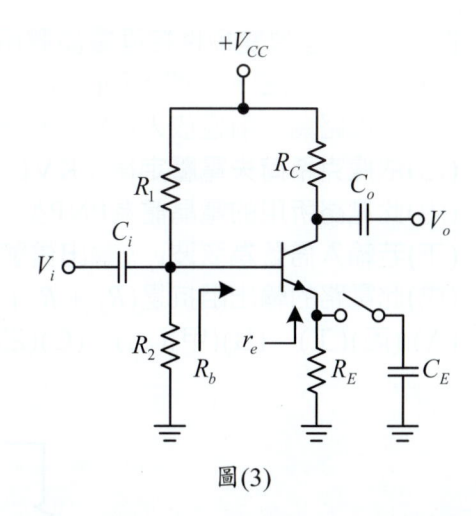

圖(2)　　　圖(3)

( )5. 如圖(3)所示之電晶體共射極放大電路，若有加與沒加旁路電容C_E時，由基極看入之電阻R_b的大小分別為R_{b1}與R_{b2}。若由電晶體射極看入之交流電阻為r_e，電晶體之電流增益$\beta = I_C/I_B$，則$\dfrac{R_{b1}}{R_{b2}} = $？
(A)$\dfrac{(1+\beta)(r_e + R_E)}{r_e}$　(B)$\dfrac{r_e + R_E}{r_e}$　(C)$\dfrac{r_e}{r_e + R_E}$　(D)$\dfrac{(1+\beta)r_e}{r_e + R_E}$ [統測]

4-37

(　　)6. 共基極放大電路如圖(4)所示，電晶體之 $\beta = 100$，$V_{BE} = 0.7$ V，$V_T = 25$ mV，請問電路之電壓放大率A_v為何？　(A)100　(B)158　(C)253　(D)368　[統測]

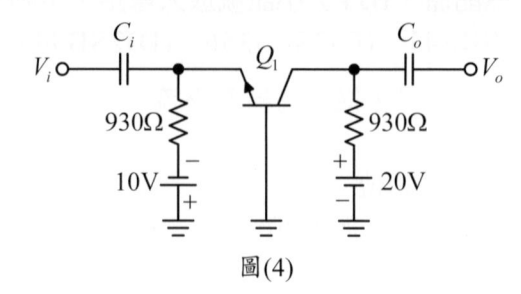

圖(4)

(　　)7. 有一電晶體放大電路，其電壓增益、電流增益、功率增益皆高，且輸出電壓與輸入電壓相差180°。請問該電路應屬下列何種電晶體放大電路組態？
(A)共射極放大器　(B)共集極放大器　(C)共基極放大器　(D)射極隨耦器　[統測]

(　　)8. 如圖(5)是共射極放大電路的交流等效電路，則輸入阻抗Z_i為何？
(A)$R_B // r_b$　(B)$R_B + r_b$　(C)$R_B // \beta r_b$　(D)$R_B + \beta r_b$　[統測]

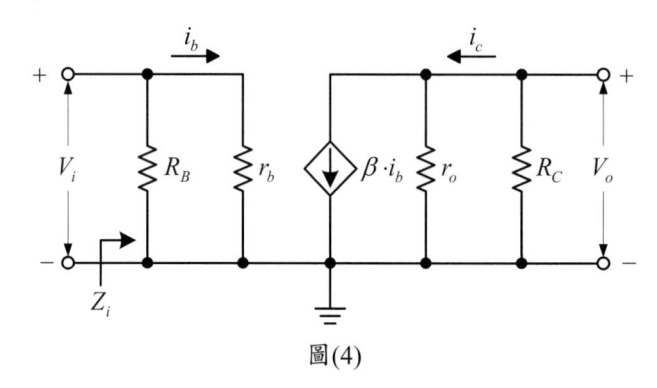

圖(4)

(　　)9. 在測量放大器的輸入信號電壓或輸出電壓時，示波器的選擇開關通常應放置在何位置？　(A)Series　(B)GND　(C)AC　(D)Trigger　[102年統測]

(　　)10. 圖(6)為一理想雙極性接面電晶體所構成的固定偏壓放大電路，C_1與C_2為理想電容器且初始電壓為零。請問下列(甲)至(戊)的敘述哪些錯誤？
(甲)此電路為共射極放大電路，射極為共用端，可作為電壓放大器
(乙)依據克希荷夫電壓定律（KVL），可知$V_{CC} = I_B R_B + V_{BE}$及$V_{CE} = V_{CC} - I_C R_C$
(丙)此電路所用的電晶體為PNP型
(丁)若輸入信號為弦波v_i，輸出信號為v_o，則v_i與v_o相位差為180°
(戊)此電路的輸出阻抗是$(R_B + R_C)$
(A)(丙)(丁)　(B)(甲)(乙)　(C)(乙)(丁)　(D)(丙)(戊)　[103統測]

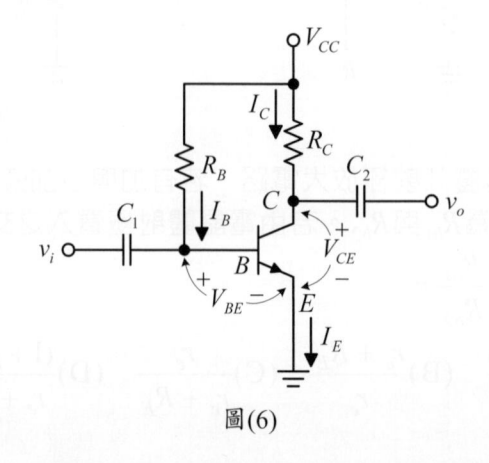

圖(6)

第 4 章 雙極性接面電晶體放大電路

( )11. 下列有關BJT放大電路之敘述，何者錯誤？
(A)共射極放大器之電壓增益為負
(B)共集極放大器之電壓增益恆大於1
(C)分壓式偏壓放大電路之溫度穩定性較固定偏壓式佳
(D)共基極放大電路之電流增益最小 [104統測]

( )12. 如圖(7)電路所示，若要量測電晶體特性曲線，下列哪一個方塊的儀表安排是錯誤的？ (A)A為電流表 (B)B為電壓表 (C)C為示波器 (D)D為電壓表 [104統測]

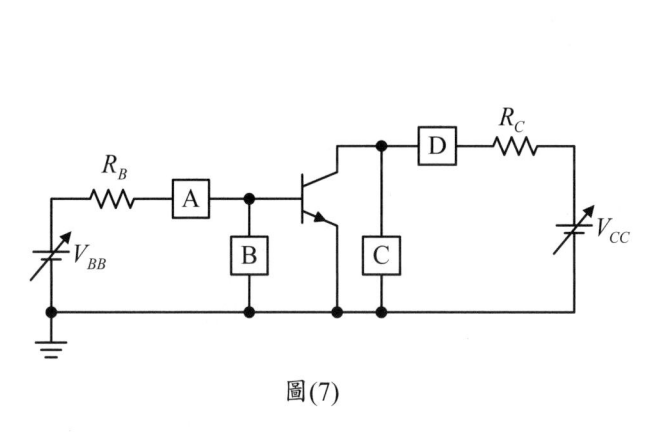

圖(7)

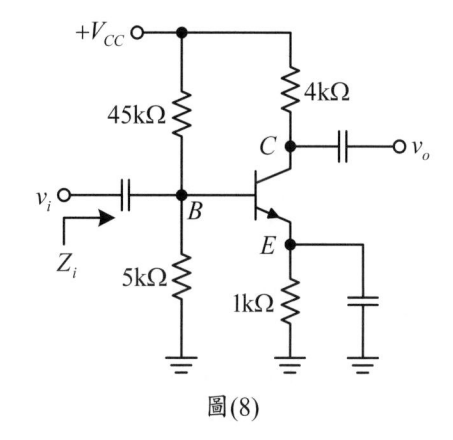

圖(8)

( )13. 如圖(8)所示之電路，BJT之$\beta = 100$且工作於順向主動區，基極交流電阻$r_\pi = 1\,\text{k}\Omega$，則輸入阻抗$Z_i$約為何？
(A)818Ω (B)2246Ω (C)3125Ω (D)4500Ω [105統測]

( )14. 若BJT共射極放大器電路之電壓增益大小為100，當輸入電壓訊號$v_i(t) = 20\sin(\omega t)$ mV時，則其輸出電壓訊號為何？
(A)$-2\cos(\omega t)$V (B)$2\cos(\omega t)$V (C)$-2\sin(\omega t)$V (D)$2\sin(\omega t)$V [105統測]

( )15. 如圖(9)所示之BJT電晶體放大器電路，假設BJT之$V_{BE(on)} = 0.6$ V、$\beta = 200$、熱電壓$V_T = 26$ mV，放大器不會有失真且輸入電壓$v_i = 50\sin(2000\pi t)$ mV，則輸出電壓v_o約為何？
(A)$3.71\sin(2000\pi t + 180°)$V (B)$-4.56\sin(2000\pi t)$V
(C)$1.01\sin(2000\pi t + 180°)$V (D)$-5.88\sin(2000\pi t)$V [106統測]

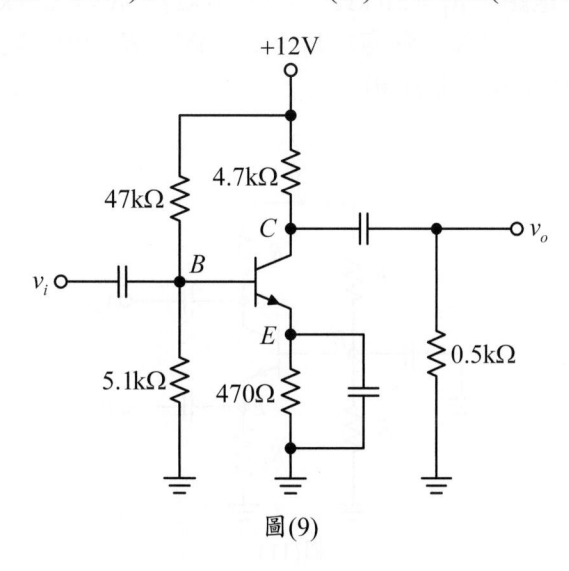

圖(9)

4-39

( )16. 下列有關BJT共射極（CE）、共集極（CC）、共基極（CB）組態放大器電路之敘述，何者錯誤？
(A)CE放大器之輸出電壓與輸入電壓相位相差180°
(B)CB放大器之電流增益非常高
(C)CC放大器當做阻抗匹配用途
(D)CC放大器之輸入阻抗高 [106統測]

( )17. 在雙載子（BJT）電晶體單級放大器中，常見三種基本電路架構（共射極、共集極、共基極）。若定義功率增益為輸出功率對輸入功率之比值，以下哪一種電路架構之輸出電壓與輸入電壓相位差約180°，且具有最大之功率增益？
(A)共基極放大器
(B)共集極放大器
(C)共射極放大器
(D)三種基本電路架構之功率增益大小與相位差均一樣 [106統測]

( )18. 如圖(10a)所示之電路，輸入小信號v_i峰對峰值為20mV，示波器垂直軸刻度旋鈕設定為0.5VOLTS／DIV，其量測輸出電壓v_o波形如圖(10b)所示，則電壓增益為何？
(A)−100 (B)−25 (C)25 (D)100 [107統測]

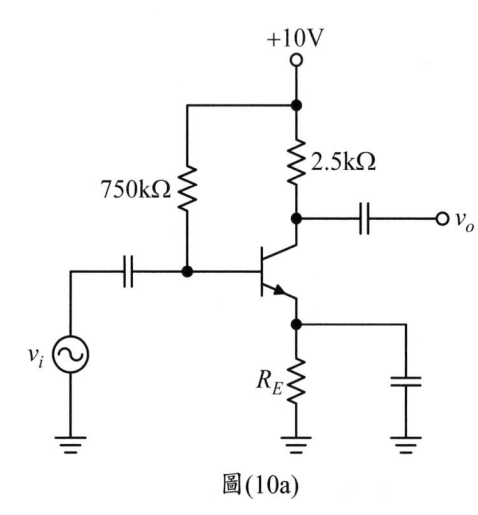

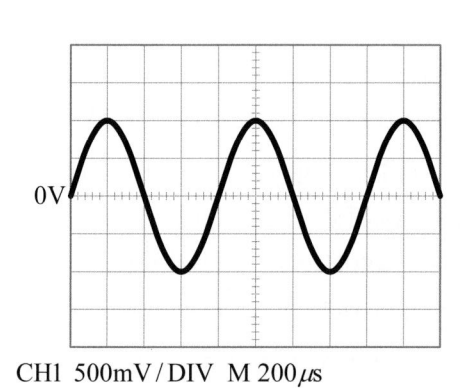

圖(10a)   圖(10b)

( )19. 如圖(11)所示之電路，$R_1 = 20\,\text{k}\Omega$，$R_2 = 10\,\text{k}\Omega$，$R_C = 2.5\,\text{k}\Omega$，$R_E = 3.3\,\text{k}\Omega$，若電晶體之切入電壓$V_{BE} = 0.7\,\text{V}$，熱電壓$V_T = 25\,\text{mV}$，$\beta = 99$，則電壓增益$v_o/v_i$約為何？
(A)1 (B)25 (C)50 (D)100 [108統測]

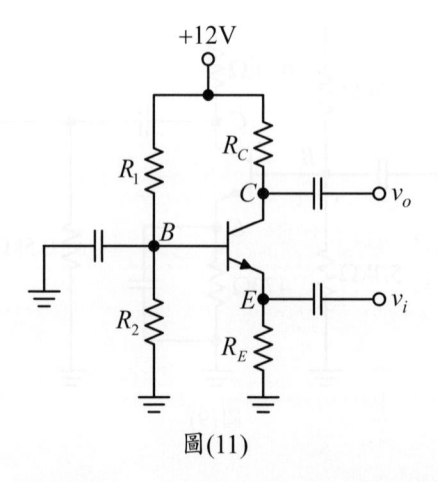

圖(11)

第 4 章　雙極性接面電晶體放大電路

(　　)20. 有關雙極性接面電晶體放大器的敘述，下列何者正確？
(A)共基極放大器電流增益大約為1
(B)共集極放大器輸入電壓信號與輸出電壓信號反相
(C)共集極放大器實驗時，即使將電晶體的射極與集極接反了，整體電路特性仍然不變
(D)共射極放大器可用來放大電壓信號，並有低輸出阻抗的特性
[108統測]

(　　)21. 如圖(12)所示電路，若電晶體之切入電壓 $V_{BE}=0.7\text{ V}$，熱電壓 $V_T=26\text{ mV}$，$\beta=100$，則電壓增益 v_o/v_i 約為何？
(A)−125　(B)−132　(C)−152　(D)−165
[109統測]

圖(12)

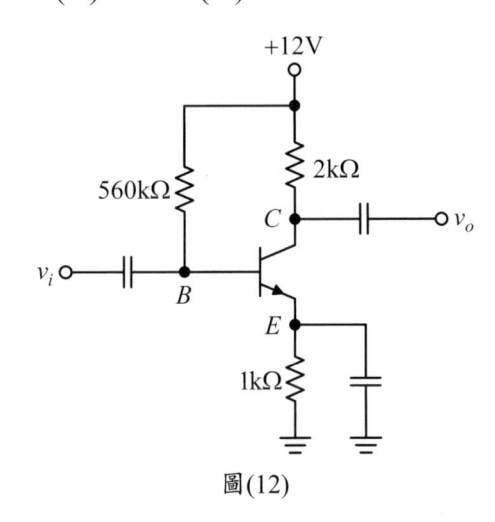

(　　)22. 有關雙載子接面電晶體放大器電路，下列敘述何者錯誤？
(A)共集極（Common Collector）放大器適合應用為電壓隨耦器（Voltage Follower）
(B)共基極（Common Base）放大器具有高電壓增益
(C)共基極（Common Base）放大器之電壓輸入信號可由高阻抗的集極端輸入
(D)共基極（Common Base）放大器適合應用為電流隨耦器（Current Follower）
[109統測]

(　　)23. 觀察電晶體在主動區工作的共集極放大電路實驗結果，下列敘述何者正確？
(A)輸出電壓信號與輸入電壓信號反相、電壓增益 $A_v \leq 1$
(B)輸出電壓信號與輸入電壓信號反相、電壓增益 $A_v \gg 1$
(C)輸出電壓信號與輸入電壓信號同相、電壓增益 $A_v \leq 1$
(D)輸出電壓信號與輸入電壓信號同相、電壓增益 $A_v \gg 1$
[110統測]

(　　)24. 如圖(13)所示電路，R_L 為負載，BJT操作於主動區且電壓增益 $A_v = v_o/v_i$，下列敘述何者正確？
(A)S閉合或斷開時，電壓增益絕對值相同
(B)S閉合時，電壓增益絕對值較小
(C)S斷開時，電壓增益絕對值較小
(D)S斷開時，由集極端看出去的交流負載電阻為 $R_C + R_E$
[110統測]

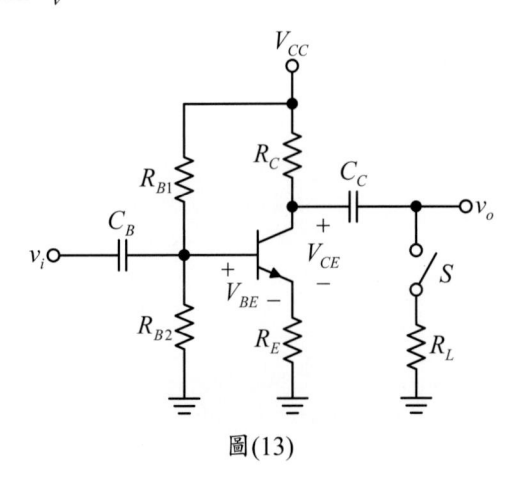

圖(13)

4-41

( )25. 圖(14)所示共射極放大器，若 $V_{CC}=12\text{ V}$，$R_C=5.1\text{ k}\Omega$，$R_E=510\:\Omega$，$R_{B1}=490\:\Omega$，$R_{B2}=47\:\Omega$，$R_L=1\text{ k}\Omega$，假設 $C_B=C_C=C_E=\infty$，$V_{BE}=0.7\text{ V}$，$\beta=100$，下列數值何者最接近實際情況？
(A) $r_e=37\:\Omega$，$r_\pi=3.7\text{ k}\Omega$，$A_v=22\text{ (V/V)}$
(B) $r_e=3.7\text{ k}\Omega$，$r_\pi=37\:\Omega$，$A_v=-22\text{ (V/V)}$
(C) $r_e=3.7\text{ k}\Omega$，$r_\pi=37\:\Omega$，$A_v=22\text{ (V/V)}$
(D) $r_e=37\:\Omega$，$r_\pi=3.7\text{ k}\Omega$，$A_v=-22\text{ (V/V)}$

[110統測]

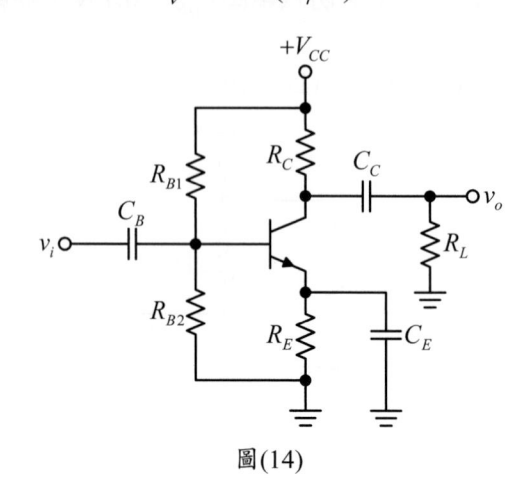

圖(14)

第 4 章 雙極性接面電晶體放大電路

素養導向題

▲ 閱讀下文，回答第1～4題

鬼塚老師的電子學實驗號稱是台灣科大最硬的課程，其中五條悟、彌豆子、范馬勇次郎與日向翔陽，不約而同地選修這門課。如圖(1)所示實驗電路，其中$r_\pi = 1\,k\Omega$、$\beta = 100$，四個人的實驗數據如表(1)，若每個答案25分，試問：

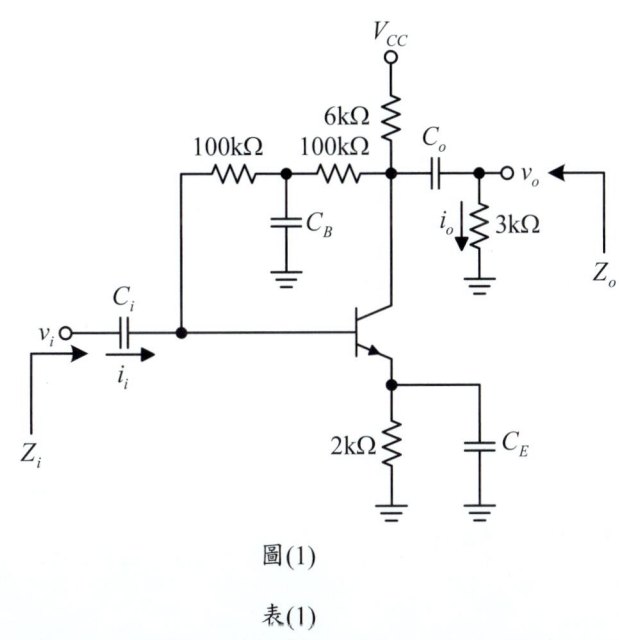

圖(1)

表(1)

項目\名字	輸入阻抗Z_i	輸出阻抗Z_o	電壓增益$A_v = \dfrac{v_o}{v_i}$	電流增益$A_i = \dfrac{i_o}{i_i}$
五條悟	1kΩ	2kΩ	−200	−66.67
彌豆子	100kΩ	2kΩ	−150	−66.67
范馬勇次郎	100kΩ	6kΩ	−200	−33.33
日向翔陽	1kΩ	2kΩ	−200	−33.33

( ) 1. 誰的分數最高？ (A)五條悟 (B)彌豆子 (C)范馬勇次郎 (D)日向翔陽

( ) 2. 誰的分數最低？ (A)五條悟 (B)彌豆子 (C)范馬勇次郎 (D)日向翔陽

( ) 3. 誰可能因為低於60分，而被當掉這門課？
(A)五條悟、彌豆子
(B)彌豆子、范馬勇次郎
(C)范馬勇次郎、日向翔陽
(D)日向翔陽、彌豆子

( ) 4. 鬼塚老師詢問同學，電容器C_B的名稱與作用，來挑選電子學小老師，試問誰回答正確？
(A)范馬勇次郎：耦合電容，減少因電壓並聯負回授造成電壓增益下降
(B)彌豆子：隔離電容，減少因電流並聯負回授造成電壓增益下降
(C)五條悟：反交連電容，減少因電壓並聯負回授造成電壓增益下降
(D)日向翔陽：旁路電容，減少因電流並聯負回授造成電壓增益下降

4-43

解 答

4-1立即練習
基礎題
*1.C *2.A 3.B

4-2立即練習
基礎題
1.B *2.B *3.A *4.C *5.C

進階題
*1.A *2.D

4-3立即練習
基礎題
*1.A *2.B *3.B *4.C *5.D

進階題
*1.C

4-4立即練習
基礎題
*1.A *2.D *3.A *4.B

進階題
*1.D

4-5立即練習
基礎題
1.A 2.C 3.A 4.B 5.C 6.A

進階題
1.D

歷屆試題
電子學試題

1.A	*2.A	3.C	*4.C	5.A	6.C	*7.B	8.C	*9.D	10.C
*11.A	12.D	13.C	14.C	*15.A	16.D	*17.D	18.A	19.A	*20.B
*21.A	*22.D	*23.D	24.A	25.B	26.B	27.A	*28.D	*29.D	*30.C
31.C	32.C	33.D	*34.C	35.B	*36.B	*37.C	*38.A	*39.D	*40.B
*41.C	42.B	*43.A	*44.C	*45.D	*46.D	*47.C	*48.A	*49.C	*50.A
*51.C	*52.C	*53.D	*54.D	*55.A	*56.C				

電子學實習試題

1.B	2.C	3.A	*4.C	*5.C	*6.D	7.A	8.A	9.C	10.D
11.B	12.D	*13.A	*14.C	*15.C	16.B	17.C	*18.A	*19.D	20.A
*21.B	22.C	23.C	24.B	*25.D					

第 4 章　雙極性接面電晶體放大電路

― 解　答 ―

素養導向題

*1.A　　*2.C　　*3.B　　4.C

NOTE

CHAPTER 5 雙極性接面電晶體多級放大電路

本章學習重點

章節架構	必考重點
5-1 增益數以及分貝數	• 增益數之計算 • 分貝數之計算
5-2 電阻電容（RC）耦合串級放大電路	• 電阻電容（RC）耦合串級放大電路之直流與交流分析
5-3 直接耦合串級放大電路	• 直接耦合串級放大電路之直流與交流分析

統測命題分析

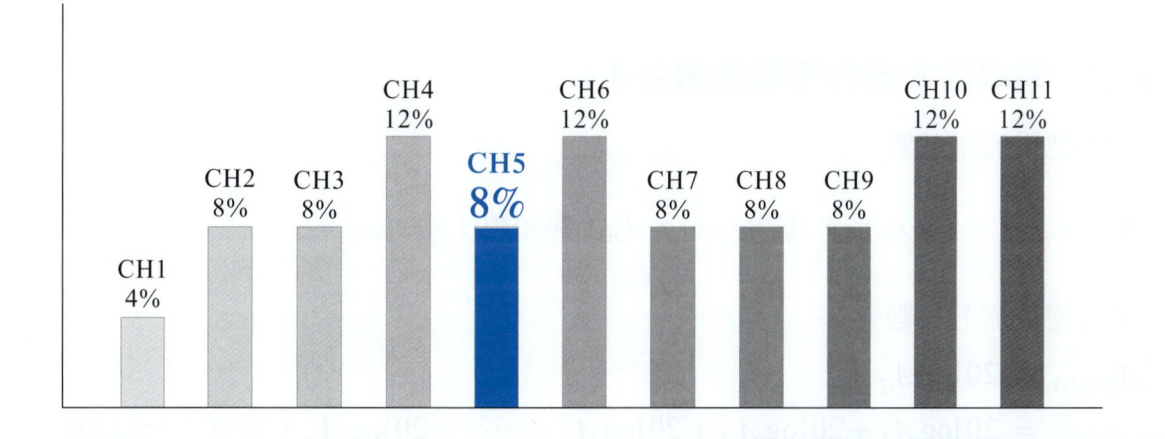

- CH1 4%
- CH2 8%
- CH3 8%
- CH4 12%
- CH5 8%
- CH6 12%
- CH7 8%
- CH8 8%
- CH9 8%
- CH10 12%
- CH11 12%

5-1 增益數以及分貝數

重點 1　對數的運算式

對數的基本運算式
1. $\log_a 1 = 0$　　2. $\log_a a = 1$　　3. $\log_a a^x = x$
4. $\log A \times B = \log A + \log B$　　5. $\log \dfrac{A}{B} = \log A - \log B$

（需熟記，運用時才好用）

重點 2　串級放大器的總電壓增益 A_{vT}

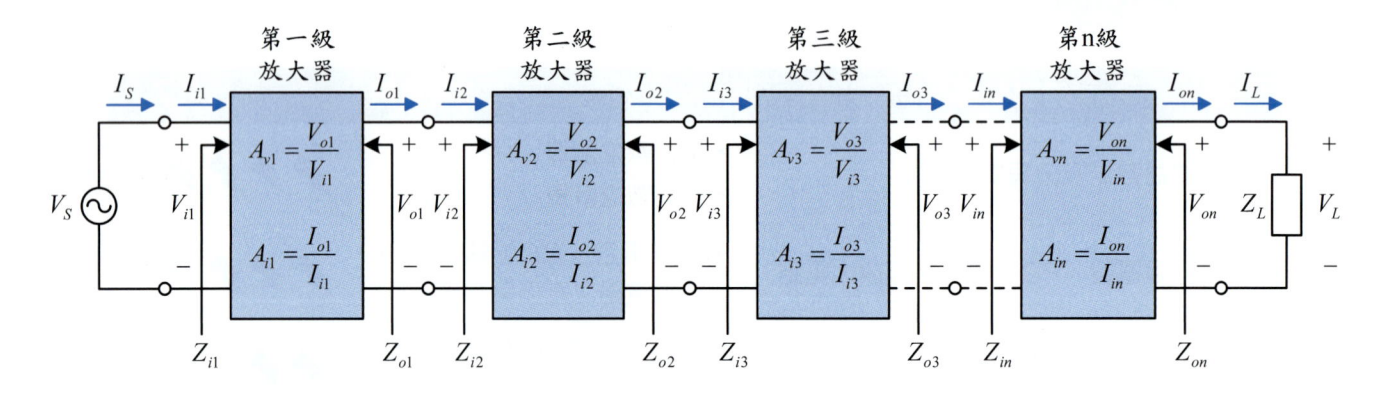

1. 串級總電壓增益數：

$$A_{vT} = \dfrac{V_L}{V_{i1}} = A_{v1} \times A_{v2} \times A_{v3} \times \cdots \times A_{vn}（無單位）$$

2. 串級總電壓分貝數：

$$A_{vT(dB)} = 20\log A_{vT}$$
$$= 20\log A_{v1} + 20\log A_{v2} + 20\log A_{v3} + \cdots + 20\log A_{vn}（單位：分貝 dB）$$

重點 3　串級放大器的總電流增益 A_{iT}

1. 串級總電流增益數：

$$A_{iT} = \dfrac{I_L}{I_S} = A_{i1} \times A_{i2} \times A_{i3} \times \cdots \times A_{in}（無單位）$$

2. 串級總電流分貝數：

$$A_{iT(dB)} = 20\log A_{iT}$$
$$= 20\log A_{i1} + 20\log A_{i2} + 20\log A_{i3} + \cdots + 20\log A_{in}（單位：分貝 dB）$$

第 5 章　雙極性接面電晶體多級放大電路

重點 4　運用總電流增益 A_{iT}、輸入阻抗 Z_{i1} 與負載阻抗 Z_L 來表示總電壓增益 A_{vT}

1. 總電壓增益數：$A_{vT} = \dfrac{V_L}{V_{i1}} = \dfrac{I_L \times Z_L}{I_{i1} \times Z_{i1}} = \dfrac{I_L}{I_{i1}} \times \dfrac{Z_L}{Z_{i1}} = A_{iT} \times \dfrac{Z_L}{Z_{i1}}$（無單位）

2. 總電壓分貝數：$A_{vT(\text{dB})} = 20\log A_{vT} = 20\log(A_{iT} \times \dfrac{Z_L}{Z_{i1}})$（單位：分貝dB）

重點 5　運用總電壓增益 A_{vT}、輸入阻抗 Z_{i1} 與負載阻抗 Z_L 來表示總電流增益 A_{iT}

1. 總電流增益數：$A_{iT} = \dfrac{I_L}{I_{i1}} = \dfrac{\frac{V_L}{Z_L}}{\frac{V_{i1}}{Z_{i1}}} = \dfrac{V_L}{V_{i1}} \times \dfrac{Z_{i1}}{Z_L} = A_{vT} \times \dfrac{Z_{i1}}{Z_L}$（無單位）

2. 總電流分貝數：$A_{iT(\text{dB})} = 20\log A_{iT} = 20\log(A_{vT} \times \dfrac{Z_{i1}}{Z_L})$（單位：分貝dB）

重點 6　串級放大器的總功率增益 A_{pT}

將總電壓增益 A_{vT} 與總電流增益 A_{iT} 兩者乘積的絕對值，即為總功率增益 A_{pT}，其表示式如下：

1. 總功率增益數：$A_{pT} = |A_{vT} \times A_{iT}|$ 或 $A_{pT} = A_{iT}^2 \times \dfrac{Z_L}{Z_{i1}}$ 或 $A_{pT} = A_{vT}^2 \times \dfrac{Z_{i1}}{Z_L}$（無單位）

2. 總功率分貝數：$A_{pT(\text{dB})} = 10\log A_{pT}$（單位：分貝dB）

註：串級總增益數為各級增益數的總乘積；串級總分貝增益數為各級分貝增益數之和。

重點 7　dBm增益

1. 分貝功率增益數dBm是以功率1mW為參考的基準值，以相對的功率對參考功率1mW的比值取對數，若放大器的輸出功率為 P_o，其輸出功率的分貝數dBm的表示式如下：

$$P_{o(\text{dBm})} = 10\log(\dfrac{P_o}{1\text{mW}})$$

2. 分貝功率增益dBm的參考基準功率 1mW 是消耗在 電阻600Ω 上，在電阻600Ω上所產生的有效值電壓約 0.775V，根據 $P = \dfrac{V^2}{R}$ 並代入 $P_{o(\text{dBm})} = 10\log(\dfrac{P_o}{1\text{mW}})$，則表示式如下：

$$P_{o(\text{dBm})} = 10\log(\dfrac{P_o}{1\text{mW}}) = 10\log[\dfrac{\frac{V_o^2}{Z_L}}{\frac{(0.775\text{V})^2}{600\Omega}}] = 20\log(\dfrac{V_o}{0.775\text{V}}) + 10\log(\dfrac{600\Omega}{Z_L})$$

電壓增益的基本運算

老師教

1. 有一個電壓放大器,輸入電壓 $V_i = 10\,\text{mV}$ 且輸出電壓 $V_o = 1\,\text{V}$,則該放大器的 (1)電壓增益 (2)分貝電壓增益 $A_{v(\text{dB})}$,分別為何?

解 (1) 電壓增益 $A_v = \dfrac{V_o}{V_i} = \dfrac{1\text{V}}{10\text{mV}} = 100$ 倍

(2) 分貝電壓增益
$$A_{v(\text{dB})} = 20\log A_v = 20\log 100 = 40\,\text{dB}$$

學生做

1. 有一個電壓放大器,該放大器的分貝電壓增益 $A_{v(\text{dB})} = 40\,\text{dB}$,若輸入電壓 $V_i = 2\,\mu\text{V}$,則輸出電壓 V_o 為何?

答

電流增益的基本運算

老師教

2. 有一個電流放大器,輸入電流 $I_i = 1\,\text{mA}$ 且輸出電流 $I_o = 0.1\,\text{A}$,則該放大器的 (1)電流增益 (2)分貝電流增益 $A_{i(\text{dB})}$,分別為何?

解 (1) 電流增益 $A_i = \dfrac{I_o}{I_i} = \dfrac{0.1\text{A}}{1\text{mA}} = 100$ 倍

(2) 分貝電流增益
$$A_{i(\text{dB})} = 20\log A_i = 20\log 100 = 40\,\text{dB}$$

學生做

2. 有一個電流放大器,該放大器的分貝電流增益 $A_{i(\text{dB})} = 60\,\text{dB}$,若輸入電流 $I_i = 40\,\mu\text{A}$,則輸出電流 I_o 為何?

答

功率增益的基本運算

老師教

3. 放大器輸入功率為 $10\,\text{mW}$,輸出功率 $10\,\text{W}$,則該放大器的 (1)功率增益 (2)分貝功率增益 $A_{p(\text{dB})}$,分別為何?

解 (1) 功率增益 $\dfrac{P_o}{P_i} = \dfrac{10\text{W}}{10\text{mW}} = 1000$ 倍

(2) 分貝功率增益
$$A_{p(\text{dB})} = 10\log A_p = 10\log 1000 = 30\,\text{dB}$$

學生做

3. 有一個功率放大器,該放大器的分貝功率增益 $A_{p(\text{dB})} = 20\,\text{dB}$,若輸入功率 $P_i = 10\,\text{mW}$,則輸出功率 P_o 為何?

答

第 5 章 雙極性接面電晶體多級放大電路

串級電壓增益的基本運算

老師教

4. 有一個兩級串級放大器，各級的電壓增益分別為50倍以及20倍，則(1)系統的總增益 (2)總分貝電壓增益 $A_{vT(dB)}$，分別為何？

解 (1) $A_{vT} = A_{v1} \times A_{v2} = 50 \times 20 = 1000$

(2) $A_{vT(dB)} = 20\log A_{vT} = 20\log 1000$
$= 60\ \text{dB}$

學生做

4. 有一個兩級串級放大器，各級的分貝電壓增益分別為13dB以及27dB，則(1)總分貝電壓增益 $A_{vT(dB)}$ (2)系統的總增益，分別為何？

答

分貝功率增益數dBm的基本運算

老師教

5. 試求放大器輸出功率為100mW時為多少dBm？

解 $P_{o(dBm)} = 10\log(\dfrac{P_o}{1\text{mW}}) = 10\log(\dfrac{100\text{mW}}{1\text{mW}})$
$= 20\ \text{dBm}$

學生做

5. 試求放大器輸出功率為10mW時為多少dBm？

答

A_v、A_i、Z_i 與 Z_o 之關係式

老師教

6. 如下圖所示，試求電流增益 $A_{iT} = \dfrac{I_L}{I_{i1}}$ 為何？

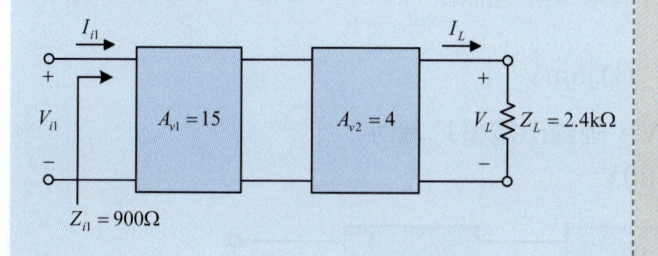

$A_{v1} = 15$，$A_{v2} = 4$，$Z_L = 2.4\text{k}\Omega$，$Z_{i1} = 900\Omega$

解 $A_{iT} = A_{vT} \times \dfrac{Z_{i1}}{Z_L} = 15 \times 4 \times \dfrac{900\Omega}{2.4\text{k}\Omega} = 22.5$

學生做

6. 如下圖所示，試求電壓增益 $A_{vT} = \dfrac{V_L}{V_{i1}}$ 為何？

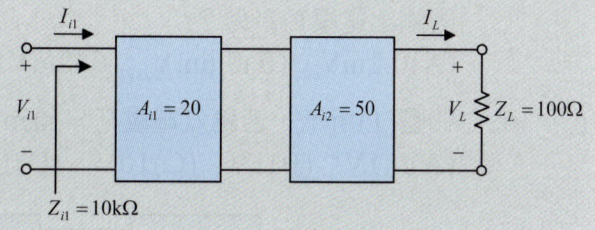

$A_{i1} = 20$，$A_{i2} = 50$，$Z_L = 100\Omega$，$Z_{i1} = 10\text{k}\Omega$

答

5-5

dBm計算式的運用

老師教

7. 有一個放大器的輸出電壓為7.75V且負載阻抗為6kΩ，試求該放大器的功率增益分貝數dBm為何？

解 $P_{o(dBm)} = 20\log(\dfrac{V_o}{0.775V}) + 10\log(\dfrac{600\Omega}{Z_L})$
$= 20\log(\dfrac{7.75V}{0.775V}) + 10\log(\dfrac{600\Omega}{6k\Omega})$
$= 10$ dBm

學生做

7. 有一個放大器的輸出電壓為7.75mV且負載阻抗為60Ω，試求該放大器的功率增益分貝數dBm為何？

答

立即練習

基礎題

( ) 1. 有一組兩級串接之電壓放大器，其各級電壓增益分別為100及−100，則總電壓增益為多少分貝（dB）？ (A)60 (B)80 (C)100 (D)120

( ) 2. 有兩個共射極電晶體放大器，其電壓增益分別為10dB與30dB。現若將之串聯成多級放大器，則電壓增益將變為多少？
(A)10dB (B)40dB (C)60dB (D)300dB

( ) 3. 有兩個共射極電晶體放大器，其電壓增益分別為10dB與−30dB。現若將之串聯成多級放大器，則電壓增益將變為多少？
(A)20dB (B)−20dB (C)−300dB (D)300dB

( ) 4. 一組兩級串接放大器，其各級電壓增益（dB值）分別為20dB和40dB。若在第一級放大器輸入端加入峰值為10mV的信號，則在第二級輸出端之輸出信號的峰值為多少？ (A)600mV (B)800mV (C)10V (D)20V

( ) 5. 有一個電壓放大器，該放大器的分貝電壓增益$A_{v(dB)} = 60$ dB，若輸入電壓$V_i = 2\ \mu V$，則輸出電壓V_o為何？
(A)0.2mV (B)0.6mV (C)2mV (D)6mV

( ) 6. 如圖(1)所示，若輸入電壓$V_i = 10$ mV，則輸出電壓V_o為何？
(A)0.1V (B)1V (C)10V (D)100V

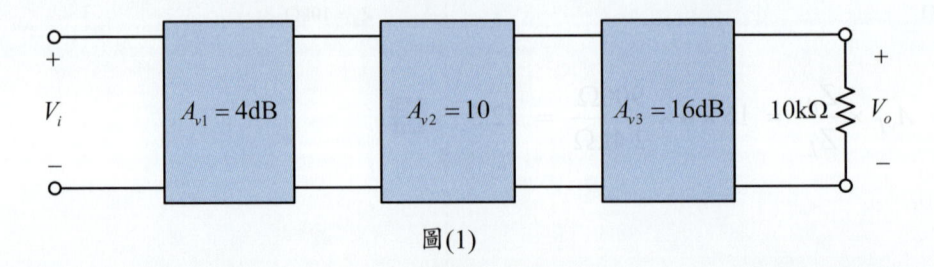

圖(1)

(   )7. 承上題，電阻10kΩ消耗多少dBm？
    (A)0dBm　(B)10dBm　(C)–10dBm　(D)20dBm

(   )8. dBm的定義，1毫瓦（mW）的功率消耗在多少電阻值上？
    (A)300Ω　(B)600Ω　(C)1200Ω　(D)1500Ω

(   )9. 某放大器在25Ω的負載下，輸出為10dBm，則其輸出電壓為
    (A)10mV　(B)0.1V　(C)0.5V　(D)0.25V

(   )10. 一放大器的電流增益為4，電壓增益為250，則總功率增益為何？
    (A)40dB　(B)30dB　(C)20dB　(D)10dB

(   )11. 有一個四級串接放大器，若第一級的輸入阻抗Z_i為10kΩ，負載電阻R_L為2kΩ，總電壓增益為500，則總電流增益A_{iT}為何？
    (A)500　(B)1500　(C)2500　(D)3000

(   )12. 有一個串級放大系統如圖(2)所示，試求總功率增益A_{pT}為何？
    (A)1500　(B)3000　(C)6000　(D)9000

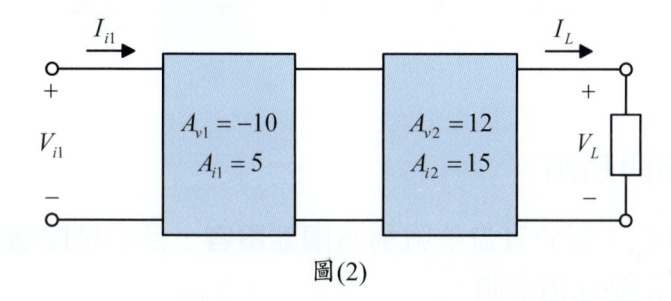

圖(2)

(   )13. 有一負載電阻600Ω，以三用電表測量得20dBm，則負載電壓為多少？
    (A)0.775V　(B)0.675V　(C)0.575V　(D)7.75V

(   )14. 有一個電壓放大器放大–100倍，則分貝電壓增益數為何？
    (A)20dB　(B)–20dB　(C)40dB　(D)–40dB

進階題

(   )1. 功率放大器，其弦波輸入電壓：$V_{i(P-P)} = 4\,V$，弦波輸出電壓：$V_{o(P-P)} = 8\,V$，負載阻抗：4Ω，輸入阻抗：100Ω，則功率放大倍數為
    (A)10dB　(B)20dB　(C)30dB　(D)40dB

5-2 電阻電容（RC）耦合串級放大電路

RC耦合串級放大電路的電路構造如下：

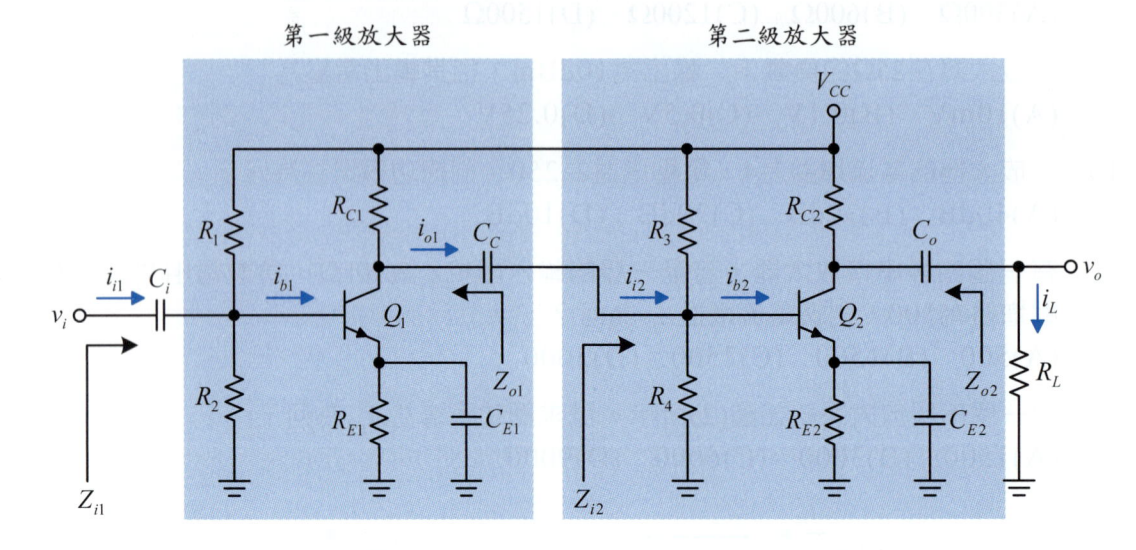

重點 1 元件名稱與功用

1. 電容器C_i、C_C與C_o：對於直流信號稱為**隔離電容**，目的是**隔離直流成分**，避免級與級之間的直流工作點互相牽制。

2. 電容器C_i、C_C與C_o：對於交流信號稱為**耦合電容**，目的是**耦合交流訊號**，以傳送至下一級。

3. 電容器C_{E1}與C_{E2}：對於交流信號稱為**旁路電容**，目的是**提高交流電壓增益**。

4. 電阻器R_{E1}與R_{E2}：回授方式為電流串聯負回授，目的是**提高直流工作點的穩定度**。

5. 電阻器R_1、R_2、R_3與R_4：**偏壓電阻**，使電晶體操作在**適當的工作點**。

6. 電阻器R_{C1}、R_{C2}與R_L：提供輸出信號。

第 5 章 雙極性接面電晶體多級放大電路

重點 2 **直流分析：第一級直流工作點的計算**（第二級的計算方式與第一級完全相同）

第一級的工作組態與偏壓方式為共射極組態分壓式偏壓電路，根據戴維寧定理，將第一級放大器的等效電路繪製如下圖所示，其戴維寧等效電壓 $E_{th} = V_{CC} \times \dfrac{R_2}{R_1 + R_2}$，戴維寧等效電阻 $R_{th} = R_1 // R_2$，求解直流工作點 $Q(V_{CEQ}, I_{CQ})$ 的步驟如下：

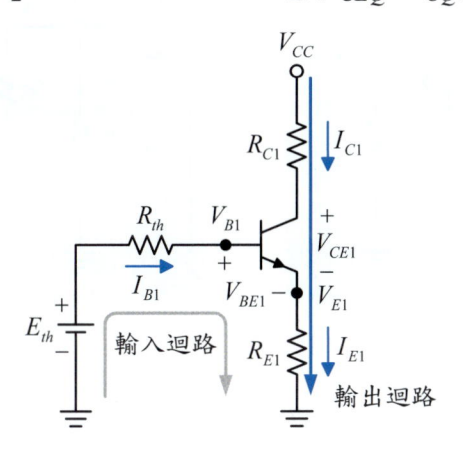

1. 計算輸入的基極電流 I_{B1}：
   由輸入迴路可列出克希荷夫電壓方程式（KVL）為 $E_{th} = I_{B1} \times R_{th} + V_{BE1} + I_{E1} \times R_{E1}$，可得基極電流 I_{B1} 為：（V_{BE1} 為電晶體 Q_1 的切入電壓，而 β_1 為電晶體 Q_1 的電流放大率）

$$I_{B1} = \dfrac{E_{th} - V_{BE1}}{R_{th} + (1 + \beta_1) \times R_{E1}}$$

   註：若 $(1+\beta) \times R_E \gg R_{th}$ 時，可以運用近似值求解 $I_{E1} \approx \dfrac{E_{th} - V_{BE1}}{R_{E1}}$，此時的基極電流 $I_{B1} = \dfrac{I_{E1}}{(1+\beta_1)}$。

2. 計算集極電流 I_{C1} 與射極電流 I_{E1}：
   $I_{C1} = \beta_1 \times I_{B1}$，$I_{E1} = (1 + \beta_1) \times I_{B1}$，其中 $I_{C1} \approx I_{E1}$

3. 計算集極飽和電流 $I_{C1(sat)} = \dfrac{V_{CC} - V_{CE(sat)}}{R_{C1} + R_{E1}} \approx \dfrac{V_{CC}}{R_{C1} + R_{E1}}$

4. 進行電晶體飽和判別：
   若 $I_{C1} < I_{C1(sat)}$ 則電晶體 Q_1 操作於主動區，電晶體具放大作用，反之，$I_{C1} \geq I_{C1(sat)}$ 則電晶體 Q_1 不具放大作用。

5. 計算集極-射極間電壓 V_{CE1}：
   $V_{CE1} = V_{CC} - I_{C1} \times R_{C1} - I_{E1} \times R_{E1} \approx V_{CC} - I_{C1} \times (R_{C1} + R_{E1})$

6. 第一級的直流工作點 $Q_1(V_{CE1}, I_{C1})$；第二級的直流工作點 $Q_2(V_{CE2}, I_{C2})$。

註：I_B 運算式中的 $(1+\beta)$，可以視情況加1或不加1。
　　比如 $\beta = 49$，則以 $(1+\beta) = 50$ 來計算；若 $\beta = 50$，則不要加1，以方便計算。

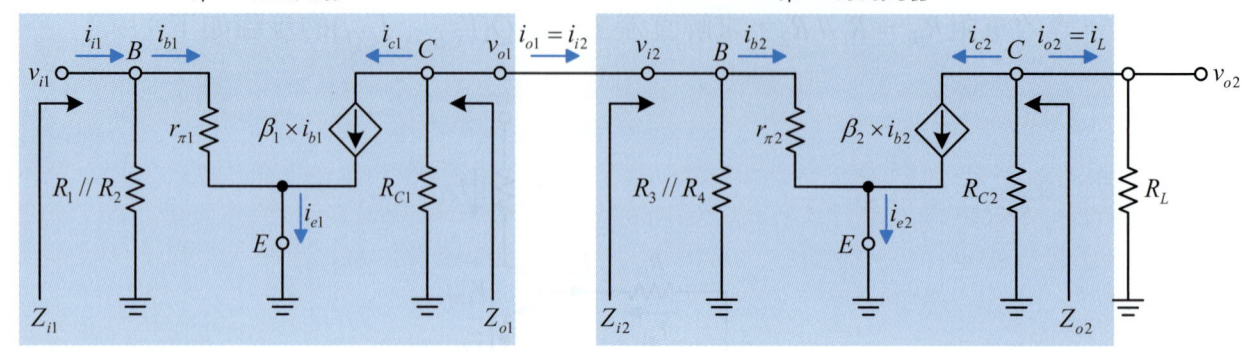

重點 3 交流分析

運用 π 模型求解

```
第一級放大器                               第二級放大器
```
（電路圖：第一級放大器包含 v_{i1}、B、i_{b1}、i_{c1}、C、v_{o1}，$R_1 // R_2$、$r_{\pi 1}$、$\beta_1 \times i_{b1}$、R_{C1}、i_{e1}、E、Z_{i1}、Z_{o1}；第二級放大器包含 v_{i2}、B、i_{b2}、i_{c2}、C、$i_{o2}=i_L$、v_{o2}，$R_3 // R_4$、$r_{\pi 2}$、$\beta_2 \times i_{b2}$、R_{C2}、R_L、i_{e2}、E、Z_{i2}、Z_{o2}；中間 $i_{o1}=i_{i2}$）

1. 輸入阻抗 Z_i：

    (1) 第一級的輸入阻抗 $Z_{i1} = R_1 // R_2 // r_{\pi 1}$

    (2) 第二級的輸入阻抗 $Z_{i2} = R_3 // R_4 // r_{\pi 2}$

2. 輸出阻抗 Z_o：

    (1) 第一級的輸出阻抗 $Z_{o1} = \infty // R_{C1} = R_{C1}$

    (2) 第二級的輸出阻抗 $Z_{o2} = \infty // R_{C2} = R_{C2}$

3. 總電壓增益 A_{vT}：

    (1) 第一級放大器的電壓增益

    $$A_{v1} = \frac{v_{o1}}{v_{i1}} = \frac{-i_{c1} \times (R_{C1} // Z_{i2})}{i_{b1} \times r_{\pi 1}} = -\beta_1 \times \frac{R_{C1} // R_3 // R_4 // r_{\pi 2}}{r_{\pi 1}} \quad \left(\frac{i_{c1}}{i_{b1}} = \beta_1\right)$$

    (2) 第二級放大器的電壓增益

    $$A_{v2} = \frac{v_{o2}}{v_{i2}} = \frac{-i_{c2} \times (R_{C2} // R_L)}{i_{b2} \times r_{\pi 2}} = -\beta_2 \times \frac{R_{C2} // R_L}{r_{\pi 2}} \quad \left(\frac{i_{c2}}{i_{b2}} = \beta_2\right)$$

    (3) 總電壓增益 $A_{vT} = A_{v1} \times A_{v2}$

4. 總電流增益 A_{iT}：（運用分流定則求解）

    (1) 第一級放大器的電流增益（假設 $i_{i1} = 1\,\text{A}$，求出 i_{o1}，即為電流放大率）

    $$A_{i1} = -\beta_1 \times \frac{(R_1 // R_2)}{(R_1 // R_2) + r_{\pi 1}} \times \frac{R_{C1}}{R_{C1} + (R_3 // R_4 // r_{\pi 2})}$$

    (2) 第二級放大器的電流增益（假設 $i_{i2} = 1\,\text{A}$，求出 i_{o2}，即為電流放大率）

    $$A_{i2} = \frac{(R_3 // R_4)}{(R_3 // R_4) + r_{\pi 2}} \times \beta_2 \times -\frac{R_{C2}}{R_{C2} + R_L} = -\beta_2 \times \frac{(R_3 // R_4)}{(R_3 // R_4) + r_{\pi 2}} \times \frac{R_{C2}}{R_{C2} + R_L}$$

    (3) 總電流增益 $A_{iT} = A_{i1} \times A_{i2}$

第 5 章 雙極性接面電晶體多級放大電路

畫基準線（運用T模型）速解

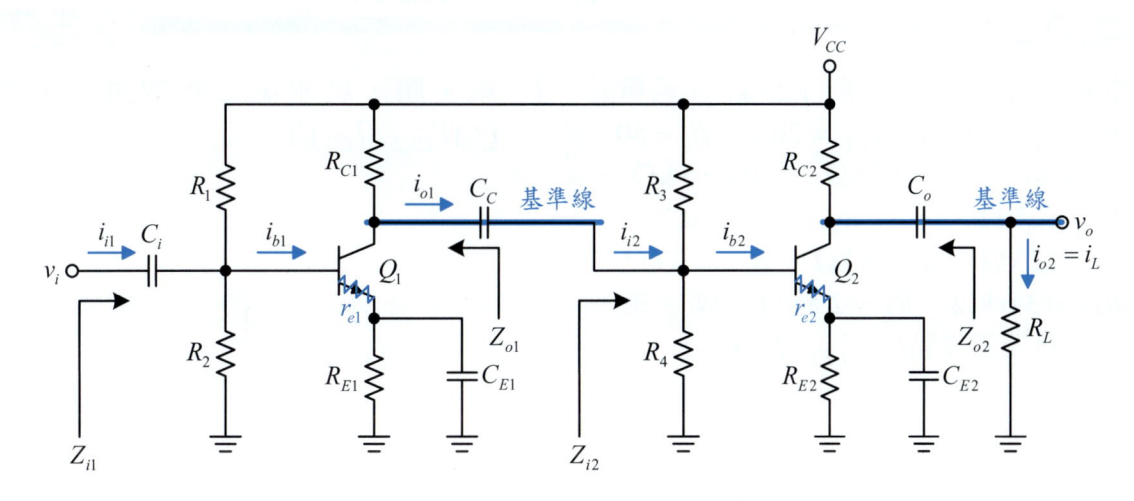

1. 輸入阻抗Z_i：

    (1) 第一級的輸入阻抗$Z_{i1} = R_1 /\!/ R_2 /\!/ r_{\pi 1}$

    (2) 第二級的輸入阻抗$Z_{i2} = R_3 /\!/ R_4 /\!/ r_{\pi 2}$

2. 輸出阻抗Z_o：

    (1) 第一級的輸出阻抗$Z_{o1} = \infty /\!/ R_{C1} = R_{C1}$

    (2) 第二級的輸出阻抗$Z_{o2} = \infty /\!/ R_{C2} = R_{C2}$

3. 總電壓增益A_{vT}：

    (1) 第一級放大器的電壓增益

    $$A_{v1} = -\frac{上}{下} = -\frac{和集極連接的電阻 \Rightarrow 並聯}{和射極連接的電阻 \Rightarrow 串聯} = -\frac{R_{C1} /\!/ R_3 /\!/ R_4 /\!/ r_{\pi 1}}{r_{e1}}$$

    (2) 第二級放大器的電壓增益

    $$A_{v2} = -\frac{上}{下} = -\frac{和集極連接的電阻 \Rightarrow 並聯}{和射極連接的電阻 \Rightarrow 串聯} = -\frac{R_{C2} /\!/ R_L}{r_{e2}}$$

    (3) 總電壓增益$A_{vT} = A_{v1} \times A_{v2}$

4. 總電流增益A_{iT}：

    (1) 第一級放大器的電流增益$A_{i1} = A_{v1} \times \dfrac{Z_{i1}}{R_{io}} = A_{v1} \times \dfrac{R_1 /\!/ R_2 /\!/ r_{\pi 1}}{R_3 /\!/ R_4 /\!/ r_{\pi 2}}$

    （分母的R_{io}為第一級放大器輸出電流i_{o1}所通過的電阻，即$R_3 /\!/ R_4 /\!/ r_{\pi 2}$）

    (2) 第二級放大器的電流增益$A_{i2} = A_{v2} \times \dfrac{Z_{i2}}{R_{io}} = A_{v2} \times \dfrac{R_3 /\!/ R_4 /\!/ r_{\pi 2}}{R_L}$

    （分母的R_{io}為第二級放大器輸出電流i_{o2}所通過的電阻，即R_L）

    (3) 總電流增益$A_{iT} = A_{i1} \times A_{i2} = A_{vT} \times \dfrac{Z_{i1}}{R_{io}} = A_{vT} \times \dfrac{R_1 /\!/ R_2 /\!/ r_{\pi 1}}{R_L}$

RC耦合串級放大器的直流分析

老師教

1. 如RC耦合串級放大器（P.5-8），若電晶體之$V_{BE} = 0.7$ V、$V_{CC} = 20$ V、$\beta_1 = 50$、$\beta_2 = 80$、$R_1 = 15$ kΩ、$R_2 = 5$ kΩ、$R_{C1} = 2$ kΩ、$R_{E1} = 4.225$ kΩ、$R_3 = 12$ kΩ、$R_4 = 8$ kΩ、$R_{C2} = 3$ kΩ、$R_{E2} = 3.6$ kΩ、$R_L = 2.5$ kΩ，試求第一級的直流工作點$Q_1(V_{CE1}, I_{C1})$？

解

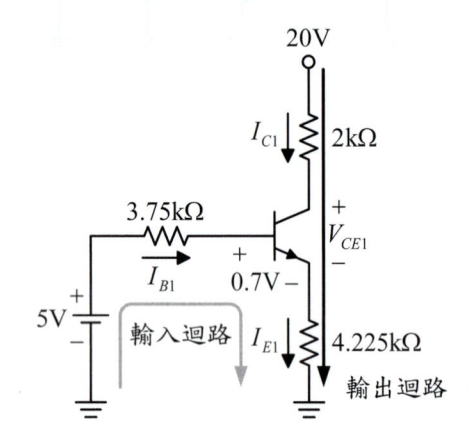

(1) 戴維寧等效電壓

$$E_{th} = 20V \times \frac{5k\Omega}{15k\Omega + 5k\Omega} = 5 \text{ V}$$

(2) 戴維寧等效電阻

$$R_{th} = 15k\Omega // 5k\Omega = 3.75 \text{ k}\Omega$$

(3) 基極電流

$$I_{B1} = \frac{5V - 0.7V}{3.75k\Omega + (1+50) \times 4.225k\Omega}$$
$$\approx 20 \text{ }\mu A$$

(4) 集極電流

$$I_{C1} = I_{B1} \times \beta_1 = 20\mu A \times 50 = 1 \text{ mA}$$

(5) 集-射極間的電壓

$$V_{CE1} \approx 20V - 1mA \times (2k\Omega + 4.225k\Omega)$$
$$= 13.775 \text{ V} \approx 13.8 \text{ V}$$

(6) 第一級的直流工作點

$$Q_1(V_{CE1}, I_{C1}) = (13.8V, 1mA)$$

註：求解I_B時，$(1+50)$可以用50，其所獲得之答案近似精確解。

學生做

1. 承左題，試求第二級的直流工作點$Q_2(V_{CE2}, I_{C2})$？

答

RC耦合串級放大器的交流分析

老師教

2. 如下圖所示,若 $r_{\pi 1} = r_{\pi 2} = 2\,\text{k}\Omega$,試求:
(1)輸入阻抗 Z_i (2)輸出阻抗 Z_o (3)第一級電壓增益 A_{v1} (4)第二級電壓增益 A_{v2} (5)總電壓增益 A_{vT} (6)第一級電流增益 A_{i1} (7)第二級電流增益 A_{i2} (8)總電流增益 A_{iT}。(運用 π 模型的詳解)

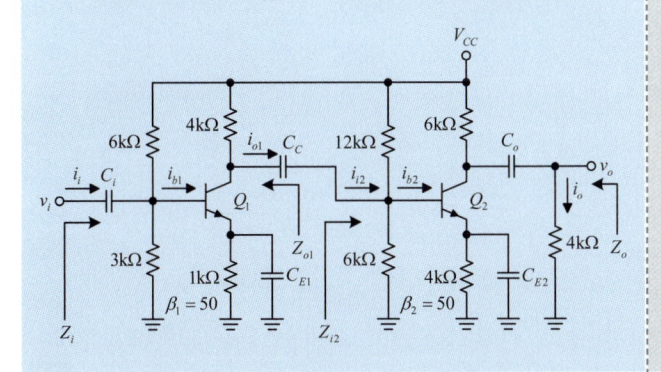

學生做

2. 如左題,試求:
(1)輸入阻抗 Z_i (2)輸出阻抗 Z_o (3)第一級電壓增益 A_{v1} (4)第二級電壓增益 A_{v2} (5)總電壓增益 A_{vT} (6)第一級電流增益 A_{i1} (7)第二級電流增益 A_{i2} (8)總電流增益 A_{iT}。(運用 T 模型的速解)

解 (運用 π 模型的詳解)

(1) 輸入阻抗 Z_i
$$Z_i = 6\text{k}\Omega \,/\!/\, 3\text{k}\Omega \,/\!/\, 2\text{k}\Omega = 1\,\text{k}\Omega$$

(2) 輸出阻抗 Z_o
$$Z_o = 6\text{k}\Omega \,/\!/\, 4\text{k}\Omega = 2.4\,\text{k}\Omega$$

(3) 第一級電壓增益 A_{v1}
$$A_{v1} = \frac{v_{o1}}{v_{i1}} = -\beta_1 \times \frac{R_{C1} \,/\!/\, R_3 \,/\!/\, R_4 \,/\!/\, r_{\pi 2}}{r_{\pi 1}}$$
$$= -50 \times \frac{4\text{k}\Omega \,/\!/\, 12\text{k}\Omega \,/\!/\, 6\text{k}\Omega \,/\!/\, 2\text{k}\Omega}{2\text{k}\Omega}$$
$$= -25$$

(4) 第二級電壓增益 A_{v2}
$$A_{v2} = \frac{v_{o2}}{v_{i2}} = -\beta_2 \times \frac{R_{C2} \,/\!/\, R_L}{r_{\pi 2}}$$
$$= -50 \times \frac{6\text{k}\Omega \,/\!/\, 4\text{k}\Omega}{2\text{k}\Omega} = -60$$

(5) 總電壓增益 A_{vT}
$$A_{vT} = A_{v1} \times A_{v2} = -25 \times -60$$
$$= 1500$$

(6) 第一級電流增益 A_{i1}

$$A_{i1} = -\beta_1 \times \frac{R_1 // R_2}{(R_1 // R_2) + r_{\pi 1}} \times \frac{R_{C1}}{R_{C1} + (R_3 // R_4 // r_{\pi 2})}$$
$$= -50 \times \frac{6k // 3k}{(6k // 3k) + 2k} \times \frac{4k}{4k + (12k // 6k // 2k)}$$
$$= -18.75$$

(7) 第二級電流增益 A_{i2}

$$A_{i2} = -\beta_2 \times \frac{R_3 // R_4}{(R_3 // R_4) + r_{\pi 2}} \times \frac{R_{C2}}{R_{C2} + R_L}$$
$$= -50 \times \frac{12k // 6k}{(12k // 6k) + 2k} \times \frac{6k}{6k + 4k}$$
$$= -20$$

(8) 總電流增益 A_{iT}

$$A_{iT} = A_{i1} \times A_{i2} = -18.75 \times -20$$
$$= 375$$

ABCD 立即練習

基礎題

( )1. 如圖(1)所示，若 $r_{\pi 1} = r_{\pi 2} = 3\,\text{k}\Omega$，電容器 C_i、C_C 與 C_o 的功用？
(A)隔離直流成分，耦合交流成分　　(B)隔離交流成分，耦合直流成分
(C)同時隔離交直流成分　　(D)同時耦合交直流成分

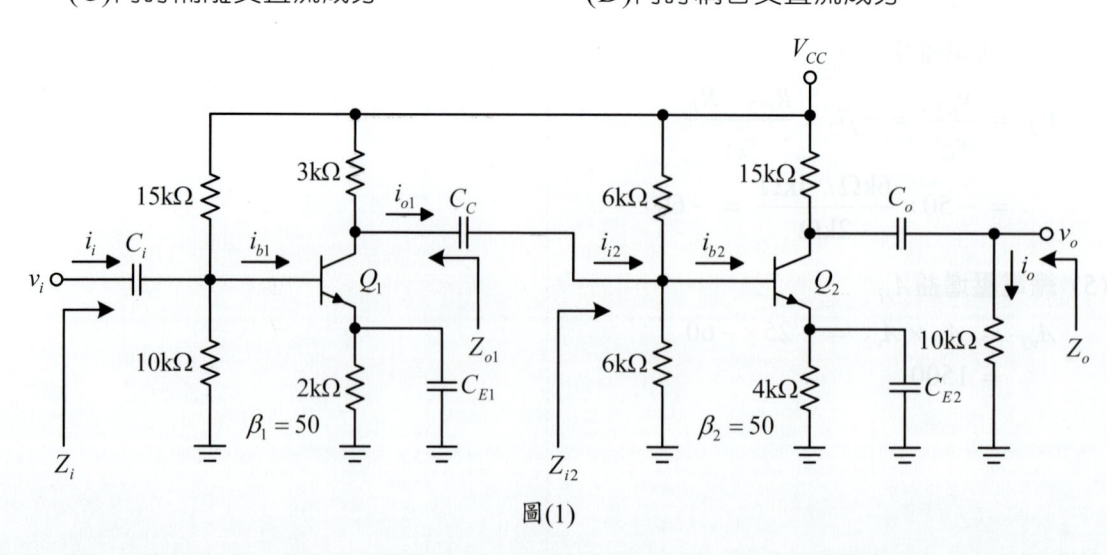

圖(1)

( )2. 承上題，電容器C_{E1}與C_{E2}的功用？
 (A)隔離直流成分，耦合交流成分　　(B)隔離交流成分，耦合直流成分
 (C)提高交流電壓增益　　(D)提高直流電壓增益

( )3. 承上題，第一級放大器的輸入阻抗Z_i為何？
 (A)6kΩ　(B)3kΩ　(C)2kΩ　(D)1.5kΩ

( )4. 承上題，第一級放大器的輸出阻抗Z_{o1}為何？
 (A)6kΩ　(B)3kΩ　(C)2kΩ　(D)1.5kΩ

( )5. 承上題，第二級放大器的輸入阻抗Z_{i2}為何？
 (A)6kΩ　(B)3kΩ　(C)2kΩ　(D)1.5kΩ

( )6. 承上題，第二級放大器的輸出阻抗Z_o為何？
 (A)6kΩ　(B)3kΩ　(C)2kΩ　(D)1.5kΩ

( )7. 承上題，第一級電壓增益A_{v1}為何？ (A)$-\frac{50}{3}$ (B)$\frac{50}{3}$ (C)$-\frac{100}{3}$ (D)$\frac{100}{3}$

( )8. 承上題，第二級電壓增益A_{v2}為何？ (A)$-\frac{50}{3}$ (B)$\frac{50}{3}$ (C)-100 (D)100

( )9. 承上題，第一級電流增益A_{i1}為何？ (A)$-\frac{50}{3}$ (B)$-\frac{200}{9}$ (C)-100 (D)100

( )10. 承上題，第二級電流增益A_{i2}為何？ (A)-15 (B)15 (C)-100 (D)100

( )11. 承上題，總電流增益A_{iT}為何？ (A)$-\frac{50}{3}$ (B)$-\frac{200}{9}$ (C)$-\frac{1000}{3}$ (D)$\frac{1000}{3}$

進階題

( )1. 如圖(1)所示，若第一級的輸入電壓V_i為±40mV的交流信號，且第一級輸出的直流電壓$V_{o1}=5$ V，試求V_{o1}的電壓變動範圍為何？
 (A)3V～7V　(B)4V～6V　(C)-1V～1V　(D)-2V～2V

圖(1)

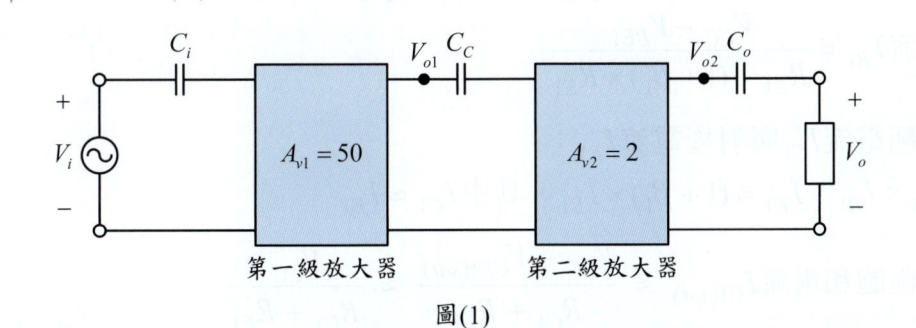

( )2. 承上題，若第二級輸出的直流電壓$V_{o2}=7$ V，試求V_o的電壓變動範圍為何？
 (A)5V～9V　(B)3V～11V　(C)-1V～1V　(D)-4V～4V

5-3 直接耦合串級放大電路

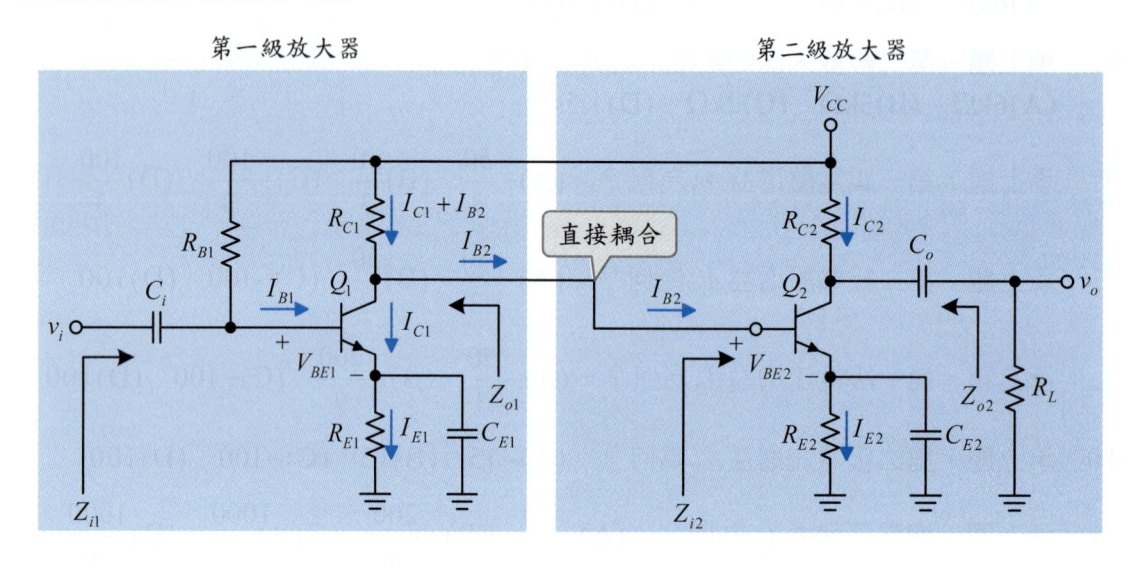

直接耦合串級放大器常用於積體電路，因級與級間沒有任何元件隔離直流成分，因此各級的直流工作點會互相影響，因此穩定度較差。常見的直接耦合串級放大器，有以下三種：一、**直接耦合串級放大電路**，二、**疊接（cascode）放大器**，三、**達靈頓（Darlington）放大電路**。

一、直接耦合串級放大器

重點 1　直流分析：第一級直流工作點的計算

1. 計算輸入的基極電流 I_{B1}：
   第一級放大器的輸入迴路方程式 $V_{CC} = I_{B1} \times R_{B1} + V_{BE1} + I_{E1} \times R_{E1}$，則
   基極電流 $I_{B1} = \dfrac{V_{CC} - V_{BE1}}{R_{B1} + (1+\beta_1) \times R_{E1}}$

2. 計算集極電流 I_{C1} 與射極電流 I_{E1}：
   $I_{C1} = \beta_1 \times I_{B1}$，$I_{E1} = (1+\beta_1) \times I_{B1}$，其中 $I_{C1} \approx I_{E1}$

3. 計算集極飽和電流 $I_{C1(sat)} \approx \dfrac{V_{CC} - V_{CE1(sat)}}{R_{C1} + R_{E1}} \approx \dfrac{V_{CC}}{R_{C1} + R_{E1}}$

4. 進行電晶體飽和判別：
   $\begin{cases} I_{C1} \geq I_{C1(sat)} \Rightarrow \text{飽和區} \\ I_{C1} < I_{C1(sat)} \Rightarrow \text{工作區} \end{cases}$

   （或直接計算 V_{CE}，若 $V_{CE} \leq 0.2\,\text{V}$，即操作在飽和區）

5. 計算集極-射極間電壓V_{CE1}：
   $V_{CC} = (I_{C1} + I_{B2}) \times R_{C1} + V_{CE1} + I_{E1} \times R_{E1}$
   $I_{C1} \gg I_{B2}$且又$I_{C1} \approx I_{E1}$，則
   集極-射極間電壓$V_{CE1} \approx V_{CC} - I_{C1} \times (R_{C1} + R_{E1})$

6. 第一級的直流工作點$Q_1(V_{CE1}, I_{C1})$

重點 2　直流分析：第二級直流工作點的計算

1. 計算輸入的基極電流I_{B2}：
   第二級放大器的輸入迴路方程式$V_{CC} = (I_{C1} + I_{B2}) \times R_{C1} + V_{BE2} + I_{E2} \times R_{E2}$，則
   基極電流$I_{B2} = \dfrac{V_{CC} - I_{C1} \times R_{C1} - V_{BE2}}{R_{C1} + (1+\beta_2) \times R_{E2}}$

2. 計算集極電流I_{C2}與射極電流I_{E2}：
   $I_{C2} = \beta_2 \times I_{B2}$，$I_{E2} = (1+\beta_2) \times I_{B2}$，其中$I_{C2} \approx I_{E2}$

3. 計算集極飽和電流$I_{C2(sat)} \approx \dfrac{V_{CC} - V_{CE2(sat)}}{R_{C2} + R_{E2}} \approx \dfrac{V_{CC}}{R_{C2} + R_{E2}}$

4. 進行電晶體飽和判別：
   $\begin{cases} I_{C2} \geq I_{C2(sat)} \Rightarrow \text{飽和區} \\ I_{C2} < I_{C2(sat)} \Rightarrow \text{工作區} \end{cases}$

5. 計算集極-射極間電壓V_{CE2}：
   $V_{CE2} = V_{CC} - I_{C2} \times R_{C2} - I_{E2} \times R_{E2}$
   集極-射極間電壓V_{CE2}近似值如下：$V_{CE2} \approx V_{CC} - I_{C2} \times (R_{C2} + R_{E2})$

6. 第二級的直流工作點$Q_2(V_{CE2}, I_{C2})$

重點 3 交流分析

運用 π 模型求解

第一級放大器　　　　　　　　　　第二級放大器

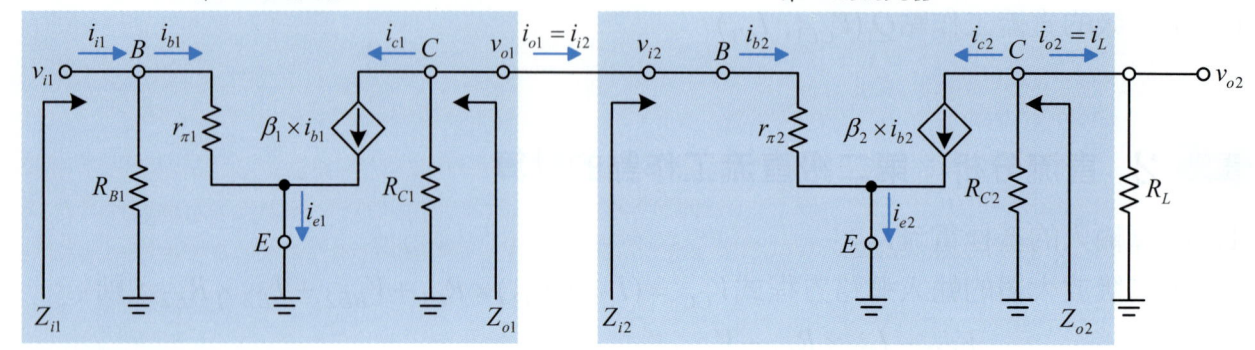

1. 輸入阻抗 Z_i：

   (1) 第一級的輸入阻抗 $Z_{i1} = R_{B1} // r_{\pi 1}$

   (2) 第二級的輸入阻抗 $Z_{i2} = r_{\pi 2}$

2. 輸出阻抗 Z_o：

   (1) 第一級的輸出阻抗 $Z_{o1} = \infty // R_{C1} = R_{C1}$

   (2) 第二級的輸出阻抗 $Z_{o2} = \infty // R_{C2} = R_{C2}$

3. 總電壓增益 A_{vT}：

   (1) 第一級放大器的電壓增益

   $$A_{v1} = \frac{v_{o1}}{v_{i1}} = \frac{-i_{c1} \times (R_{C1} // Z_{i2})}{i_{b1} \times r_{\pi 1}} = -\beta_1 \times \frac{R_{C1} // r_{\pi 2}}{r_{\pi 1}} \quad \left(\frac{i_{c1}}{i_{b1}} = \beta_1\right)$$

   (2) 第二級放大器的電壓增益

   $$A_{v2} = \frac{v_{o2}}{v_{i2}} = \frac{-i_{c2} \times (R_{C2} // R_L)}{i_{b2} \times r_{\pi 2}} = -\beta_2 \times \frac{R_{C2} // R_L}{r_{\pi 2}} \quad \left(\frac{i_{c2}}{i_{b2}} = \beta_2\right)$$

   (3) 總電壓增益 $A_{vT} = A_{v1} \times A_{v2}$

4. 總電流增益 A_{iT}：（運用分流定則求解）

   (1) 第一級放大器的電流增益

   $$A_{i1} = \frac{R_{B1}}{R_{B1} + r_{\pi 1}} \times \beta_1 \times \frac{-R_{C1}}{R_{C1} + Z_{i2}} = -\beta_1 \times \frac{R_{B1}}{R_{B1} + r_{\pi 1}} \times \frac{R_{C1}}{R_{C1} + r_{\pi 2}}$$

   (2) 第二級放大器的電流增益

   $$A_{i2} = -\beta_2 \times \frac{R_{C2}}{R_{C2} + R_L}$$

   (3) 總電流增益 $A_{iT} = A_{i1} \times A_{i2}$

畫基準線（運用T模型）速解

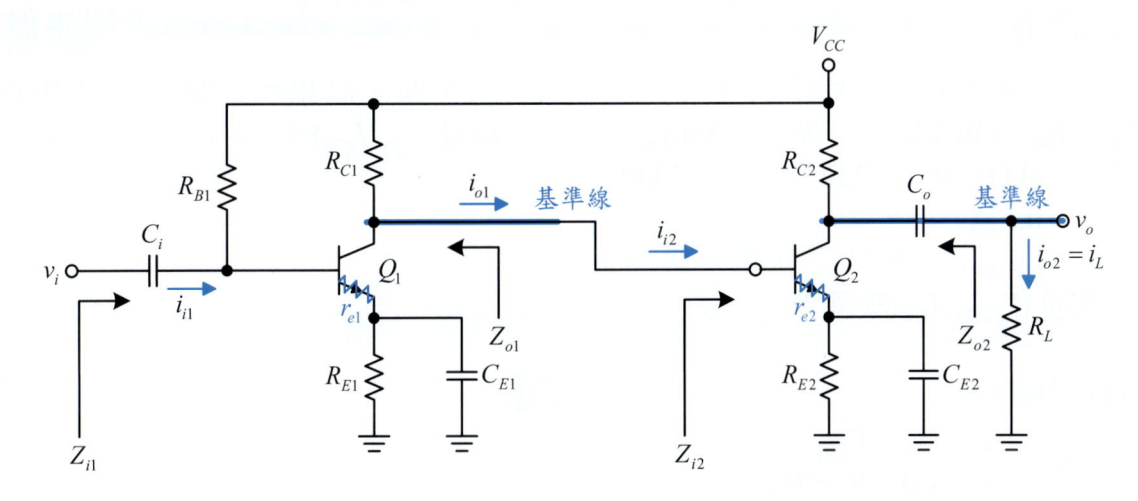

1. 輸入阻抗Z_i：

    (1) 第一級的輸入阻抗$Z_{i1} = R_{B1} // r_{\pi 1}$

    (2) 第二級的輸入阻抗$Z_{i2} = r_{\pi 2}$

2. 輸出阻抗Z_o：

    (1) 第一級的輸出阻抗$Z_{o1} = \infty // R_{C1} = R_{C1}$

    (2) 第二級的輸出阻抗$Z_{o2} = \infty // R_{C2} = R_{C2}$

3. 總電壓增益A_{vT}：

    (1) 第一級放大器的電壓增益

    $$A_{v1} = -\frac{上}{下} = -\frac{和集極連接的電阻 \Rightarrow 並聯}{和射極連接的電阻 \Rightarrow 串聯} = -\frac{R_{C1} // r_{\pi 2}}{r_{e1}}$$

    (2) 第二級放大器的電壓增益

    $$A_{v2} = -\frac{上}{下} = -\frac{和集極連接的電阻 \Rightarrow 並聯}{和射極連接的電阻 \Rightarrow 串聯} = -\frac{R_{C2} // R_L}{r_{e2}}$$

    (3) 總電壓增益$A_{vT} = A_{v1} \times A_{v2}$

4. 總電流增益A_{iT}：

    (1) 第一級放大器的電流增益 $A_{i1} = A_{v1} \times \dfrac{Z_{i1}}{R_{io}} = A_{v1} \times \dfrac{R_{B1} // r_{\pi 1}}{r_{\pi 2}}$

    （分母的R_{io}為第一級放大器輸出電流i_{o1}所通過的電阻，即$r_{\pi 2}$）

    (2) 第二級放大器的電流增益 $A_{i2} = A_{v2} \times \dfrac{Z_{i2}}{R_{io}} = A_{v2} \times \dfrac{r_{\pi 2}}{R_L}$

    （分母的R_{io}為第二級放大器輸出電流i_{o2}所通過的電阻，即R_L）

    (3) 總電流增益 $A_{iT} = A_{i1} \times A_{i2} = A_{vT} \times \dfrac{Z_{i1}}{R_{io}} = A_{vT} \times \dfrac{R_{B1} // r_{\pi 1}}{R_L}$

直接耦合串級放大器的直流分析

老師教

1. 如直接耦合串級放大器（P.5-16），若 $V_{CC} = 10.7\text{ V}$、$R_{B1} = 100\text{ k}\Omega$、$R_{C1} = 1\text{ k}\Omega$、$R_{E1} = 1\text{ k}\Omega$、$R_{C2} = 0.5\text{ k}\Omega$、$R_{E2} = 0.5\text{ k}\Omega$、$\beta_1 = 99$、$\beta_2 = 49$，且 $V_{BE1} = V_{BE2} = 0.7\text{ V}$，則第一級的工作點 $Q_1(V_{CE1}, I_{C1})$ 為何？

解 (1) 基極電流

$$I_{B1} = \frac{V_{CC} - V_{BE1}}{R_{B1} + (1+\beta_1) \times R_{E1}}$$

$$= \frac{10.7\text{V} - 0.7\text{V}}{100\text{k}\Omega + (1+99) \times 1\text{k}\Omega}$$

$$= 50\ \mu\text{A}$$

(2) 計算集極電流 I_{C1} 與射極電流 I_{E1}

$$I_{C1} = \beta_1 \times I_{B1} = 99 \times 50\mu\text{A}$$
$$= 4.95\text{ mA} \approx I_{E1}$$

(3) 集-射極間的電壓

$$V_{CE1} \approx V_{CC} - I_{C1} \times (R_{C1} + R_{E1})$$
$$= 10.7\text{V} - 4.95\text{mA} \times (1\text{k}\Omega + 1\text{k}\Omega)$$
$$= 0.8\text{ V}$$

(4) 第一級的直流工作點 $Q_1(0.8\text{V}, 4.95\text{mA})$

學生做

1. 承左題，試求第二級的直流工作點 $Q_2(V_{CE2}, I_{C2})$？

答

直接耦合串級放大器的交流分析

老師教

2. 如下圖所示，若 $r_{\pi 1} = 2\text{ k}\Omega$，$r_{\pi 2} = 4\text{ k}\Omega$，試求：
(1)輸入阻抗 Z_i (2)輸出阻抗 Z_o (3)第一級電壓增益 A_{v1} (4)第二級電壓增益 A_{v2} (5)總電壓增益 A_{vT} (6)第一級電流增益 A_{i1} (7)第二級電流增益 A_{i2} (8)總電流增益 A_{iT}。（運用 π 模型的詳解）

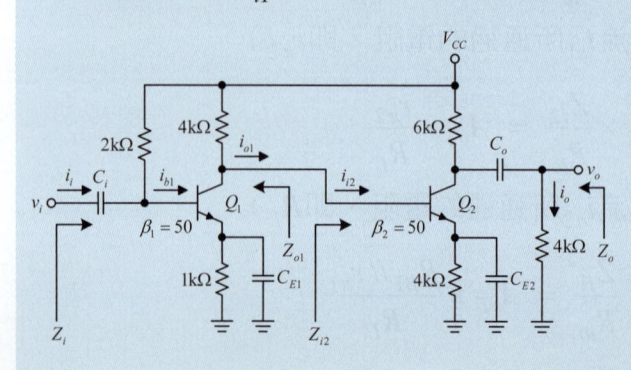

學生做

2. 如左題，試求：
(1)輸入阻抗 Z_i (2)輸出阻抗 Z_o (3)第一級電壓增益 A_{v1} (4)第二級電壓增益 A_{v2} (5)總電壓增益 A_{vT} (6)第一級電流增益 A_{i1} (7)第二級電流增益 A_{i2} (8)總電流增益 A_{iT}。（運用 T 模型的速解）

第 5 章 雙極性接面電晶體多級放大電路

解 （運用 π 模型的詳解） **答**

(1) 輸入阻抗 Z_i

$Z_i = 2\text{k}\Omega // 2\text{k}\Omega = 1\text{k}\Omega$

(2) 輸出阻抗 Z_o

$Z_o = 6\text{k}\Omega // 4\text{k}\Omega = 2.4\text{k}\Omega$

(3) 第一級電壓增益 A_{v1}

$A_{v1} = \dfrac{v_{o1}}{v_{i1}} = -\beta_1 \times \dfrac{R_{C1} // r_{\pi 2}}{r_{\pi 1}}$

$= -50 \times \dfrac{4\text{k}\Omega // 4\text{k}\Omega}{2\text{k}\Omega} = -50$

(4) 第二級電壓增益 A_{v2}

$A_{v2} = \dfrac{v_{o2}}{v_{i2}} = -\beta_2 \times \dfrac{R_{C2} // R_L}{r_{\pi 2}}$

$= -50 \times \dfrac{6\text{k}\Omega // 4\text{k}\Omega}{4\text{k}\Omega} = -30$

(5) 總電壓增益 A_{vT}

$A_{vT} = A_{v1} \times A_{v2} = -50 \times -30$

$= 1500$

(6) 第一級電流增益 A_{i1}

$A_{i1} = -\beta_1 \times \dfrac{R_{B1}}{R_{B1} + r_{\pi 1}} \times \dfrac{R_{C1}}{R_{C1} + r_{\pi 2}}$

$= -50 \times \dfrac{2\text{k}\Omega}{2\text{k}\Omega + 2\text{k}\Omega} \times \dfrac{4\text{k}\Omega}{4\text{k}\Omega + 4\text{k}\Omega}$

$= -12.5$

(7) 第二級電流增益 A_{i2}

$A_{i2} = -\beta_2 \times \dfrac{R_{C2}}{R_{C2} + R_L}$

$= -50 \times \dfrac{6\text{k}\Omega}{6\text{k}\Omega + 4\text{k}\Omega} = -30$

(8) 總電流增益 A_{iT}

$A_{iT} = A_{i1} \times A_{i2} = -12.5 \times -30$

$= 375$

二 達靈頓電路

達靈頓放大電路，第一級的輸出直接耦合至第二級的輸入，其電路型態為共集極電路直接耦合共集極電路，整體的電路型態相當於**共集極電路**（又稱射極隨耦器或是電壓隨耦器），此電路具有極大的電流增益，及極高的輸入阻抗。

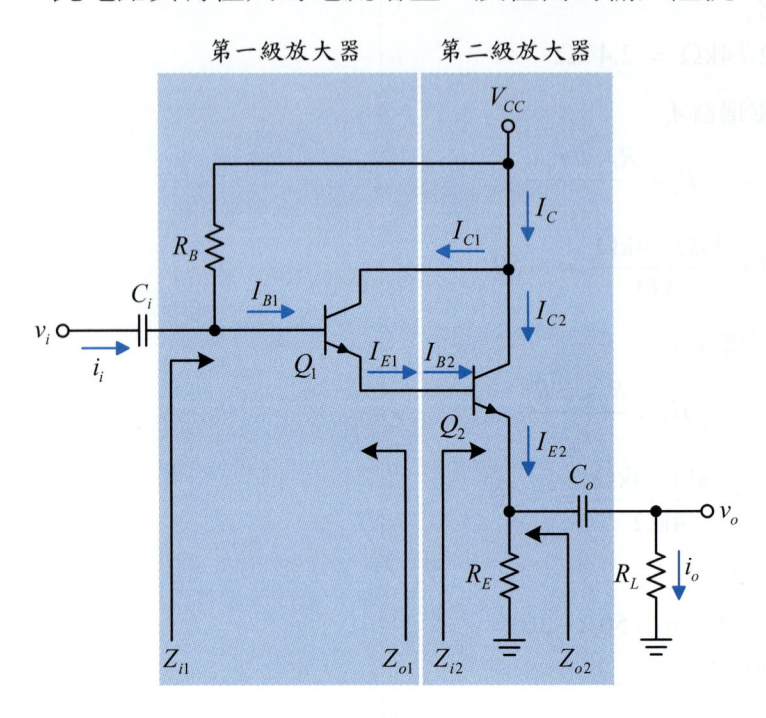

重點 4　直流分析：第一級直流工作點的計算

1. 計算輸入的基極電流 I_{B1}：
   根據克希荷夫電壓定律（KVL），輸入迴路方程式為：
   $$V_{CC} = I_{B1} \times R_B + V_{BE1} + V_{BE2} + I_{E2} \times R_E$$
   因 $I_{E2} = I_{B1} \times (1+\beta_1) \times (1+\beta_2)$，故輸入的基極電流 I_{B1} 為：
   $$I_{B1} = \frac{V_{CC} - V_{BE1} - V_{BE2}}{R_B + (1+\beta_1) \times (1+\beta_2) \times R_E}$$
   因 β_1、$\beta_2 \gg 1$，故 $I_{B1} \approx \dfrac{V_{CC} - V_{BE1} - V_{BE2}}{R_B + \beta_1 \times \beta_2 \times R_E}$

2. 計算集極電流 I_{C1} 與射極電流 I_{E1}：
   $I_{C1} = \beta_1 \times I_{B1}$，$I_{E1} = (1+\beta_1) \times I_{B1}$，其中 $I_{C1} \approx I_{E1}$

3. 計算集極-射極間電壓 $V_{CE1} = V_{CC} - V_{BE2} - I_{E2} \times R_E$

4. 第一級的直流工作點 $Q_1(V_{CE1}, I_{C1})$

註：達靈頓電路的電流增益非常大，非常適合當做電流放大器來推動後級放大器。

重點 5　直流分析：第二級直流工作點的計算

1. 計算輸入的基極電流 I_{B2}：$I_{B2} = I_{E1}$，所以 $I_{B2} = (1+\beta_1) \times I_{B1}$
2. 計算集極電流 I_{C2} 與射極電流 I_{E2}：
   $I_{C2} = \beta_2 \times I_{B2}$，$I_{E2} = (1+\beta_2) \times I_{B2}$，其中 $I_{C2} \approx I_{E2}$
3. 計算集極-射極間電壓 $V_{CE2} = V_{CC} - I_{E2} \times R_E$
4. 第二級的直流工作點 $Q_2(V_{CE2}, I_{C2})$

補充知識

同型與異型達靈頓對電晶體

- 同型達靈頓對電晶體（以第一級 Q_1 的型式為主）（I_{E1} 與 I_{B2} 電流方向一致）

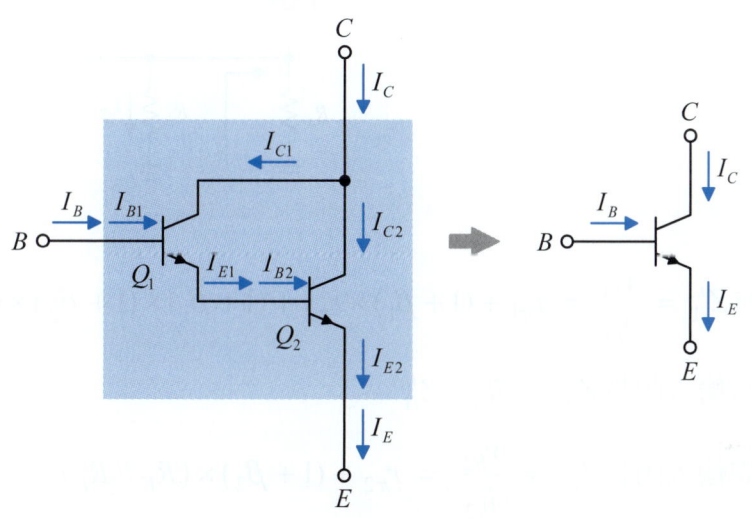

NPN型達靈頓電路

- 異型達靈頓對電晶體（以第一級 Q_1 的型式為主）（I_{C1} 與 I_{B2} 電流方向一致）

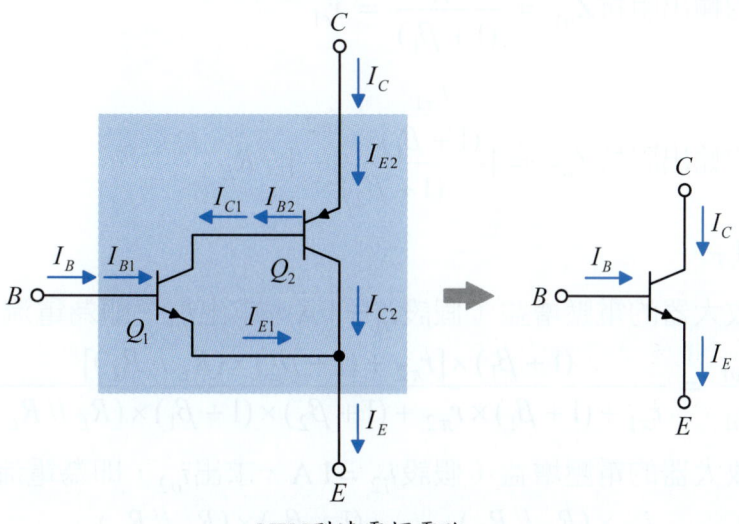

NPN型達靈頓電路

重點 6　交流分析

運用 π 模型求解

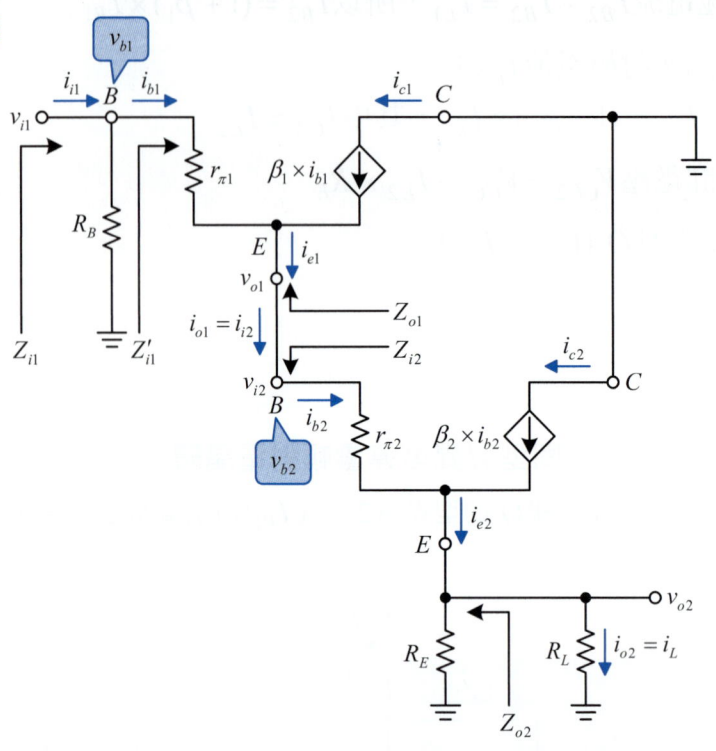

1. 輸入阻抗 Z_i：

    (1) 輸入阻抗 $Z'_{i1} = \dfrac{v_{b1}}{i_{b1}} = r_{\pi 1} + (1+\beta_1) \times r_{\pi 2} + (1+\beta_1) \times (1+\beta_2) \times (R_E // R_L)$

    (2) 第一級的輸入阻抗 $Z_{i1} = R_B // Z'_{i1}$

    (3) 第二級的輸入阻抗 $Z_{i2} = \dfrac{v_{b2}}{i_{b2}} = r_{\pi 2} + (1+\beta_2) \times (R_E // R_L)$

2. 輸出阻抗 Z_o：

    (1) 第一級的輸出阻抗 $Z_{o1} = \dfrac{r_{\pi 1}}{(1+\beta_1)} = r_{e1}$

    (2) 第二級的輸出阻抗 $Z_{o2} = [\dfrac{\dfrac{r_{\pi 1}}{(1+\beta_1)} + r_{\pi 2}}{(1+\beta_2)}] // R_E$

3. 總電壓增益 A_{vT}：

    (1) 第一級放大器的電壓增益（假設 $i_{i1} = 1\,A$，求出 i_{o1}，即為電流放大率）

    $A_{v1} = \dfrac{v_{o1}}{v_{i1}} = \dfrac{(1+\beta_1) \times [r_{\pi 2} + (1+\beta_2) \times (R_E // R_L)]}{r_{\pi 1} + (1+\beta_1) \times r_{\pi 2} + (1+\beta_2) \times (1+\beta_1) \times (R_E // R_L)}$（一般為 0.99）

    (2) 第二級放大器的電壓增益（假設 $i_{i2} = 1\,A$，求出 i_{o2}，即為電流放大率）

    $A_{v2} = \dfrac{v_{o2}}{v_{i2}} = \dfrac{i_{e2} \times (R_E // R_L)}{i_{b2} \times Z_{i2}} = \dfrac{(1+\beta_2) \times (R_E // R_L)}{r_{\pi 2} + (1+\beta_2) \times (R_E // R_L)}$（一般為 0.99）

    (3) 總電壓增益 $A_{vT} = A_{v1} \times A_{v2}$（一般為 0.98）

4. 總電流增益 A_{iT}：（運用分流定則求解）

   (1) 第一級放大器的電流增益 $A_{i1} = \dfrac{i_{o1}}{i_{i1}} = \dfrac{R_B}{R_{B1} + Z'_{i1}} \times (1 + \beta_1)$

   (2) 第二級放大器的電流增益 $A_{i2} = \dfrac{i_{o2}}{i_{i2}} = (1 + \beta_2) \times \dfrac{R_E}{R_E + R_L}$

   (3) 總電流增益 $A_{iT} = A_{i1} \times A_{i2}$

畫基準線（運用T模型）速解

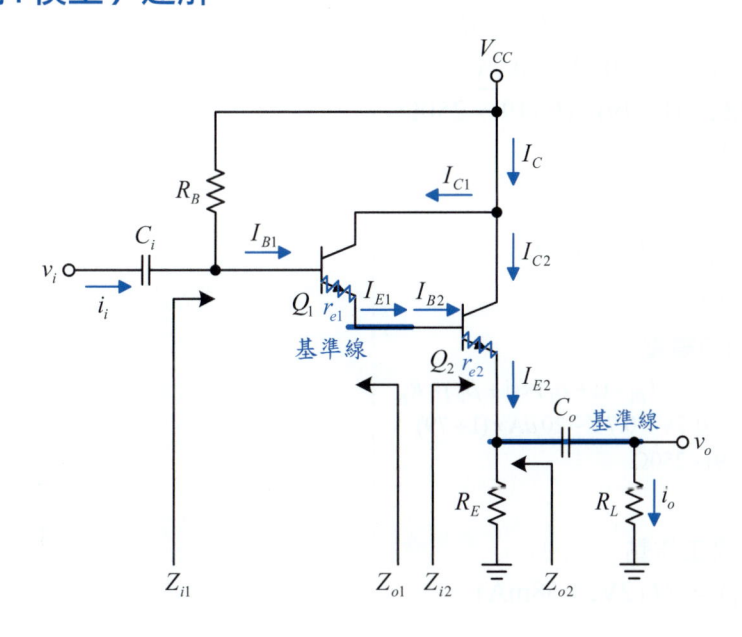

1. 總電壓增益 A_{vT}：

   (1) 第一級放大器的電壓增益

   $A_{v1} = \dfrac{v_{o1}}{v_{i1}} = \dfrac{下}{上+下} = \dfrac{[(R_E /\!/ R_L) + r_{e2}] \times (1 + \beta_2)}{r_{e1} + [(R_E /\!/ R_L) + r_{e2}] \times (1 + \beta 2)}$（小於1，一般約0.99）

   (2) 第二級放大器的電壓增益

   $A_{v2} = \dfrac{v_{o2}}{v_{i2}} = \dfrac{下}{上+下} = \dfrac{(R_E /\!/ R_L)}{r_{e2} + (R_E /\!/ R_L)}$（小於1，一般約0.99）

   (3) 總電壓增益 $A_{vT} = A_{v1} \times A_{v2}$

2. 總電流增益 A_{iT}：

   (1) 第一級放大器的電流增益

   $A_{i1} = \dfrac{i_{o1}}{i_{i1}} = A_{v1} \times \dfrac{Z_{i1}}{R_{io}} = A_{v1} \times \dfrac{Z_{i1}}{(R_L /\!/ R_E) \times (1 + \beta_2) + r_{\pi 2}}$

   (2) 第二級放大器的電流增益

   $A_{i2} = \dfrac{i_{o2}}{i_{i2}} = A_{v2} \times \dfrac{Z_{i2}}{R_{io}} = A_{v2} \times \dfrac{Z_{i2}}{R_L}$

   (3) 總電流增益 $A_{iT} = A_{i1} \times A_{i2}$

達靈頓電路的直流分析

老師教

3. 如達靈頓電路（P.5-22），若 $V_{CC}=11.4\text{ V}$、$V_{BE1}=V_{BE2}=0.7\text{ V}$、$R_B=100\text{ k}\Omega$、$R_E=250\text{ }\Omega$、$\beta_1=79$ 且 $\beta_2=19$，試求第一級放大器的工作點 Q_1 為何？

學生做

3. 承左題，試求第二級的直流工作點 $Q_2(V_{CE2}, I_{C2})$ 為何？

解 (1) 基極電流

$$I_{B1} = \frac{V_{CC}-V_{BE1}-V_{BE2}}{R_B+(1+\beta_1)\times(1+\beta_2)\times R_E}$$

$$= \frac{11.4\text{V}-0.7\text{V}-0.7\text{V}}{100\text{k}\Omega+(1+79)\times(1+19)\times 250\Omega}$$

$$= 20\text{ }\mu\text{A}$$

(2) 集極電流

$$I_{C1} = I_{B1}\times\beta_1 = 20\mu\text{A}\times 79$$

$$= 1.58\text{ mA}$$

(3) 集極-射極間的電壓

$$V_{CE1} = V_{CC}-V_{BE2}-I_{B1}\times(1+\beta_1)\times(1+\beta_2)\times R_E$$

$$= 11.4\text{V}-0.7\text{V}-0.7\text{V}-20\mu\text{A}\times(1+79)$$

$$\times(1+19)\times 250\Omega$$

$$= 2\text{ V}$$

(4) 第一級的直流工作點

$$Q_1(V_{CE1}, I_{C1}) = Q_1(2\text{V}, 1.58\text{mA})$$

答

達靈頓電路的交流分析

老師教

4. 如下圖，若 $r_{\pi 1}=r_{\pi 2}=1\text{ k}\Omega$、$\beta_1=99$、$\beta_2=49$，試求：

(1)第一級輸入阻抗 Z_{i1} (2)第二級輸入阻抗 Z_{i2} (3)第一級輸出阻抗 Z_{o1} (4)第二級輸出阻抗 Z_{o2}，分別為何？

學生做

4-1. 承左題，運用 π 模型的詳解，計算：

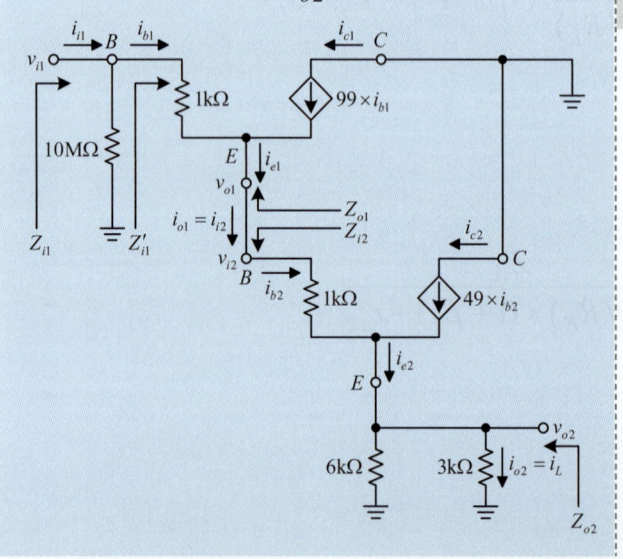

(1)第一級電壓增益 A_{v1} (2)第二級電壓增益 A_{v2} (3)總電壓增益 A_{vT} (4)第一級電流增益 A_{i1} (5)第二級電流增益 A_{i2}，分別為何？

答

解 (1) 第一級輸入阻抗 Z_{i1}

$$Z'_{i1} = r_{\pi 1} + (1+\beta_1) \times r_{\pi 2} + (1+\beta_1) \times (1+\beta_2) \times (R_E // R_L)$$
$$= 1k\Omega + (1+99) \times 1k\Omega + (1+99) \times (1+49) \times (6k\Omega // 3k\Omega)$$
$$\approx 10 \text{ M}\Omega$$

$$Z_{i1} = R_B // Z'_{i1} = 10\text{M}\Omega // 10\text{M}\Omega$$
$$\approx 5 \text{ M}\Omega \text{（高輸入阻抗）}$$

(2) 第二級輸入阻抗 Z_{i2}

$$Z_{i2} = r_{\pi 2} + (1+\beta_2) \times (R_E // R_L)$$
$$= 1k\Omega + (1+49) \times (6k\Omega // 3k\Omega)$$
$$= 101 \text{ k}\Omega$$

(3) 第一級輸出阻抗 Z_{o1}

$$Z_{o1} = \frac{r_{\pi 1}}{1+\beta_1} = \frac{1k\Omega}{1+99} = 10 \text{ }\Omega$$

(4) 第二級輸出阻抗 Z_{o2}

$$Z_{o2} = [\frac{\frac{r_{\pi 1}}{(1+\beta_1)} + r_{\pi 2}}{(1+\beta_2)}] // R_E // R_L$$
$$= [\frac{\frac{1k\Omega}{(1+99)} + 1k\Omega}{(1+49)}] // 6k\Omega // 3k\Omega$$
$$\approx 20 \text{ }\Omega \text{（低輸出阻抗）}$$

4-2. 承左題，運用 T 模型的速解，計算：(1)第一級電壓增益 A_{v1} (2)第二級電壓增益 A_{v2}，分別為何？

答

5-27

三 疊接放大器

疊接串級放大器是由兩個不同組態的放大電路所組成,其中第一級為**共射極組態(CE)**而第二級為**共基極組態(CB)**,第一級的集極(C)接腳直接連結至第二級的射極(E)接腳,中間沒有任何耦合元件,且由圖的電路結構,如同兩個電晶體疊置在一起,因此稱為疊接串級放大器。

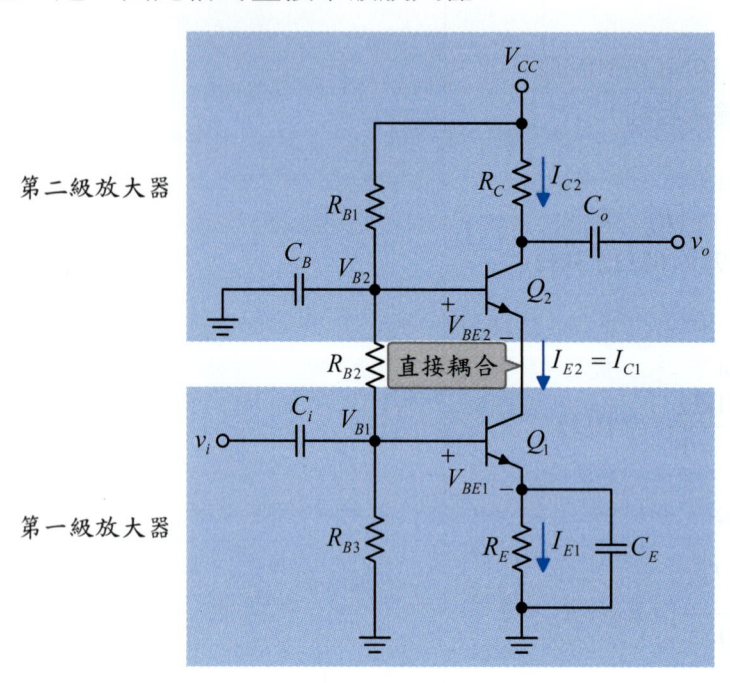

重點 7 元件名稱與功用

1. 電容器C_i與C_o:對於直流信號稱為**隔離電容**,目的是**隔離直流成分**,避免級與級之間的直流工作點互相牽制。

2. 電容器C_i與C_o:對於交流信號稱為**耦合電容**,目的是**耦合交流訊號**,以傳送至下一級。

3. 電容器C_B與C_E:對於交流信號稱為**旁路電容**,目的是**提高交流電壓增益**,其中電容器C_B是將R_{B1}短路,電容器C_E是將R_E短路。

註1:疊接放大器的輸入級為共射極組態,電壓增益$A_v \approx 1$,故高頻時可忽略極際電容所造成的高頻增益衰減,而輸出級為共基極組態,基極接地可以有效降低米勒效應,一般用於**高頻放大器**。

註2:輸入級為共射極,可以提高輸入阻抗;輸出級為共基極,可增加高頻的頻率寬度。

重點 8　直流分析：第一級共射極組態的直流工作點

1. 計算電壓 $V_{B1} = V_{CC} \times \dfrac{R_{B3}}{R_{B1} + R_{B2} + R_{B3}}$

2. 計算電壓 $V_{B2} = V_{CC} \times \dfrac{R_{B2} + R_{B3}}{R_{B1} + R_{B2} + R_{B3}}$

3. 計算第一級放大器的射極電流 $I_{E1} = \dfrac{V_{B1} - V_{BE1}}{R_E}$

4. 計算集極-射極間電壓 V_{CE1}：
   第一級放大器的集極電壓 $V_{C1} = V_{B2} - V_{BE2}$，射極電壓 $V_{E1} = V_{B1} - V_{BE1}$，
   若 $V_{BE1} = V_{BE2}$，則第一級放大器集極-射極間電壓
   $V_{CE1} = V_{C1} - V_{E1} = (V_{B2} - V_{BE2}) - (V_{B1} - V_{BE1}) = V_{B2} - V_{B1}$

5. 第一級的直流工作點 $Q_1(V_{CE1}, I_{C1})$

註：一般電晶體的 β_1、β_2 甚大，可以令 $I_{B1} \approx I_{B2} \approx 0$，採近似解。

重點 9　直流分析：第二級共基極組態的直流工作點

1. 計算集極電流 $I_{C2} \approx I_{E1} = \dfrac{V_{B1} - V_{BE1}}{R_E}$　（$\because I_{C2} \approx I_{E2} = I_{C1} \approx I_{E1}$）

2. 計算集極-基極間電壓 $V_{CB2} = V_{C2} - V_{B2} = (V_{CC} - I_{C2} \times R_C) - V_{B2}$

3. 第二級的直流工作點 $Q_2(V_{CB2}, I_{C2})$

重點 10　交流分析

運用 π 模型與 T 模型求解

第一級放大器（π模型）　　　　　　第二級放大器（T模型）

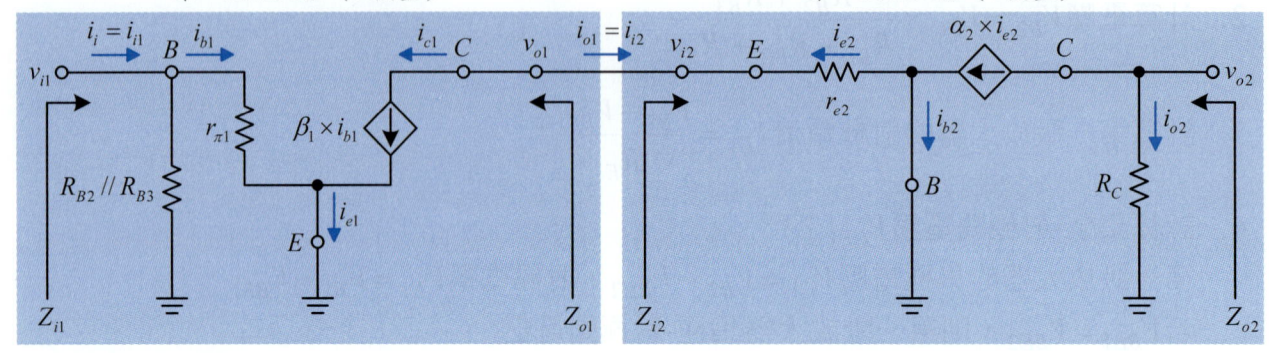

1. 輸入阻抗 Z_i：

    (1) 第一級的輸入阻抗 $Z_{i1} = R_{B2} // R_{B3} // r_{\pi 1}$

    (2) 第二級的輸入阻抗 $Z_{i2} = r_{e2}$

2. 輸出阻抗 Z_o：

    (1) 第一級的輸出阻抗 $Z_{o1} = \infty$

    (2) 第二級的輸出阻抗 $Z_{o2} = \infty // R_C = R_C$

3. 總電壓增益 A_{vT}：

    (1) 第一級放大器的電壓增益

    $$A_{v1} = \frac{v_{o1}}{v_{i1}} = \frac{i_{o1} \times r_{e2}}{i_{b1} \times r_{\pi 1}} = \frac{-i_{c1} \times r_{e2}}{i_{b1} \times r_{\pi 1}} = \frac{-\beta_1 \times i_{b1} \times r_{e2}}{i_{b1} \times r_{\pi 1}} = \frac{-\beta_1 \times r_{e2}}{r_{\pi 1}} \approx -1$$

    (2) 第二級放大器的電壓增益

    $$A_{v2} = \frac{v_{o2}}{v_{i2}} = \frac{i_{o2} \times R_C}{i_{i2} \times r_{e2}} = \frac{-\alpha_2 \times i_{e2} \times R_C}{-i_{e2} \times r_{e2}} = \alpha_2 \times \frac{R_C}{r_{e2}} \approx \frac{R_C}{r_{e2}} \quad (\because \alpha = 1)$$

    (3) 總電壓增益 $A_{vT} = A_{v1} \times A_{v2} \approx -1 \times \frac{R_C}{r_{e2}} = -\frac{R_C}{r_{e2}}$

4. 總電流增益 A_{iT}：

    (1) 第一級放大器的電流增益 $A_{i1} = \frac{i_{o1}}{i_{i1}} = -\frac{R_{B2} // R_{B3}}{(R_{B2} // R_{B3}) + r_{\pi 1}} \times \beta_1$

    (2) 第二級放大器的電流增益 $A_{i2} = \frac{i_{o2}}{i_{i2}} = \frac{-\alpha_2 \times i_{e2}}{-i_{e2}} = \alpha_2$

    (3) 總電流增益 $A_{iT} = A_{i1} \times A_{i2} = -\beta_1 \times \alpha_2 \times \frac{R_{B2} // R_{B3}}{(R_{B2} // R_{B3}) + r_{\pi 1}}$

畫基準線（運用T模型）速解

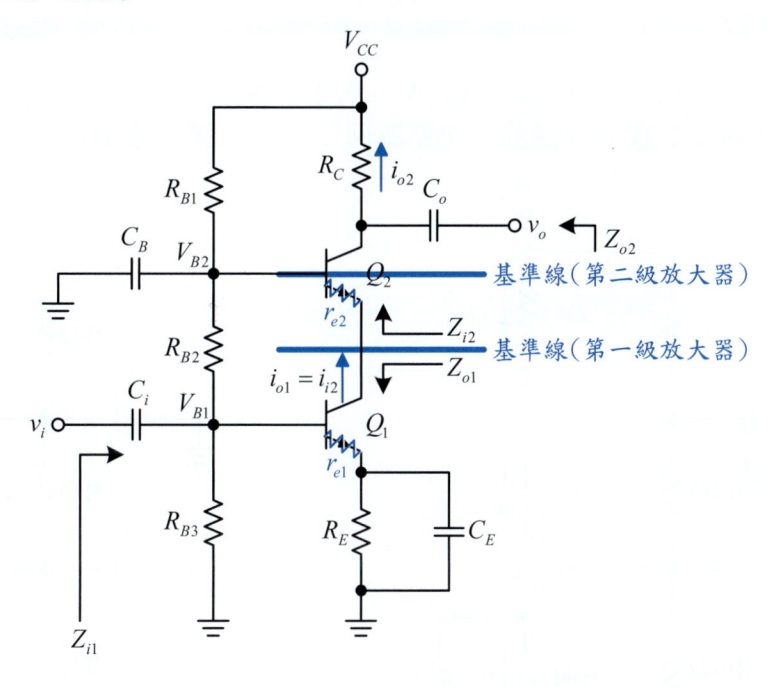

1. 總電壓增益 A_{vT}：

    (1) 第一級放大器的電壓增益 $A_{v1} = \dfrac{v_{o1}}{v_{i1}} = -\dfrac{上}{下} \approx -\dfrac{r_{e1}}{r_{e2}} \approx -1$

    (2) 第二級放大器的電壓增益 $A_{v2} = \dfrac{上（集極連接的電阻 \Rightarrow 並聯）}{下（射極連接的電阻 \Rightarrow 串聯）} \approx \dfrac{R_C}{r_{e2}}$

    (3) 總電壓增益 $A_{vT} = A_{v1} \times A_{v2} \approx -\dfrac{r_{e2}}{r_{e1}} \times \dfrac{R_C}{r_{e2}} = -\dfrac{R_C}{r_{e1}}$

2. 總電流增益 A_{iT}：

    (1) 第一級放大器的電流增益 $A_{i1} = \dfrac{i_{o1}}{i_{i1}} = A_{v1} \times \dfrac{Z_{i1}}{R_{io}} = A_{v1} \times \dfrac{R_{B2} // R_{B3} // r_{\pi 1}}{r_{e2}}$

    （分母的 R_{io} 為第一級放大器輸出電流 i_{o1} 所通過的電阻，即 r_{e2}）

    (2) 第二級放大器的電流增益 $A_{i2} = \dfrac{i_{o2}}{i_{i2}} = A_{v2} \times \dfrac{Z_{i2}}{R_{io}} = A_{v2} \times \dfrac{r_{e2}}{R_C}$

    （分母的 R_{io} 為第二級放大器輸出電流 i_{o2} 所通過的電阻，即 R_C）

    (3) 總電流增益 $A_{iT} = A_{i1} \times A_{i2}$

疊接放大器的直流分析

老師教

5. 如下圖,若 $V_{BE1} = V_{BE2} = 0.7\,\text{V}$,試求第一級與第二級放大器的工作點為何?

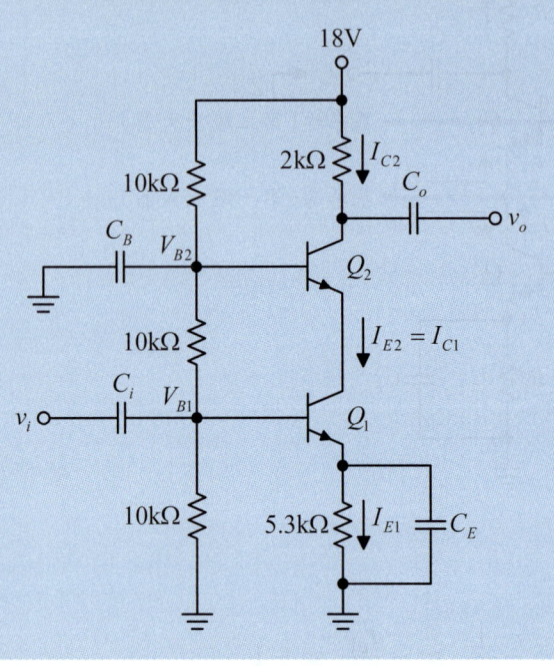

解《第一級直流工作點之計算》

(1) $V_{B1} = 18\text{V} \times \dfrac{10\text{k}\Omega}{10\text{k}\Omega + 10\text{k}\Omega + 10\text{k}\Omega}$

$\qquad = 6\,\text{V}$

$V_{B2} = 12\,\text{V}$

(2) $I_{E1} = \dfrac{V_{B1} - V_{BE1}}{R_E} = \dfrac{6\text{V} - 0.7\text{V}}{5.3\text{k}\Omega}$

$\qquad = 1\,\text{mA}$

$(I_{E1} \approx I_{C1} \approx I_{E2} \approx I_{C2})$

(3) $V_{CE1} = V_{B2} - V_{B1} = 12\text{V} - 6\text{V} = 6\,\text{V}$

(4) 第一級放大器的工作點

$\quad Q_1(V_{CE1},\, I_{C1}) = (6\text{V},\, 1\text{mA})$

《第二級直流工作點之計算》

(1) $V_{CB2} = V_{C2} - V_{B2}$

$\qquad\;\; = V_{CC} - I_{C2} \times R_C - V_{B2}$

$\qquad\;\; = 18\text{V} - 1\text{mA} \times 2\text{k}\Omega - 12\text{V}$

$\qquad\;\; = 4\,\text{V}$

(2) 第二級放大器的工作點

$\quad Q_2(V_{CB2},\, I_{C2}) = (4\text{V},\, 1\text{mA})$

學生做

5. 如下圖,若 $V_{BE1} = V_{BE2} = 0.7\,\text{V}$,試求第一級與第二級放大器的工作點為何?

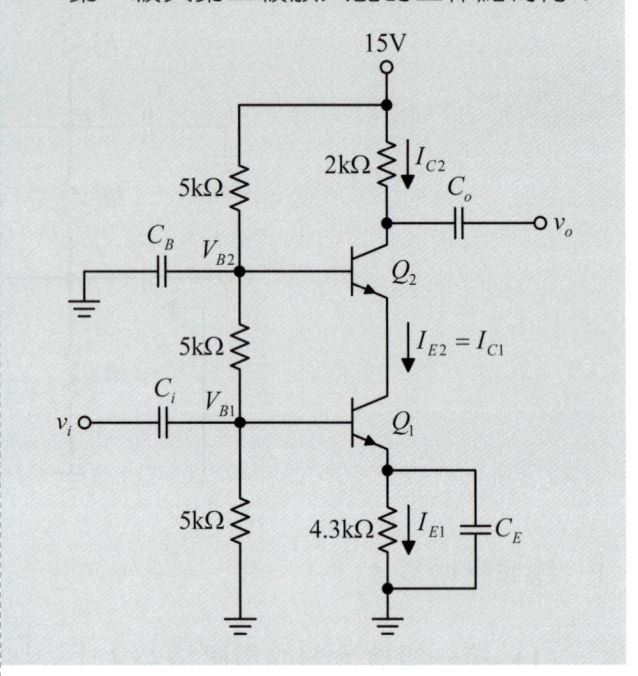

答

第 5 章　雙極性接面電晶體多級放大電路

疊接放大器的交流分析

老師教

6. 承上題的老師教，試求總電壓增益 A_{vT} 為何？（熱電壓 $V_T = 25\,\text{mV}$）

解 (1) $r_{e1} = \dfrac{25\,\text{mV}}{1\,\text{mA}} = 25\,\Omega$

(2) 總電壓增益

$A_{vT} = -\dfrac{R_C}{r_{e1}} = -\dfrac{2\,\text{k}\Omega}{25\,\Omega} = -80$

學生做

6. 承上題的學生做，試求總電壓增益 A_{vT} 為何？（熱電壓 $V_T = 25\,\text{mV}$）

答

四　串級放大器的優缺點及頻率響應

重點 11　直接耦合串級放大器的優缺點及改善方法

優點	缺點	改善方法
1. 損失小可提高效率且體積小成本低 2. 降低因耦合元件所造成的相位移 3. **低頻響應最佳**且頻帶寬度較寬（可延伸至 0Hz），可放大頻率為零的直流信號與極低頻的交流信號，故直接耦合串級放大電路又稱為**直流放大器**（低頻響應最好）	1. **直流工作點的穩定性最差**，容易受到電源電壓、溫度與偏壓電阻的影響 2. 串級放大器的級與級間的阻抗匹配不易，因此無法獲得最大功率轉移 3. 偏壓設計不易，因各級之間沒有耦合元件隔離故串級的級數不可設計太多	1. 運用射極電阻 R_E 的負回授作用，來提高直流工作點的穩定度 2. 直接耦合放大器所選用的零件，數值必須準確不變，因此電源電壓宜採用定電壓系統 3. 電晶體宜採用矽質電晶體

頻率響應曲線

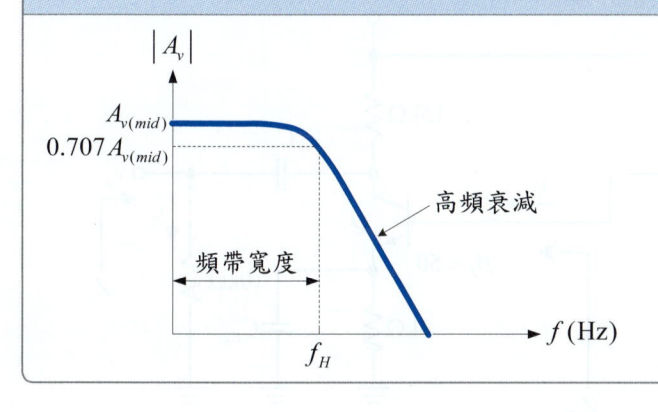

1. 低頻增益佳，因無耦合電容，所以增益不會衰減
2. 高頻受到極際電容等看不到的電容影響，使得增益下降

5-33

重點 12 頻率響應

1. 造成低頻響應不良之電容器：旁路電容、交連電容、反交連電容、隔離電容等肉眼可見之電容器。

2. 造成高頻響應不良之電容器：米勒電容、極際電容、雜散電容等肉眼無法看見之電容器。

3. 低頻響應最好之串級放大器為直接耦合串級放大器。

4. 中頻段增益值稱為中頻增益，簡記為 $A_{v(mid)}$，而定義增益值在 $0.707 A_{v(mid)}$（$\frac{1}{\sqrt{2}} A_{v(mid)}$）處所對應的頻率稱為**截止頻率**，截止頻率又稱為 0.707 頻率、半功率點或 −3dB 頻率。

5. n 級串級系統的**低頻（下）截止頻率** $f_{L(n)} = \dfrac{1}{\sqrt{2^{(\frac{1}{n})} - 1}}$；

   高頻（上）截止頻率 $f_{H(n)} = \sqrt{2^{(\frac{1}{n})} - 1}$。

6. 根據增益與頻寬的乘積為定值，當串級放大器的乘積增加時，整體的頻寬會變窄，造成低頻截止頻率（f_L）**增加**，而高頻截止頻率（f_H）**減少**。

7. 用來表示增益與頻寬兩者之關係圖，稱為波德圖。

註：RC 耦合串級放大器有低頻及高頻增益衰減；而直接耦合串極放大器僅有高頻增益衰減。

立即練習

基礎題

( ) 1. 如圖(1)所示，若 $r_{\pi 1} = 3\ \text{k}\Omega$、$r_{\pi 2} = 2\ \text{k}\Omega$，射極電阻 1kΩ 與 3kΩ 的功用？
(A)隔離直流成分，耦合交流成分　(B)隔離交流成分，耦合直流成分
(C)穩定直流工作點　(D)提升交流電壓增益

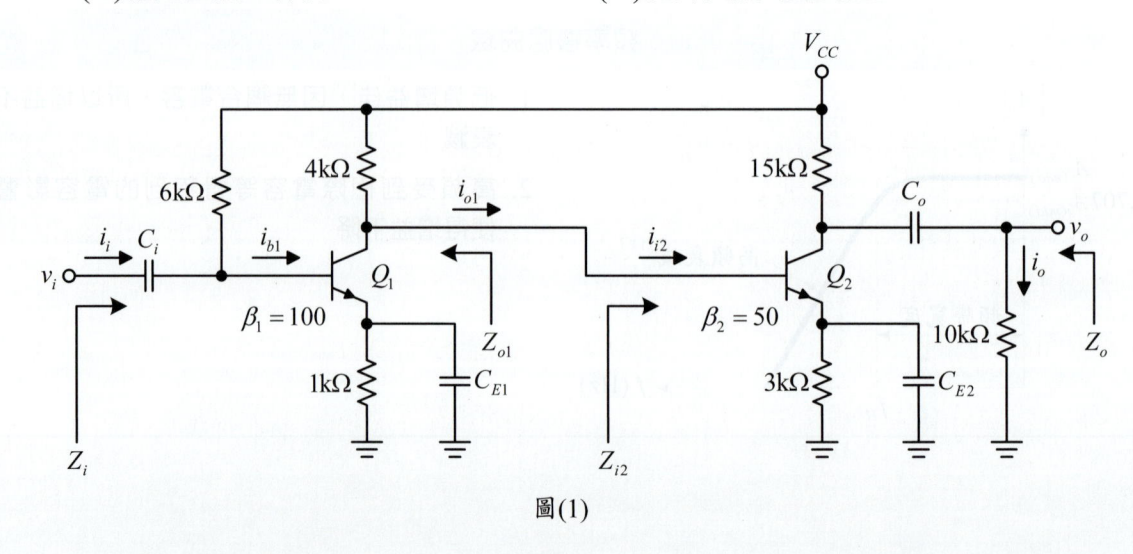

圖(1)

( )2. 承上題,電容器C_{E1}與C_{E2}的功用?
(A)隔離直流成分,耦合交流成分　　(B)隔離交流成分,耦合直流成分
(C)提高交流電壓增益　　(D)提高直流電壓增益

( )3. 承上題,第一級放大器的輸入阻抗Z_i為何?
(A)6kΩ　(B)3kΩ　(C)2kΩ　(D)1kΩ

( )4. 承上題,第一級放大器的輸出阻抗Z_{o1}為何?
(A)6kΩ　(B)4kΩ　(C)2kΩ　(D)1kΩ

( )5. 承上題,第二級放大器的輸入阻抗Z_{i2}為何?
(A)6kΩ　(B)3kΩ　(C)2kΩ　(D)1kΩ

( )6. 承上題,第二級放大器的輸出阻抗Z_o為何?
(A)6kΩ　(B)3kΩ　(C)2kΩ　(D)1kΩ

( )7. 承上題,第一級電壓增益A_{v1}約為何?
(A)$-\frac{50}{3}$　(B)$-\frac{100}{3}$　(C)$-\frac{250}{9}$　(D)$-\frac{400}{9}$

( )8. 承上題,第二級電壓增益A_{v2}約為何?
(A)$-\frac{50}{3}$　(B)$\frac{50}{3}$　(C)-150　(D)150

( )9. 承上題,第一級電流增益A_{i1}約為何?
(A)$-\frac{50}{3}$　(B)$-\frac{100}{3}$　(C)$-\frac{250}{9}$　(D)$-\frac{400}{9}$

( )10. 承上題,第二級電流增益A_{i2}約為何?
(A)-30　(B)30　(C)-100　(D)100

( )11. 承上題,總電流增益A_{iT}約為何?
(A)$-\frac{50}{3}$　(B)$-\frac{200}{9}$　(C)$-\frac{4000}{3}$　(D)$\frac{4000}{3}$

( )12. 欲獲得最佳之低頻響應特性應採用下列何種方式?
(A)回授放大　(B)共集極放大　(C)變壓器交連放大　(D)直接交連放大

( )13. 在積體電路中所採用的耦合方式通常是
(A)RC耦合　(B)阻抗耦合　(C)變壓器耦合　(D)直接耦合

( )14. 直接交連放大器,亦稱直流放大器
(A)不適於作交流放大　(B)適於作交流放大　(C)放大效率低　(D)功率損失大

( )15. 下列何者不是達靈頓電路(Darlington circuit)的特性?
(A)高輸入阻抗　(B)低輸出阻抗　(C)高電壓增益　(D)高電流增益

( )16. 將具有相同頻率響應,其電壓增益大小分別為A_{v1}、A_{v2}(均大於1)的兩個放大器加以串接,則串接後
(A)總電壓增益為$\frac{A_{v1}+A_{v2}}{2}$　　(B)總電壓增益為$\frac{A_{v2}}{A_{v1}}$
(C)串級頻寬小於單級頻寬　　(D)串級頻寬等於單級頻寬

( )17. 對直接交連放大器而言，下列敘述何者為真？
(A)低頻響應佳，工作點較穩定
(B)高低頻響應皆佳，工作點亦穩定
(C)高頻響應較差，工作點亦較不穩定
(D)低頻響應較佳，工作點較不穩定

( )18. 圖(2)所示為四種電晶體連接法，哪一種接法非達靈頓連接？
(A)a (B)b (C)c (D)d

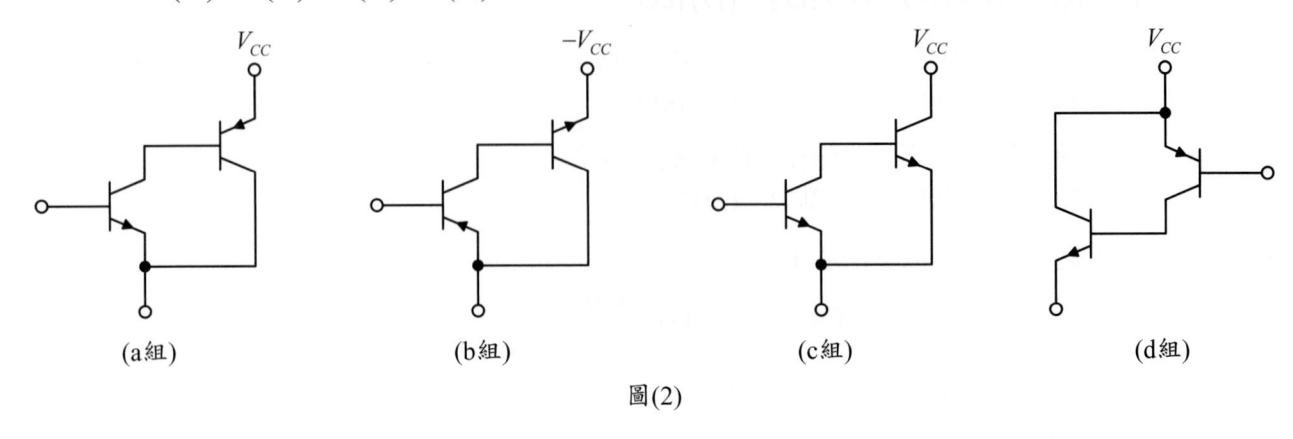

(a組)　　(b組)　　(c組)　　(d組)

圖(2)

( )19. 兩個電晶體的 α 值分別為0.99與0.95，當組成達靈頓電路時，其電流增益應為
(A)2000 (B)1200 (C)800 (D)500

( )20. 在一個達靈頓電路中，假設電晶體Q_1的$\beta_1 = 49$，電晶體Q_2的$\beta_2 = 19$，則此達靈頓電路的總分貝電流增益$A_{iT(dB)}$為多少？
(A)80dB (B)60dB (C)40dB (D)20dB

( )21. 下列關於直接耦合串級放大電路，何者敘述正確？
(A)低頻頻率響應極差
(B)會產生信號的衰減與相位移
(C)電路的直流工作點穩定性佳
(D)因為前後級之間不易獲得阻抗匹配，所以無法獲得最大功率轉移

( )22. 共射極放大器的電壓增益為10dB，其後串接一級射極隨耦器，則其總電壓增益約為
(A)10dB (B)20dB (C)30dB (D)40dB

( )23. 下列關於多級放大電路中，何者敘述正確？
(A)級數愈多，電壓增益愈大
(B)級數愈多，輸入阻抗愈小
(C)級數愈多，輸出阻抗愈小
(D)級數愈多，頻寬愈大

( )24. 對於放大器之頻率響應，下列敘述何者錯誤？
(A)耦合及旁路電容會使低頻響應不良
(B)放大器之極際電容、雜散電容會使高頻響應不良
(C)截止頻率，是指當電壓增益降為中頻段電壓增益的$\frac{1}{\sqrt{2}}$倍時之頻率
(D)隨著串級數愈多，則低頻截止頻率會愈小

第 5 章 雙極性接面電晶體多級放大電路

(　　)25. 如圖(3)所示電路,經由小訊號分析以及考慮r_d效應後,得知$Z_i = 2\,M\Omega$,已知 $A_i = \dfrac{i_o}{i_s} = 500$,則$\beta_1$($h_{fe1}$)、$\beta_2$($h_{fe2}$)之值應如何搭配最適合?

(A)$h_{fe1} = 50$;$h_{fe2} = 25$　　　　(B)$h_{fe1} = 44$;$h_{fe2} = 50$
(C)$h_{fe1} = 45$;$h_{fe2} = 35$　　　　(D)$h_{fe1} = 44$;$h_{fe2} = 24$

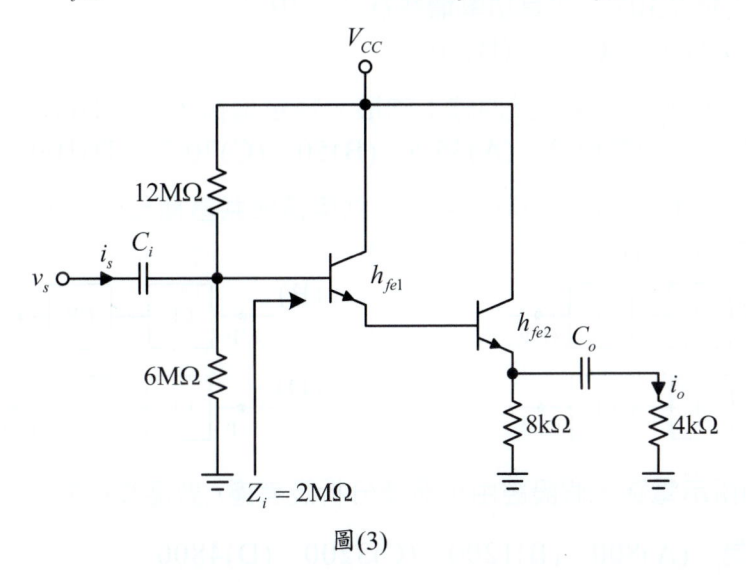

圖(3)

進階題

(　　)1. 如圖(1)所示之直接耦合串級放大電路,試問Q_1、Q_2所構成之放大器的組態分別為何?
(A)Q_1:共射極;Q_2:共射極　　　　(B)Q_1:共射極;Q_2:共基極
(C)Q_1:共射極;Q_2:共集極　　　　(D)Q_1:共集極;Q_2:共射極

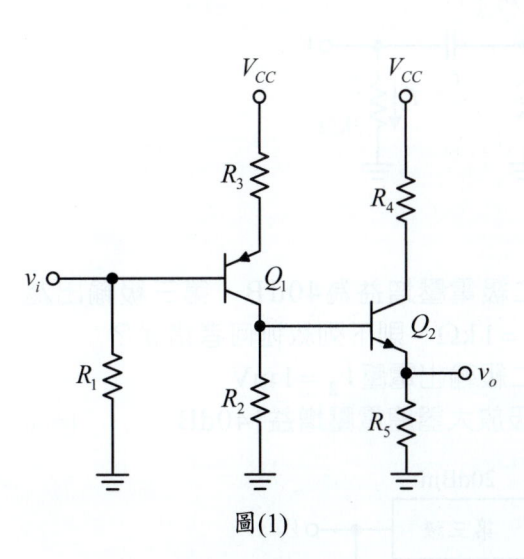

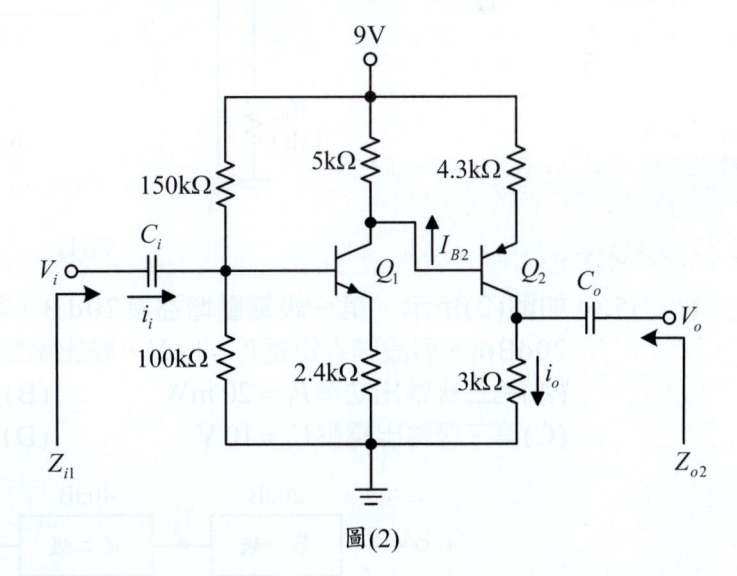

圖(1)　　圖(2)

(　　)2. 如圖(2)所示,若NPN、PNP電晶體之β值均為99,且$V_{BE1} = V_{EB2} = 0.6\,V$,熱電壓$V_T = 26\,mV$,則下列敘述何者錯誤?
(A)$I_{B1} = 10\,\mu A$　(B)$I_{B2} = 10\,\mu A$　(C)$V_{C2} = 4.97\,V$　(D)兩個電晶體接操作於主動區

歷屆試題

電子學試題

(　　)1. 已知有一個多級放大器，其輸入電阻為1kΩ，而負載為9Ω，當輸入電壓為100V時，其輸出電壓為30V，求其功率增益為多少dB？
(A)10　(B)20　(C)30　(D)40 　[統測]

(　　)2. 若放大器的頻率響應，其曲線上的最大電壓增益大小為100，則在-3dB截止頻率處之電壓增益大小為何？　(A)35.5　(B)50　(C)70.7　(D)100 　[統測]

(　　)3. 假設CE，CC與CB分別為共射極，共集極與共基極放大器，下列疊接或串接中，何者適用於高頻電路？ 　[統測]

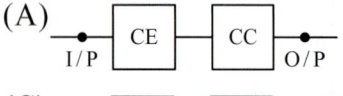

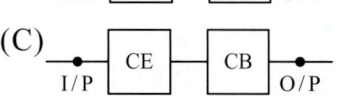

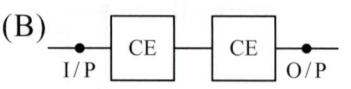

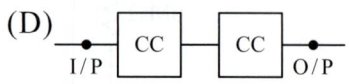

(A) I/P─[CE]─[CC]─O/P　　(B) I/P─[CE]─[CE]─O/P
(C) I/P─[CE]─[CB]─O/P　　(D) I/P─[CC]─[CC]─O/P

(　　)4. 如圖(1)所示電路，假設經由小訊號分析及考慮r_o效應後得知$Z_1 = 2\,M\Omega$，則其電流增益$\dfrac{I_o}{I_i}$約為　(A)800　(B)1200　(C)3200　(D)4800 　[統測]

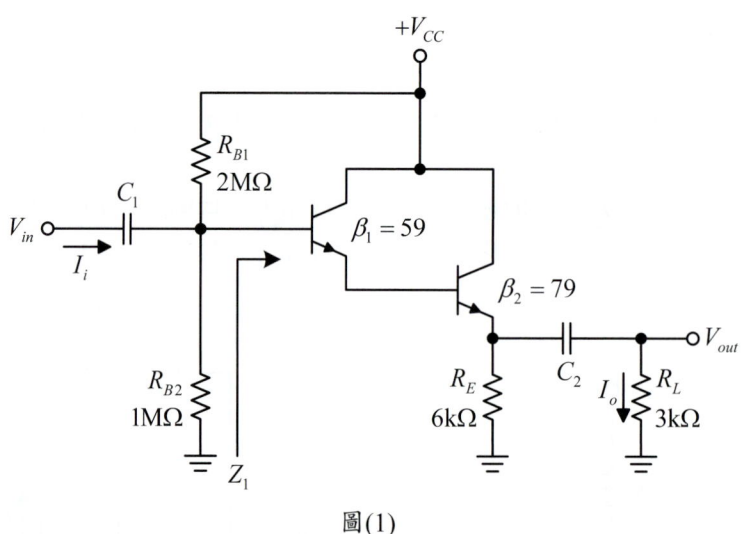

圖(1)

(　　)5. 如圖(2)所示，第一級電壓增益為20dB，第二級電壓增益為40dB，第三級輸出為20dBm。假設輸入電壓$V_i = 1\,\mu V$，輸出電阻$R_L = 1\,k\Omega$，則下列敘述何者錯誤？
(A)第三級輸出功率$P_3 = 20\,mW$　　(B)第二級輸出電壓$V_2 = 1\,mV$
(C)第三級輸出電壓$V_3 = 10\,V$　　(D)三級放大器總電壓增益140dB 　[統測]

圖(2)

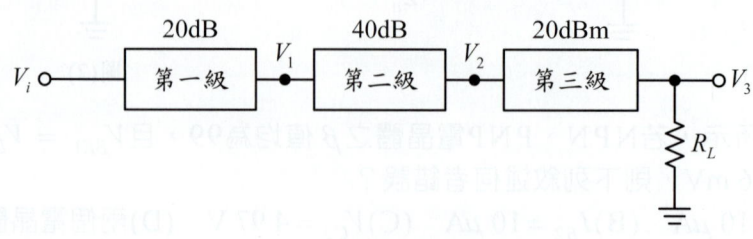

第 5 章　雙極性接面電晶體多級放大電路

( )6. 圖(3)之A_v、R_i、R_o分別代表各級放大器之電壓增益、輸入及輸出阻抗，試問整個電路的電壓增益v_o/v_i約為： (A)98　(B)115　(C)144　(D)200　[統測]

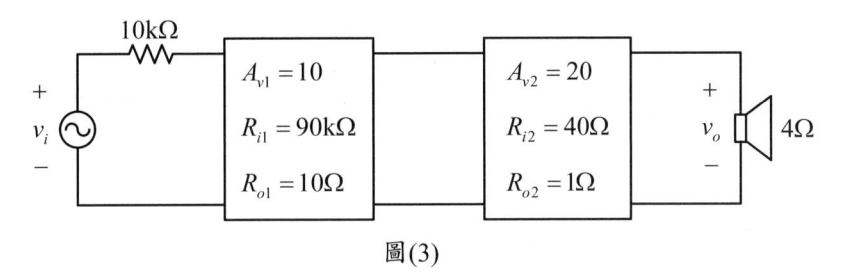

圖(3)

$A_{v1}=10$, $R_{i1}=90\text{k}\Omega$, $R_{o1}=10\Omega$

$A_{v2}=20$, $R_{i2}=40\Omega$, $R_{o2}=1\Omega$

$10\text{k}\Omega$　4Ω

( )7. 如圖(4)所示，一個兩級串接直接耦合放大器，其中$V_{CC}=10.7\text{ V}$、$R_{B1}=100\text{ k}\Omega$、$R_{C1}=1\text{k}\Omega$、$R_{E1}=1\text{k}\Omega$、$R_{C2}=0.5\text{ k}\Omega$、$R_{E2}=1\text{k}\Omega$，假設電晶體$Q_1$、$Q_2$之共射極電流增益分別為99、49，且$Q_1$、$Q_2$之$BE$接面的切入電壓均為0.7V，計算此電路之直流偏壓，請問I_{B1}、I_{B2}分別為多少？

(A)$I_{B1}=0.05\text{ mA}$，$I_{B2}=0.1\text{ mA}$
(B)$I_{B1}=0.05\text{ mA}$，$I_{B2}=10\text{ mA}$
(C)$I_{B1}=0.1\text{ mA}$，$I_{B2}=0.1\text{ mA}$
(D)$I_{B1}=0.1\text{ mA}$，$I_{B2}=10\text{ mA}$　[統測]

圖(4)

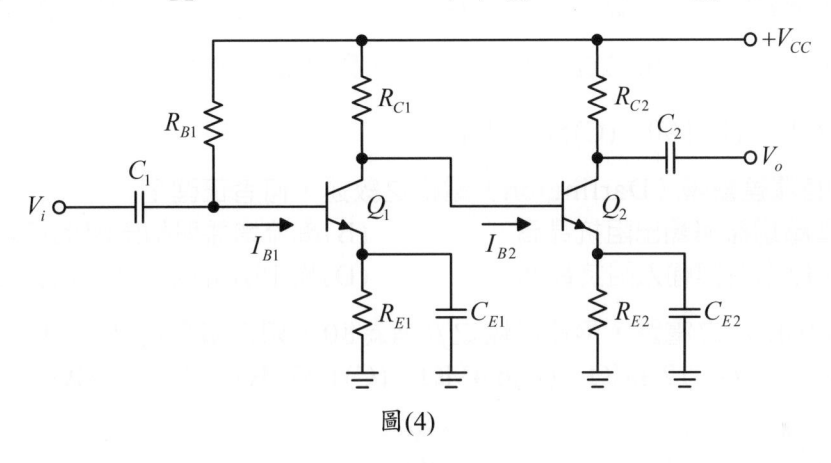

( )8. 如圖(5)所示，一個三級串接的放大器，若輸入電壓V_i為$2\mu\text{V}$，請問輸出電壓$V_o=$？
(A)$V_o=-4\text{ mV}$　(B)$V_o=4\text{ mV}$　(C)$V_o=-3.2\text{ mV}$　(D)$V_o=20\text{ }\mu\text{V}$　[統測]

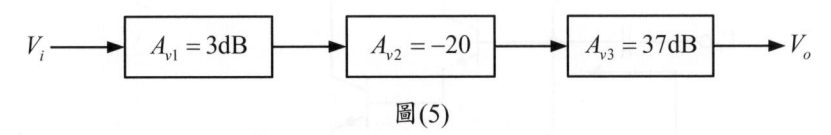

$V_i \rightarrow A_{v1}=3\text{dB} \rightarrow A_{v2}=-20 \rightarrow A_{v3}=37\text{dB} \rightarrow V_o$

圖(5)

( )9. 下列多級放大器耦合類別中，低頻響應最佳的為何者？
(A)電阻電容耦合　(B)變壓器耦合　(C)電感耦合　(D)直接耦合　[統測]

( )10. 已知一放大電路電壓增益A_v為100，電流增益A_i為10，則其功率增益$A_{p(\text{dB})}$為多少？
(A)10dB　(B)30dB　(C)60dB　(D)1000dB　[統測]

( )11. 如圖(6)所示之達靈頓（Darlington）電路，下列敘述何者錯誤？
(A)Q_1與Q_2之連接屬於直接耦合
(B)輸入阻抗極高
(C)輸出阻抗極低
(D)電流增益約為1　[統測]

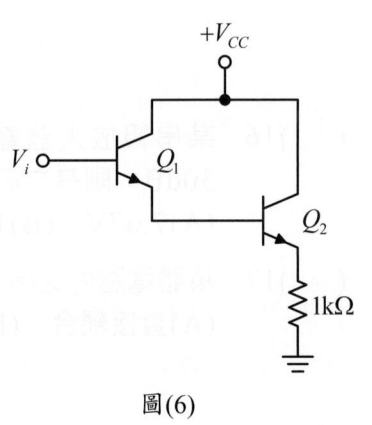

圖(6)

5-39

(　　)12. 如圖(7)所示之電晶體放大器電路，下列何者為 Q_1 與 Q_2 的連接方式？
(A)變壓器耦合　(B)電感耦合　(C)電阻電容耦合　(D)直接耦合 [統測]

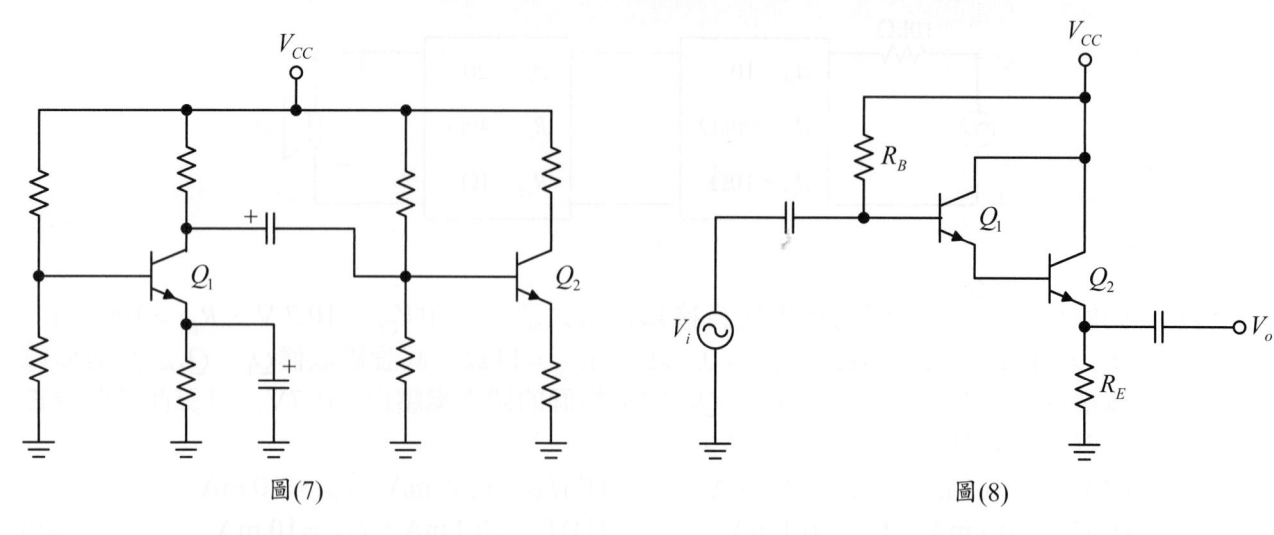

圖(7)　　　　圖(8)

(　　)13. 如圖(8)所示之電路，若 Q_1 及 Q_2 中 $V_{BE1} = V_{BE2} = 0.7\,V$，$\beta_1 = 50$，$\beta_2 = 100$，$V_{CC} = 5\,V$，$R_B = 100\,k\Omega$，$R_E = 0.5\,k\Omega$，則 $\dfrac{V_o}{V_i}$ 之值約為何？
(A)5000　(B)100　(C)50　(D)1 [統測]

(　　)14. 下列有關達靈頓（Darlington）電路之敘述，何者正確？
(A)電壓增益與輸出阻抗甚高　　　(B)電流增益與輸出阻抗甚高
(C)電壓增益與輸入阻抗甚低　　　(D)輸出阻抗低，為串級直接耦合電路 [統測]

(　　)15. 如圖(9)所示之電路，兩電晶體之 β 皆為80，切入電壓 V_{BE} 皆為0.7V，則輸入阻抗 Z_i 約為何？　(A)12.8MΩ　(B)6.4MΩ　(C)1.52MΩ　(D)0.42MΩ [統測]

圖(9)

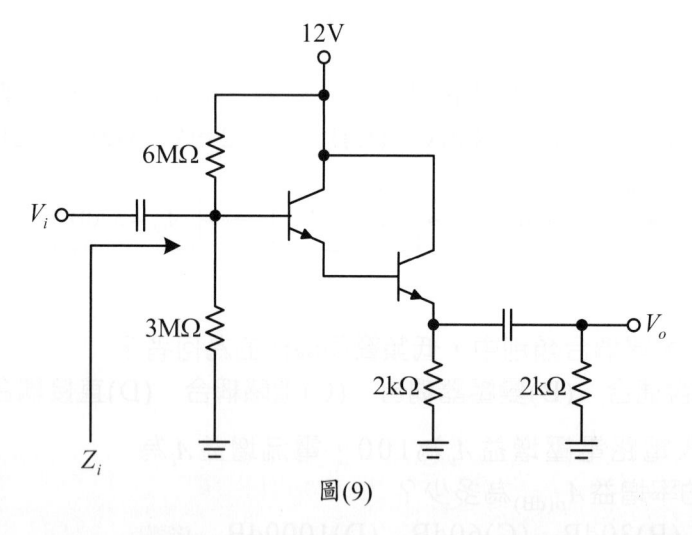

(　　)16. 某串級放大器輸入電壓為 $0.01\sin(t)\,V$，第一級與第二級電壓增益分別為10dB與30dB，則第二級輸出電壓有效值約為何？
(A)7.07V　(B)1.414V　(C)1V　(D)0.707V [統測]

(　　)17. 積體電路內之串級放大器電路大部分採用何種耦合方式？
(A)直接耦合　(B)電容耦合　(C)電阻耦合　(D)變壓器耦合 [統測]

5-40

第 5 章　雙極性接面電晶體多級放大電路

( )18. 下列有關由兩個共射極放大器構成RC耦合串級放大電路的敘述，何者正確？
(A)第一級直流工作點的變化會影響到第二級的直流工作點
(B)高頻的電壓增益受到耦合電容的影響而降低
(C)第一級直流工作點的變化會影響到第二級的交流電壓增益
(D)低頻的電壓增益受到耦合電容的影響而降低 [統測]

( )19. 如圖(10)是由兩個完全相同的電晶體以RC耦合串級合成的放大電路，假設電路的總電壓增益為 $A_{vT} = (v_o(t)/v_a(t))*(v_a(t)/v_i(t)) = A_{v2}*A_{v1}$，試問當負載電阻（$R_L$）由 $R_L = 10\,\text{M}\Omega$ 逐漸減小到 $R_L = 8\,\Omega$ 的過程中，A_{vT} 會發生什麼樣的變化？
(A)由大漸變小　(B)由小漸變大　(C)維持不變　(D)先變大再變小 [統測]

圖(10)

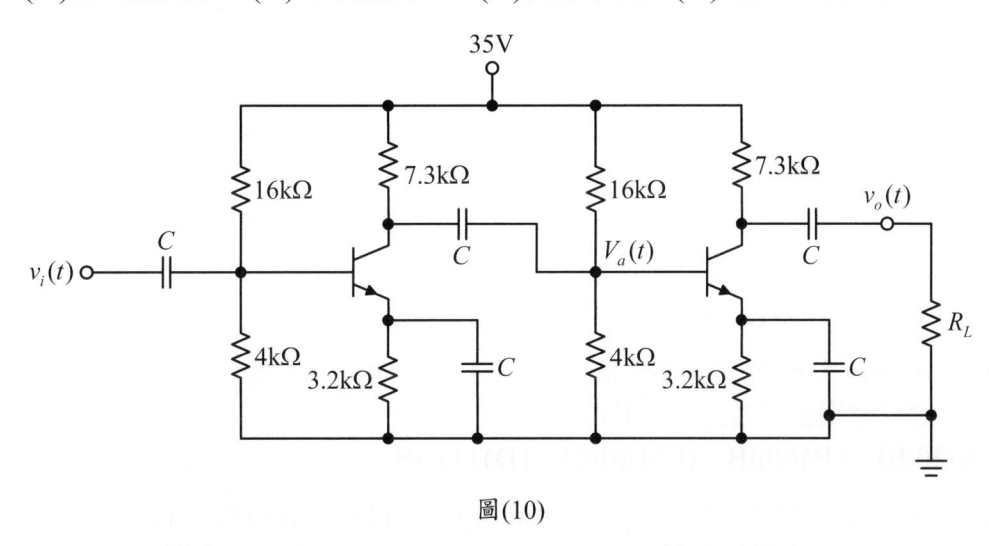

( )20. 承上題，當負載電阻由 $R_L = 8\,\Omega$ 逐漸增大到 $R_L = 10\,\text{M}\Omega$ 的過程中，試問 A_{v1} 會發生什麼樣的變化？
(A)由大漸變小　(B)由小漸變大　(C)維持不變　(D)先變大再變小 [統測]

( )21. 將兩個相同的單級低通放大器串接成一個兩級放大器，其頻帶寬度的變化相較於個別單級低通放大器有何不同？
(A)兩級放大器頻帶寬度會不變
(B)兩級放大器頻帶寬度會增加
(C)兩級放大器頻帶寬度會減小
(D)兩級放大器頻帶寬度會隨工作時間先增加再減小 [102統測]

( )22. 一串級放大電路，已知第一級電壓增益為20dB，第二級電壓增益為20倍，若此串級放大電路輸入電壓 V_i 為 $10\mu\text{V}$ 時，則輸出電壓 V_o 為多少？
(A)$200\mu\text{V}$　(B)$400\mu\text{V}$　(C)2mV　(D)4mV [102統測]

( )23. 下列有關直接耦合串級放大電路之敘述，何者正確？
(A)電路穩定度極高　　　　　　　　(B)各級間之直流偏壓工作點不會相互干擾
(C)各級間阻抗匹配容易　　　　　　(D)低頻響應佳 [103統測]

( )24. 各級電壓增益皆大於1之串級放大電路，若級數越多則：
(A)增益越大且頻寬越大　　　　　　(B)增益越大且頻寬越小
(C)增益越小且頻寬越大　　　　　　(D)增益越小且頻寬越小 [103統測]

( )25. 下列有關常見的達靈頓電路（Darlington circuit）之特點，何者錯誤？
(A)高輸出阻抗　(B)高輸入阻抗　(C)高電流增益　(D)低電壓增益 [104統測]

5-41

( )26. 下列敘述何者正確？
(A)變壓器耦合串級放大電路不易受磁場干擾
(B)直接耦合串級放大電路之低頻響應不佳
(C)直接耦合串級放大電路前後級阻抗容易匹配
(D)電阻電容耦合串級放大電路偏壓電路獨立，設計容易 [104統測]

( )27. 下列哪兩種電容較會影響串級放大器之低頻響應？
(A)電晶體極際電容、旁路電容
(B)耦合電容、變壓器雜散電容
(C)電晶體極際電容、變壓器雜散電容
(D)耦合電容、旁路電容 [105統測]

( )28. 在串接式多級放大器電路中，下列何者不屬於級與級間的耦合電路？
(A)直接耦合電路　　(B)變壓器耦合電路
(C)電阻電容耦合電路　(D)電晶體耦合電路 [106統測]

( )29. 有一放大器的截止頻率為100Hz和20kHz，當輸入訊號為中頻段2kHz弦波時之輸出功率為120W。若僅改變輸入訊號頻率至20kHz，則此時之輸出功率約為多少？
(A)30W　(B)60W　(C)84.85W　(D)120W [106統測]

( )30. 某一串級放大電路之各級電壓增益值分別為100、10及1倍，若不考慮各級負載效應，則其總電壓增益分貝（dB）值為何？
(A)20dB　(B)60dB　(C)100dB　(D)111dB [107統測]

( )31. 有一個單級放大器，其低頻截止頻率為$f_L=1\text{kHz}$，高頻截止頻率為$f_H=200\text{kHz}$，若將兩相同之此種放大器串接成兩級放大器，則此串接放大器的頻帶寬度約為何？
（提示：$\sqrt{0.414}\approx 0.64$）
(A)199kHz　(B)156.25kHz　(C)126.44kHz　(D)105.62kHz [107統測]

( )32. 一理想三級串級放大器電路，第一級電壓增益為−100，第二級放大器電壓增益為20dB，第三級放大器電壓增益為10dB。則此放大器之總電壓增益為何？
(A)70dB　(B)50dB　(C)10dB　(D)−10dB [108統測]

( )33. 如圖(11)所示操作於作用區之電路，若直流偏壓電流$I_E=1.25\text{ mA}$，熱電壓$V_T=25\text{ mV}$，$\beta=150$，負載喇叭阻抗$R_L=30\,\Omega$，則電壓增益v_o/v_i約為何？
(A)−149　(B)−14.9　(C)14.9　(D)149 [108統測]

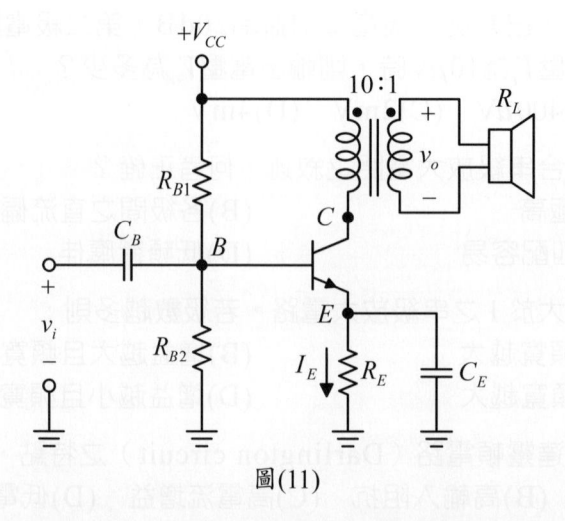

圖(11)

第 5 章　雙極性接面電晶體多級放大電路

( )34. 單級放大電路的低頻截止頻率為 f_L，高頻截止頻率為 f_H，若將完全相同的放大電路串接成 n 級時，則其低頻截止頻率 $f_L(n)$，高頻截止頻率 $f_H(n)$，下列何者正確？

(A) $f_L(n) = \dfrac{f_L}{\sqrt{2^{\frac{1}{n}}-1}}$、$f_H(n) = f_H\sqrt{2^{\frac{1}{n}}-1}$　(B) $f_L(n) = f_L\sqrt{2^{\frac{1}{n}}-1}$、$f_H(n) = \dfrac{f_H}{\sqrt{2^{\frac{1}{n}}-1}}$

(C) $f_L(n) = \dfrac{f_L}{\sqrt{2^n-1}}$、$f_H(n) = f_H\sqrt{2^n-1}$　(D) $f_L(n) = f_L\sqrt{2^n-1}$、$f_H(n) = \dfrac{f_H}{\sqrt{2^n-1}}$

[109統測]

( )35. 兩級的串級放大器，第一級放大器電壓增益為50，第二級放大器電壓增益為200，若兩級間沒有負載效應，則其總電壓增益為何？
(A)40dB　(B)60dB　(C)80dB　(D)10000dB
[109統測]

( )36. 有關兩個相同電晶體（BJT）組成的達靈頓（Darlington）電路，下列敘述何者錯誤？
(A)由兩個共射極組態放大器直接耦合而成
(B)電流增益很大
(C)具有大的輸入阻抗
(D)具有小的輸出阻抗
[110統測]

( )37. 某三級串級放大器，其第一級輸入電壓為0.2mV，若各單級電壓增益分別為40dB、20dB及20dB，則第三級輸出電壓的絕對值為何？
(A)1V　(B)2V　(C)4V　(D)8V
[110統測]

▲ 閱讀下文，回答第38-40題

如圖(12)所示串級放大器，其中兩顆電晶體的切入電壓 V_{BE} 皆為0.7V，熱電壓 V_T 皆為25mV；串級放大器的設計可以串接相同或不同電路組態的放大電路，以獲得所需的輸入阻抗匹配及電壓增益。

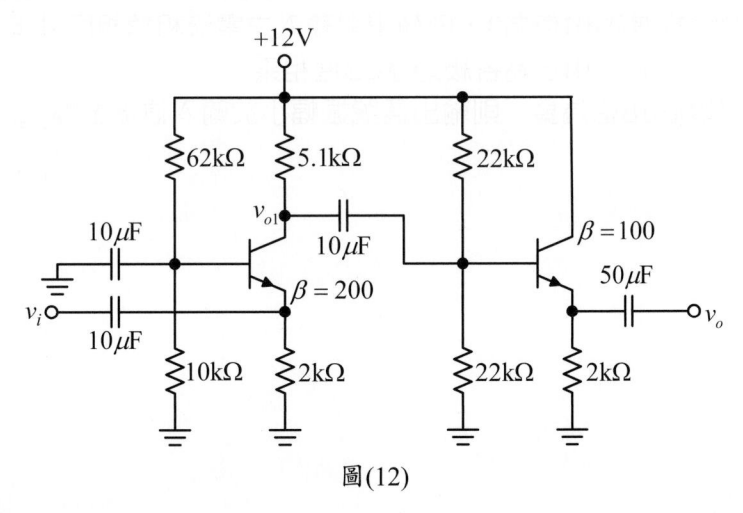

圖(12)

( )38. 圖中串級放大器的耦合方式為何？
(A)電阻電容耦合　(B)直接耦合　(C)電阻耦合　(D)電感耦合
[111統測]

( )39. 圖中由 v_i 輸入端看進去的輸入阻抗約為何？
(A)15Ω　(B)26Ω　(C)51Ω　(D)2kΩ
[111統測]

( )40. 圖中第二級電壓增益 v_o/v_{o1} 約為何？　(A)1　(B)10　(C)15　(D)25
[111統測]

(　　)41. 由三個放大電路串接而成的串級放大器，其各級電壓增益分別為＋20dB、＋40dB及＋20dB，則串級放大器總電壓增益為何？
(A)80　(B)1000　(C)10000　(D)16000 [111統測]

▲ 閱讀下文，回答第42-43題
如圖(13)所示之BJT串級放大電路，電晶體Q_1之β為199，Q_2之β為99，V_{BE}均為0.7V，熱電壓$V_T = 26$ mV，$R_{E1} = 1.3$ kΩ，$R_{E2} = 663$ Ω，若選擇R_{C1}及R_{C2}使得兩級放大電路之工作點均操作於負載線的中點。

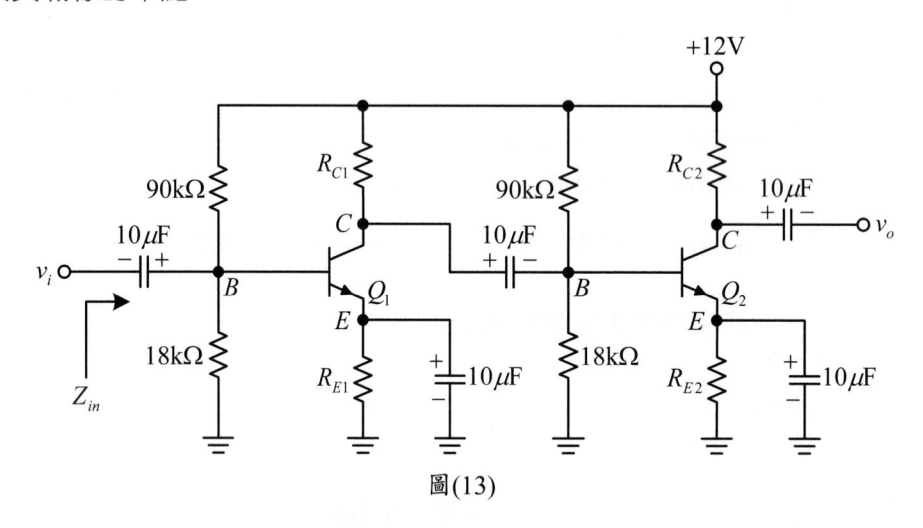

圖(13)

(　　)42. 依題幹敘述之條件，則R_{C2}之值約為何？
(A)1.52kΩ　(B)2.52kΩ　(C)3.12kΩ　(D)5.11kΩ [112統測]

(　　)43. 承上電路，輸入阻抗Z_{in}約為何？
(A)7.8kΩ　(B)4.02kΩ　(C)2.74kΩ　(D)1.8kΩ [112統測]

(　　)44. 下列有關串級放大器增益之敘述，何者正確？
(A)放大器電壓增益dB值為負，則表示輸出電壓反相
(B)放大器電流增益dB值為0，則輸出與輸入之電流相角相同
(C)放大器之總增益dB值為各級增益dB值相乘
(D)放大器增益dB值為負，則輸出信號振幅小於輸入信號振幅 [113統測]

第 5 章　雙極性接面電晶體多級放大電路

電子學實習試題

( )1. 有40W輸出的放大器連接至10Ω的揚聲器，若放大器的電壓增益為40dB，且為額定輸出時，求其輸入電壓為何？ (A)40mV (B)0.1V (C)0.2V (D)0.4V [統測]

( )2. 如圖(1)所示之串級放大電路，各級電壓增益A_{v1}、A_{v2}、A_{v3}表示電壓放大倍數，則此一串級放大電路之總電壓增益為何？
(A)70dB (B)100dB (C)120dB (D)170dB [統測]

圖(1)

圖(2)

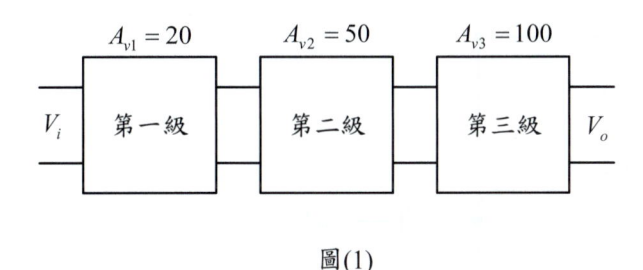

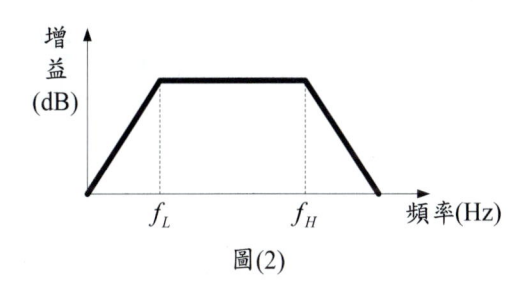

( )3. 若一電阻電容耦合串級放大器電路之頻率響應如圖(2)所示，f_L與f_H分別為低頻與高頻截止頻率，則電路的低頻增益衰減現象是由下列何者造成？
(A)雜散電容 (B)極間電容 (C)分佈電容 (D)耦合電容 [統測]

( )4. 如圖(3)所示之變壓器耦合串級放大電路，各級之電壓增益分別如圖中之標示，則此電路之總電壓增益為何？ (A)60dB (B)80dB (C)120dB (D)160dB [統測]

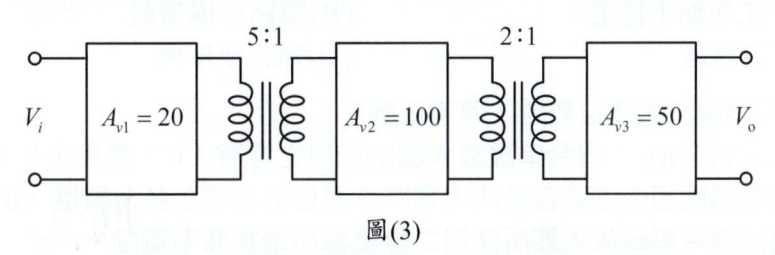

圖(3)

( )5. 如圖(4)所示的串級放大電路，其中第一級電壓增益為0dB，第二級電壓增益為20dB，第三級電壓增益為20dB，若沒有串接的負載效應，則總電壓增益為下列何者？ (A)400倍 (B)200倍 (C)100倍 (D)1倍 [統測]

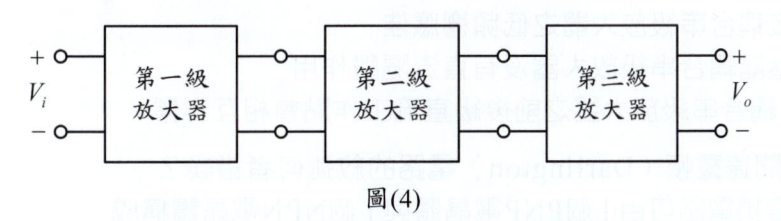

圖(4)

( )6. 接妥圖(5)電路，當接上12V電源時，LED是否發亮？若人體帶有雜訊時，以手碰觸A點，此時觀察電路中的LED是否發亮？
(A)是，是
(B)是，否
(C)否，是
(D)否，否 [統測]

圖(5)

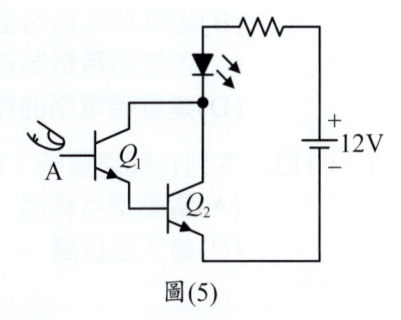

( )7. 對於多級放大耦合電路，下列何種耦合具有良好的低頻響應？
(A)直接耦合 (B)電阻電容耦合 (C)變壓器耦合 (D)電感電容耦合 [統測]

5-45

( )8. 如圖(6)為達靈頓電路，若 β_1 為電晶體 Q_1 的 β 值（電流增益），β_2 為電晶體 Q_2 的 β 值，則其總電流增益（I_{E2}/I_{B1}）約為多少？
(A)$(\beta_1 \times \beta_2) / (\beta_1 + \beta_2)$
(B)$(1 + \beta_2) / (1 + \beta_1)$
(C)$\beta_1 + \beta_2$
(D)$\beta_1 \times \beta_2$ [102統測]

圖(6)

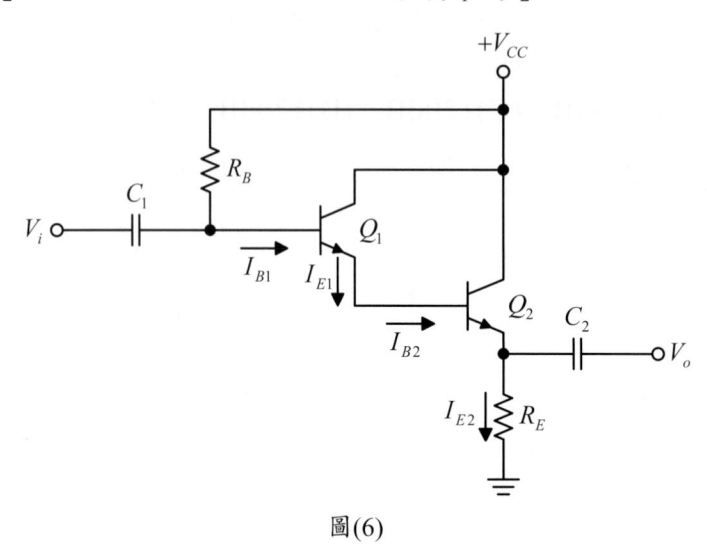

( )9. 若將二級共射極放大器使用直接耦合方式連接，即前級輸出端直接串接後級輸入端，下列何者為這種串接放大器的缺點？
(A)靜態工作點不穩定
(B)電路結構複雜
(C)低頻響應差
(D)電路成本高 [102統測]

( )10. 下列關於串級放大器之敘述，何者正確？
(A)電阻電容（RC）耦合串級放大器所使用之電容（C）是用來作阻抗匹配
(B)由兩電晶體組成之達靈頓放大電路主要目的為增加頻帶寬度（bandwidth）
(C)變壓器耦合串級放大器所使用之變壓器可增加頻帶寬度
(D)直接耦合串級放大器可放大直流信號 [104統測]

( )11. 下列有關BJT串級放大電路之敘述，何者正確？
(A)RC耦合串級放大器之前後級阻抗匹配容易
(B)直接耦合串級放大器之低頻響應佳
(C)變壓器耦合串級放大器沒有直流隔離作用
(D)RC耦合串級放大器之前後級直流工作點會相互影響 [105統測]

( )12. 下列有關達靈頓（Darlington）電路的敘述何者錯誤？
(A)達靈頓電路可由1個PNP電晶體與1個NPN電晶體構成
(B)達靈頓電路可由2個PNP電晶體構成
(C)達靈頓電路為直接耦合串級放大電路
(D)達靈頓電路的特點是輸入阻抗很小 [105統測]

( )13. 下列有關達靈頓（Darlington）放大電路特性之敘述，何者正確？
(A)電壓增益極高
(B)電流增益小於1
(C)輸入阻抗高
(D)溫度特性穩定 [106統測]

第 5 章 雙極性接面電晶體多級放大電路

( )14. 使用雙載子電晶體（BJT）設計之串級放大電路架構中，前後級之間信號傳遞有RC耦合、直接耦合、變壓器耦合等三種可能方式，下列敘述何者錯誤？
(A)RC耦合放大電路：各級間之耦合電容對直流信號有阻隔作用，各放大級間之直流偏壓不會互相影響
(B)RC耦合放大電路：各級間之耦合電容會影響低頻信號之電壓增益
(C)直接耦合放大電路：前一級輸出信號直接送至下一級輸入端，沒有耦合電容影響，電路元件值有誤差時偏壓點不易受影響，電路穩定度較好
(D)變壓器耦合放大電路：各級之間以變壓器作為連接，直流功率損失較小，較容易藉由調整變壓器匝數比來達成阻抗匹配 [106統測]

( )15. 下列有關RC耦合串級放大電路中的耦合電容之敘述，何者正確？
(A)使直流電流容易傳送到下一級　　(B)使阻抗容易匹配
(C)使得低頻響應差　　(D)提升直流電流增益 [107統測]

( )16. 有關串級放大器實驗的敘述，下列何者正確？
(A)直接耦合串級放大器因前一級交流輸出信號透過電容器直接傳送至後一級，故後一級偏壓工作點容易受前一級影響
(B)RC耦合串級放大器可放大直流信號，又稱直流放大器
(C)變壓器耦合串級放大器的體積雖大，但有前、後級的直流工作點可獨立設計的好處
(D)變壓器耦合串級放大器可放大直流信號，又稱直流放大器 [107統測]

( )17. 如圖(7)所示之放大器電路，實驗時若改變R_4電阻值，且兩電晶體都維持在作用區工作，則下列何者不會改變？
(A)電壓增益v_{o1}/v_i
(B)電壓增益v_o/v_i
(C)電流增益i_o/i_i
(D)輸入阻抗Z_i [108統測]

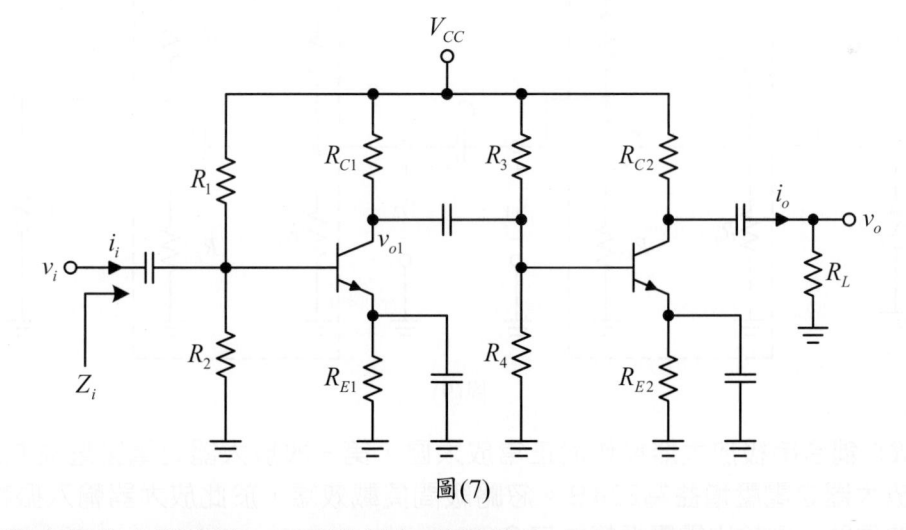

圖(7)

( )18. 有關串級放大器實驗，下列敘述何者錯誤？
(A)串級放大器可用來達到較大的電流增益需求
(B)達靈頓電路屬於直接耦合串級放大器
(C)以同一放大器串接成串級放大器，其頻寬依串級數的增加而以固定比例下降
(D)串級放大器可用來達到較大的電壓增益需求 [108統測]

( )19. 如圖(8)所示電路，v_i峰對峰值為0.4V，當開關SW打開時，v_o峰對峰值為4V。已知$R_L = R_{C2}$，當SW閉合時，電壓增益v_o/v_i約為何？
 (A)1　(B)5　(C)10　(D)20

[109統測]

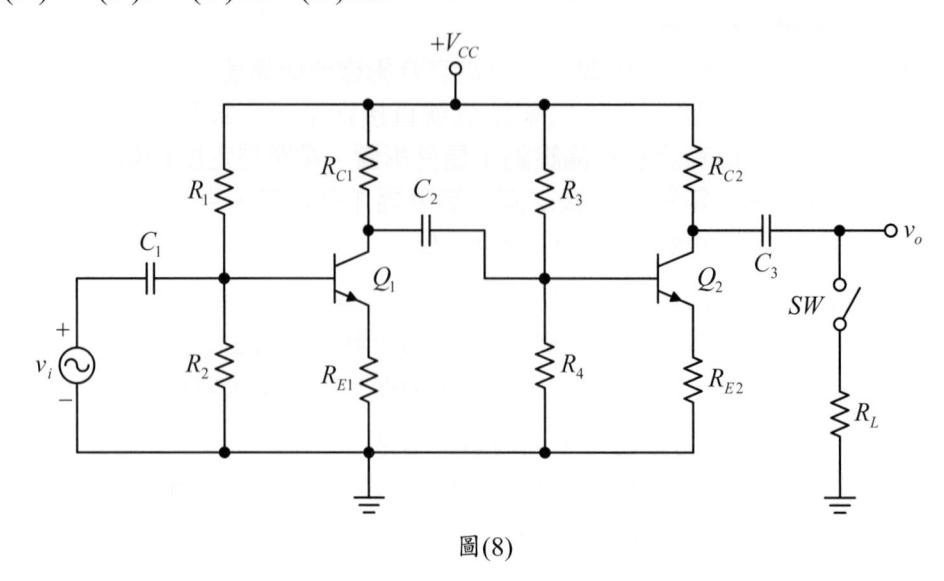

圖(8)

( )20. 圖(9)為一個串級（Cascaded）放大器，將耦合電容C_C移除斷路時，個別量得第一級的電壓增益$\dfrac{v_{o1}}{v_i}$與第二級的電壓增益$\dfrac{v_o}{v_{i2}}$分別為5.4與5.0，當接回耦合電容後，再次量測第一級與第二級的電壓增益可能分別為何？
 (A)5.6與4.8　(B)5.0與4.8　(C)5.0與5.0　(D)5.6與5.0

[109統測]

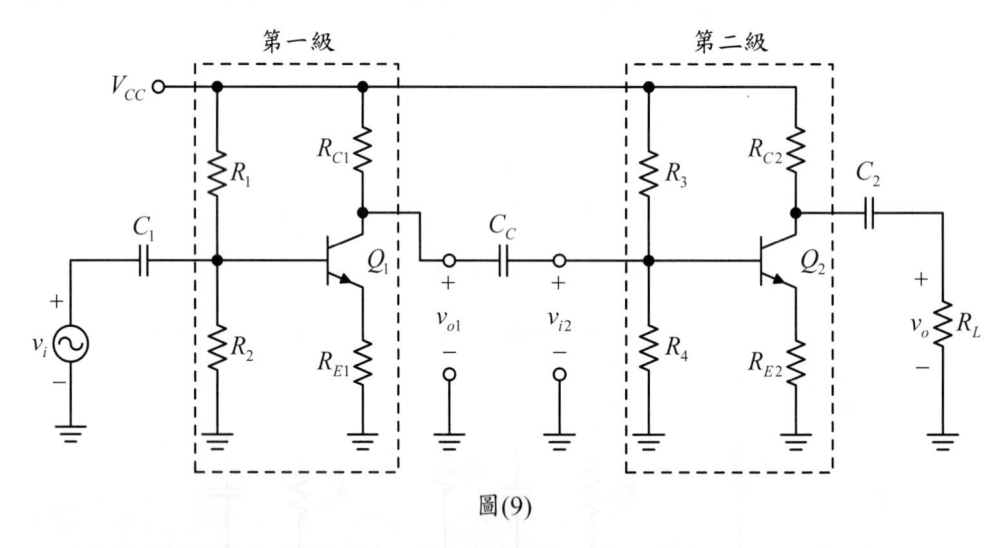

圖(9)

( )21. 一RC耦合串級放大器操作於正常放大區，第一級放大器之電壓增益為38dB，第二級放大器之電壓增益為22dB。忽略級間負載效應，於此放大器輸入振幅為$500\mu V$之弦波信號，則輸出電壓振幅為何？
 (A)30mV　(B)300mV　(C)0.5V　(D)5V

[110統測]

第 5 章　雙極性接面電晶體多級放大電路

▲ 閱讀下文，回答第22-23題

如圖(10)所示之串級放大實驗電路，電晶體Q_1採用2SC1815，形成第一級放大電路，Q_2採用2N3569，$\beta_2 = 80$，形成第二級放大電路。已調整R_{B1}及R_{B2}使得Q_1及Q_2直流工作點之$V_{CE} = 6\,V$。示波器CH1、CH2之輸入選擇開關設定於**DC耦合模式**，且垂直檔位均各自設置於適當檔位。

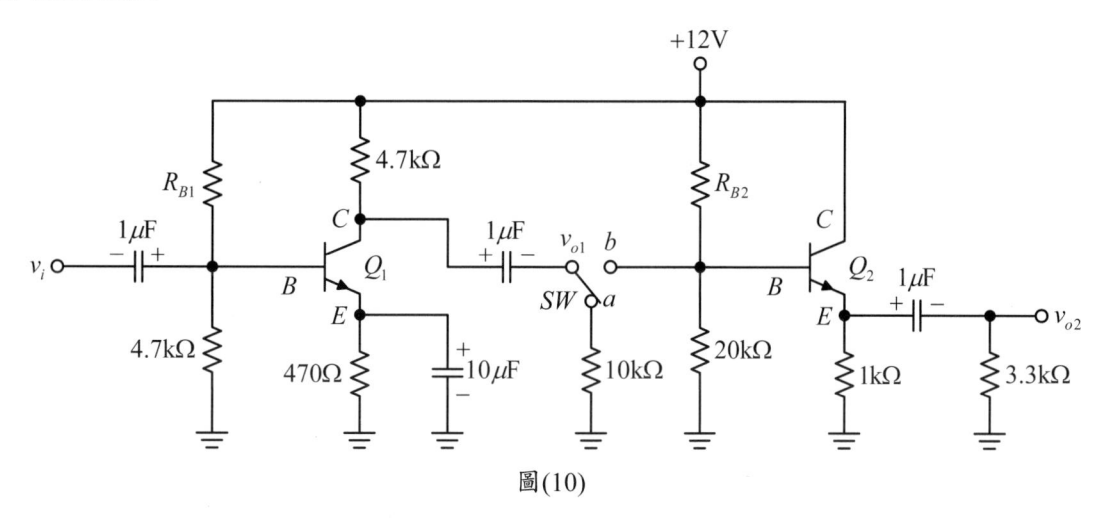

圖(10)

(　　)22. 若v_i輸入信號以示波器CH1量測波形如圖(11)所示，且當開關SW切於b處時，以CH2量測v_{o1}之示意波形可能為何？　　[114統測]

(A)　(B)　(C)　(D)

圖(11)

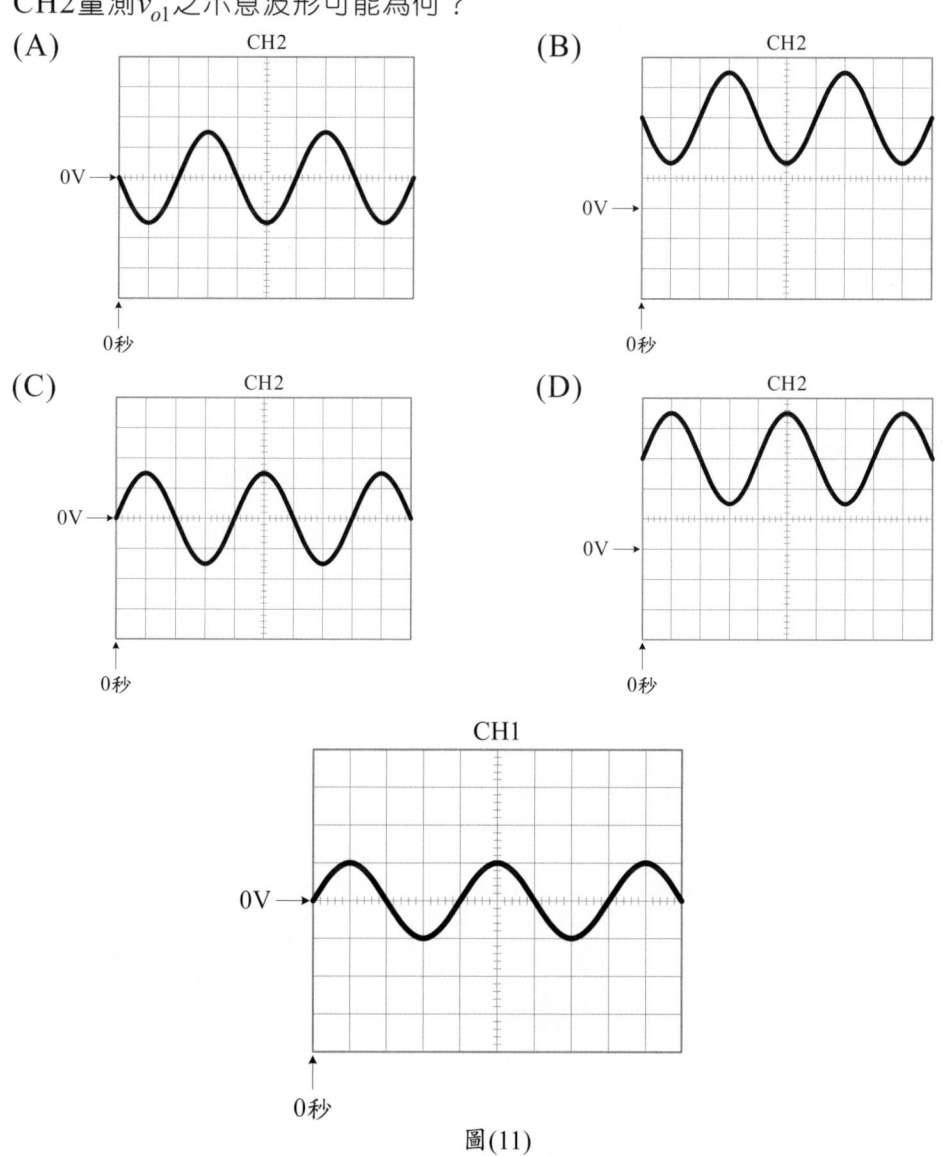

5-49

(　　)23. 電阻R_{B2}約為何？
(A)8.61kΩ　(B)12.96kΩ　(C)21.35kΩ　(D)24.36kΩ

[114統測]

素養導向題

▲ 閱讀下文，回答第1～3題

日向翔陽在進行串級放大電路實驗，使用示波器×1探棒（無衰減型）測量各級輸入及輸出波形，如圖(1)所示，若 $R_{C1} = R_{C2} = 10\ \text{k}\Omega$，$R_{E2} = 3\ \text{k}\Omega$，試問：

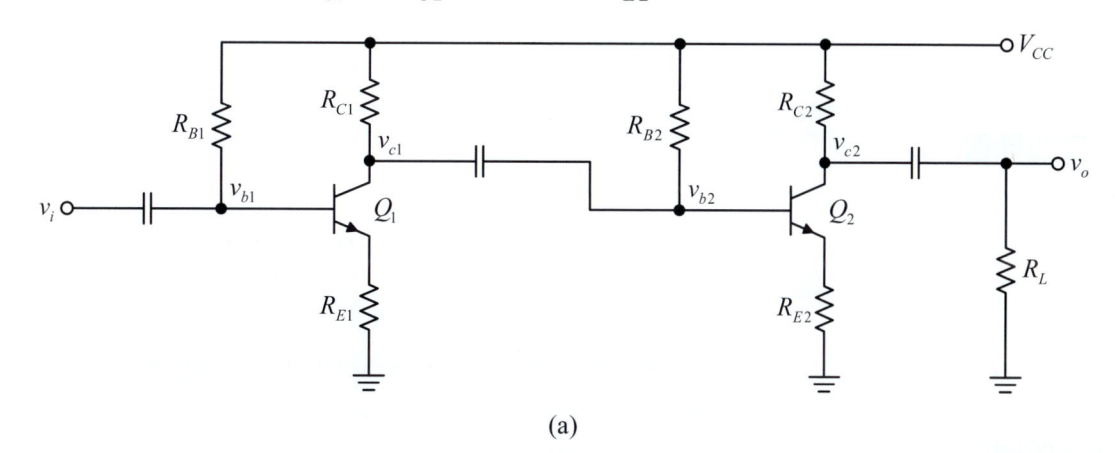

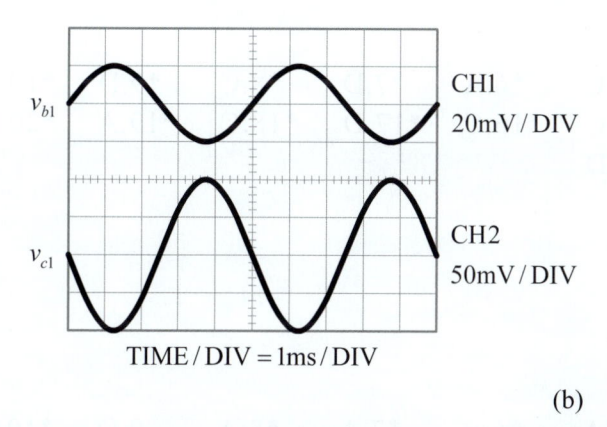

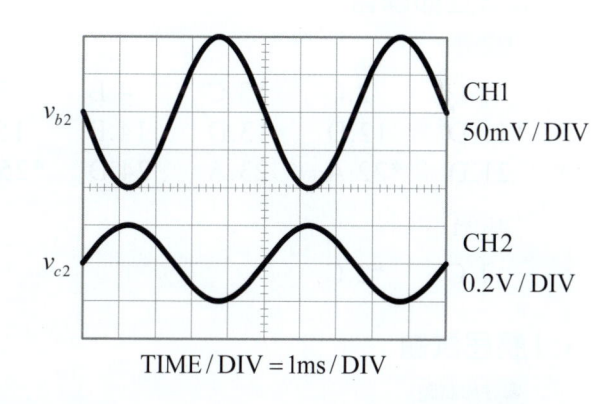

(a)

(b)

圖(1)

(　　)1. 該電路為
(A)RC耦合串級放大電路　　(B)達靈頓電路
(C)疊接放大器　　(D)直接耦合放大電路

(　　)2. 該電路的總電壓增益 A_{vT} 為多少分貝？
(A)10dB　(B)20dB　(C)30dB　(D)40dB

(　　)3. 該電路的負載電阻 R_L 為多少歐姆？
(A)1kΩ　(B)2kΩ　(C)10kΩ　(D)15kΩ

解 答

5-1立即練習

基礎題

*1.B   2.B   *3.B   *4.C   *5.C   *6.B   *7.C   8.B   *9.C   *10.B
*11.C   *12.D   *13.D   *14.C

進階題

*1.B

5-2立即練習

基礎題

*1.A   2.C   *3.C   4.B   *5.D   *6.A   *7.A   *8.C   *9.B   *10.A
*11.D

進階題

*1.A   *2.D

5-3立即練習

基礎題

1.C   2.C   *3.C   4.B   *5.C   *6.A   7.D   *8.C   *9.D   *10.A
*11.D   12.D   13.D   14.B   15.C   *16.C   *17.D   *18.C   *19.A   *20.B
21.D   *22.A   23.A   24.D   *25.D

進階題

1.C   *2.C

歷屆試題

電子學試題

*1.A   *2.C   3.C   *4.A   *5.A   *6.B   *7.A   *8.A   9.D   *10.B
11.D   12.C   *13.D   14.D   *15.C   *16.D   17.A   18.D   19.A   20.C
21.C   22.C   23.D   24.B   25.A   26.D   27.D   28.D   *29.B   *30.B
*31.C   *32.A   *33.C   34.A   35.C   36.A   *37.B   38.A   *39.C   *40.A
*41.C   *42.C   *43.B   44.D

電子學實習試題

*1.C   *2.B   3.D   *4.B   *5.C   6.C   7.A   8.D   9.A   10.D
11.B   12.D   13.C   14.C   15.C   16.C   *17.D   18.C   *19.B   *20.C
*21.C   *22.B   *23.B

素養導向題

1.A   *2.B   *3.D

CHAPTER 6 金氧半場效電晶體

本章學習重點

章節架構	必考重點
6-1 金氧半場效電晶體之構造及特性	• 金氧半場效電晶體之構造 • 金氧半場效電晶體之特性
6-2 金氧半場效電晶體之直流偏壓	• 金氧半場效電晶體之特性曲線 • 金氧半場效電晶體之判別式 • 金氧半場效電晶體之直流分析
6-3 實習專區	• 金氧半場效電晶體之量測

統測命題分析

CH1 4%
CH2 8%
CH3 8%
CH4 12%
CH5 8%
CH6 12%
CH7 8%
CH8 8%
CH9 8%
CH10 12%
CH11 12%

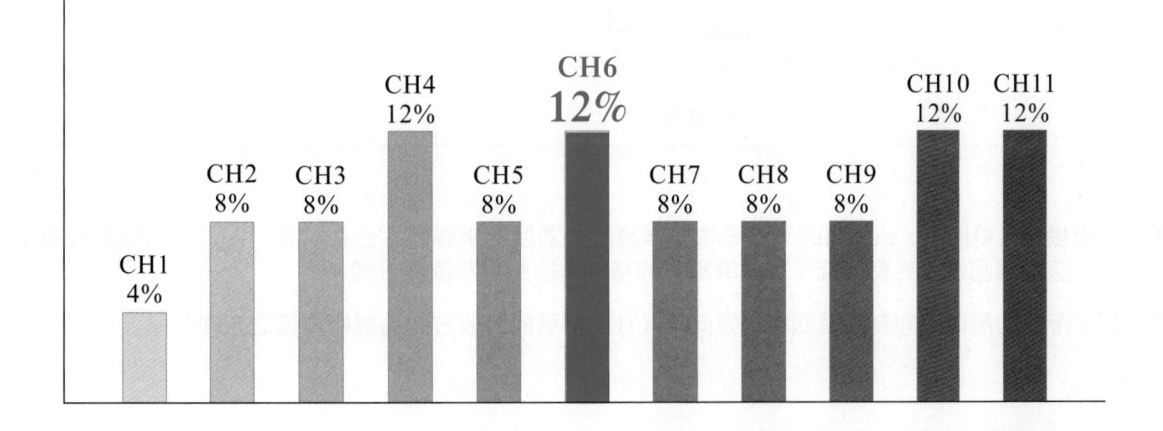

6-1 金氧半場效電晶體之構造及特性

重點 1　金氧半場效電晶體之構造與電路符號

1. **絕緣閘場效電晶體**（Insulated-Gate Field Effect Transistor，簡稱IG-FET），在構造上沒有PN接合面，其閘極與通道間是以二氧化矽（SiO_2）隔開，因此又稱為**金屬氧化物半導體場效電晶體**（Metal Oxide Semiconductor Field-Effect Transistor，簡稱MOSFET），或簡稱為『**金氧半場效電晶體**』。

2. MOSFET之種類，依傳導的載子可分為n型（N通道）與p型（P通道）；依操作之方式，有**空乏型（Depletion type）**簡記為D-MOSFET，及**增強型（Enhancement type）**簡記為E-MOSFET兩種。

3. MOSFET的結構與符號

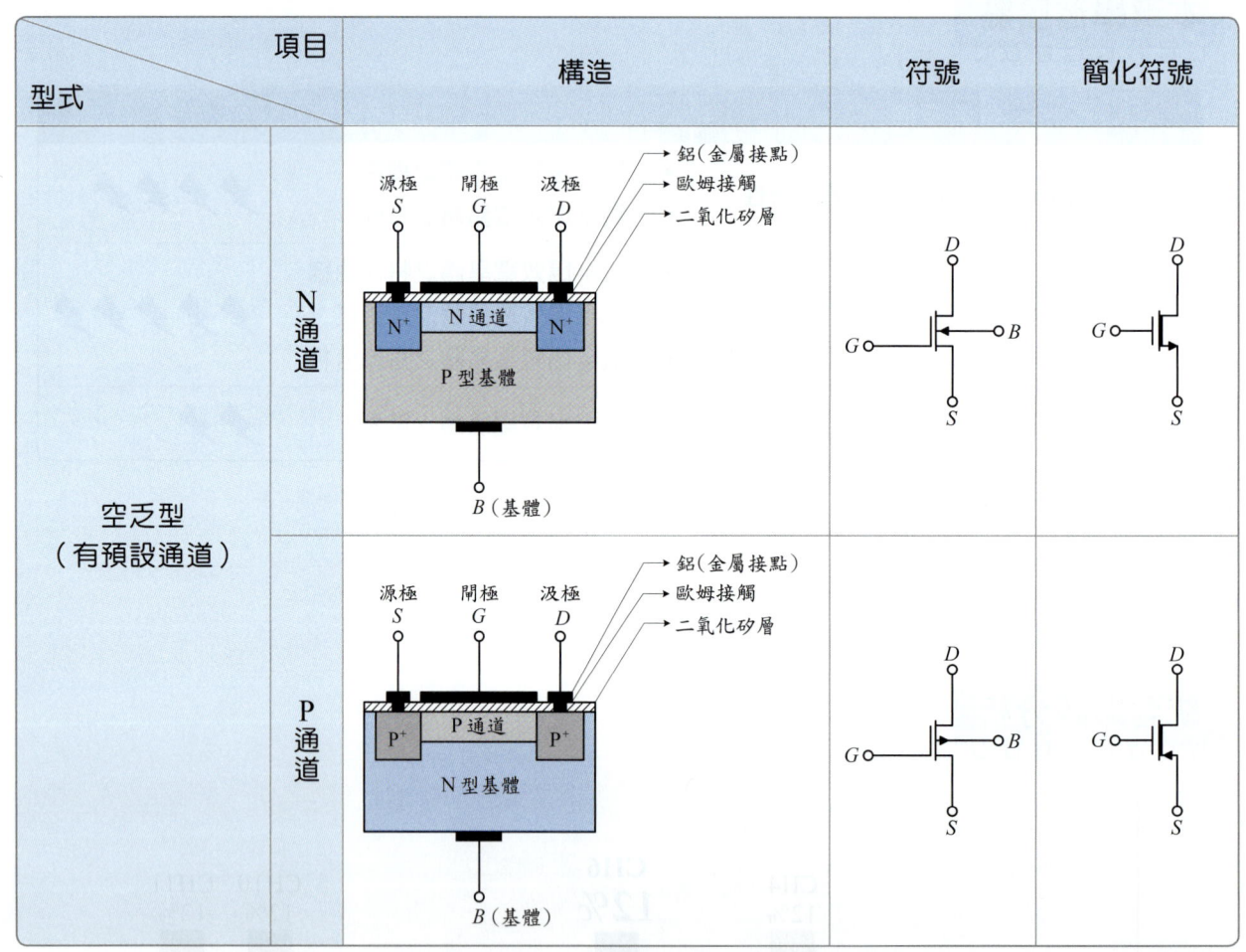

型式	項目	構造	符號	簡化符號
空乏型（有預設通道）	N通道	（N通道結構圖：源極S、閘極G、汲極D、鋁（金屬接點）、歐姆接觸、二氧化矽層、N^+、N通道、N^+、P型基體、B（基體））	（符號：D、G、B、S）	（簡化符號：D、G、S）
	P通道	（P通道結構圖：源極S、閘極G、汲極D、鋁（金屬接點）、歐姆接觸、二氧化矽層、P^+、P通道、P^+、N型基體、B（基體））	（符號：D、G、B、S）	（簡化符號：D、G、S）

More…

註1：**歐姆接觸**（Ohmic contact）：將金屬與高摻雜濃度的半導體接合在一起，則此接合面的接觸電阻甚小，該接觸面是不具有整流（單向導電）的特性，因此稱為歐姆接觸。

註2：**簡化符號的箭頭方向為汲極的電流方向。**（BJT符號的箭頭方向為射極電流之方向）

第 6 章 金氧半場效電晶體

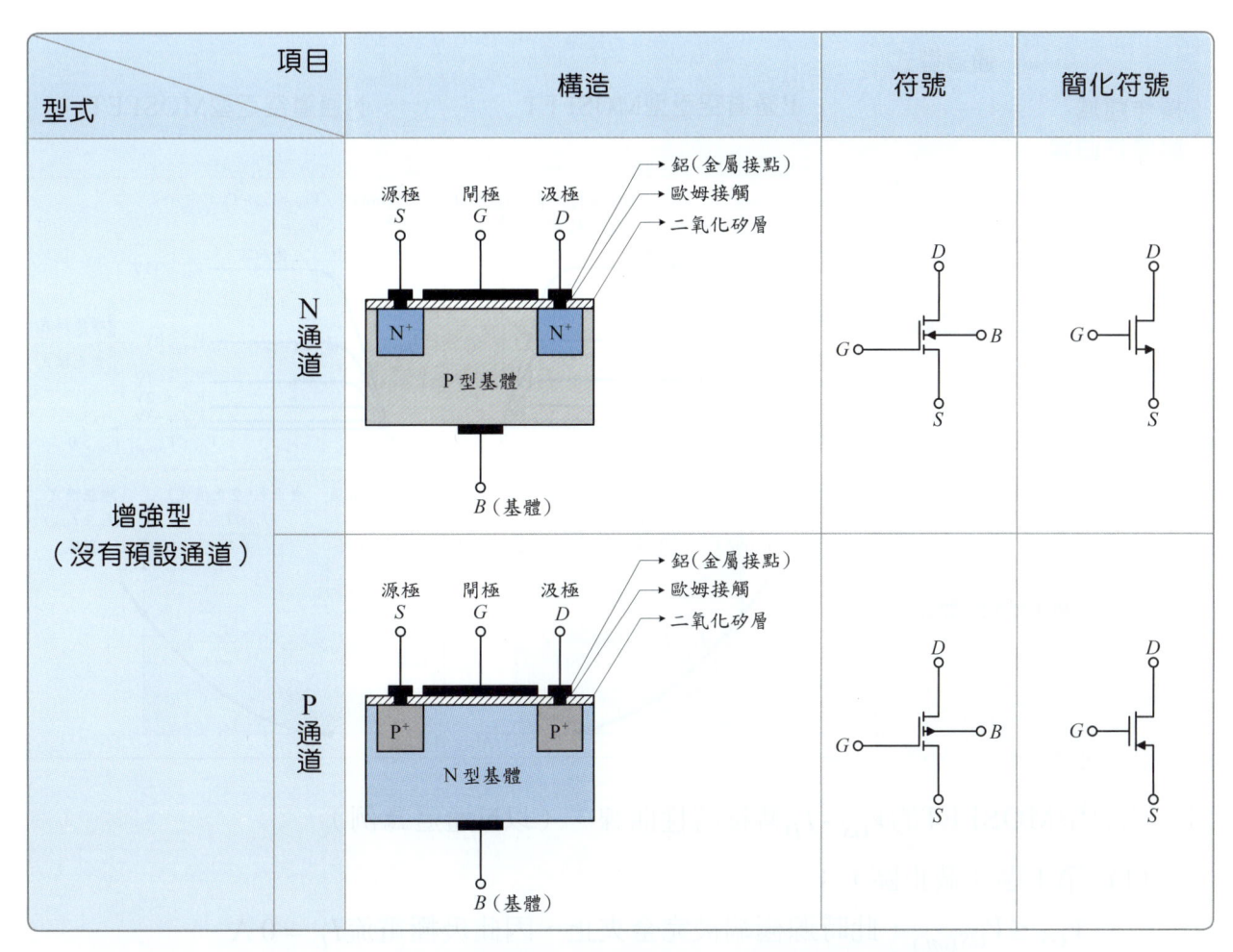

型式 \ 項目		構造	符號	簡化符號
增強型（沒有預設通道）	N 通道	（N⁺ 源極S、閘極G、汲極D；P型基體；鋁（金屬接點）、歐姆接觸、二氧化矽層；B（基體））	D-G-B-S	D-G-S
	P 通道	（P⁺ 源極S、閘極G、汲極D；N型基體；鋁（金屬接點）、歐姆接觸、二氧化矽層；B（基體））	D-G-B-S	D-G-S

註：D-MOSFET及E-MOSFET符號中的實線表示有預設通道，虛線表示沒有預設通道。

重點 2　空乏型MOSFET之判別式與特性曲線

操作區域與特性曲線 \ 通道型式	P通道空乏型MOSFET	N通道空乏型MOSFET
截止區	$V_{GS} \geq V_P$	$V_{GS} \leq V_P$
歐姆區（三極區）	$V_{GD} < V_P$（$V_{GS} - V_{DS} < V_P$）且 $V_{GS} < V_P$	$V_{GD} > V_P$（$V_{GS} - V_{DS} > V_P$）且 $V_{GS} > V_P$
夾止區（飽和區、定電流區、線性放大區）	$V_{GD} \geq V_P$（$V_{GS} - V_{DS} \geq V_P$）且 $V_{GS} < V_P$	$V_{GD} \leq V_P$（$V_{GS} - V_{DS} \leq V_P$）且 $V_{GS} > V_P$
崩潰區	$V_{DS} < BV_{DSS}$	$V_{DS} > BV_{DSS}$

More…

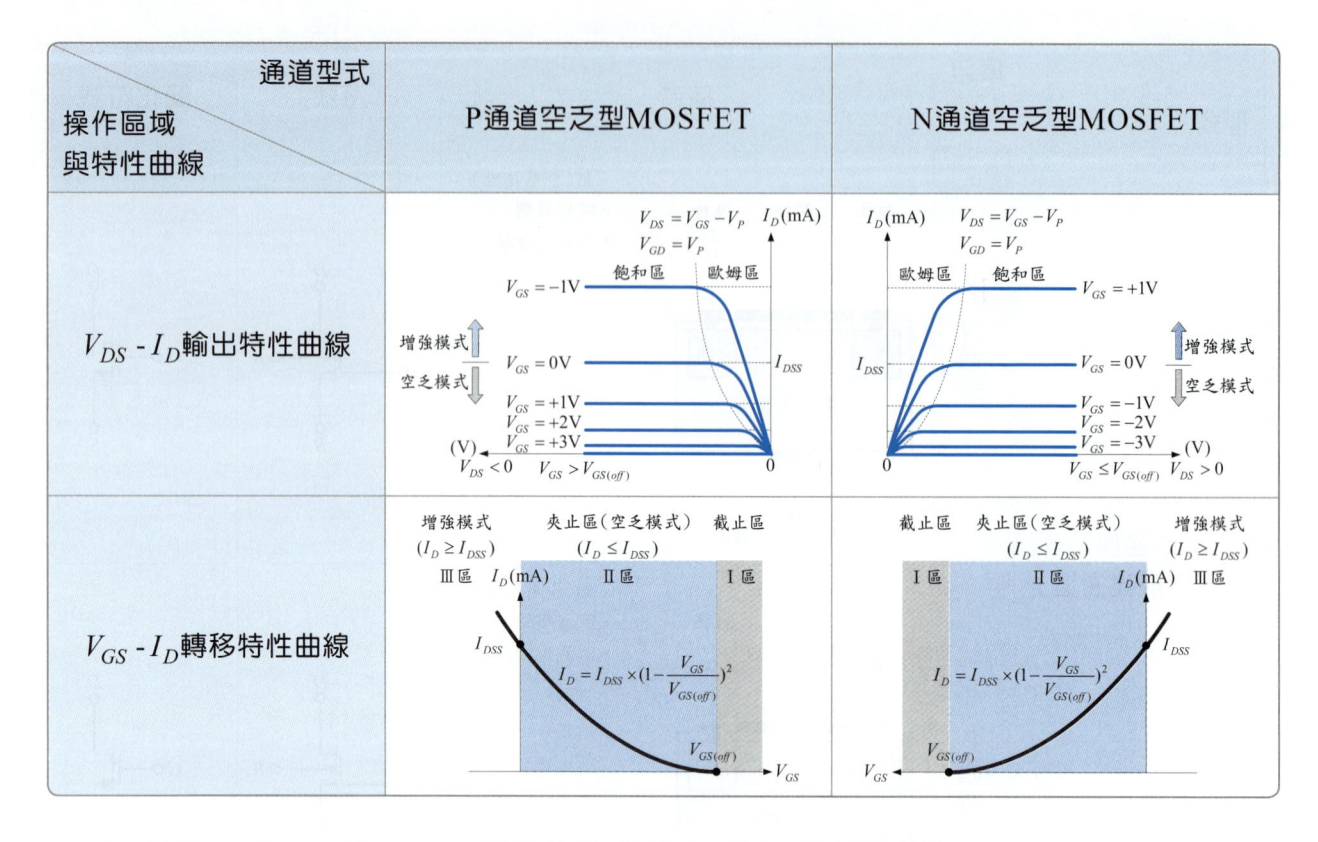

操作區域與特性曲線 \ 通道型式	P通道空乏型MOSFET	N通道空乏型MOSFET
V_{DS}-I_D輸出特性曲線	(飽和區/歐姆區曲線圖，$V_{GS}=-1V, 0V, +1V, +2V, +3V$，增強模式/空乏模式，$V_{DS}<0$, $V_{GS}>V_{GS(off)}$，$V_{DS}=V_{GS}-V_P$，$V_{GD}=V_P$)	(歐姆區/飽和區曲線圖，$V_{GS}=+1V, 0V, -1V, -2V, -3V$，增強模式/空乏模式，$V_{GS}\le V_{GS(off)}$, $V_{DS}>0$，$V_{DS}=V_{GS}-V_P$，$V_{GD}=V_P$)
V_{GS}-I_D轉移特性曲線	增強模式($I_D\ge I_{DSS}$) III區 ／ 夾止區(空乏模式)($I_D\le I_{DSS}$) II區 ／ 截止區 I區；$I_D = I_{DSS}\times(1-\frac{V_{GS}}{V_{GS(off)}})^2$	截止區 I區 ／ 夾止區(空乏模式)($I_D\le I_{DSS}$) II區 ／ 增強模式($I_D\ge I_{DSS}$) III區；$I_D = I_{DSS}\times(1-\frac{V_{GS}}{V_{GS(off)}})^2$

1. 空乏型MOSFET的V_{GS}-I_D轉移特性曲線：（以N通道為例）

    (1) 第I區（截止區）：

    $V_{GS}\le V_{GS(off)}$，此時源極端被完全夾止，因此汲極電流$I_D = 0$ A。

    (2) 第II區（夾止區）：

    $V_{GS}>V_P$，此時的汲極電流I_D具有定電流的特性，並且與汲源極電壓V_{DS}無關，I_D隨著輸入電壓V_{GS}增加而增加，可以得知$I_D\le I_{DSS}$。

    (3) 第III區（增強工作）：

    $V_{GS}>0$，此時因靜電作用在N通道內感應更多的電子，N通道持續擴大，使得汲極電流I_D大於夾止飽和電流I_{DSS}，即$I_D\ge I_{DSS}$。

2. 空乏型MOSFET的V_{DS}-I_D輸出特性曲線：（以N通道為例）

    (1) 截止區：

    $V_{GS}\le V_P$，此時源極端被完全夾止，因此汲極電流$I_D = 0$ A。

    (2) 歐姆區：

    $V_{GS}>V_P$且$V_{GD}>V_P$，此時汲極端內的通道尚未夾止，因此在V_{DS}甚小時的通道電阻r_{DS}為線性電阻，而在V_{DS}較大時的通道電阻r_{DS}為**非線性電阻**，故此區域又稱為**電阻區**。

    (3) 夾止區：

    $V_{GS}>V_P$且$V_{GD}\le V_P$此時在汲極端的N通道已經夾止，而源極端的N通道尚未夾止，汲極電流I_D具有定電流的特性，與汲源極電壓V_{DS}無關，I_D隨著輸入電壓V_{GS}增加而增加。

(4) 崩潰區：

當電源電壓V_{DS}（正電壓）逐漸增加至超過崩潰電壓BV_{DSS}即$V_{DS} > BV_{DSS}$，汲極電流I_D遽增，此時MOSFET有燒燬之虞。

3. 空乏型MOSFET各種工作區域的汲極電流方程式：

操作區域 \ 通道型式	P通道與N通道空乏型MOSFET
截止區	$I_D = 0$ A
歐姆區 （三極區）	$I_D = \dfrac{I_{DSS}}{V_P^2}[2(V_{GS} - V_P)V_{DS} - V_{DS}^2]$（超過課綱故不詳加探討）
夾止區 （飽和區、定電流區、線性放大區）	$I_D = I_{DSS} \times (1 - \dfrac{V_{GS}}{V_P})^2$　$\begin{cases} I_D\text{：汲極電流} \\ I_{DSS}\text{：夾止飽和電流} \\ V_P\text{：夾止電壓} \end{cases}$
崩潰區	I_D急遽竄增（非比例關係），MOSFET有燒燬之虞

註1：截止電壓$V_{GS(off)}$等於夾止電壓V_P，兩者大小相同但意義不同。截止電壓$V_{GS(off)}$是指當源極端通道完全夾止沒有電流流動（進入截止區）的閘源極電壓V_{GS}；而夾止電壓V_P（$V_{GS(P)}$）是指在閘源極電壓$V_{GS} = 0$ V時，逐漸增加V_{DS}直到汲極端的通道內恰為夾止的瞬間（進入飽和區）。

註2：空乏型MOSFET的偏壓方式區分為增強模式與空乏模式，因此閘-源極的電壓（V_{GS}）有兩種偏壓方式：當V_{GS}為順向偏壓時為增強模式（通道擴大），反之，當V_{GS}為逆向偏壓時為空乏模式（通道縮減）。

D-MOSFET（N通道）工作區域之判別

老師教

1. N通道空乏型MOSFET之夾止電壓$V_P = -4$ V，試求下列各圖，分別操作在何種區域？

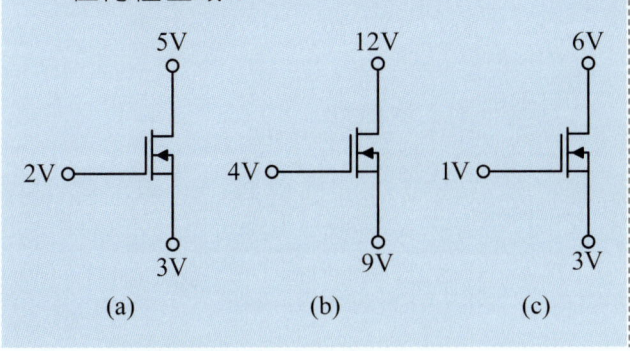

   (a) 閘極2V，汲極5V，源極3V
   (b) 閘極4V，汲極12V，源極9V
   (c) 閘極1V，汲極6V，源極3V

學生做

1. N通道空乏型MOSFET之夾止電壓$V_P = -3$ V，試求下列各圖，分別操作在何種區域？

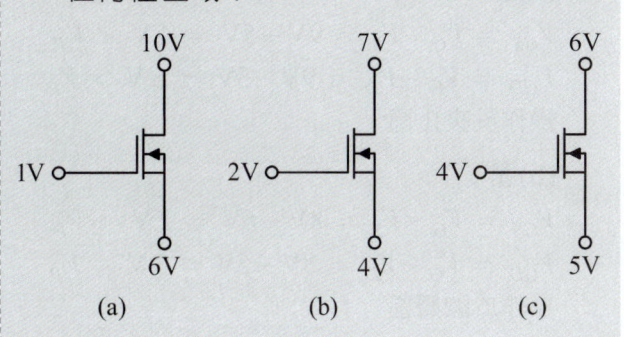

   (a) 閘極1V，汲極10V，源極6V
   (b) 閘極2V，汲極7V，源極4V
   (c) 閘極4V，汲極6V，源極5V

解 技巧：先看下面（S）再看上面（D）
優先判斷是否操作在截止區（$V_{GS} \leq V_P$）

(a)圖：
$V_{GS} = V_G - V_S = 2V - 3V = -1\,V > V_P$
$V_{GD} = V_G - V_D = 2V - 5V = -3\,V > V_P$
操作於歐姆區

(b)圖：
$V_{GS} = V_G - V_S = 4V - 9V = -5\,V < V_P$
操作於截止區

(c)圖：
$V_{GS} = V_G - V_S = 1V - 3V = -2\,V > V_P$
$V_{GD} = V_G - V_D = 1V - 6V = -5\,V < V_P$
操作於夾止區

D-MOSFET（P通道）工作區域之判別

老師教

2. P通道空乏型MOSFET之夾止電壓 $V_P = 5\,V$，試求下列各圖，分別操作在何種區域？

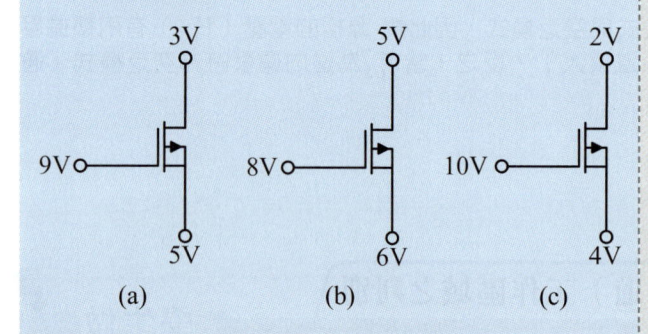

(a) G:3V, S:5V, D:9V (b) G:5V, S:6V, D:8V (c) G:2V, S:4V, D:10V

學生做

2. P通道空乏型MOSFET之夾止電壓 $V_P = 2\,V$，試求下列各圖，分別操作在何種區域？

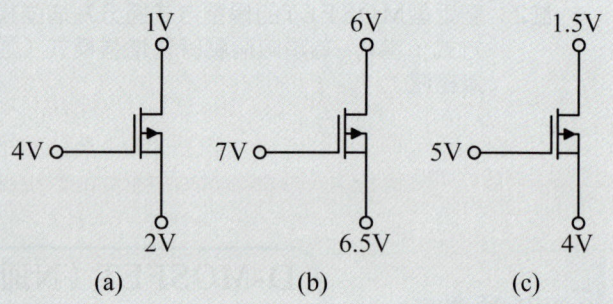

(a) G:1V, S:2V, D:4V (b) G:6V, S:6.5V, D:7V (c) G:1.5V, S:4V, D:5V

解 技巧：先看下面（S）再看上面（D）
優先判斷是否操作在截止區（$V_{GS} \geq V_P$）

(a)圖：
$V_{GS} = V_G - V_S = 9V - 5V = 4\,V < V_P$
$V_{GD} = V_G - V_D = 9V - 3V = 6\,V > V_P$
操作於夾止區

(b)圖：
$V_{GS} = V_G - V_S = 8V - 6V = 2\,V < V_P$
$V_{GD} = V_G - V_D = 8V - 5V = 3\,V < V_P$
操作於歐姆區

(c)圖：
$V_{GS} = V_G - V_S = 10V - 4V = 6\,V > V_P$
操作於截止區

D-MOSFET（N通道）汲極電流 I_D 的計算

老師教

3. N通道空乏型MOSFET，若 $V_P = -4\,\text{V}$、$I_{DSS} = 12\,\text{mA}$，試求在 (1) $V_{GS} = 0\,\text{V}$ (2) $V_{GS} = -2\,\text{V}$ (3) $V_{GS} = -4\,\text{V}$，汲極電流 I_D 分別為何？

解 (1) $I_D = I_{DSS} \times (1 - \dfrac{V_{GS}}{V_P})^2$

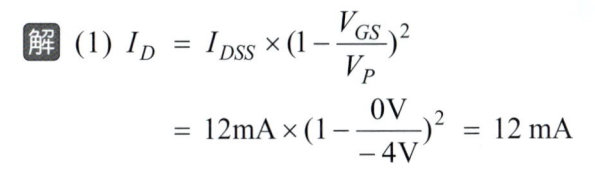

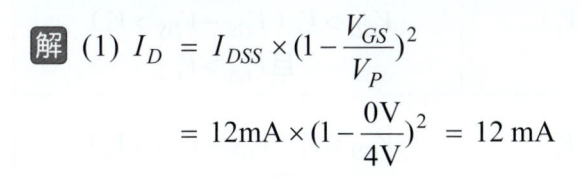

$= 12\,\text{mA} \times (1 - \dfrac{0\text{V}}{-4\text{V}})^2 = 12\,\text{mA}$

(2) $I_D = I_{DSS} \times (1 - \dfrac{V_{GS}}{V_P})^2$

$= 12\,\text{mA} \times (1 - \dfrac{-2\text{V}}{-4\text{V}})^2 = 3\,\text{mA}$

(3) $V_{GS} = -4\,\text{V} \leq V_P$，$I_D = 0$
（截止區）

學生做

3. N通道空乏型MOSFET，若 $V_P = -2\,\text{V}$、$I_{DSS} = 8\,\text{mA}$，試求在 (1) $V_{GS} = 0\,\text{V}$ (2) $V_{GS} = -1\,\text{V}$ (3) $V_{GS} = -2\,\text{V}$，汲極電流 I_D 分別為何？

答

D-MOSFET（P通道）汲極電流 I_D 的計算

老師教

4. P通道空乏型MOSFET，若 $V_P = 4\,\text{V}$、$I_{DSS} = 12\,\text{mA}$，試求在 (1) $V_{GS} = 0\,\text{V}$ (2) $V_{GS} = 2\,\text{V}$ (3) $V_{GS} = 4\,\text{V}$，汲極電流 I_D 分別為何？

解 (1) $I_D = I_{DSS} \times (1 - \dfrac{V_{GS}}{V_P})^2$

$= 12\,\text{mA} \times (1 - \dfrac{0\text{V}}{4\text{V}})^2 = 12\,\text{mA}$

(2) $I_D = I_{DSS} \times (1 - \dfrac{V_{GS}}{V_P})^2$

$= 12\,\text{mA} \times (1 - \dfrac{2\text{V}}{4\text{V}})^2 = 3\,\text{mA}$

(3) $V_{GS} = 4\,\text{V} \geq V_P$，$I_D = 0$
（截止區）

學生做

4. N通道空乏型MOSFET，若 $V_P = 2\,\text{V}$、$I_{DSS} = 8\,\text{mA}$，試求在 (1) $V_{GS} = 0\,\text{V}$ (2) $V_{GS} = 1\,\text{V}$ (3) $V_{GS} = 2\,\text{V}$，汲極電流 I_D 分別為何？

答

| 老師教 | V_{GS} 的判斷 | 學生做 |

5. N通道空乏型MOSFET操作於夾止區，若 $V_P = -4\,\text{V}$、$I_{DSS} = 16\,\text{mA}$、$I_D = 4\,\text{mA}$，試求 V_{GS} 為何？

5. N通道空乏型MOSFET操作於夾止區，若 $V_P = -3\,\text{V}$、$I_{DSS} = 12\,\text{mA}$、$I_D = 3\,\text{mA}$，試求 V_{GS} 為何？

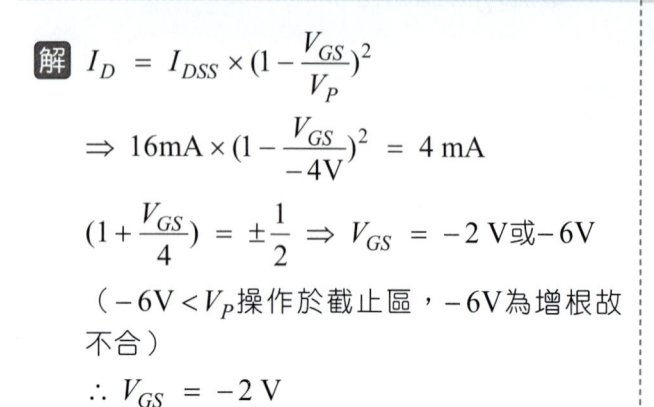

【解】 $I_D = I_{DSS} \times (1 - \dfrac{V_{GS}}{V_P})^2$

$\Rightarrow 16\,\text{mA} \times (1 - \dfrac{V_{GS}}{-4\text{V}})^2 = 4\,\text{mA}$

$(1 + \dfrac{V_{GS}}{4}) = \pm \dfrac{1}{2} \Rightarrow V_{GS} = -2\,\text{V}$ 或 $-6\,\text{V}$

（$-6\text{V} < V_P$ 操作於截止區，-6V 為增根故不合）

$\therefore V_{GS} = -2\,\text{V}$

【答】

重點 3　增強型MOSFET之判別式與特性曲線

增強型MOSFET本身沒有預設通道，所以在汲源極間加上電壓後不會有電流產生，因此增強型MOSFET又稱為**正常截止**（normally off）MOSFET。

操作區域與特性曲線 \ 通道型式	P通道增強型MOSFET	N通道增強型MOSFET
截止區	$V_{GS} \geq V_t$	$V_{GS} \leq V_t$
歐姆區（三極區）	$V_{GD} < V_t$（$V_{GS} - V_{DS} < V_t$）且 $V_{GS} < V_t$	$V_{GD} > V_t$（$V_{GS} - V_{DS} > V_t$）且 $V_{GS} > V_t$
夾止區（飽和區、定電流區、線性放大區）	$V_{GD} \geq V_t$（$V_{GS} - V_{DS} \geq V_t$）且 $V_{GS} < V_t$	$V_{GD} \leq V_t$（$V_{GS} - V_{DS} \leq V_t$）且 $V_{GS} > V_t$
崩潰區	$V_{DS} < BV_{DSS}$	$V_{DS} > BV_{DSS}$
V_{DS}-I_D 輸出特性曲線	$V_{GS} = V_t - 4\text{V}$、$V_{GS} = V_t - 3\text{V}$、$V_{GS} = V_t - 2\text{V}$、$V_{GS} = V_t - 1\text{V}$；$V_{DS} = V_{GS} - V_t$，$V_{GD} = V_t$；$V_{DS} < 0$，$V_{GS} \geq V_t$	$V_{GS} = V_t + 4\text{V}$、$V_{GS} = V_t + 3\text{V}$、$V_{GS} = V_t + 2\text{V}$、$V_{GS} = V_t + 1\text{V}$；$V_{DS} = V_{GS} - V_t$，$V_{GD} = V_t$；$V_{GS} \leq V_t$，$V_{DS} > 0$

More…

操作區域與特性曲線 \ 通道型式	P通道增強型MOSFET	N通道增強型MOSFET
V_{GS}-I_D轉移特性曲線	夾止區 II區 / 截止區 I區，I_D(mA)，$I_D = K \times (V_{GS} - V_t)^2$，$V_t$，$V_{GS}$	截止區 I區 / 夾止區 II區，I_D(mA)，$I_D = K \times (V_{GS} - V_t)^2$，$V_t$，$V_{GS}$

1. **反轉層**（inversion layer）與**臨界電壓**（threshold voltage）：
   N通道的E-MOSFET，閘極電壓為正電壓時，因電場效應吸引P型基體的少數載子（電子）聚集累積在二氧化矽層下，當自由電子的濃度大於電洞濃度時，靠近二氧化矽層下的P型基體會形成一個N型區域，此區域稱為**N型反轉層**（N-type inversion layer），當閘極電壓夠大時在汲源極間開始會有電流流動，此閘極電壓稱為**臨限電壓**或是**臨界電壓**（threshold voltage，簡記為V_t）。當外加的閘極電壓愈大，吸引的電子數愈多，所形成的N型反轉層的通道的高度也就愈大，電流也就愈大，導電性也就相對提升。

2. 增強型MOSFET的V_{GS}-I_D轉移特性曲線：（以N通道為例）

   (1) 第Ⅰ區（截止區）：
   $V_{GS} \leq V_t$，此時在汲極與源極間無法感應N通道，使得汲源極間的電流I_D為零，即汲極電流$I_D = 0$ A。

   (2) 第Ⅱ區（夾止區）：
   $V_{GS} > V_t$且$V_{GD} \leq V_t$，此時的汲極電流I_D具有定電流的特性，並且與汲源極電壓V_{DS}無關，I_D隨著輸入電壓V_{GS}增加而增加。

3. 增強型MOSFET的V_{DS}-I_D輸出特性曲線（以N通道為例）

   (1) 截止區：
   $V_{GS} \leq V_t$，此時無法感應N通道，因此汲極電流$I_D = 0$ A。

   (2) 歐姆區：
   $V_{GS} > V_t$且$V_{DS} < V_{GS} - V_t$即$V_{GD} > V_t$，此時汲極端內的通道尚未夾止，因此在V_{DS}甚小時的通道電阻r_{DS}為線性電阻，而在V_{DS}較大時的通道電阻r_{DS}為**非線性電阻**，故此區域又稱為**電阻區**。

   (3) 夾止區：
   $V_{GS} > V_t$且$V_{DS} \geq V_{GS} - V_t$即$V_{GD} \leq V_t$，汲極電流I_D具有定電流的特性，與汲源極電壓V_{DS}無關，I_D隨著輸入電壓V_{GS}增加而增加。

   (4) 崩潰區：
   當電源電壓V_{DS}（正電壓）逐漸增加至超過崩潰電壓BV_{DSS}即$V_{DS} > BV_{DSS}$，汲極電流I_D遽增，此時N通道增強型MOSFET有燒燬之虞。

4. 增強型MOSFET各種工作區域的汲極電流方程式：

操作區域 \ 通道型式	P通道與N通道增強型MOSFET
截止區	$I_D = 0\ \text{A}$
歐姆區（三極區）	$I_D = K[2(V_{GS} - V_t) \times V_{DS} - V_{DS}]^2$（超過課綱故不詳加探討）
夾止區（飽和區、定電流區、線性放大區）	$I_D = K \times (V_{GS} - V_t)^2$ $\begin{cases} I_D：汲極電流 \\ K：製程互導參數 \Rightarrow K \propto \dfrac{W（通道寬度）}{L（通道長度）} \\ V_t：臨界電壓 \end{cases}$
崩潰區	I_D急遽竄增（非比例關係），MOSFET有燒燬之虞

註：空乏型MOSFET也具增強型MOSFET的特性，因此空乏型MOSFET的汲極電流I_D也可以$I_D = K \times (V_{GS} - V_t)^2$表示之，故$I_D = K \times (V_{GS} - V_t)^2 = I_{DSS} \times (1 - \dfrac{V_{GS}}{V_P})^2$，可推導出$K = \dfrac{I_{DSS}}{V_P^2}$。

補充知識

實際的V_{DS}-I_D輸出特性曲線

理想的增強型MOSFET，當汲源極電壓V_{DS}增加時汲極I_D電流維持不變，如圖(a)所示為理想的N通道增強型MOSFET的V_{DS}-I_D特性曲線，其特性曲線為一**水平線**。

實際上，當汲源極電壓V_{DS}達飽和時，汲極端的通道內產生夾止現象，若V_{DS}再增加，則汲極端的空乏區會擴大，相對的造成通道的有效長度變短，使得製程互導參數K增大，因此I_D會呈現些微增加的情形，此種**通道長度調變（Channel Length Modulation，簡記CLM）**的現象稱為**歐力效應（Early Effect）**。

此時的輸出特性曲線略微上揚如圖(b)所示，圖中的電壓V_A極為歐力電壓，典型值約40V～100V。

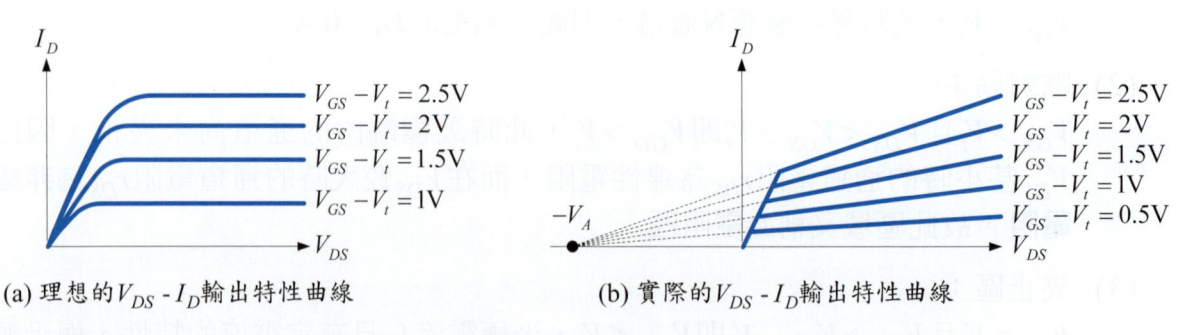

(a) 理想的V_{DS}-I_D輸出特性曲線

(b) 實際的V_{DS}-I_D輸出特性曲線

註：電晶體（BJT）為**通道寬度調變（Channel Width Modulation，簡記CWM）**。

E-MOSFET（N通道）工作區域之判別

老師教

6. N通道增強型MOSFET之臨界電壓 $V_t = 2\,\text{V}$，試求下列各圖，分別操作在何種區域？

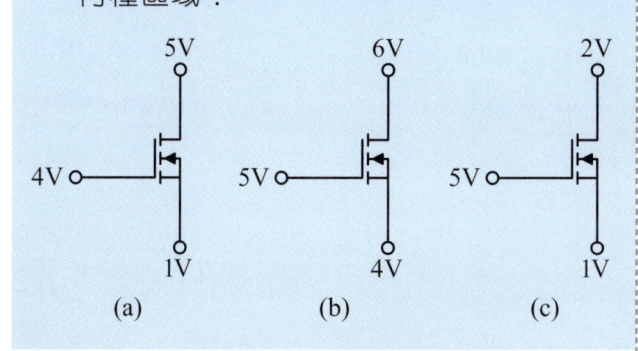

(a) D=5V, G=4V, S=1V
(b) D=6V, G=5V, S=4V
(c) D=2V, G=5V, S=1V

解 技巧：先看下面（S）再看上面（D）
優先判斷是否操作於截止區（$V_{GS} \leq V_t$）

(a)圖：
$V_{GS} = V_G - V_S = 4\text{V} - 1\text{V} = 3\,\text{V} > V_t$
$V_{GD} = V_G - V_D = 4\text{V} - 5\text{V} = -1\,\text{V} < V_t$
操作於夾止區

(b)圖：
$V_{GS} = V_G - V_S = 5\text{V} - 4\text{V} = 1\,\text{V} \leq V_t$
操作於截止區

(c)圖：
$V_{GS} = V_G - V_S = 5\text{V} - 1\text{V} = 4\,\text{V} > V_t$
$V_{GD} = V_G - V_D = 5\text{V} - 2\text{V} = 3\,\text{V} > V_t$
操作於歐姆區

學生做

6. N通道增強型MOSFET之臨界電壓 $V_t = 2\,\text{V}$，試求下列各圖，分別操作在何種區域？

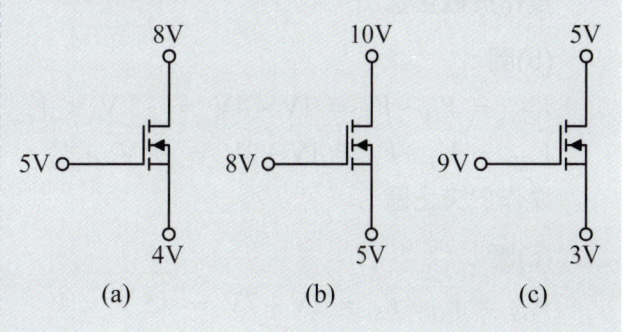

(a) D=8V, G=5V, S=4V
(b) D=10V, G=8V, S=5V
(c) D=5V, G=9V, S=3V

答

E-MOSFET（P通道）工作區域之判別

老師教

7. P通道增強型MOSFET之臨界電壓 $V_t = -2\,\text{V}$，試求下列各圖，分別操作在何種區域？

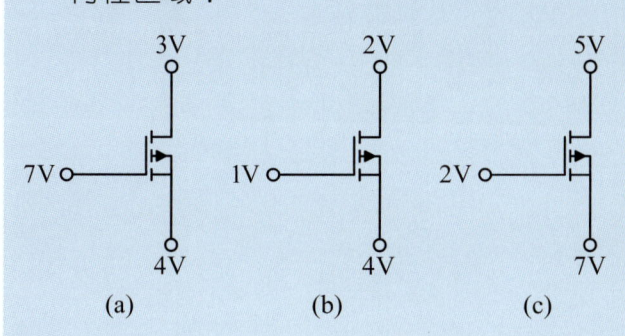

(a) S=3V, G=7V, D=4V
(b) S=2V, G=1V, D=4V
(c) S=5V, G=2V, D=7V

學生做

7. P通道增強型MOSFET之臨界電壓 $V_t = -2\,\text{V}$，試求下列各圖，分別操作在何種區域？

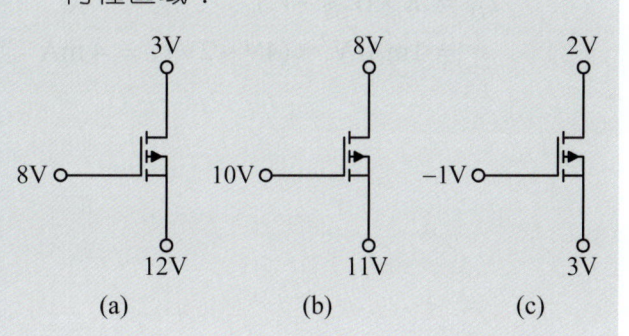

(a) S=3V, G=8V, D=12V
(b) S=8V, G=10V, D=11V
(c) S=2V, G=-1V, D=3V

解 技巧：先看下面（S）再看上面（D）
優先判斷是否操作在截止區（$V_{GS} \geq V_t$）

(a)圖：
$V_{GS} = V_G - V_S = 7\text{V} - 4\text{V} = 3\text{ V} > V_t$
操作於截止區

(b)圖：
$V_{GS} = V_G - V_S = 1\text{V} - 4\text{V} = -3\text{ V} < V_t$
$V_{GD} = V_G - V_D = 1\text{V} - 2\text{V} = -1\text{ V} > V_t$
操作於夾止區

(c)圖：
$V_{GS} = V_G - V_S = 2\text{V} - 7\text{V} = -5\text{ V} < V_t$
$V_{GD} = V_G - V_D = 2\text{V} - 5\text{V} = -3\text{ V} < V_t$
操作於歐姆區

E-MOSFET（N通道）汲極電流 I_D 的計算

老師教

8. N通道增強型MOSFET，若臨限電壓 $V_t = 2\text{ V}$、互導參數 $K = 1\text{ mA}/\text{V}^2$，試求在 (1) $V_{GS} = 1\text{ V}$ (2) $V_{GS} = 3\text{ V}$ (3) $V_{GS} = 4\text{ V}$，汲極電流 I_D 分別為何？

解 (1) $V_{GS} < V_t$，操作在截止區，$I_D = 0$

(2) $V_{GS} = 3\text{ V}$
$I_D = K \times (V_{GS} - V_t)^2$
$= 1\text{mA}/\text{V}^2 \times (3\text{V} - 2\text{V})^2 = 1\text{ mA}$

(3) $V_{GS} = 4\text{ V}$
$I_D = K \times (V_{GS} - V_t)^2$
$= 1\text{mA}/\text{V}^2 \times (4\text{V} - 2\text{V})^2 = 4\text{ mA}$

學生做

8. N通道增強型MOSFET，若臨限電壓 $V_t = 3\text{ V}$、互導參數 $K = 2\text{ mA}/\text{V}^2$，試求在 (1) $V_{GS} = 0\text{ V}$ (2) $V_{GS} = 4\text{ V}$ (3) $V_{GS} = 5\text{ V}$，汲極電流 I_D 分別為何？

E-MOSFET（P通道）汲極電流 I_D 的計算

老師教

9. P通道增強型MOSFET，若臨限電壓 $V_t = -2\,\text{V}$、互導參數 $K = 1\,\text{mA}/\text{V}^2$，試求在 (1) $V_{GS} = -1\,\text{V}$ (2) $V_{GS} = -3\,\text{V}$ (3) $V_{GS} = -4\,\text{V}$，汲極電流 I_D 分別為何？

解 (1) $V_{GS} > V_t$，操作在截止區，$I_D = 0$

(2) $V_{GS} = -3\,\text{V}$
$$\begin{aligned}I_D &= K \times (V_{GS} - V_t)^2 \\ &= 1\,\text{mA}/\text{V}^2 \times [-3\text{V} - (-2\text{V})]^2 \\ &= 1\,\text{mA}\end{aligned}$$

(3) $V_{GS} = -4\,\text{V}$
$$\begin{aligned}I_D &= K \times (V_{GS} - V_t)^2 \\ &= 1\,\text{mA}/\text{V}^2 \times [-4\text{V} - (-2\text{V})]^2 \\ &= 4\,\text{mA}\end{aligned}$$

學生做

9. P通道增強型MOSFET，若臨限電壓 $V_t = -3\,\text{V}$、互導參數 $K = 2\,\text{mA}/\text{V}^2$，試求在 (1) $V_{GS} = 0\,\text{V}$ (2) $V_{GS} = -4\,\text{V}$ (3) $V_{GS} = -5\,\text{V}$，汲極電流 I_D 分別為何？

答

V_{GS} 的判斷

老師教

10. N通道增強型MOSFET操作於夾止區，若臨限電壓 $V_t = 2\,\text{V}$、互導參數 $K = 1\,\text{mA}/\text{V}^2$，$I_D = 16\,\text{mA}$，試求 V_{GS} 為何？

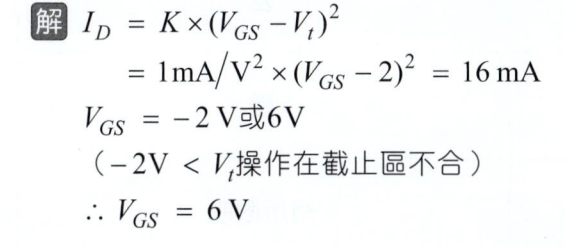

解
$$\begin{aligned}I_D &= K \times (V_{GS} - V_t)^2 \\ &= 1\,\text{mA}/\text{V}^2 \times (V_{GS} - 2)^2 = 16\,\text{mA}\end{aligned}$$
$V_{GS} = -2\,\text{V}$ 或 $6\,\text{V}$
（$-2\,\text{V} < V_t$ 操作在截止區不合）
∴ $V_{GS} = 6\,\text{V}$

學生做

10. N通道增強型MOSFET操作於夾止區，若臨限電壓 $V_t = 2\,\text{V}$、互導參數 $K = 1\,\text{mA}/\text{V}^2$，$I_D = 4\,\text{mA}$，試求 V_{GS} 為何？

答

重點 4　BJT與MOSFET之之特性、優缺點與用途

特性與用途＼元件	BJT	MOSFET
製程	繁瑣（體積大）	容易（體積小，用於VLSI以上級別電路）
結構	非對稱結構（射極與集極不可以對調使用）	對稱結構（源極與汲極可對調使用）可用於雙向對稱的類比開關（傳輸閘）
傳導載子	雙載子（電子與電洞）擴散電流（濃度不同造成）	單載子（視通道而定）漂移電流（電場或電位不同造成）
控制方式	電流控制型元件（I_B控制I_C）	電壓控制型元件（V_{GS}控制I_D）
輸入阻抗	小（數kΩ）	大（$10^{10}\Omega \sim 10^{15}\Omega$）
熱穩度	差（β為正溫度係數）（集極電流I_C隨溫度增加而增加）	好（K與I_D為負溫度係數）（汲極電流I_D隨溫度增加而減小）
抵補電壓（offset voltage）	有（$V_{BE} > 0.7\text{ V}$才有I_C）	無（增強型MOSFET除外）
雜訊能力	差	優
歐力效應	通道寬度調變	通道長度調變
增益頻寬積（$A_v \cdot BW$）	大	小
頻率響應	優	差
操作速度	快	慢
偏壓方式	每種偏壓方式皆適用	有所限制
開關電路	操作於飽和區（ON）與截止區（OFF）	操作於歐姆區（ON）與截止區（OFF）

第 6 章 金氧半場效電晶體

ABCD 立即練習

基礎題

( ) 1. 下列何者是N通道增強型MOSFET之電路符號？
(A) (B) (C) (D)

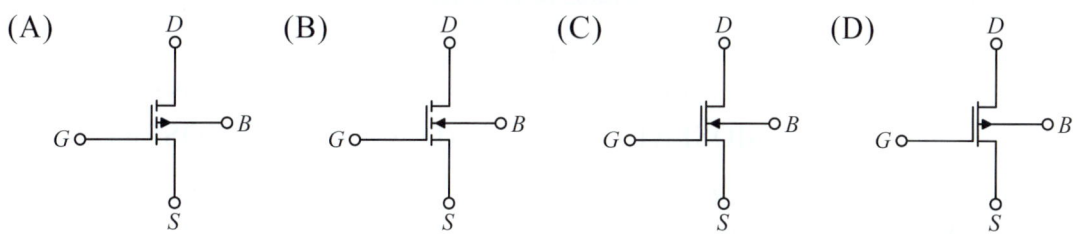

( ) 2. 下列金氧半場效應電晶體（MOSFET）元件之電路符號，何者不是N通道型式？ [統測]
(A) (B) (C) (D)

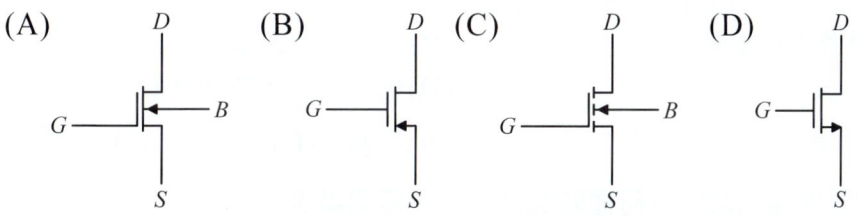

( ) 3. 圖(1)的電路符號是指何種元件？
(A)P通道空乏型MOSFET　　　(B)N通道空乏型MOSFET
(C)P通道增強型MOSFET　　　(D)N通道增強型MOSFET

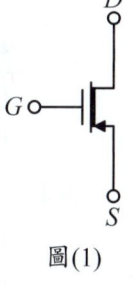

( ) 4. 下列電子元件中，何者是靠單一種載子來傳導電流？
(A)雙極性電晶體　　　(B)發光二極體
(C)稽納二極體　　　　(D)場效電晶體

圖(1)

( ) 5. N通道增強型MOSFET的傳導載子為何？
(A)電洞　(B)電子　(C)電子與電洞　(D)無

( ) 6. MOSFET元件之結構如圖(2)所示，若該MOSFET的傳導載子為電洞，則圖中甲區與乙區分別為何種型式的半導體？且該MOSFET的形式為何？
(A)甲區：n^+型；乙區：p型；空乏型MOSFET
(B)甲區：n^+型；乙區：p型；增強型MOSFET
(C)甲區：p^+型；乙區：n型；增強型MOSFET
(D)甲區：p^+型；乙區：n型；空乏型MOSFET

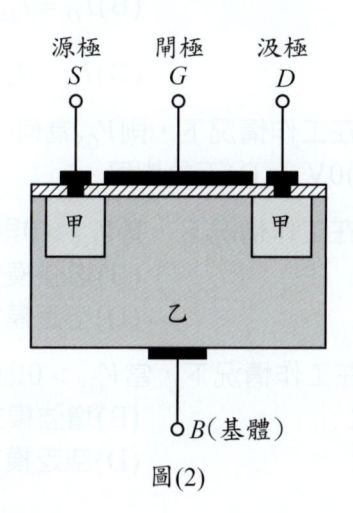

圖(2)

6-15

( )7. 下列有關MOSFET的敘述，下列何者錯誤：
 (A)空乏型MOSFET與增強型MOSFET的閘極與通道間皆是以二氧化矽隔開
 (B)空乏型MOSFET的製造上比增強型MOSFET多了實質的通道
 (C)MOSFET的英文『M』是指記憶體（Memory）
 (D)MOSFET的閘極與源極間的直流電阻接近無窮大

( )8. 大型積體電路中一般使用下列何種型式的MOSFET？
 (A)P通道空乏型MOSFET (B)N通道空乏型MOSFET
 (C)P通道增強型MOSFET (D)N通道增強型MOSFET

( )9. 下列四項何者具有較大的輸入阻抗？
 (A)射極隨耦器 (B)達靈頓組態 (C)JFET (D)MOSFET

( )10. 對場效應電晶體（FET）下列何者錯誤？
 (A)可分P通道及N通道 (B)雜訊能力較優
 (C)雙極性裝置 (D)可作為同步雙向開關

( )11. FET比BJT更適於高頻工作？ (A)對 (B)不對 (C)不一定 (D)兩者差不多

( )12. 金氧半場效應電晶體使以何種效應控制洩源極閘電流？
 (A)磁場 (B)電場 (C)光電 (D)電流

( )13. P通道D-MOSFET與N通道E-MOSFET的基體，分別是
 (A)P型半導體、N型半導體 (B)P型半導體、P型半導體
 (C)N型半導體、N型半導體 (D)N型半導體、P型半導體

( )14. 如圖(3)之電路符號為
 (A)JFET
 (B)N通道空乏型MOSFET
 (C)N通道增強型MOSFET
 (D)P通道空乏型MOSFET

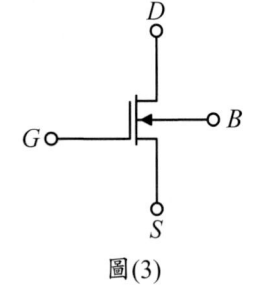

圖(3)

( )15. 某一N通道空乏型MOSFET的 $I_{DSS}=20\text{ mA}$，$V_P=-4\text{ V}$，當 $V_{GS}=-2\text{ V}$時，其 I_D 之值為
 (A)3mA (B)4mA (C)5mA (D)10mA

( )16. 有關空乏型MOSFET的 I_D 與 V_{GS} 之間的關係，下列選項何者正確？
 (A)$I_D=I_{DSS}(1-\dfrac{V_{GS}}{V_P})^2$ (B)$I_D=I_{DSS}(1-\dfrac{V_P}{V_{GS}})^2$
 (C)$I_D=I_{DSS}(V_{GS}-V_P)^2$ (D)$I_D=I_{DSS}(V_P-V_{GS})^2$

( )17. N通道空乏型MOSFET在工作情況下，則 V_{GS} 為何？
 (A)負值 (B)正值 (C)0V (D)正負皆可

( )18. N通道空乏型MOSFET在工作情況下，當 $V_{GS}>0$ 則
 (A)增強模式，通道擴大 (B)增強模式，通道縮小
 (C)空乏模式，通道擴大 (D)空乏模式，通道縮小

( )19. P通道空乏型MOSFET在工作情況下，當 $V_{GS}>0$ 則
 (A)增強模式，通道擴大 (B)增強模式，通道縮小
 (C)空乏模式，通道擴大 (D)空乏模式，通道縮小

(　　)20. 空乏型MOSFET，有關飽和時的夾止電壓V_P和截止時的截止電壓$V_{GS(off)}$，下列敘述何者正確？
(A)兩者皆為V_{GS}
(B)大小相同，但意義不同
(C)兩個皆使$I_D = 0$
(D)飽和時的夾止電壓V_P是指源極端恰為夾止時的電壓

(　　)21. 下列哪個敘述，不符合N通道空乏型MOSFET工作於截止區（CUT-OFF）時的狀況？
(A)$V_{GS} \leq V_P$
(B)$I_D = 0$
(C)靠近源極端的通道被空乏區填滿
(D)I_D隨V_{DS}增加而增加

(　　)22. 要使N通道空乏型MOSFET，工作於夾止區（pinch-off），需滿足下列哪個條件？
(A)$V_{GS} \leq V_{GS(off)}$，$V_{DS} \geq V_{GS} - V_{GS(off)}$
(B)$V_{GS} \leq V_{GS(off)}$，$V_{DS} \leq V_{GS} - V_{GS(off)}$
(C)$V_{GS} > V_{GS(off)}$，$V_{DS} \geq V_{GS} - V_{GS(off)}$
(D)$V_{GS} > V_{GS(off)}$，$V_{DS} \leq V_{GS} - V_{GS(off)}$

(　　)23. 下列敘述何者正確？
(A)MOSFET之開關功能，係利用夾止區作為開關ON的特性區域，截止區作為開關OFF的特性區域
(B)MOSFET電晶體為一種電流控制元件
(C)對場效電晶體的I_D影響最大的是I_G
(D)空乏型MOSFET可分成增強型（enhancement）與空乏型（depletion）兩大類

(　　)24. 一個n通道的D-MOSFET操作在歐姆區，當閘極與源極的逆向偏壓越大時，下列何者正確？
(A)汲極與源極的通道越小，通道電阻r_{DS}也越大
(B)汲極與源極的通道越大，通道電阻r_{DS}也越小
(C)汲極與源極的通道越大，通道電阻r_{DS}也越大
(D)汲極與源極的通道越小，通道電阻r_{DS}也越小

(　　)25. P通道的D-MOSFET，當$I_D > I_{DSS}$表示
(A)$V_{GS} > 0$，操作於空乏模式
(B)$V_{GS} > 0$，操作於增強模式
(C)$V_{GS} < 0$，操作於空乏模式
(D)$V_{GS} < 0$，操作於增強模式

(　　)26. 空乏型MOSFET若採用空乏工作，且工作區域在輸出特性曲線原點附近，則此MOSFET可當作
(A)定電流裝置　(B)電壓控制可變電阻器　(C)穩壓裝置　(D)整流裝置

(　　)27. 空乏型MOSFET若採用空乏工作，當汲極端的空乏區占滿通道，源極端的空乏區未占滿通道，則該MOSFET操作於
(A)歐姆區　(B)夾止區　(C)截止區　(D)崩潰區

(　　)28. P通道空乏型MOSFET閘極加上正電壓時，通道寬度
(A)減小　(B)加大　(C)無影響　(D)不一定

(　　)29. 正常工作電源情況下，欲使一空乏型N通道金氧半電晶體近似截流，閘極對源極應加
(A)高正電壓　(B)高負電壓　(C)零電位　(D)汲極電位

(　)30. 下列對於場效電晶體（FET）的敘述何者是錯誤的？
(A)輸入阻抗相當高，所以閘極（Gate）與源極（Source）間可以說是開路（open）
(B)D-MOSFET不需外加電壓即已經有通道存在
(C)P通道D-MOSFET所外加的逆向偏壓愈大，空乏區愈大
(D)P通道的MOSFET，其基體（substrate）是使用P型材質

(　)31. 場效應電晶體中之I_{DSS}，係指下列何種狀況下之汲極電流：
(A)$V_{DG}=0$　(B)$V_{DS}=0$　(C)$V_{DD}=0$　(D)$V_{GS}=0$

(　)32. 場效電晶體當線性放大器時，工作在
(A)定電流區　(B)定電壓區　(C)截止區　(D)崩潰區

(　)33. 增強型P基底MOSFET，欲使之導通，閘極應加何種偏壓？
(A)正電壓　　　　　　　　　　(B)正電壓和負電壓皆可
(C)大於臨界電壓V_T之正電壓　　(D)小於臨界電壓V_T之負電壓

(　)34. 增強型N基底MOSFET，欲使之導通，閘極應加何種偏壓？
(A)正電壓　　　　　　　　　　(B)正電壓和負電壓皆可
(C)大於臨界電壓V_T之正電壓　　(D)小於臨界電壓V_T之負電壓

(　)35. 有一P通道增強型MOSFET，其臨界電壓（threshold voltage）為－0.2V，若汲極電壓$V_D=2\,V$，源極電壓$V_S=5\,V$，閘極電壓$V_G=1.2\,V$，則該P通道增強型MOSFET操作於何種工作區域？
(A)截止區　(B)飽和區　(C)歐姆區　(D)崩潰區

(　)36. P通道增強型MOSFET之臨界電壓$|V_t|=4\,V$，欲使其導通則閘源極電壓V_{GS}應該加何種偏壓？　(A)－5V　(B)－3V　(C)5V　(D)3V

(　)37. P基體增強型MOSFET之臨界電壓$|V_t|=4\,V$，欲使其導通則閘源極電壓V_{GS}應該加何種偏壓？　(A)－5V　(B)－3V　(C)5V　(D)3V

(　)38. 對FET而言，若閘極電壓為零，則下列何種型式FET元件，沒有通道產生？
(A)JFET　(B)增強型MOSFET　(C)空乏型MOSFET　(D)以上皆非

(　)39. 目前市面上常用的CMOS IC是由哪兩個元件製造完成？
(A)PNP電晶體及NPN電晶體
(B)P通道JFET及N通道JFET
(C)P通道空乏型MOSFET及N通道空乏型MOSFET
(D)P通道增強型MOSFET及N通道增強型MOSFET

(　)40. 增強型MOSFET的基體應接至何腳？
(A)閘極　(B)源極　(C)汲極　(D)視通道種類而定

(　)41. 對P通道增強型MOSFET而言，若V_t為其臨限電壓，則閘源極的正常工作電壓V_{GS}為何？　(A)$V_{GS}>V_t$　(B)$V_{GS}<V_t$　(C)$V_{GS}=V_t$　(D)$V_{GS}\gg 0$

(　)42. 有關增強型MOSFET的臨限電壓（threshold voltage, V_t）的敘述，下列何者錯誤？
(A)V_t大小是由元件製程來控制，一般介於1～3V之間
(B)在通道區形成可導通電流之反轉層所須的最大閘源極電壓，稱為臨限電壓
(C)N通道元件之V_t為正電壓
(D)P通道元件之V_t為負電壓

( )43. N通道增強型MOSFET操作於夾止區，且臨限電壓（threshold voltage）$V_t = 2\,\text{V}$，$K = 1\,\text{mA/V}^2$，若$V_{GS} = 4\,\text{V}$，則I_D為多少？ (A)0 (B)1mA (C)2mA (D)4mA

( )44. 下列何者是增強型P通道MOSFET之符號？
(A) (B) (C) (D)

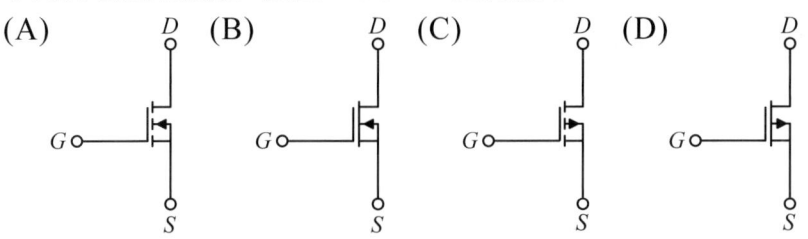

( )45. 數位積體電路（integrated circuit，簡記IC）CMOS元件中，常使用下列何者FET元件組成？
(A)JFET (B)空乏型MOSFET (C)增強型MOSFET (D)以上皆非

( )46. 對N通道增強型MOSFET而言，已知臨限（threshold）電壓$V_T = 2\,\text{V}$，$K = 2\,\text{mA/V}^2$，求$V_{GS} = 1\,\text{V}$時之汲極電流I_D為多少？ (A)0 (B)1mA (C)2mA (D)3mA

( )47. 下列何者為N通道增強型MOSFET元件的I_D-V_{GS}的特性曲線？
(A) (B) (C) (D)

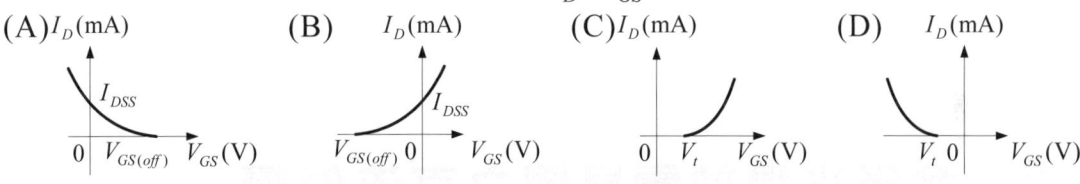

( )48. 下列何者為P通道增強型MOSFET的輸出特性曲線？
(A) (B) (C) (D)

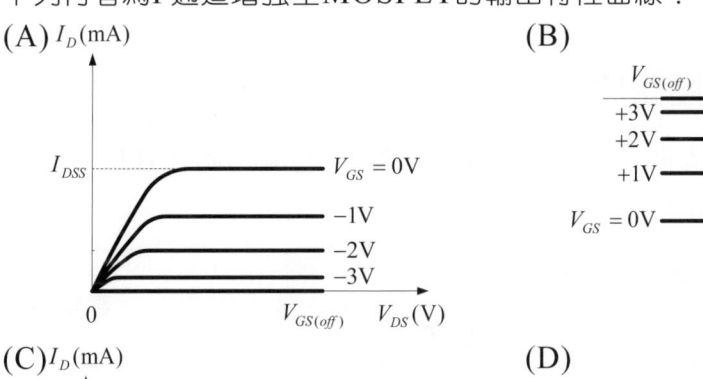

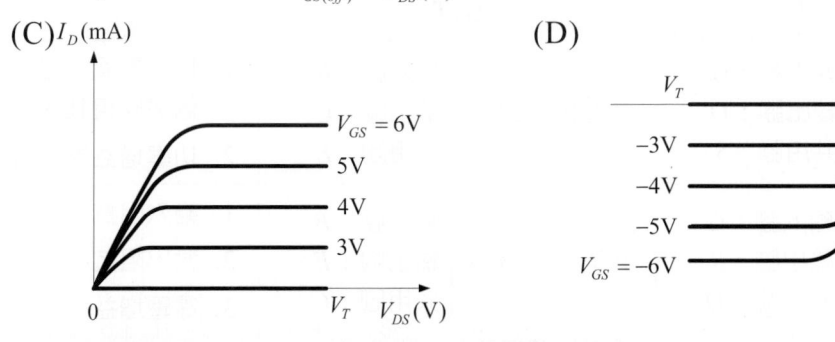

( )49. N通道增強型MOSFET的臨界電壓V_t大小主要由何者決定？
(A)金屬導電層厚度 (B)二氧化矽厚度 (C)半導體厚度 (D)以上皆非

( )50. 增強型MOSFET的通道如何形成？
(A)基板表面的多數載子因電場作用形成
(B)基板表面的少數載子因電場作用形成
(C)運用擴散技術在二氧化矽層下形成
(D)運用離子布植法在二氧化矽層下形成

進階題

( )1. 有一個空乏型MOSFET的 $I_{DSS} = 12\,\text{mA}$，$V_P = -5\,\text{V}$，當 $V_{GS} = -2\,\text{V}$ 且 $V_{DS} = 6\,\text{V}$，則此時電流 $I_D = ?$
(A)0mA (B)1.2mA (C)2.6mA (D)3.8mA

( )2. 下列有關增強型MOSFET何者敘述錯誤？
(A)N通道的增強型MOSFET，當 $V_{GS} > V_t$ 可以產生汲極電流
(B)P基體的增強型MOSFET，當 $V_{GS} > V_t$ 在汲源極間可以感應P型反轉層
(C)N通道增強型MOSFET的臨界電壓 V_t 為正電壓
(D) $V_{GS} = 0\text{V}$ 無法感應通道

( )3. N通道增強型MOSFET之臨界電壓 $V_T = 2\,\text{V}$，當MOSFET導通且 $V_{GS} = 4\,\text{V}$ 時，$I_D = 1\,\text{mA}$，當 $V_{GS} = 6\,\text{V}$ 時 I_D 為多少？
(A)1mA (B)2mA (C)4mA (D)8mA

6-2 金氧半場效電晶體之直流偏壓

重點 1 MOSFET之偏壓組態

將上述的金氧半場效電晶體（MOSFET）與雙極性電晶體（BJT）的偏壓組態作比較，其相關特性整理如下表所示。

放大器偏壓組態		電路特性
MOSFET	BJT	
共源極（CS） 輸入腳：G 輸出腳：D 共用腳：S	共射極（CE） 輸入腳：B 輸出腳：C 共用腳：E	1. 輸入電壓信號與輸出電壓信號反相180° 2. 功率增益為三者中最大
共汲極（CD） 輸入腳：G 輸出腳：S 共用腳：D （源極隨耦器）	共集極（CC） 輸入腳：B 輸出腳：E 共用腳：C （射極隨耦器）	1. 輸入阻抗大 2. 輸出阻抗小 3. 電壓增益小（小於1） 4. 電流增益大
共閘極（CG） 輸入腳：S 輸出腳：D 共用腳：G	共基極（CB） 輸入腳：E 輸出腳：C 共用腳：B	1. 輸入阻抗小 2. 輸出阻抗大 3. 電壓增益大 4. 電流增益小（小於1）

重點 2　直流負載線與直流工作點Q

空乏型與增強型MOSFET的直流負載線與直流工作點，與第三章的雙極性電晶體（BJT）的求解步驟相同，且MOSFET操作於夾止區才具有線性放大的作用，因此我們在進行直流分析時，皆假設MOSFET操作於夾止區，求解步驟如下：

1. 輸入迴路：

   (1) 由於MOSFET的輸入阻抗約$10^{10}\Omega \sim 10^{15}\Omega$，故令閘極電流$I_G \approx 0\,A$，以方便求解。

   (2) $\begin{cases} \text{空乏型MOSFET運用公式} I_D = I_{DSS} \times (1 - \dfrac{V_{GS}}{V_P})^2 \\ \text{增強型MOSFET運用公式} I_D = K \times (V_{GS} - V_t)^2 \end{cases}$

   $\Rightarrow$ 求解閘源極電壓V_{GS}與汲極電流I_D，由於汲極電流I_D為一元二次的拋物線方程式，因此答案有兩個（實根與增根），故需再藉由判別式，判斷正確的答案。

2. 輸出迴路：

   (1) 運用輸出迴路方程式繪製直流負載線。

   (2) 共源極與共汲極偏壓電路（N通道）：
   將電流I_D代入輸出迴路求解汲源極電壓V_{DS}，則直流工作點Q為(V_{DSQ}, I_{DQ})。

   (3) 共閘極偏壓電路（N通道）：
   將電流I_D代入輸出迴路求解汲閘極電壓V_{DG}，則直流工作點Q為(V_{DGQ}, I_{DQ})。

   註：求解V_{GS}以及I_D常運用到數學的一元二次方程式$ax^2 + bx + c = 0$，則$x = \dfrac{-b \pm \sqrt{b^2 - 4ac}}{2a}$，或是使用十字交乘法。

重點 3 空乏型MOSFET之偏壓組態

空乏型MOSFET常見的直流偏壓方式有四種：固定偏壓電路、自給偏壓電路、零偏壓電路與分壓式偏壓電路，其中以**分壓式偏壓電路**最為重要，可以藉由源極電阻R_S的調整，使得閘源極電壓V_{GS}為**順向偏壓**、**逆向偏壓**或是**零電壓**（零偏壓法），使空乏型MOSFET操作於增強工作、空乏工作，或是$I_D = I_{DSS}$（零偏壓電路）。

1. 固定偏壓電路及自給偏壓電路：

項目＼電路名稱	固定偏壓電路	自給偏壓電路
電路圖	(電路圖)	(電路圖) 由S極取出信號為共汲極
輸入迴路	(1) $V_{GS} = -V_{GG}$ (2) 代入蕭克萊方程式 $I_D = I_{DSS} \times (1 - \dfrac{V_{GS}}{V_P})^2$， 即可求出相對應的汲極電流$I_D$	(1) $V_{GS} = -I_D \times R_S$，$I_D = -\dfrac{V_{GS}}{R_S}$ (2) 代入蕭克萊方程式 $I_D = I_{DSS} \times (1 - \dfrac{V_{GS}}{V_P})^2$， 求解一元二次方程式後， 即可求出閘源極電壓$V_{GS}$的值
輸出迴路	$V_{DS} = V_{DD} - I_D \times R_D$	$V_{DS} = V_{DD} - I_D \times R_D - I_D \times R_S$
直流負載線與工作點	(圖)直流負載線的斜率$m = -\dfrac{1}{R_D}$	(圖)直流負載線的斜率$m = -\dfrac{1}{R_D + R_S}$
電路特色	閘極間加入一個逆向偏壓V_{GG}，藉由此逆向偏壓來控制通道內空乏區的大小，進而控制汲極電流的大小	運用汲極電流I_D通過源極電阻R_S所產生的壓降（逆向偏壓）來控制通道內空乏區的大小，來達到調整汲極電流的目的，由於該電路的逆向偏壓由自己的壓降電阻所決定，故稱為**自給偏壓電路**

固定偏壓電路的計算

老師教

1. 如下圖所示，試求：
   (1) 汲極電流 I_D (2) 汲源極電壓 V_{DS}
   (3) 操作區域 (4) 工作點 Q
   分別為何？

   (電路圖：10V，$2k\Omega$，I_D，C_o，v_o，V_{DS}，C_i，v_i，$+V_{GS}-$，$10M\Omega$，2V，$V_P = -4V$，$I_{DSS} = 12mA$)

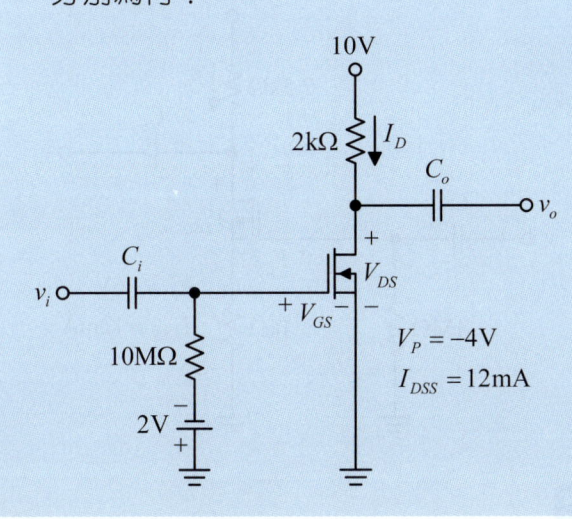

學生做

1. 如下圖所示，試求：
   (1) 汲極電流 I_D (2) 汲源極電壓 V_{DS}
   (3) 操作區域 (4) 工作點 Q
   分別為何？

   (電路圖：12V，$3k\Omega$，I_D，C_o，v_o，V_{DS}，C_i，v_i，$+V_{GS}-$，$10M\Omega$，1V，$V_P = -2V$，$I_{DSS} = 12mA$)

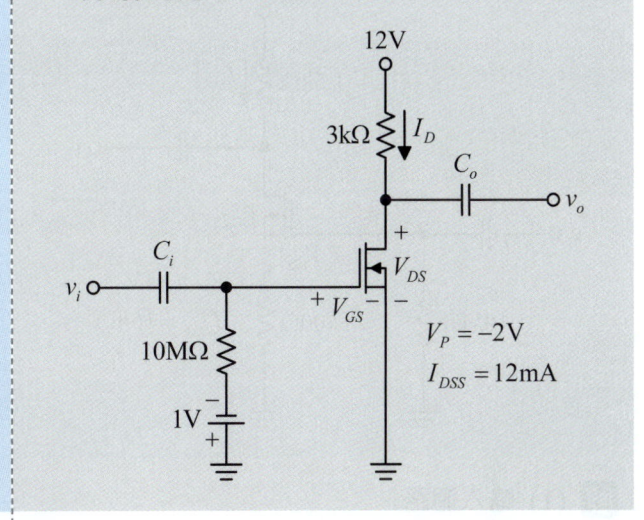

解 (1) 汲極電流

$$I_D = I_{DSS} \times (1 - \frac{V_{GS}}{V_P})^2$$
$$= 12mA \times (1 - \frac{-2V}{-4V})^2 = 3\ mA$$

(2) 汲源極電壓

$$V_{DS} = V_{DD} - I_D \times R_D$$
$$= 10V - 3mA \times 2k\Omega = 4\ V$$

(3) $V_{GS} = -2\ V > V_P$ 且
$$V_{GD} = V_{GS} - V_{DS}$$
$$= -2V - 4V = -6\ V < V_P$$
（操作於夾止區，故假設成立）

(4) 工作點 $Q(V_{DSQ}, I_{DQ}) = Q(4V, 3mA)$

答

6-23

自給偏壓電路的計算

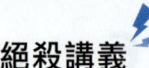

老師教

2. 如下圖所示，試求：
(1) 汲極電流 I_D　(2) 汲源極電壓 V_{DS}
(3) 操作區域　(4) 工作點 Q
分別為何？

電路圖：$V_{DD}=14V$，$R_D=1.5k\Omega$，$R_G=10M\Omega$，$R_S=500\Omega$，$V_P=-4V$，$I_{DSS}=16mA$

學生做

2. 如下圖所示，試求：
(1) 汲極電流 I_D　(2) 汲源極電壓 V_{DS}
(3) 操作區域　(4) 工作點 Q
分別為何？

電路圖：$V_{DD}=16V$，$R_D=2.5k\Omega$，$R_G=1M\Omega$，$R_S=1k\Omega$，$V_P=-6V$，$I_{DSS}=12mA$

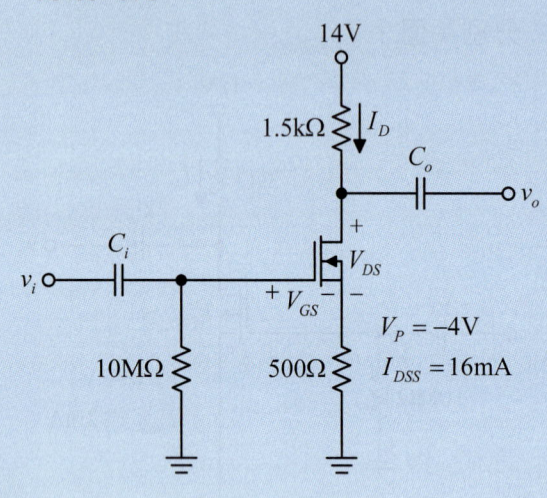

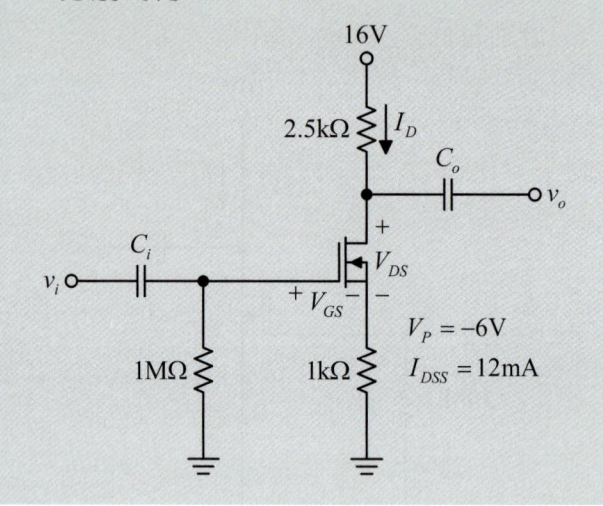

解 (1) 輸入迴路

$$V_{GS} = V_G - V_S = 0 - I_D \times R_S$$
$$= -I_D \times R_S = -0.5k\Omega \times I_D$$

將運算式重新整理為

$$I_D = -\frac{V_{GS}}{0.5k\Omega} \quad \cdots\cdots ①$$

(2) 汲極電流 $I_D = I_{DSS} \times (1-\frac{V_{GS}}{V_P})^2$

$$= 16mA \times (1+\frac{V_{GS}}{4V})^2 \cdots ②$$

將①代入②：

$$-\frac{V_{GS}}{0.5k\Omega} = 16mA \times (1+\frac{V_{GS}}{4V})^2$$

$$\Rightarrow V_{GS}^2 + 10V_{GS} + 16 = 0$$
$$\Rightarrow V_{GS} = -2\text{V} \text{ 或} -8\text{V}$$
（$-8V < V_P$　∴ 不合）

(3) 汲極電流

$$I_D = I_{DSS} \times (1-\frac{V_{GS}}{V_P})^2$$
$$= 16mA \times (1-\frac{-2V}{-4V})^2 = 4\text{ mA}$$

(4) 汲源極電壓

$$V_{DS} = V_{DD} - I_D \times (R_D + R_S)$$
$$= 14V - 4mA \times (1.5k\Omega + 0.5k\Omega)$$
$$= 6\text{ V}$$

(5) 工作點 $Q(V_{DSQ}, I_{DQ}) = Q(6V, 4mA)$

6-24

第 6 章　金氧半場效電晶體

2. 零偏壓電路及分壓式偏壓電路：

電路名稱　項目	零偏壓電路	分壓式偏壓電路
電路圖	（電路圖：V_{DD}、R_D、I_D、C_o、v_o、C_i、v_i、$I_G=0A$、V_{DS}、V_{GS}、R_G，輸入迴路、輸出迴路）	（電路圖：V_{DD}、R_1、R_D、I_D、C_o、v_o、C_i、v_i、V_{DS}、V_{GS}、R_2、R_S，由S極取出信號為共汲極）
輸入迴路	(1) $\because I_G = 0\,A$，故 $V_{GS} = 0\,V$ (2) 代入蕭克萊方程式 $I_D = I_{DSS} \times (1 - \dfrac{V_{GS}}{V_P})^2$， 即可求出相對應的汲極電流 $I_D = I_{DSS}$	(1) 戴維寧等效電壓 $V_{th} = V_{DD} \times \dfrac{R_2}{R_1+R_2}$ (2) 維寧等效電阻 $R_{th} = R_1 /\!/ R_2$ (3) $V_{GS} = V_{th} - I_D \times R_S$，$I_D = -\dfrac{V_{GS}-V_{th}}{R_S}$ (4) 代入蕭克萊方程式 $I_D = I_{DSS} \times (1 - \dfrac{V_{GS}}{V_P})^2$， 求解一元二次方程式後， 即可求出閘源極電壓 V_{GS} 的值
輸出迴路	$V_{DS} = V_{DD} - I_D \times R_D$	$V_{DS} = V_{DD} - I_D \times R_D - I_D \times R_S$
直流負載線與工作點	（直流負載線與工作點圖：斜率 $m = -\dfrac{1}{R_D}$，$V_{GS}=0V$，$I_{DSS}=I_{DQ}\,I_{DSS}$）	（直流負載線與工作點圖：增根（須去除），$V_{GS}=V_{th}-I_D\times R_S$，斜率 $m = -\dfrac{1}{R_D+R_S}$，$V_{GS}=V_{GSQ}$）
電路特色	零偏壓法僅適用於空乏型MOSFET，而不適用於增強型MOSFET（閘源極電壓 V_{GS} 必須大於臨界電壓 V_t 才可感應通道）	電源電壓 V_{DD} 經電阻 R_1 與 R_2 分壓後加在閘極的偏壓電路，故稱為分壓式偏壓電路，其中源極電阻 R_S 類似BJT射極回授偏壓法中的射極電阻 R_E，具有**穩定直流工作點**的作用

6-25

零偏壓電路的計算

老師教

3. 如下圖所示，試求：
(1) 汲極電流 I_D　(2) 汲源極電壓 V_{DS}
(3) 工作點 Q　分別為何？

(電路圖：$V_{DD}=10V$，$R_D=1k\Omega$，$1M\Omega$，$V_P=-4V$，$I_{DSS}=6mA$)

學生做

3. 如下圖所示，試求：
(1) 汲極電流 I_D　(2) 汲源極電壓 V_{DS}
(3) 工作點 Q　分別為何？

(電路圖：$V_{DD}=12V$，$R_D=1.5k\Omega$，$1M\Omega$，$V_P=-4V$，$I_{DSS}=6mA$)

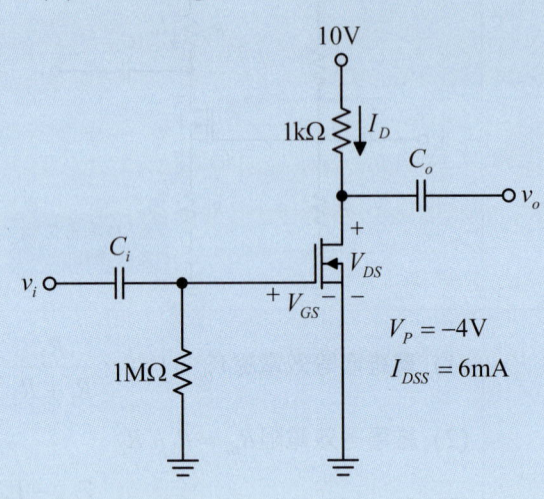

【解】(1) 汲極電流

$$I_D = I_{DSS} \times (1 - \frac{V_{GS}}{V_P})^2$$
$$= 6mA \times (1 - \frac{0V}{-4V})^2 = 6\ mA$$

(2) 汲源極電壓

$$V_{DS} = V_{DD} - I_D \times R_D$$
$$= 10V - 6mA \times 1k\Omega = 4\ V$$

(3) 工作點 $Q(V_{DSQ}, I_{DQ}) = Q(4V, 6mA)$

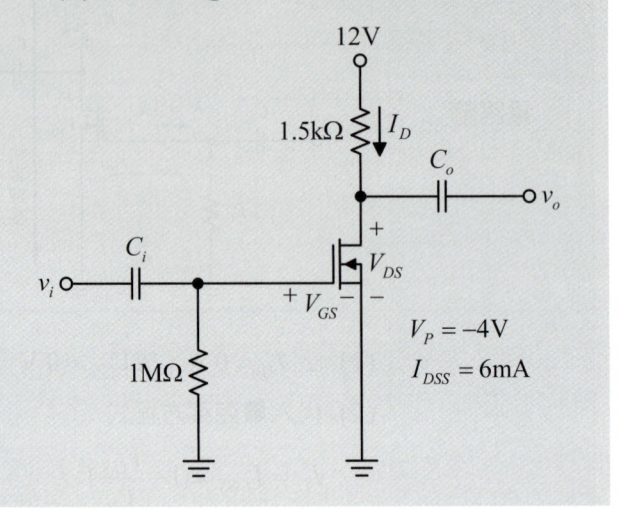

【答】

6-26

第 6 章 金氧半場效電晶體

分壓式偏壓電路的計算

老師教

4. 如下圖所示，試求：
   (1) 汲極電流 I_D　(2) 汲源極電壓 V_{DS}
   (3) 工作點 Q　分別為何？

（電路圖：$V_{DD}=15V$，$150k\Omega$、$100k\Omega$ 分壓，$R_D=2k\Omega$，$R_S=16k\Omega$，$I_{DSS}=2mA$，$V_P=-4V$）

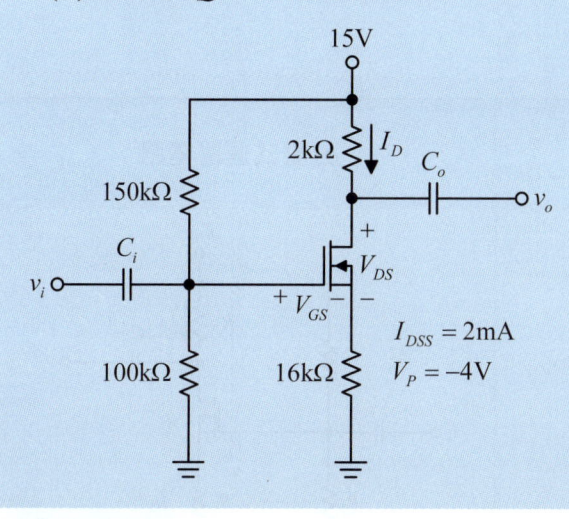

學生做

4. 如下圖所示，試求：
   (1) 汲極電流 I_D　(2) 汲源極電壓 V_{DS}
   (3) 工作點 Q　分別為何？

（電路圖：$V_{DD}=15V$，$200k\Omega$、$100k\Omega$ 分壓，$R_D=3k\Omega$，$R_S=7k\Omega$，$V_P=-4V$，$I_{DSS}=4mA$）

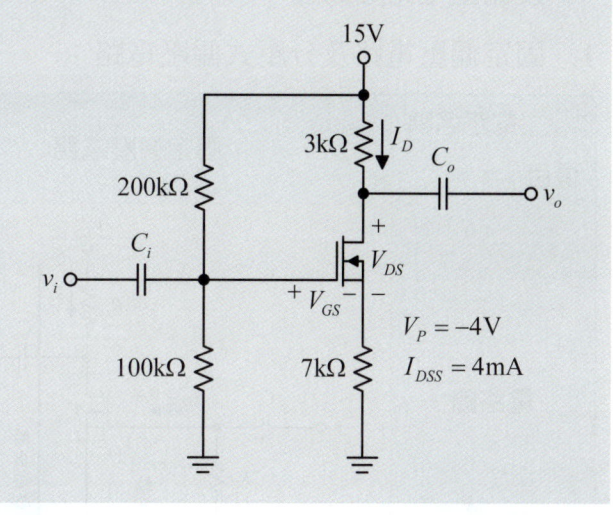

解 ∵ $I_G = 0$ A，故 $V_G = 6$ V

(1) $V_{GS} = 6V - I_D \times 16k\Omega$

$\Rightarrow I_D = -\dfrac{V_{GS} - 6V}{16k\Omega}$ ……………①

(2) $I_D = I_{DSS} \times (1 - \dfrac{V_{GS}}{V_P})^2$

$= 2mA \times (1 + \dfrac{V_{GS}}{4})^2$ …………②

(3) ①代入②可得

$-\dfrac{V_{GS} - 6V}{16k\Omega} = 2mA \times (1 + \dfrac{V_{GS}}{4})^2$

$\Rightarrow (V_{GS} + 2V)(2V_{GS} + 13V) = 0$

$\Rightarrow V_{GS} = -2$ V 或 -6.5V

（-6.5V 不合，∵ -6.5V $< V_P$）

(4) 汲極電流 I_D

$I_D = I_{DSS} \times (1 - \dfrac{V_{GS}}{V_P})^2$

$= 2mA \times (1 - \dfrac{-2V}{-4V})^2 = 0.5$ mA

(5) 汲源極電壓 V_{DS}

$V_{DS} = V_{DD} - I_D \times (R_D + R_S)$

$= 15V - 0.5mA \times (2k\Omega + 16k\Omega)$

$= 6$ V

(6) 工作點 $Q(V_{DSQ}, I_{DQ}) = Q(6V, 0.5mA)$

答

6-27

重點 4 增強型MOSFET之偏壓組態

增強型MOSFET的閘源極的電壓V_{GS}必須大於臨界電壓V_t才有辦法感應通道並產生汲極電流,因此增強型MOSFET無法使用於自給偏壓法(自給偏壓法的V_{GS}為逆向偏壓),而常見的直流偏壓方式有三種:固定偏壓電路、分壓式偏壓電路與汲極回授偏壓電路等三種。

1. 固定偏壓電路及分壓式偏壓電路:

電路名稱 項目	固定偏壓電路	分壓式偏壓電路
電路圖	(固定偏壓電路圖,含V_{DD}、R_D、I_D、C_o、v_o、V_{DS}、V_{GS}、$I_G=0A$、C_i、v_i、R_G、V_{GG},標註輸入迴路、輸出迴路)	(分壓式偏壓電路圖,含V_{DD}、R_D、I_D、C_o、v_o、R_1、R_2、R_S、V_{DS}、V_{GS}、C_i、v_i,註:由S極取出信號為共汲極)
輸入迴路	(1) $V_{GS} = V_{GG}$ (2) 代入蕭克萊方程式 $I_D = K \times (V_{GS} - V_t)^2$, 即可求出相對應的汲極電流$I_D$	(1) 戴維寧等效電壓$V_{th} = V_{DD} \times \dfrac{R_2}{R_1+R_2}$ (2) 維寧等效電阻$R_{th} = R_1 // R_2$ (3) $V_{GS} = V_{th} - I_D \times R_S$,$I_D = -\dfrac{V_{GS}-V_{th}}{R_S}$ (4) 代入蕭克萊方程式 $I_D = K \times (V_{GS} - V_t)^2$, 求解一元二次方程式後, 即可求出閘源極電壓$V_{GS}$的值
輸出迴路	$V_{DS} = V_{DD} - I_D \times R_D$	$V_{DS} = V_{DD} - I_D \times R_D - I_D \times R_S$
直流負載線與工作點	(圖示:I_D-V_{GS}曲線與I_D-V_{DS}負載線,直流負載線的斜率$m = -\dfrac{1}{R_D}$)	(圖示:含增根(去除),直流負載線的斜率$m = -\dfrac{1}{R_D+R_S}$)
電路特色	閘極間加入一個順向偏壓V_{GG},且V_{GG}需大於臨界電壓V_t才有辦法感應N通道,產生汲極電流I_D,進而控制大小)	電源電壓V_{DD}經電阻R_1與R_2分壓後加在閘極的偏壓電路,故稱為分壓式偏壓電路,其中源極電阻R_S類似BJT射極回授偏壓法中的射極電阻R_E,具有穩定直流工作點的作用

6-28

N通道增強型固定偏壓電路的計算

5. 如下圖所示，試求：
(1) 汲極電流 I_D　(2) 汲源極電壓 V_{DS}
(3) 工作點 Q　分別為何？

$V_t = 4\text{V}$
$K = 1\text{mA/V}^2$

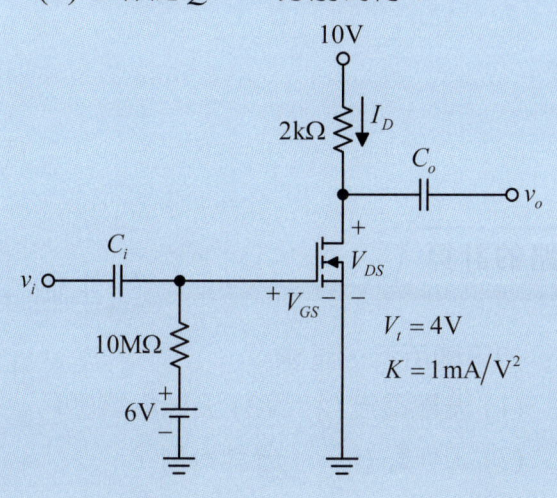

解 (1) 汲極電流
$$I_D = K \times (V_{GS} - V_t)^2$$
$$= 1\text{mA/V}^2 \times (6\text{V} - 4\text{V})^2 = 4\text{ mA}$$

(2) 汲源極電壓
$$V_{DS} = V_{DD} - I_D \times R_D$$
$$= 10\text{V} - 4\text{mA} \times 2\text{k}\Omega = 2\text{ V}$$

(3) 工作點 $Q(V_{DSQ}, I_{DQ}) = Q(2\text{V}, 4\text{mA})$

5. 如下圖所示，試求：
(1) 汲極電流 I_D　(2) 汲源極電壓 V_{DS}
(3) 工作點 Q　分別為何？

$V_t = 3\text{V}$
$K = 1\text{mA/V}^2$

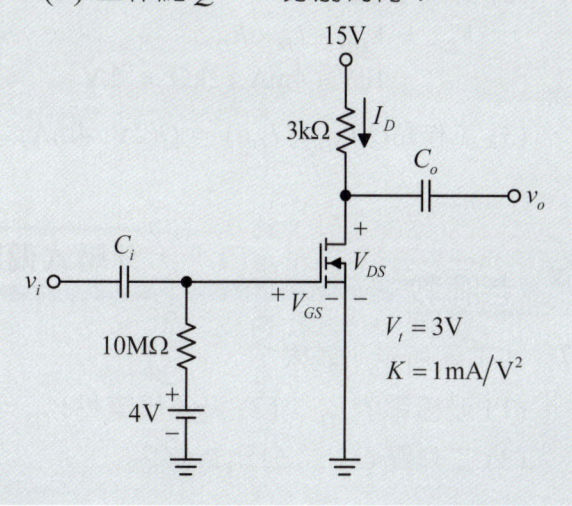

答

P通道增強型固定偏壓電路的計算

6. 如下圖所示，試求：
(1) 汲極電流 I_D　(2) 源汲極電壓 V_{SD}
(3) 工作點 Q　分別為何？

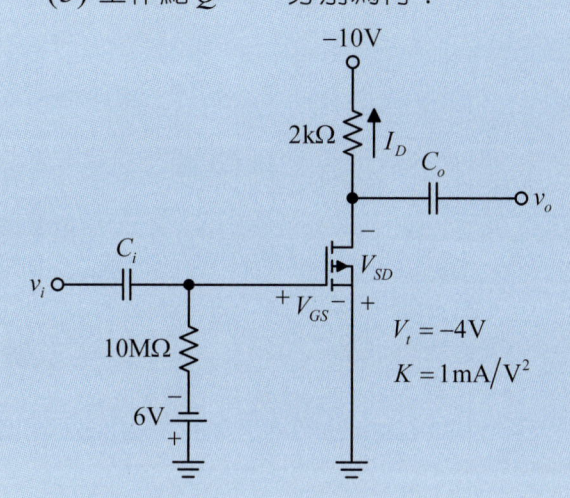

$V_t = -4\text{V}$
$K = 1\text{mA/V}^2$

6. 如下圖所示，試求：
(1) 汲極電流 I_D　(2) 源汲極電壓 V_{SD}
(3) 工作點 Q　分別為何？

$V_t = -3\text{V}$
$K = 1\text{mA/V}^2$

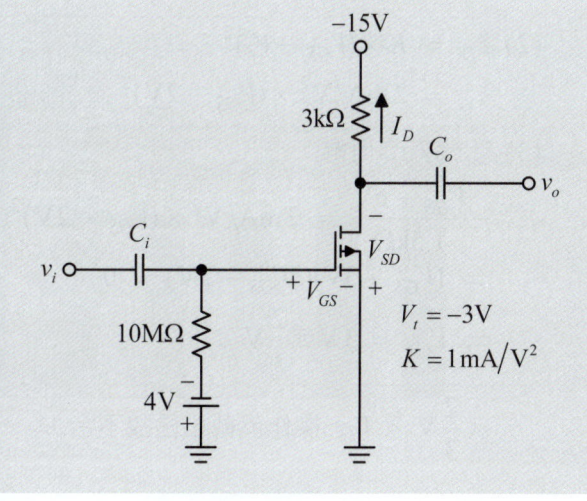

[解] (1) 汲極電流

$$I_D = K \times (V_{GS} - V_t)^2$$
$$= 1\text{mA}/\text{V}^2 \times [-6\text{V} - (-4\text{V})]^2$$
$$= 4\text{ mA}$$

(2) 源汲極電壓

$$V_{SD} = V_{DD} - I_D \times R_D$$
$$= 10\text{V} - 4\text{mA} \times 2\text{k}\Omega = 2\text{ V}$$

(3) 工作點 $Q(V_{SDQ}, I_{DQ}) = Q(2\text{V}, 4\text{mA})$

分壓式偏壓電路的計算

老師教

7. 如下圖所示，試求：
(1) 汲極電流 I_D (2) 汲源極電壓 V_{DS}
(3) 工作點 Q 分別為何？

18V, 2kΩ, 600kΩ, 300kΩ, 1.5kΩ, $V_t = 2\text{V}$, $K = 2\text{mA}/\text{V}^2$

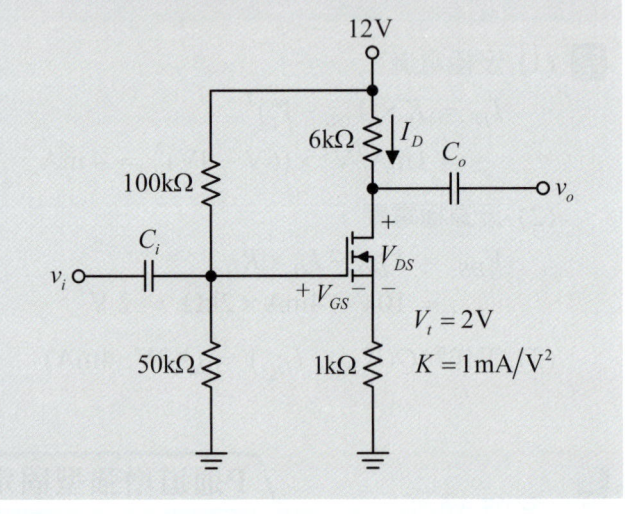

[解] ∵ $I_G = 0\text{ A}$，故 $V_G = 6\text{ V}$

(1) $V_{GS} = 6\text{V} - I_D \times 1.5\text{k}\Omega$

$$\Rightarrow I_D = -\frac{V_{GS} - 6\text{V}}{1.5\text{k}\Omega} \quad\cdots\cdots\cdots ①$$

(2) $I_D = K \times (V_{GS} - V_t)^2$

$$= 2\text{mA}/\text{V}^2 \times (V_{GS} - 2\text{V})^2 \cdots ②$$

(3) ①代入②可得

$$-\frac{V_{GS} - 6\text{V}}{1.5\text{k}\Omega} = 2\text{mA}/\text{V}^2 \times (V_{GS} - 2\text{V})^2$$

$$\Rightarrow (V_{GS} - 3\text{V})(3V_{GS} - 2\text{V}) = 0$$

$$\Rightarrow V_{GS} = 3\text{ V 或 }\frac{2}{3}\text{V}$$

($\frac{2}{3}\text{V} < V_t$，操作於截止區故不合)

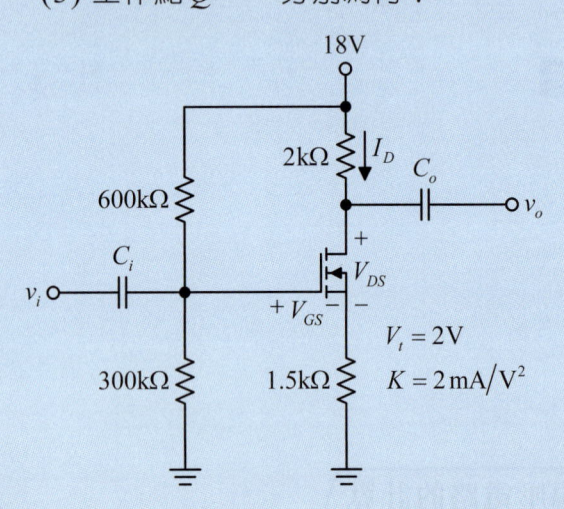

學生做

7. 如下圖所示，試求：
(1) 汲極電流 I_D (2) 汲源極電壓 V_{DS}
(3) 工作點 Q 分別為何？

12V, 6kΩ, 100kΩ, 50kΩ, 1kΩ, $V_t = 2\text{V}$, $K = 1\text{mA}/\text{V}^2$

答

(4) 汲極電流 I_D

$$\begin{aligned} I_D &= K \times (V_{GS} - V_t)^2 \\ &= 2\,\text{mA/V}^2 \times (3\text{V} - 2\text{V})^2 = 2\,\text{mA} \end{aligned}$$

(5) 汲源極電壓 V_{DS}

$$\begin{aligned} V_{DS} &= V_{DD} - I_D \times (R_D + R_S) \\ &= 18\text{V} - 2\text{mA} \times (2\text{k}\Omega + 1.5\text{k}\Omega) \\ &= 11\text{ V} \end{aligned}$$

(6) 工作點 $Q(V_{DSQ}, I_{DQ}) = Q(11\text{V}, 2\text{mA})$

2. 汲極回授偏壓電路：

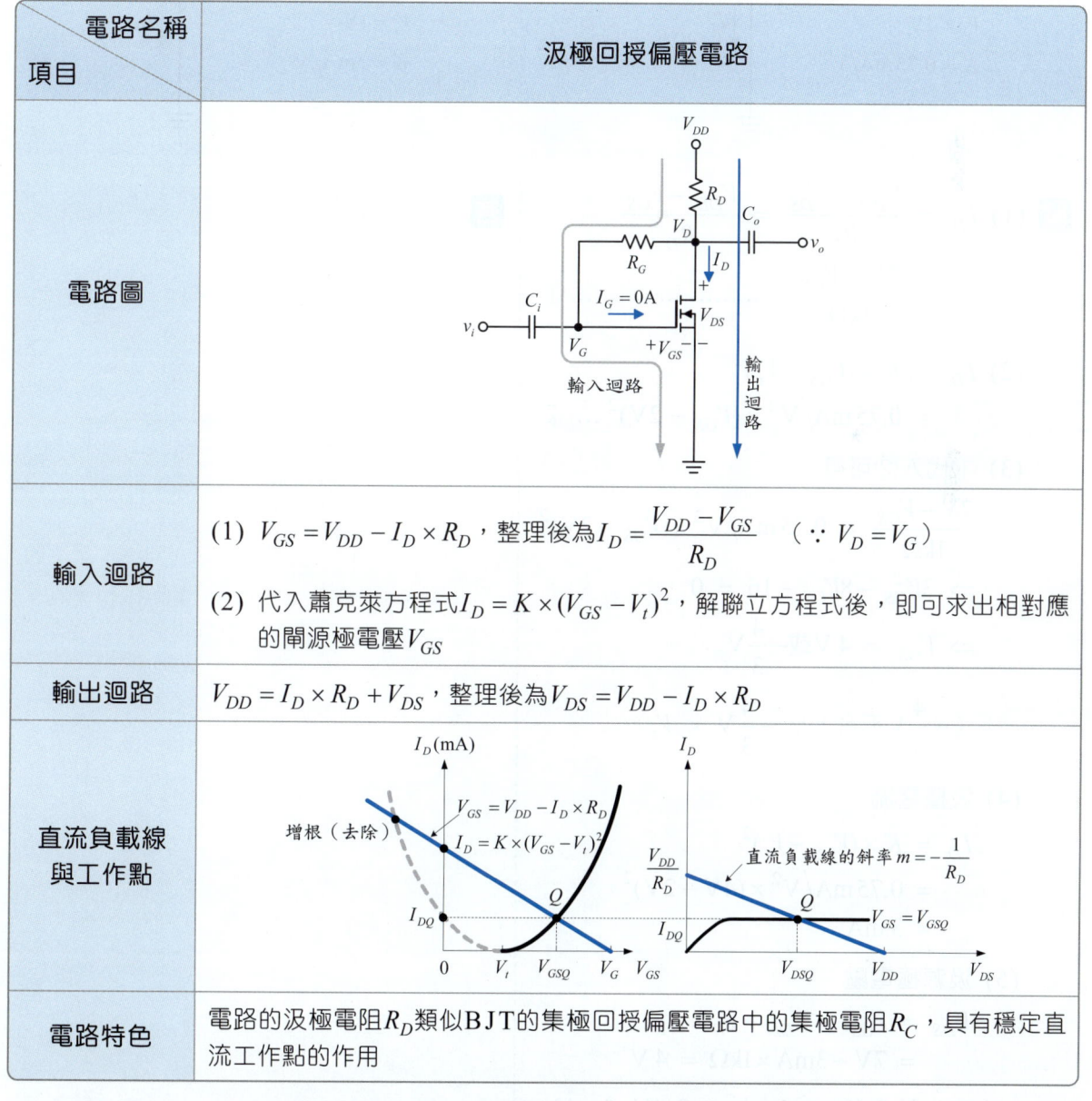

電路名稱　項目	汲極回授偏壓電路
電路圖	(電路圖：含 V_{DD}、R_D、V_D、C_o、v_o、R_G、I_D、$I_G = 0\text{A}$、V_{DS}、C_i、V_G、$+V_{GS}-$、v_i，輸入迴路與輸出迴路)
輸入迴路	(1) $V_{GS} = V_{DD} - I_D \times R_D$，整理後為 $I_D = \dfrac{V_{DD} - V_{GS}}{R_D}$　（$\because V_D = V_G$） (2) 代入蕭克萊方程式 $I_D = K \times (V_{GS} - V_t)^2$，解聯立方程式後，即可求出相對應的閘源極電壓 V_{GS}
輸出迴路	$V_{DD} = I_D \times R_D + V_{DS}$，整理後為 $V_{DS} = V_{DD} - I_D \times R_D$
直流負載線與工作點	(圖：$I_D(\text{mA})$ 對 V_{GS} 曲線，$V_{GS} = V_{DD} - I_D \times R_D$，$I_D = K \times (V_{GS} - V_t)^2$，增根（去除），$Q$ 點，I_{DQ}，V_t，V_{GSQ}，V_G；以及 I_D 對 V_{DS} 圖，$\dfrac{V_{DD}}{R_D}$，直流負載線的斜率 $m = -\dfrac{1}{R_D}$，Q 點，$V_{GS} = V_{GSQ}$，V_{DSQ}，V_{DD})
電路特色	電路的汲極電阻 R_D 類似BJT的集極回授偏壓電路中的集極電阻 R_C，具有穩定直流工作點的作用

註：空乏型MOSFET不適用於汲極回授法，對N通道空乏型MOSFET而言其 $V_{GD} > V_P$，P通道空乏型MOSFET而言其 $V_{GD} < V_P$，皆操作於歐姆區（三極區），因此不具線性放大作用

6-31

汲極回授偏壓電路的計算

老師教

8. 如下圖所示，試求：
(1) 汲極電流 I_D　(2) 汲源極電壓 V_{DS}
(3) 工作點 Q　分別為何？

（電路圖：$V_{DD}=7V$，$R_D=1k\Omega$，回授電阻 $10M\Omega$，$V_t=2V$，$K=0.75mA/V^2$）

學生做

8. 如下圖所示，試求：
(1) 汲極電流 I_D　(2) 汲源極電壓 V_{DS}
(3) 工作點 Q　分別為何？

（電路圖：$V_{DD}=5V$，$R_D=3k\Omega$，回授電阻 $10M\Omega$，$V_t=1V$，$K=1mA/V^2$）

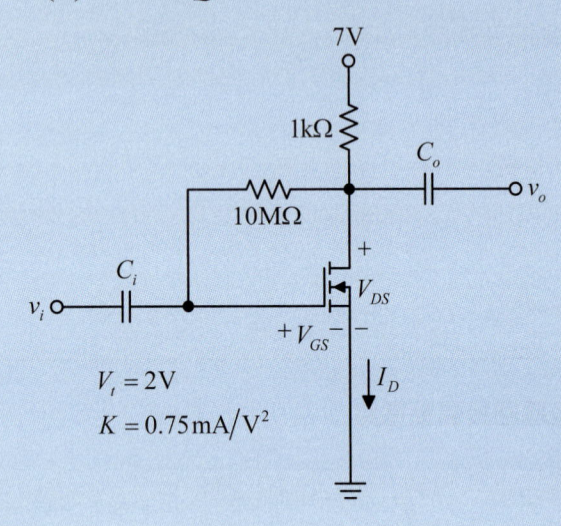

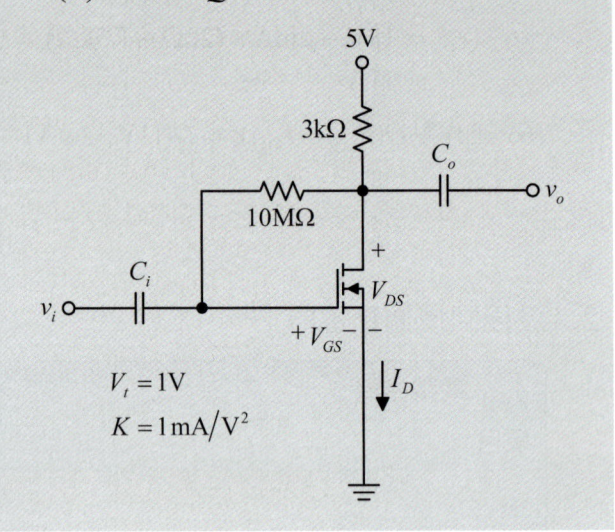

解

(1) $I_D = \dfrac{V_{DD}-V_{DS}}{R_D} = \dfrac{V_{DD}-V_{GS}}{R_D}$

$= \dfrac{7V-V_{GS}}{1k\Omega}$ .... ①

(2) $I_D = K \times (V_{GS}-V_t)^2$

$= 0.75\,\text{mA}/\text{V}^2 \times (V_{GS}-2V)^2$ .... ②

(3) ①代入②可得

$\dfrac{7V-V_{GS}}{1k\Omega} = 0.75\,\text{mA}/\text{V}^2 \times (V_{GS}-2V)^2$

$\Rightarrow 3V_{GS}^2 - 8V_{GS} - 16 = 0$

$\Rightarrow V_{GS} = 4\,\text{V} \text{ 或 } -\dfrac{4}{3}\text{V}$

$(-\dfrac{4}{3}\text{V}\text{不合，}\because -\dfrac{4}{3}\text{V} < V_t)$

(4) 汲極電流

$I_D = K \times (V_{GS}-V_t)^2$
$= 0.75\,\text{mA}/\text{V}^2 \times (4V-2V)^2$
$= 3\,\text{mA}$

(5) 汲源極電壓

$V_{DS} = V_{GS} = V_{DD} - I_D \times R_D$
$= 7V - 3\text{mA} \times 1k\Omega = 4\,\text{V}$

(6) 工作點 $Q(V_{DSQ}, I_{DQ}) = Q(4V, 3\text{mA})$

答

6-32

重點 5　共閘極偏壓電路

電路名稱＼項目	空乏型MOSFET－自給偏壓電路	增強型MOSFET－固定偏壓電路
電路圖	(電路圖)	(電路圖)
輸入迴路	(1) $V_{GS} = -I_D \times R_S$，$I_D = -\dfrac{V_{GS}}{R_S}$ (2) 代入蕭克萊方程式 $I_D = I_{DSS} \times (1 - \dfrac{V_{GS}}{V_P})^2$， 求解一元二次方程式，即可求出閘源極電壓 V_{GS} 的值	$V_{GS} = V_{SS}$
輸出迴路	$V_{DG} = V_{DD} - I_D \times R_D$	$V_{DG} = V_{DD} - I_D \times R_D$
直流負載線與工作點	(圖)	(圖)
電路特色	運用汲極電流 I_D 通過源極電阻 R_S 所產生的壓降（逆向偏壓）來控制通道內空乏區的大小，來達到調整汲極電流的目的，由於該電路的逆向偏壓由自己的壓降電阻所決定，故稱為自給偏壓電路	閘極間加入一個順向偏壓 V_{SS}，且 V_{SS} 需大於臨界電壓 V_t 才有辦法感應N通道，產生汲極電流 I_D，進而控制大小

重點 6　MOSFET各種偏壓組態之比較

空乏型MOSFET以及增強型MOSFET在相關偏壓組態的分析與計算後，可以將各種型式MOSFET的偏壓方式比較如下所示。

偏壓方式＼MOSFET型式	空乏型MOSFET	增強型MOSFET
固定偏壓法	○	○
自給偏壓法	○	×
分壓式偏壓法	○	○
零偏壓法	○	×
汲極回授偏壓法	×	○

空乏型MOSFET之共閘極偏壓電路

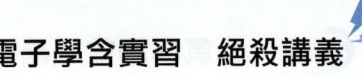

老師教

9. 如下圖所示，試求：
(1) 汲極電流 I_D (2) 汲閘極電壓 V_{DG}
(3) 工作點 Q 分別為何？

（電路圖：$0.8\text{k}\Omega$，$I_{DSS}=10\text{mA}$，$V_P=-4\text{V}$，$2\text{k}\Omega$，14V）

學生做

9. 如下圖所示，試求：
(1) 汲極電流 I_D (2) 汲閘極電壓 V_{DG}
(3) 工作點 Q 分別為何？

（電路圖：$0.5\text{k}\Omega$，$I_{DSS}=12\text{mA}$，$V_P=-3\text{V}$，$2\text{k}\Omega$，10V）

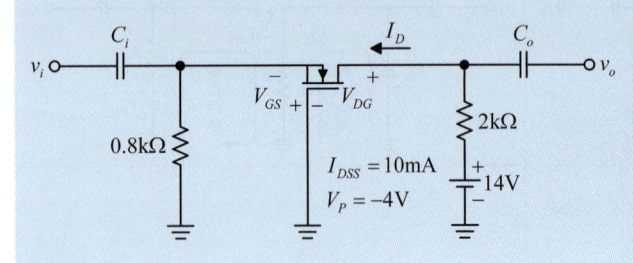

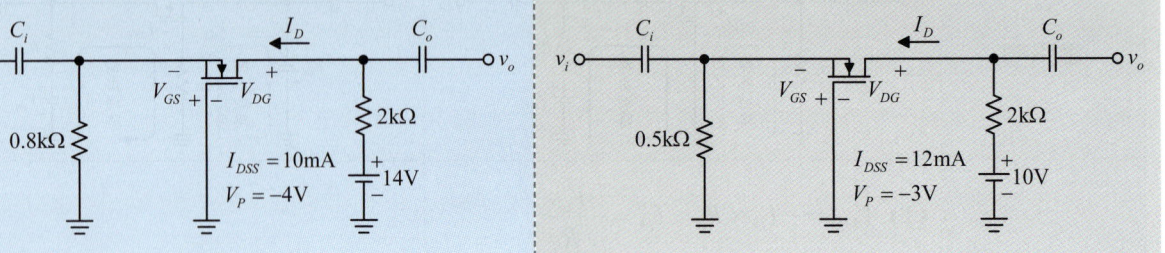

解 (1) 輸入迴路

$$V_{GS} = V_G - V_S = 0 - I_D \times R_S$$
$$= -I_D \times R_S = -0.8\text{k}\Omega \times I_D$$

將運算式重新整理為

$$I_D = -\frac{V_{GS}}{0.8\text{k}\Omega} \quad \cdots \cdots ①$$

(2) 汲極電流

$$I_D = I_{DSS} \times (1-\frac{V_{GS}}{V_P})^2$$
$$= 10\text{mA} \times (1+\frac{V_{GS}}{4\text{V}})^2 \quad \cdots \cdots ②$$

(3) 將①代入②：

$$-\frac{V_{GS}}{0.8\text{k}\Omega} = 10\text{mA} \times (1+\frac{V_{GS}}{4\text{V}})^2$$
$$\Rightarrow V_{GS}^2 + 10V_{GS} + 16 = 0$$
$$\Rightarrow V_{GS} = -2\text{V} 或 -8\text{V}$$

（$-8\text{V} < V_P$ ∴ 不合）

(4) 汲極電流

$$I_D = I_{DSS} \times (1-\frac{V_{GS}}{V_P})^2$$
$$= 10\text{mA} \times (1-\frac{-2\text{V}}{-4\text{V}})^2 = 2.5\text{ mA}$$

(5) 汲閘極電壓

$$V_{DG} = V_{DD} - I_D \times R_D$$
$$= 14\text{V} - 2.5\text{mA} \times 2\text{k}\Omega = 9\text{ V}$$

(6) 工作點 $Q(V_{DGQ}, I_{DQ}) = Q(9\text{V}, 2.5\text{mA})$

增強型MOSFET之共閘極偏壓電路

老師教

10. 如下圖所示，試求：
    (1) 汲極電流 I_D　(2) 汲閘極電壓 V_{DG}
    (3) 工作點 Q　分別為何？

[電路圖：v_i 經 C_i，3V 電源，10MΩ，$K=2\,\text{mA/V}^2$，$V_t=2\,\text{V}$，5kΩ，12V，C_o 輸出 v_o]

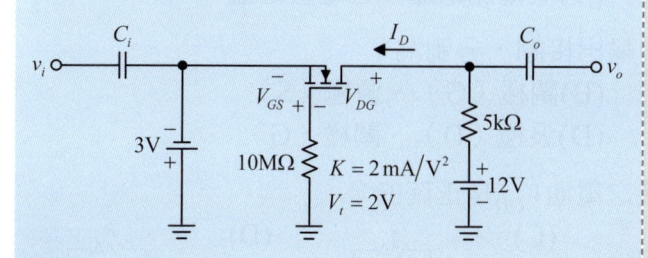

解 (1) 輸入迴路
$V_{GS} = V_G - V_S = 0\text{V} - (-3\text{V}) = 3\text{ V}$

(2) 汲極電流
$$I_D = K \times (V_{GS} - V_t)^2$$
$$= 2\,\text{mA/V}^2 \times (3\text{V} - 2\text{V})^2 = 2\text{ mA}$$

(3) 汲閘極電壓
$$V_{DG} = V_{DD} - I_D \times R_D$$
$$= 12\text{V} - 2\text{mA} \times 5\text{k}\Omega = 2\text{ V}$$

(6) 工作點 $Q(V_{DGQ}, I_{DQ}) = Q(2\text{V}, 2\text{mA})$

學生做

10. 如下圖所示，試求：
    (1) 汲極電流 I_D　(2) 汲閘極電壓 V_{DG}
    (3) 工作點 Q　分別為何？

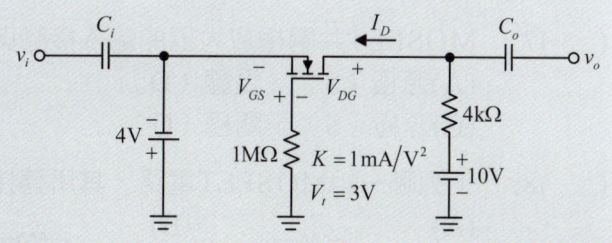

[電路圖：v_i 經 C_i，4V 電源，1MΩ，$K=1\,\text{mA/V}^2$，$V_t=3\,\text{V}$，4kΩ，10V，C_o 輸出 v_o]

答

ABCD 立即練習

基礎題

(　)1. MOSFET的放大電路中，何種組態的輸出電壓與輸入電壓反相180°？
(A)共閘極（CG）　(B)共汲極（CD）　(C)共源極（CS）　(D)以上皆非

(　)2. MOSFET的放大電路中，何種偏壓組態具有高輸入阻抗以及低輸出阻抗的特性？
(A)共閘極（CG）　(B)共汲極（CD）　(C)共源極（CS）　(D)以上皆非

(　)3. MOSFET的放大電路中，何種偏壓組態具有低輸入阻抗以及高輸出阻抗的特性？
(A)共閘極（CG）　(B)共汲極（CD）　(C)共源極（CS）　(D)以上皆非

(　)4. 源極隨耦器具備下列何種特性？
(A)輸出電壓與輸入電壓反相　(B)輸入阻抗小　(C)輸出阻抗大　(D)電流增益大

6-35

( )5. MOSFET共汲極放大器具有下列哪些特性？
(A)高電流增益，低電壓增益 (B)低電流增益，高電壓增益
(C)高電流增益，高電壓增益 (D)低電流增益，低電壓增益

( )6. MOSFET共閘極放大器具有下列哪些特性？
(A)高電流增益，低電壓增益 (B)低電流增益，高電壓增益
(C)高電流增益，高電壓增益 (D)低電流增益，低電壓增益

( )7. MOSFET共閘極放大器的輸入接腳與輸出接腳，分別為？
(A)源極（S）、汲極（D） (B)閘極（G）、源極（S）
(C)源極（S）、閘極（G） (D)汲極（D）、閘極（G）

( )8. 下列哪一組MOSFET電路，其所連接之電池V_{DD}是正確的？
(A) (B) (C) (D)

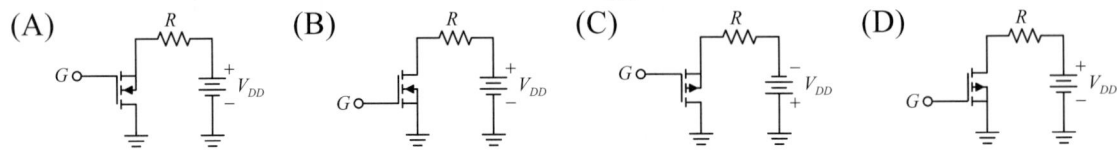

( )9. 空乏型MOSFET不適合用於下列何種偏壓法？
(A)自給偏壓法 (B)分壓式偏壓法
(C)零偏壓法 (D)汲極回授偏壓法

( )10. 增強型MOSFET不適合用於下列何種偏壓法？
(A)固定偏壓法 (B)分壓式偏壓法
(C)自給偏壓法 (D)汲極回授偏壓法

( )11. 一N通道增強型MOSFET作為開關使用，欲使其短路（ON）的狀態，則外加電壓V_{GS}以及V_{DS}值為何？
(A)$V_{GS} < 0$；$V_{DS} > 0$ (B)$V_{GS} = 0$；$V_{DS} = V_{DD}$
(C)$V_{GS} > V_t$；$V_{DS} > 0$ (D)$V_{GS} < V_t$；$V_{DS} < 0V$

( )12. 如圖(1)所示為FET之自給偏壓式電路，若其汲極靜態電流為0.2mA，則其閘源極偏壓V_{GS}應為 (A)–5V (B)5V (C)–6V (D)6V

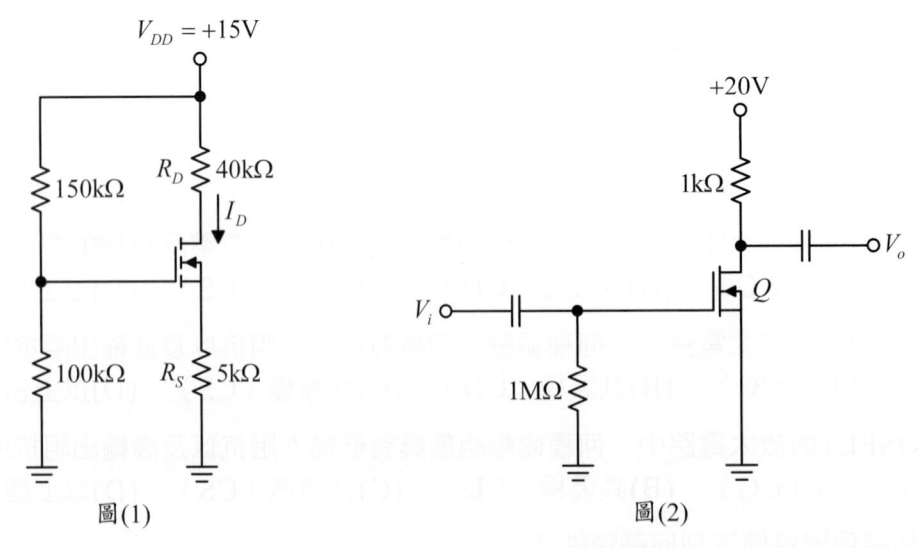

圖(1)

圖(2)

( )13. 已知圖(2)中，Q為N通道空乏型金氧半場效電晶體（MOSFET），若$I_D = 5$ mA，則工作點電壓V_{DSQ}等於 (A)0.1V (B)11V (C)13V (D)15V

( )14. 如圖(3)所示，空乏型MOSFET之 $I_{DSS}=15\,\text{mA}$，$V_P=-4\,\text{V}$，試求V_{DS}之值？
(A)10V (B)12.5V (C)15V (D)25V

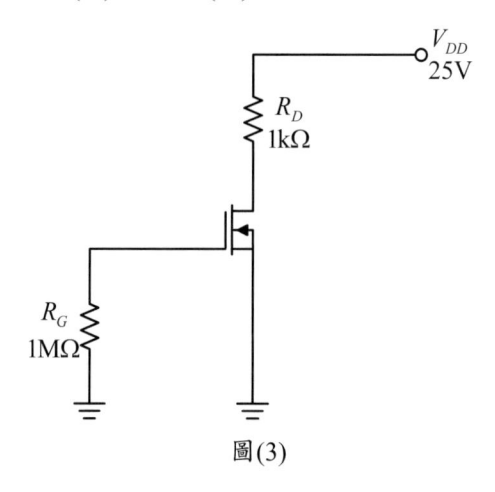

圖(3)

( )15. 如圖(4)所示之電路，已知 $I_{DSS}=4\,\text{mA}$，夾止電壓 $V_P=-4\,\text{V}$，$V_{GS}=-2\,\text{V}$，若D-MOSFET工作於飽和區，則R_S約為何？ (A)1kΩ (B)2kΩ (C)4kΩ (D)8kΩ

圖(4)　　　圖(5)

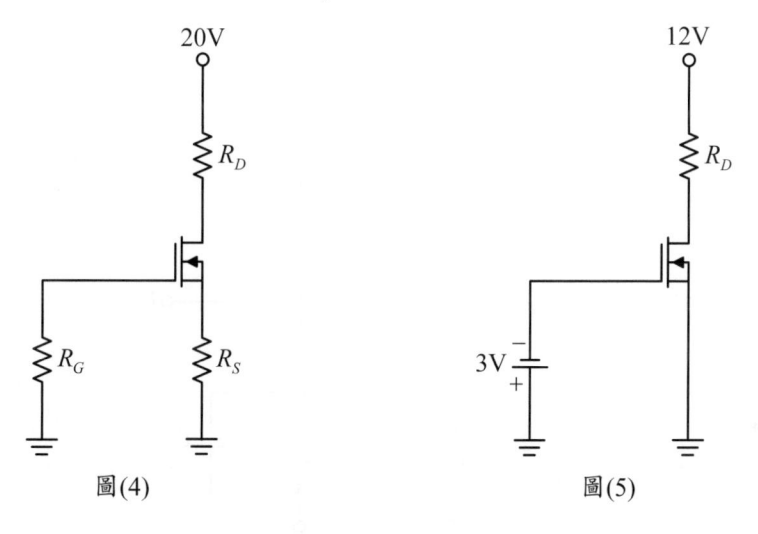

( )16. 如圖(5)所示電路，場效電晶體之 $I_{DSS}=4\,\text{mA}$，$V_P=-6\,\text{V}$，$V_{DS}=6\,\text{V}$，則汲極電阻R_D為 (A)1kΩ (B)2kΩ (C)6kΩ (D)8kΩ

( )17. 如圖(6)所示之MOSFET電路，若$V_{DD}=15\,\text{V}$，$I_D=2\,\text{mA}$，$R_D=5\,\text{k}\Omega$，$R_S=1\,\text{k}\Omega$，$R_G=1\,\text{M}\Omega$，則V_D與V_{GS}分別為何？
(A)−5V，−2V (B)−5V，2V (C)5V，−2V (D)5V，2V

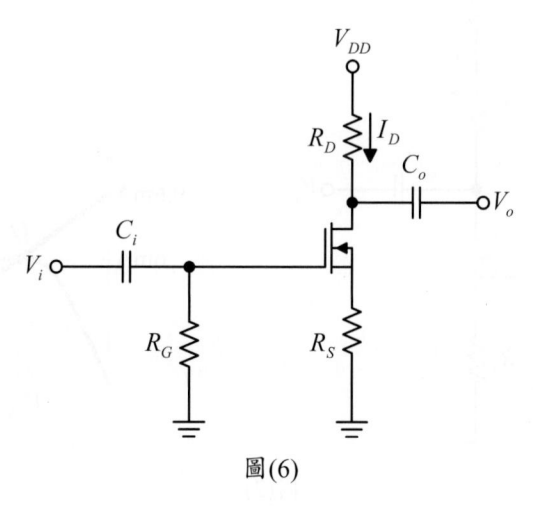

圖(6)

( )18. 如圖(7)所示，該MOSFET的夾止電壓$V_P = -4$ V與汲源極飽和電流$I_{DSS} = 12$ mA，試求汲源極電壓V_{DS}為何？ (A)3V (B)4V (C)6V (D)8V

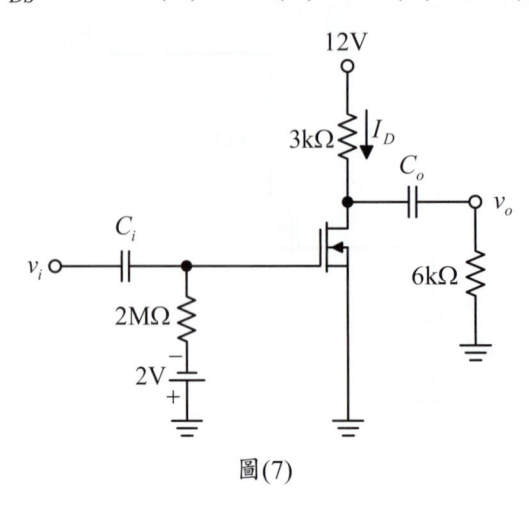

圖(7)

進階題

( )1. 如圖(1)所示之電路，假設$V_{GS} = -1$ V，$V_{DS} = 5$ V，$I_D = 7$ mA，試求R_D值約為多少？
(A)1kΩ (B)1.5kΩ (C)2kΩ (D)2.5kΩ

圖(1)

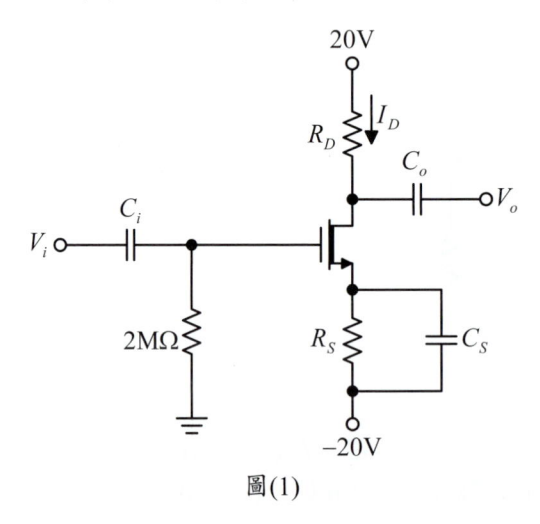

( )2. 如圖(2)所示為MOSFET的偏壓電路與輸出特性曲線，則下列何者正確？
(A)$R_D = 0.5$ kΩ (B)$V_{DS} = 4.5$ V (C)$V_{DD} = 15$ V (D)$R_S = 0.75$ kΩ

圖(2)

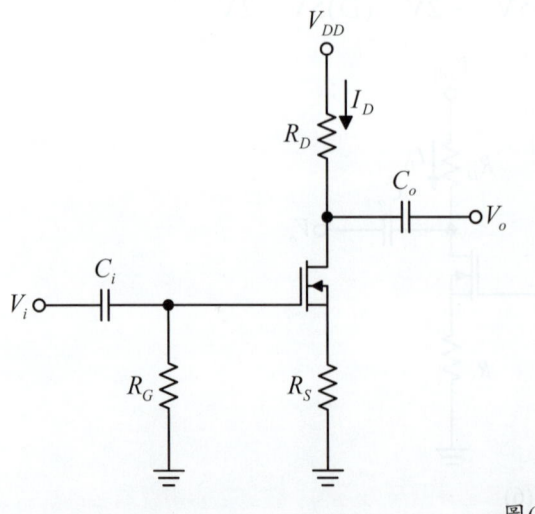

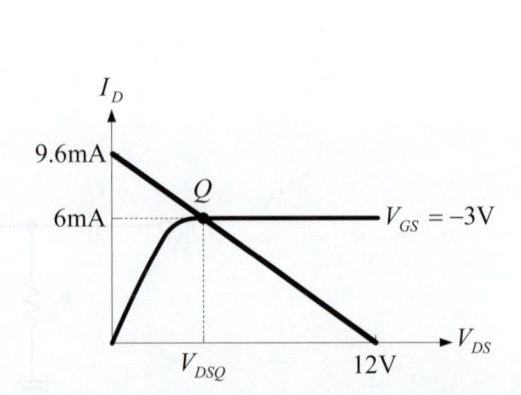

(　　)3. 如圖(3)所示為偏壓電路與輸出特性曲線，且當$V_{GS} > 2\text{ V}$時開始有汲極電流I_D產生，則下列何者正確？
(A)$K = 2.5\text{ mA}/\text{V}^2$　(B)$V_{DSQ} = 3\text{ V}$　(C)$R_D = 500\text{ }\Omega$　(D)$V_{DD} = 8\text{ V}$

圖(3)

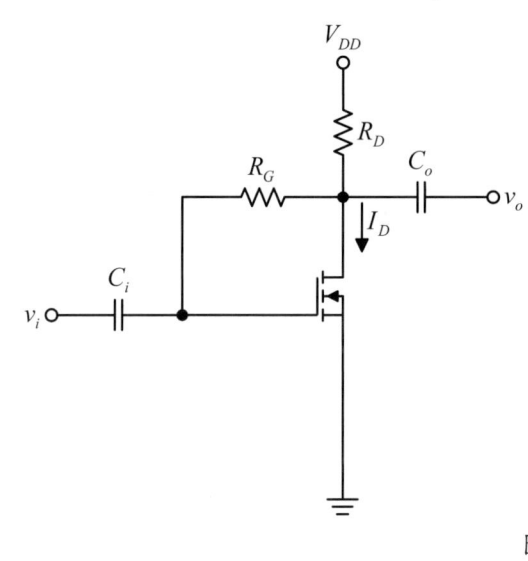

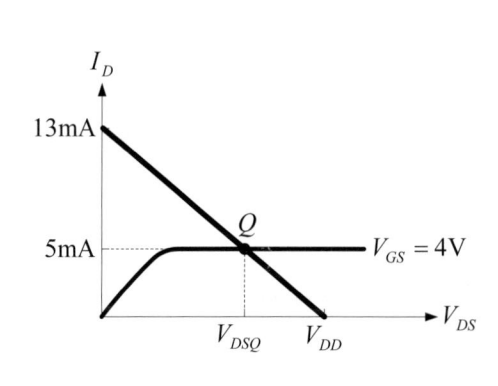

(　　)4. 圖(4)中若$V_{DD} = 16\text{ V}$、$R_S = 0.6\text{ k}\Omega$、$R_D = 2\text{ k}\Omega$、$I_{DSS} = 20\text{ mA}$且$V_P = -6\text{ V}$，則下列何者正確？
(A)$I_D = 4\text{ mA}$　(B)$V_{GS} = -3\text{ V}$　(C)$V_{DG} = 8\text{ V}$　(D)$V_S = -3\text{ V}$

圖(4)

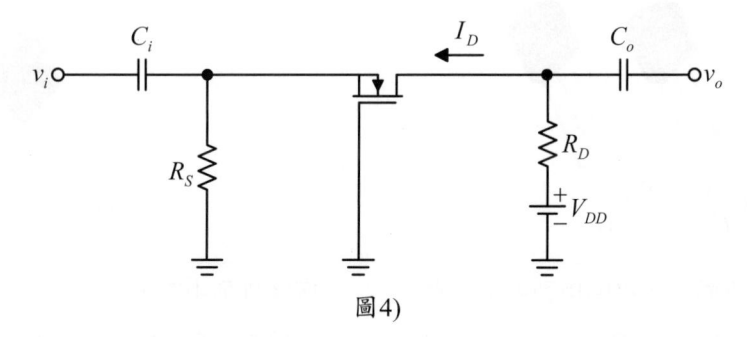

(　　)5. 如圖(5a)與圖(5b)所示皆為共源極組態，試問圖(5a)與圖(5b)分別為何種通道型式與偏壓方式的轉移特性曲線？
(A)N通道空乏型MOSFET自給偏壓電路；P通道增強型MOSFET自給偏壓電路
(B)N通道空乏型MOSFET零偏壓電路；N通道增強型MOSFET汲極回授偏壓電路
(C)P通道增強型MOSFET自給偏壓電路；N通道空乏型MOSFET分壓式偏壓電路
(D)N通道空乏型MOSFET自給偏壓電路；N通道增強型MOSFET汲極回授偏壓電路

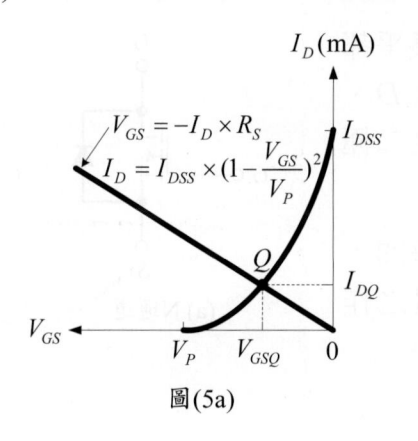

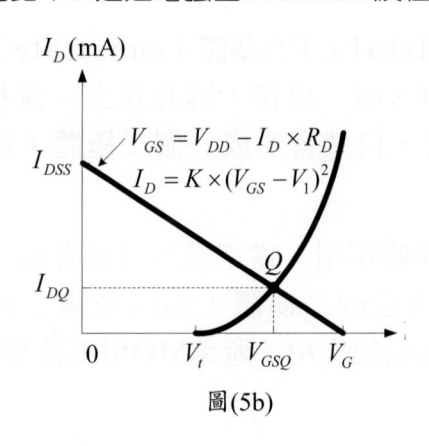

圖(5a)　　　圖(5b)

6-3 實習專區

重點 1 MOSFET的編號

日本	美國	歐洲
(1) 2SK××××表示N通道的MOSFET，例如2SK682 (2) 2SJ××××表示P通道的 MOSFET，例如2SJ130	如BJT電晶體的方式，仍以2N××××表示。例如：2N7000為N通道增強型MOSFET；2N3796為N通道空乏型MOSFET	歐洲編號與廠商自訂編號，較無規則可循，通常需藉由資料手冊來判別

重點 2 常見各種封裝型式的FET

TO-92	TO-220
(圖示：S G D / S D G)	(圖示：G D S)
面對其圓柱的平面：（接腳排列由左至右） (1) 歐美編號：S、G、D (2) 日本編號：S、D、G	接腳排列由左至右 一般為：G、D、S

重點 3 MOSFET的測量

1. 單一顆MOSFET的**基體**（substrate）幾乎都與源極（S極）連接，因此在汲、源極（D、S極）間，自然會形成一個二極體（寄生二極體）。

2. 寄生二極體作用：當電感性負載在截止瞬間，可以透過這個二極體（類似飛輪二極體之作用）產生保護作用，避免MOSFE被擊穿。

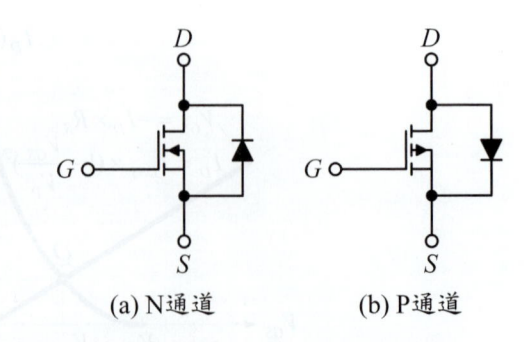

(a) N通道　　(b) P通道

第 6 章　金氧半場效電晶體

3. MOSFET具有絕緣閘的**極高輸入阻抗**特性，所以閘極（G極）與源極（S極）之間容易因**靜電**造成打穿毀壞。測試前，測試棒需先消除靜電，以免影響測試或損壞MOSFET。

4. 閘極（G）：與汲極（D）或源極（S）皆呈斷路不導通的情況。（增強型與空乏型皆是）

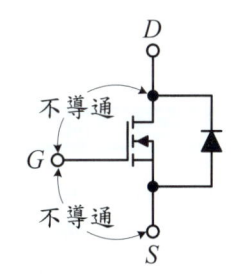

5. 測量方法：（目前市售幾乎是增強型MOSFET，因此以增強型MOSFET說明如下）

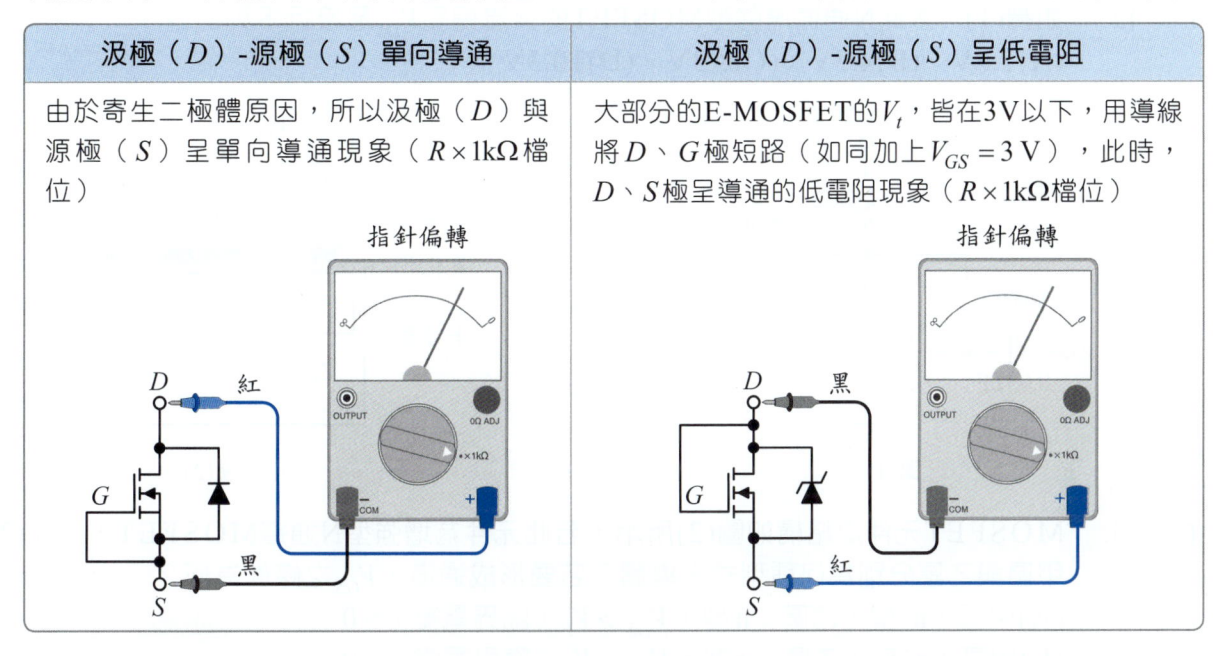

汲極（D）-源極（S）單向導通	汲極（D）-源極（S）呈低電阻
由於寄生二極體原因，所以汲極（D）與源極（S）呈單向導通現象（$R \times 1k\Omega$檔位）	大部分的E-MOSFET的V_t，皆在3V以下，用導線將D、G極短路（如同加上$V_{GS} = 3\ \text{V}$），此時，D、S極呈導通的低電阻現象（$R \times 1k\Omega$檔位）

ABCD 立即練習

基礎題

(　)1. 如圖(1)所示，使用指針式三用電表之1kΩ檔位量測MOSFET元件，黑棒接閘極（G），紅棒接汲極（D）或是源極（S），則下列敘述何者正確？
(A)若為N通道元件時則指針會偏轉，若為P通道元件時則指針不偏轉
(B)若為N通道元件時則指針不偏轉，若為P通道元件時則指針會偏轉
(C)若為N通道元件時則指針會偏轉，若為P通道元件時則指針亦會偏轉
(D)若為N通道元件時則指針不偏轉，若為P通道元件時則指針亦不偏轉　　　[103年統測]

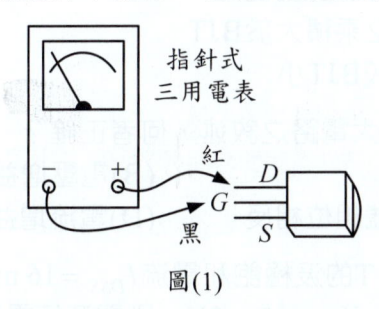

圖(1)

(　)2. 使用三用電表$R \times 1k$檔測量D-MOSFET元件的三支腳，若三用電表的黑棒固定接某腳，而紅棒分別接其餘兩腳時，指針皆不偏轉，黑棒所接為何極？
(A)閘極　(B)源極　(C)汲極　(D)基極

歷屆試題

電子學試題

( ) 1. 有一個P通道增強型MOSFET，其臨限電壓 $V_t = -2V$，假使其閘極（gate）接地而源極（source）接至+5V，欲使此元件操作在飽和區（saturation），則汲極（drain）之最高電壓為何？　(A)7V　(B)5V　(C)3V　(D)2V　[統測]

( ) 2. 如圖(1)，求此N通道增強型MOSFET的直流偏壓 V_{DS} 最接近下列何值？
(A)1.3V　(B)4.3V　(C)8.3V　(D)10.3V　[統測]

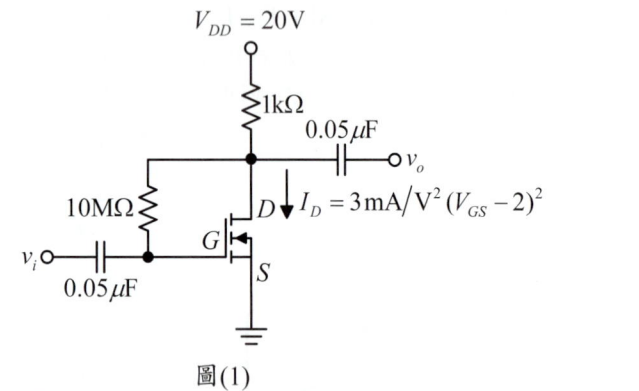

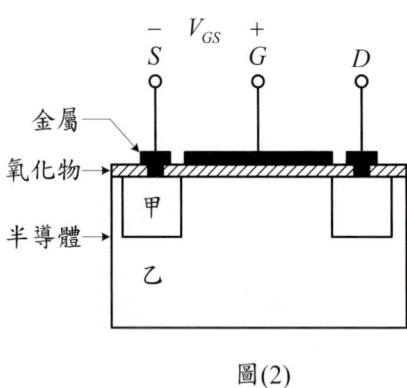

圖(1)

圖(2)

( ) 3. MOSFET元件之結構如圖(2)所示，若此元件為增強型N通道MOSFET，則圖(2)中甲區與乙區分別為何種型式半導體？若要形成通道，V_{GS} 之條件為何？
(A)甲區：n⁺型，乙區：n型，$V_{GS} > V_T$（臨界電壓）> 0
(B)甲區：n⁺型，乙區：p型，$V_{GS} < V_T$（臨界電壓）< 0
(C)甲區：p⁺型，乙區：n型，$V_{GS} > V_T$（臨界電壓）> 0
(D)甲區：n⁺型，乙區：p型，$V_{GS} > V_T$（臨界電壓）> 0　[統測]

( ) 4. 下列關於MOSFET的敘述，何者為錯誤？
(A)MOSFET有空乏型及增強型兩種型式
(B)MOSFET有N通道及P通道兩種
(C)MOSFET是電流控制元件
(D)MOSFET之閘極與源極間直流電阻很大　[統測]

( ) 5. 下列敘述何者錯誤？
(A)FET具高輸入阻抗
(B)FET的源極與汲極可以對調使用
(C)FET增益與頻帶寬之乘積大於BJT
(D)FET受輻射的影響較BJT小　[統測]

( ) 6. 下列關於FET共汲極放大電路之敘述，何者正確？
(A)又稱為源極隨耦器　　　　(B)電壓增益甚高
(C)輸出訊號與輸入訊號相位相反　(D)電流增益低於1　[統測]

( ) 7. 某一N通道D-MOSFET的汲極飽和電流 $I_{DSS} = 16$ mA，汲極電流 $I_D = 4$ mA。若截止電壓（cutoff voltage）$V_{GS(off)}$ 為-3V，則閘源極電壓 V_{GS} 為何？
(A)-2.5V　(B)-1.5V　(C)1.5V　(D)2.5V　[統測]

6-42

( )8. 如圖(3)所示之電路，若MOSFET之臨限電壓（threshold voltage）為2V，閘源極間電壓$V_{GS}=4\,\text{V}$時之汲極電流$I_{D(on)}=20\,\text{mA}$，則此電路之汲源極間電壓V_{DS}及汲極電流I_D約為何？
(A)3.4V，18.4mA　　(B)4.3V，18.4mA
(C)4.5V，15.3mA　　(D)5.4V，15.3mA　　[統測]

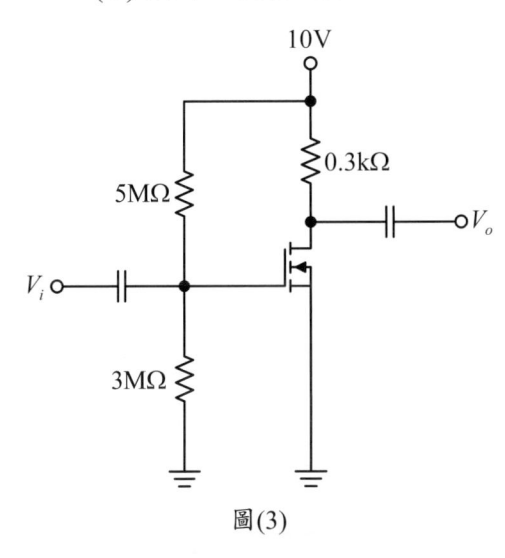

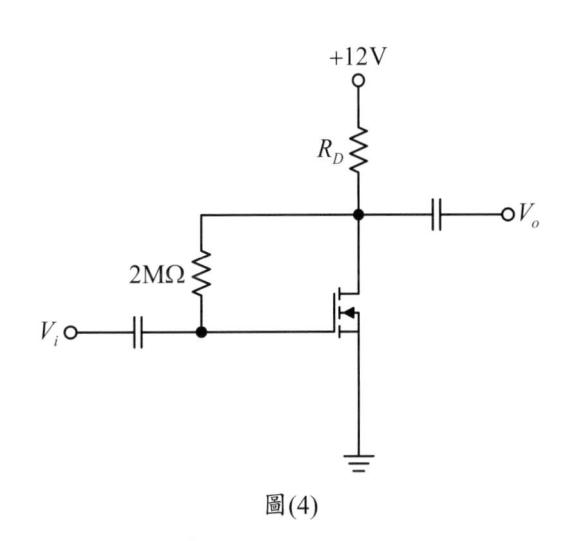

圖(3)　　圖(4)

( )9. 如圖(4)所示之電路，MOSFET之臨限電壓（threshold voltage）為2V，閘源極電壓$V_{GS}=4\,\text{V}$時之汲極電流$I_{D(on)}=1\,\text{mA}$，若汲源極電壓$V_{DS}=6\,\text{V}$，則電阻R_D約為何？　(A)2MΩ　(B)1.5MΩ　(C)2kΩ　(D)1.5kΩ　　[統測]

( )10. 如圖(5)所示，此曲線為下列何種FET的I_D-V_{GS}特性曲線？（V_T為臨界電壓）
(A)N通道JFET
(B)N通道空乏型MOSFET
(C)P通道增強型MOSFET
(D)N通道增強型MOSFET　　[統測]

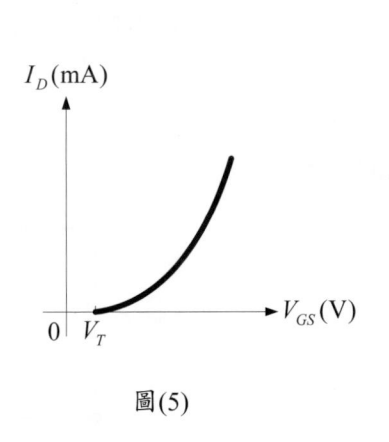

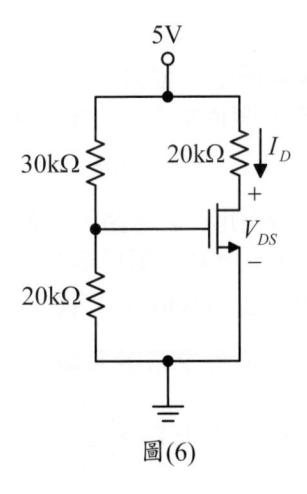

圖(5)　　圖(6)

( )11. 如圖(6)所示的MOSFET放大電路，若$I_D=0.1(V_{GS}-1.0)^2\,\text{mA}$，求直流電壓$V_{DS}$值為何？　(A)2V　(B)3V　(C)4V　(D)5V　　[統測]

( )12. 下列對於D-MOSFET的特性敘述何者正確？
(A)V_{GS}接近截止（cut-off）電壓時，汲極與源極間的崩潰電壓比在$V_{GS}=0\,\text{V}$時為大
(B)在室溫附近，溫度愈高時，有較小的汲極電流
(C)通道寬度愈窄，夾止（pinch-off）電壓愈大
(D)P通道接面場效電晶體的高電位在汲極端　　[統測]

6-43

( )13. 增強型MOSFET的結構因素會造成臨界電壓V_T值的變化，請問以下何者對其影響最大？
(A)金屬導電層厚度
(B)半導體層的厚度
(C)二氧化矽的厚度
(D)金屬導電層的材質 [102統測]

( )14. 如圖(7)所示電路，已知MOSFET的臨界電壓$V_T = 3\text{ V}$，則電壓V_{DS}為多少？
(A)0V
(B)4V
(C)8V
(D)12V [102統測]

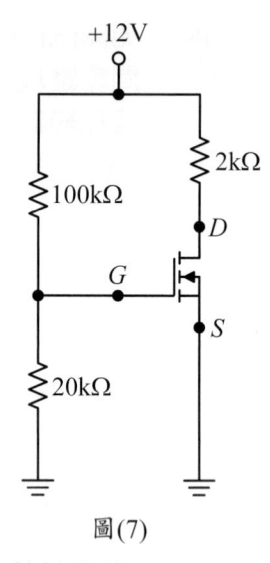

圖(7)

( )15. 以下所示的四個輸出特性曲線，何者為P通道E-MOSFET的輸出特性曲線？ [102統測]

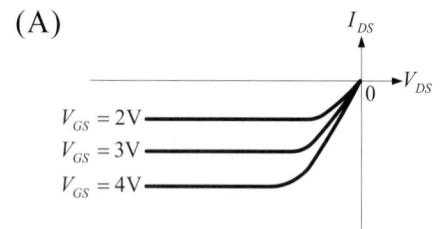

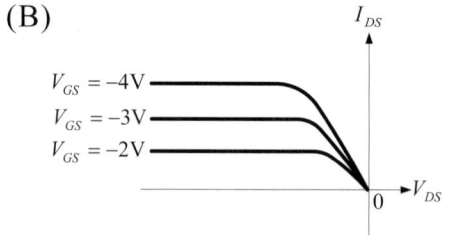

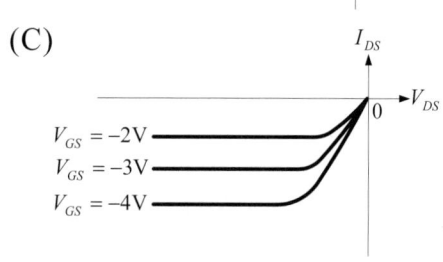

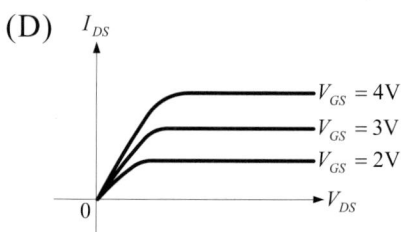

(A) $V_{GS} = 2\text{V}$, $V_{GS} = 3\text{V}$, $V_{GS} = 4\text{V}$
(B) $V_{GS} = -4\text{V}$, $V_{GS} = -3\text{V}$, $V_{GS} = -2\text{V}$
(C) $V_{GS} = -2\text{V}$, $V_{GS} = -3\text{V}$, $V_{GS} = -4\text{V}$
(D) $V_{GS} = 4\text{V}$, $V_{GS} = 3\text{V}$, $V_{GS} = 2\text{V}$

( )16. 某N通道空乏型MOSFET之截止電壓$V_{GS(off)} = -4\text{ V}$；若此MOSFET工作於夾止區，閘極對源極電壓$V_{GS}$為0V時汲極電流為12mA，則當閘極對源極電壓為−2V時汲極電流為何？ (A)8mA (B)6mA (C)5mA (D)3mA [103統測]

( )17. 如圖(8)所示之電路，若MOSFET之$I_D = 2\text{ mA}$，臨界電壓$V_t = 2\text{ V}$，則其參數 K 約為多少mA/V^2？
(A)0.22 (B)0.31 (C)0.42 (D)0.54 [104統測]

( )18. 下列各元件之符號名稱，何者正確？
(A)P通道JFET
(B)N通道增強型MOSFET
(C)P通道空乏型MOSFET
(D)NPN BJT [105統測]

圖(8)

6-44

(　)19. 如圖(9)所示電路，其中MOSFET的參數$K = 0.5\,\text{mA/V}^2$、臨界電壓（threshold voltage）$V_{th} = 2\,\text{V}$。若其汲極電流$I_D = 0.5\,\text{mA}$，則電阻R_S值應為多少？
(A)500Ω　(B)1kΩ　(C)2kΩ　(D)3kΩ   [105統測]

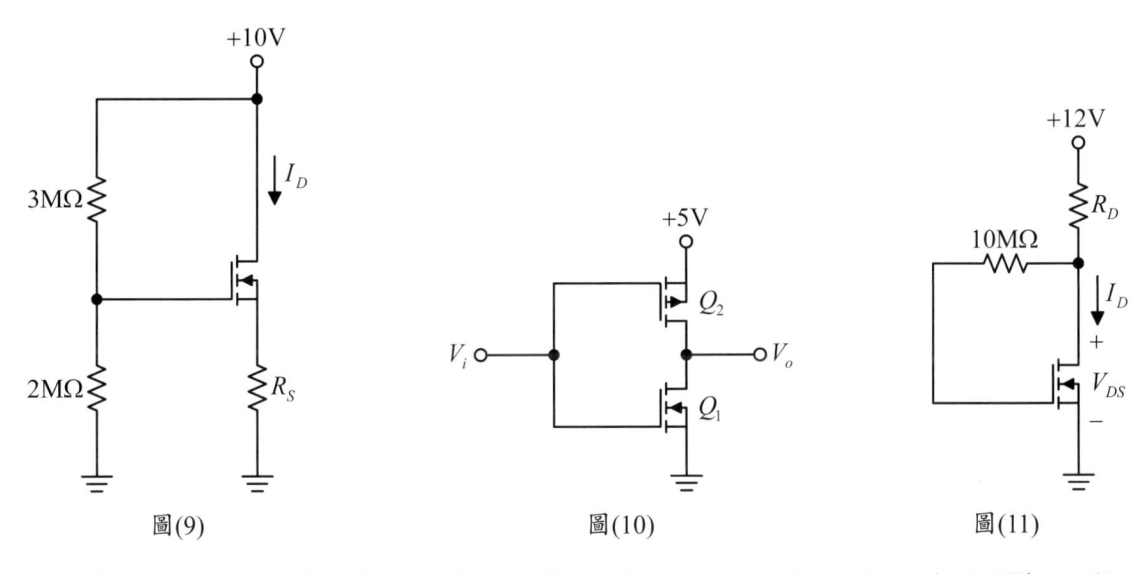

圖(9)　　　圖(10)　　　圖(11)

(　)20. 如圖(10)所示電路，其中Q_1與Q_2的臨界電壓（threshold voltage）分別為1V與−1V。當$V_i = 0\,\text{V}$時，Q_1、Q_2的工作狀態為何？
(A)Q_1與Q_2皆工作在歐姆區
(B)Q_1與Q_2皆工作在截止區
(C)Q_1工作在截止區、Q_2工作在歐姆區
(D)Q_1工作在歐姆區、Q_2工作在截止區   [106統測]

(　)21. 如圖(11)所示電路，若MOSFET的臨界電壓（threshold voltage）$V_T = 2\,\text{V}$，且其參數$K = 1\,\text{mA/V}^2$。欲設計使其工作在$V_{DS} = 4\,\text{V}$，則R_D的值應為何？
(A)2kΩ　(B)4kΩ　(C)6kΩ　(D)8kΩ   [106統測]

(　)22. 關於FET與BJT電晶體的比較，下列何者錯誤？
(A)FET的輸入阻抗較BJT高
(B)FET的增益與頻寬的乘積較BJT大
(C)FET的熱穩定性較BJT好
(D)MOSFET比BJT較適合應用於超大型積體電路中   [106統測]

(　)23. 如圖(12)所示之MOSFET電晶體電路，該電晶體之臨界電壓（threshold voltage）$V_t = 4\,\text{V}$，參數$K = 0.5\,\text{mA/V}^2$，電路操作於飽和區工作點之$I_D = 2\,\text{mA}$，則此工作點之V_{GS}為何？　(A)8V　(B)6V　(C)4V　(D)2V   [107統測]

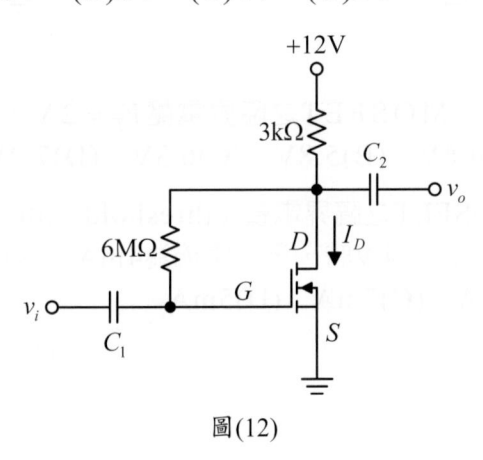

圖(12)

( )24. 如圖(13)所示之增強型MOSFET電路，其臨界電壓（threshold voltage）$V_T = 2.25\,V$，參數 $K = 0.8\,mA/V^2$，$V_{DD} = 15\,V$，$R_{G1} = 900\,k\Omega$，$R_{G2} = 300\,k\Omega$，$R_D = 3.3\,k\Omega$，則V_{DS}約為何？
(A)10.14V　(B)9.06V　(C)7.56V　(D)4.12V　　　　　　　　　　　　　　　[108統測]

圖(13)

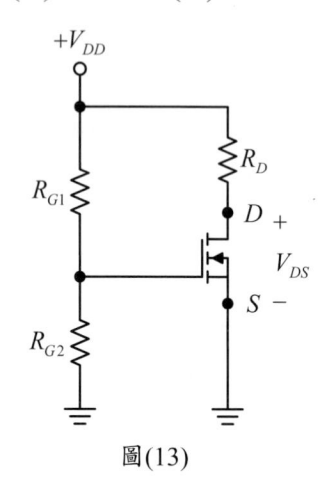

( )25. 有關各種N通道場效電晶體偏壓於飽和區（定電流區）工作，下列敘述何者正確？
(A)V_{GS}皆需大於零才可使汲極端流入電流正常操作（$I_D > 0$）
(B)V_{GS}小於零皆可使汲極端流入電流正常操作（$I_D > 0$）
(C)FET內部通道靠近汲極處形成之通道較窄
(D)FET內部通道靠近汲極處形成之空乏區較窄　　　　　　　　　　　　　[109統測]

( )26. 如圖(14)所示之MOSFET電路，MOSFET之臨界電壓（threshold voltage）$V_T = 1.8\,V$，參數 $K = 1.2\,mA/V^2$，已選擇適當之R_D使電路操作於飽和區且 $I_D = 10.8\,mA$，則R_{G1}應調整為何？
(A)150kΩ　(B)180kΩ　(C)210kΩ　(D)250kΩ　　　　　　　　　　　　　　[109統測]

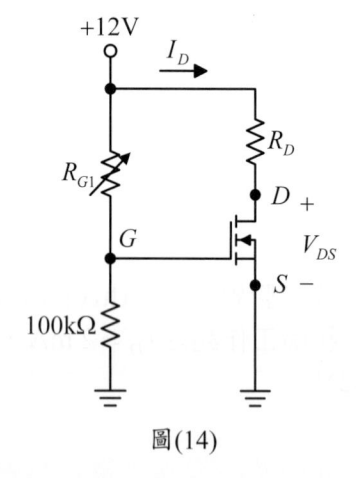

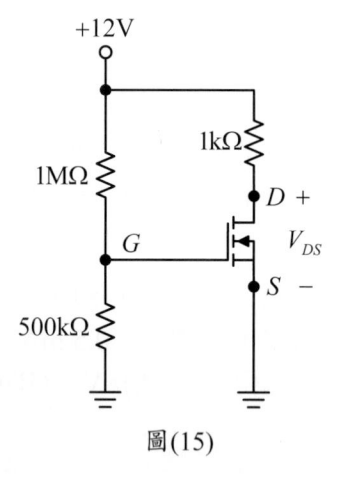

圖(14)　　　　　　圖(15)

( )27. 如圖(15)所示電路，MOSFET之臨界電壓$V_T = 2\,V$，參數 $K = 1.2\,mA/V^2$，則電壓V_{DS}約為何？　(A)4.6V　(B)5.8V　(C)6.3V　(D)7.2V　　　　　　　　　　[110統測]

( )28. 某N通道增強型MOSFET之臨界電壓（threshold voltage）$V_T = 2\,V$，當工作於飽和區且閘-源極間電壓$V_{GS} = 4\,V$時，汲極電流為4mA；若$V_{GS} = 5\,V$，則汲極電流為何？
(A)11mA　(B)9mA　(C)7mA　(D)5mA　　　　　　　　　　　　　　　　　[110統測]

第 6 章　金氧半場效電晶體

( )29. 一個P通道增強型MOSFET的臨界電壓 $V_t = -0.5$ V，若量得各極對此電路的參考點之電壓分別為閘極電壓 $V_G = 0$ V，汲極電壓 $V_D = 3.0$ V 及源極電壓 $V_S = 3.3$ V，則可判斷它操作在哪一區？　(A)截止區　(B)歐姆區　(C)飽和區　(D)崩潰區
[111統測]

( )30. 如圖(16)所示電路，MOSFET之臨界電壓（threshold voltage）$V_t = 2$ V，參數 $K = 0.5$ mA/V^2，$R_D = 2.2$ kΩ，若已知 $V_D = 10.6$ V，則 R_S 為何？
(A)0.5kΩ　(B)0.9kΩ　(C)1.2kΩ　(D)1.5kΩ
[112統測]

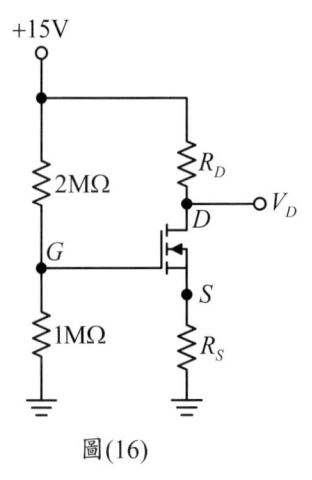

( )31. 有關BJT與場效電晶體（FET）元件之比較，下列敘述何者正確？
(A)BJT為電流控制型，FET為電壓控制型
(B)BJT之輸入阻抗較FET高
(C)BJT之熱穩定度較FET高
(D)BJT與FET皆屬於雙載子元件
[112統測]

圖(16)

( )32. 下列有關電晶體之敘述，何者正確？
(A)P通道MOSFET之汲極為P型半導體，源極亦為P型半導體
(B)N通道MOSFET之汲極為N型半導體，源極為P型半導體
(C)增強型MOSFET已預置通道於汲、源極間，閘極不加電壓時汲、源極為導通狀態
(D)BJT與FET電晶體之結構均含P型半導體與N型半導體，均為雙載子傳導元件
[113統測]

( )33. 下列有關MOSFET之敘述，何者正確？
(A)D-MOSFET，閘源極間未加 V_{GS} 電壓時，汲源極間無法導通
(B)P通道E-MOSFET，閘源極間須加正電壓，才可使汲源極間導通
(C)E-MOSFET，閘源極間須加逆偏電壓，才可關閉汲源極間導通電流
(D)N通道MOSFET之基體（substrate）為P型半導體
[114統測]

( )34. 如圖(17)所示電路，$V_{DD} = 12$ V，MOSFET之夾止（pinch-off）電壓 $V_P = -3$ V，$I_{DSS} = 9$ mA，工作點之 $I_D = 1.44$ mA，則電阻 R_{G1} 約為何？
(A)202.2kΩ　(B)180.8kΩ　(C)156.5kΩ　(D)112.6kΩ
[114統測]

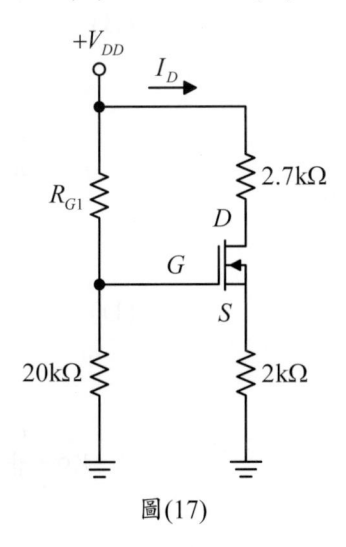

圖(17)

電子學實習試題

( )1. 如圖(1)所示NMOS電路,已知臨界電壓(threshold voltage)$V_t = 1V$及導通常數(conduction parameter)$K = 0.1\,\text{mA}/\text{V}^2$,則下列該元件的敘述,何者正確?
(A)工作於飽和區
(B)工作於歐姆區(非飽和區)
(C)工作於截止區
(D)無法工作 [統測]

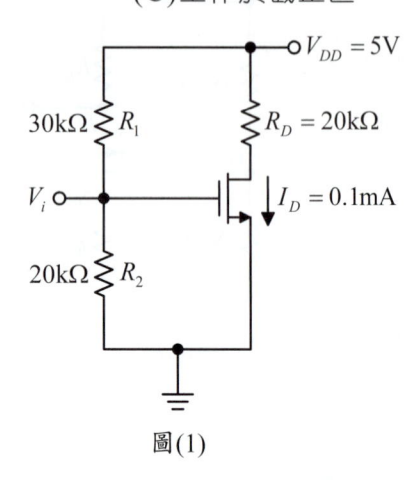

圖(1) 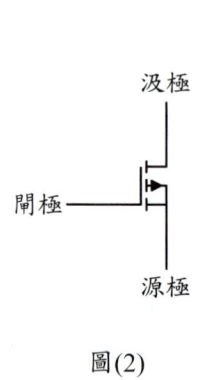　　圖(2) 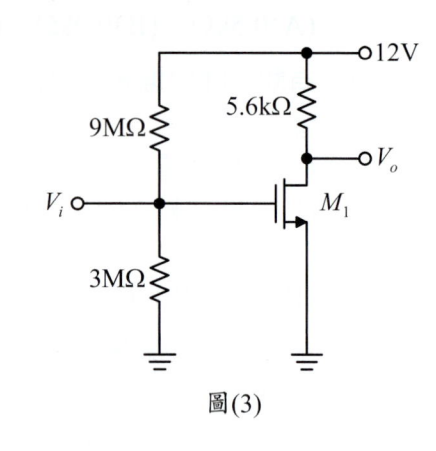　　圖(3)

( )2. 下列敘述何者錯誤?
(A)MOSFET電晶體為單極性(unipolar)電晶體
(B)BJT電晶體為雙極性(bipolar)電晶體
(C)一般BJT電晶體的基極輸入阻抗比MOSFET電晶體閘極的輸入阻抗小
(D)MOSFET電晶體為一種電流控制元件 [統測]

( )3. 圖(2)所示之電路符號為下列何種元件?
(A)JFET
(B)P通道空乏型MOSFET
(C)N通道空乏型MOSFET
(D)P通道增強型MOSFET [統測]

( )4. 如圖(3)所示的電路,若MOSFET之$K = 1\,\text{mA}/\text{V}^2$;界限電壓$V_T = 2\,\text{V}$,則$V_o$之直流電壓為多少? (A)6.4V (B)7.4V (C)8.4V (D)9.4V [統測]

( )5. 下列何者是N通道增強型金氧半型場效應電晶體(MOSFET)共源極放大電路? [統測]

(A)　(B) 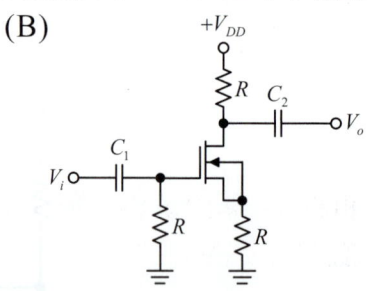　(C) 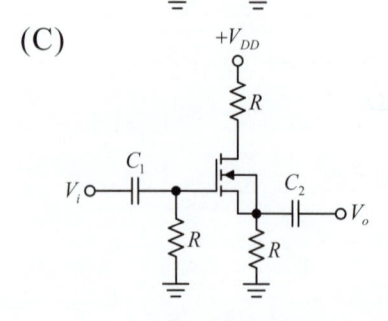　(D)

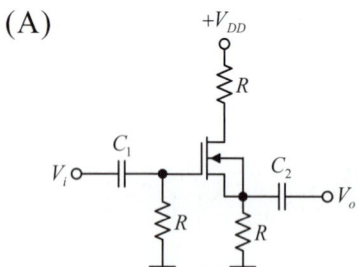

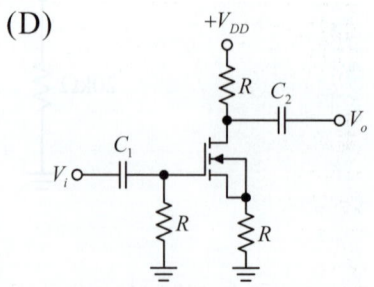

第 6 章 金氧半場效電晶體

( ) 6. N通道增強型MOSFET之臨界電壓$V_T = 2\,\text{V}$，$K = 0.25\,\text{mA/V}^2$，當MOSFET導通且$V_{GS} = 4\,\text{V}$時，I_D為多少？
(A)1mA (B)2mA (C)3mA (D)4mA [統測]

( ) 7. 有一空乏型MOSFET，其$I_{DSS} = 6\,\text{mA}$，$V_{GS(off)} = -6\,\text{V}$。請問當直流偏壓$V_{GS} = -3\,\text{V}$時，其汲極電流$I_D$為何？
(A)18mA (B)3mA (C)1.5mA (D)1mA [統測]

( ) 8. 在一N通道增強型MOSFET共源極放大電路中，其中MOSFET之臨界電壓$V_T = 2\,\text{V}$，導電參數$K = 2\,\text{mA/V}^2$，若要使MOSFET工作於飽和區，以獲得汲極電流$I_D = 8\,\text{mA}$時，則V_{GS}電壓為多少？
(A)1V (B)2V (C)3V (D)4V [102統測]

( ) 9. 在一N通道增強型MOSFET共源極放大電路中，如果所用的電晶體臨界電壓$V_T = 2$伏特（V），導電參數$K = 1\,\text{mA/V}^2$，下列敘述何者正確？
(A)若是$V_{GS} < 2\,\text{V}$，則此電晶體將工作於歐姆區（三極體區），此時沒有通道可以導通電流
(B)此電晶體的汲極電流（I_D）是以電洞作為主要載子，並由閘源間電壓（V_{GS}）控制此電流大小
(C)在MOSFET放大器實驗中，閘極電流（I_G）大於汲極電流（I_D）是正常現象
(D)此放大電路工作在飽和區時，汲極電流可由閘源間電壓（V_{GS}）控制。當V_{GS}等於3伏特時，汲極電流（I_D）為1毫安培（mA） [103統測]

( ) 10. 某工作於飽和區之增強型N通道MOSFET，其臨界電壓$V_T = 4\,\text{V}$，當閘-源極間電壓$V_{GS} = 6\,\text{V}$時，汲極電流$I_D = 2\,\text{mA}$；則當$I_D = 8\,\text{mA}$時，其V_{GS}應為何？
(A)9V (B)8V (C)7V (D)5V [105統測]

( ) 11. 下列有關場效電晶體放大器之敘述何者錯誤？
(A)共源極（CS）放大器輸入阻抗大，適合輸入電壓訊號
(B)共閘極（CG）放大器輸入阻抗小，適合輸入電流訊號
(C)共汲極（CD）放大器輸出與輸入電壓訊號同相，適合作電壓放大器
(D)共汲極（CD）放大器輸入阻抗大，適合輸入電壓訊號 [105統測]

( ) 12. 關於金氧半場效電晶體（MOSFET）放大電路常見之三種基本架構，包含：共源極（Common Source）、共汲極（Common Drain）、共閘極（Common Gate），則下列敘述何者正確？
(A)共源極放大電路中，輸入電壓信號經由閘極送入，輸出電壓信號經由汲極取出，且輸出與輸入電壓信號必定會同相位
(B)共閘極放大電路中，輸出與輸入電壓信號之相位接近，且具有較低之輸入阻抗
(C)共汲極放大電路中，具有低輸入阻抗，且電壓增益大於1
(D)共汲極放大電路中，具有高輸入阻抗與低輸出阻抗，可適用於阻抗匹配之應用，且輸出電壓信號與輸入電壓信號相位差約180° [106統測]

( ) 13. 實驗中一增強型MOSFET操作在飽和區，閘-源極電壓（V_{GS}）與臨界電壓（V_T）之差為1V時，汲極電流為2mA。若改變V_{GS}電壓與V_T之差為1.2V，而MOSFET仍操作在飽和區，則此時的汲極電流變為多少？
(A)2mA (B)2.4mA (C)2.88mA (D)3.46mA [108統測]

(　　)14. 有關接面場效電晶體（JFET）與金屬氧化物半導體場效電晶體（MOSFET），下列敘述何者錯誤？
　　　　(A)使用JFET與MOSFET作為放大器時，閘極（G）沒有電流流入
　　　　(B)JFET的閘極（G）與源極（S）接腳之間如同PN接面二極體，具有單向導通特性，可用三用電表判斷通道是N型還是P型
　　　　(C)空乏型MOSFET在閘極未加偏壓（$V_{GS}=0$）時，源極（S）與汲極（D）接腳之間如同電阻，具有雙向導通特性
　　　　(D)N通道增強型MOSFET在導通時，電流由源極（S）流向汲極（D）　　　　　　[109統測]

(　　)15. 關於場效電晶體放大器，下列敘述何者正確？
　　　　(A)為了提高共源極（Common Source）放大器的電流增益，故在源極電阻旁並聯一個旁路電容
　　　　(B)共汲極（Common Drain）放大器具有高輸入阻抗、低輸出阻抗的特性，且輸入與輸出信號為同相位
　　　　(C)共閘極（Common Gate）放大器具有低輸入阻抗、高輸出阻抗的特性，且輸入與輸出信號相位相反
　　　　(D)共源極（Common Source）放大器具有高輸入阻抗的特性，且輸入與輸出信號為同相位　　　　　　[110統測]

(　　)16. 如圖(4)所示之N通道MOSFET放大電路，$V_{DD}=12\text{ V}$，$R_D=3\text{ k}\Omega$，$R_{G1}=600\text{ k}\Omega$，MOSFET之參數$K=2\text{ mA/V}^2$，臨界電壓（threshold voltage）$V_T=3.2\text{ V}$，若設定工作點之$V_{DS}=0.5V_{DD}$，則$R_{G2}$應為何？
　　　　(A)120kΩ　　(B)189kΩ　　(C)256kΩ　　(D)323kΩ　　　　　　[110統測]

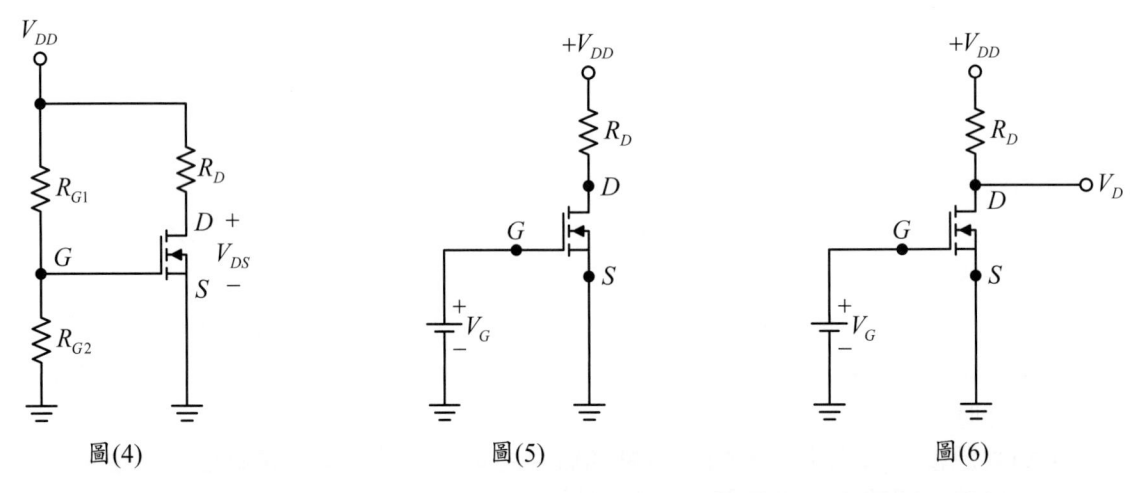

圖(4)　　　　圖(5)　　　　圖(6)

(　　)17. 如圖(5)所示實驗電路，調整V_G以控制閘源極間電壓V_{GS}，調整V_{DD}以操作汲源極間電壓V_{DS}。若MOSFET之臨界電壓$V_t=2.5\text{ V}$，並使此MOSFET操作於飽和區，則下列狀況何者正確？
　　　　(A)$V_{GS}=5\text{ V}$，$V_{DS}=1\text{ V}$　　　　(B)$V_{GS}=4\text{ V}$，$V_{DS}=1.2\text{ V}$
　　　　(C)$V_{GS}=3\text{ V}$，$V_{DS}=1.5\text{ V}$　　　　(D)$V_{GS}=2\text{ V}$，$V_{DS}=1.8\text{ V}$　　　　　　[113統測]

(　　)18. 如圖(6)所示實驗電路，MOSFET臨界電壓$V_t=2\text{ V}$，$V_G=2.5\text{ V}$，$R_D=1.2\text{ k}\Omega$，V_{DD}接於電源供應器並調至12V，若此時電表量得$V_D=6\text{ V}$，則可推算此MOSFET之參數K為何？
　　　　(A)25mA/V^2　　(B)20mA/V^2　　(C)16mA/V^2　　(D)12mA/V^2　　　　　　[113統測]

素養導向題

▲ 閱讀下文，回答第1～2題

如圖(1)所示金氧半場效電晶體（MOSFET）之偏壓電路，MOSFET的夾止電壓$V_P = -4\text{ V}$，飽和電流$I_{DSS} = 16\text{ mA}$，試問：

圖(1)

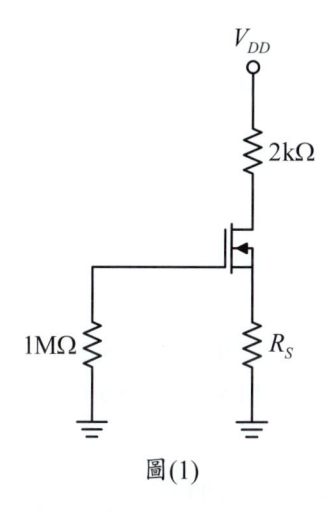

( ) 1. 若$V_{GS} = -2\text{ V}$，則電阻R_S為多少歐姆？
(A)200Ω　(B)300Ω　(C)400Ω　(D)500Ω

( ) 2. 工作於夾止區時的V_{DD}最小電壓為多少伏特？
(A)12V　(B)10V　(C)8V　(D)6V

解答

6-1 立即練習

基礎題

1.B	*2.B	*3.A	4.D	5.B	6.C	*7.C	*8.D	9.D	10.C
11.B	12.B	13.D	14.B	*15.C	16.A	17.D	18.A	19.D	*20.B
21.D	22.C	23.D	24.A	25.D	26.B	27.B	28.A	29.B	30.D
31.D	32.A	33.C	34.D	*35.C	*36.A	*37.C	38.B	39.D	40.B
41.B	*42.B	*43.D	*44.C	45.C	46.A	47.C	48.D	49.B	50.B

進階題

*1.A   *2.B   *3.C

6-2 立即練習

基礎題

1.C	2.B	3.A	4.D	5.A	6.B	7.A	8.B	*9.D	*10.C
11.C	*12.B	*13.D	*14.A	*15.B	*16.C	*17.C	*18.A		

進階題

*1.C   *2.B   *3.C   *4.B   5.D

6-3 立即練習

基礎題

1.D   2.A

歷屆試題

電子學試題

*1.D	*2.B	3.D	4.C	5.C	6.A	*7.B	*8.D	*9.D	10.D
*11.B	12.B	13.C	*14.D	15.C	*16.D	*17.A	18.B	*19.C	*20.C
*21.A	22.B	*23.B	*24.B	25.C	*26.A	*27.D	*28.B	29.B	*30.A
*31.A	32.A	33.D	*34.A						

電子學實習試題

*1.A	2.D	3.D	*4.A	5.D	*6.A	*7.C	*8.D	9.D	*10.B
11.C	12.B	*13.C	14.D	15.B	*16.D	*17.C	*18.B		

素養導向題

*1.D   *2.A

CHAPTER 7 金氧半場效電晶體放大電路

本章學習重點

章節架構	必考重點	
7-1 金氧半場效電晶體放大器工作原理	• 金氧半場效電晶體的小訊號模型 • 直流工作點的位置與波形關係	⚡⚡
7-2 小信號等效電路的分析步驟	• 小信號模型的分析步驟	⚡⚡⚡
7-3 共源極放大電路	• 共源極放大電路之計算	⚡⚡⚡⚡⚡
7-4 共汲極放大電路	• 共汲極放大電路之計算	⚡⚡⚡⚡
7-5 共閘極放大電路	• 共閘極放大電路之計算	⚡⚡

統測命題分析

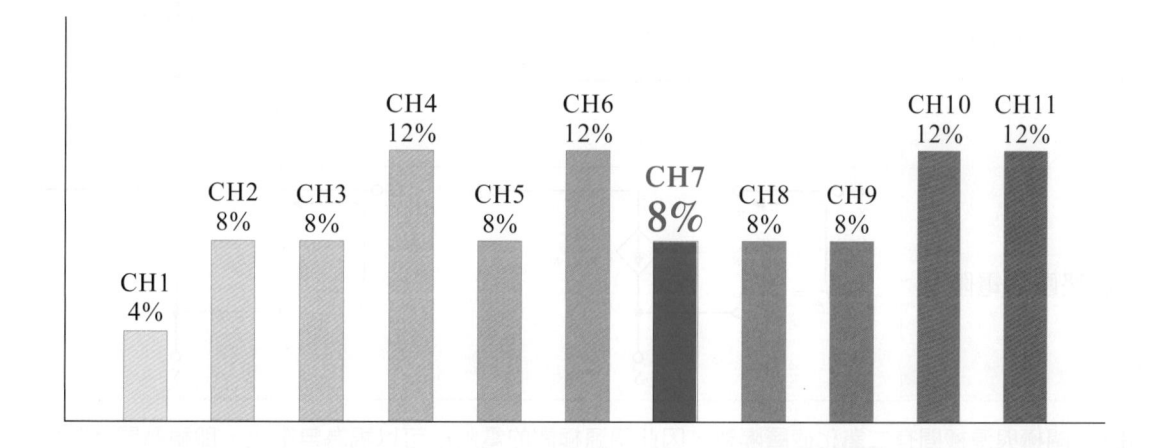

章節	比例
CH1	4%
CH2	8%
CH3	8%
CH4	12%
CH5	8%
CH6	12%
CH7	8%
CH8	8%
CH9	8%
CH10	12%
CH11	12%

7-1 金氧半場效電晶體放大器工作原理

重點 1 金氧半場效電晶體（MOSFET）的小信號放大作用

1. 工作必須使其操作於夾止區（定電流區、飽和區）。
2. 輸入微小的交流小電壓 Δv_{gs}（對電晶體而言 $\Delta v_{BE} \ll V_T$）可造成汲極電流 i_d 巨大的變動。

重點 2 MOSFET的工作點 Q 的位置與輸出電壓波形的關係

組態 \ 工作點 Q 位置	靠近歐姆區（三極區）	靠近截止區
共源極放大器（CS）	負半週可能失真	正半週可能失真
共汲極放大器（CD）	正半週可能失真	負半週可能失真
共閘極放大器（CG）	正半週可能失真	負半週可能失真

重點 3 電晶體的交流等效電路

1. MOSFET操作於夾止區的低頻小信號模型：
   MOSFET操作於夾止區的低頻小信號模型，分為諾頓等效電路模型與戴維寧等效電路模型，這兩個模型同時適用於D-MOSFET與E-MOSFET的各種偏壓組態（CS、CD與CG），且兩者模型相同。

項目 \ 名稱	諾頓等效電路模型	戴維寧等效電路模型
考慮歐力電阻 r_d	（圖：$r_{gs}=\infty$，電流源 $g_m \times v_{gs}$ 並聯 r_d）	（圖：$r_{gs}=\infty$，r_d 串聯電壓源 $\mu \times v_{gs}$）
忽略歐力電阻 r_d	（圖：$r_{gs}=\infty$，電流源 $g_m \times v_{gs}$）	（圖：$r_{gs}=\infty$，電壓源 $\mu \times v_{gs}$）

註1：閘極與源極間有二氧化矽層隔離，因此閘源極間的電阻 r_{gs} 可以視為無限大，即視為開路狀態。
註2：統測及模擬考的題型，大都忽略 r_d。

2. 轉移電導 g_m：

$$g_m = \left.\frac{\Delta I_D}{\Delta V_{GS}}\right|_{V_{DS}=\text{定值}} = \left.\frac{\Delta i_d}{\Delta v_{gs}}\right|_{v_{ds}=0}$$ （單位：A/V，西門斯（S））

(1) 空乏型MOSFET的轉移電導：

$$g_m = \frac{2 \times I_{DSS}}{|V_P|} \times (1 - \frac{V_{GS}}{V_P}) \text{ 或 } g_m = \frac{2}{|V_P|} \times \sqrt{I_D \times I_{DSS}}$$

(2) 增強型MOSFET的轉移電導：

$$g_m = 2K \times (V_{GS} - V_t) \text{ 或 } g_m = 2 \times \sqrt{K \times I_D}$$

註：空乏型MOSFET可操作於增強工作與空乏工作，增強工作的汲極電流 $I_D = K \times (V_{GS} - V_t)^2$，而空乏工作的汲極電流 $I_D = I_{DSS} \times (1 - \frac{V_{GS}}{V_P})^2$，兩者之間的汲極電流相同，推導後可得 $K = \frac{I_{DSS}}{V_P^2}$。

3. 交流汲極電阻 r_d：（考慮歐力效應）

$$r_d = \frac{V_A}{I_{DQ}}$$ （單位：歐姆Ω）

（V_A：歐力電壓（典型值約100V）；I_{DQ}：汲極直流電流）

註：汲源極電壓 V_{DS} 影響下，造成通道有效長度改變，此情形稱為**通道長度調變**（Channel Length Modulation，簡記CLM），即為MOSFET的**歐力效應**（Early Effect），其電阻為交流汲極電阻 r_d，又稱歐力電阻。

4. 放大因數 μ：

$$r_d = \left.\frac{\Delta V_{DS}}{\Delta V_{GS}}\right|_{I_D=\text{定值}} = \left.\frac{\Delta v_{ds}}{\Delta v_{gs}}\right|_{i_d=0}$$ （無單位）

5. 交流汲極電阻 r_d、轉移電導 g_m 與放大因數 μ 之關係：

$\mu = g_m \times r_d$

註：BJT的 $\beta = g_m \times r_\pi$，$\alpha = g_m \times r_e$。

空乏型MOSFET轉移電導 g_m 的計算

老師教

1. 空乏型MOSFET，$I_{DSS}=8\,\text{mA}$，$V_{GS(off)}=-4\,\text{V}$，當 $V_{GS}=-2\,\text{V}$ 時的轉移電導 g_m 為何？

解
$$g_m = \frac{2\times I_{DSS}}{|V_{GS(off)}|}\times(1-\frac{V_{GS}}{V_{GS(off)}})$$
$$= \frac{2\times 8\text{mA}}{4\text{V}}\times(1-\frac{-2\text{V}}{-4\text{V}}) = 2\,\text{mA/V}$$

學生做

1. 空乏型MOSFET，$I_{DSS}=12\,\text{mA}$，$V_{GS(off)}=-4\,\text{V}$，當 $V_{GS}=-2\,\text{V}$ 時的轉移電導 g_m 為何？

答

增強型MOSFET轉移電導 g_m 的計算

老師教

2. N通道增強型MOSFET的臨界電壓 $V_t=2\,\text{V}$，$K=2\,\text{mA/V}^2$，當 $V_{GS}=3\,\text{V}$ 時的轉移電導 g_m 為何？

解
$$g_m = 2K\times(V_{GS}-V_t)$$
$$= 2\times 2\,\text{mA/V}^2\times(3\text{V}-2\text{V})$$
$$= 4\,\text{mA/V}$$

學生做

2. N通道增強型MOSFET的臨界電壓 $V_t=3\,\text{V}$，$K=2\,\text{mA/V}^2$，當 $V_{GS}=6\,\text{V}$ 時的轉移電導 g_m 為何？

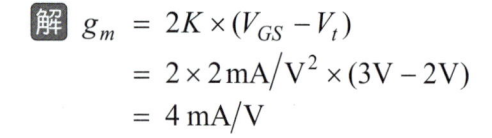

答

放大因數 μ 的計算

老師教

3. MOSFET放大器，若 $g_m=10\,\text{mA/V}$，$r_d=10\,\text{M}\Omega$，則放大因數 μ 為何？

解
$$\mu = g_m\times r_d$$
$$= 10\,\text{mA/V}\times 10\,\text{M}\Omega = 10^5$$

學生做

3. MOSFET放大器，若 $g_m=5\,\text{mA/V}$，$r_d=5\,\text{M}\Omega$，則放大因數 μ 為何？

答

第 7 章 金氧半場效電晶體放大電路

ABCD 立即練習

基礎題

( )1. 共源極放大器若輸出電壓波形的負半週有發生截波的情況，原因為？
(A)直流工作點太靠近歐姆區　　(B)直流工作點太靠近飽和區
(C)直流工作點位於負載線中點　　(D)放大器操作於崩潰區

( )2. 共汲極放大器的輸出電壓波形在正半週有發生截波的情形，欲使輸出電壓波形振幅不變，應如何調整才有可能全波形輸出？
(A)將直流工作點往截止區方向調整
(B)將直流工作點往飽和區方向調整
(C)將直流工作點往歐姆區方向調整
(D)將直流工作點往崩潰區方向調整

( )3. 共源極放大器的輸出電壓波形在正半週有發生截波的情形，在輸出電壓波形振幅不變的情況下，應如何調整才有可能全波形輸出？
(A)將直流工作點往截止區方向調整
(B)將直流工作點往飽和區方向調整
(C)將直流工作點往歐姆區方向調整
(D)將直流工作點往崩潰區方向調整

( )4. 下列何者是轉移電導 g_m 的定義？
(A) $\left.\dfrac{\Delta i_d}{\Delta v_{gs}}\right|_{v_{ds}=0}$ (B) $\left.\dfrac{\Delta i_d}{\Delta v_{ds}}\right|_{v_{gs}=0}$ (C) $\left.\dfrac{\Delta v_{ds}}{\Delta i_d}\right|_{v_{gs}=0}$ (D) $\left.\dfrac{\Delta v_{ds}}{\Delta v_{gs}}\right|_{i_d=0}$

( )5. 空乏型MOSFET，$I_{DSS}=15\,\text{mA}$，$V_{GS(off)}=-6\,\text{V}$，當 $V_{GS}=-3\,\text{V}$ 時的轉移電導 g_m 為何？ (A)1mA/V (B)2.5mA/V (C)3mA/V (D)3.5mA/V

( )6. N通道空乏型MOSFET操作於飽和區，輸出的直流電流 $I_{DQ}=1\,\text{mA}$，夾止飽和電流 $I_{DSS}=9\,\text{mA}$，夾止電壓 $V_P=-4\,\text{V}$，試求轉移電導 g_m 為何？
(A)1.5mA/V (B)2mA/V (C)2.5mA/V (D)3.5mA/V

( )7. N通道增強型MOSFET操作於飽和區，輸出的直流電流 $I_{DQ}=3\,\text{mA}$，參數 $K=3\,\text{mA/V}^2$，試求轉移電導 g_m 為何？
(A)1mA/V (B)3mA/V (C)5mA/V (D)6mA/V

( )8. N通道空乏型MOSFET操作於夾止區，輸出的直流汲極電流 $I_{DQ}=1\,\text{mA}$，歐力電壓為80V，則交流汲極電阻 r_d 為何？
(A)40kΩ (B)60kΩ (C)80kΩ (D)100kΩ

( )9. 實際上MOSFET的汲極電流 I_D 會隨著汲源極電壓 V_{DS} 的增加而些許增加，此現象為：
(A)通道長度調變 (B)通道寬度調變 (C)閘極長度調變 (D)閘極高度調變

進階題

( )1. N通道空乏型MOSFET的 $V_{GS}=-2\,\text{V}$，$I_D=4\,\text{mA}$；又 $V_{GS}=-3\,\text{V}$，$I_D=1\,\text{mA}$，試求該MOSFET在 $V_{GS}=-2\,\text{V}$ 的轉移電導 g_m 為何？
(A)1mA/V (B)2mA/V (C)3mA/V (D)4mA/V

7-2 小信號等效電路的分析步驟

重點 1 小信號等效電路的分析步驟

MOSFET的偏壓組態有分為共源極（CS）、共汲極（CD）與共閘極（CG），不論其偏壓方式為何，其小信號電路的分析流程如下圖所示：

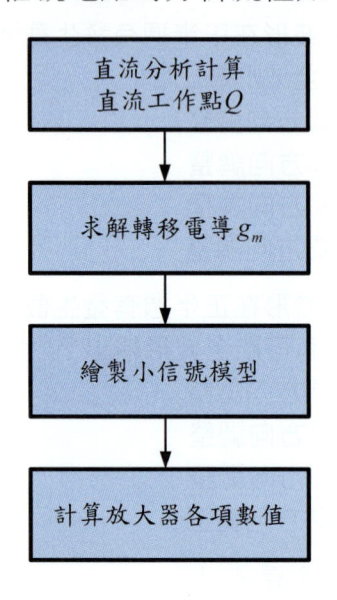

```
直流分析計算
直流工作點Q
    ↓
求解轉移電導 g_m
    ↓
繪製小信號模型
    ↓
計算放大器各項數值
```

Step 1 進行直流分析，直流分析時所有的電容器視為開路狀態

(1) MOSFET若操作於飽和區，則分別求出各組態的閘源極電壓V_{GSQ}、汲極電流I_{DQ}以及直流工作點Q位置。

(2) 共源極組態或是共汲極組態而言，直流工作點$Q(V_{DSQ}, I_{DQ})$。

(3) 共閘極組態而言，直流工作點$Q(V_{DGQ}, I_{DQ})$。

Step 2 求出各種MOSFET的轉移電導g_m

(1) 空乏型MOSFET的轉移電導

$$g_m = \frac{2 \times I_{DSS}}{|V_P|} \times (1 - \frac{V_{GS}}{V_P}) \text{ 或 } g_m = \frac{2}{|V_P|} \times \sqrt{I_D \times I_{DSS}}$$

(2) 增強型MOSFET的轉移電導

$$g_m = 2K \times (V_{GS} - V_t) \text{ 或 } g_m = 2 \times \sqrt{K \times I_{DQ}}$$

Step 3 繪製小信號模型

電路分析以諾頓等效模型為主,而以戴維寧等效模型為輔。

Step 4 計算各偏壓組態的交流特性

計算放大器各種交流特性:輸入阻抗Z_i、輸出阻抗Z_o、電壓增益A_v、電流增益A_i以及功率增益A_p……等。

ABCD 立即練習

基礎題

( )1. 共源極的直流工作點為
(A)$Q(V_{DS}, I_D)$ (B)$Q(V_{DG}, I_D)$ (C)$Q(V_{GS}, I_D)$ (D)$Q(V_{GS}, I_G)$

( )2. 共閘極的直流工作點為
(A)$Q(V_{DS}, I_D)$ (B)$Q(V_{DG}, I_D)$ (C)$Q(V_{GS}, I_D)$ (D)$Q(V_{GS}, I_G)$

( )3. 共汲極的直流工作點為
(A)$Q(V_{DS}, I_D)$ (B)$Q(V_{DG}, I_D)$ (C)$Q(V_{GS}, I_D)$ (D)$Q(V_{GS}, I_G)$

( )4. MOSFET直流分析的目的,主要是要計算出
(A)g_m (B)r_e (C)r_π (D)r_o

7-3 共源極放大電路

共源極組態有固定偏壓電路、分壓式偏壓電路、自給偏壓電路(增強型MOSFET不適用)、與汲極回授偏壓電路(空乏型MOSFET不適用)等四種電路(特性與BJT的共射極偏壓組態相似,輸出電壓與輸入電壓反相180°),其中汲極回授偏壓電路需運用米勒定理分析,已超過課程範圍,因此不予以探討。

重點 1 固定偏壓電路

固定偏壓電路同時適用於空乏型MOSFET與增強型MOSFET，僅差別在於空乏型MOSFET的閘源極電壓V_{GS}為**逆向偏壓**，而增強型MOSFET的閘源極電壓V_{GS}為**順向偏壓**，雖型式不同，但小信號模型完全相同。

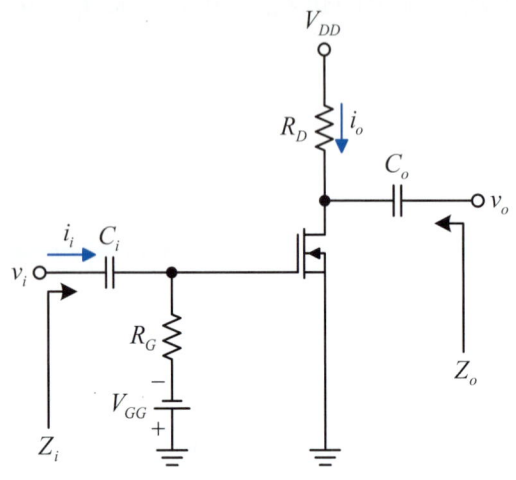

(a) D-MOSFET之固定偏壓法 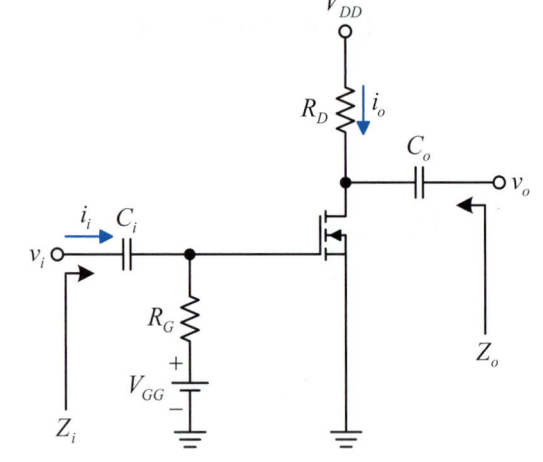　　　　(b) E-MOSFET之固定偏壓法

諾頓等效電路	速解
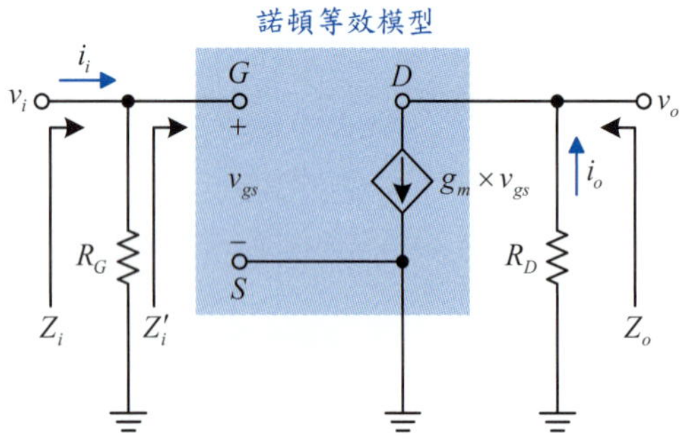 諾頓等效模型	基準線
(1) 輸入阻抗$Z_i = R_G // \infty = R_G$	(1) 輸入阻抗$Z_i = R_G // \infty = R_G$
(2) 輸出阻抗$Z_o = \infty // R_D = R_D$	(2) 輸出阻抗$Z_o = \infty // R_D = R_D$
(3) 電壓增益A_v	(3) 電壓增益A_v（與共射極偏壓組態相似）
$A_v = \dfrac{v_o}{v_i} = -\dfrac{g_m \times v_{gs} \times R_D}{v_{gs}} = -g_m \times R_D$	$A_v = \dfrac{v_o}{v_i} = -\dfrac{上}{下}$
(4) 電流增益A_i	$= -\dfrac{\text{和汲極連接的電阻} \Rightarrow 並聯}{\text{和源極連接的電阻} \Rightarrow 串聯}$
$A_i = A_v \times \dfrac{Z_i}{R_{io}} = A_v \times \dfrac{R_G}{R_D} = g_m \times R_G$	$= -\dfrac{R_D}{\dfrac{1}{g_m}} = -g_m \times R_D$
(i_o和實際的電流同方向取＋)	(4) 電流增益A_i
	$A_i = A_v \times \dfrac{Z_i}{R_{io}} = A_v \times \dfrac{R_G}{R_D} = g_m \times R_G$
	(i_o和實際的電流同方向取＋)

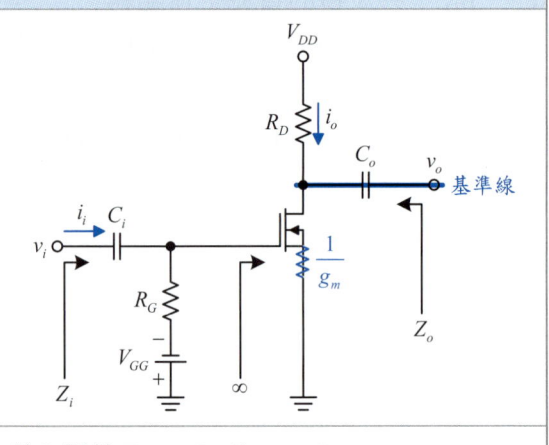

註：MOSFET的$1/g_m$相似於BJT的r_e，速解技巧相同。

第 7 章　金氧半場效電晶體放大電路

空乏型MOSFET固定偏壓法

老師教

1. 如下圖，試求Z_i、Z_o、A_v、A_i？

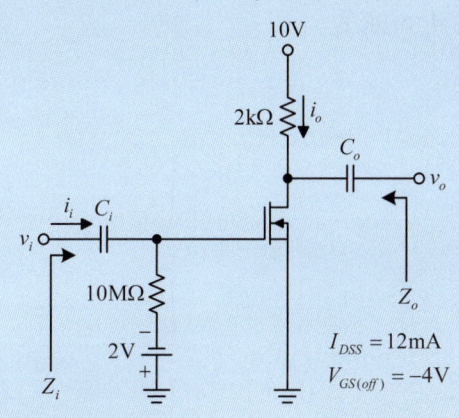

學生做

1-1. 如左題，運用速解法求解Z_i、Z_o、A_v、A_i？

答

解 繪製小訊號模型如下：

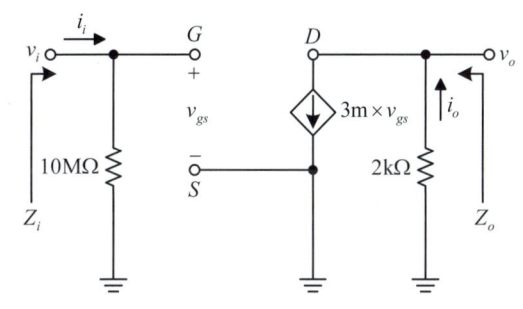

(1) 轉移互導

$$g_m = \frac{2 \times I_{DSS}}{|V_{GS(off)}|} \times (1 - \frac{V_{GS}}{V_{GS(off)}})$$

$$= \frac{2 \times 12\text{mA}}{4\text{V}} \times (1 - \frac{-2\text{V}}{-4\text{V}})$$

$$= 3 \text{ mA/V}$$

(2) 輸入阻抗

$$Z_i = R_G // \infty = 10 \text{ M}\Omega$$

(3) 輸出阻抗

$$Z_o = \infty // R_D = 2 \text{ k}\Omega$$

(4) 電壓增益A_v

$$A_v = \frac{v_o}{v_i} = -\frac{g_m \times v_{gs} \times R_D}{v_{gs}}$$

$$= -g_m \times R_D = -6$$

(5) 電流增益A_i

$$A_i = A_v \times \frac{Z_i}{R_{io}} = A_v \times \frac{R_G}{R_D} = g_m \times R_G$$

$$= 3\text{mA/V} \times 10\text{M}\Omega = 30000$$

（i_o和實際的電流同方向取 +）

1-2. 如下圖所示，運用速解法求解A_v、A_i？

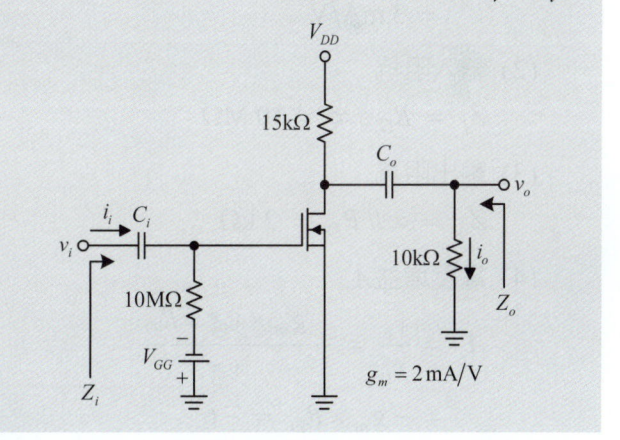

答

7-9

增強型MOSFET固定偏壓法

2. 如下圖，試求 Z_i、Z_o、A_v、A_i？

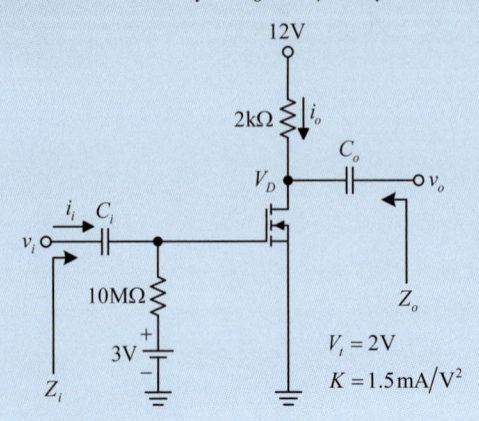

$V_t = 2V$
$K = 1.5\,\text{mA/V}^2$

2-1. 如左題，運用速解法求解 Z_i、Z_o、A_v、A_i？

答

解 繪製小訊號模型如下：

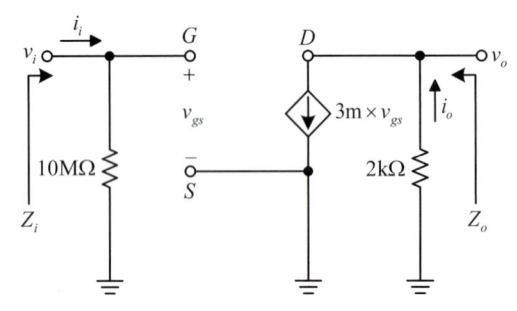

(1) 轉移互導

$$g_m = 2K \times (V_{GS} - V_t)$$
$$= 2 \times 1.5\,\text{mA/V}^2 \times (3\text{V} - 2\text{V})$$
$$= 3\,\text{mA/V}$$

(2) 輸入阻抗

$$Z_i = R_G // \infty = 10\,\text{M}\Omega$$

(3) 輸出阻抗

$$Z_o = \infty // R_D = 2\,\text{k}\Omega$$

(4) 電壓增益 A_v

$$A_v = \frac{v_o}{v_i} = -\frac{g_m \times v_{gs} \times R_D}{v_{gs}}$$
$$= -g_m \times R_D = -6$$

(5) 電流增益 A_i

$$A_i = A_v \times \frac{Z_i}{R_{io}} = A_v \times \frac{R_G}{R_D} = g_m \times R_G$$
$$= 3\,\text{mA/V} \times 10\,\text{M}\Omega = 30000$$

（i_o 和實際的電流同方向取 +）

2-2. 如下圖所示，運用速解法求解 A_v、A_i？

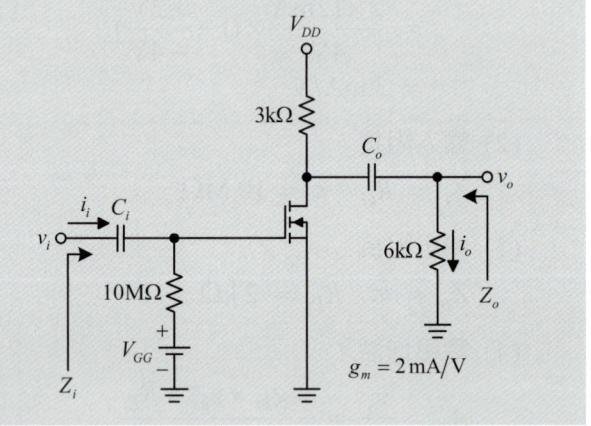

$g_m = 2\,\text{mA/V}$

答

第 7 章 金氧半場效電晶體放大電路

重點 2 分壓式偏壓電路（有旁路電容 C_S）

分壓式偏壓電路同時適用於空乏型MOSFET與增強型MOSFET，其中源極電阻 R_S 提供了電流負回授的路徑，具有**穩定直流工作點**的功用，而旁路電容器 C_S 具有**提高交流電壓增益**的效果。

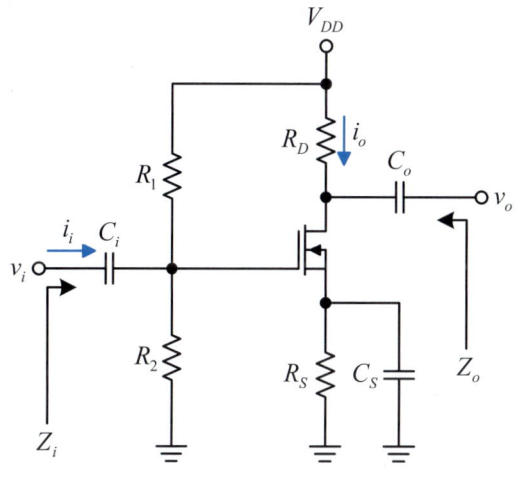

(a) D-MOSFET之分壓式偏壓法

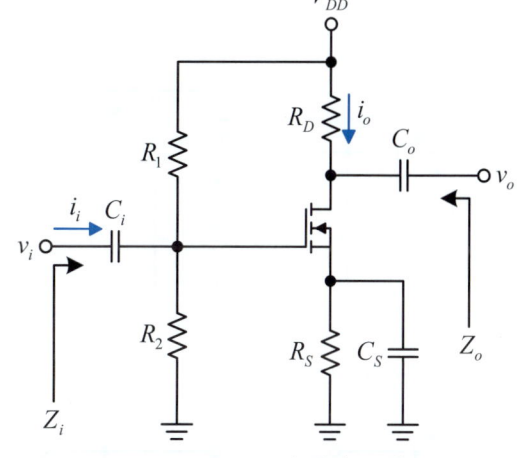

(b) E-MOSFET之分壓式偏壓法

諾頓等效電路	速解
(1) 輸入阻抗 $Z_i = R_1 /\!/ R_2 /\!/ \infty = R_1 /\!/ R_2$	(1) 輸入阻抗 $Z_i = R_1 /\!/ R_2 /\!/ \infty = R_1 /\!/ R_2$
(2) 輸出阻抗 $Z_o = \infty /\!/ R_D = R_D$	(2) 輸出阻抗 $Z_o = \infty /\!/ R_D = R_D$
(3) 電壓增益 A_v $$A_v = \frac{v_o}{v_i} = -\frac{g_m \times v_{gs} \times R_D}{v_{gs}} = -g_m \times R_D$$	(3) 電壓增益 A_v（與共射極偏壓組態相似） $$A_v = \frac{v_o}{v_i} = -\frac{上}{下}$$ $$= -\frac{\text{和汲極連接的電阻} \Rightarrow \text{並聯}}{\text{和源極連接的電阻} \Rightarrow \text{串聯}}$$ $$= -\frac{R_D}{\frac{1}{g_m}} = -g_m \times R_D$$
(4) 電流增益 A_i $$A_i = A_v \times \frac{Z_i}{R_{io}} = A_v \times \frac{R_1 /\!/ R_2}{R_D}$$ $$= g_m \times (R_1 /\!/ R_2)$$ （i_o 和實際的電流同方向取 +）	(4) 電流增益 A_i $$A_i = A_v \times \frac{Z_i}{R_{io}} = A_v \times \frac{R_1 /\!/ R_2}{R_D}$$ $$= g_m \times (R_1 /\!/ R_2)$$ （i_o 和實際的電流同方向取 +）

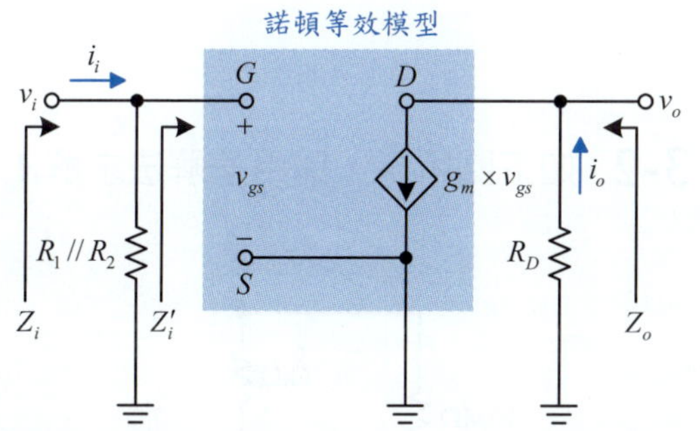

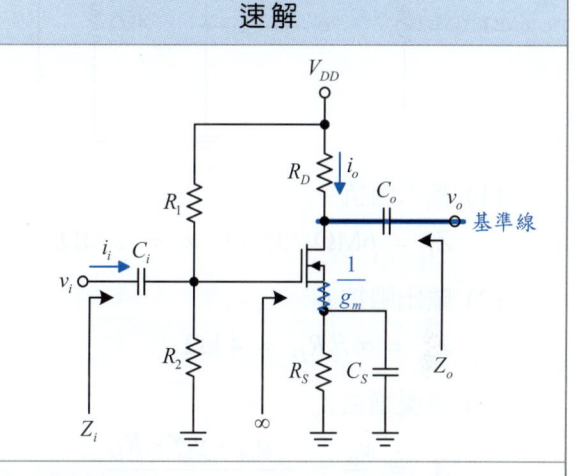

空乏型MOSFET分壓式偏壓法

3. 如下圖，若 $g_m = 4\text{ mA/V}$，試求 Z_i、Z_o、A_v、A_i？

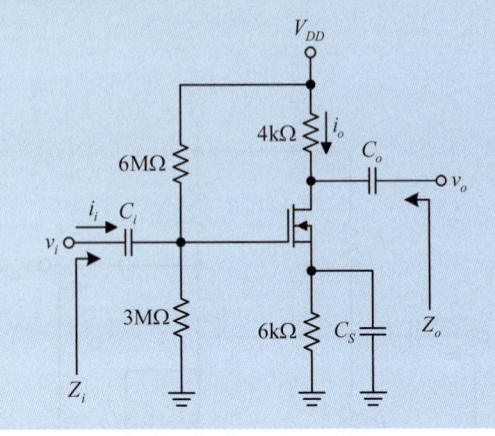

解 繪製小訊號模型如下：

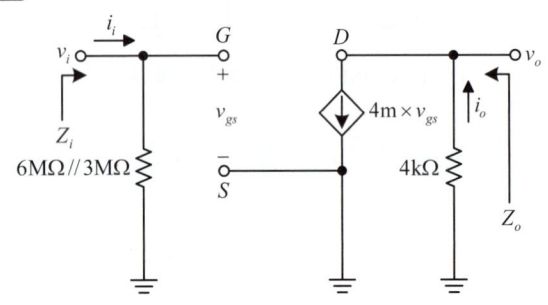

(1) 輸入阻抗
$$Z_i = 6\text{M}\Omega // 3\text{M}\Omega // \infty = 2\text{ M}\Omega$$

(2) 輸出阻抗
$$Z_o = \infty // R_D = 4\text{ k}\Omega$$

(3) 電壓增益 A_v
$$A_v = \frac{v_o}{v_i} = -\frac{g_m \times v_{gs} \times R_D}{v_{gs}}$$
$$= -g_m \times R_D = -16$$

(4) 電流增益 A_i
$$A_i = A_v \times \frac{Z_i}{R_{io}} = A_v \times \frac{R_1 // R_2}{R_D}$$
$$= g_m \times (R_1 // R_2)$$
$$= 4\text{mA/V} \times (6\text{M}\Omega // 3\text{M}\Omega)$$
$$= 8000$$

（i_o 和實際的電流同方向取 +）

3-1. 如左題，運用速解法求解 Z_i、Z_o、A_v、A_i？

答

3-2. 如下圖所示，運用速解法求解 A_v、A_i？

$g_m = 1\text{mA/V}$

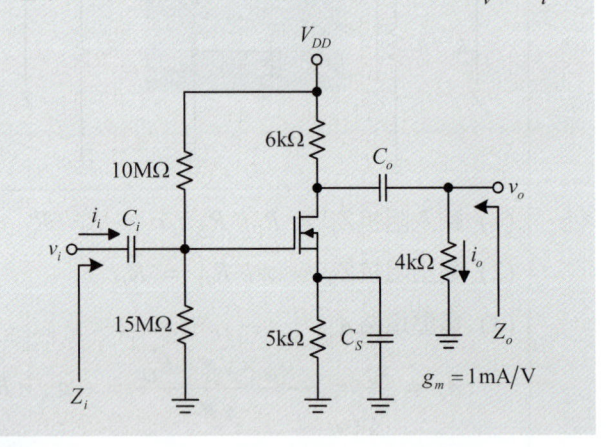

答

7-12

增強型MOSFET分壓式偏壓法

老師教

4. 如下圖，若 $g_m = 2\text{ mA/V}$，試求 Z_i、Z_o、A_v、A_i？

學生做

4-1. 如左題，運用速解法求解 Z_i、Z_o、A_v、A_i？

答

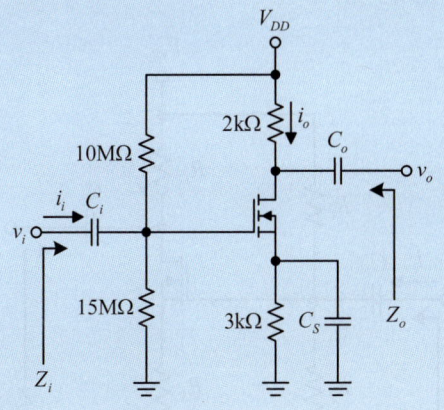

解 繪製小訊號模型如下：

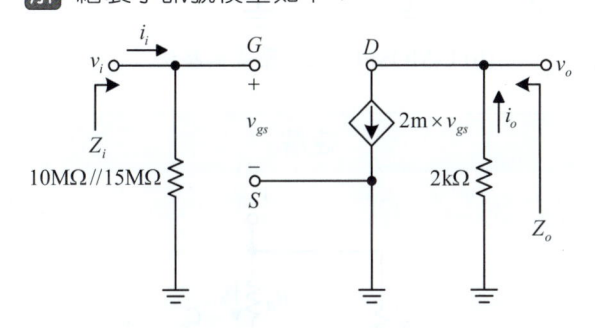

(1) 輸入阻抗
$$Z_i = 10\text{M}\Omega // 15\text{M}\Omega // \infty = 6\text{ M}\Omega$$

(2) 輸出阻抗
$$Z_o = \infty // R_D = 2\text{ k}\Omega$$

4-2. 如下圖所示，運用速解法求解 A_v、A_i？

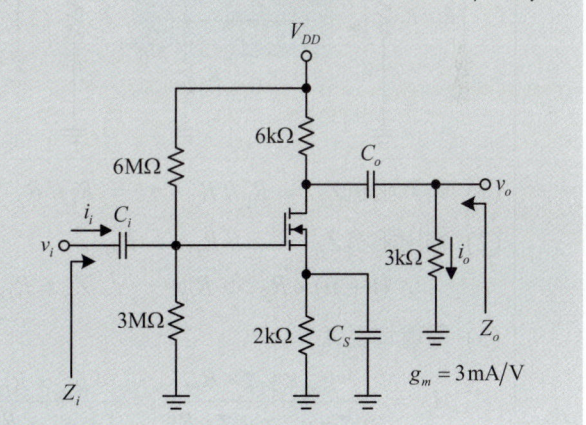

(3) 電壓增益 A_v
$$A_v = \frac{v_o}{v_i} = -\frac{g_m \times v_{gs} \times R_D}{v_{gs}}$$
$$= -g_m \times R_D = -4$$

(4) 電流增益 A_i
$$A_i = A_v \times \frac{Z_i}{R_{io}} = A_v \times \frac{R_1 // R_2}{R_D}$$
$$= g_m \times (R_1 // R_2)$$
$$= 2\text{mA/V} \times (10\text{M}\Omega // 15\text{M}\Omega)$$
$$= 12000$$

（i_o 和實際的電流同方向取 +）

$g_m = 3\text{mA/V}$

答

7-13

重點 3　分壓式偏壓電路（無旁路電容 C_S）

分壓式偏壓電路同時適用於空乏型MOSFET與增強型MOSFET，其中源極電阻 R_S 提供了電流負回授的路徑，具有**穩定直流工作點**的功用。

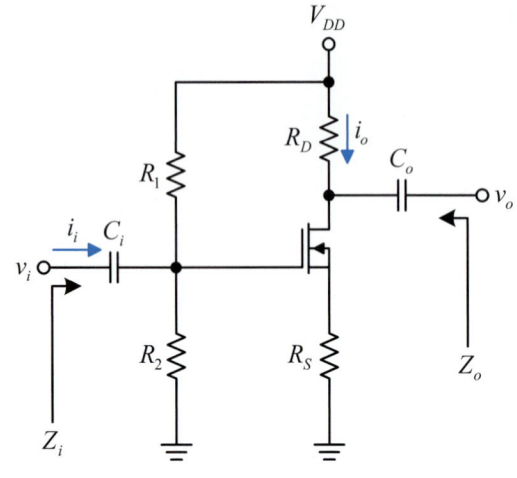

(a) D-MOSFET之分壓式偏壓法

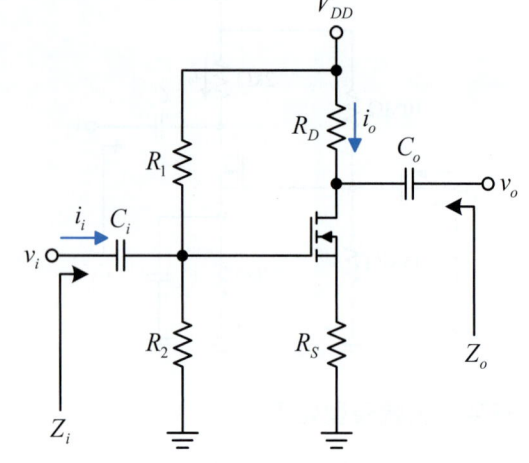

(b) E-MOSFET之分壓式偏壓法

諾頓等效電路	速解
(1) 輸入阻抗 $Z_i = R_1 // R_2 // \infty = R_1 // R_2$ (2) 輸出阻抗 $Z_o = \infty // R_D = R_D$ 　　（$\because (1+\mu) \times R_S >> R_D \quad \therefore Z_o \approx R_D$） (3) 電壓增益 A_v 　　$A_v = \dfrac{-g_m \times v_{gs} \times R_D}{v_{gs} + g_m \times v_{gs} \times R_S} = \dfrac{-g_m \times R_D}{1 + g_m \times R_S}$ (4) 電流增益 A_i 　　$A_i = A_v \times \dfrac{Z_i}{R_{io}} = \dfrac{g_m \times R_D}{1 + g_m \times R_S} \times \dfrac{R_1 // R_2}{R_D}$ 　　$= \dfrac{g_m \times (R_1 // R_2)}{1 + g_m \times R_S}$ 　　（i_o和實際的電流同方向取 +）	(1) 輸入阻抗 $Z_i = R_1 // R_2 // \infty = R_1 // R_2$ (2) 輸出阻抗 $Z_o = \infty // R_D = R_D$ (3) 電壓增益 A_v（與共射極偏壓組態相似） 　　$A_v = \dfrac{v_o}{v_i} = -\dfrac{上}{下}$ 　　$= -\dfrac{和汲極連接的電阻 \Rightarrow 並聯}{和源極連接的電阻 \Rightarrow 串聯}$ 　　$= -\dfrac{R_D}{\dfrac{1}{g_m} + R_S} = -\dfrac{g_m \times R_D}{1 + g_m \times R_S}$ (4) 電流增益 A_i 　　$A_i = A_v \times \dfrac{Z_i}{R_{io}} = \dfrac{g_m \times R_D}{1 + g_m \times R_S} \times \dfrac{R_1 // R_2}{R_D}$ 　　$= \dfrac{g_m \times (R_1 // R_2)}{1 + g_m \times R_S}$ 　　（i_o和實際的電流同方向取 +）

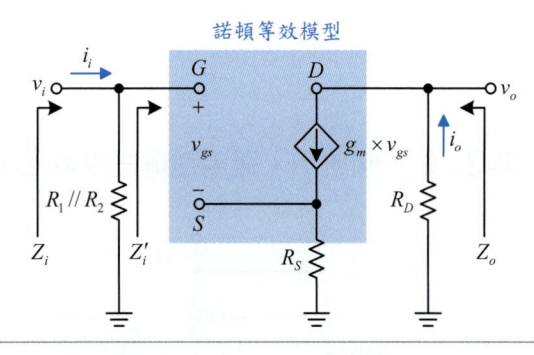

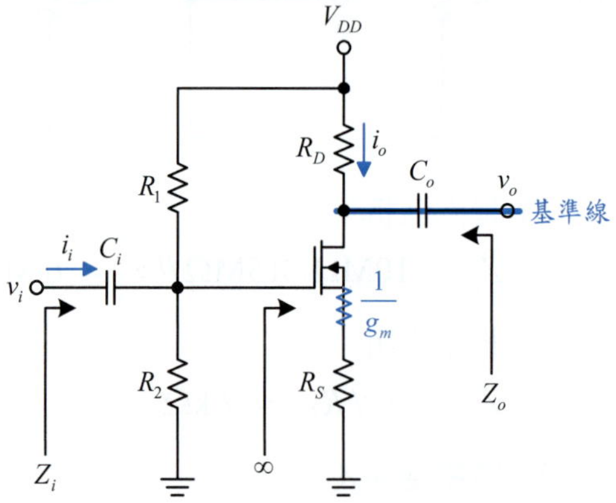

第 7 章 金氧半場效電晶體放大電路

空乏型MOSFET分壓式偏壓法

老師教

5. 如下圖，若 $g_m = 4\,\text{mA/V}$，試求 Z_i、Z_o、A_v、A_i？

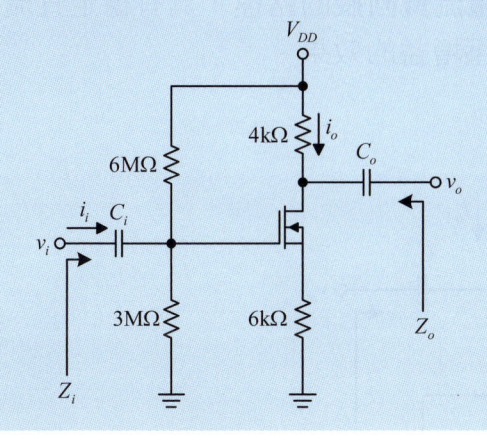

解 繪製小訊號模型如下：

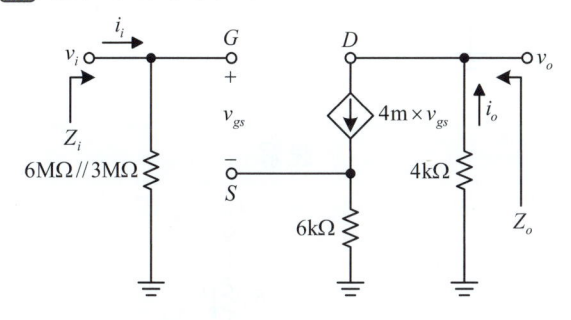

(1) 輸入阻抗
$$Z_i = 6\text{M}\Omega\,//\,3\text{M}\Omega\,//\,\infty = 2\,\text{M}\Omega$$

(2) 輸出阻抗
$$Z_o = \infty\,//\,R_D = 4\,\text{k}\Omega$$

(3) 電壓增益 A_v
$$A_v = \frac{-g_m \times \cancel{v_{gs}} \times R_D}{\cancel{v_{gs}} + g_m \times \cancel{v_{gs}} \times R_S}$$
$$= \frac{-g_m \times R_D}{1 + g_m \times R_S}$$
$$= -\frac{4\text{m} \times 4\text{k}\Omega}{1 + 4\text{m} \times 6\text{k}\Omega} = -0.64$$

(4) 電流增益 A_i
$$A_i = A_v \times \frac{Z_i}{R_{io}} = \frac{g_m \times \cancel{R_D}}{1 + g_m \times R_S} \times \frac{R_1\,//\,R_2}{\cancel{R_D}}$$
$$= \frac{g_m \times (R_1\,//\,R_2)}{1 + g_m \times R_S} = \frac{4\text{m} \times 2\text{M}\Omega}{1 + 4\text{m} \times 6\text{k}\Omega}$$
$$= 320$$
（i_o 和實際的電流同方向取 ＋）

學生做

5-1. 如左題，運用速解法求解 Z_i、Z_o、A_v、A_i？

答

5-2. 如下圖所示，運用速解法求解 A_v、A_i？

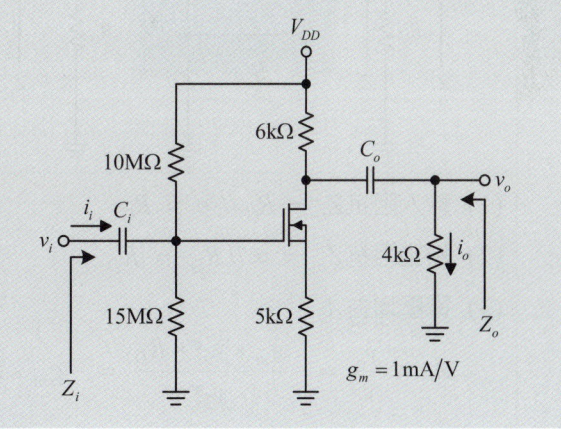

$g_m = 1\,\text{mA/V}$

答

7-15

重點 4 自給偏壓電路（有旁路電容器 C_S）

V_{GS} 提供一逆向偏壓，因此此偏壓方式僅可使用於空乏型MOSFET，而增強型MOSFET無法使用，而源極電阻 R_S 提供了**電流負回授**的路徑，具有穩定直流工作點的功用，而旁路電容器 C_S 具有提高交流電壓增益的效果。

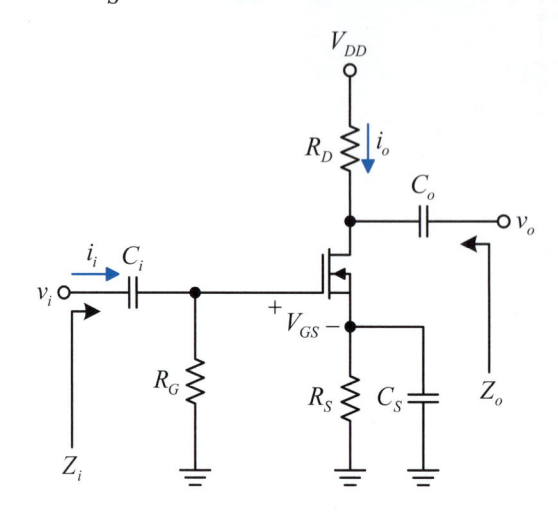

諾頓等效電路	速解
（諾頓等效模型電路圖）	（速解電路圖）
(1) 輸入阻抗 $Z_i = R_G // \infty = R_G$	(1) 輸入阻抗 $Z_i = R_G // \infty = R_G$
(2) 輸出阻抗 $Z_o = \infty // R_D = R_D$	(2) 輸出阻抗 $Z_o = \infty // R_D = R_D$
(3) 電壓增益 A_v $$A_v = \frac{v_o}{v_i} = -\frac{g_m \times v_{gs} \times R_D}{v_{gs}} = -g_m \times R_D$$	(3) 電壓增益 A_v（與共射極偏壓組態相似） $$A_v = \frac{v_o}{v_i} = -\frac{上}{下}$$ $$= -\frac{和汲極連接的電阻 \Rightarrow 並聯}{和源極連接的電阻 \Rightarrow 串聯}$$ $$= -\frac{R_D}{\frac{1}{g_m}} = -g_m \times R_D$$
(4) 電流增益 A_i $$A_i = A_v \times \frac{Z_i}{R_{io}} = A_v \times \frac{R_G}{R_D} = g_m \times R_G$$ （i_o 和實際的電流同方向取 +）	(4) 電流增益 A_i $$A_i = A_v \times \frac{Z_i}{R_{io}} = A_v \times \frac{R_G}{R_D} = g_m \times R_G$$ （i_o 和實際的電流同方向取 +）

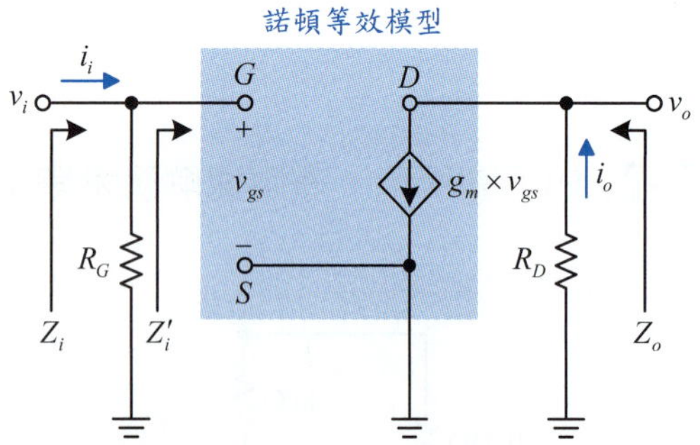

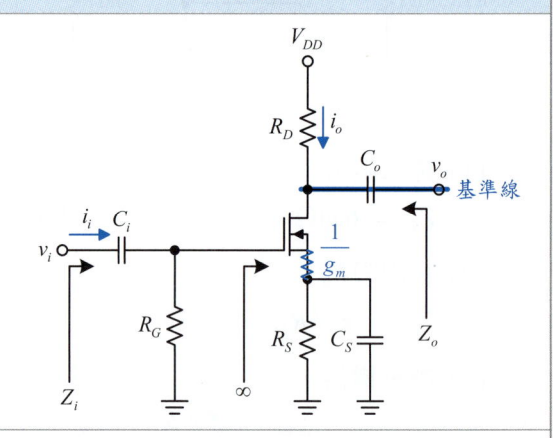

第 7 章 金氧半場效電晶體放大電路

自給偏壓電路（有旁路電容器 C_S）

老師教

6. 如下圖，試求電壓增益 A_v？

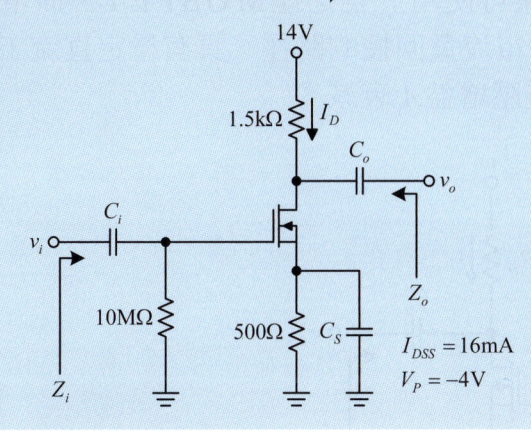

（電路圖：14V 電源，$1.5k\Omega$ 接 I_D，輸出經 C_o 到 v_o，輸入 v_i 經 C_i，$10M\Omega$ 接地，500Ω 與 C_S 並聯接地，$I_{DSS}=16\text{mA}$，$V_P=-4\text{V}$）

解 一、直流分析

(1) 汲極電流

$$I_D = -\frac{V_{GS}}{0.5k\Omega} \cdots\cdots ①$$

$$I_D = I_{DSS} \times (1 - \frac{V_{GS}}{V_P})^2$$

$$= 16\text{mA} \times (1 + \frac{V_{GS}}{4V})^2 \cdots\cdots ②$$

(2) 閘源極電壓：將①代入②

$$-\frac{V_{GS}}{0.5k\Omega} = 16\text{mA} \times (1 + \frac{V_{GS}}{4V})^2$$

$$\Rightarrow V_{GS}^2 + 10V_{GS} + 16 = 0$$

$$\Rightarrow V_{GS} = -2\text{V 或} -8\text{V}$$

（$-8\text{V} < V_P$ ∴ 不合）

(3) 轉移互導

$$g_m = \frac{2 \times I_{DSS}}{|V_{GS(off)}|} \times (1 - \frac{V_{GS}}{V_{GS(off)}})$$

$$= \frac{2 \times 16\text{mA}}{4V} \times (1 - \frac{-2V}{-4V}) = 4\text{ mA/V}$$

二、小訊號分析

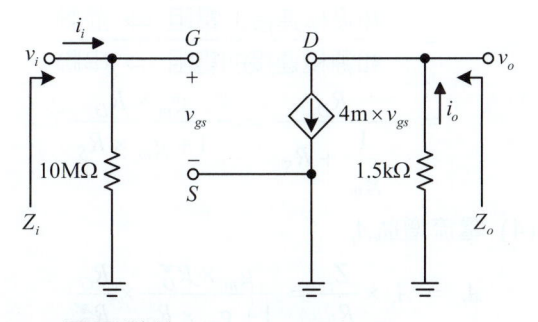

（小訊號等效電路圖：v_i，$10M\Omega$，v_{gs}，$4m \times v_{gs}$ 電流源，$1.5k\Omega$，v_o）

(4) 電壓增益 A_v

$$A_v = \frac{-g_m \times v_{gs} \times R_D}{v_{gs}} = -g_m \times R_S$$

$$= -4m \times 1.5k\Omega = -6$$

學生做

6-1. 如左題，運用速解法求解 Z_i、Z_o、A_v、A_i？

答

6-2. 如下圖所示，運用速解法求解 A_v、A_i？

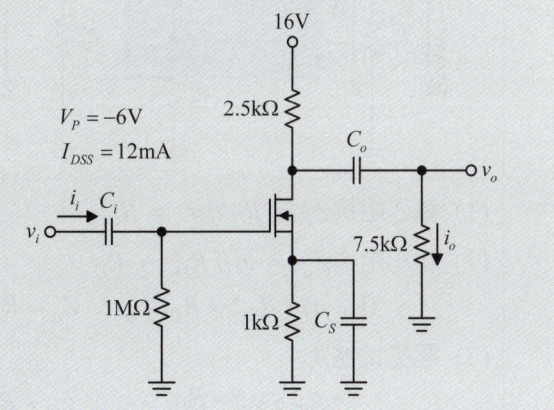

（電路圖：16V 電源，$2.5k\Omega$，$V_P=-6V$，$I_{DSS}=12\text{mA}$，輸入 v_i 經 C_i 輸入電流 i_i，$1M\Omega$ 接地，$1k\Omega$ 與 C_S 並聯接地，輸出經 C_o 到 v_o，$7.5k\Omega$ 接地輸出電流 i_o）

答

7-17

重點 5　自給偏壓電路（無旁路電容器 C_S）

V_{GS} 提供一逆向偏壓，因此此偏壓方式僅可使用於空乏型 MOSFET，而增強型 MOSFET 無法使用。源極電阻 R_S 提供了電流負回授的路徑，具有穩定直流工作點的功用，由於沒有旁路電容器 C_S，造成電壓增益 A_v 衰減。

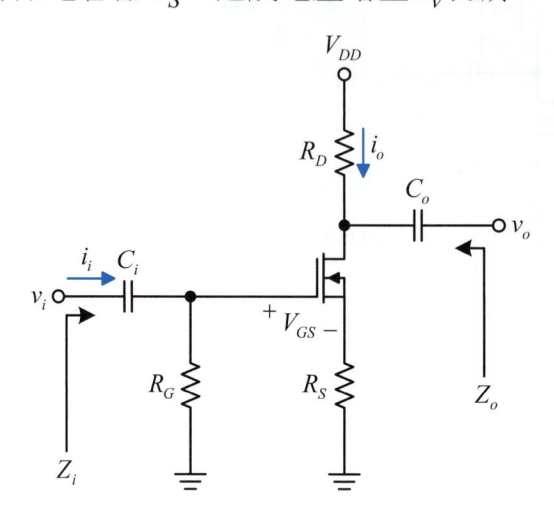

諾頓等效電路	速解
(1) 輸入阻抗 $Z_i = R_G // \infty = R_G$	(1) 輸入阻抗 $Z_i = R_G // \infty = R_G$
(2) 輸出阻抗 $Z_o = \infty // R_D = R_D$ （$\because (1+\mu) \times R_S \gg R_D \quad \therefore Z_o \approx R_D$）	(2) 輸出阻抗 $Z_o = \infty // R_D = R_D$
(3) 電壓增益 A_v $A_v = \dfrac{-g_m \times v_{gs} \times R_D}{v_{gs} + g_m \times v_{gs} \times R_S} = \dfrac{-g_m \times R_D}{1 + g_m \times R_S}$	(3) 電壓增益 A_v（與共射極偏壓組態相似） $A_v = \dfrac{v_o}{v_i} = -\dfrac{上}{下}$ $= -\dfrac{\text{和汲極連接的電阻} \Rightarrow 並聯}{\text{和源極連接的電阻} \Rightarrow 串聯}$ $= -\dfrac{R_D}{\dfrac{1}{g_m} + R_S} = -\dfrac{g_m \times R_D}{1 + g_m \times R_S}$
(4) 電流增益 A_i $A_i = A_v \times \dfrac{Z_i}{R_{io}} = \dfrac{g_m \times R_D}{1 + g_m \times R_S} \times \dfrac{R_G}{R_D}$ $= \dfrac{g_m \times R_G}{1 + g_m \times R_S}$ （i_o 和實際的電流同方向取 +）	(4) 電流增益 A_i $A_i = A_v \times \dfrac{Z_i}{R_{io}} = \dfrac{g_m \times R_D}{1 + g_m \times R_S} \times \dfrac{R_G}{R_D}$ $= \dfrac{g_m \times R_G}{1 + g_m \times R_S}$ （i_o 和實際的電流同方向取 +）

自給偏壓電路（無旁路電容器 C_S）

老師教

7. 如下圖，試求電壓增益 A_v？

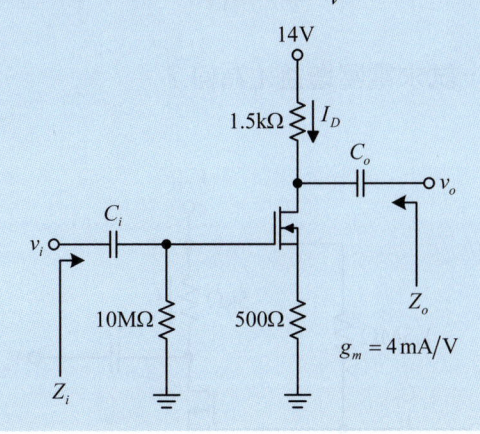

（電路圖：14V 電源，$R_D = 1.5k\Omega$，I_D，C_o 輸出至 v_o，Z_o；輸入 v_i 經 C_i，$R_G = 10M\Omega$，$R_S = 500\Omega$，$g_m = 4mA/V$，Z_i）

解 繪製小訊號模型如下：

（小訊號模型圖：v_i、i_i、G、D、v_o、v_{gs}、$4m \times v_{gs}$、i_o、$10M\Omega$、S、$0.5k\Omega$、$1.5k\Omega$、Z_i、Z_o）

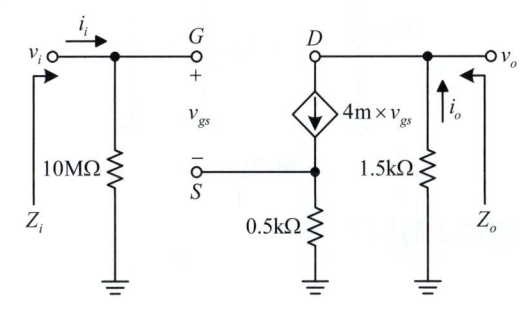

(1) 輸入阻抗

$$Z_i = 10M\Omega // \infty = 10\ M\Omega$$

(2) 輸出阻抗

$$Z_o = \infty // R_D = 1.5\ k\Omega$$

(3) 電壓增益 A_v

$$A_v = \frac{-g_m \times v_{gs} \times R_D}{v_{gs} + g_m \times v_{gs} \times R_S}$$

$$= \frac{-g_m \times R_D}{1 + g_m \times R_S}$$

$$= -\frac{4m \times 1.5k\Omega}{1 + 4m \times 0.5k\Omega} = -2$$

(4) 電流增益 A_i

$$A_i = A_v \times \frac{Z_i}{R_{io}} = \frac{g_m \times R_D}{1 + g_m \times R_S} \times \frac{R_G}{R_D}$$

$$= \frac{g_m \times R_G}{1 + g_m \times R_S} = \frac{4m \times 10M\Omega}{1 + 4m \times 0.5k\Omega}$$

$$\approx 13333.33$$

（i_o 和實際的電流同方向取 +）

學生做

7-1. 如左題，運用速解法求解 Z_i、Z_o、A_v、A_i？

答

7-2. 如下圖所示，運用速解法求解 A_v、A_i？

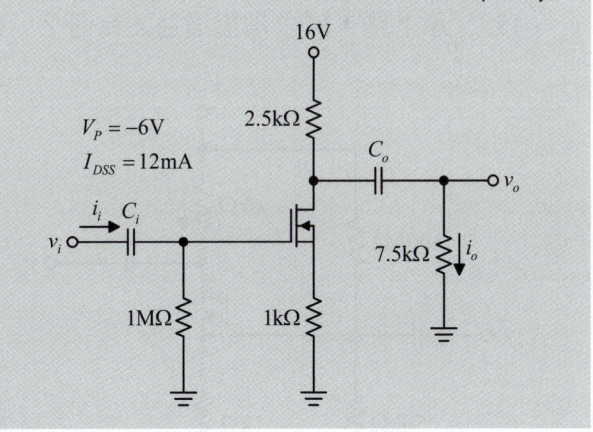

（電路圖：16V 電源，$2.5k\Omega$，$V_P = -6V$，$I_{DSS} = 12mA$，C_o 輸出至 v_o，i_i，C_i，v_i，$1M\Omega$，$1k\Omega$，$7.5k\Omega$，i_o）

答

ABCD 立即練習

基礎題

( )1. 如圖(1)所示，若 $V_P = -4\,\text{V}$、$I_{DSS} = 16\,\text{mA}$，試求電壓增益 A_v 為何？
(A)−2　(B)−4　(C)−6　(D)−8

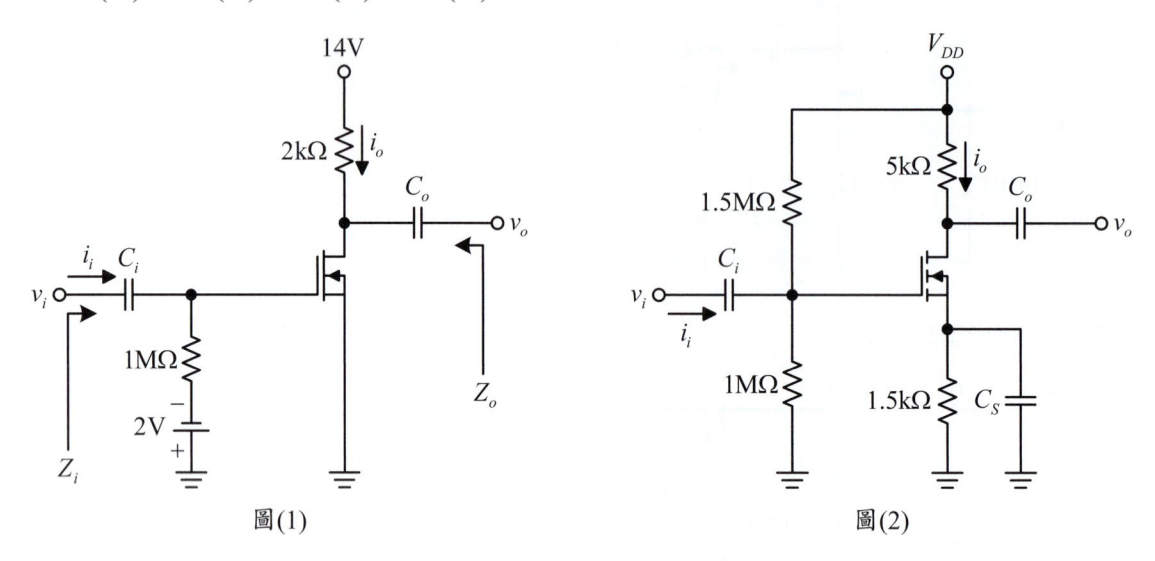

圖(1)

圖(2)

( )2. 如圖(2)所示，若 $g_m = 3\,\text{mA/V}$，試求電壓增益 A_v 為何？
(A)−15　(B)−10　(C)−6　(D)−4

( )3. 承上題，試求電流增益 A_i？　(A)1200　(B)1500　(C)1800　(D)2000

( )4. 如圖(3)所示，若 $K = 1\,\text{mA/V}^2$ 且 $I_{DQ} = 1\,\text{mA}$，試求轉移電導 g_m 為何？
(A)$2\,\text{mA/V}$　(B)$4\,\text{mA/V}$　(C)$6\,\text{mA/V}$　(D)$8\,\text{mA/V}$

( )5. 承上題，試求電壓增益 A_v 為何？　(A)−15　(B)−10　(C)−6　(D)−4

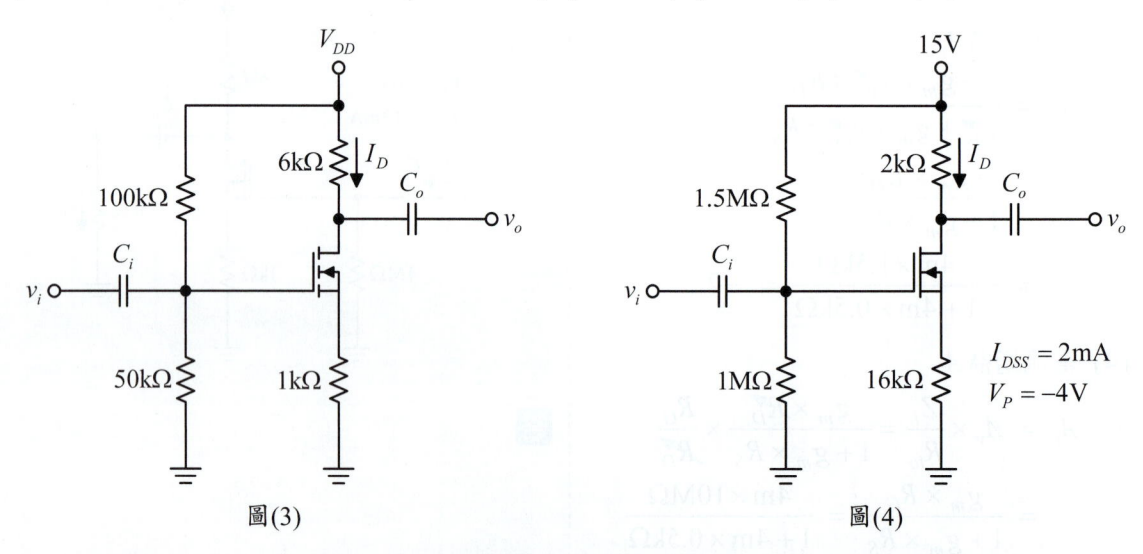

圖(3)

圖(4)

( )6. 如圖(4)所示，試求直流工作點 $Q(V_{DSQ}, I_{DQ})$ 為何？
(A)(6V, 0.5mA)　(B)(8V, 1mA)　(C)(9V, 0.5mA)　(D)(6V, 2mA)

( )7. 承上題，試求電壓增益 A_v 為何？　(A)$-\dfrac{1}{6}$　(B)$-\dfrac{1}{9}$　(C)$-\dfrac{1}{10}$　(D)$-\dfrac{1}{12}$

( )8. 如圖(5)所示，旁路電容器C_S的作用為何？
(A)提供直流電的路徑並且提高交流電壓增益
(B)提供交流電的路徑並且提高交流電壓增益
(C)提供直流電的路徑並且增加直流工作點的穩定度
(D)提供交流電的路徑並且增加直流工作點的穩定度

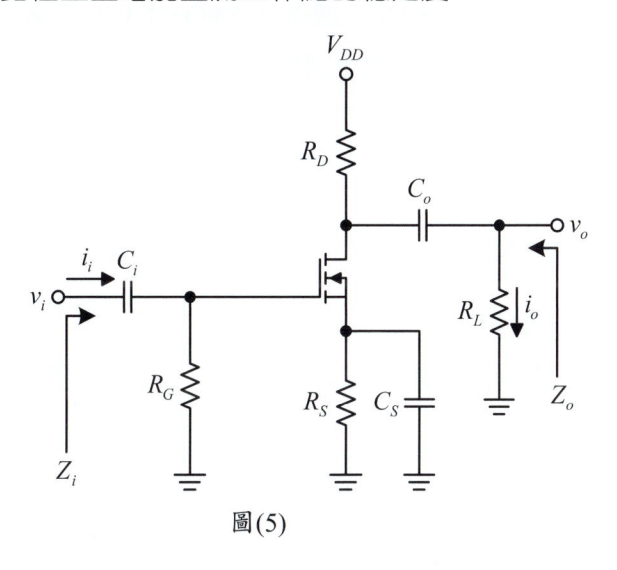

圖(5)

進階題

( )1. 如圖(1)所示，若$R_1 = 2\,\text{M}\Omega$、$R_2 = 2\,\text{M}\Omega$、$R_D = 2\,\text{k}\Omega$、$R_S = 1\,\text{k}\Omega$、$I_{DQ} = 2\,\text{mA}$、$K = 0.5\,\text{mA/V}^2$，$V_T = 1\,\text{V}$，且忽略交流汲極電阻r_d，下列何者錯誤？
(A)$V_{GS} = 3\,\text{V}$ (B)$g_m = 2\,\text{mA/V}$ (C)電壓增益$A_v = -6$ (D)輸入阻抗$R_i = 1\,\text{M}\Omega$

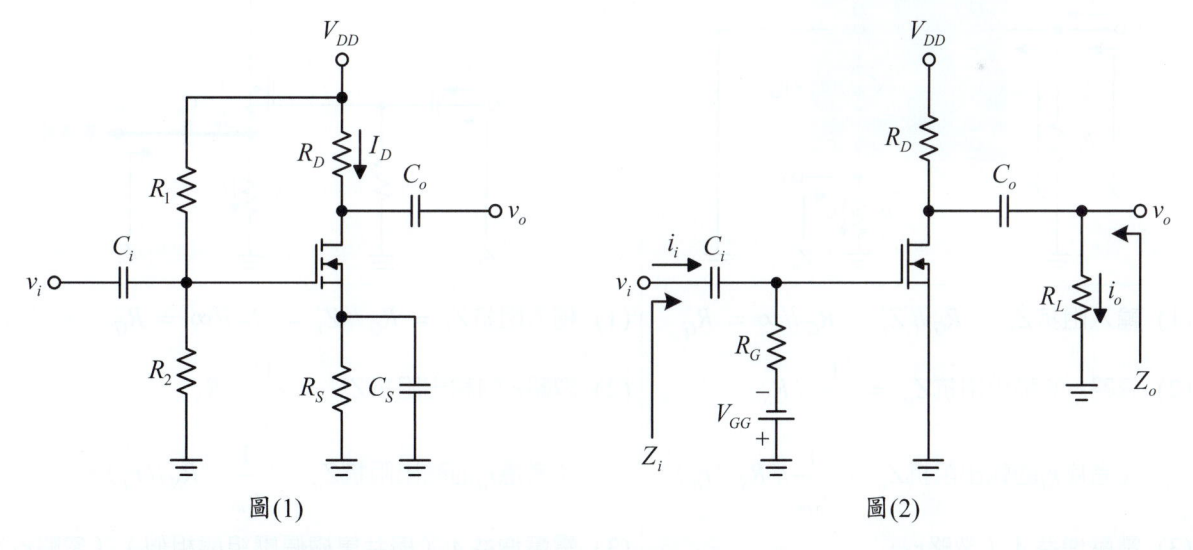

圖(1)   圖(2)

( )2. 如圖(2)所示電路，MOSFET工作於飽和區，若$R_G = 200\,\text{k}\Omega$、$R_D = 40\,\text{k}\Omega$、轉移電導$g_m = 1\,\text{mA/V}$，$r_d$忽略不計，且電流增益$A_i = \dfrac{i_o}{i_i} = -80$，則負載電阻$R_L$為何？
(A)20kΩ (B)40kΩ (C)60kΩ (D)80kΩ

7-4 共汲極放大電路

共汲極偏壓組態的汲極為輸入端與輸出端所共用,信號由閘極輸入而由源極取出,又稱為源極隨耦器,常應用於電壓放大器間的阻抗匹配電路,較常見的電路有自給偏壓電路(V_{GS}為逆向偏壓,所以增強型MOSFET不適用)、分壓式偏壓電路等兩種電路,具有**高輸入阻抗、低輸出阻抗、低電壓增益**與**高電流增益**(與BJT的共集極組態相似)。

重點 1 自給偏壓電路

共汲極的自給偏壓電路如右圖所示,該電路不得裝設源極旁路電容器,否則無交流輸出信號。

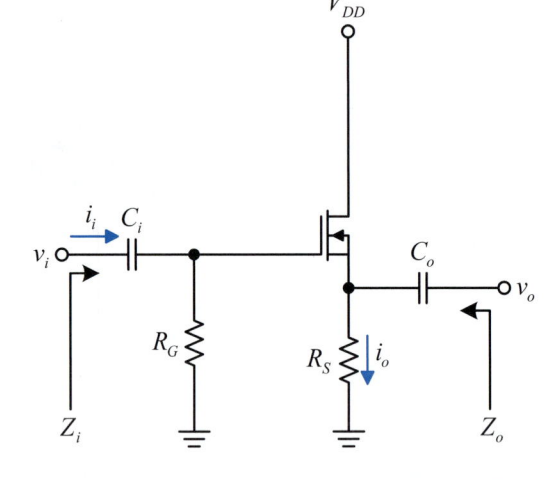

諾頓等效電路	速解
(1) 輸入阻抗 $Z_i = R_G \mathbin{/\mkern-6mu/} Z_i' = R_G \mathbin{/\mkern-6mu/} \infty = R_G$	(1) 輸入阻抗 $Z_i = R_G \mathbin{/\mkern-6mu/} Z_i' = R_G \mathbin{/\mkern-6mu/} \infty = R_G$
(2) 忽略r_d的輸出阻抗 $Z_o = \dfrac{1}{g_m} \mathbin{/\mkern-6mu/} R_S$ (考慮r_d的輸出阻抗 $Z_o = \dfrac{1}{g_m} \mathbin{/\mkern-6mu/} R_S \mathbin{/\mkern-6mu/} r_d$)	(2) 忽略r_d的輸出阻抗 $Z_o = \dfrac{1}{g_m} \mathbin{/\mkern-6mu/} R_S$ (考慮r_d的輸出阻抗 $Z_o = \dfrac{1}{g_m} \mathbin{/\mkern-6mu/} R_S \mathbin{/\mkern-6mu/} r_d$)
(3) 電壓增益A_v(忽略r_d) $A_v = \dfrac{g_m \times v_{gs} \times R_S}{v_{gs} + g_m \times v_{gs} \times R_S} = \dfrac{g_m \times R_S}{1 + g_m \times R_S}$	(3) 電壓增益A_v(與共集極偏壓組態相似)(忽略r_d) $A_v = \dfrac{v_o}{v_i} = \dfrac{下}{上+下} = \dfrac{R_S}{\dfrac{1}{g_m} + R_S} = \dfrac{g_m \times R_S}{1 + g_m \times R_S}$
(4) 電流增益A_i(忽略r_d) $A_i = A_v \times \dfrac{Z_i}{R_{io}} = \dfrac{g_m \times R_S}{1 + g_m \times R_S} \times \dfrac{R_G}{R_S}$ $= \dfrac{g_m \times R_G}{1 + g_m \times R_S}$ (i_o和實際的電流同方向取 +)	(4) 電流增益A_i(忽略r_d) $A_i = A_v \times \dfrac{Z_i}{R_{io}} = \dfrac{g_m \times R_S}{1 + g_m \times R_S} \times \dfrac{R_G}{R_S} = \dfrac{g_m \times R_G}{1 + g_m \times R_S}$ (i_o和實際的電流同方向取 +)

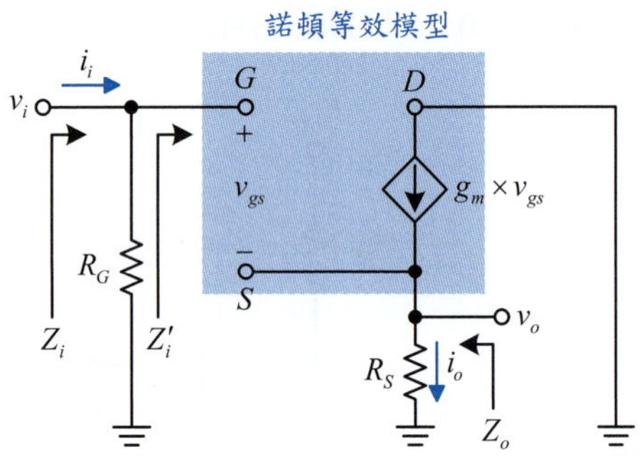

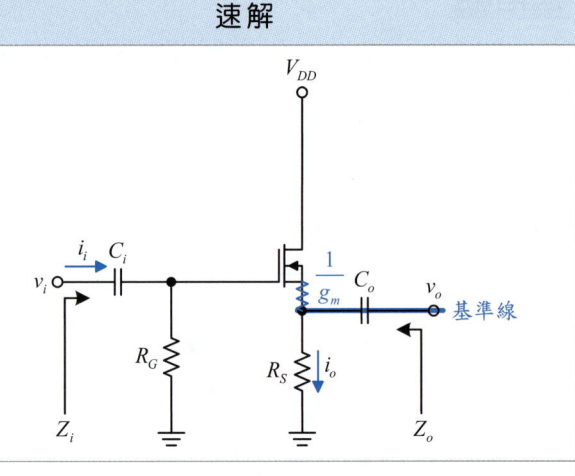

第 7 章 金氧半場效電晶體放大電路

自給偏壓電路

老師教

1. 如下圖，試求電壓增益 A_v？

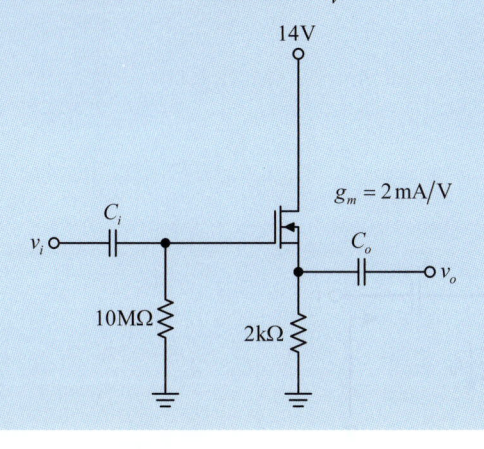

學生做

1-1. 如左題，運用速解法求解 Z_i、Z_o、A_v、A_i？

答

解 繪製小訊號模型如下：

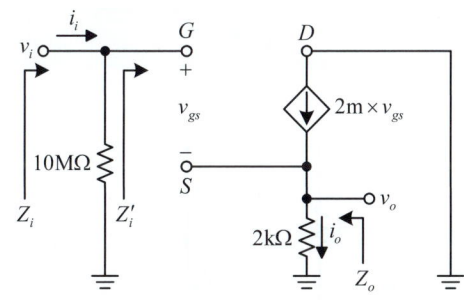

(1) 輸入阻抗

$Z_i = 10\text{M}\Omega // \infty = 10\text{ M}\Omega$（高阻抗）

(2) 輸出阻抗

$Z_o = \dfrac{1}{g_m} // R_S = (\dfrac{1}{2\text{mA/V}}) // 2\text{k}\Omega$

$= 400\ \Omega$（低阻抗）

1-2. 如下圖所示，運用速解法求解 A_v、A_i？

(3) 電壓增益 A_v

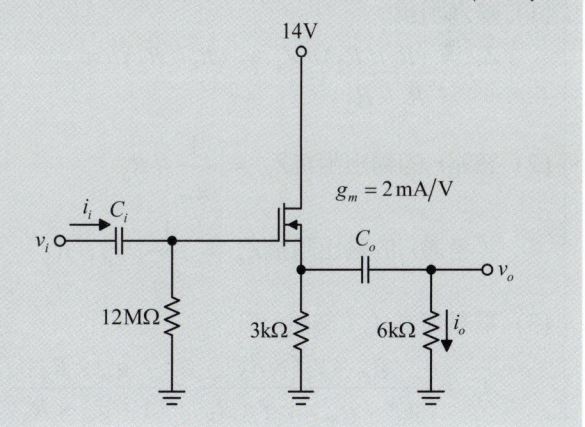

$A_v = \dfrac{g_m \times v_{gs} \times R_S}{v_{gs} + g_m \times v_{gs} \times R_S}$

$= \dfrac{g_m \times R_S}{1 + g_m \times R_S} = \dfrac{2\text{m} \times 2\text{k}\Omega}{1 + 2\text{m} \times 2\text{k}\Omega}$

$= 0.8$

（電壓增益小於1，與BJT的共集極組態相同）

(4) 電流增益 A_i

$A_i = A_v \times \dfrac{Z_i}{R_{io}} = 0.8 \times \dfrac{10\text{M}\Omega}{2\text{k}\Omega} = 4000$

（i_o 和實際的電流同方向取 +）

（電流增益非常大，與BJT的共集極組態相同）

答

7-23

電子學含實習　絕殺講義

重點 2　分壓式偏壓電路

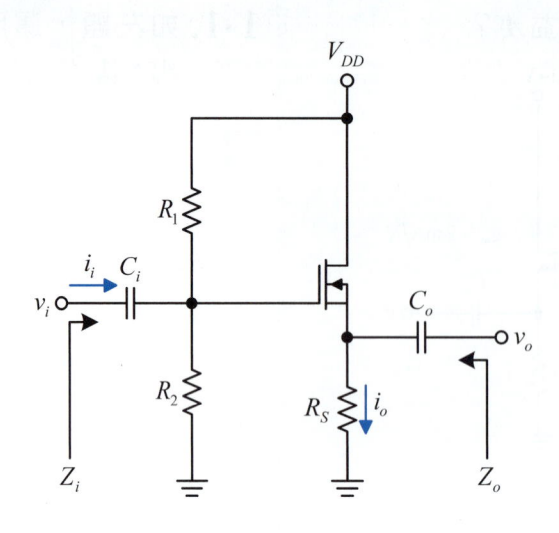

諾頓等效電路	速解

(1) 輸入阻抗
　$Z_i = (R_1 // R_2) // Z_i' = (R_1 // R_2) // \infty$
　　$= R_1 // R_2$
 	
(2) 忽略r_d的輸出阻抗 $Z_o = \dfrac{1}{g_m} // R_S$
 	
　（考慮r_d的輸出阻抗 $Z_o = \dfrac{1}{g_m} // r_d // R_S$）
 	
(3) 電壓增益A_v（忽略r_d）
　$A_v = \dfrac{g_m \times v_{gs} \times R_S}{v_{gs} + g_m \times v_{gs} \times R_S} = \dfrac{g_m \times R_S}{1 + g_m \times R_S}$
 	
(4) 電流增益A_i（忽略r_d）
　$A_i = A_v \times \dfrac{Z_i}{R_{io}} = \dfrac{g_m \times R_S}{1 + g_m \times R_S} \times \dfrac{R_1 // R_2}{R_S}$
　　$= \dfrac{g_m \times (R_1 // R_2)}{1 + g_m \times R_S}$
　（i_o和實際的電流同方向取 +）
	(1) 輸入阻抗
	　$Z_i = (R_1 // R_2) // Z_i' = (R_1 // R_2) // \infty$
	　　$= R_1 // R_2$
	
	(2) 忽略r_d的輸出阻抗 $Z_o = \dfrac{1}{g_m} // R_S$
	
	　（考慮r_d的輸出阻抗 $Z_o = \dfrac{1}{g_m} // r_d // R_S$）
	
	(3) 電壓增益A_v（與共集極偏壓組態相似）（忽略r_d）
	　$A_v = \dfrac{v_o}{v_i} = \dfrac{下}{上 + 下} = \dfrac{R_S}{\dfrac{1}{g_m} + R_S}$
	　　$= \dfrac{g_m \times R_S}{1 + g_m \times R_S}$
	
	(4) 電流增益A_i（忽略r_d）
	　$A_i = A_v \times \dfrac{Z_i}{R_{io}} = \dfrac{g_m \times R_S}{1 + g_m \times R_S} \times \dfrac{R_1 // R_2}{R_S}$
	　　$= \dfrac{g_m \times (R_1 // R_2)}{1 + g_m \times R_S}$
	　（i_o和實際的電流同方向取 +）

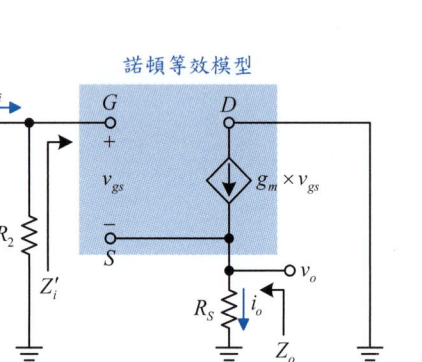

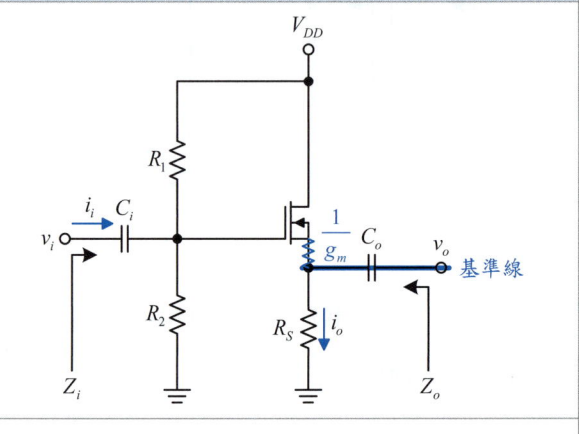

7-24

第 7 章 金氧半場效電晶體放大電路

補充知識

共汲極偏壓組態的輸出阻抗

如圖(a)所示，我們先將輸入電源v_i短路，並且在輸出端加上一個電壓v_s，並將圖(a)再簡化如圖(b)所示，由運用並聯元件端電壓相同的特性，可以得知汲極電阻的端電壓為$-(1+\mu) \times v_{gs}$。

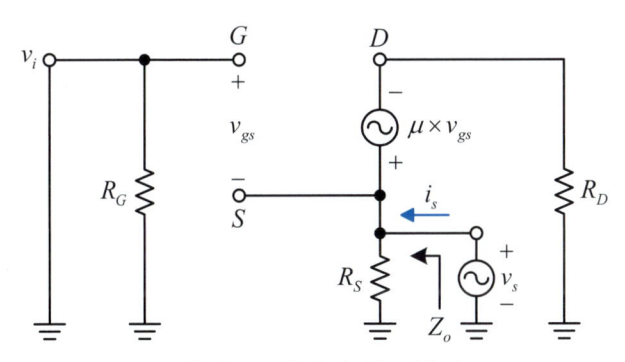

(a) 忽略r_d的戴維寧等效模型

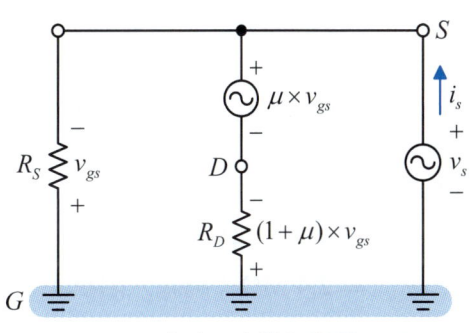

(b) 忽略r_d的簡化模型

$$Z_o = \frac{v_s}{i_s} = \frac{-v_{gs}}{-[\frac{v_{gs}}{R_S} + \frac{(1+\mu) \times v_{gs}}{R_D}]} = \frac{1}{\frac{1}{R_S} + \frac{1+\mu}{R_D}}$$

由上式中可以得知輸出阻抗為R_S與$\frac{R_D}{1+\mu}$兩者並聯之結果，故輸出阻抗Z_o的表示式為：

$$Z_o = \frac{R_D}{1+\mu} // R_S \quad (若考慮r_d，則Z_o = \frac{R_D + r_d}{1+\mu} // R_S)$$

分壓式偏壓電路

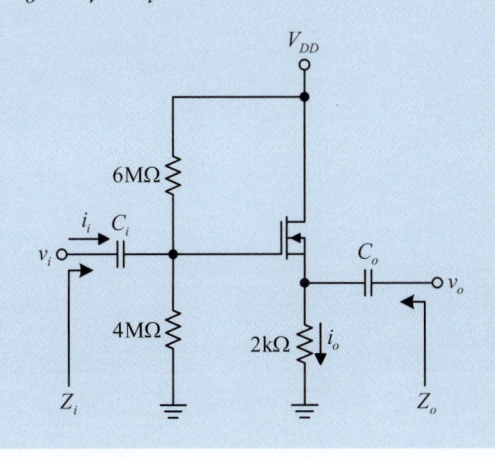

老師教

2. 如下圖，若$g_m = 0.5 \text{ mA/V}$，求解Z_i、Z_o、A_v、A_i？

學生做

2-1. 如左題，運用速解法求解Z_i、Z_o、A_v、A_i？

答

7-25

解 繪製小訊號模型如下：

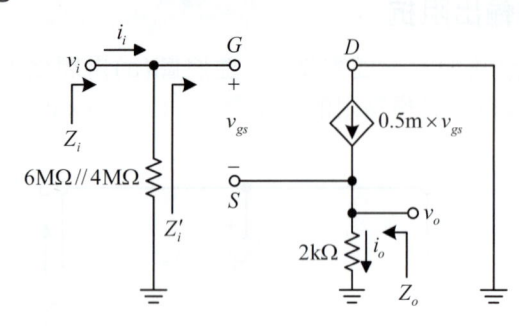

(1) 輸入阻抗

$Z_i = 6\text{M}\Omega // 4\text{M}\Omega$

$= 2.4\ \text{M}\Omega$（高輸入阻抗）

(2) 輸出阻抗

$Z_o = \dfrac{1}{g_m} // R_S = (\dfrac{1}{0.5\text{mA/V}}) // 2\text{k}\Omega$

$= 1\ \text{k}\Omega$（低輸出阻抗）

(3) 電壓增益 A_v

$A_v = \dfrac{g_m \times v_{gs} \times R_S}{v_{gs} + g_m \times v_{gs} \times R_S}$

$= \dfrac{g_m \times R_S}{1 + g_m \times R_S} = \dfrac{0.5\text{m} \times 2\text{k}\Omega}{1 + 0.5\text{m} \times 2\text{k}\Omega}$

$= 0.5$

（電壓增益小於1，與BJT的共集極組態一樣）

(4) 電流增益 A_i

$A_i = A_v \times \dfrac{Z_i}{R_{io}} = 0.5 \times \dfrac{2.4\text{M}\Omega}{2\text{k}\Omega} = 600$

（i_o 和實際的電流同方向取 +）

（電流增益非常大，與BJT的共集極組態相同）

2-2. 如下圖所示，運用速解法求解 A_v、A_i？

答

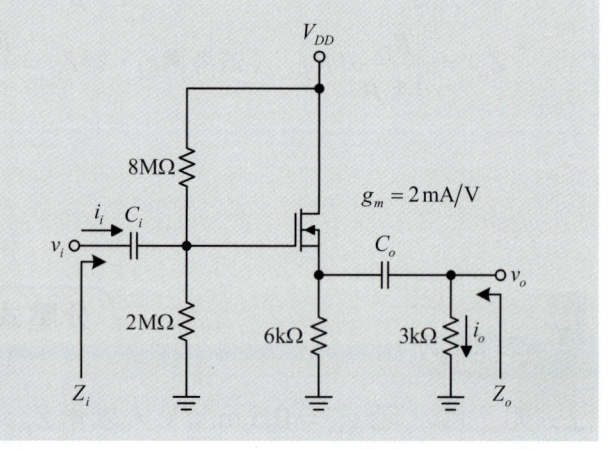

第 7 章 金氧半場效電晶體放大電路

ABCD 立即練習

基礎題

(　)1. 關於共汲極偏壓組態的敘述，下列何者錯誤？
　　　(A)又稱為源極隨耦器　　　　　　(B)電路特性相似於BJT的共集極偏壓組態
　　　(C)輸出阻抗很小　　　　　　　　(D)不具電流放大的作用

(　)2. 關於共汲極偏壓組態的敘述，下列何者錯誤？
　　　(A)輸出電壓與輸入電壓反相180°　(B)高輸入阻抗
　　　(C)高電流增益　　　　　　　　　(D)低輸出阻抗

(　)3. 如圖(1)所示，試求輸出阻抗Z_o為何？
　　　(A)350Ω　(B)300Ω　(C)150Ω　(D)10Ω

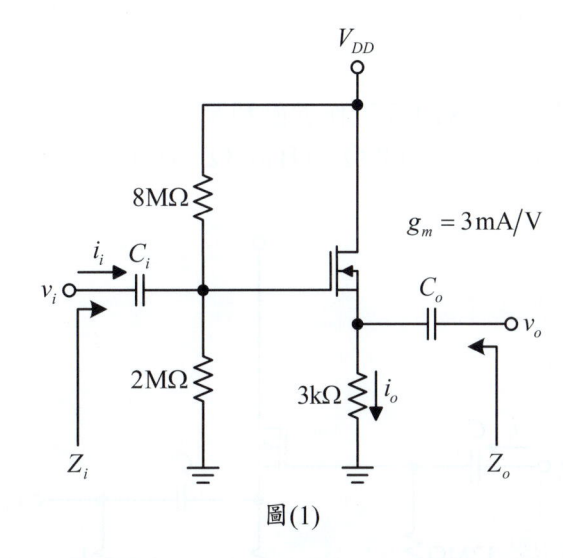

圖(1)

(　)4. 承上題，電壓增益A_v為何？　(A)0.4　(B)0.6　(C)0.9　(D)1

(　)5. 承上題，電流增益A_i為何？　(A)120　(B)240　(C)360　(D)480

(　)6. 如圖(2)所示電路，試求轉移電導g_m為何？
　　　(A)8mA/V　(B)4mA/V　(C)2mA/V　(D)1mA/V

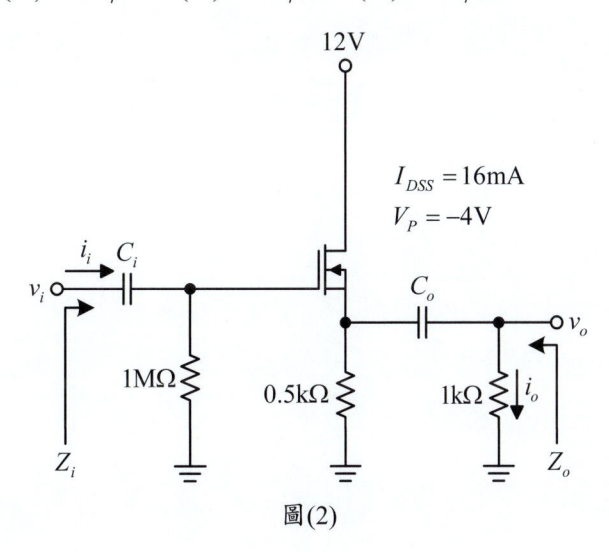

圖(2)

(　)7. 承上題,電壓增益A_v為何? (A)$\frac{2}{7}$ (B)$\frac{4}{7}$ (C)$\frac{6}{7}$ (D)2

(　)8. 承上題所示,電流增益A_i為何? (A)$\frac{2000}{7}$ (B)$\frac{4000}{7}$ (C)$\frac{8000}{7}$ (D)2000

(　)9. 下列關於共汲極放大器的交流特性,下列敘述何者錯誤?
(A)輸入阻抗大
(B)電流增益大於1
(C)可以接源極端的旁路電容器,以提高電壓增益
(D)電壓增益小於1

(　)10. 在電晶體放大電路的各種組態中,共汲極放大電路與下列何種組態的放大電路之特性最相似? (A)共射極 (B)共集極 (C)共基極 (D)共閘極

進階題

(　)1. 如圖(1)所示電路,MOSFET工作於飽和區,若轉移電導$g_m = 2$ mA/V且$v_o = 0.8 v_i$,試求源極電阻R_S為何? (A)3kΩ (B)6kΩ (C)9kΩ (D)12kΩ

圖(1)

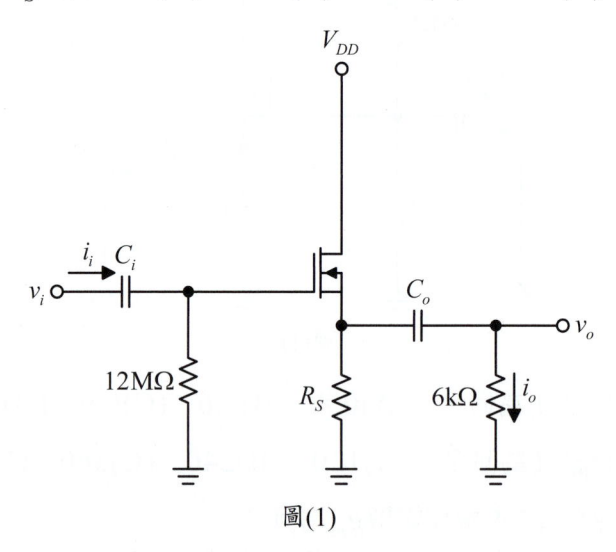

7-5 共閘極放大電路

共閘極偏壓組態的閘極（G）為輸入端與輸出端所共用，信號由源極（S）輸入而由汲極（D）取出，此偏壓組態類似於BJT的共基極（CB）放大電路，因沒有米勒電容效應，因此常用於高頻電路，其共閘極偏壓組態較常見的偏壓方式為自給偏壓電路（增強型MOSFET不適用）。

重點 1 自給偏壓電路

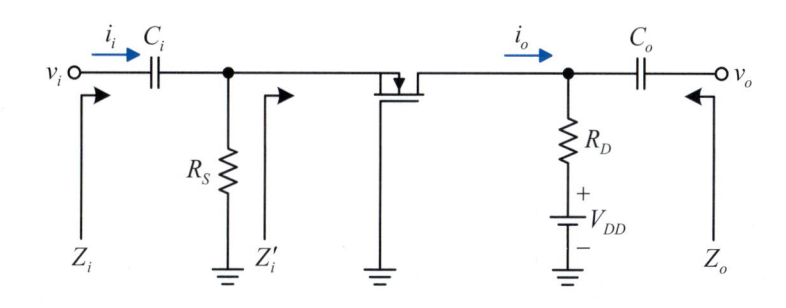

諾頓等效電路	速解
(1) 輸入阻抗 $Z_i = \dfrac{1}{g_m} // R_S$（$r_d$忽略不計）	(1) 輸入阻抗 $Z_i = \dfrac{1}{g_m} // R_S$（$r_d$忽略不計）
(2) 輸出阻抗 $Z_o = \infty // R_D = R_D$	(2) 輸出阻抗 $Z_o = \infty // R_D = R_D$
(3) 電壓增益 A_v $A_v = \dfrac{-g_m \times v_{gs} \times R_D}{-v_{gs}} = g_m \times R_D$	(3) 電壓增益 A_v（與共集極偏壓組態相似） $A_v = \dfrac{v_o}{v_i} = \dfrac{右}{左}$ $= \dfrac{\text{和汲極連接的電阻} \Rightarrow 並聯}{\text{源極端看入之電阻}}$ $= \dfrac{R_D}{\dfrac{1}{g_m}} = g_m \times R_D$
(4) 電流增益 A_i $A_i = \dfrac{i_o}{i_i} = \dfrac{-g_m \times v_{gs}}{-(\dfrac{v_{gs}}{R_S} + g_m \times v_{gs})}$ $= \dfrac{-g_m \times R_S}{1 + g_m \times R_S}$ （i_o和實際的電流反方向取 $-$）	(4) 電流增益 A_i $A_i = \dfrac{i_o}{i_i} = -A_v \times \dfrac{Z_i}{R_{io}}$ $= -g_m \times R_D \times \dfrac{R_S // \dfrac{1}{g_m}}{R_D} = \dfrac{-g_m \times R_S}{1 + g_m \times R_S}$ （i_o和實際的電流反方向取 $-$）

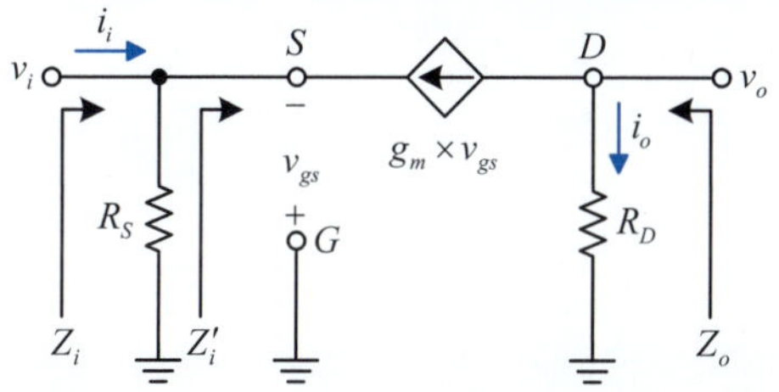

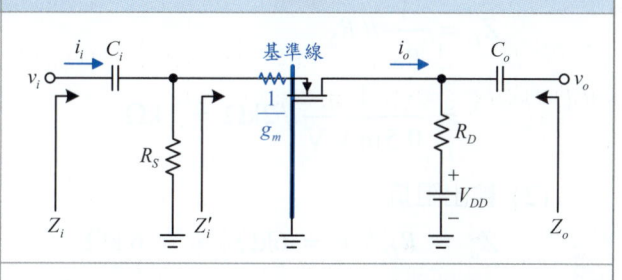

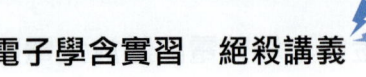

共閘極偏壓組態

老師教

1. 如下圖，若 $g_m = 0.5\,\text{mA/V}$，試求 Z_i、Z_o、A_v、A_i？

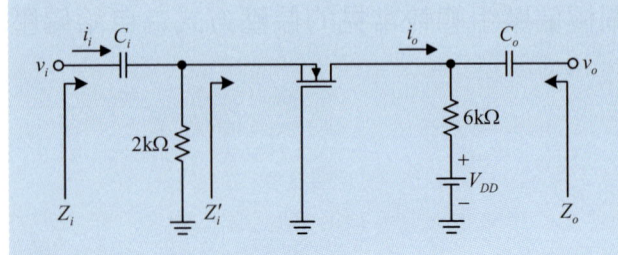

解 繪製小訊號模型如下：

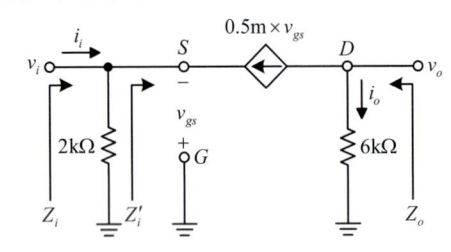

(1) 輸入阻抗

$$Z_i = \frac{1}{g_m} /\!/ R_S$$

$$= \frac{1}{0.5\,\text{mA/V}} /\!/ 2\,\text{k}\Omega = 1\,\text{k}\Omega$$

(2) 輸出阻抗

$$Z_o = R_D /\!/ \infty = 6\,\text{k}\Omega /\!/ \infty = 6\,\text{k}\Omega$$

(3) 電壓增益 A_v

$$A_v = g_m \times R_D$$
$$= 0.5\,\text{mA/V} \times 6\,\text{k}\Omega = 3$$

(4) 電流增益 A_i

$$A_i = \frac{i_o}{i_i} = -\frac{g_m \times R_S}{1 + g_m \times R_S}$$

$$= -\frac{0.5\,\text{mA/V} \times 2\,\text{k}\Omega}{1 + 0.5\,\text{mA/V} \times 2\,\text{k}\Omega} = -0.5$$

（i_o 和實際的電流反方向取 −）

學生做

1-1. 如左題，運用速解法求解 Z_i、Z_o、A_v、A_i？

答

1-2. 如下圖所示，運用速解法求解 A_v、A_i？

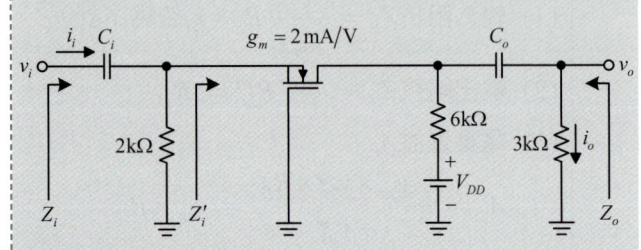

答

第 7 章 金氧半場效電晶體放大電路

ABCD 立即練習

基礎題

( ) 1. 圖(1)電晶體放大器電路，為何種偏壓組態？
(A)共源極 (B)共閘極
(C)共汲極 (D)共射極

( ) 2. 關於共閘極偏壓組態的敘述，下列何者錯誤？
(A)電路特性相似於BJT的共基極偏壓組態
(B)輸入阻抗小
(C)輸出阻抗大
(D)不具電壓放大的作用

( ) 3. 關於共閘極偏壓組態特性，與電晶體（BJT）的何種組態相似？
(A)共基極 (B)共集極
(C)共射極 (D)共源極

( ) 4. 如圖(2)所示，若MOSFET之電壓增益 $A_v = 3.6$，試求轉移電導 g_m 為何？
(A)1mA/V (B)1.5mA/V (C)2mA/V (D)2.5mA/V

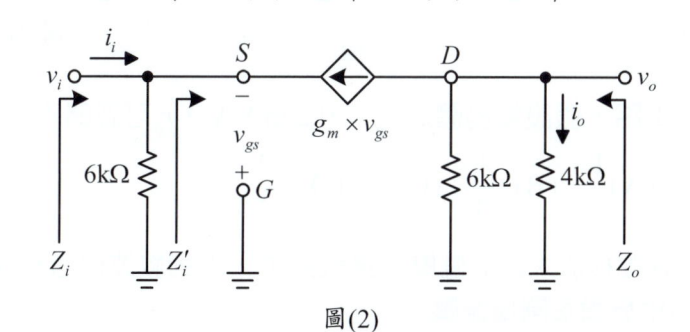

圖(1)

圖(2)

( ) 5. 承上題，電流增益為何？ (A)−5.4 (B)−3.6 (C)−0.54 (D)−0.36

進階題

( ) 1. 如圖(1)所示電路，若截止電壓 $V_{GS(off)} = -6\,V$ 且汲極電流 $I_D = 1\,mA$，試求電壓增益為何？ (A)1.5 (B)2 (C)2.5 (D)3

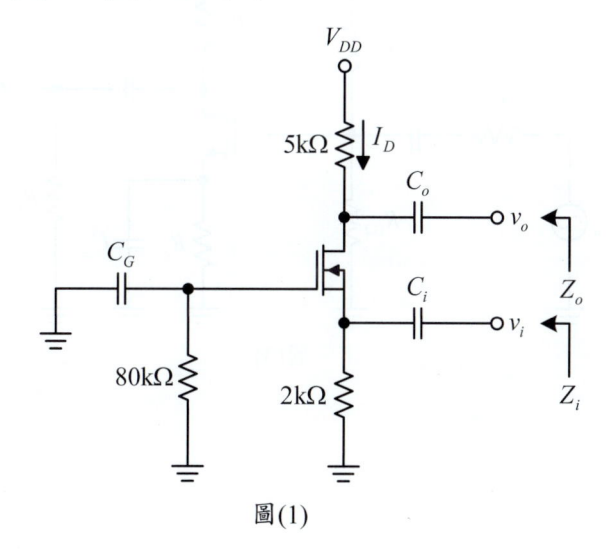

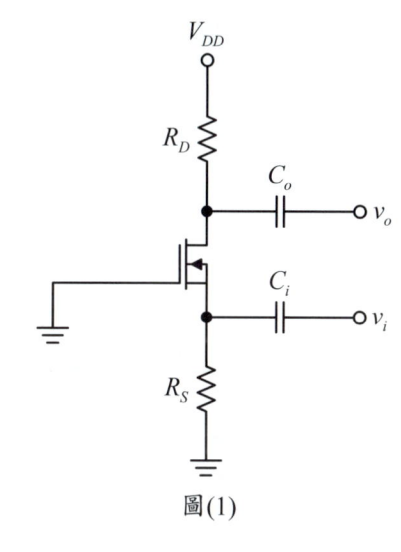

圖(1)

7-31

歷屆試題

電子學試題

( )1. 如圖(1)所示電路，假設N通道MOSFET電晶體工作點之 $I_D = 0.6\,\text{mA}$，臨界（threshold）電壓 $V_T = 1\,\text{V}$，電容值視為無窮大，試求其小訊號電壓增益 $\dfrac{v_o}{v_i}$ 為何？

(A)−10　(B)−8　(C)−6　(D)−4 　[統測]

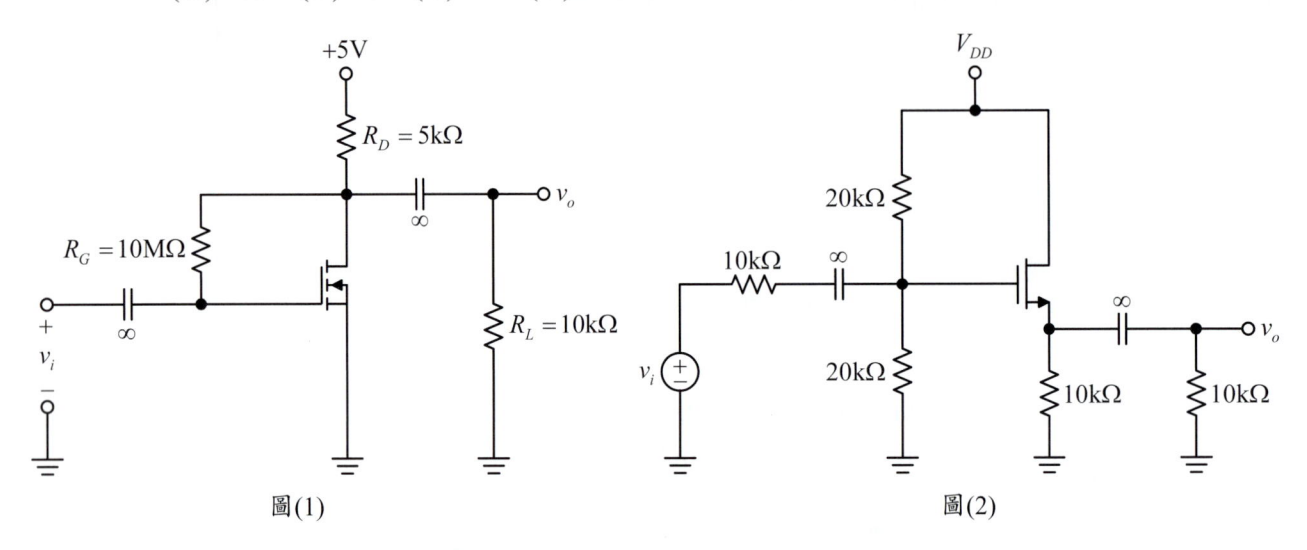

圖(1)

圖(2)

( )2. 如圖(2)所示電路，假設電晶體之 $g_m = 0.2\,\text{mA/V}$，r_o 可忽略不計，試求其電壓增益 $\dfrac{v_o}{v_i}$ 值約為何？　(A)$\dfrac{1}{4}$　(B)$-\dfrac{1}{3}$　(C)$\dfrac{1}{2}$　(D)$-\dfrac{3}{5}$ 　[統測]

( )3. 如圖(3)所示共源極放大器的偏壓電路設計中，下列敘述何者有誤？
(A) R_{G1} 和 R_{G2} 用於設定閘極偏壓
(B) R_S 可穩定溫度對汲極電流的影響
(C) R_D 的功用是將電流轉換成電壓變動並設定汲極電壓
(D)最適合FET作小信號放大的工作區為非飽和區 　[統測]

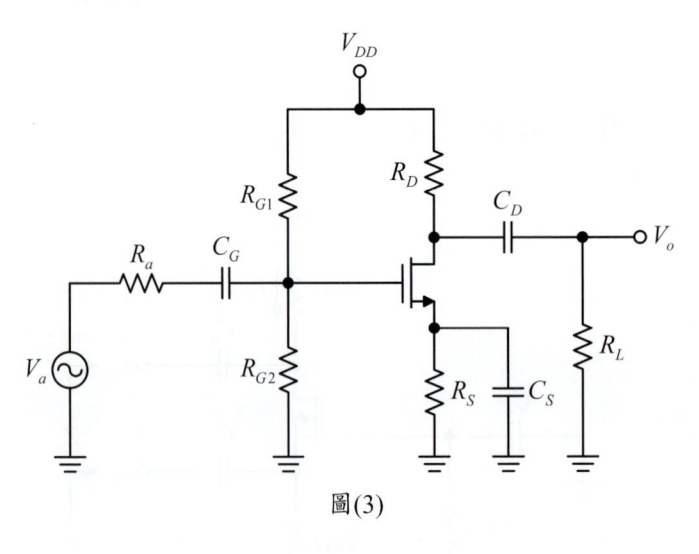

圖(3)

第 7 章 金氧半場效電晶體放大電路

( )4. 下列四種典型的FET共源偏壓電路中，$V_{GS(t)}$為FET導通的臨限電壓，參數k的單位為mA/V^2，V_{DSQ}為FET的汲極與源極間的直流工作電壓，假設四個FET的歐力電壓皆為∞，$A_v = v_o(t)/v_i(t)$為小信號電壓增益，試問下列何者可得最大的電壓增益$|A_v|$？

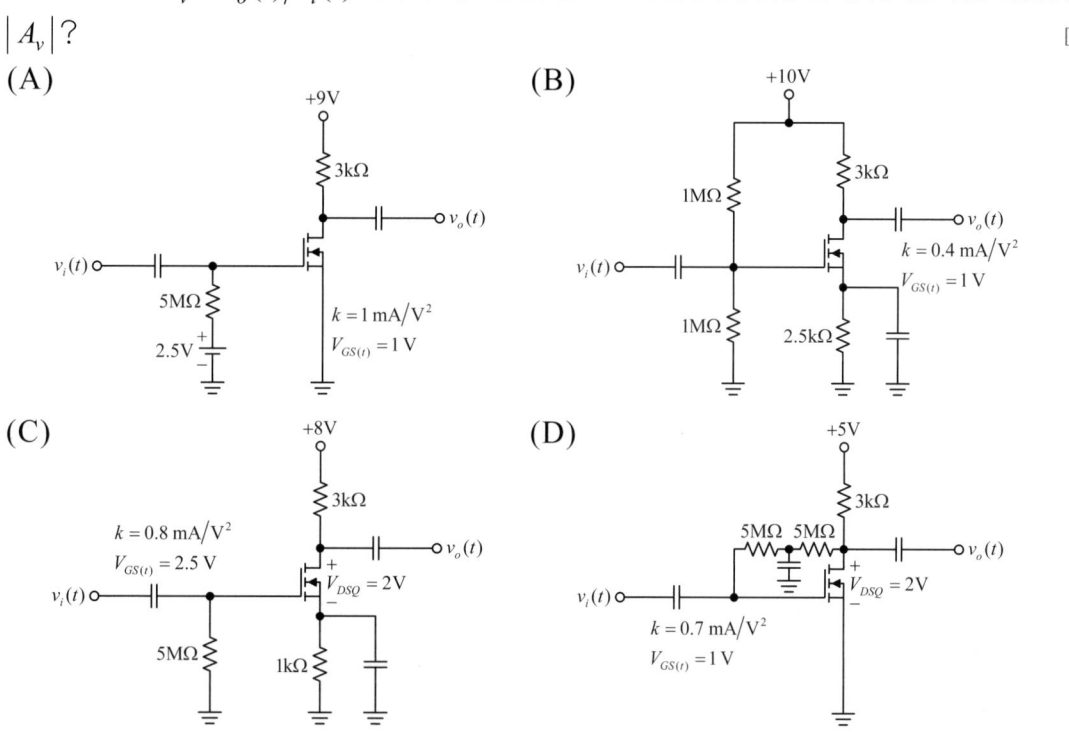

[統測]

(A) +9V, 3kΩ, 5MΩ, 2.5V, $k = 1\,mA/V^2$, $V_{GS(t)} = 1\,V$

(B) +10V, 1MΩ, 3kΩ, 1MΩ, 2.5kΩ, $k = 0.4\,mA/V^2$, $V_{GS(t)} = 1\,V$

(C) +8V, 3kΩ, 5MΩ, 1kΩ, $k = 0.8\,mA/V^2$, $V_{GS(t)} = 2.5\,V$, $V_{DSQ} = 2\,V$

(D) +5V, 5MΩ, 5MΩ, 3kΩ, $k = 0.7\,mA/V^2$, $V_{GS(t)} = 1\,V$, $V_{DSQ} = 2\,V$

( )5. 如圖(4)所示之FET放大器電路中$A_v = v_o(t)/v_i(t)$為小信號之電壓增益，試問移除旁路電容C_B後，其$|A_v|$與移除前比較有何不同？
(A)變小 (B)變大 (C)不受影響 (D)極性改變

[統測]

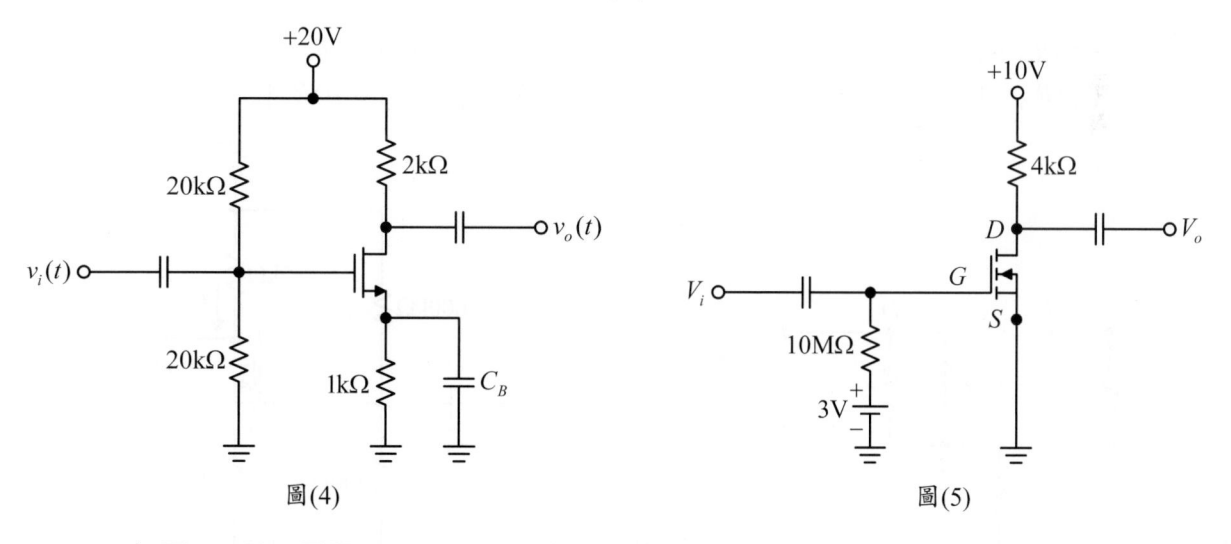

圖(4)

圖(5)

( )6. 如圖(5)所示電路，MOSFET之臨界電壓（threshold voltage）$V_T = 1\,V$，參數$K = 0.4\,mA/V^2$，不考慮汲極輸出電阻，則V_o/V_i約為何？
(A)−12.5 (B)−9.9 (C)−8.3 (D)−6.4

[103統測]

( )7. 如圖(6)所示之放大電路,若MOSFET工作於夾止區,且轉換電導$g_m = 0.5 \text{ mA/V}$,不考慮汲極等效輸出電阻,則$\dfrac{V_o}{V_i}$約為何?
(A)−1.6　(B)−2.5　(C)−6.8　(D)−12.3　　　　　　　　　　　　　[104統測]

( )8. 承接上題,$\dfrac{I_o}{I_i}$約為何?　(A)750　(B)55　(C)−55　(D)−750　[104統測]

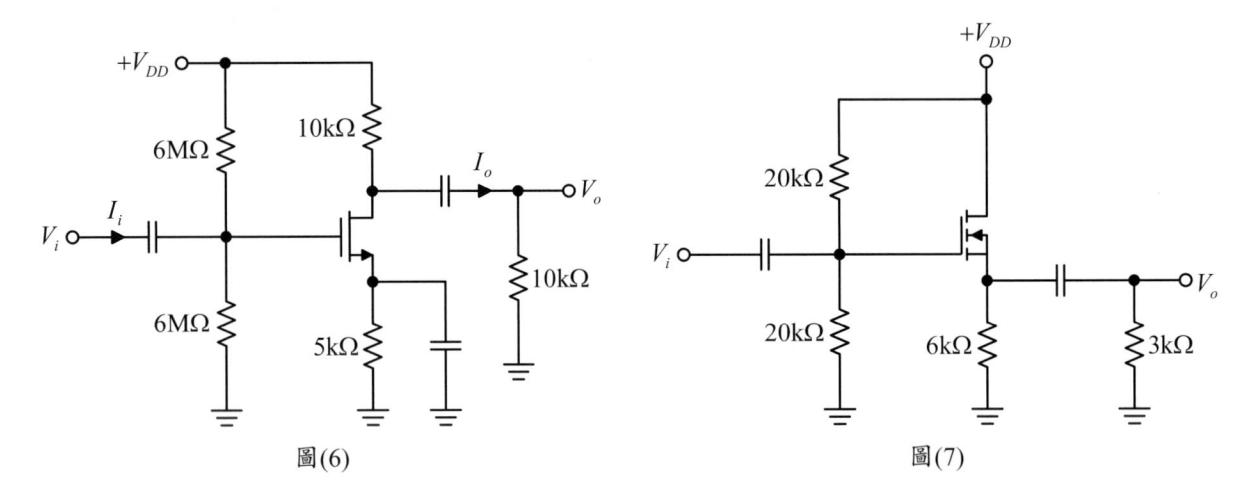

( )9. 如圖(7)所示電路,若MOSFET電晶體之轉移電導$g_m = 2 \text{ mA/V}$,汲極電阻$r_d = 50 \text{ k}\Omega$,則此電路之小訊號電壓增益$\dfrac{V_o}{V_i}$約為何值?
(A)0.79　(B)0.91　(C)1.09　(D)1.58　　　　　　　　　　　　　　[105統測]

( )10. 如圖(8)所示之FET小信號模型電路,其中放大因數$\mu = g_m r_d$,則由輸出端v_o看入的輸出阻抗Z_o為何?
(A)$R_D + r_d + (1+\mu)R_S$　　　　(B)$R_D // r_d //(1+\mu)R_S$
(C)$R_D + [r_d //(1+\mu)R_S]$　　　(D)$R_D //[r_d + (1+\mu)R_S]$　[106統測]

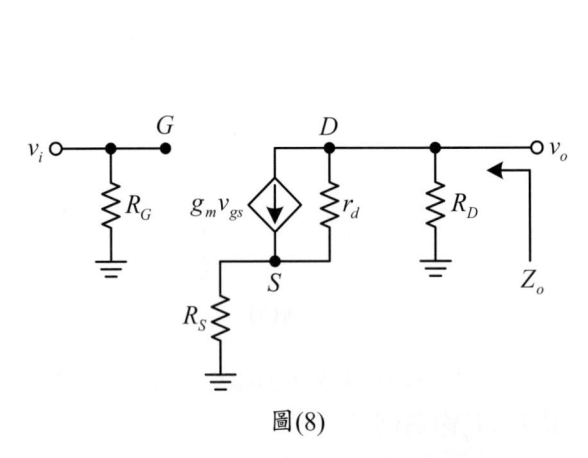

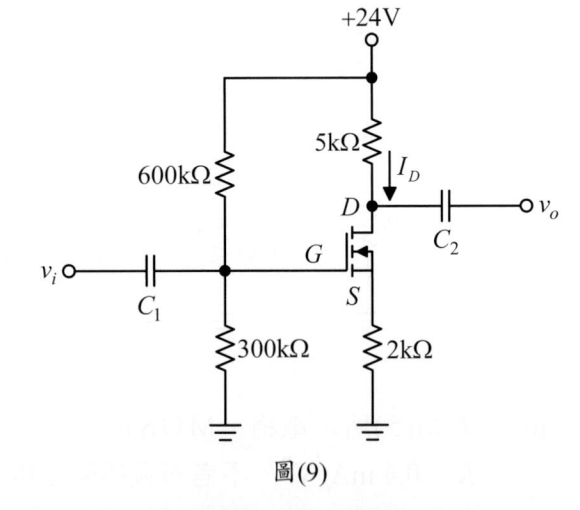

( )11. 如圖(9)所示之增強型MOSFET電晶體電路,其參數$K = 2 \text{ mA/V}^2$,直流汲極電流$I_D = 2 \text{ mA}$。若汲極交流電阻r_d忽略不計,則小信號電壓增益v_o/v_i約為何?
(A)−2.22　(B)−4.32　(C)−5.18　(D)−6.03　　　　　　　　　　　[107統測]

( )12. 如圖(10)所示之放大電路,MOSFET之 $I_{DSS}=12\,\text{mA}$,夾止電壓(pinch-off voltage)$V_P=-2\,\text{V}$,其工作點之 $I_D=3\,\text{mA}$,則此放大器之小信號電壓增益 $A_v=v_o/v_i$ 及其輸出電阻 R_o 各約為何?
(A) $A_v=7.5$,$R_o=1.25\,\text{k}\Omega$
(B) $A_v=12.5$,$R_o=1.25\,\text{k}\Omega$
(C) $A_v=7.5$,$R_o=2.5\,\text{k}\Omega$
(D) $A_v=12.5$,$R_o=2.5\,\text{k}\Omega$
[108統測]

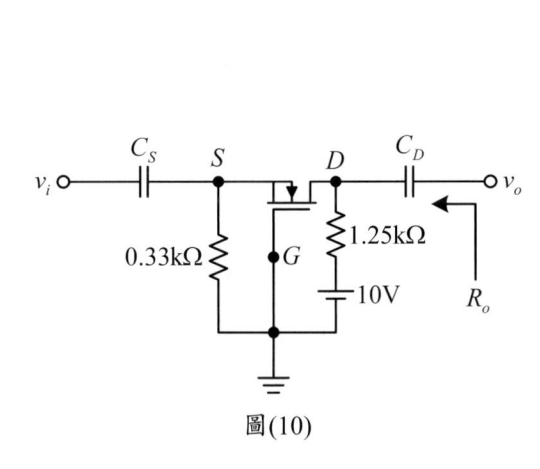

圖(10) 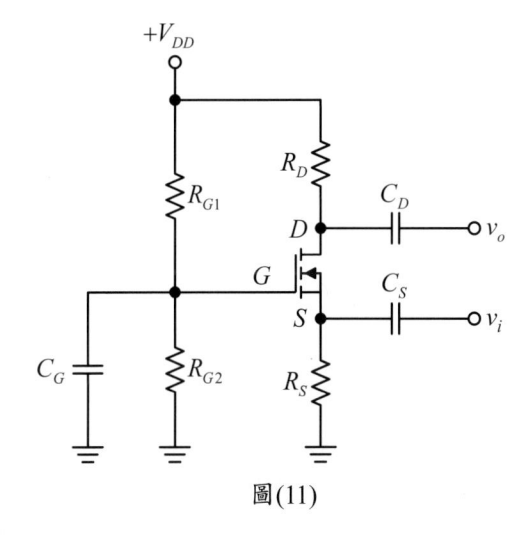   圖(11)

( )13. 如圖(11)所示之MOSFET放大電路,已知MOSFET之臨界電壓 $V_T=1.5\,\text{V}$,參數 $K=2\,\text{mA/V}^2$。若 $V_{DD}=15\,\text{V}$,$R_{G1}=300\,\text{k}\Omega$,$R_{G2}=60\,\text{k}\Omega$,$R_S=1\,\text{k}\Omega$,$R_D=10\,\text{k}\Omega$,則此電路之交流信號電壓增益 v_o/v_i 為何?
(A)7.4　(B)15.6　(C)20　(D)24
[109統測]

( )14. 某N通道增強型MOSFET工作於飽和區,臨界電壓 $V_t=1\,\text{V}$,參數 $K=2\,\text{mA/V}^2$ 且閘-源極間電壓 $V_{GS}=3\,\text{V}$,則參數互導 g_m 約為何?
(A)4 mA/V　(B)6 mA/V　(C)8 mA/V　(D)10 mA/V
[111統測]

( )15. 某N通道空乏型MOSFET,夾止(pinch-off)電壓 $V_P=-3\,\text{V}$,$I_{DSS}=10\,\text{mA}$,於電路中將其偏壓操作於飽和區,且閘-源極間電壓 $V_{GS}=-1\,\text{V}$,則MOSFET之轉移電導 g_m 約為何?
(A)1.11 mA/V　(B)2.22 mA/V　(C)3.33 mA/V　(D)4.44 mA/V
[112統測]

( )16. 如圖(12)所示MOSFET放大電路,$R_G=1.2\,\text{M}\Omega$,$R_D=2.2\,\text{k}\Omega$,$R_S=1.2\,\text{k}\Omega$,$R_L=10\,\text{k}\Omega$,汲極交流電阻 r_d 忽略不計,若電晶體操作於飽和區,此MOSFET於工作點之轉移電導 $g_m=2.4\,\text{mA/V}$,則電壓增益 v_o/v_i 約為何?
(A)−8.6　(B)−6.22　(C)−5.12　(D)−4.33
[112統測]

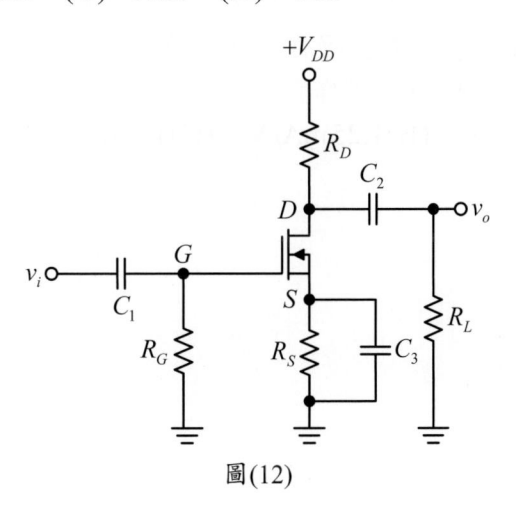

圖(12)

(　　)17. 如圖(13)所示放大電路，電晶體操作於飽和區，若N通道MOSFET工作點之轉移電導 $g_m = 4\,\text{mA/V}$，$R_D = 2\,\text{k}\Omega$，$R_S = 1\,\text{k}\Omega$，則此電路之電流增益 $A_i = i_o/i_i$ 約為何？（忽略汲極電阻 r_d） (A)0.81　(B)0.62　(C)0.36　(D)0.13　　[113統測]

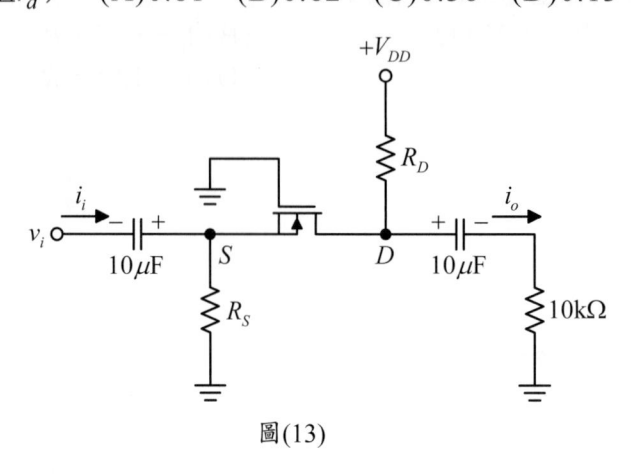

圖(13)

▲ 閱讀下文，回答第18-19題

如圖(14)所示放大電路，F.G.為訊號產生器，MOSFET之夾止電壓（pinch-off voltage）$V_P = -3\,\text{V}$，$I_{DSS} = 10\,\text{mA}$。

圖(14)

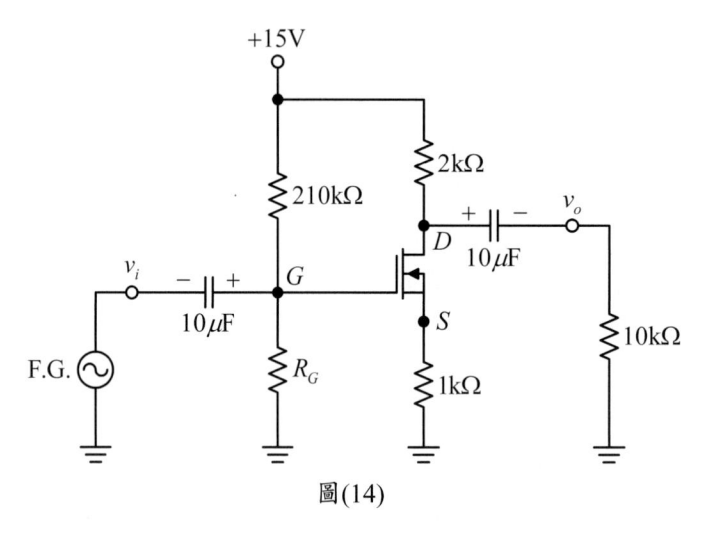

(　　)18. 若要將汲、源極間之工作點電壓 V_{DS} 設定為7.5V，則電阻 R_G 之選用應為何？
(A)9kΩ　(B)12kΩ　(C)15kΩ　(D)18kΩ　　[113統測]

(　　)19. 若工作點電壓 V_{DS} 設定為7.5V，並忽略汲極電阻 r_d，則電壓增益 $A_v = v_o/v_i$ 約為何？
(A)−1.28　(B)−1.86　(C)−2.25　(D)−3.25　　[113統測]

(　　)20. 一N通道D-MOSFET電路操作於飽和區（夾止區），MOSFET之夾止電壓 $V_P = -4\,\text{V}$，$I_{DSS} = 10\,\text{mA}$，工作點之 $V_{GS} = -3\,\text{V}$，則此工作點之交流轉移電導 g_m 為何？　(A)0.82 mA/V　(B)1.25 mA/V　(C)1.56 mA/V　(D)1.82 mA/V　　[114統測]

第 7 章 金氧半場效電晶體放大電路

電子學實習試題

( ) 1. 如圖(1)所示之共源極放大器,旁路電容C_S之主要功用為下列何者?
(A)增加輸入阻抗　(B)提高電流增益　(C)提高電壓增益　(D)降低輸出阻抗 [統測]

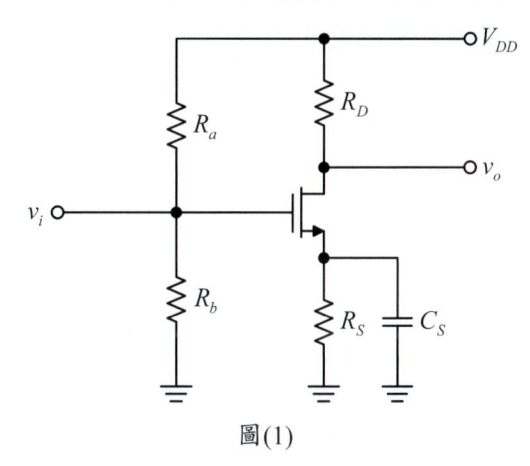

圖(1)

( ) 2. N通道增強型MOSFET的臨界電壓（threshold voltage）為2V,當$V_{GS}=5\,V$時,MOSFET工作於飽和區（夾止區）,且$I_D=3\,mA$。若$V_{GS}=8\,V$,則轉移電導g_m為何?　(A)1mS　(B)2mS　(C)4mS　(D)6mS [統測]

( ) 3. 增強型MOSFET之共源極放大電路如圖(2)所示,電路已偏壓於飽和區,若MOSFET之臨界電壓$V_T=1\,V$、元件參數$K=0.5\,mA/V^2$、閘極偏壓$V_{GS}=3\,V$,則放大電路之電壓增益約為多少?
(A)−4　(B)−6　(C)−10　(D)−15 [統測]

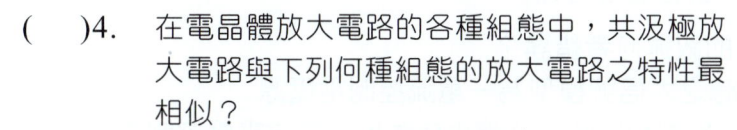

( ) 4. 在電晶體放大電路的各種組態中,共汲極放大電路與下列何種組態的放大電路之特性最相似?
(A)共射極　　　(B)共集極
(C)共基極　　　(D)共閘極 [統測]

圖(2)

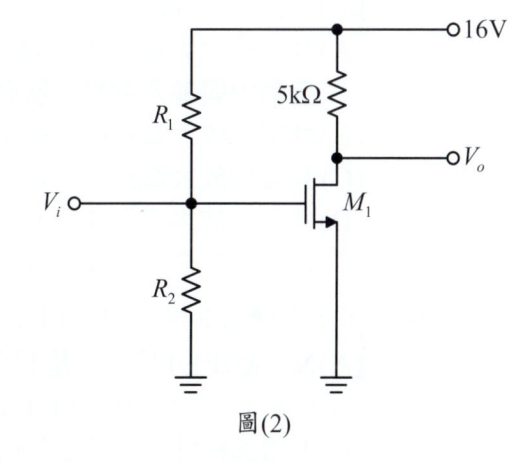

( ) 5. 下列何者是N通道增強型金氧半型場效應電晶體（MOSFET）共源極放大電路? [統測]
(A)　(B)
(C)　(D)

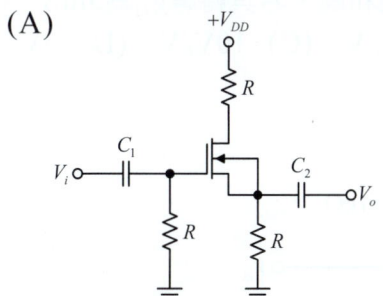

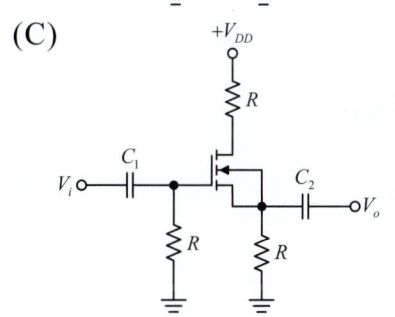

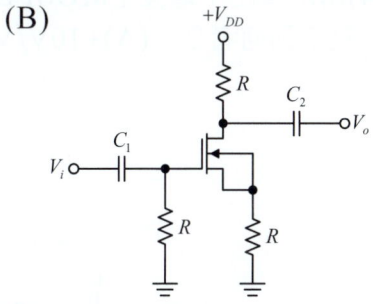

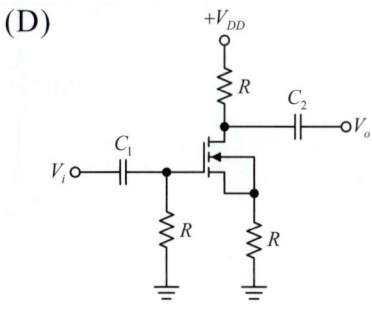

7-37

( )6. 圖(3)為NMOS FET之放大器電路,汲極電流 $I_D = K(V_{GS}-V_t)^2$,$K=10\,\text{mA}/\text{V}^2$,設NMOS FET之汲源極小訊號電阻 $r_d = \infty\,\Omega$,臨界電壓 $V_t = 1\,\text{V}$。若忽略輸入端的直流阻絕電容,則此電路的小訊號低頻電壓增益為何?
(A)−4
(B)−9
(C)−14
(D)−19 [統測]

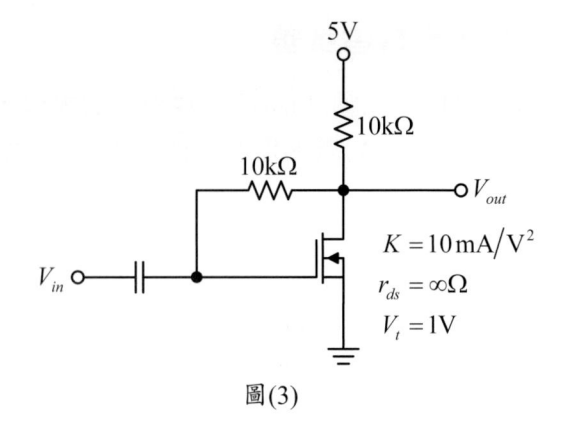

圖(3)

( )7. 下列有關場效電晶體放大器之敘述何者錯誤?
(A)共源極(CS)放大器輸入阻抗大,適合輸入電壓訊號
(B)共閘極(CG)放大器輸入阻抗小,適合輸入電流訊號
(C)共汲極(CD)放大器輸出與輸入電壓訊號同相,適合作電壓放大器
(D)共汲極(CD)放大器輸入阻抗大,適合輸入電壓訊號 [105統測]

( )8. 關於金氧半場效電晶體(MOSFET)放大電路常見之三種基本架構,包含:共源極(Common Source)、共汲極(Common Drain)、共閘極(Common Gate),則下列敘述何者正確?
(A)共源極放大電路中,輸入電壓信號經由閘極送入,輸出電壓信號經由汲極取出,且輸出與輸入電壓信號必定會同相位
(B)共閘極放大電路中,輸出與輸入電壓信號之相位接近,且具有較低之輸入阻抗
(C)共汲極放大電路中,具有低輸入阻抗,且電壓增益大於1
(D)共汲極放大電路中,具有高輸入阻抗與低輸出阻抗,可適用於阻抗匹配之用,且輸出電壓信號與輸入電壓信號相位差約180° [106統測]

( )9. 下列有關場效電晶體(FET)的敘述何者錯誤?
(A)N通道JFET操作於飽和區時之大信號模型為一電流控制電壓源
(B)P通道增強型MOSFET操作於飽和區時之交流小信號模型為一電壓控制電流源
(C)應用於線性放大器設計時,靜態工作點必在直流負載線上
(D)應用於線性放大器設計時,靜態工作點必在交流負載線上 [107統測]

( )10. 如圖(4)所示電路中增強型MOSFET操作在飽和區,若其轉導 g_m 為5mS,則電路的電壓增益為下列何者? (A)+10V/V (B)+5V/V (C)−10V/V (D)−5V/V [108統測]

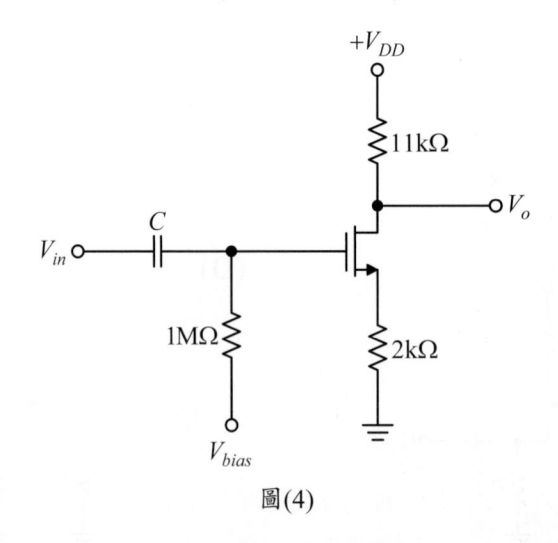

圖(4)

第 7 章 金氧半場效電晶體放大電路

( )11. 關於場效電晶體放大器，下列敘述何者正確？
(A)為了提高共源極（Common Source）放大器的電流增益，故在源極電阻旁並聯一個旁路電容
(B)共汲極（Common Drain）放大器具有高輸入阻抗、低輸出阻抗的特性，且輸入與輸出信號為同相位
(C)共閘極（Common Gate）放大器具有低輸入阻抗、高輸出阻抗的特性，且輸入與輸出信號相位相反
(D)共源極（Common Source）放大器具有高輸入阻抗的特性，且輸入與輸出信號為同相位
[110統測]

( )12. 某增強型N通道MOSFET共汲極（CD）放大電路工作於飽和區，當輸入信號為頻率500Hz、峰對峰值1V之正弦波，在輸出信號不失真下，若以示波器觀測其輸出信號波形，則下列敘述何者正確？
(A)輸出信號峰對峰值約為4V　　(B)輸出信號峰對峰值約為3V
(C)輸出信號峰對峰值約為2V　　(D)輸出信號峰對峰值約為1V
[111統測]

( )13. 如圖(5)(a)之MOSFET實驗電路，$R_S = 300\Omega$，VR已調整使得放大電路操作於最佳工作點。信號產生器（F.G.）頻率設於2kHz，以示波器CH1量測v_i、CH2量測v_o波形如圖(5)(b)與圖(5)(c)所示，CH1、CH2之輸入耦合均設置於DC，且示波器已完成歸零與調整適當。此電路之電壓增益v_o/v_i約為何？
(A)15　(B)1.5　(C)−15　(D)−29
[112統測]

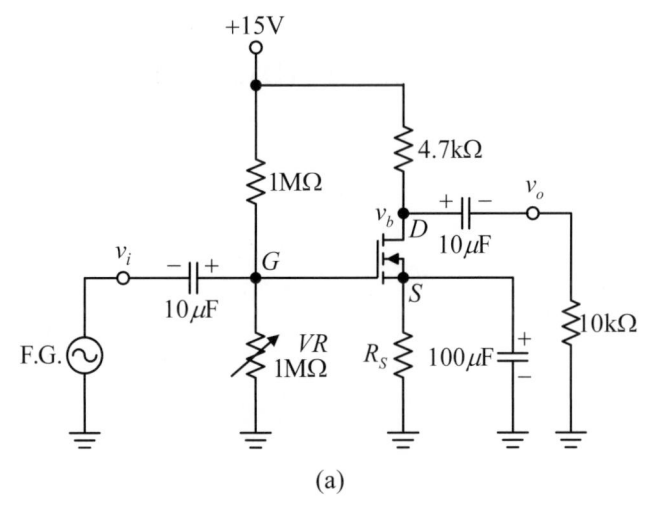

圖(5)

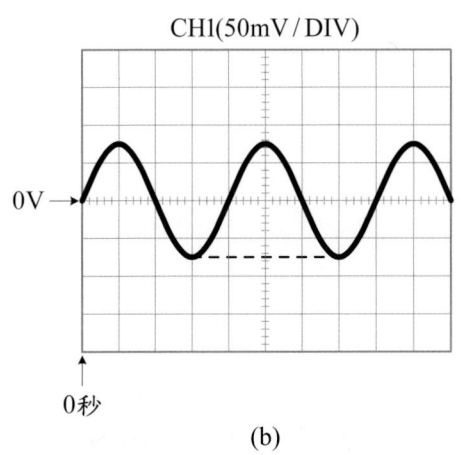

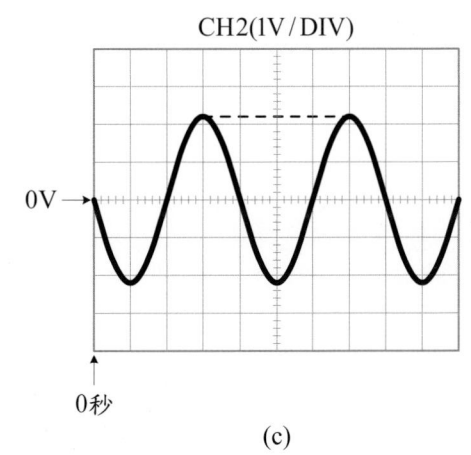

▲ 閱讀下文，回答第14-15題

如圖(6)所示之放大電路，$V_{DD}=15.6\,\text{V}$，MOSFET之臨界電壓（threshold voltage）$V_t=2\,\text{V}$，參數 $K=0.3\,\text{mA}/\text{V}^2$，若調整 R_{G1} 使得直流工作點之汲極電流 $I_D=1.2\,\text{mA}$。（F.G.為信號產生器）

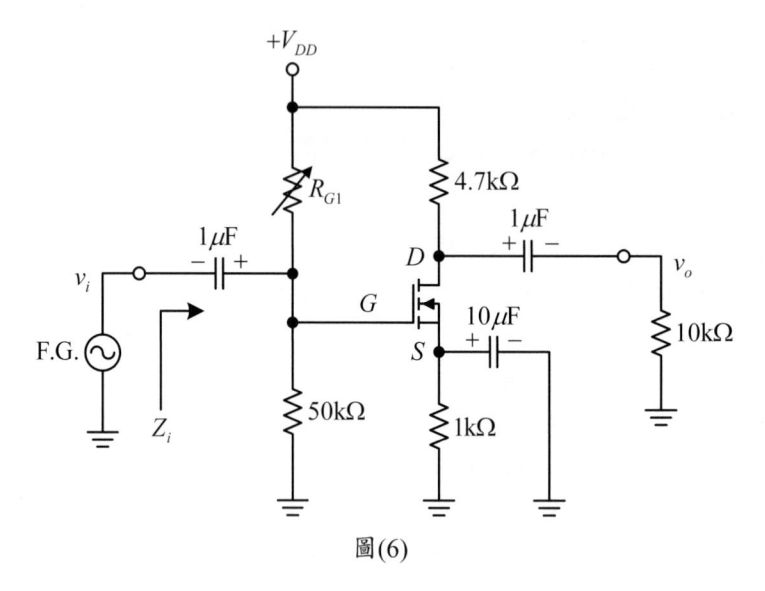

圖(6)

( )14. 則此工作點下之MOSFET交流轉移電導 g_m 為何？
(A)1.2 mA/V　(B)1.8 mA/V　(C)2.4 mA/V　(D)3.2 mA/V　　　[114統測]

( )15. 則此工作點下之輸入阻抗 Z_i 約為何？
(A)45.2 kΩ　(B)38.6 kΩ　(C)33.3 kΩ　(D)24.5 kΩ　　　[114統測]

第 7 章　金氧半場效電晶體放大電路

素養導向題

▲ 閱讀下文，回答第1～4題

五條悟老師的電子學實驗，號稱是鬼滅學園最硬的課程，毛利小五郎、炭治郎、彌豆子與柯南不約而同地選修了這門課程。圖(1)所示為本次實驗電路，由於上課時五條悟不慎打翻墨水，造成表(1)的實驗數據有部分汙損，於是五條悟老師詢問同學，答對者可以加平時成績。若汲極的直流準位 V_D 為10V，且輸入信號 $v_i(t) = 0.3\sin 1000t$ V，試問：

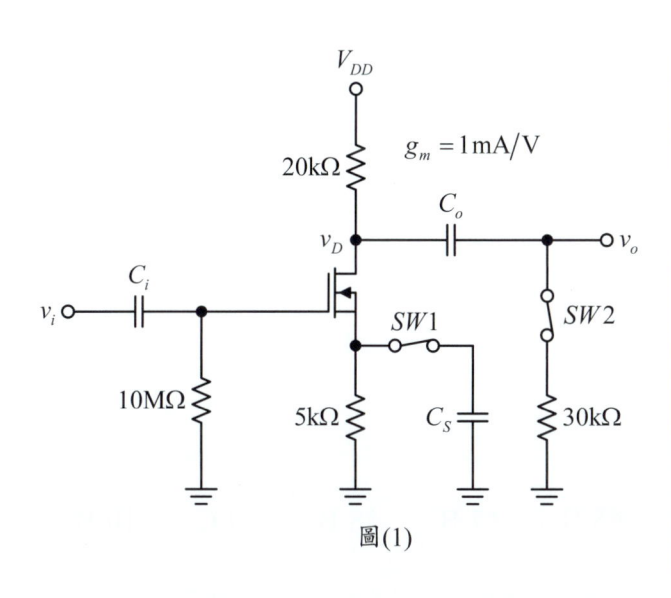

表(1)

開關 $SW1$	開關 $SW2$	$A_v = \dfrac{v_o}{v_i}$	電壓 v_D 變動範圍
ON	ON	A_{v1}	★
ON	OFF	A_{v2}	★
OFF	ON	A_{v3}	★
OFF	OFF	A_{v4}	★

圖(1)

( ) 1. 請問 A_{v2} 為何人回答正確？
(A)毛利小五郎：-10　(B)炭治郎：-20　(C)彌豆子：-30　(D)柯南：-40

( ) 2. 請問 A_{v3} 為何人回答正確？
(A)毛利小五郎：-1.2　(B)炭治郎：-2.0　(C)彌豆子：-3.6　(D)柯南：-7.2

( ) 3. 請問 ★ 污漬處，答案為何人回答正確？
(A)毛利小五郎：2V～4V　　　(B)炭治郎：3V～8V
(C)彌豆子：4V～16V　　　　(D)柯南：6V～7V

( ) 4. 請問 ★ 污漬處，答案為何人回答正確？
(A)毛利小五郎：3.8V～16.8V　(B)炭治郎：8.6V～11.2V
(C)彌豆子：7.6V～12.6V　　　(D)柯南：9.4V～10.6V

解答

7-1立即練習

基礎題

1.A　　2.A　　3.B　　4.A　　*5.B　　*6.A　　*7.D　　*8.C　　9.A

進階題

*1.D

7-2立即練習

基礎題

1.A　　2.B　　3.A　　4.A

7-3立即練習

基礎題

*1.D　　*2.A　　*3.C　　*4.A　　*5.D　　*6.A　　*7.B　　8.B

進階題

*1.C　　*2.C

7-4立即練習

基礎題

1.D　　2.A　　*3.B　　*4.C　　*5.D　　*6.B　　*7.B　　*8.B　　9.C　　10.B

進階題

*1.A

7-5立即練習

基礎題

1.B　　2.D　　3.A　　*4.B　　*5.C

進階題

*1.C

歷屆練習

電子學試題

*1.D　　*2.A　　*3.D　　*4.A　　*5.A　　*6.D　　*7.B　　*8.D　　*9.A　　*10.D
*11.A　*12.A　*13.C　*14.C　*15.D　*16.D　*17.D　*18.C　*19.A　*20.B

電子學實習試題

1.C　　*2.C　　*3.C　　4.B　　5.D　　*6.D　　7.C　　8.B　　*9.A　　*10.D
11.B　*12.D　*13.D　*14.A　*15.C

素養導向題

*1.B　　*2.B　　*3.C　　*4.D

CHAPTER 8 金氧半場效電晶體多級放大電路

本章學習重點

章節架構	必考重點
8-1 疊接放大器	• 疊接放大器之直流分析 • 疊接放大器之交流分析 • 各種形態疊接放大器之計算
8-2 直接耦合串級放大電路	• 直接耦合串級放大電路之直流分析 • 直接耦合串級放大電路之交流分析

統測命題分析

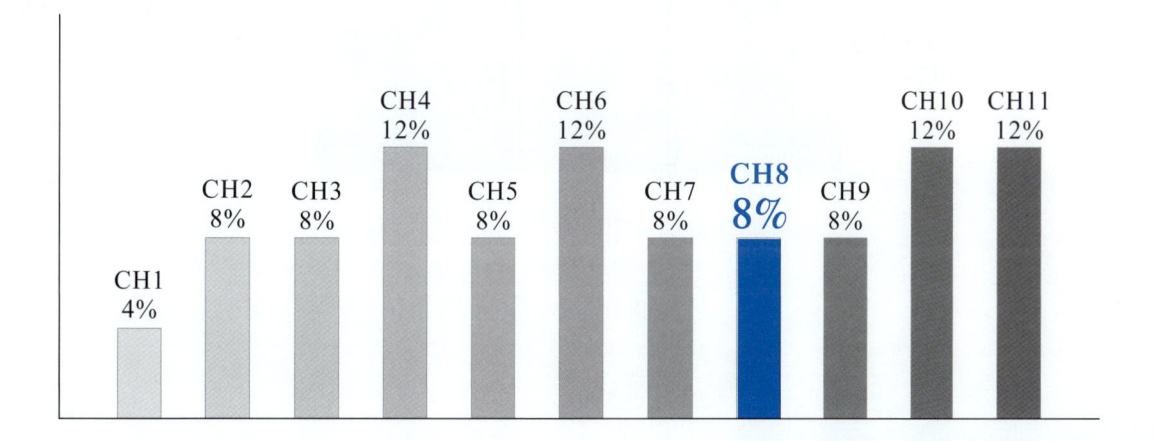

- CH1 4%
- CH2 8%
- CH3 8%
- CH4 12%
- CH5 8%
- CH6 12%
- CH7 8%
- **CH8 8%**
- CH9 8%
- CH10 12%
- CH11 12%

8-1 疊接放大器

疊接串級放大器（cascode amplifiter）的電路結構，一般較常見的電路結構有三種型態：一、共源極組態（CS）與共閘極組態（CG）組成的疊接放大器，二、**主動式負載**（增強型或空乏型）的疊接型態放大器，三、**CMOS疊接型態**的放大器等三種，且各級放大器皆須操作於**飽和區**才具放大作用，分別說明如下。

一 共源極組態（CS）與共閘極組態（CG）組成的疊接放大器

重點 1 電路介紹

本電路的特色：

1. **高頻響應好**：因疊接放大器的輸入級為共源極組態，其電壓增益 $|A_{v1}| \approx 1$，故高頻時可忽略極際電容 C_{gd} 所造成的高頻增益衰減，而輸出級為共閘極組態（CG）為電流追隨器，閘極接地可以有效降低米勒效應，一般使用於**高頻放大器**。

2. **改善負載效應**：因疊接放大器的輸入級為共源極組態，其目的為提高輸入阻抗，可以改善共閘極組態（CG）輸入阻抗過低所引起的負載效應。

3. **增加高頻的頻帶寬度**：第二級為共閘極組態（CG），其高頻響應不受米勒效應之影響，因此高頻的頻帶寬度較大。

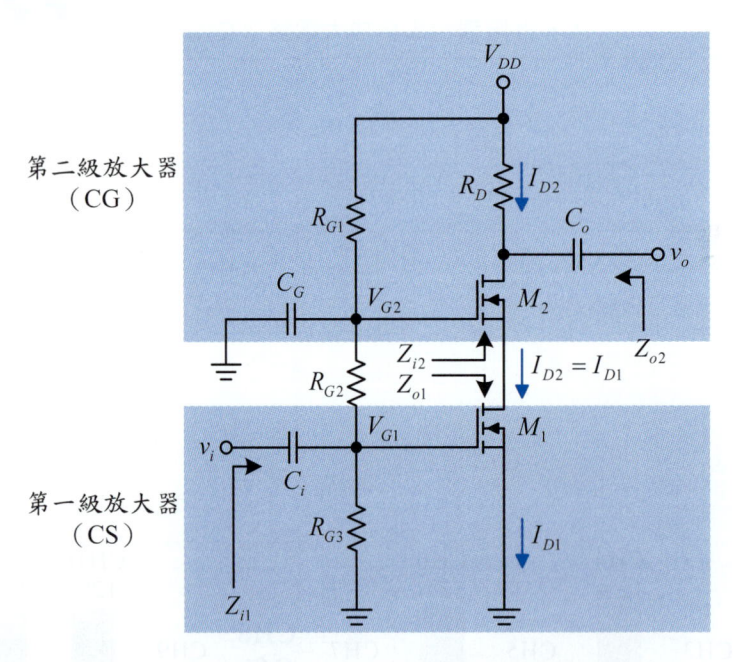

重點 2 直流分析

MOSFET的輸入阻抗高達 $10^{10}\Omega \sim 10^{15}\Omega$，因此輸入電流 $I_G \approx 0\,A$，若金氧半場效電晶體 M_1 的臨界電壓為 V_{t1}、參數值為 K_1；且 M_2 的臨界電壓為 V_{t2}、參數值為 K_2，直流分析如下：

1. 計算電壓 $V_{G1} = V_{DD} \times \dfrac{R_{G3}}{R_{G1} + R_{G2} + R_{G3}}$

2. 計算電壓 $V_{G2} = V_{DD} \times \dfrac{R_{G2} + R_{G3}}{R_{G1} + R_{G2} + R_{G3}}$

3. 計算第一級共源極放大器的汲極電流 $I_{D1} = K_1 \times (V_{G1} - V_{t1})^2$

4. 計算第二級共閘極放大器的汲極電流 $I_{D1} = I_{D2} = K_2 \times (V_{GS2} - V_{t2})^2$

   （求解 V_{GS2}，其中一個為增根）

5. 第一級為共源級，其直流工作點 $Q_1(V_{DSQ1}, I_{DQ1}) = Q_1(V_{G2} - V_{GS2}, I_{D1})$

6. 第二級為共閘極，其直流工作點 $Q_2(V_{DGQ2}, I_{DQ2}) = Q_2(V_{DD} - I_{D2} \times R_D - V_{G2}, I_{D2})$

重點 3 交流分析

運用 π 模型求解

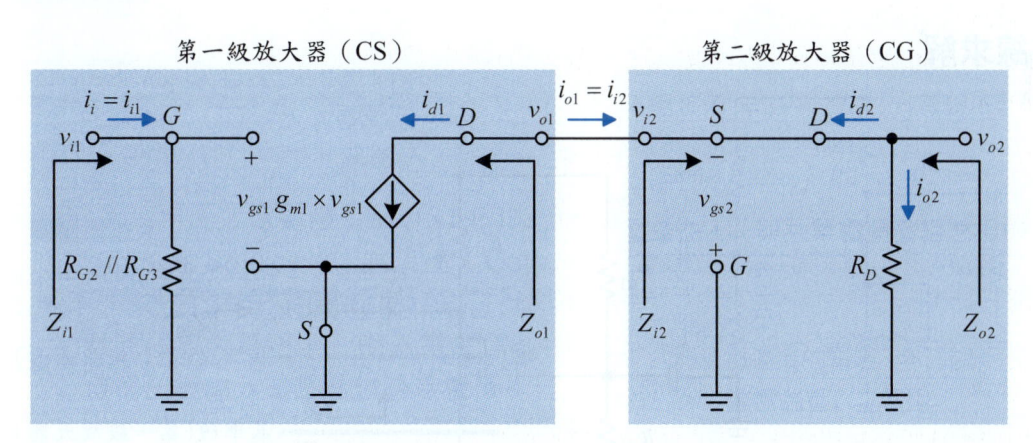

1. 輸入阻抗 Z_i：

   (1) 第一級的輸入阻抗 $Z_{i1} = R_{G2} \,//\, R_{G3}$

   (2) 第二級的輸入阻抗 $Z_{i2} = \dfrac{1}{g_{m2}}$

2. 輸出阻抗Z_o：

   (1) 第一級的輸出阻抗$Z_{o1} = \infty$

   (2) 第二級的輸出阻抗$Z_{o2} = \infty // R_D = R_D$

3. 總電壓增益A_{vT}：

   (1) 第一級放大器的電壓增益$A_{v1} = \dfrac{v_{o1}}{v_{i1}} = \dfrac{-v_{gs2}}{v_{gs1}} = \dfrac{-g_{m1} \times v_{gs1} \times \dfrac{1}{g_{m2}}}{v_{gs1}} = -\dfrac{g_{m1}}{g_{m2}}$

   (2) 第二級放大器的電壓增益$A_{v2} = \dfrac{v_{o2}}{v_{i2}} = \dfrac{-g_{m2} \times v_{gs2} \times R_D}{-v_{gs2}} = g_{m2} \times R_D$

   (3) 總電壓增益$A_{vT} = A_{v1} \times A_{v2} = -g_{m1} \times R_D$

4. 總電流增益A_{iT}：

   (1) 第一級放大器的電流增益$A_{i1} = \dfrac{i_{o1}}{i_{i1}} = \dfrac{-g_{m1} \times v_{gs1}}{\dfrac{v_{gs1}}{R_{G2} // R_{G3}}} = -g_{m1} \times (R_{G2} // R_{G3})$

   (2) 第二級放大器的電流增益$A_{i2} = \dfrac{i_{o2}}{i_{i2}} = A_{v2} \times \dfrac{Z_{i2}}{R_{io}} = g_{m2} \times R_D \times \dfrac{\dfrac{1}{g_{m2}}}{R_D} = 1$

   (3) 總電流增益$A_{iT} = A_{i1} \times A_{i2} = -g_{m1} \times (R_{G2} // R_{G3}) \times 1 = -g_{m1} \times (R_{G2} // R_{G3})$

畫基準線求解

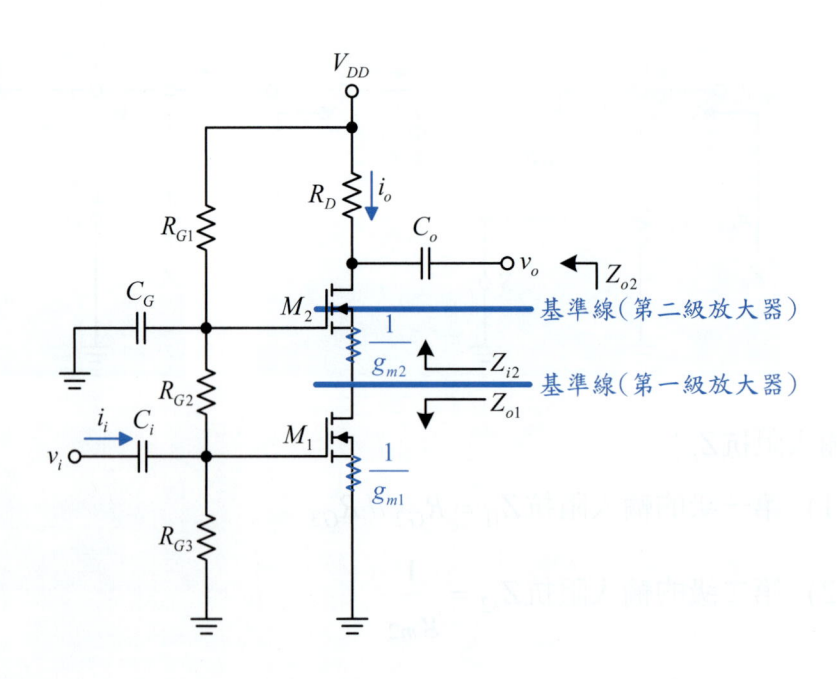

第 8 章　金氧半場效電晶體多級放大電路

1. 輸入阻抗 Z_i：

    (1) 第一級的輸入阻抗 $Z_{i1} = R_{G2} \mathbin{/\mkern-2mu/} R_{G3}$

    (2) 第二級的輸入阻抗 $Z_{i2} = \dfrac{1}{g_{m2}}$

2. 輸出阻抗 Z_o：

    (1) 第一級的輸出阻抗 $Z_{o1} = \infty$

    (2) 第二級的輸出阻抗 $Z_{o2} = \infty \mathbin{/\mkern-2mu/} R_D = R_D$

3. 總電壓增益 A_{vT}：

    (1) 第一級放大器的電壓增益（**共源極** $\Rightarrow A_v = -\dfrac{上}{下}$）

    $$A_{v1} = \dfrac{v_{o1}}{v_{i1}} = -\dfrac{上}{下} = -\dfrac{\dfrac{1}{g_{m2}}}{\dfrac{1}{g_{m1}}} = -\dfrac{g_{m1}}{g_{m2}} \text{（若 } g_{m1} = g_{m2}\text{，} A_{v1} = -1\text{）}$$

    (2) 第二級放大器的電壓增益（**共汲極** $\Rightarrow A_v = \dfrac{右}{左}$）

    $$A_{v2} = \dfrac{右（汲極連接的電阻 \Rightarrow 並聯）}{左（源極連接的電阻 \Rightarrow 串聯）} = \dfrac{R_D}{\dfrac{1}{g_{m2}}} = g_{m2} \times R_D$$

    (3) 總電壓增益 $A_{vT} = A_{v1} \times A_{v2} = -\dfrac{g_{m1}}{g_{m2}} \times g_{m2} \times R_D = -g_{m1} \times R_D$

4. 總電流增益 A_{iT}：

    (1) 第一級放大器的電流增益

    $$A_{i1} = \dfrac{i_{o1}}{i_{i1}} = A_{v1} \times \dfrac{Z_{i1}}{R_{io}} = -\dfrac{g_{m1}}{g_{m2}} \times \dfrac{R_{G2} \mathbin{/\mkern-2mu/} R_{G3}}{\dfrac{1}{g_{m2}}} = -g_{m1} \times (R_{G2} \mathbin{/\mkern-2mu/} R_{G3})$$

    (2) 第二級放大器的電流增益

    $$A_{i2} = \dfrac{i_{o2}}{i_{i2}} = A_{v2} \times \dfrac{Z_{i2}}{R_{io}} = g_{m2} \times R_D \times \dfrac{\dfrac{1}{g_{m2}}}{R_D} = 1$$

    (3) 總電流增益 $A_{iT} = A_{i1} \times A_{i2} = -g_{m1} \times (R_{G2} \mathbin{/\mkern-2mu/} R_{G3}) \times 1 = -g_{m1} \times (R_{G2} \mathbin{/\mkern-2mu/} R_{G3})$

疊接放大器的直流分析

老師教

1. 如下圖，試求第一級與第二級放大器的工作點？

$K_1 = K_2 = 1\text{mA}/\text{V}^2$
$V_{t1} = V_{t2} = 4\text{V}$

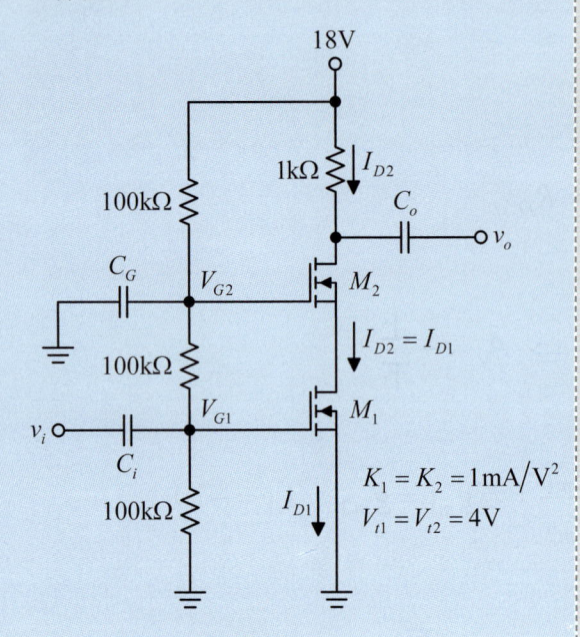

學生做

1. 如下圖，試求第一級與第二級放大器的工作點？

$K_1 = K_2 = 0.5\text{mA}/\text{V}^2$
$V_{t1} = V_{t2} = 2\text{V}$

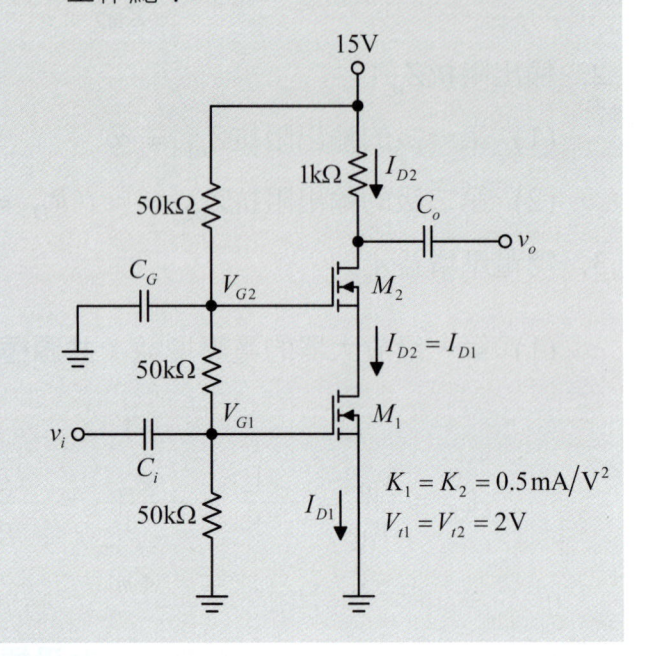

解 《第一級直流工作點之計算》

(1) $V_{G1} = V_{GS1}$
$= 18\text{V} \times \dfrac{100\text{k}\Omega}{100\text{k}\Omega + 100\text{k}\Omega + 100\text{k}\Omega}$
$= 6\text{ V}$

(2) $V_{G2} = 18\text{V} \times \dfrac{100\text{k}\Omega + 100\text{k}\Omega}{100\text{k}\Omega + 100\text{k}\Omega + 100\text{k}\Omega}$
$= 12\text{ V}$

(3) 第一級的汲極電流

$I_{D1} = K_1 \times (V_{GS1} - V_{t1})^2$
$= 1\text{mA}/\text{V}^2 \times (6\text{V} - 4\text{V})^2 = 4\text{ mA}$

(4) 第二級的閘源極電壓

$I_{D2} = I_{D1} = K_2 \times (V_{GS2} - V_{t2})^2$
$\Rightarrow 4\text{mA} = 1\text{mA}/\text{V}^2 \times (V_{GS2} - 4\text{V})^2$
$\Rightarrow V_{GS2} = 6\text{ V}$ 或 2V（不合）

(5) 第一級放大器的汲-源極電壓

$V_{DS1} = V_{G2} - V_{GS2}$
$= 12\text{V} - 6\text{V} = 6\text{ V}$

(6) 第一級的直流工作點

$Q_1(V_{DS1}, I_{D1}) = (6\text{V}, 4\text{mA})$

8-6

《第二級直流工作點之計算》

(1) 第二級放大器的汲極電壓

$$V_{D2} = V_{DD} - I_{D2} \times R_D$$
$$= 18V - 4mA \times 1k\Omega = 14 \text{ V}$$

(2) 第二級放大器的汲-閘極電壓

$$V_{DG2} = V_{D2} - V_{G2}$$
$$= 14V - 12V = 2 \text{ V}$$

(3) 第二級的直流工作點

$$Q_2(V_{DG2}, I_{D2}) = (2V, 4mA)$$

疊接放大器的交流分析

老師教

2. 承上題的老師教，試求：(1)第一級的輸入阻抗Z_{i1}　(2)第二級的輸入阻抗Z_{i2}　(3)第一級的輸出阻抗Z_{o1}　(4)第二級的輸出阻抗Z_{o2}　(5)第一級電壓增益A_{v1}　(6)第二級電壓增益A_{v2}　(7)總電壓增益A_{vT}　(8)第一級電流增益A_{i1}　(9)第二級電流增益A_{i2}　(10)總電流增益A_{iT}，分別為何？

學生做

2-1. 如左題，運用速解法，求解：(1)第一級電壓增益A_{v1}　(2)第二級電壓增益A_{v2}　(3)總電壓增益A_{vT}，分別為何？

答

解　$g_{m1} = g_{m2} = 2 \times \sqrt{K_1 \times I_{D1}}$
$$= 2 \times \sqrt{1mA/V^2 \times 4mA} = 4 \text{ mA/V}$$

繪製小訊號模型如下：

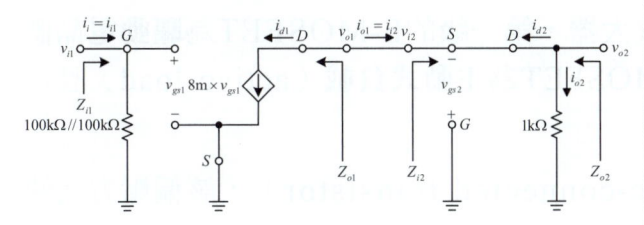

(1) 第一級的輸入阻抗

$$Z_{i1} = 100k\Omega // 100k\Omega = 50 \text{ k}\Omega$$

(2) 第二級的輸入阻抗

$$Z_{i2} = \frac{1}{g_{m2}} = \frac{1}{4mA/V} = 250 \text{ }\Omega$$

(3) 第一級的輸出阻抗$Z_{o1} = \infty$

(4) 第二級的輸出阻抗$Z_{o2} = 1 \text{ k}\Omega$

8-7

(5) 第一級電壓增益

$$A_{v1} = \frac{v_{o1}}{v_{i1}} = -\frac{g_{m1}}{g_{m2}}$$
$$= -\frac{4\,\text{mA/V}}{4\,\text{mA/V}} = -1$$

(6) 第二級電壓增益

$$A_{v2} = \frac{v_{o2}}{v_{i2}} = g_{m2} \times R_D$$
$$= 4\,\text{mA/V} \times 1\,\text{k}\Omega = 4$$

(7) 總電壓增益 $A_{vT} = A_{v1} \times A_{v2} = -4$

(8) 第一級放大器的電流增益

$$A_{i1} = \frac{i_{o1}}{i_{i1}} = -g_{m1} \times (R_{G2} /\!/ R_{G3})$$
$$= -4\,\text{mA/V} \times 50\,\text{k}\Omega = -200$$

(9) 第二級放大器的電流增益

$$A_{i2} = \frac{i_{o2}}{i_{i2}} = 1$$

(10) 總電流增益 $A_{iT} = A_{i1} \times A_{i2} = -200$

2-2. 如下圖所示，試求總電壓增益 A_{vT} 為何？

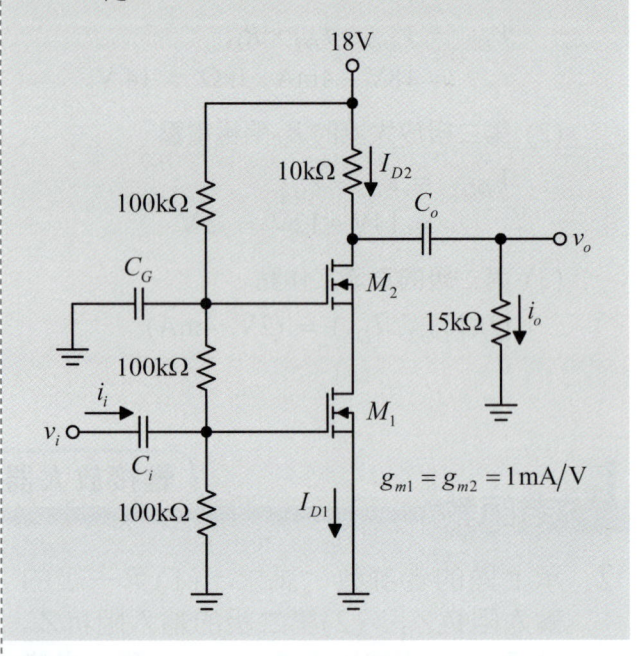

答

二　增強型 MOSFET 為負載的疊接型態放大器

重點 4　電路介紹

1. 增強型MOSFET作為負載的疊接型態放大器，第一級的E-MOSFET為**驅動電晶體**（driver-transistor），而第二級的E-MOSFET為**主動式負載**（active load）且為非線性電阻。

2. 第二級接成**二極體形式的電晶體**（diode-connected transistor），該偏壓方式使得電晶體 M_2 永遠偏壓在飽和區。

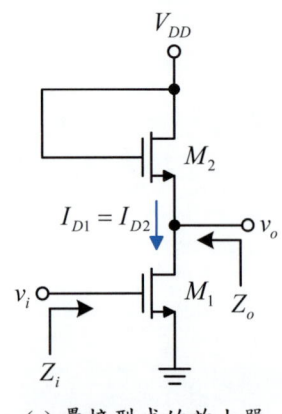

$$\frac{v_{gs2}}{g_{m2} \times v_{gs2}} = \frac{1}{g_{m2}}$$

$I_{D1} = I_{D2}$　$\dfrac{1}{g_{m2}}$（第二級MOSFET所形成的主動式負載）

(a) 疊接型式的放大器 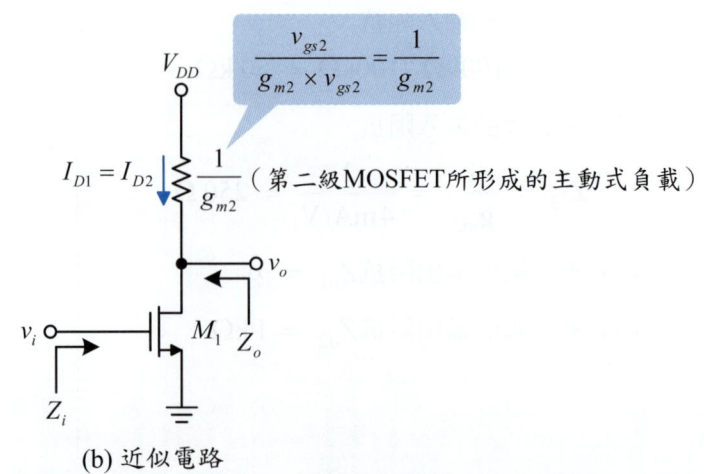　　(b) 近似電路

重點 5 電路介紹

1. 計算第一級放大器的汲極電流 I_{D1}

   若 $V_i > V_{t1}$，則金氧半場效電晶體 M_1 操作於夾止區，因此汲極電流

   $$I_{D1} = K_1 \times (V_{GS1} - V_{t1})^2$$

2. 計算第二級放大器的汲極電流 I_{D2}

   金氧半場效電晶體 M_2 的閘極與源極短接，因此必操作於飽和區，且第一級放大器的汲極與第二級放大器的汲極短接，因此 $I_{D1} = I_{D2}$。因此汲極電流

   $$I_{D2} = I_{D1} = K_2 \times (V_{GS2} - V_{t2})^2$$

3. 第一級放大器的直流工作點 $Q_1(V_{DSQ1}, I_{DQ1}) = Q_1(V_{DD} - V_{GS2}, I_{D1})$

重點 6 交流分析

運用 π 模型求解

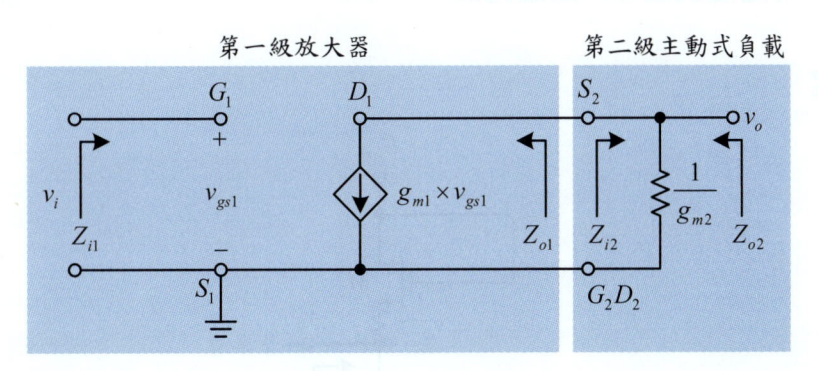

第一級放大器　　　　　　第二級主動式負載

1. 輸入阻抗 Z_i：

   (1) 第一級的輸入阻抗 $Z_{i1} = \infty$

   (2) 第二級的輸入阻抗 $Z_{i2} = \dfrac{1}{g_{m2}}$

2. 輸出阻抗 Z_o：

   (1) 第一級的輸出阻抗 $Z_{o1} = \infty$

   (2) 第二級的輸出阻抗 $Z_{o2} = \infty // \dfrac{1}{g_{m2}} = \dfrac{1}{g_{m2}}$

3. 總電壓增益 A_{vT}：

(1) $A_{vT} = \dfrac{-g_{m1} \times v_{gs1} \times \dfrac{1}{g_{m2}}}{v_{gs1}} = -\dfrac{g_{m1}}{g_{m2}}$

(2) 可以改寫為 $A_{vT} = -\dfrac{g_{m1}}{g_{m2}} = -\dfrac{2 \times \sqrt{K_1 \times I_{D1}}}{2 \times \sqrt{K_2 \times I_{D2}}}$

(3) 因汲極電流 I_D 相同，且 K 為製程互導參數，$K = \dfrac{1}{2} \times \mu_n \times C_{ox} \times \dfrac{W}{L}$，若 μ_n（電子的遷移率）與 C_{ox}（閘極氧化層電容值）相同，則總電壓增益的表示如下：

$$A_{vT} = -\sqrt{\dfrac{K_1}{K_2}} = -\sqrt{\dfrac{(W_1/L_1)}{(W_2/L_2)}} = -\sqrt{\dfrac{W_1}{W_2} \times \dfrac{L_2}{L_1}}$$

(4) 由式子可以得知，總電壓增益的大小與汲極電流的大小無關，若忽略本體效應與歐力效應（r_{d1}、r_{d2}）所造成的影響，則總電壓增益的大小僅與MOSFET在製程中的**通道長度 L** 與**通道寬度 W** 有關。

畫基準線求解

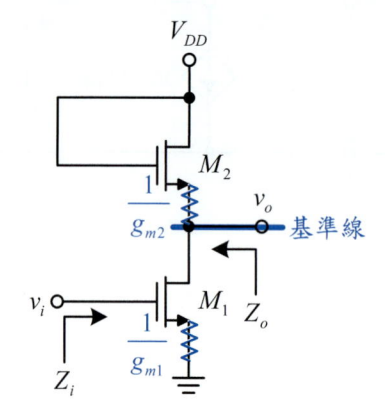

總電壓增益 $A_{vT} = \dfrac{v_o}{v_i} = -\dfrac{上}{下} = -\dfrac{\dfrac{1}{g_{m2}}}{\dfrac{1}{g_{m1}}} = -\dfrac{g_{m1}}{g_{m2}}$

E-MOSFET主動式負載的直流分析

老師教

3. 如下圖所示，試求直流工作點 $Q_1(V_{DS1}, I_{D1})$？

（電路圖：9V電源，上方MOSFET $K_2 = 2\text{mA/V}^2$, $V_{t2} = 1\text{V}$，$I_{D1} = I_{D2}$，輸出 v_o，下方MOSFET閘極接4V，$K_1 = 2\text{mA/V}^2$, $V_{t1} = 2\text{V}$）

學生做

3. 如下圖所示，試求直流工作點 $Q_1(V_{DS1}, I_{D1})$？

（電路圖：10V電源，上方MOSFET $K_2 = 1\text{mA/V}^2$, $V_{t2} = 2\text{V}$，$I_{D1} = I_{D2}$，輸出 v_o，下方MOSFET閘極接2V，$K_1 = 4\text{mA/V}^2$, $V_{t1} = 1\text{V}$）

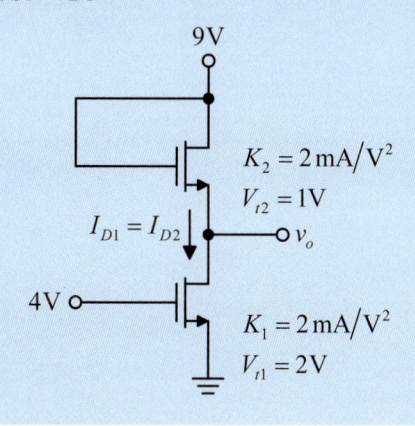

解

(1) 汲極電流

$$I_{D1} = I_{D2} = K_1 \times (V_{GS1} - V_{t1})^2$$
$$= 2\text{mA/V}^2 \times (4\text{V} - 2\text{V})^2 = 8\text{mA}$$

(2) 求解 V_{GS2}

$$I_{D2} = K_2 \times (V_{GS2} - V_{t2})^2$$
$$\Rightarrow 8\text{mA} = 2\text{mA/V}^2 \times (V_{GS2} - 1)^2$$
$$\Rightarrow V_{GS2} = 3\text{V} \text{或} -1\text{V}（不合）$$

(3) $V_{DS1} = V_{DD} - V_{GS2} = 9\text{V} - 3\text{V} = 6\text{V}$

(4) 直流工作點 $Q_1(V_{DS1}, I_{D1}) = (6\text{V}, 8\text{mA})$

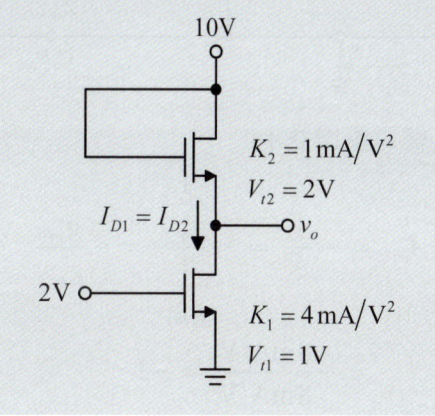

答

E-MOSFET主動式負載的交流分析

老師教

4. 承上題的老師教，試求總電壓增益 A_{vT} 為何？

學生做

4. 承上題的學生做，試求總電壓增益 A_{vT} 為何？

解

$$g_{m1} = 2 \times \sqrt{K_1 \times I_{D1}}$$
$$= 2 \times \sqrt{2\text{mA/V}^2 \times 8\text{mA}} = 8\text{mA/V}$$

$$g_{m2} = 2 \times \sqrt{K_2 \times I_{D2}}$$
$$= 2 \times \sqrt{2\text{mA/V}^2 \times 8\text{mA}} = 8\text{mA/V}$$

答

繪製小訊號模型如下：

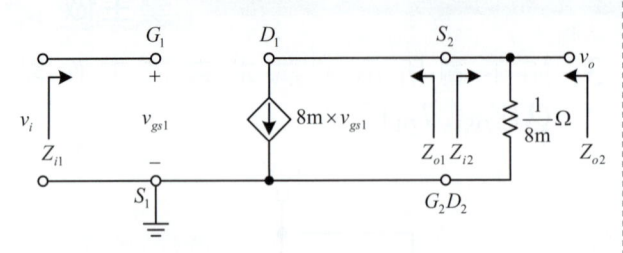

總電壓增益 A_{vT}

$$A_{vT} = -\frac{上}{下} = -\frac{\dfrac{1}{g_{m2}}}{\dfrac{1}{g_{m1}}} = -\frac{g_{m1}}{g_{m2}}$$

$$= -\frac{8\,\text{mA/V}}{8\,\text{mA/V}} = -1$$

[速解]

$$A_{vT} = -\sqrt{\frac{K_1}{K_2}} = -\sqrt{\frac{2\,\text{mA/V}^2}{2\,\text{mA/V}^2}} = -1$$

E-MOSFET主動式負載的交流分析

老師教

5. 如下圖所示，若 $g_{m1} = g_{m2} = \dfrac{1}{3}\,\text{mA/V}$，運用速解法求電壓增益 A_v 為何？

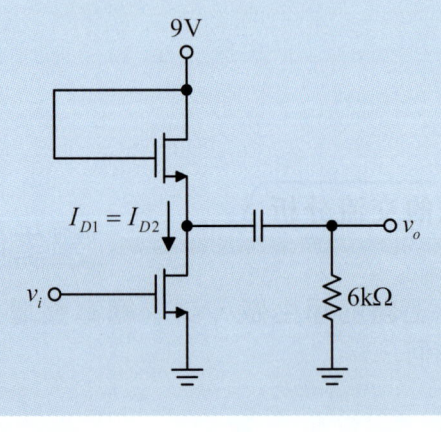

[解] 電壓增益

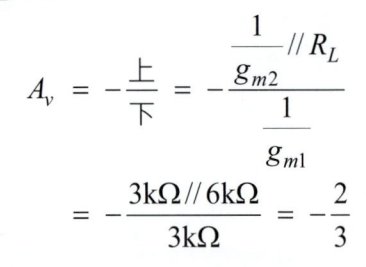

$$A_v = -\frac{上}{下} = -\frac{\dfrac{1}{g_{m2}}\,//\,R_L}{\dfrac{1}{g_{m1}}}$$

$$= -\frac{3\,\text{k}\Omega\,//\,6\,\text{k}\Omega}{3\,\text{k}\Omega} = -\frac{2}{3}$$

學生做

5. 如下圖所示，若 $g_{m1} = 1\,\text{mA/V}$，$g_{m2} = 0.5\,\text{mA/V}$，運用速解法求電壓增益 A_v 為何？

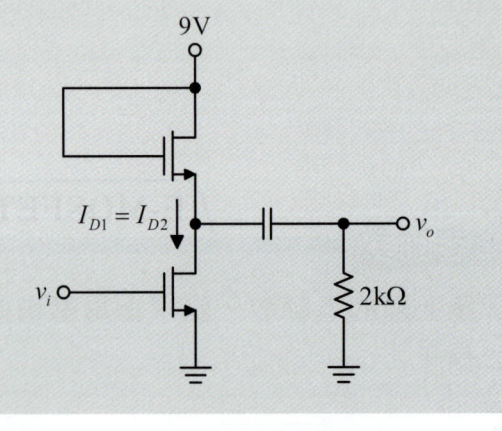

[答]

8-12

第 8 章　金氧半場效電晶體多級放大電路

三　空乏型 MOSFET 為負載的疊接型態放大器

重點 7　電路介紹

1. 空乏型MOSFET做為負載的疊接型態放大器，第一級的E-MOSFET為驅動電晶體，而第二級的D-MOSFET為主動式負載（非線性電阻）。

2. 第二級為接成二極體形式的電晶體，相較於以增強型MOSFET為負載，空乏型MOSFET為負載的疊接型態放大器其操作速度較快。

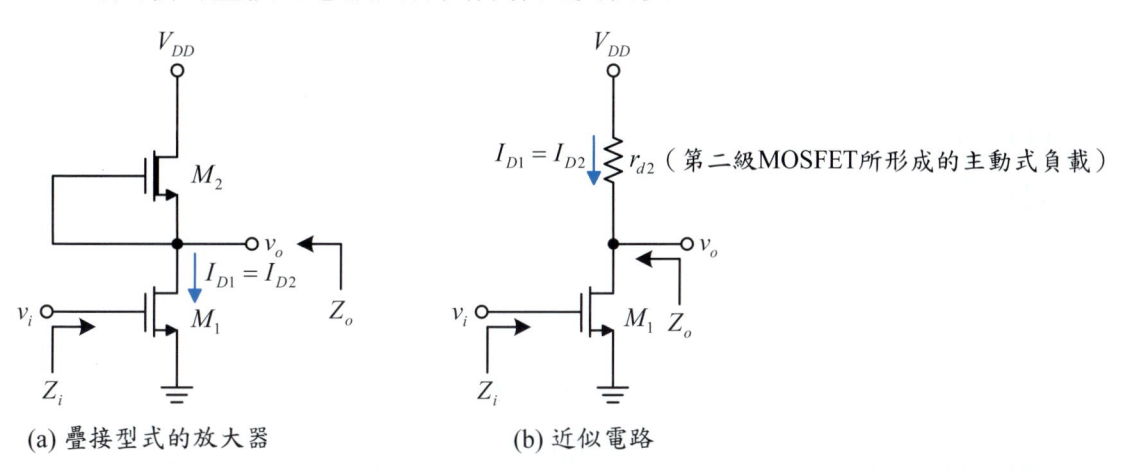

(a) 疊接型式的放大器

(b) 近似電路

重點 8　交流分析

汲極電流 $v_{GS2} = 0$，因此相依電流源 $g_{m2} \times v_{gs2}$ 視為開路，若忽略本體效應僅考慮歐力電阻 r_d，可以得到簡化模型，相關交流分析如下：

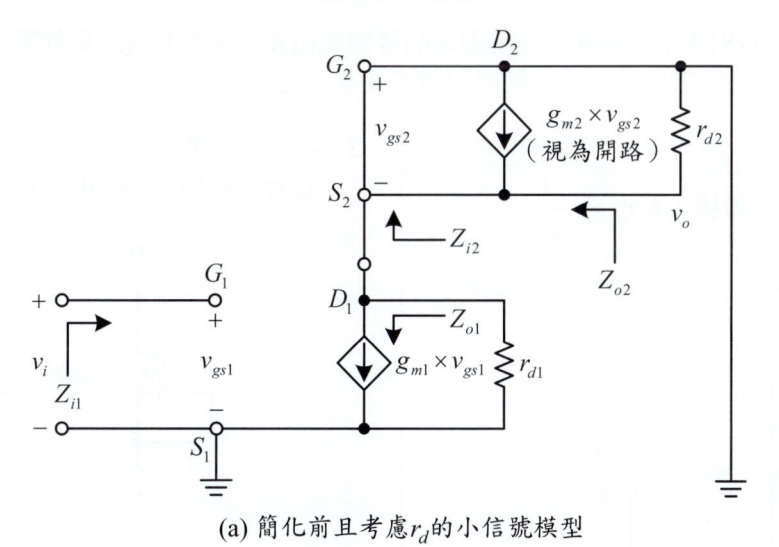

(a) 簡化前且考慮 r_d 的小信號模型

8-13

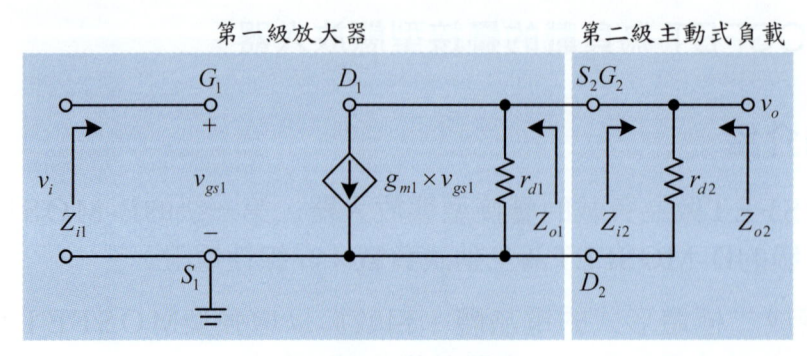

(b) 考慮 r_d 的簡化模型

1. 輸入阻抗 Z_i：

    (1) 第一級的輸入阻抗 $Z_{i1} = \infty$

    (2) 第二級的輸入阻抗 $Z_{i2} = r_{d2}$

2. 輸出阻抗 Z_o：

    (1) 第一級的輸出阻抗 $Z_{o1} = r_{d1}$

    (2) 第二級的輸出阻抗 $Z_{o2} = \infty // r_{d1} // r_{d2} = r_{d1} // r_{d2}$

3. 總電壓增益 $A_{vT} = -\dfrac{g_{m1} \times v_{gs1} \times (r_{d1} // r_{d2})}{v_{gs1}} = -g_{m1} \times (r_{d1} // r_{d2})$

補充知識

主動式負載

積體電路常利用MOSFET之汲極、源極兩端的等效電阻 R_{DS} 當作主動式負載電阻，不僅可以減少IC製造的面積，且偏壓設計容易，同時可獲得更佳的溫度補償作用。

1. 增強型負載：

    將 G、D 兩端點短接，若 $r_d >> \dfrac{1}{g_m}$，

    則 $R_{DS} = \dfrac{1}{g_m}$。

2. 空乏型負載：

    將 G、S 兩端點短接，$R_{DS} = r_d$。

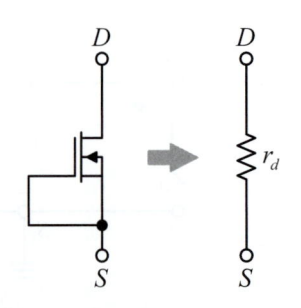

D-MOSFET主動式負載的交流分析

老師教

6. 如下圖，若M_1與M_2皆操作在飽和區，且$K_1 = 1\,\text{mA/V}^2$、$I_{D1} = I_{D2} = 4\,\text{mA}$、歐力電壓（Early voltage）為80V，試求電壓增益A_v為何？

學生做

6. 如下圖，若M_1與M_2皆操作在飽和區，且$K_1 = 5\,\text{mA/V}^2$、$I_{D1} = I_{D2} = 5\,\text{mA}$、歐力電壓（Early voltage）為100V，試求電壓增益A_v為何？

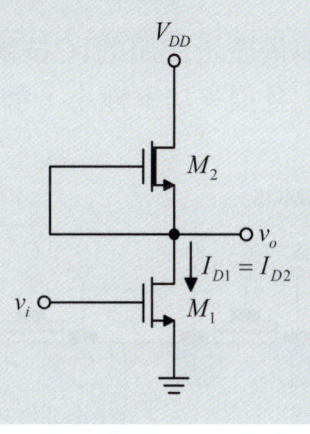

解 (1) $g_{m1} = g_{m2} = 2 \times \sqrt{K \times I_D}$
$= 2 \times \sqrt{1\,\text{mA/V}^2 \times 4\,\text{mA}}$
$= 4\,\text{mA/V}$

(2) $r_{d1} = r_{d2} = \dfrac{V_A}{I_D} = \dfrac{80\text{V}}{4\text{mA}} = 20\,\text{k}\Omega$

(3) 繪製小訊號模型：

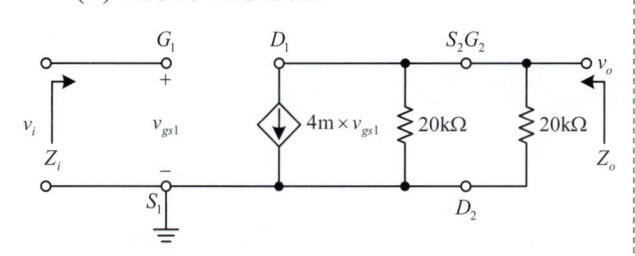

(4) 電壓增益A_v

$A_v = \dfrac{v_o}{v_i}$
$= \dfrac{-4\text{m} \times v_{gs1} \times (20\text{k}\Omega // 20\text{k}\Omega)}{v_{gs1}}$
$= -40$

四 CMOS 疊接型態的放大器

重點 9 電路介紹

1. **互補式金屬氧化物半導體**（Complementary Metal-Oxide-Semiconductor，簡稱CMOS），是將N通道的E-MOSFET（簡稱為NMOS），與P通道的E-MOSFET(簡稱為PMOS)製作在同一個晶片上。

2. 是目前最廣泛使用的IC技術，可消除在NMOS電路中會造成特性嚴重衰退的基體效應，且損失功率極小，**靜態**時無消耗功率（僅在高低態轉換時消耗功率）。

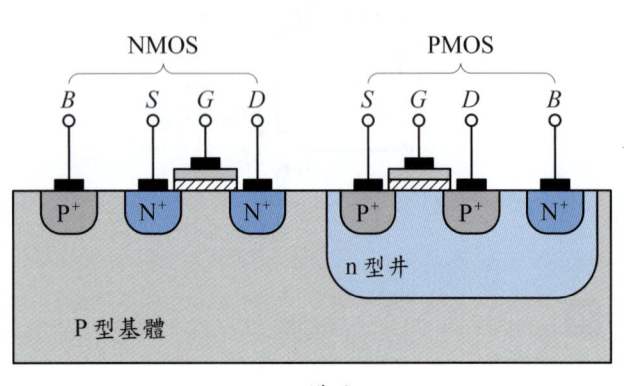

(a) 構造

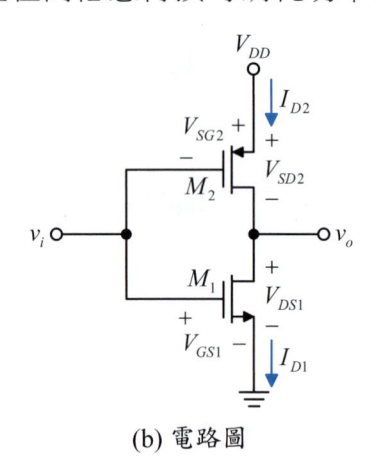

(b) 電路圖

重點 10 交流分析

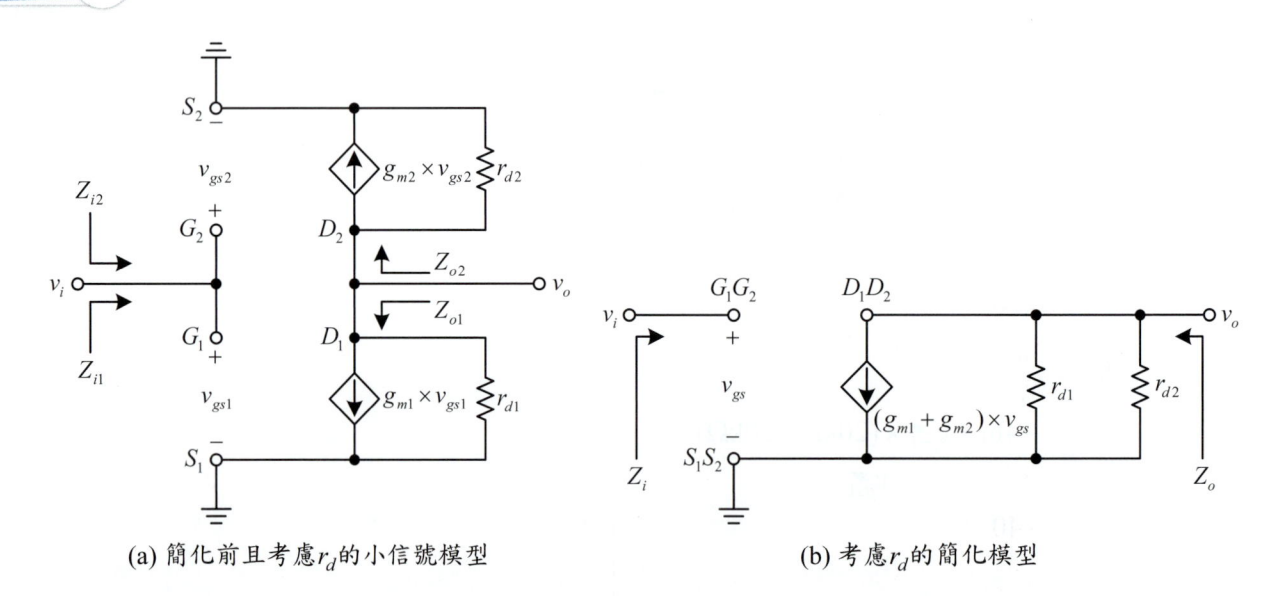

(a) 簡化前且考慮r_d的小信號模型

(b) 考慮r_d的簡化模型

1. 輸入阻抗$Z_i = \infty$

2. 輸出阻抗$Z_o = r_{d1} // r_{d2}$

3. 總電壓增益$A_{vT} = -\dfrac{(g_{m1}+g_{m2}) \times v_{gs} \times (r_{d1} // r_{d2})}{v_{gs}} = -(g_{m1}+g_{m2}) \times (r_{d1} // r_{d2})$

第 8 章 金氧半場效電晶體多級放大電路

CMOS疊接型態的放大器

老師教

7. 如下圖所示，若M_1與M_2皆操作在定電流區，且$I_{D1} = I_{D2} = 2\,\text{mA}$，歐力電壓（Early voltage）為100V，試求電壓增益A_v為何？

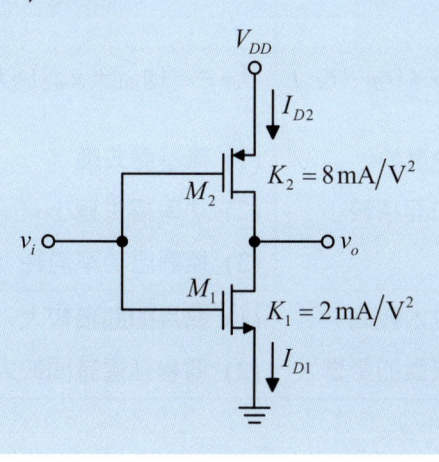

學生做

7. 如下圖所示，若M_1與M_2皆操作在定電流區，且$I_{D1} = I_{D2} = 1\,\text{mA}$，歐力電壓（Early voltage）為100V，試求電壓增益A_v為何？

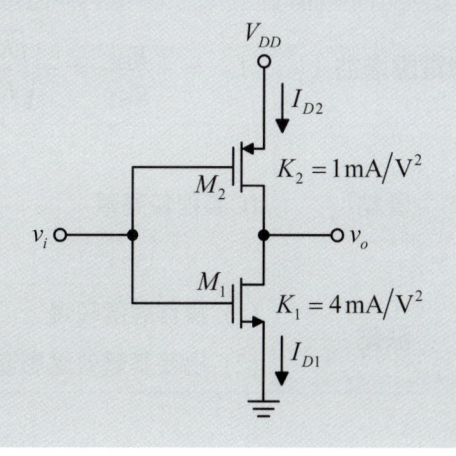

解 (1) $g_{m1} = 2 \times \sqrt{K_1 \times I_{D1}}$
$= 2 \times \sqrt{2\,\text{mA/V}^2 \times 2\,\text{mA}}$
$= 4\,\text{mA/V}$

(2) $g_{m2} = 2 \times \sqrt{K_2 \times I_{D2}}$
$= 2 \times \sqrt{2\,\text{mA/V}^2 \times 8\,\text{mA}}$
$= 8\,\text{mA/V}$

(3) $r_{d1} = r_{d2} = \dfrac{V_A}{I_D} = \dfrac{100\text{V}}{2\,\text{mA}} = 50\,\text{k}\Omega$

(4) 繪製小訊號模型：

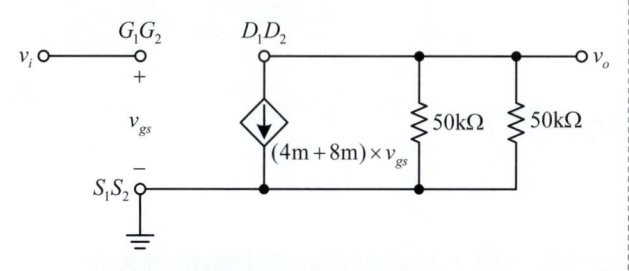

(5) 電壓增益A_v
$A_v = -(g_{m1} + g_{m2}) \times (r_{d1} /\!/ r_{d2})$
$= -(4\text{m} + 8\text{m}) \times (50\text{k}\Omega /\!/ 50\text{k}\Omega)$
$= -300$

答

五 疊接型態放大器的比較

重點 11 主動式負載以及CMOS之疊接型態放大器的交流特性與優缺點

項目 \ 型式	增強型負載	空乏型負載	CMOS疊接型態
總電壓增益 A_{vT}	$A_{vT} = -\dfrac{g_{m1}}{g_{m2}} = -\sqrt{\dfrac{K_1}{K_2}}$	$A_{vT} = -g_{m1} \times (r_{d1} // r_{d2})$	$A_{vT} = -(g_{m1} + g_{m2}) \times (r_{d1} // r_{d2})$
優點	IC製程較簡單	(1) 操作速度快 (2) 晶片的面積較小	(1) 無基體效應 (2) 功率損失極小 (3) 無靜態功率消耗
缺點	(1) 操作速度較慢 (2) 易受基體效應影響	(1) 製作成本較高 (2) 基體效應的影響大	(1) 晶片的面積較大 (2) 傳輸延遲時間較大

ABCD 立即練習

基礎題

( ) 1. 下列哪一個不是共源極放大器疊接共閘極放大器的優點？
　　(A)高頻響應良好
　　(B)降低米勒電容效應
　　(C)改善共閘極放大器輸入阻抗太低所造成的負載效應
　　(D)直流工作點穩定

( ) 2. 將閘極與源極短接，則汲源極交流電阻 r_{DS} 為何？
　　(A) $\dfrac{1}{g_m}$　(B) g_m　(C) r_d　(D) $\dfrac{1}{r_d}$

( ) 3. 將閘極與汲極短接，則汲源極交流電阻 r_{DS} 為何？
　　(A) $\dfrac{1}{g_m}$　(B) g_m　(C) r_d　(D) $\dfrac{1}{r_d}$

( ) 4. 理想的增強型MOSFET為負載的疊接型態放大器，其電壓增益與汲極電流大小
　　(A)成正比　(B)成反比　(C)平方正比　(D)無關

( ) 5. 增強型MOSFET為負載的疊接型態放大器，忽略本體效應與歐力效應所造成的影響，其電壓增益的大小和驅動電晶體的通道寬度
　　(A)成正比　(B)成反比　(C)平方正比　(D)無關

( ) 6. 增強型MOSFET為負載的疊接型態放大器，若將驅動電晶體 M_1 的通道長度 L_1 減少2倍，通道寬度 W_1 增加3倍；而負載電晶體 M_2 的通道長度 L_2 增加3倍，通道寬度 W_2 增加2倍，若忽略通道長度調變與本體效應，則電壓增益 A_v 變為多少？
　　(A)保持不變　(B)減少2倍　(C)增加2倍　(D)增加3倍

( )7. 如圖(1)所示，若參數值 $K_1 = 2\text{ mA/V}^2$、$K_2 = 8\text{ mA/V}^2$ 且臨界電壓 $V_{t1} = 1\text{ V}$、$V_{t2} = 2\text{ V}$，則第一級共源極放大器的直流工作點 $Q_1(V_{DS1}, I_{D1})$ 為何？
(A)(5V, 8mA)　(B)(6V, 4mA)　(C)(7.5V, 2.5mA)　(D)(8V, 5mA)

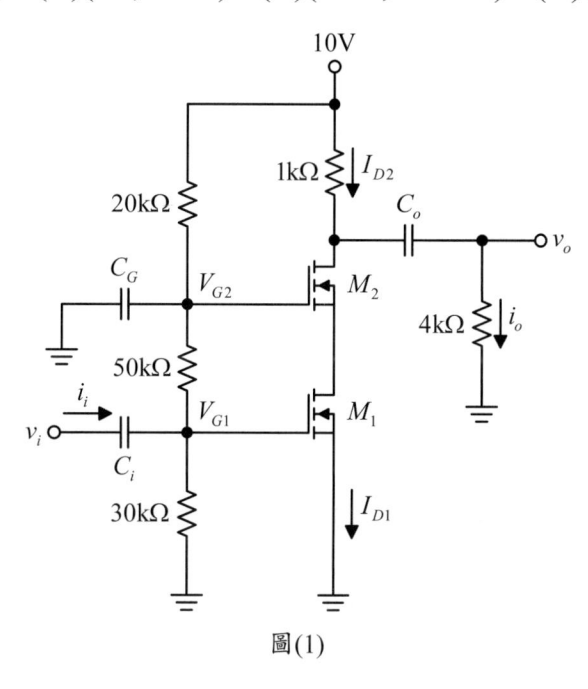

圖(1)

( )8. 承上題，試求總電壓增益 $A_{vT} = \dfrac{v_o}{v_i}$ 為何？

(A)−8.6　(B)−7.6　(C)−6.4　(D)−4.8

( )9. 承上題，試求總電流增益 $A_{iT} = \dfrac{i_o}{i_i}$ 為何？

(A)−20　(B)−30　(C)−50　(D)−60

( )10. 關於共源極放大器疊接共閘級放大器的結構，下列敘述何者錯誤？
(A)輸入級為共源極放大器　　(B)主要目的在提高電流增益
(C)主要目的在提高輸出阻抗　(D)高頻響應好

( )11. CMOS的結構為何？
(A)兩個N通道的E-MOSFET疊置而成
(B)兩個P通道的E-MOSFET疊置而成
(C)1個P通道的D-MOSFET與1個N通道的E-MOSFET疊置而成
(D)1個P通道的E-MOSFET與1個N通道的E-MOSFET疊置而成

( )12. 下列哪個串級放大組態，可以獲得最佳的高頻響應？
(A)共源極放大器（CS）串接共源極放大器（CS）
(B)共汲極放大器（CD）串接共汲極放大器（CD）
(C)共源極放大器（CS）串接共汲極放大器（CD）
(D)共源極放大器（CS）串接共閘極放大器（CG）

( )13. 下列何者不是CMOS的特點？
(A)無基體效應　　　　　　(B)佔用較小的晶片面積
(C)功率消耗極小　　　　　(D)電路結構同時使用PMOS與NMOS

(　　)14. 如圖(2)所示，若 $K_1 = 3K_2$ 且 M_1 與 M_2 皆操作於飽和區，則電壓增益 $A_{vT} = \dfrac{v_o}{v_i}$ 為何？
(A)−0.5　(B)−1　(C)−$\sqrt{3}$　(D)−$\sqrt{5}$

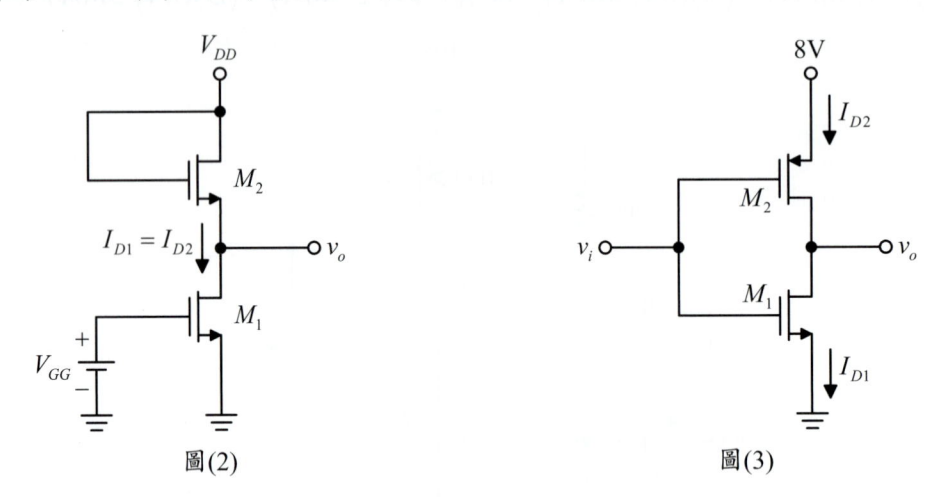

圖(2)　　　　　　圖(3)

(　　)15. 如圖(3)所示之CMOS電路，若 M_1 與 M_2 皆操作在飽和區，且 $K_1 = 2\text{ mA}/\text{V}^2$、$K_2 = 8\text{ mA}/\text{V}^2$、$V_{t1} = 1\text{ V}$、$V_{t2} = -1\text{ V}$，試求輸入電壓 v_i 為何？
(A)5V　(B)10V　(C)13V　(D)20V

進階題

(　　)1. 如圖(1)所示，若 $V_{DD} = 10\text{ V}$、$K_1 = \dfrac{K_2}{4}$，臨界電壓 $V_{t1} = V_{t2} = 2\text{ V}$，試求輸出電壓 v_o 為何？　(A)1V　(B)3V　(C)6V　(D)8V

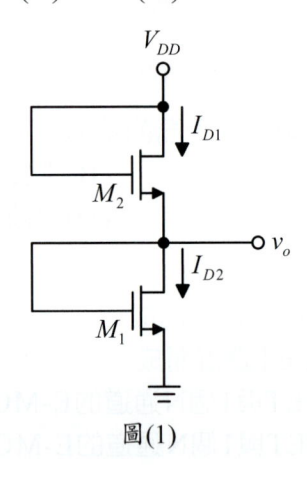

圖(1)

8-2 直接耦合串級放大電路

製作積體電路（IC）的主要元件為MOSFET，且直接耦合串級放大器的頻率響應與失真情形皆較優於其他耦合方式的放大器，因此積體電路（IC）中級與級間的耦合方式都採用直接耦合，且幾乎採用N通道增強型MOSFET為主要元件。直接耦合串級放大器在級與級間沒有任何元件隔離直流成分，因此各級的直流工作點會互相影響因此穩定度較差。

一 共源極放大器（CS）串級共源極放大器（CS）

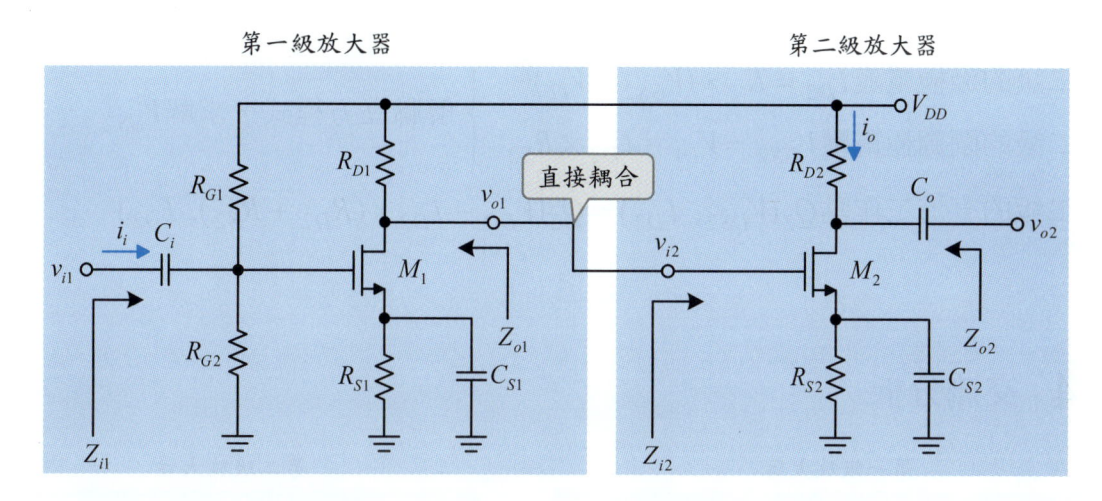

重點 1 電路化簡

輸入電流$I_G \approx 0\,A$，且進行直流分析時電容器皆視為開路，並將第一級放大器的輸入端取戴維寧等效電路，將電路化簡如下所示。

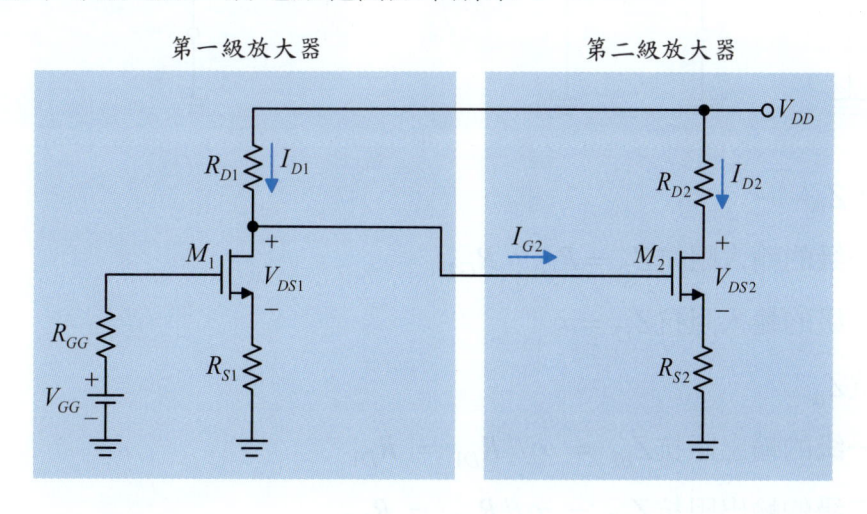

其中，$R_{GG} = R_{G1} // R_{G2}$

$$V_{GG} = V_{DD} \times \frac{R_{G2}}{R_{G1} + R_{G2}}$$

重點 2 直流分析：第一級直流工作點的計算

1. 第一級的汲極電流 $I_{D1} = K_1 \times (V_{GS1} - V_{t1})^2$
2. 第一級的閘源極電壓 $V_{GS1} = V_{GG} - I_{D1} \times R_{S1}$ 　　解聯立方程式，求解 V_{GS1}
3. 第一級的直流工作點 $Q_1(V_{DS1}, I_{D1}) = Q_1(V_{DD} - I_{D1} \times (R_{D1} + R_{S1}), I_{D1})$

重點 3 直流分析：第二級直流工作點的計算

1. 第二級的汲極電流 $I_{D2} = K_2 \times (V_{GS2} - V_{t2})^2$
2. 第二級的閘源極電壓 $V_{GS2} = V_{D1} - I_{D2} \times R_{S2}$ 　　解聯立方程式，求解 V_{GS2}
3. 第二級的直流工作點 $Q_2(V_{DS2}, I_{D2}) = Q_2(V_{DD} - I_{D2} \times (R_{D2} + R_{S2}), I_{D2})$

重點 4 交流分析

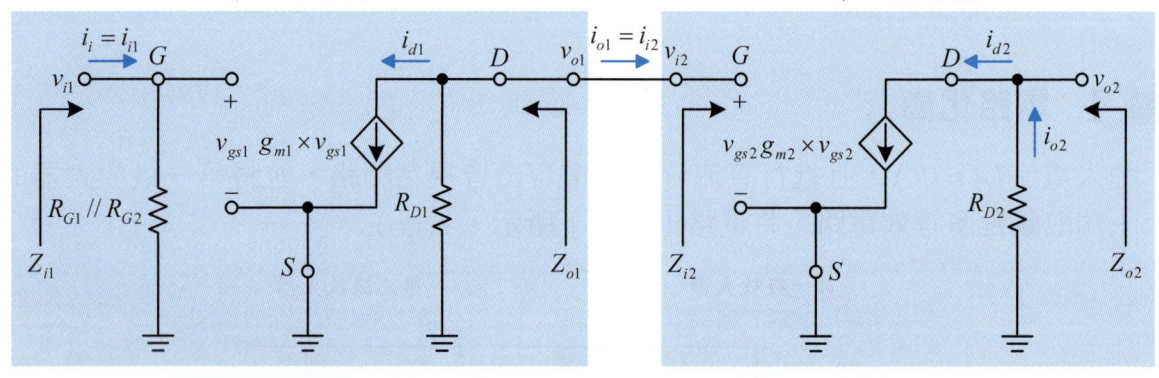

1. 輸入阻抗 Z_i：
   (1) 第一級的輸入阻抗 $Z_{i1} = R_{G1} // R_{G2}$
   (2) 第二級的輸入阻抗 $Z_{i2} = \infty$
2. 輸出阻抗 Z_o：
   (1) 第一級的輸出阻抗 $Z_{o1} = \infty // R_{D1} = R_{D1}$
   (2) 第二級的輸出阻抗 $Z_{o2} = \infty // R_{D2} = R_{D2}$

3. 總電壓增益 A_{vT}：

   (1) 第一級放大器的電壓增益

   $$A_{v1} = \frac{v_{o1}}{v_{i1}} = \frac{-g_{m1} \times v_{gs1} \times R_{D1}}{v_{gs1}} = -g_{m1} \times R_{D1}$$

   (2) 第二級放大器的電壓增益

   $$A_{v2} = \frac{v_{o2}}{v_{i2}} = \frac{-g_{m2} \times v_{gs2} \times R_{D2}}{v_{gs2}} = -g_{m2} \times R_{D2}$$

   (3) 總電壓增益 $A_{vT} = A_{v1} \times A_{v2} = g_{m1} \times g_{m2} \times R_{D1} \times R_{D2}$

4. 總電流增益 A_{iT}：

   (1) 第一級放大器的電流增益

   $$A_{i1} = \frac{i_{o1}}{i_{i1}} = \frac{-g_{m1} \times v_{gs1}}{\dfrac{v_{gs1}}{R_{G1} // R_{G2}}} = -g_{m1} \times (R_{G1} // R_{G2})$$

   (2) 第二級放大器的電流增益

   $$A_{i2} = \frac{i_{o2}}{i_{i2}} = \frac{g_{m2} \times v_{gs2}}{\dfrac{v_{gs2}}{R_{D1}}} = g_{m2} \times R_{D1}$$

   (3) 總電流增益 $A_{iT} = A_{i1} \times A_{i2} = -g_{m1} \times g_{m2} \times R_{D1} \times (R_{G1} // R_{G2})$

共源極放大器（CS）串級共源極放大器（CS）的直流分析

老師教

1. 如下圖，若 $K_1 = 1\,\text{mA}/\text{V}^2$、$K_2 = 2\,\text{mA}/\text{V}^2$、$V_{t1} = 1.5\,\text{V}$、$V_{t2} = 2\,\text{V}$，試求第一級與第二級放大器的直流工作點為何？

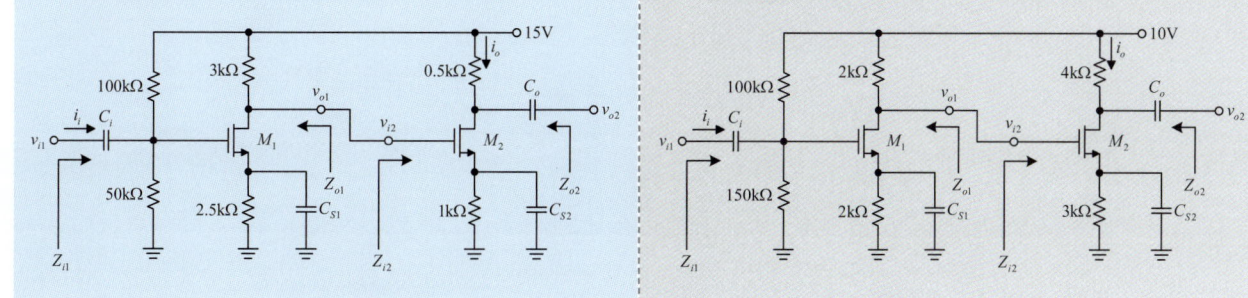

學生做

1. 如下圖，若 $K_1 = 2\,\text{mA}/\text{V}^2$、$K_2 = 1\,\text{mA}/\text{V}^2$、$V_{t1} = 1\,\text{V}$、$V_{t2} = 2\,\text{V}$，試求第一級與第二級放大器的直流工作點為何？

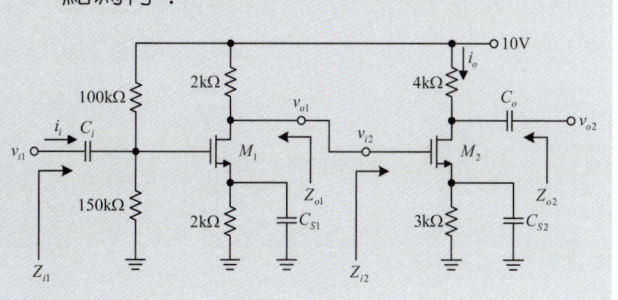

解 (1) 將電路化簡如下：

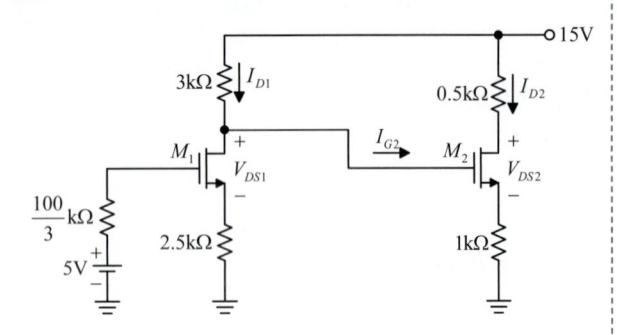

(2) 運用聯立方程式，求解 V_{GS1} 以及 I_{D1}

$$\begin{cases} I_{D1} = K_1 \times (V_{GS1} - V_{t1})^2 \\ V_{GS1} = V_{GG} - I_{D1} \times R_{S1} \end{cases}$$

$$\Rightarrow \begin{cases} I_{D1} = 1\text{mA}/\text{V}^2 \times (V_{GS1} - 1.5\text{V})^2 \\ V_{GS1} = 5\text{V} - I_{D1} \times 2.5\text{k}\Omega \end{cases}$$

$$\Rightarrow V_{GS1} = 2.5 \text{ V} \text{且} I_{D1} = 1 \text{ mA}$$

(3) 第一級直流工作點

$Q_1(V_{DS1}, I_{D1})$
$= Q_1(V_{DD} - I_{D1} \times (R_{D1} + R_{S1}), I_{D1})$
$= (9.5\text{V}, 1\text{mA})$

(4) 運用聯立方程式，求解 V_{GS2} 以及 I_{D2}

$$\begin{cases} I_{D2} = K_2 \times (V_{GS2} - V_{t2})^2 \\ V_{GS2} = V_{D1} - I_{D2} \times R_{S2} \end{cases}$$

$$\Rightarrow \begin{cases} I_{D2} = 2\text{mA}/\text{V}^2 \times (V_{GS2} - 2\text{V})^2 \\ V_{GS2} = 12\text{V} - I_{D2} \times 1\text{k}\Omega \end{cases}$$

$$\Rightarrow V_{GS2} = 4 \text{ V} \text{且} I_{D2} = 8 \text{ mA}$$

(5) 第二級直流工作點

$Q_2(V_{DS2}, I_{D2})$
$= Q_2(V_{DD} - I_{D2} \times (R_{D2} + R_{S2}), I_{D2})$
$= (3\text{V}, 8\text{mA})$

答

第 8 章 金氧半場效電晶體多級放大電路

共源極放大器（CS）串級共源極放大器（CS）的交流分析

老師教

2. 如下圖，若 $K_1 = 1\,\text{mA}/\text{V}^2$、$K_2 = 2\,\text{mA}/\text{V}^2$、$V_{t1} = 1.5\,\text{V}$、$V_{t2} = 2\,\text{V}$，試求：(1)第一級電壓增益 A_{v1} (2)第二級電壓增益 A_{v2} (3)總電流增益 A_{iT}，分別為何？

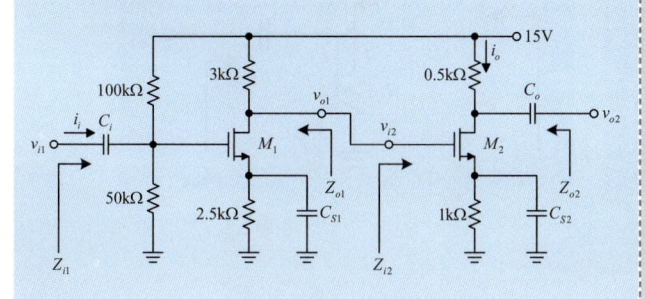

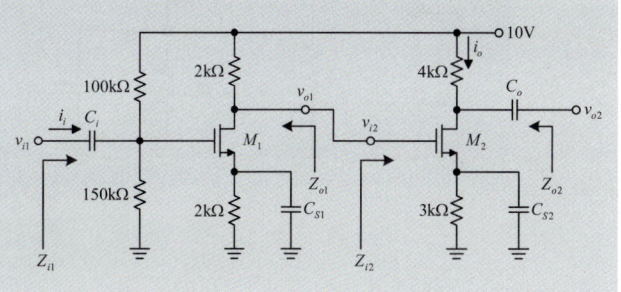

解 (1) $g_{m1} = 2 \times \sqrt{K_1 \times I_{D1}}$
$= 2 \times \sqrt{1\,\text{mA}/\text{V}^2 \times 1\,\text{mA}}$
$= 2\,\text{mA}/\text{V}$

(2) $g_{m2} = 2 \times \sqrt{K_2 \times I_{D2}}$
$= 2 \times \sqrt{2\,\text{mA}/\text{V}^2 \times 8\,\text{mA}}$
$= 8\,\text{mA}/\text{V}$

(3) 第一級電壓增益 A_{v1}

$$A_{v1} = \frac{v_{o1}}{v_{i1}} = \frac{-g_{m1} \times v_{gs1} \times R_{D1}}{v_{gs1}}$$
$= -g_{m1} \times R_{D1}$
$= -2\,\text{mA}/\text{V} \times 3\,\text{k}\Omega = -6$

(4) 第二級電壓增益 A_{v2}

$$A_{v2} = \frac{v_{o2}}{v_{i2}} = \frac{-g_{m2} \times v_{gs2} \times R_{D2}}{v_{gs2}}$$
$= -g_{m2} \times R_{D2}$
$= -8\,\text{mA}/\text{V} \times 0.5\,\text{k}\Omega = -4$

(5) 總電流增益 A_{iT}

$$A_{iT} = A_{vT} \times \frac{Z_i}{R_{io}}$$
$= -6 \times -4 \times \dfrac{100\,\text{k}\Omega /\!/ 50\,\text{k}\Omega}{0.5\,\text{k}\Omega}$
$= 1600$

學生做

2-1. 如下圖，若 $K_1 = 2\,\text{mA}/\text{V}^2$、$K_2 = 1\,\text{mA}/\text{V}^2$、$V_{t1} = 1\,\text{V}$、$V_{t2} = 2\,\text{V}$，試求：(1)第一級電壓增益 A_{v1} (2)第二級電壓增益 A_{v2}，分別為何？

答

2-2. 如下圖，若 $g_{m1} = g_{m2} = 1\,\text{mA}/\text{V}$，運用速解法，試求：(1)第一級電壓增益 A_{v1} (2)第二級電壓增益 A_{v2}，分別為何？

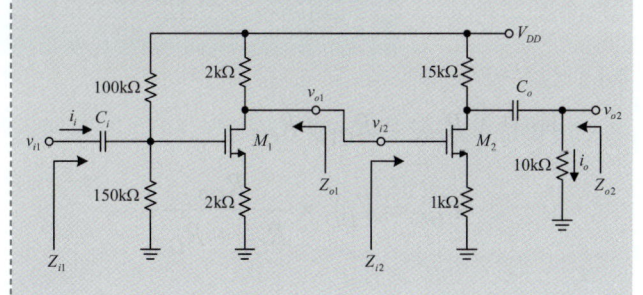

答

二 共源極放大器（CS）串級共汲極放大器（CD）

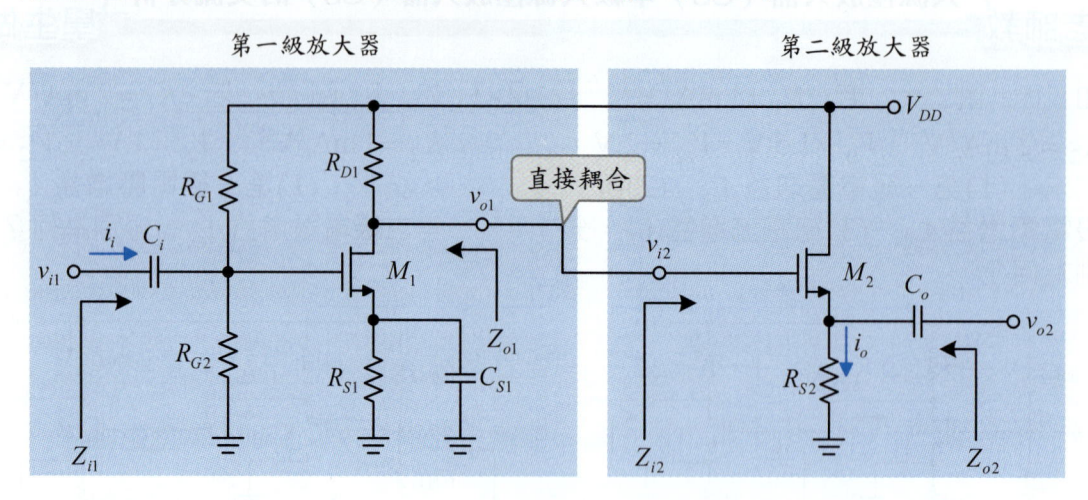

重點 1 電路化簡

輸入電流 $I_G \approx 0\,\text{A}$，且進行直流分析時電容器皆視為開路，並將第一級放大器的輸入端取戴維寧等效電路，將電路化簡如下所示。

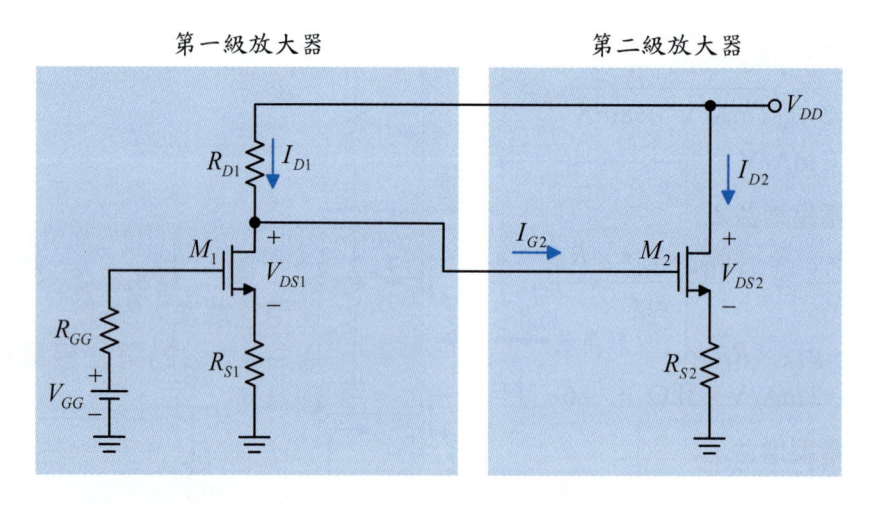

其中，$R_{GG} = R_{G1} \,//\, R_{G2}$

$$V_{GG} = V_{DD} \times \frac{R_{G2}}{R_{G1} + R_{G2}}$$

重點 2 直流分析：第一級直流工作點的計算

1. 第一級的汲極電流 $I_{D1} = K_1 \times (V_{GS1} - V_{t1})^2$
2. 第一級的閘源極電壓 $V_{GS1} = V_{GG} - I_{D1} \times R_{S1}$

   解聯立方程式，求解 V_{GS1}

3. 第一級的直流工作點 $Q_1(V_{DS1},\, I_{D1}) = Q_1(V_{DD} - I_{D1} \times (R_{D1} + R_{S1}),\, I_{D1})$

第 8 章　金氧半場效電晶體多級放大電路

重點 3　直流分析：第二級直流工作點的計算

1. 第二級的汲極電流 $I_{D2} = K_2 \times (V_{GS2} - V_{t2})^2$
2. 第二級的閘源極電壓 $V_{GS2} = V_{D1} - I_{D2} \times R_{S2}$ ⎬ 解聯立方程式，求解 V_{GS2}
3. 第二級的直流工作點 $Q_2(V_{DS2}, I_{D2}) = Q_2(V_{DD} - I_{D2} \times R_{S2}, I_{D2})$

重點 4　交流分析

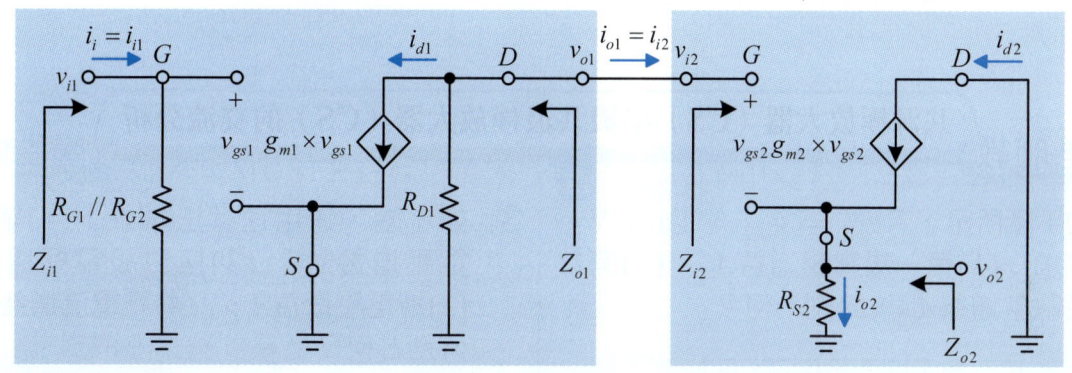

1. 輸入阻抗 Z_i：

    (1) 第一級的輸入阻抗 $Z_{i1} = R_{G1} // R_{G2}$

    (2) 第二級的輸入阻抗 $Z_{i2} = \infty$

2. 輸出阻抗 Z_o：

    (1) 第一級的輸出阻抗 $Z_{o1} = \infty // R_{D1} = R_{D1}$

    (2) 第二級的輸出阻抗 $Z_{o2} = \dfrac{1}{g_{m2}} // R_{S2}$

3. 總電壓增益 A_{vT}：

    (1) 第一級放大器的電壓增益

    $$A_{v1} = \frac{v_{o1}}{v_{i1}} = \frac{-g_{m1} \times v_{gs1} \times R_{D1}}{v_{gs1}} = -g_{m1} \times R_{D1}$$

    (2) 第二級放大器的電壓增益

    $$A_{v2} = \frac{v_{o2}}{v_{i2}} = \frac{g_{m2} \times v_{gs2} \times R_{S2}}{v_{gs2} + g_{m2} \times v_{gs2} \times R_{S2}} = \frac{g_{m2} \times R_{S2}}{1 + g_{m2} \times R_{S2}}$$

    (3) 總電壓增益 $A_{vT} = A_{v1} \times A_{v2}$

8-27

4. 總電流增益 A_{iT}：

   (1) 第一級放大器的電流增益

   $$A_{i1} = \frac{i_{o1}}{i_{i1}} = \frac{-g_{m1} \times v_{gs1}}{\frac{v_{gs1}}{R_{G1} // R_{G2}}} = -g_{m1} \times (R_{G1} // R_{G2})$$

   (2) 第二級放大器的電流增益

   $$A_{i2} = A_{v2} \times \frac{Z_i}{R_{io}} = \frac{g_{m2} \times R_{S2}}{1+g_{m2} \times R_{S2}} \times \frac{R_{D1}}{R_{S2}} = \frac{g_{m2} \times R_{D1}}{1+g_{m2} \times R_{S2}}$$

   (3) 總電流增益 $A_{iT} = A_{i1} \times A_{i2}$

共源極放大器（CS）串級共汲極放大器（CS）的交流分析

老師教

3. 如下圖所示，若 $g_{m1} = g_{m2} = 1\,\text{mA/V}$，試求：(1)第一級電壓增益 A_{v1}　(2)第二級電壓增益 A_{v2}，分別為何？

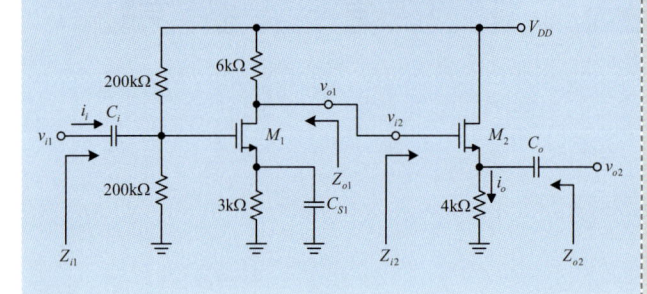

學生做

3. 如左題，運用速解法試求：(1)第一級電壓增益 A_{v1}　(2)第二級電壓增益 A_{v2}　(3)總電壓增益 A_{vT}　(4)總電流增益 A_{iT}，分別為何？

解 繪製小訊號模型：

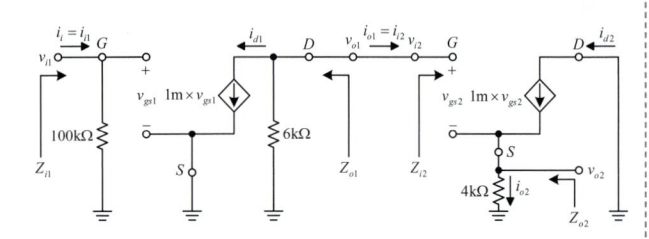

(1) $A_{v1} = \dfrac{v_{o1}}{v_{i1}} = \dfrac{-g_{m1} \times v_{gs1} \times R_{D1}}{v_{gs1}}$

$= -g_{m1} \times R_{D1}$

$= -1\,\text{mA/V} \times 6\,\text{k}\Omega = -6$

(2) $A_{v2} = \dfrac{v_{o2}}{v_{i2}} = \dfrac{g_{m2} \times v_{gs2} \times R_{S2}}{v_{gs2} + g_{m2} \times v_{gs2} \times R_{S2}}$

$= \dfrac{g_{m2} \times R_{S2}}{1+g_{m2} \times R_{S2}}$

$= \dfrac{1\,\text{mA/V} \times 4\,\text{k}\Omega}{1+1\,\text{mA/V} \times 4\,\text{k}\Omega} = 0.8$

答

ABCD 立即練習

基礎題

(　)1. 下列哪個串級放大組態，可以獲得最小的輸出阻抗？
(A)共源極放大器（CS）串接共源極放大器（CS）
(B)共汲極放大器（CD）串接共汲極放大器（CD）
(C)共閘極放大器（CG）串接共閘極放大器（CG）
(D)共閘極放大器（CG）串接共源極放大器（CS）

(　)2. 如圖(1)所示，若 $g_{m1} = g_{m2} = 1\,\text{mA/V}$，試求第一級的輸入阻抗 Z_{i1} 為何？
(A)30kΩ　(B)60kΩ　(C)90kΩ　(D)100kΩ

圖(1)

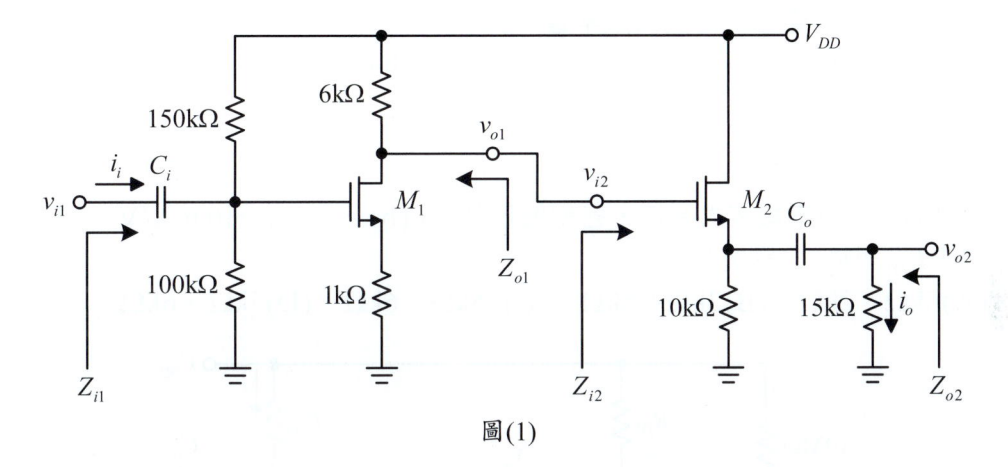

(　)3. 承上題，若 $g_{m1} = g_{m2} = 1\,\text{mA/V}$，試求第二級的輸出阻抗 Z_{o2} 約為何？
(A)600Ω　(B)750Ω　(C)$\dfrac{6000}{7}$Ω　(D)$\dfrac{8000}{9}$Ω

(　)4. 承上題，試求總電壓增益 $A_{vT} = \dfrac{v_{o2}}{v_{i1}}$ 為何？
(A)$-\dfrac{18}{7}$　(B)$-\dfrac{22}{7}$　(C)-8　(D)-10

(　)5. 承上題，試求總電流增益 $A_{iT} = \dfrac{i_o}{i_i}$ 為何？　(A)$-\dfrac{18}{7}$　(B)$-\dfrac{22}{7}$　(C)$\dfrac{62}{7}$　(D)$\dfrac{72}{7}$

(　)6. 如圖(2)所示，電路的串接組態為何？
(A)CD + CS　(B)CD + CD　(C)CS + CS　(D)CS + CD

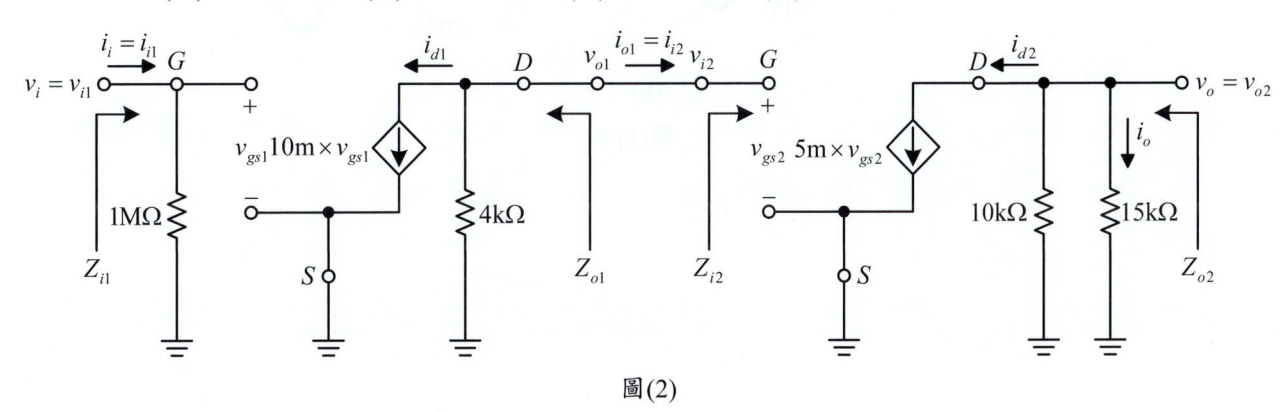

圖(2)

8-29

( )7. 承上題，試求第一級電壓增益 $A_{v1} = \dfrac{v_{o1}}{v_{i1}}$ 為何？
(A)−40　(B)−30　(C)−20　(D)−10

( )8. 承上題，試求第二級電壓增益 $A_{v2} = \dfrac{v_{o2}}{v_{i2}}$ 為何？
(A)−40　(B)−30　(C)−20　(D)−10

( )9. 積體電路（IC）中級與級間的耦合方式都採用直接耦合，主要採用何者為主要元件？
(A)P通道D-MOSFET　　　　　　(B)N通道D-MOSFET
(C)P通道E-MOSFET　　　　　　(D)N通道E-MOSFET

( )10. 直接耦合放大電路在何處的頻率響應良好？
(A)中頻　(B)低頻與中頻　(C)高頻　(D)低頻與高頻

進階題

( )1. 圖(1a)所示為串級放大系統，各級波形如圖(1b)，且 $g_{m1}=10\,\text{mA/V}$、$g_{m2}=1\,\text{mA/V}$，試求 R_{D1} 與 R_{D2} 分別為？
(A)5kΩ、2kΩ　(B)2kΩ、5kΩ　(C)15kΩ、6kΩ　(D)5kΩ、6kΩ

(a)

(b)

圖(1)

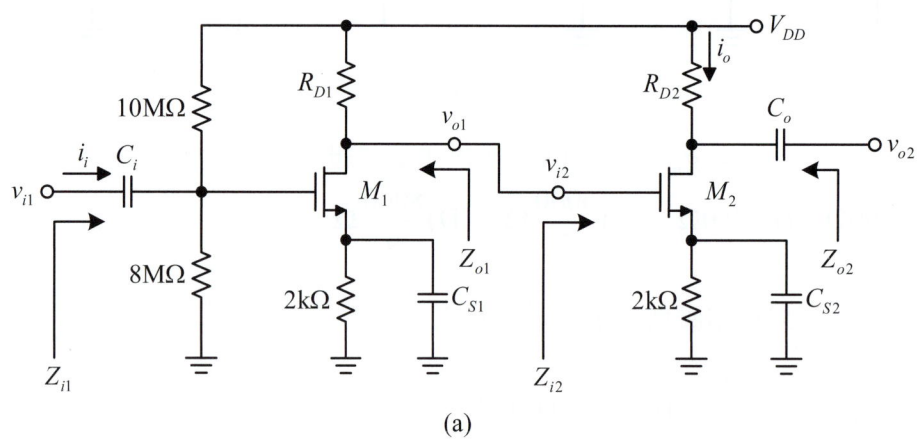

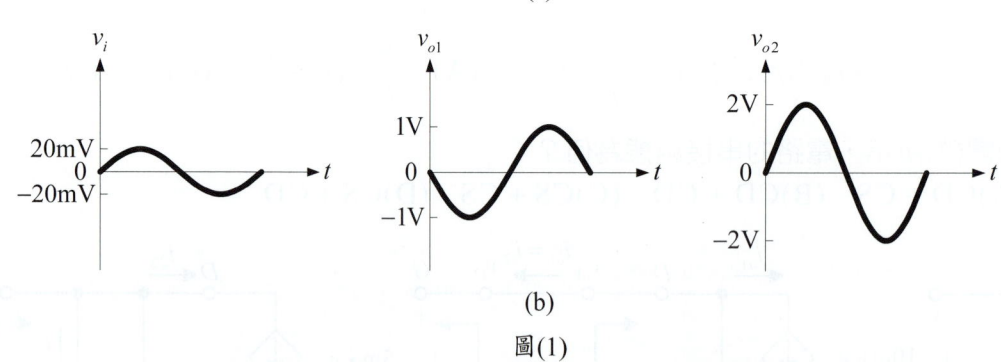

第 8 章　金氧半場效電晶體多級放大電路

歷屆試題

電子學試題

(　)1. 有關MOSFET共源極CS組態電路與共閘極CG組態電路組成之疊接放大電路，下列敘述何者正確？
(A)總電壓增益$|A_{vt}|$小於1
(B)輸出電壓與輸入電壓同相位
(C)共閘極組態電路用來提升輸入阻抗
(D)有效減低米勒電容效應 [111統測]

(　)2. 如圖(1)所示MOSFET疊接放大電路，$R_S = 300\,\Omega$，$R_D = 2.7\,\text{k}\Omega$，$R_{G1} = R_{G2} = 3\,\text{M}\Omega$，$R_{G3} = 4.7\,\text{M}\Omega$。已知MOSFET均操作於飽和區且$Q_1$之轉移電導$g_{m1} = 25\,\text{mA/V}$，$Q_2$之轉移電導$g_{m2} = 30\,\text{mA/V}$，汲極交流電阻$r_d$均忽略不計，則電壓增益$v_o/v_i$為何？　(A)−55　(B)−67.5　(C)−74.2　(D)−81 [112統測]

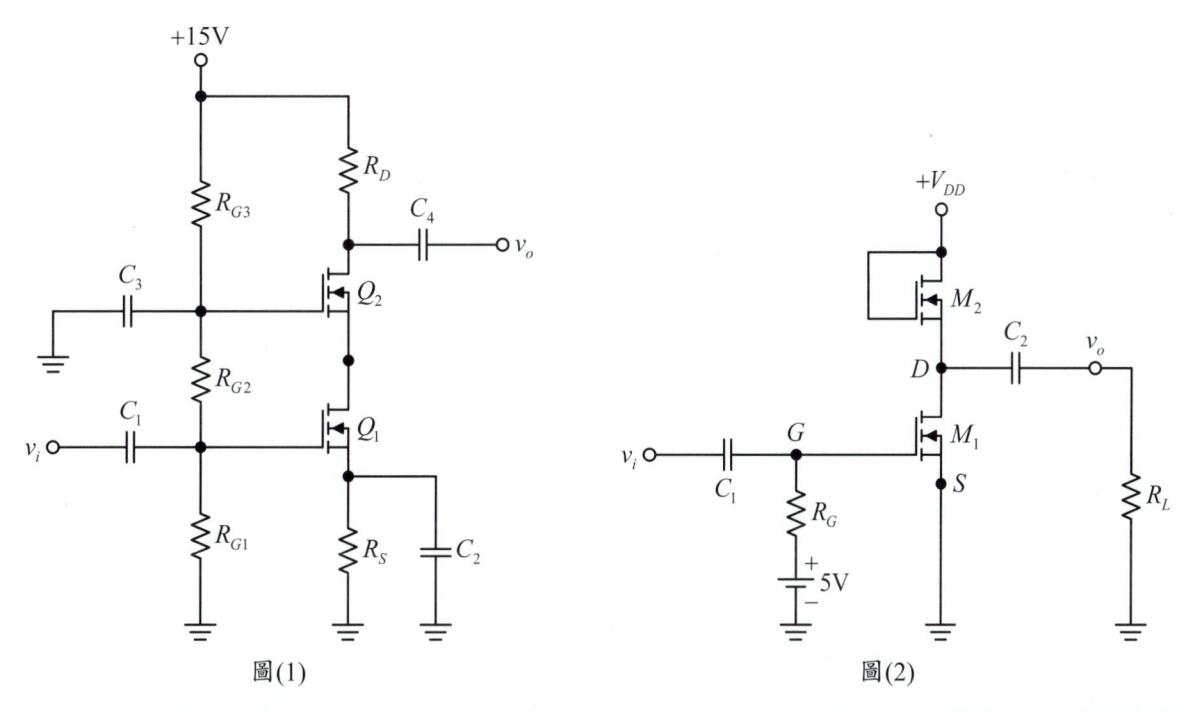

圖(1)　　　　圖(2)

(　)3. 如圖(2)所示電路之N通道MOSFET疊接放大電路，電晶體M_1之臨界電壓（threshold voltage）$V_{t1} = 3\,\text{V}$、參數$K_1 = 4\,\text{mA/V}^2$，電晶體M_2之臨界電壓$V_{t2} = 2.5\,\text{V}$、參數$K_2 = 1\,\text{mA/V}^2$，$R_G = 1\,\text{M}\Omega$，$R_L = 10\,\text{k}\Omega$，若汲極電阻r_d皆忽略，則此電路之電壓增益$A_v = v_o/v_i$約為何？
(A)−1.98　(B)−2.82　(C)−3.56　(D)−4.58 [113統測]

8-31

電子學實習試題

(B)1. 如圖(1)所示串級放大實驗電路，MOSFET Q_1 之參數 $K_1 = 0.5\ \text{mA}/\text{V}^2$、臨界電壓 $V_{t1} = 1\ \text{V}$，Q_2 之參數 $K_2 = 0.5\ \text{mA}/\text{V}^2$、臨界電壓 $V_{t2} = 1.5\ \text{V}$，調整 R_{G1} 後測得兩電晶體直流工作點之 Q_1 汲極電流 $I_{D1} = 0.5\ \text{mA}$、Q_2 汲極電流 $I_{D2} = 2\ \text{mA}$，則放大器之電壓增益 v_o/v_i 為何？　(A)15　(B)−10　(C)−12　(D)−15 　　[114統測]

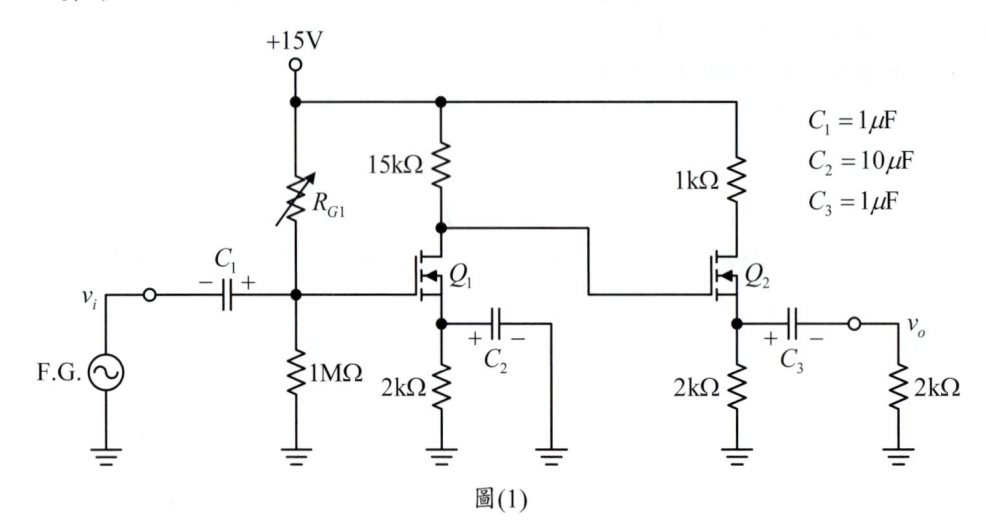

圖(1)

第 8 章 金氧半場效電晶體多級放大電路

素養導向題

▲ 閱讀下文，回答第1～4題

圖(1a)所示為MOSFET串級放大實驗電路，電晶體的轉移電導為 $g_{m1} = g_{m2} = 1\,\text{mA/V}$，以示波器CH1量測 v_i、CH2量測 v_o，各級波形如圖(1b)所示，試問：

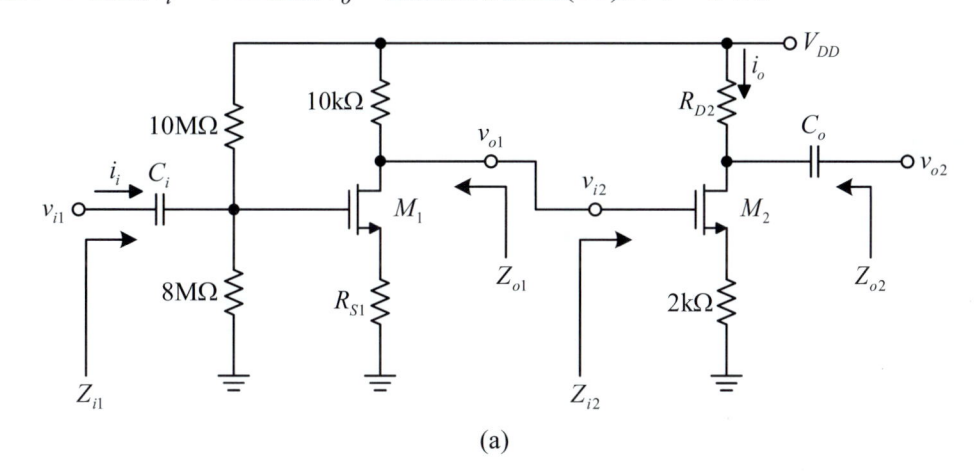

(a)

(b)

圖(1)

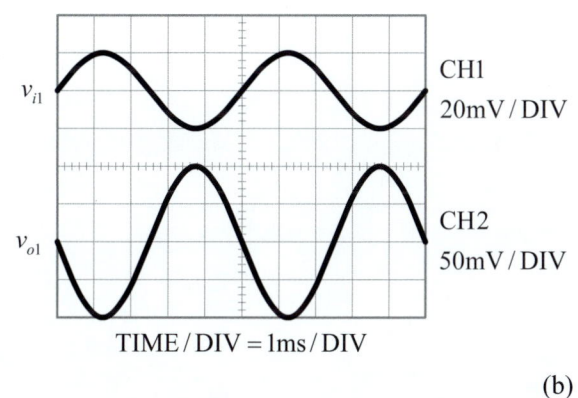

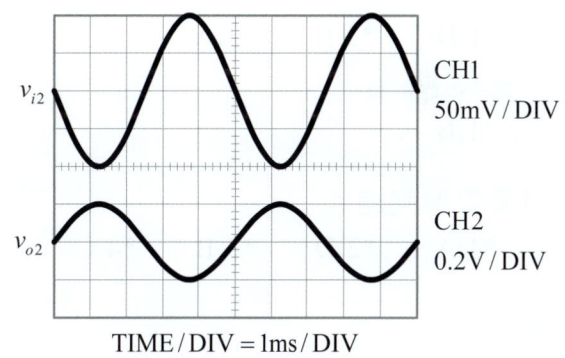

( ) 1. 第一級串級放大的電壓增益 A_{v1} 是幾倍？
　　(A)-5　(B)-10　(C)5　(D)10

( ) 2. 電阻 R_{S1} 為多少歐姆？
　　(A)10kΩ　(B)5kΩ　(C)2kΩ　(D)1kΩ

( ) 3. 第二級串極放大的電壓增益 A_{v2} 是幾倍？
　　(A)-5　(B)-2　(C)5　(D)2

( ) 4. 電阻 R_{D2} 為多少歐姆？
　　(A)10kΩ　(B)8kΩ　(C)6kΩ　(D)4kΩ

解 答

8-1立即練習

基礎題

1.D 2.A 3.C 4.D 5.A *6.D *7.A *8.C *9.B 10.B
11.D 12.D 13.B *14.C *15.A

進階題

*1.C

8-2立即練習

基礎題

1.B *2.B *3.C *4.A *5.D 6.C *7.A *8.B 9.D 10.B

進階題

*1.A

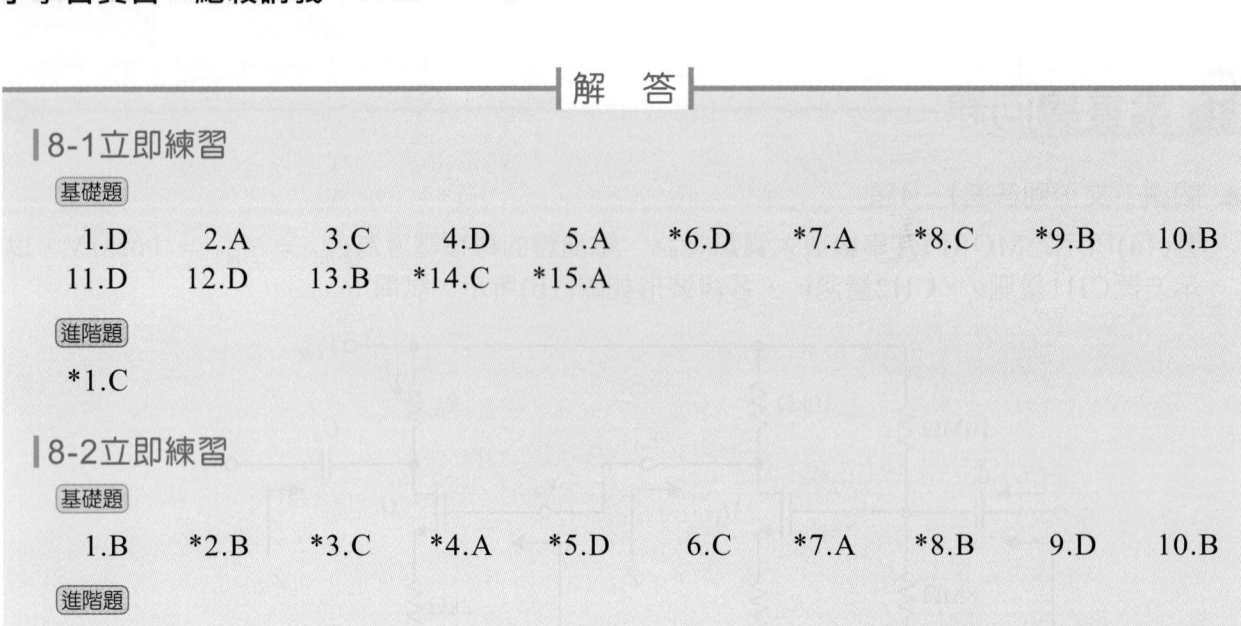

歷屆試題

電子學試題

*1.D *2.B *3.A

電子學實習試題

*1.B

素養導向題

*1.A *2.D *3.B *4.C

CHAPTER 9 金氧半場效電晶體數位電路

本章學習重點

章節架構	必考重點
9-1　MOSFET反相器	• 各種形式反相器之工作區域判斷 • 雜訊邊限的計算
9-2　MOSFET邏輯閘	• 各種MOSFET邏輯閘之真值表 • 各種MOSFET邏輯閘之布林代數式

統測命題分析

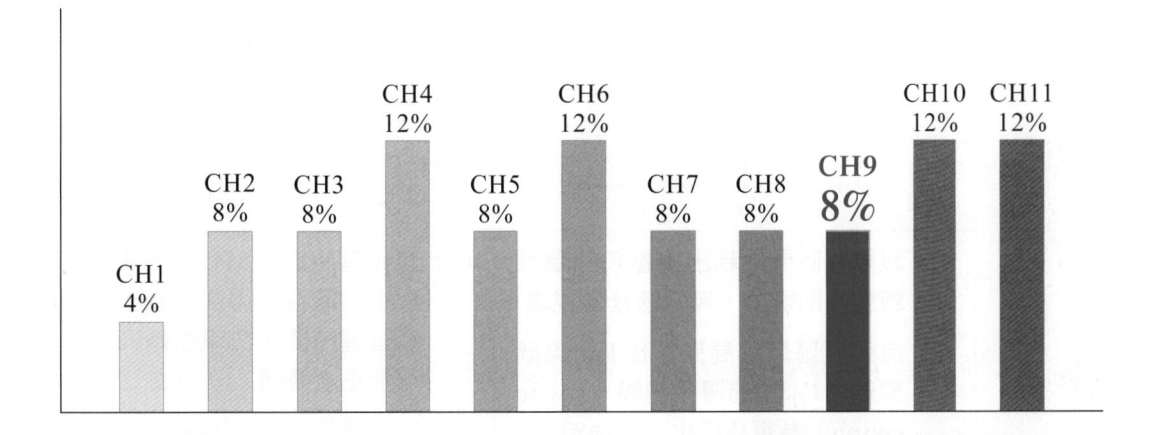

- CH1　4%
- CH2　8%
- CH3　8%
- CH4　12%
- CH5　8%
- CH6　12%
- CH7　8%
- CH8　8%
- CH9　8%
- CH10　12%
- CH11　12%

9-1 MOSFET反相器

反相器（inverter）是構成數位邏輯積體電路中最基本的裝置，且最早被設計出來的，因此，我們藉由反相器來說明邏輯電路中所考慮的各種特性。

重點 1 雜訊邊限

雜訊邊限（noise margin）代表邏輯電路對於雜訊的**免疫性**（immunity）或是**強固性**（robustness），雜訊邊限宜**愈大愈好**，且NM_H（**高態雜訊邊限**，定義為$V_{OH}-V_{IH}$）與NM_L（**低態雜訊邊限**，定義為$V_{IL}-V_{OL}$）兩者，最好相等。

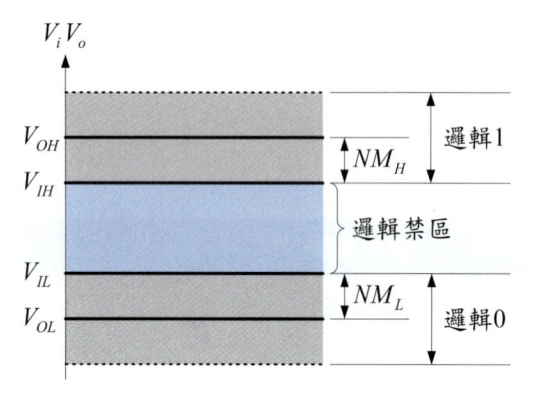

CMOS邏輯閘之一般特性

V_{OH}	4.95V	V_{NH}	1.45V
V_{OL}	0.05V	V_{NL}	1.45V
V_{IH}	3.5V	邏輯擺幅	5V
V_{IL}	1.5V	扇出數	50
供給電壓	3V～15V	消耗功率	0.1mW

註：(1) V_{IH}：邏輯閘能辨認為邏輯1時的最小（最低準位）輸入電壓。
　　(2) V_{IL}：邏輯閘能辨認為邏輯0時的最大（最高準位）輸入電壓。
　　(3) V_{OH}：輸出狀態為邏輯1時的最低值電壓。
　　(4) V_{OL}：輸出狀態為邏輯0時的最高值電壓。

重點 2 理想反相器與實際反相器

反相器 項目	理想反相器	實際反相器
邏輯擺幅	（圖：理想反相器轉換特性曲線，垂直降轉，V_{OH}、V_{OL}、V_M、邏輯擺幅）	（圖：實際反相器轉換特性曲線，含$m=-1$兩點，V_{OL}、V_{IL}、V_{IH}、V_{OH}）
特性	(1) 無延遲時間：輸出電壓V_o的穩態轉變立即切換，無暫態延遲現象 (2) 無過渡區域：高態輸出V_{OH}與低態輸出V_{OL}間的**邏輯擺幅**（logic swing）為垂直變化，轉換明確	(1) 有延遲時間：MOSFET內部有電阻與寄生電容，因此，輸出電壓V_o必然有延遲時間，故電壓轉換特性曲線不可能垂直降轉 (2) 有過度區域：高態輸出V_{OH}與低態輸出V_{OL}間的邏輯擺幅為會有一段變化緩慢的過渡區（負斜率的降轉曲線）

重點 3　各種形式的反相器

反相器電路	輸入低態（0）操作區域	輸入高態（1）操作區域	優點	缺點
增強型負載 NMOS反相器	M_1：截止區 M_2：飽和區	M_1：三極區 M_2：飽和區	(1) 容易製作 (2) 成本低	(1) $V_{OH} < V_{DD}$ (2) 輸出電壓擺幅小 (3) 雜訊邊限小 (4) 有靜態消耗功率 (4) 有本體效應 (5) 比例型邏輯
空乏型負載 NMOS反相器	M_1：截止區 M_2：三極區	M_1：三極區 M_2：飽和區	提高V_{OH}至V_{DD}	(1) 有靜態消耗功率 (2) 有本體效應 (3) 比例型邏輯
互補式 CMOS反相器	NMOS：截止區 PMOS：三極區	NMOS：三極區 PMOS：截止區	(1) 雜訊邊限大 (2) 輸出電壓擺幅大 (3) 無靜態消耗功率 (4) 非比例型邏輯 (5) 無本體效應	(1) 製程較複雜 (2) 晶片面積大 (3) 延遲時間長 (4) 有門鎖效應
虛擬（Pseudo） NMOS反相器	M_1：截止區 M_2：三極區	M_1：三極區 M_2：飽和區	(1) 扇入數多 (2) 減少晶體面積 (3) 減少PMOS數量	(1) 有靜態消耗功率 (2) $V_{OL} \neq 0\ V$ (3) 輸出電壓擺幅小 (4) 比例型邏輯

註1：CMOS操作在低態輸入或是高態輸入，其穩態電流皆為0（忽略漏電流時），因此無靜態消耗功率（唯一會消耗功率的時間點是在輸出High、Low交替時），此乃CMOS最大的優點，為VLSI以上製程的主流。

註2：V_{OL}的大小會隨NMOS的外型值（$\frac{W}{L}$）而異，稱為比例型邏輯。

補充知識

PMOS與NMOS的數位符號

數位電路符號的表示方式，會在PMOS閘極處以小圓圈表示，而NMOS則無此標示，並且同時不標示源極的箭頭，以下為不同CMOS電路所對應之符號。

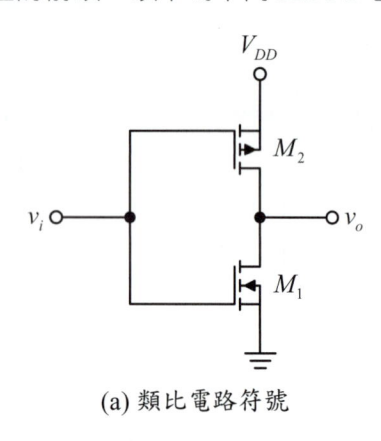

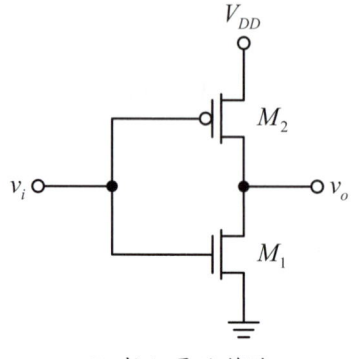

(a) 類比電路符號　　　　(b) 數位電路符號

雜訊邊限的計算

老師教

1. 有一個CMOS反相器，數據如下，試求：
   (1) 高態雜訊邊限 NM_H
   (2) 低態雜訊邊限 NM_L

V_{OH}	4.95V
V_{OL}	0.05V
V_{IH}	3.5V
V_{IL}	1.5V

解 (1) 高態雜訊邊限
$$NM_H = V_{OH} - V_{IH} = 1.45 \text{ V}$$
(2) 低態雜訊邊限
$$NM_L = V_{IL} - V_{OL} = 1.45 \text{ V}$$

學生做

1. 有一個反相器，電壓轉移特性曲線如下，試求：
   (1) 高態雜訊邊限 NM_H
   (2) 低態雜訊邊限 NM_L

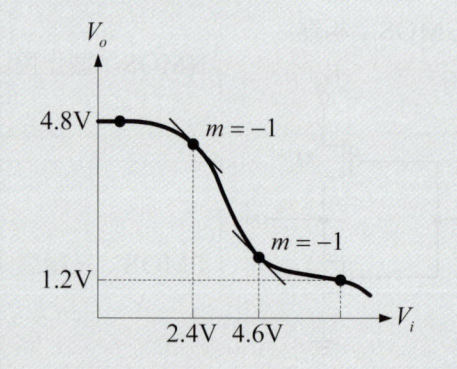

(曲線圖：V_o 對 V_i，標示 4.8V、1.2V、2.4V、4.6V，兩處 $m=-1$)

答

第 9 章 金氧半場效電晶體數位電路

ABCD 立即練習

基礎題

( ) 1. 下列哪一個反相器，無靜態消耗功率？
(A)增強型負載的反相器 (B)空乏型負載的反相器
(C)CMOS反相器 (D)虛擬NMOS反相器

( ) 2. 下列哪一個反相器，為非比例型邏輯閘？
(A)增強型負載的反相器 (B)空乏型負載的反相器
(C)CMOS反相器 (D)虛擬NMOS反相器

( ) 3. 下列哪一個反相器，無本體效應？
(A)增強型負載的反相器 (B)空乏型負載的反相器
(C)CMOS反相器 (D)虛擬NMOS反相器

( ) 4. 圖(1)為ＣＭＯＳ反相器，當輸入 $v_i = V_{DD}$（邏輯1）時，M_1與M_2分別操作在何種區域？
(A)截止區；三極區 (B)三極區；截止區
(C)截止區，飽和區 (D)飽和區、截止區

圖(1)

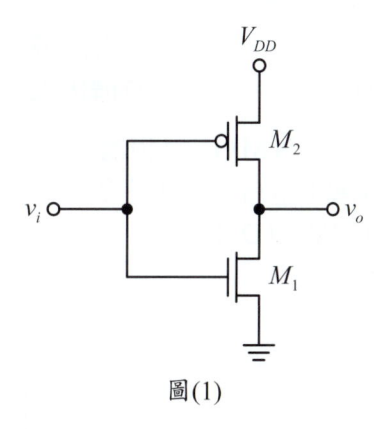

( ) 5. 現今的數位積體電路（IC）中，絕大部分皆使用何者來組成？
(A)D-MOSFET (B)E-MOSFET
(C)接面場效電晶體（JFET） (D)雙極性電晶體（BJT）

( ) 6. 電晶體當作開關使用時，下列何者錯誤？
(A)MOSFET為OFF時工作於截止區
(B)MOSFET為ON時工作於飽和區
(C)BJT為OFF時工作於截止區
(D)BJT為ON時工作於飽和區

( ) 7. 反相器的邏輯特性是
(A)輸入1時輸出為0 (B)輸入1時輸出為1
(C)輸入0時輸出為0 (D)輸入0時輸出為浮接

( ) 8. CMOS反相器最耗電的時機是在何種狀態下？
(A)狀態為1時 (B)狀態為0時 (C)狀態不改變時 (D)狀態改變時

( )9. CMOS的主要優點為何？
(A)切換速度快 (B)省電 (C)無閂鎖效應 (D)有基體效應

( )10. 邏輯擺幅最大者為
(A)增強型負載的反相器 (B)空乏型負載的反相器
(C)CMOS反相器 (D)虛擬NMOS反相器

( )11. V_{IH}與V_{IL}之間的區域稱為
(A)數位禁區 (B)邏輯擺幅 (C)低態輸入之雜訊邊限 (D)高態輸入之雜訊邊限

( )12. V_{IL}與V_{OL}之間的區域稱為
(A)數位禁區 (B)邏輯擺幅 (C)低態輸入之雜訊邊限 (D)高態輸入之雜訊邊限

( )13. V_{OH}與V_{OL}之間的區域稱為
(A)數位禁區 (B)邏輯擺幅 (C)低態輸入之雜訊邊限 (D)高態輸入之雜訊邊限

( )14. 反相器的負載電阻，其電阻特性最好為
(A)線性 (B)非線性 (C)定電阻 (D)零電阻

( )15. 高態輸出V_{OH}與低態輸出V_{OL}間的狀態變化，最好為
(A)線性遞減 (B)非線性遞減 (C)垂直變化 (D)水平變化

( )16. 虛擬NMOS的主動式負載是採用
(A)閘極接地的NMOS (B)閘極接地的PMOS
(C)閘極接電源V_{DD}的NMOS (D)閘極接電源V_{DD}的PMOS

( )17. 如圖(2)所示為增強型負載的NMOS反相器，電晶體M_1與M_2的臨限電壓$V_t = 2\,V$，試求該電路的高態輸出電壓V_{OH}為多少伏特？
(A)12V (B)13V (C)14V (D)15V

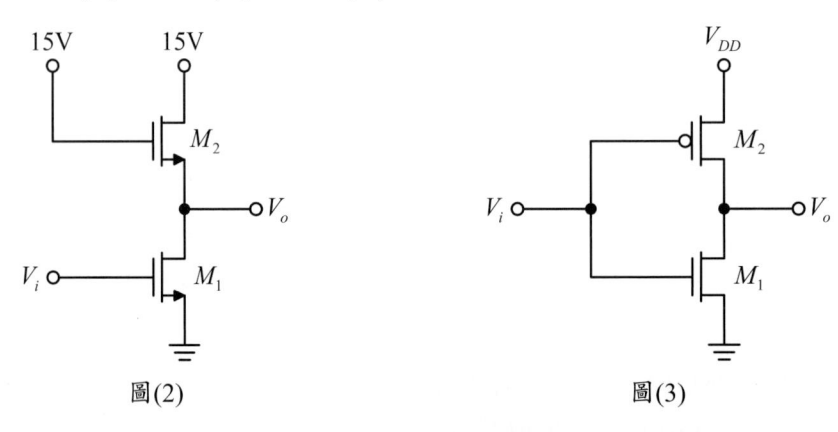

圖(2)　　　　　　　　圖(3)

( )18. 如圖(3)所示，若$V_{DD} = 15\,V$，電晶體M_1與M_2的臨界電壓$V_t = 1\,V$，若輸入電壓$V_i = 0\,V$，則輸出電壓V_o為多少伏特？
(A)12V (B)13V (C)14V (D)15V

( )19. 關於虛擬NMOS反相器與CMOS反相器，下列何者正確？
(A)兩者皆無本體效應 (B)兩者皆無靜態消耗功率
(C)兩者皆為非比例型邏輯 (D)兩者皆可節省晶片面積

( )20. 下列何者不是理想反相器的優點？
(A)無負載效應 (B)無延遲時間 (C)無邏輯擺幅 (D)無過渡區域

第 9 章　金氧半場效電晶體數位電路

進階題

(　)1. CMOS反相器，在何種系統頻率，消耗功率較大？
(A)低頻　(B)高頻　(C)中頻與低頻　(D)極低頻

(　)2. 如圖(1)所示為線性電阻負載的NMOS反相器，該電路的各項特性如表(1)，則輸入電壓為0V時，輸出電壓V_o為何？　(A)15V　(B)6V　(C)2V　(D)0V

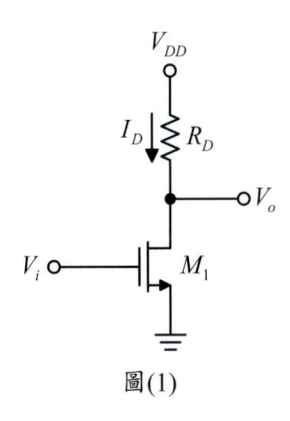

表(1)

V_{DD}	15V	V_{IL}	2V
V_{OH}	15V	V_{NH}	6V
V_{OL}	1V	V_{NL}	0.5V
V_{IH}	6V	扇出數	20

圖(1)

(　)3. 如圖(2)所示，若NMOS的$K = 1\,\text{mA}/\text{V}^2$，$V_t = 2\,\text{V}$，則$V_1$與$V_2$分別為何？
(A)1V、4V　(B)2V、4V　(C)3V、5V　(D)4V、6V

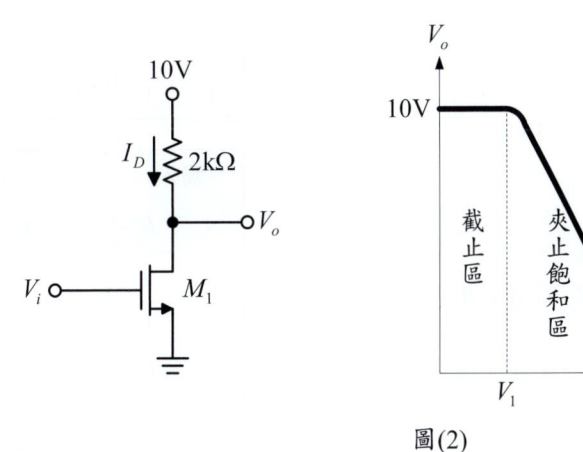

圖(2)

補充知識

基本布林代數運算

1. $A + \overline{A} = 1$
2. $A \cdot \overline{A} = 0$
3. $1 + A = 1$
4. $A \cdot 0 = 0$
5. $X + XY = X$
6. $X(X + Y) = X$
7. 第摩根定理（De-Morgan's theorem）：
(1) $\overline{X + Y} = \overline{X} \cdot \overline{Y}$
(2) $\overline{X \cdot Y} = \overline{X} + \overline{Y}$

9-2　MOSFET邏輯閘

重點 1　各種邏輯閘

項目 邏輯閘	符號	布林代數	真值表
反閘 （NOT）	A —▷o— Y	$Y = \overline{A}$	輸入 | 輸出 A | $Y = \overline{A}$ 0 | 1 1 | 0
及閘 （AND）	A,B —D— Y	$Y = A \cdot B$	輸入(A,B) | 輸出 $Y=AB$ 0,0 | 0 0,1 | 0 1,0 | 0 1,1 | 1
或閘 （OR）	A,B —)— Y	$Y = A + B$	輸入(A,B) | 輸出 $Y=A+B$ 0,0 | 0 0,1 | 1 1,0 | 1 1,1 | 1
反及閘 （NAND）	A,B —Do— Y ↕ A,B —)o— Y	$Y = \overline{A \cdot B} = \overline{A} + \overline{B}$	輸入(A,B) | 輸出 $Y=\overline{AB}$ 0,0 | 1 0,1 | 1 1,0 | 1 1,1 | 0
反或閘 （NOR）	A,B —)o— Y ↕ A,B —Do— Y	$Y = \overline{A + B} = \overline{A} \cdot \overline{B}$	輸入(A,B) | 輸出 $Y=\overline{A+B}$ 0,0 | 1 0,1 | 0 1,0 | 0 1,1 | 0

More…

項目 邏輯閘	符號	布林代數	真值表
互斥或閘 （XOR）	A, B → Y	$Y = \overline{A}B + A\overline{B} = A \oplus B$	輸入 | 輸出 A | B | $Y = A \oplus B = A\overline{B} + \overline{A}B$ 0 | 0 | 0 0 | 1 | 1 1 | 0 | 1 1 | 1 | 0
反互斥或閘 （XNOR）	A, B → Y	$Y = \overline{A}\,\overline{B} + AB = \overline{A \oplus B}$ $= A \odot B$	輸入 | 輸出 A | B | $Y = \overline{A \oplus B} = AB + \overline{A}\,\overline{B}$ 0 | 0 | 1 0 | 1 | 0 1 | 0 | 0 1 | 1 | 1

重點 2　增強型、空乏型與虛擬NMOS的反及閘（NAND）

型式 項目	增強型負載的 NAND電路	空乏型負載的 NAND電路	虛擬NMOS結構的 NAND電路
電路 架構	V_{DD}，M_3，$Y = \overline{AB}$，A－M_2，B－M_1	V_{DD}，M_3，$Y = \overline{AB}$，A－M_2，B－M_1	V_{DD}，M_3，$Y = \overline{AB}$，A－M_2，B－M_1
動作 說明	(1) 當 A 以及 B 同時輸入邏輯 1 時，則串聯的驅動器 M_1 與 M_2 的路徑為導通，輸出 Y 為邏輯 0 (2) 當 A 或 B 只要有任一個輸入邏輯 0，則串聯的驅動器 M_1 與 M_2 的路徑為開路，輸出 Y 為邏輯 1		

重點 3　增強型、空乏型與虛擬NMOS的反或閘（NOR）

項目 \ 型式	增強型負載的NOR電路	空乏型負載的NOR電路	虛擬NMOS結構的NOR電路
電路架構	（增強型負載NOR電路圖，$Y=\overline{A+B}$）	（空乏型負載NOR電路圖，$Y=\overline{A+B}$）	（虛擬NMOS結構NOR電路圖，$Y=\overline{A+B}$）
動作說明	(1) 當 A 或 B 輸入邏輯1時，則相對應並聯的驅動器 M_1 與 M_2 會導通，輸出 Y 為邏輯0。 (2) 當 A 以及 B 同時輸入邏輯0，則並聯的驅動器 M_1 與 M_2 的路徑同時開路，輸出 Y 為邏輯1。		

重點 4　CMOS反及閘（NAND）與反或閘（NOR）的設計

1. 上拉網路（PUN）

    (1) 當輸入變數 $A=0$，NMOS截止而PMOS導通，讓輸出端 Y 上達電源 V_{DD}，而得到高態電壓（$Y=1$），因此稱PMOS為上拉元件。

    (2) 對輸出函數 Y 而言，PMOS在低態輸入時才導通，屬於輸入補數 $\overline{A}$ 的同相器。

    (3) 在較複雜的邏輯電路中，可能由多個PMOS組成上拉網路，故統稱此PMOS所組合的區塊為**上拉網路**（pull-up network），簡稱為**PUN**。

2. 下拉網路（PDN）

    (1) 當輸入變數 $A=1$，NMOS導通而PMOS截止，讓輸出端 Y 下至接地端，而得到低態電壓（$Y=0$），因此稱NMOS為下拉元件。

    (2) 對輸出函數 Y 而言，NMOS在高態輸入時才導通，屬於輸入 A 的反相器。

    (3) 在較複雜的邏輯電路中，可能由多個NMOS組成下拉網路，故統稱此NMOS所組合的區塊為**下拉網路**（pull-down network），簡稱為**PDN**。

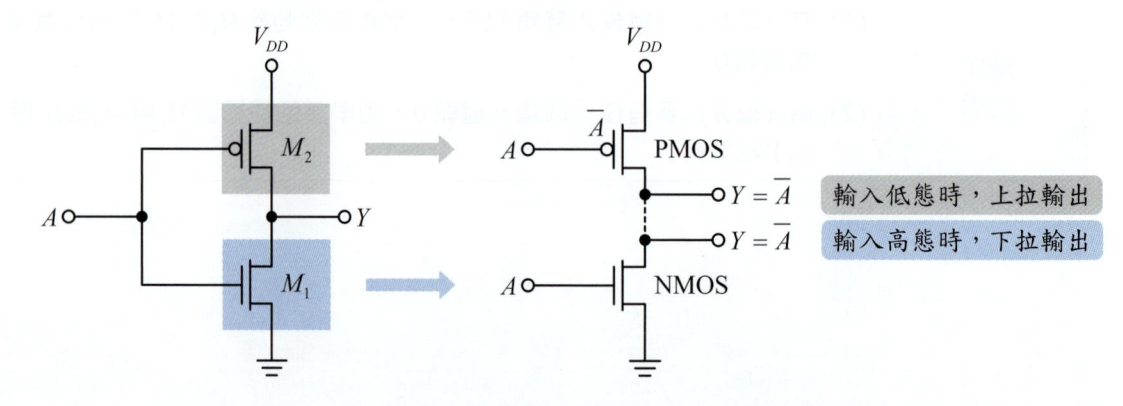

輸入低態時，上拉輸出
輸入高態時，下拉輸出

3. CMOS輸入同時要連接NMOS及PMOS電路，且元件串並聯相反。NMOS電路中，AND運算採串聯，OR運算採並聯；PMOS電路中，AND運算採並聯，OR運算採串聯。

型式 項目	CMOS結構的NAND邏輯閘	CMOS結構的NOR邏輯閘
電路架構	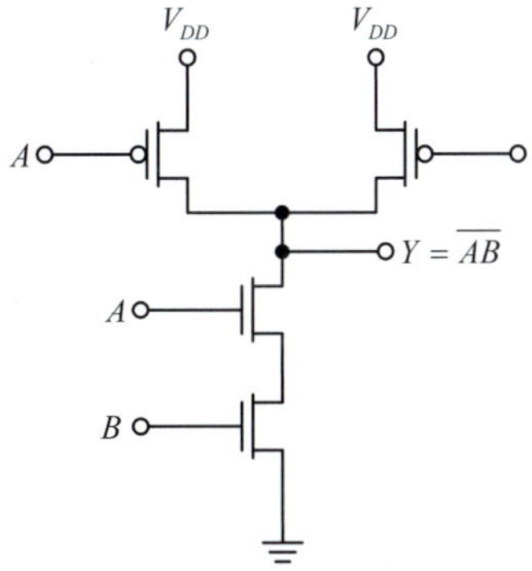 (電路圖)	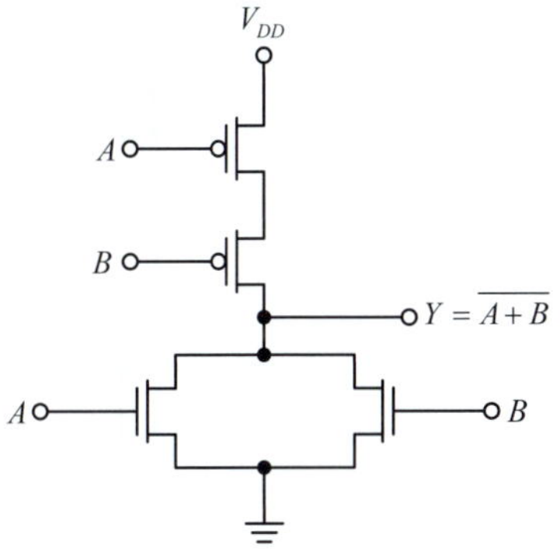 (電路圖)
動作說明	(1) A 以及 B 同時為邏輯1時，則串聯區塊的NMOS同時導通，而並聯區塊的PMOS同時截止，輸出 Y 為邏輯0 (2) 在其他狀態時，則串聯區塊的NMOS至少會有一個NMOS截止，而並聯區塊的PMOS至少會有一個PMOS導通，而使得輸出 Y 為邏輯1	(1) A 以及 B 同時為邏輯0時，則串聯區塊的PMOS同時導通，而並聯區塊的NMOS同時截止，輸出 Y 為邏輯1 (2) 在其他狀態時，則並聯區塊的NMOS至少會有一個NMOS導通，而串聯區塊的PMOS至少會有一個PMOS截止，而使得輸出 Y 為邏輯0

反及閘NAND

老師教

1. 如下圖所示，邏輯閘名稱為何？布林代數為何？

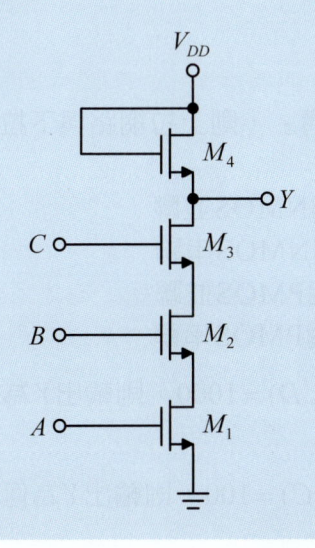

解 (1) 增強型負載的反及閘NAND
(2) $Y = \overline{ABC}$

學生做

1. 如下圖所示，邏輯閘名稱為何？布林代數為何？

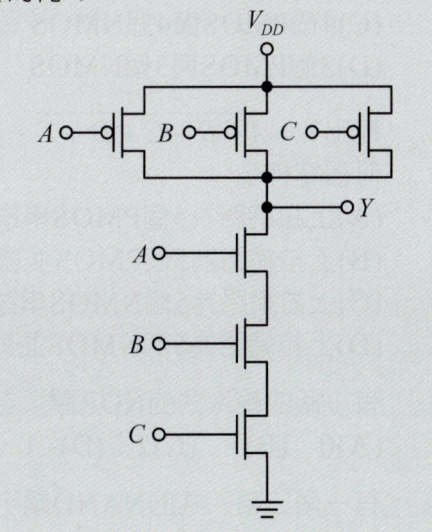

答

反或閘NOR

老師教

2. 如下圖所示,邏輯閘名稱為何?布林代數為何?

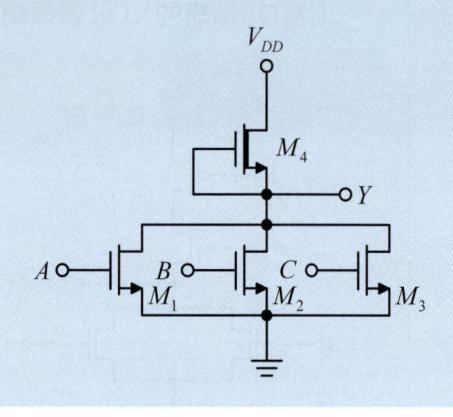

解 (1) 空乏型負載的反或閘NOR

(2) $Y = \overline{A+B+C}$

學生做

2. 如下圖所示,邏輯閘名稱為何?布林代數為何?

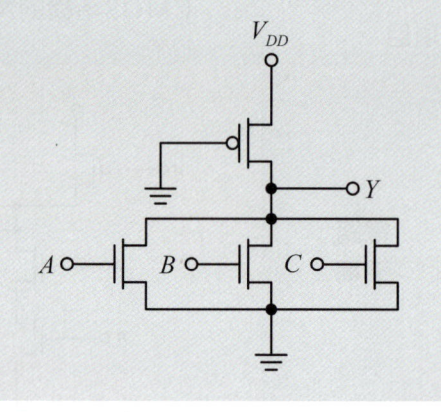

答

ABCD 立即練習

基礎題

(　)1. 虛擬NMOS結構的NAND閘,若輸入變數有4個,則該電路需要
(A)4個PMOS與1個NMOS
(B)4個NMOS與1個PMOS
(C)4個PMOS與4個NMOS
(D)3個PMOS與3個NMOS

(　)2. 輸出 $Y = \overline{A+B+C+D+E}$,若採用『CMOS結構』,則上拉網路與下拉網路分別為何種結構?
(A)上拉網路為5個PMOS串聯,而下拉網路為5個NMOS並聯
(B)上拉網路為5個PMOS並聯,而下拉網路為5個NMOS串聯
(C)上拉網路為5個NMOS串聯,而下拉網路為5個PMOS並聯
(D)上拉網路為5個NMOS並聯,而下拉網路為5個PMOS串聯

(　)3. 有一個四輸入式的NOR閘,若輸入函數 $f(A,B,C,D)=1000$,則輸出Y為何?
(A)0　(B)1　(C)2　(D)–1

(　)4. 有一個三輸入式的NAND閘,若輸入函數 $f(A,B,C)=100$,則輸出Y為何?
(A)0　(B)1　(C)2　(D)–1

( )5. 如圖(1)所示，若輸入變數 $A=1$ 且 $B=1$，則輸出 Y 為何？
(A)0　(B)1　(C)2　(D)−1

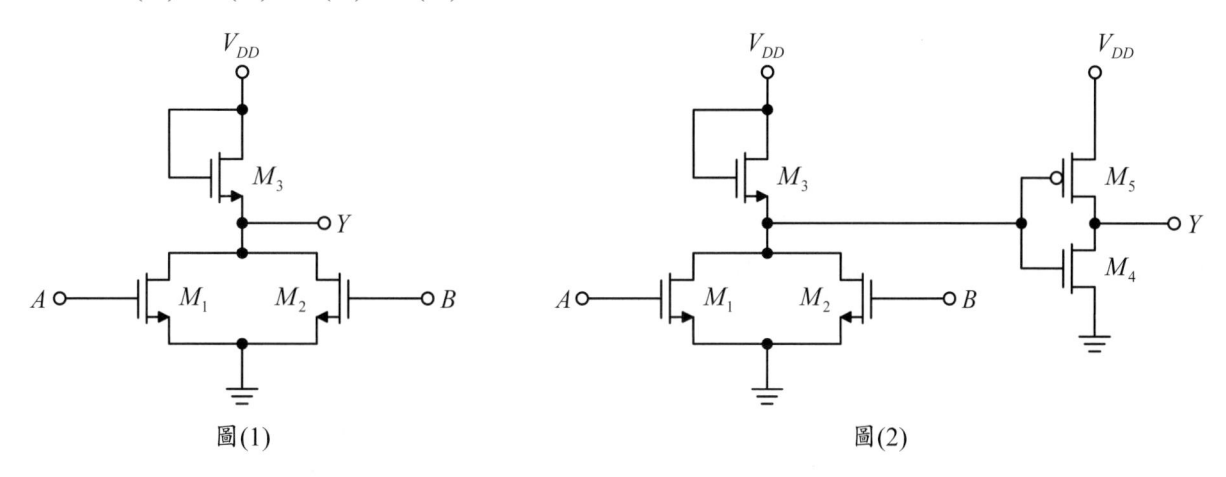

圖(1)

圖(2)

( )6. 如圖(2)所示，輸出 Y 的布林代數為何？
(A)$Y = AB$　(B)$Y = \overline{A} + \overline{B}$　(C)$Y = \overline{A}\,\overline{B}$　(D)$Y = A + B$

( )7. 如圖(3)所示，輸出 Y 的布林代數為何？
(A)$A \oplus B$　(B)$A + B$　(C)0　(D)1

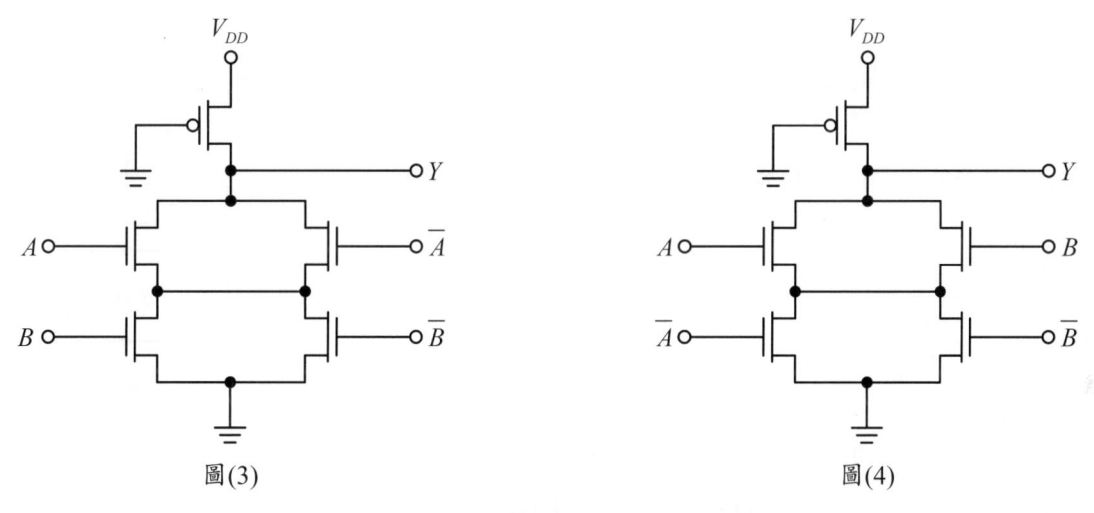

圖(3)

圖(4)

( )8. 如圖(4)所示，輸出 Y 的布林代數為何？
(A)$Y = \overline{A}\,\overline{B} + AB$　(B)$Y = \overline{A}B + A\overline{B}$　(C)$Y = 1$　(D)$Y = 0$

( )9. 如圖(5)所示，為何種邏輯閘？　(A)AND　(B)NAND　(C)OR　(D)NOR

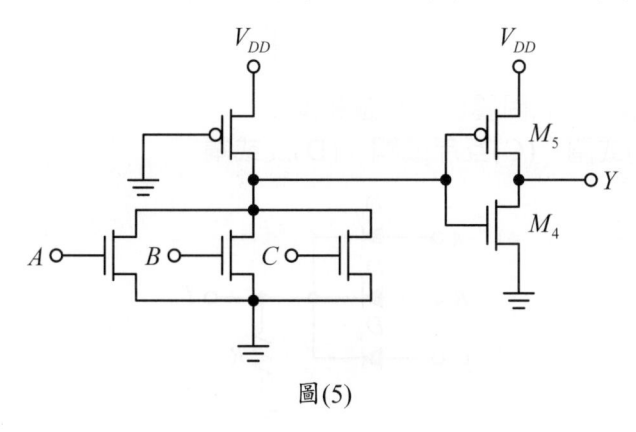

圖(5)

(　)10. 如圖(6)所示,為何種邏輯閘?
　　　(A)AND　(B)NAND　(C)XOR　(D)XNOR

(　)11. N個輸入變數的虛擬NMOS結構的NAND閘所需的MOSFET數目為何?
　　　(A)$N+1$　(B)$N-1$　(C)$2N$　(D)N^2

(　)12. CMOS結構的邏輯閘,其上拉網路(PUN)與下拉網路(PDN)分別由何種MOS所組成?
　　　(A)NMOS、NMOS　　(B)PMOS、NMOS
　　　(C)NMOS、PMOS　　(D)PMOS、PMOS

(　)13. 有一個CMOS邏輯閘,輸出$Y=\overline{A+B+C}$,則下拉網路(PDN)為何種結構?
　　　(A)3個POMS並聯　　(B)3個POMS串聯
　　　(C)3個NOMS串聯　　(D)3個NOMS並聯

圖(6)

(　)14. 如圖(7)所示,輸出Y的布林代數為何?
　　　(A)$Y=\overline{A}\,\overline{B}+\overline{C}$　　(B)$Y=AB+C$
　　　(C)$Y=A+B+C$　　(D)$Y=ABC$

(　)15. 邏輯電路中,若輸入信號中至少有一個為 "1" 則輸出即為 "1" 的邏輯閘是
　　　(A)及閘　(B)或閘　(C)非閘　(D)非或閘

(　)16. 若A、B為輸入端,F為輸出端,則OR閘的真值表應為

(A)
A	B	F
0	0	0
0	1	1
1	0	1
1	1	0

(B)
A	B	F
0	0	0
0	1	0
1	0	0
1	1	1

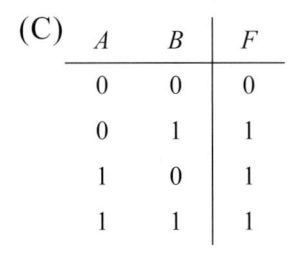

(C)
A	B	F
0	0	0
0	1	1
1	0	1
1	1	1

(D)
A	B	F
0	0	1
0	1	0
1	0	0
1	1	1

圖(7)

(　)17. 如圖(8)所示電路,試問屬於何種邏輯閘?
　　　(A)及閘　(B)或閘　(C)互斥或閘　(D)反或閘

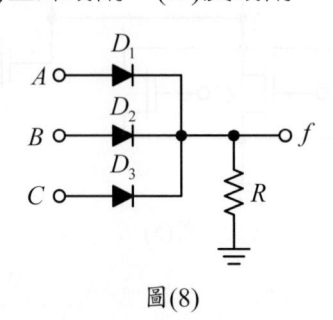

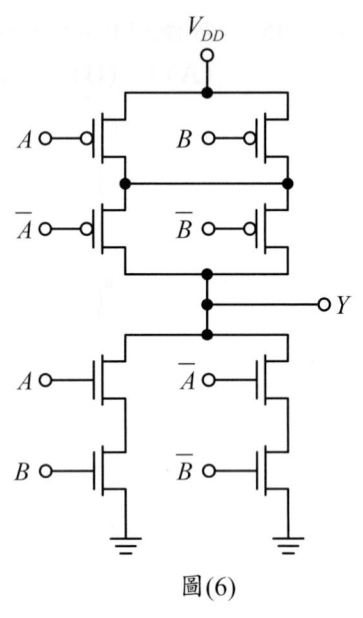

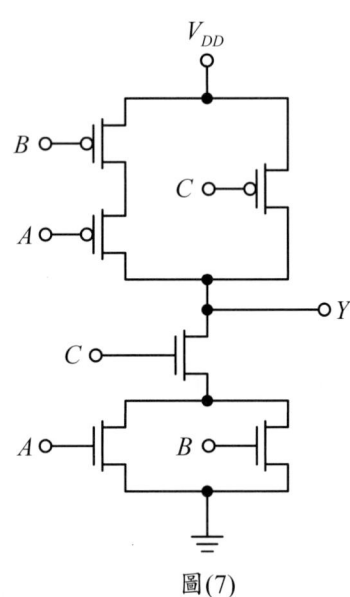

圖(8)

(　)18. 三輸入NOR閘其輸出為0的情況共有幾種？　(A)1　(B)4　(C)7　(D)15

(　)19. 圖(9)的輸出Y的布林代數式為何？
(A)$Y = \overline{AB + CD + E}$　　(B)$Y = ABCDE$
(C)$Y = AB + CD + E$　　(D)$Y = ABC + D + E$

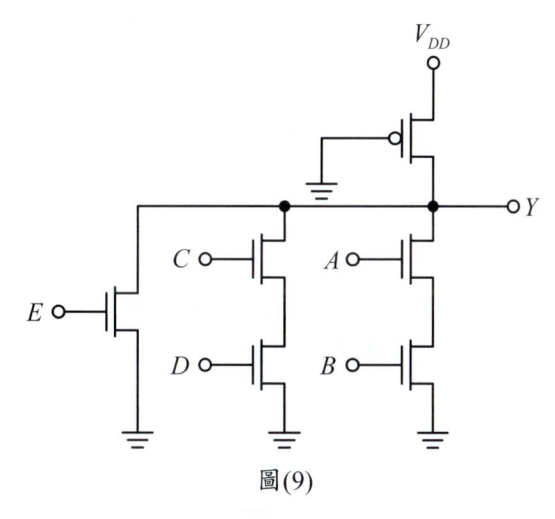

圖(9)

(　)20. 布林函數$F = \overline{A + B + C}$與下列何者作用相同？
(A)$\overline{A}\overline{B}C$　(B)$AB\overline{C}$　(C)$\overline{A}\,\overline{B}C$　(D)$\overline{A}\,\overline{B}\,\overline{C}$

(　)21. 如圖(10)所示之組合邏輯電路，其輸出Y的布林函數為
(A)$Y = \overline{(A + B)} \cdot \overline{(C + D)}$
(B)$Y = \overline{(\overline{AB})} \cdot \overline{(\overline{CD})}$
(C)$Y = ABCD$
(D)$Y = (A + B) \cdot (C + D)$

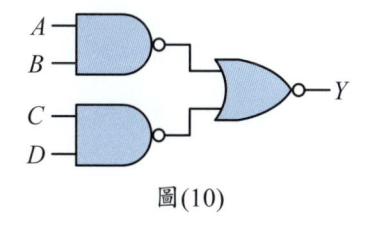

圖(10)

(　)22. 布林函數$F = \overline{ABC}$與下列何者作用相同？
(A)$\overline{A} + \overline{B} + \overline{C}$　(B)$A + B + C$　(C)$\overline{A} + B + \overline{C}$　(D)$\overline{A} + \overline{B} + C$

(　)23. 如圖(11)所示之電路，則輸出Y為
(A)$A + B$　(B)$A + \overline{B}$　(C)$\overline{A} + B$　(D)AB

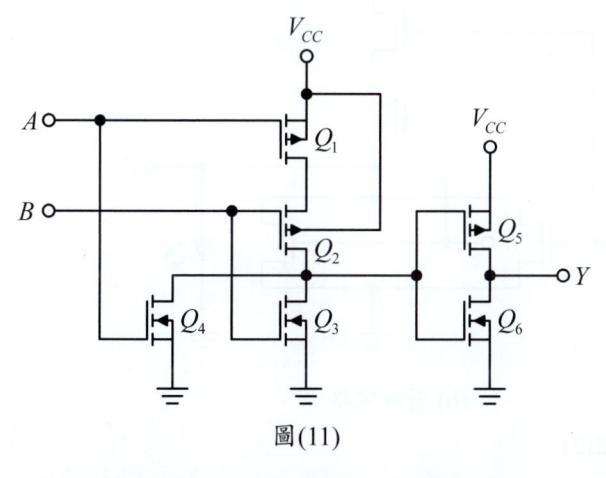

圖(11) 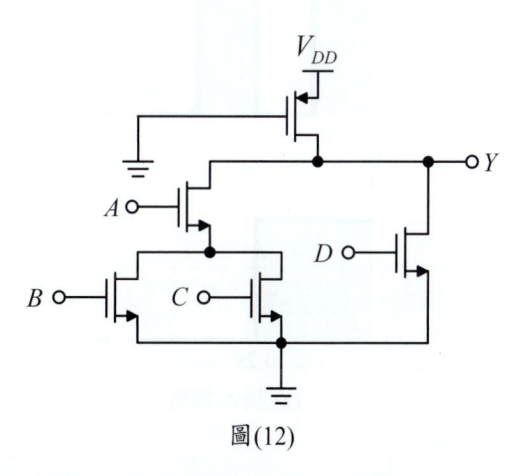　　　　圖(12)

(　)24. 如圖(12)所示之電路，則輸出Y為
(A)$\overline{A(B + C) + D}$　(B)$\overline{AB + C + D}$　(C)$\overline{AB + AC + D}$　(D)1

9-15

(　　)25. 如圖(13)所示，輸出Y的布林代數為何？
(A)$A + B$
(B)$A + \bar{B}$
(C)$\bar{A} + B$
(D)AB

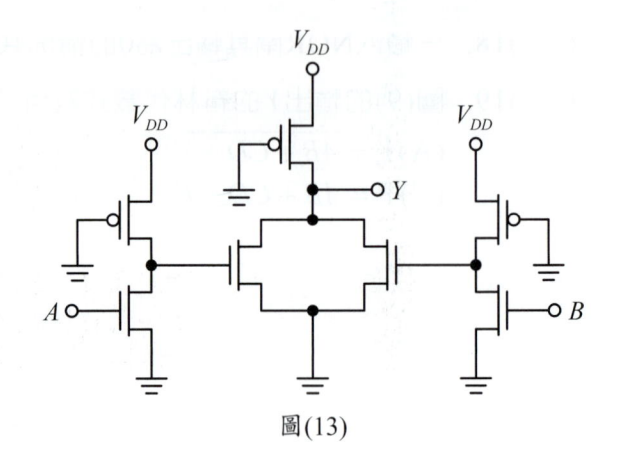

圖(13)

進階題

(　　)1. 如圖(1)所示，發光二極體點亮的輸入狀態有幾種？
(A)1種　(B)2種　(C)3種　(D)4種

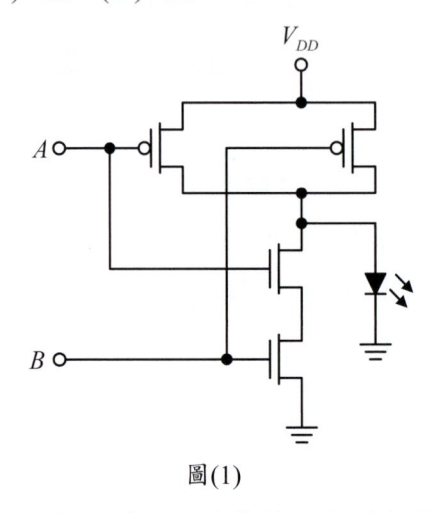

圖(1)

(　　)2. 如圖(2)所示實驗電路，若A點與B點的輸入訊號如圖(a)所示，邏輯電路如圖(b)所示，試求輸出Y的輸出頻率為何？（已知B點的週期是A點的2倍，且兩個訊號同步）　(A)2Hz　(B)2.5Hz　(C)10Hz　(D)20Hz

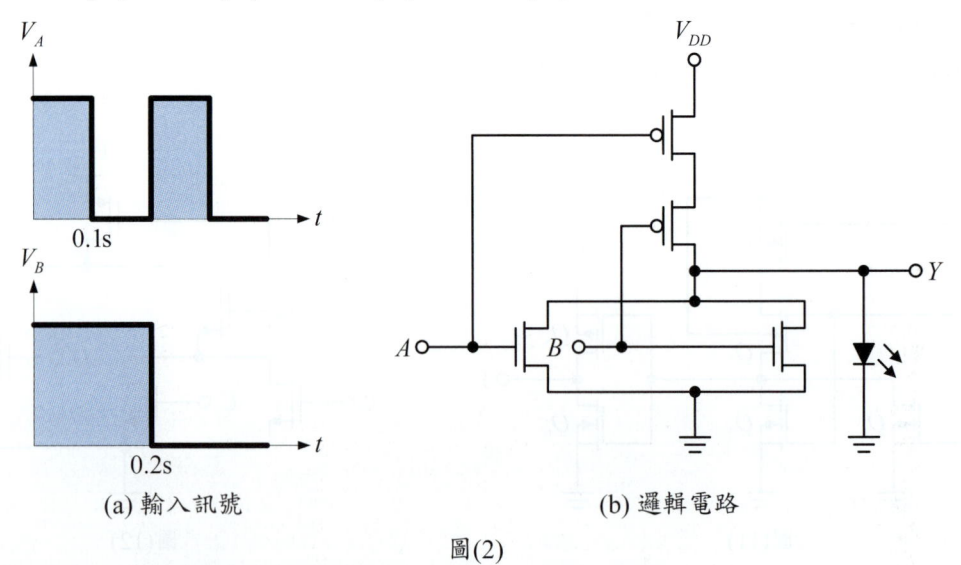

(a) 輸入訊號　　　　　　(b) 邏輯電路
圖(2)

(　　)3. 承上題，LED燈每10秒亮幾次？　(A)100次　(B)40次　(C)25次　(D)10次

(　　)4. 承上題，輸出信號的工作週期（Duty cycle）為何？
(A)25%　(B)50%　(C)60%　(D)75%

第 9 章　金氧半場效電晶體數位電路

歷屆試題

電子學試題

(　　)1.　如圖(1)所示數位邏輯電路，其輸出 Y 為何？
(A) $Y = \overline{AB}$　(B) $Y = AB$　(C) $Y = \overline{A+B}$　(D) $Y = A+B$
[111統測]

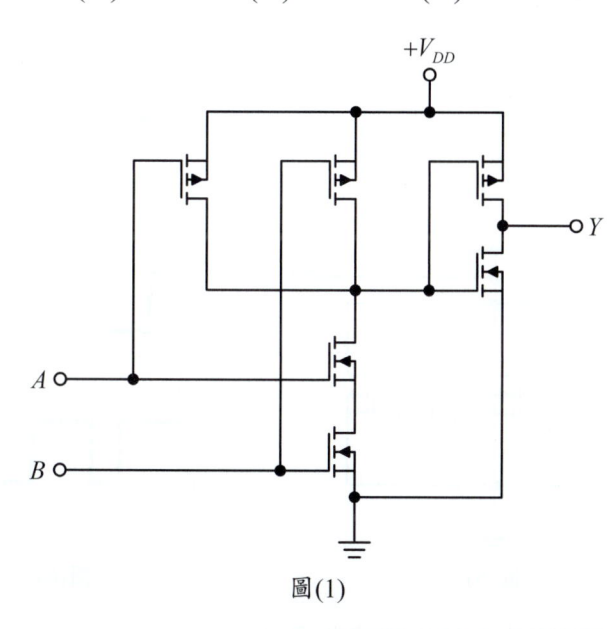

圖(1)

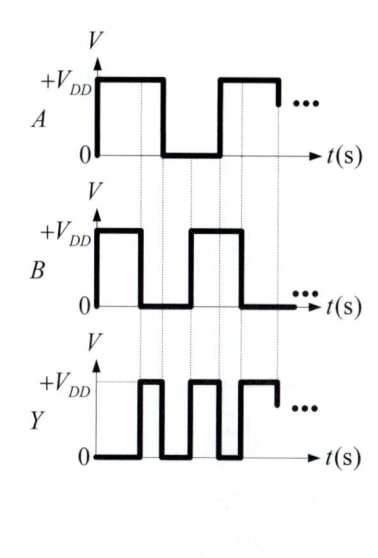

圖(2)

(　　)2.　圖(2)所示為某邏輯電路之輸入 A、B 與輸出 Y 的波形，若 $+V_{DD}$ 為高準位（邏輯1），0V 為低準位（邏輯0），則此邏輯電路為何？
(A)互斥或閘　(B)及閘　(C)反及閘　(D)或閘
[111統測]

(　　)3.　如圖(3)所示 MOSFET 邏輯電路，下列敘述何者錯誤？
(A)此電路之功能為反或閘（NOR gate）
(B)若 A 為低電位，B 為高電位，則輸出 Y 為高電位
(C)若 A 為高電位，B 為低電位，則輸出 Y 為低電位
(D)輸入與輸出的布林代數關係為 $Y = \overline{A+B}$
[112統測]

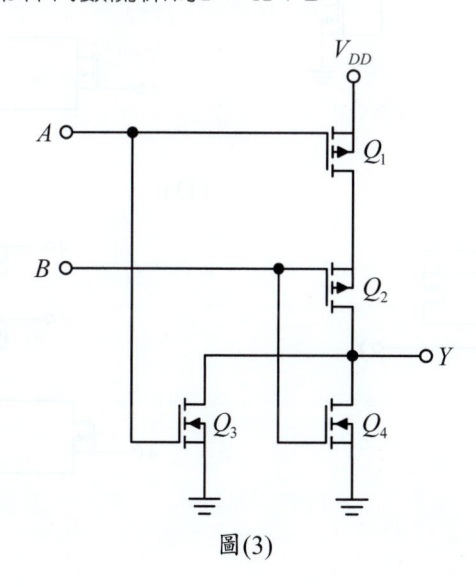

圖(3)

9-17

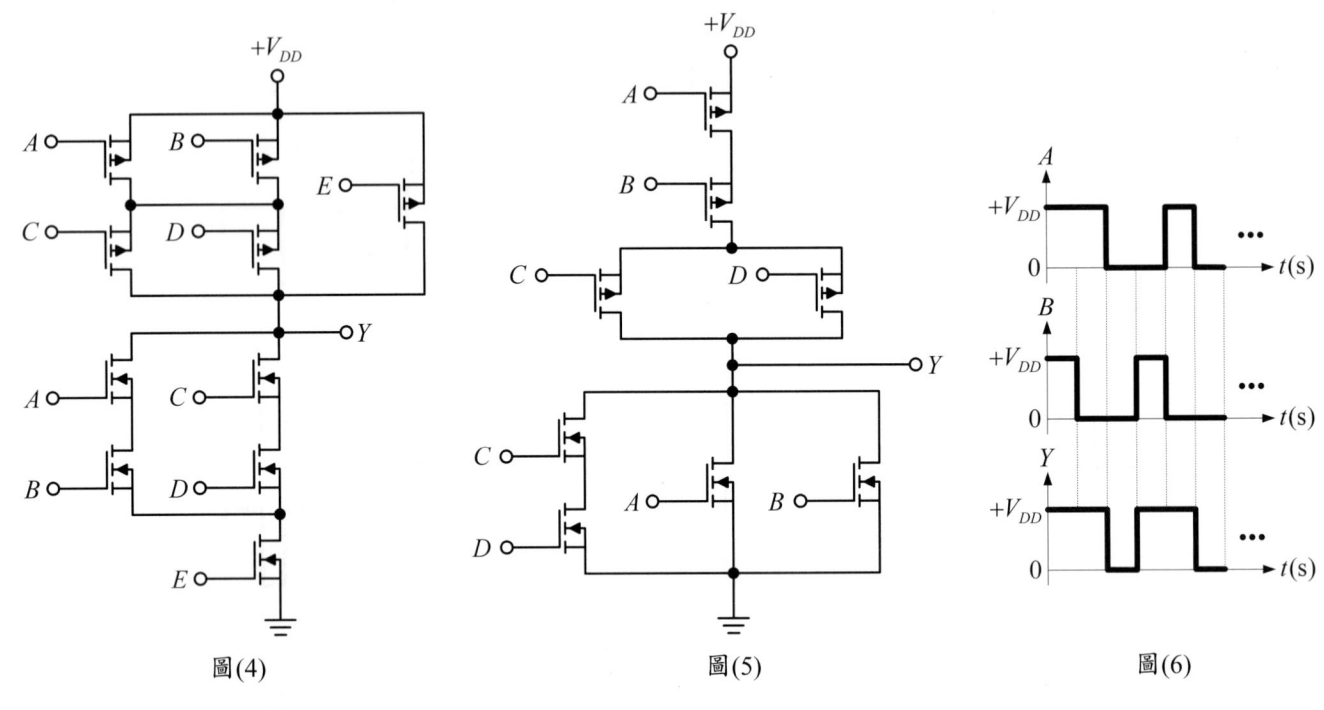

(　　)4. 如圖(4)所示CMOS數位電路，下列何者為輸出Y的布林代數式？
(A) $Y = (\overline{A} + \overline{B})(\overline{C} + \overline{D}) + \overline{E}$
(B) $Y = (A + B)(C + D) + E$
(C) $Y = (\overline{A} + \overline{B})(C + D) + E$
(D) $Y = (A + B)(\overline{C} + \overline{D}) + \overline{E}$
[113統測]

圖(4)　　　圖(5)　　　圖(6)

(　　)5. 如圖(5)所示CMOS數位電路，其輸出Y的布林代數式為何？
(A) $\overline{A}\,\overline{B}(C + D)$　(B) $AB(\overline{C} + \overline{D})$　(C) $AB(C + D)$　(D) $\overline{A}\,\overline{B}(\overline{C} + \overline{D})$
[114統測]

(　　)6. 某MOSFET數位電路的輸入A、B及輸出Y波形如圖(6)所示，若$+V_{DD}$為高準位（邏輯1），0V為低準位（邏輯0），則此數位電路為何？
[114統測]

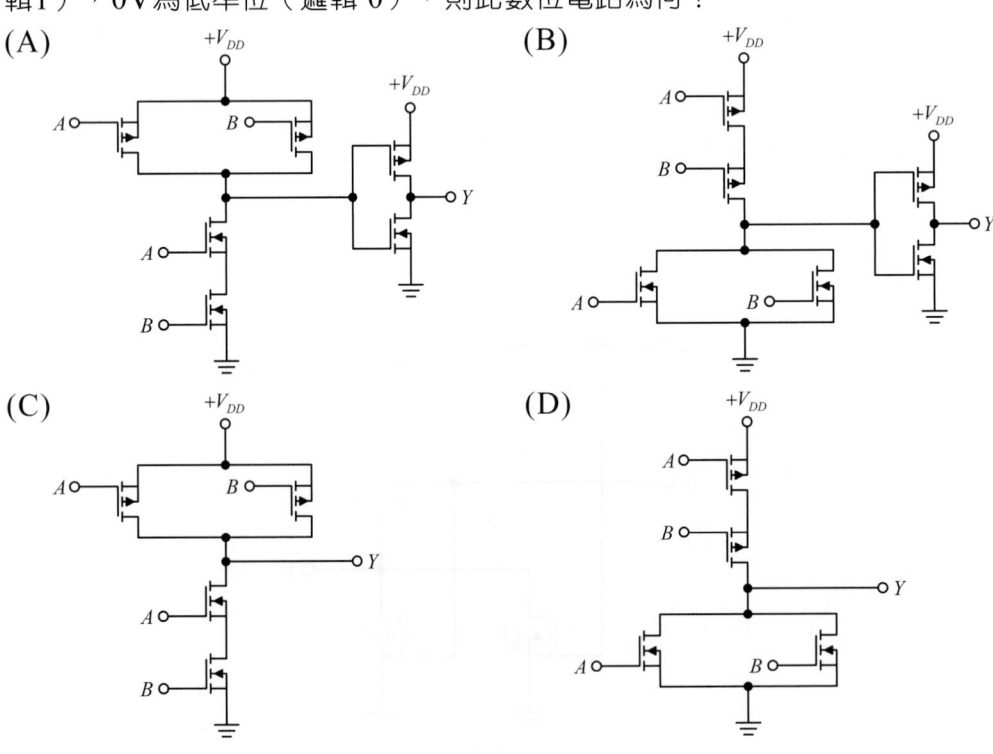

(A)　(B)　(C)　(D)

9-18

第 9 章　金氧半場效電晶體數位電路

素養導向題

▲ 閱讀下文，回答第1～2題

毛利小五郎號稱是地表最強偵探，有天在一個犯罪現場發現一張便條紙，上面畫著一張數位電路如圖(1)所示。根據他從不出錯的直覺，嚴判犯案者為『非電群學生』，於是他就最有可能的四名嫌疑人進行詢問：

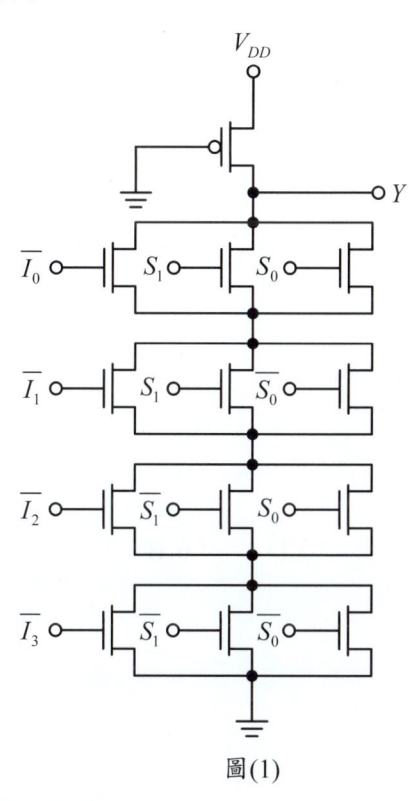

圖(1)

(　)1. 請對電路的特徵，進行陳述：
① 柯南：「該電路為全加器」
② 櫻木：「該電路為多工器」
③ 日向：「該電路為虛擬NMOS結構」
④ 鬼塚：「該電路的主動式負載為NMOS」
答錯者為　(A)①②　(B)①④　(C)②③　(D)③④

(　)2. 請對電路輸出Y的狀態，進行陳述：
① 柯南：「當 $S_0 = S_1 = 1$，$Y = I_1$」
② 櫻木：「該電路的布林代數 $Y = \overline{S_1}\,\overline{S_0}I_0 + \overline{S_1}S_0I_1 + S_1\overline{S_0}I_2 + S_1S_0I_3$」
③ 日向：「該電路的布林代數 $\overline{Y} = (S_1 + S_0 + \overline{I_0})(S_1 + \overline{S_0} + \overline{I_1})(\overline{S_1} + S_0 + \overline{I_2})(\overline{S_1} + \overline{S_0} + \overline{I_3})$」
④ 鬼塚：「當 $S_0 = S_1 = 0$，$Y = I_0$」
最終犯人為　(A)柯南　(B)櫻木　(C)日向　(D)鬼塚

解 答

9-1立即練習

基礎題

| 1.C | 2.C | 3.C | 4.B | 5.B | 6.B | 7.A | 8.D | 9.B | 10.C |
| 11.A | 12.C | 13.B | 14.B | 15.C | 16.B | *17.B | *18.D | 19.A | 20.C |

進階題

*1.B　　*2.A　　*3.B

9-2立即練習

基礎題

1.B	2.A	*3.A	*4.B	*5.A	*6.D	*7.C	*8.A	*9.C	*10.C
*11.A	12.B	13.D	*14.A	15.B	16.C	17.B	18.C	19.A	20.D
21.C	22.A	23.A	24.A	25.D					

進階題

*1.C　　*2.B　　*3.C　　*4.A

歷屆試題

電子學試題

*1.B　　*2.A　　*3.B　　*4.A　　*5.D　　*6.B

素養導向題

*1.B　　2.A

CHAPTER 10 運算放大器

本章學習重點

章節架構	必考重點
10-1 理想運算放大器的特性	• 理想運算放大器的特性
10-2 運算放大器的輸入／輸出特性參數	• 運算放大器的輸入／輸出特性參數
10-3 反相、非反相放大器與電壓隨耦器	• 反相放大器之計算 • 非反相放大器之計算
10-4 加法器及減法器	• 加法器之計算 • 減法器之計算
10-5 微分器及積分器	• 微分器之輸出波形及計算 • 積分器之輸出波形及計算
10-6 比較器	• 各種比較器之判斷與計算

統測命題分析

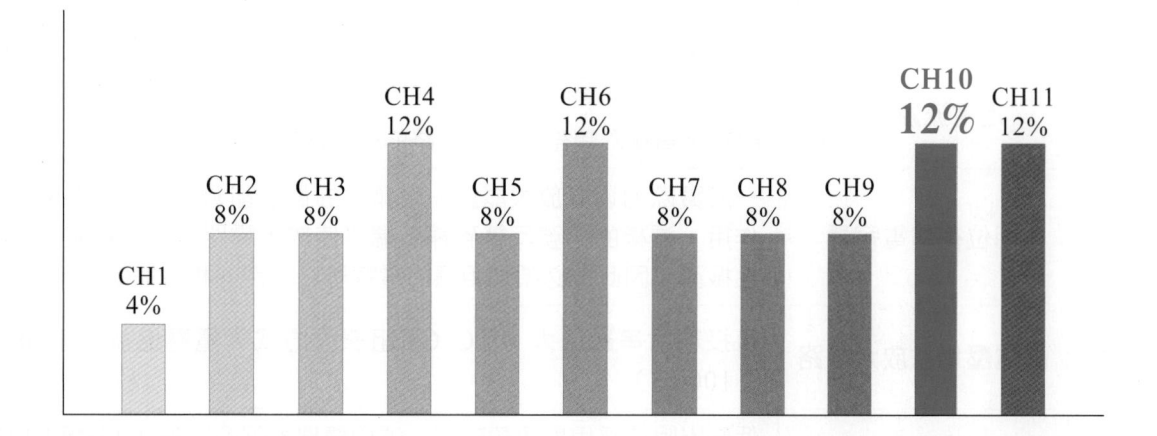

- CH1 4%
- CH2 8%
- CH3 8%
- CH4 12%
- CH5 8%
- CH6 12%
- CH7 8%
- CH8 8%
- CH9 8%
- CH10 12%
- CH11 12%

10-1 理想運算放大器的特性

重點 1 運算放大器的內部構造

運算放大器（operational amplifier）簡稱OP-Amp或OPA，為目前最常用之線性積體電路，是一種雙端（**差動**）輸入，單端輸出的**高增益放大器**。運算放大器乃是將許多元件集合而成的積體電路，可用進行加法、減法、微分與積分等數學運算，故稱為『運算放大器』。

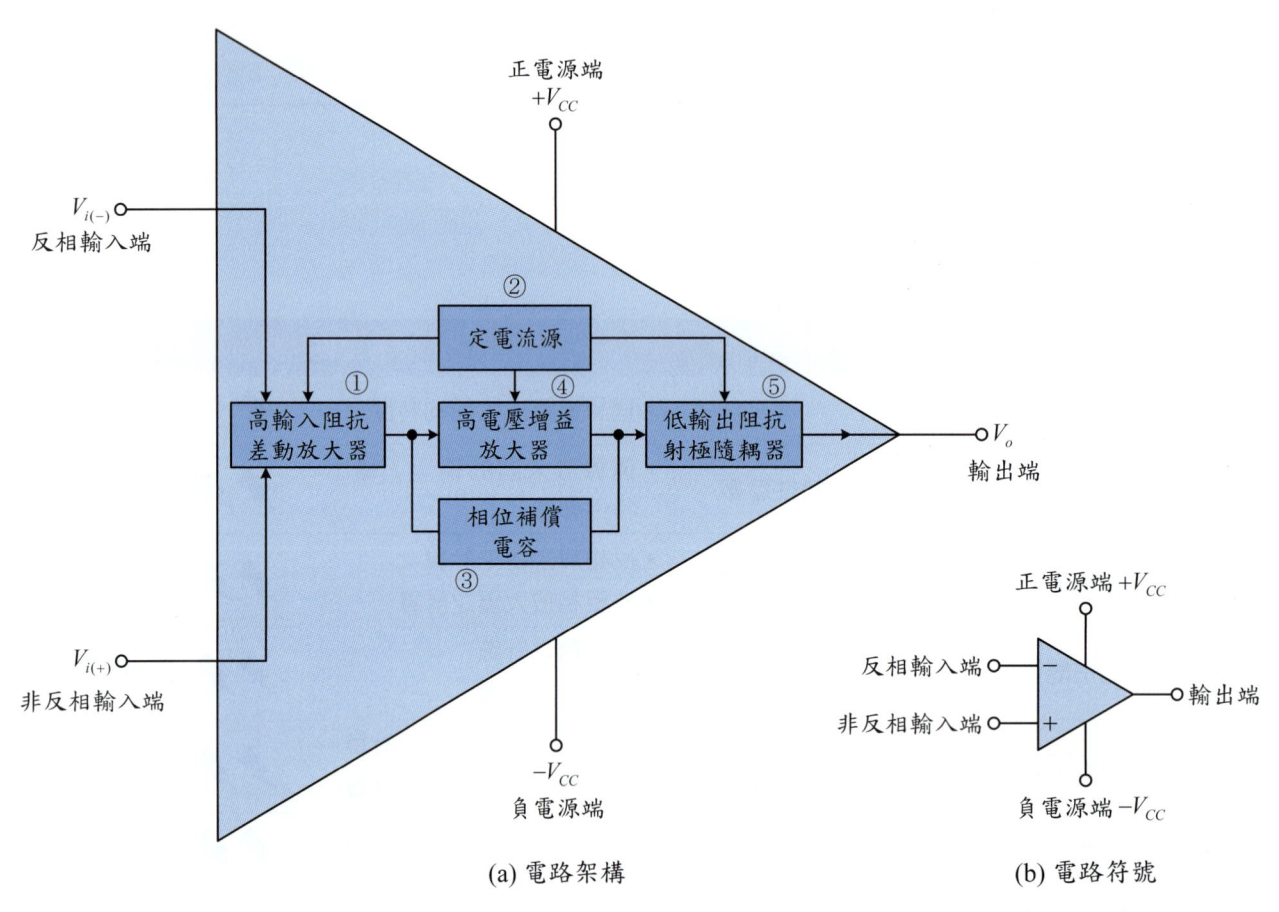

(a) 電路架構

(b) 電路符號

區塊名稱		結構與功用
①	差動放大器	(1) 高輸入阻抗之特性，輸入信號不易受信號源內阻的影響 (2) 高共模拒斥比（$CMRR$），$CMRR$值越大，排斥雜訊能力愈強
②	定電流源電路	(1) 提供各級電路穩定的直流偏壓電流，不易受溫度的影響 (2) 提高輸入端差動放大電路的$CMRR$值
③	相位補償電容器	一般實際的運算放大器對一定頻率的信號都會產生相對應的相移作用，這樣的信號反饋到輸入端將使放大電路工作不穩定甚至發生振盪，因此，必須加相應的電容予以一定的相位補償
④	高電壓增益放大電路	直接耦合串級放大（CC-CE組態）方式，電壓增益可達10^5倍（100dB）
⑤	射極隨耦放大器	低輸出阻抗採用射級隨耦器、源極隨耦器配合互補式AB類推挽放大電路，可減少負載效應

重點 2 理想運算放大器的特性

1. **輸入阻抗** $Z_i = \infty$。
2. 輸出阻抗 $Z_o = 0$。
3. **開迴路電壓增益**（open-loop voltage gain，簡稱 A_{vo}），$A_{vo} = \infty$。
4. **頻帶寬度**（BandWidth，簡稱 BW）：理想運算放大器的 $BW = \infty$。
5. **抵補電壓**（offset voltage）：理想運算放大器的抵補電壓 $V_{io} = 0$。
6. **響應時間**（response time）：理想運算放大器的響應時間為零，即無延遲時間。
7. **共模互斥比**（Common Mode Rejection Ratio，簡稱 $CMRR$）：理想運算放大器的 $CMRR = \infty$（其值愈大，表示**排除雜訊**的能力愈好）。

重點 3 差動放大器

運算放大器的輸入端為**差動放大器**（differential amplifier，簡稱為DA），其輸入的工作模式區分為**單端輸入模式**（single-ended input mode）、**差模輸入模式**（differential input mode）與**共模輸入模式**（common input mode）等三種。

1. 差模電壓與共模電壓

   (1) **差模電壓**（differential mode voltage，簡稱為 V_d）的定義為兩輸入電壓之差值，表示式 $V_d = V_{i1} - V_{i2}$。

   (2) **共模電壓**（commom mode voltage，簡稱為 V_c）的定義為兩輸入電壓之平均值，表示式 $V_c = \dfrac{V_{i1} + V_{i2}}{2}$。

2. 差模增益與共模增益

   (1) **差模增益**（differential mode gain，簡稱為 A_d）的定義為兩電壓增益差值的平均值，即為對差模信號的放大增益，表示式 $A_d = \dfrac{A_1 - A_2}{2}$。

   (2) **共模增益**（commom mode gain，簡稱為 A_c）的定義為兩電壓增益之和，即為對共模信號的放大增益，表示式 $A_c = A_1 + A_2$。

   (3) 理想的差動放大器，僅放大兩輸入端的信號差值（差模信號），若兩輸入信號相同（共模信號）時，輸出為零。因此，理想的運算放大器差模增益 $A_d = \infty$，而共模增益 $A_c = 0$。

3. 實際差動放大器的輸出電壓

$$V_o = A_d(V_{i1} - V_{i2}) + A_c(\dfrac{V_{i1} + V_{i2}}{2}) = A_d \times V_d + A_c \times V_c$$

4. 共模互斥比CMRR

   共模互斥比（Common Mode Rejection Ratio，簡稱為CMRR），其定義為差模增益（A_d）與共模增益（A_c）的比值，故CMRR的值愈大，表示排除雜訊的能力愈好，關係式如下：

   $$CMRR = \left|\frac{A_d}{A_c}\right| \text{ 或 } CMRR(\text{dB}) = 20\log\left|\frac{A_d}{A_c}\right|$$

   註1：差模電壓增益A_d等於開迴路電壓增益A_{vo}，故 $CMRR = \frac{A_d}{A_c} = \frac{A_{vo}}{A_c}$。

   註2：實際差動放大器的輸出電壓 $V_o = A_d \times V_d + A_c \times V_c = A_d \times V_d \times (1 + \frac{1}{CMRR} \times \frac{V_c}{V_d})$。

共模互斥比

老師教

1. 共模互斥比$CMRR = 80\,\text{dB}$，其差模增益$A_d = 10^5$，則共模增益A_c為何？

   解 $CMRR(\text{dB}) = 20\log\left|\frac{A_d}{A_c}\right|$

   $\Rightarrow 80\text{dB} = 20\log\left|\frac{10^5}{A_c}\right|$

   $\Rightarrow A_c = 10$

學生做

1. 共模互斥比$CMRR = 100\,\text{dB}$，其差模增益$A_d = 10^5$，則共模增益A_c為何？

   答

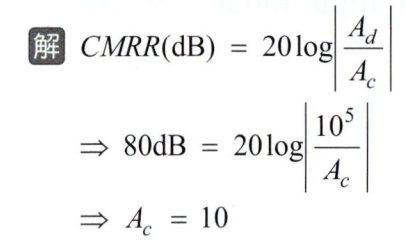

差動放大器輸出電壓的計算－題型1

老師教

2. 運算放大器兩輸入端$V_{i1} = 100\,\mu\text{V}$、$V_{i2} = 80\,\mu\text{V}$、差模增益$A_d = 10^4$、共模增益$A_c = 10$，試求：
   (1) 差模電壓V_d
   (2) 共模電壓A_c
   (3) 輸出電壓V_o 分別為何？

學生做

2. 運算放大器兩輸入端$V_{i1} = 180\,\mu\text{V}$、$V_{i2} = 120\,\mu\text{V}$、差模增益$A_d = 10^5$、共模增益$A_c = 10$，試求：
   (1) 差模電壓V_d
   (2) 共模電壓A_c
   (3) 輸出電壓V_o 分別為何？

解 (1) 差模電壓

$$V_d = V_{i1} - V_{i2}$$
$$= 100\mu V - 80\mu V = 20\ \mu V$$

(2) 共模電壓

$$V_c = \frac{V_{i1} + V_{i2}}{2}$$
$$= \frac{100\mu V + 80\mu V}{2} = 90\ \mu V$$

(3) 輸出電壓

$$V_o = A_d \times V_d + A_c \times V_c$$
$$= 10^4 \times 20\mu V + 10 \times 90\mu V$$
$$\approx 0.2\ V$$

答

差動放大器輸出電壓的計算－題型2

老師教

3. 差動放大器之共模拒斥比 $CMRR = 40\ dB$，差模增益 $A_d = 1000$，若差動放大器之共模輸入訊號 $V_c = 1\ V$，差模輸入訊號 $V_d = 0.01\ V$，則此差動放大器之輸出電壓為何？

學生做

3. 差動放大器之共模拒斥比 $CMRR = 80\ dB$，差模增益 $A_d = 100$，若差動放大器之共模輸入訊號 $V_c = 1\ V$，差模輸入訊號 $V_d = 0.1\ V$，則此差動放大器之輸出電壓為何？

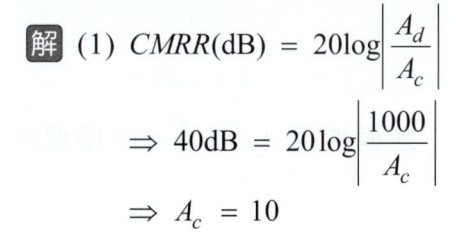

解 (1) $CMRR(\text{dB}) = 20\log\left|\dfrac{A_d}{A_c}\right|$

$\Rightarrow 40\text{dB} = 20\log\left|\dfrac{1000}{A_c}\right|$

$\Rightarrow A_c = 10$

(2) $V_o = A_d \times V_d + A_c \times V_c$
$= 1000 \times 0.01 + 10 \times 1 = 20\ V$

答

立即練習

基礎題

( )1. 有關理想運算放大器的特性,下列敘述何者錯誤?
(A)輸入阻抗$Z_i = \infty\,\Omega$
(B)輸出阻抗$Z_o = 0\,\Omega$
(C)開迴路電壓增益$A_{vo} = 0$
(D)響應時間(response time)為零

( )2. 理想運算放大器的輸出級放大器,一般採用下列何者?
(A)共射極放大器 (B)共基極放大器
(C)共閘極放大器 (D)共汲極放大器

( )3. 理想運算放大器的輸入阻抗為
(A)0 (B)∞ (C)10kΩ (D)10MΩ

( )4. 理想運算放大器的輸出阻抗為
(A)0 (B)∞ (C)10kΩ (D)10MΩ

( )5. 理想運算放大器的輸出阻抗為0,可減少下列何種效應?
(A)負載效應 (B)歐力效應 (C)米勒效應 (D)集膚效應

( )6. OPA內部為何種耦合放大電路?
(A)RC耦合 (B)直接耦合 (C)LC耦合 (D)變壓器耦合

( )7. 差動放大器之差模增益$A_d = 100$,共模增益$A_c = 10$,則共模拒斥比CMRR為何?
(A)0.1 (B)1 (C)10 (D)100

( )8. 理想的運算放大器差模增益A_d為?
(A)0 (B)∞ (C)−1 (D)1

( )9. 理想運算放大器的差模增益A_d與共模增益A_c,分別為何?
(A)$A_d = \infty$;$A_c = \infty$ (B)$A_d = 0$;$A_c = 0$
(C)$A_d = \infty$;$A_c = 0$ (D)$A_d = 0$;$A_c = \infty$

進階題

( )1. 運算放大器兩輸入端$V_{i1} = 240\,\mu V$、$V_{i2} = 120\,\mu V$、差模增益$A_d = 10^5$、共模增益$A_c = 10$、試求輸出電壓V_o約為何?
(A)12V (B)8V (C)6V (D)4V

10-2 運算放大器的輸入／輸出特性參數

實際OPA與理想OPA在特性以及參數上有所差異，以下就實習課最常使用到的運算放大器 μA741 來與理想運算放大器進行比較。

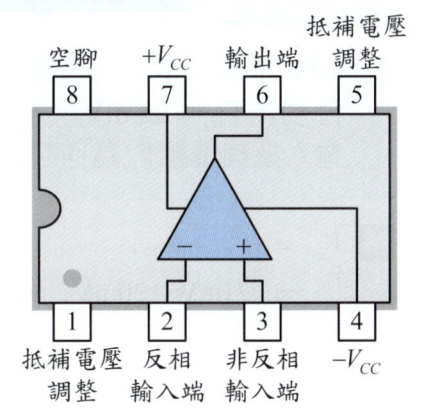

重點 1　運算放大器之輸入特性參數

	名稱	電路與定義	說明
1	輸入阻抗 Z_i	(a) 反相輸入端看入之輸入阻抗 Z_i (b) 非反相輸入端看入之輸入阻抗 Z_i	(1) OPA任意一個輸入端接地，由另一個輸入端看入之電阻值，所求得的電阻稱為**輸入阻抗**（input impedance，簡稱為 Z_i） (2) 理想OPA的輸入阻抗 $Z_i = \infty$，而 μA741 的輸入阻抗 $Z_i \approx 1\,M\Omega$
2	輸入抵補電壓	輸入抵補電壓 V_{io} 定義：$V_{io} = \lvert V_{B1} - V_{B2} \rvert$	(1) 理想的OPA當輸入電壓為0時，輸出電壓必為0 (2) 實際OPA的應用電路，為了使輸出電壓為0，必須在輸入端加上一個小的直流偏壓，如圖所示，此電壓稱為**輸入抵補電壓**（input offset voltage，簡稱為 V_{io}） (3) 理想OPA的 $V_{io} = 0\,V$，而 μA741 的 $V_{io} \approx 1\,mV$
3	輸入偏壓電流	輸入偏壓電流定義：$I_{ib} = \dfrac{1}{2} \times (I_{B1} + I_{B2})$	(1) **輸入偏壓電流**（input bias current，簡稱為 I_{ib}）的定義為輸出電壓為零時，在OPA兩輸入端電流的平均值 (2) 理想OPA的輸入偏壓電流 $I_{ib} = 0\,A$，而 μA741 的 $I_{ib} \approx 80\,nA$
4	輸入抵補電流	輸入抵補電流定義：$I_{io} = \lvert I_{B1} - I_{B2} \rvert$	(1) **輸入抵補電流**（input offset current，簡稱 I_{io}）的定義為輸出電壓為零時，在OPA兩輸入端電流的差值 (2) 理想OPA的輸入抵補電流 $I_{io} = 0\,A$，而 μA741 的 $I_{io} \approx 20\,nA$

10-7

輸入抵補電壓 V_{io} 的計算

老師教

1. OPA當輸出電壓為零時，兩輸入端電壓分別為 $V_{B1} = 21\text{ mV}$、$V_{B2} = 20\text{ mV}$，則輸入抵補電壓 V_{io} 為何？

解 $V_{io} = |V_{B1} - V_{B2}|$
$= |21\text{mV} - 20\text{mV}| = 1\text{ mV}$

學生做

1. OPA當輸出電壓為零時，兩輸入端電壓分別為 $V_{B1} = 18\text{ mV}$、$V_{B2} = 23\text{ mV}$，則輸入抵補電壓 V_{io} 為何？

答

輸入偏壓電流 I_{ib} 及抵補電流 I_{io} 的計算

老師教

2. OPA當輸出電壓為零時，兩輸入端電流分別為 $I_{B1} = 10\text{ nA}$、$I_{B2} = 6\text{ nA}$，則
   (1) 輸入偏壓電流 I_{ib}
   (2) 輸入抵補電流 I_{io} 分別為何？

解 $I_{ib} = \dfrac{1}{2} \times (I_{B1} + I_{B2})$
$= \dfrac{1}{2} \times (10\text{nA} + 6\text{nA}) = 8\text{ nA}$
$I_{io} = |I_{B1} - I_{B2}| = |10\text{nA} - 6\text{nA}| = 4\text{ nA}$

學生做

2. OPA當輸出電壓為零時，兩輸入端電流分別為 $I_{B1} = 20\text{ nA}$、$I_{B2} = 10\text{ nA}$，則
   (1) 輸入偏壓電流 I_{ib}
   (2) 輸入抵補電流 I_{io} 分別為何？

答

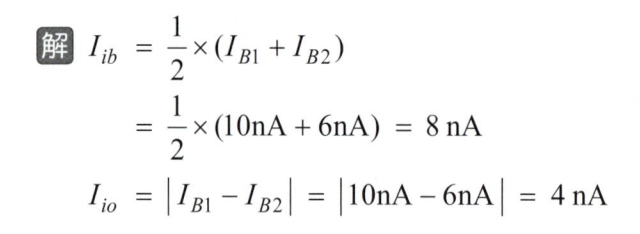

重點 2　運算放大器之輸出特性參數

名稱	電路與定義	說明
1　輸出阻抗 Z_o		(1) **輸出阻抗**（output impedance，簡稱為 Z_o），其定義為當輸入電壓為0時，由輸出端看入對地的阻抗值 (2) 理想ＯＰＡ的輸出阻抗 $Z_o = 0$，而 $\mu\text{A}741$ 的 $Z_o \approx 75\ \Omega$
2　輸出抵補電壓		(1) **輸出抵補電壓**（output offset voltage，簡稱為 V_{oo}）的定義為兩輸入端接地時，在輸出端產生的直流電壓 (2) 理想ＯＰＡ的輸入抵補電壓 $V_{oo} = 0\text{ V}$，而 $\mu\text{A}741$ 的 $V_{oo} \approx 2\text{ mV}$

More…

第 10 章　運算放大器

	名稱	電路與定義	說明
3	輸出短路電流	（電路圖：OPA，輸入 $V_{i(-)}$、$V_{i(+)}$，輸出 V_o，I_{os} 接地）	(1) 輸出短路電流（output short current，簡稱為 I_{os}）的定義為當輸出端短路時，在輸出端產生之最大有效值電流 (2) 理想OPA的輸出短路電流 $I_{os} = \infty$，而 $\mu A741$ 的 $I_{os} \approx 25$ mA

補充知識

輸出抵補電壓 V_{io} 的消除

將輸入端接地，並在第1腳與第5腳的兩腳間接上一個可變電阻（VR），此可變電阻一般約 10kΩ，調整此電阻使輸出電壓 V_o 為0伏特。

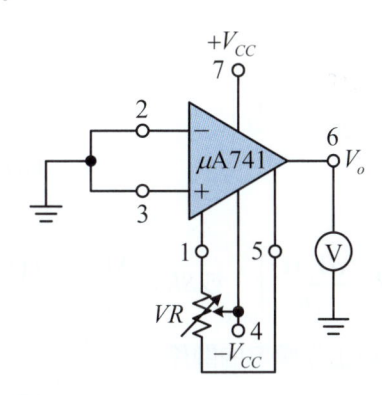

補充知識

虛接地的觀念

OPA加入負回授後，造成反相輸入端的電壓 $V_{i(-)}$ 與非反相輸入端的電壓 $V_{i(+)}$ 相同，如圖所示，此時 $V_{id} = V_{i(+)} - V_{i(-)} = 0$ V，兩端點同電位相當於短路的特性；但理想OPA輸入阻抗 $Z_i = \infty$，因此輸入電流 $I_{i(+)} = 0$ 且 $I_{i(-)} = 0$，相當於開路的特性。這種既是開路又短路之情況，便是運算放大器所獨有之特性，稱為**虛短路**（virtual short circuit）；若非反相端接地，又稱為**虛接地**（virtual ground）。

理想OPA所能輸出的最大電壓被限制在 $\pm V_{CC}$，當輸出電壓的計算結果超過電源電壓 $\pm V_{CC}$ 的範圍，表示OPA已進入飽和狀態，此輸出電壓 $\pm V_{CC}$ 稱為輸出飽和電壓，以 $\pm V_{sat}$ 表示之。當OPA進入飽和狀態，即失去虛接地與虛短路的特性，此時的 $V_{i(+)} \neq V_{i(-)}$，且 $I_{i(+)}$ 以及 $I_{i(-)}$ 不等於0。因此，虛接地與虛短路的特性只適用於OPA操作於線性放大區時的情況下。

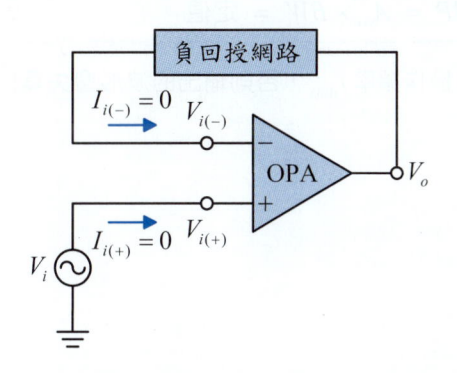

10-9

重點 3 運算放大器之動態特性

名稱	特性與定義	說明
1 開迴路電壓增益	理想OPA的輸入-輸出轉移特性曲線	(1) 開迴路電壓增益（open loop voltage gain，簡稱為A_{vo}），其定義為不加任何回授網路的情形下，輸出電壓的變化量ΔV_o與輸入電壓的變化量ΔV_i兩者之比值 (2) 理想OPA的開迴路電壓增益$A_{vo}=\infty$，μA741的$A_{vo}\approx 10^5$（相當於100dB）
2 共模互斥比	$CMRR=\left\|\dfrac{A_d}{A_c}\right\|$ $CMRR(dB)=20\log\left\|\dfrac{A_d}{A_c}\right\|$	(1) 衡量運算放大器排除雜訊的能力，稱為**共模互斥比**（Common Mode Rejection Ratio，簡稱為$CMRR$），其定義為差模增益（A_d）與共模增益（A_c）的比值 (2) 故$CMRR$的值愈大，表示排除雜訊的能力愈好
3 轉動率	(1) 定義$SR=\left.\dfrac{dV_o(t)}{dt}\right\|_{max}$ 或$SR=\dfrac{\Delta V_o}{\Delta t}$ (2) 轉動率與工作頻率的關係 $f_{max}=\dfrac{SR}{2\pi V_m}$（輸出為正弦波） $f_{max}=\dfrac{SR}{4V_m}$（輸出為三角波）	(1) **變動率**（Selw Rate，簡稱為SR）的定義為單位時間內輸出電壓可產生的最大變動率 (2) 一般測量轉動率都是在閉迴路的情況下，以電壓隨耦器來測量 (3) 理想OPA的$SR=\infty$，而μA741的$SR=0.5\text{ V}/\mu s$
4 增益頻寬乘積	$GBP=A_{vo}\times BW=$ 定值	(1) **增益頻寬乘積**（Gain-Bandwidth Product，簡稱為GBP），其定義為開迴路增益與增率寬度的乘積 (2) 理想OPA的$GBP=\infty$，μA741的$GBP=10^6=120\text{ dB}$

註：輸出信號的頻率必須小於最大操作頻率f_{max}，否則輸出的波形會失真且趨近三角波。

轉動率的計算（輸出波型為正弦波）

老師教

3. OPA之轉動率（Slew rate）為 0.628 V/μs，欲得到峰值電壓為1V的正弦波輸出，則OPA所能輸出的最高頻率為何？

解 $f_{max} = \dfrac{SR}{2\pi V_m} = \dfrac{0.628\,\text{V}/\mu\text{s}}{2 \times 3.14 \times 1\text{V}} = 100\,\text{kHz}$ 答

學生做

3. OPA之轉動率（Slew rate）為 0.314 V/μs，欲得到峰值電壓為10V的正弦波輸出，則OPA所能輸出的最高頻率為何？

轉動率的計算（輸出波型為三角波）

老師教

4. OPA之轉動率（Slew rate）為0.5 V/μs，欲得到峰值電壓為±2.5V的對稱三角波輸出，則OPA所能輸出的最高頻率為何？

解 $f_{max} = \dfrac{SR}{4V_m} = \dfrac{0.5\,\text{V}/\mu\text{s}}{4 \times 2.5\text{V}} = 50\,\text{kHz}$ 答

學生做

4. OPA之轉動率（Slew rate）為0.2 V/μs，欲得到峰值電壓為±1V的對稱三角波輸出，則OPA所能輸出的最高頻率為何？

ABcD 立即練習

基礎題

( ) 1. 如圖(1)所示，OPA當輸出電壓為零時，兩輸入端電流分別 $I_{B1} = 30\,\text{nA}$、$I_{B2} = 20\,\text{nA}$，則輸入抵補電流 I_{io}
(A) 30nA　(B) 20nA　(C) 10nA　(D) 50nA

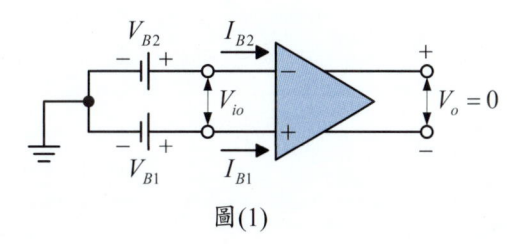

圖(1)

( )2. 下列何者不是理想運算放大器的特性？
(A)輸入阻抗無限大 (B)輸出阻抗為0
(C)電壓增益無限大 (D)輸入電流不等於0

( )3. 在 μA741電路中，只有一個電容器，此電容器的作用為
(A)耦合電容 (B)補償電容 (C)極際電容 (D)旁路電容

( )4. 一運算放大器的輸出電壓在1微秒內變動3V，則其轉動率SR為
(A)1V/μs (B)3V/μs (C)5V/μs (D)7V/μs

( )5. 下列有關理想運算放大器的特性，何者錯誤？
(A)輸入阻抗無窮大 (B)閉迴路電壓增益無窮大
(C)頻寬無窮大 (D)輸出阻抗為0

( )6. 關於μA741運算放大器內部的輸入級與輸出級之電路結構，下列敘述何者正確？
(A)輸入級為共集極放大器 (B)輸入級為二極體整流電路
(C)輸出級為射極隨耦器 (D)輸出級為開集極輸出電路

( )7. 下列何者為運算放大器的輸入電壓變動時，輸出電壓的最大變化率？
(A)共模拒斥比（CMRR） (B)輸入抵補電壓
(C)轉動率（slew rate, SR） (D)輸出電壓擺幅

( )8. 若μA741之扭轉率SR為0.314V/μs，欲得到峰值至少為10V的弦波輸出，求它所能輸入之最高頻率約為
(A)8kHz (B)7kHz (C)6kHz (D)5kHz

( )9. 當輸出電壓為零時，在OPA兩輸入端電流的差值，稱為
(A)輸入抵補電壓 (B)輸入抵補電流
(C)輸出短路電流 (D)輸入偏壓電流

( )10. 輸出電壓為零時，在OPA兩輸入端電流的平均值，稱為
(A)輸入抵補電壓 (B)輸入抵補電流
(C)輸出短路電流 (D)輸入偏壓電流

( )11. 常用運算放大器μA741的接腳敘述，下列何者錯誤？
(A)第8腳為正電源+V_{CC} (B)第4腳為正電源-V_{CC}
(C)第2腳為反相輸入端 (D)第3腳為非反相輸入端

( )12. 常用運算放大器μA741，會藉由哪兩支接腳來消除輸出抵補電壓？
(A)1，2 (B)2，3 (C)1，5 (D)2，8

10-3　反相、非反相放大器與電壓隨耦器

重點 1　反相放大器、非反相放大器與電壓隨耦器的比較

項目＼名稱	電路	特性
反相放大器	(反相放大器電路圖：V_s 經 R_1 接至反相端，R_f 為回授電阻，$I_{i(-)}=0A$，$V_{i(-)}=0V$，$V_{i(+)}=0V$，虛接地)	(1) 輸出電壓 $V_o = -\dfrac{R_f}{R_1} \times V_s$ （輸出電壓不受負載影響） (2) 電壓增益 $A_{vf} = \dfrac{V_o}{V_s} = -\dfrac{R_f}{R_1}$ （負號表示反相180°） (3) 輸入阻抗 $Z_i = \infty$
非反相放大器	(非反相放大器電路圖：R_1 接地，R_f 回授，V_s 接非反相端，$V_{i(-)}=V_s$，$V_{i(+)}=V_s$，虛短路)	(1) 輸出電壓 $V_o = (1+\dfrac{R_f}{R_1}) \times V_s$ （輸出電壓不受負載影響） (2) 電壓增益 $A_{vf} = \dfrac{V_o}{V_s} = (1+\dfrac{R_f}{R_1})$ (3) 輸入阻抗 $Z_i = \infty$
電壓隨耦器	(電壓隨耦器電路圖：V_s 接非反相端，輸出直接回授至反相端，$V_{i(-)}=V_s$，$V_{i(+)}=V_s$，虛短路)	(1) 輸出電壓 $V_o = V_s$ （輸出電壓不受負載影響） (2) 電壓增益 $A_{vf} = \dfrac{V_o}{V_s} = 1$ (3) 輸入阻抗 $Z_i = \infty$ (4) 輸出阻抗 $Z_o = 0$ （常作為阻抗匹配的緩衝器）

註：當輸出電壓的計算結果超過電源電壓 $\pm V_{CC}$ 的範圍，表示OPA已進入飽和狀態，$V_o = +V_{CC}$ 或 $+V_{sat}$；$V_o = -V_{CC}$ 或 $-V_{sat}$。

反相放大器的計算（基礎題）

老師教

1. 如下圖所示，試求：
   (1) I_1 (2) I_2 (3) V_o 分別為何？

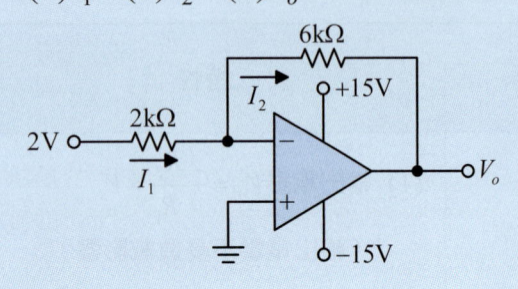

   （電路圖：2V 輸入經 2kΩ 電阻至反相端，回授電阻 6kΩ，正端接地，±15V 供電）

   解 **解一** 運用KCL
   (1) ∵ OPA輸入阻抗 $Z_i = \infty$
   ∴ $V_+ = V_- = 0\,V$
   $$I_1 = \frac{2V - 0V}{2k\Omega} = 1\,mA = I_2$$
   (2) $V_o = 0 - 1mA \times 6k\Omega = -6\,V$

   解二 運用公式解
   $$V_o = -\frac{R_f}{R_1} \times V_s = -\frac{6k\Omega}{2k\Omega} \times 2V = -6\,V$$

學生做

1. 如下圖所示，試求：
   (1) I_1 (2) I_2 (3) V_o 分別為何？

   （電路圖：3V 輸入經 1kΩ 電阻至反相端，回授電阻 3kΩ，正端接地，±15V 供電）

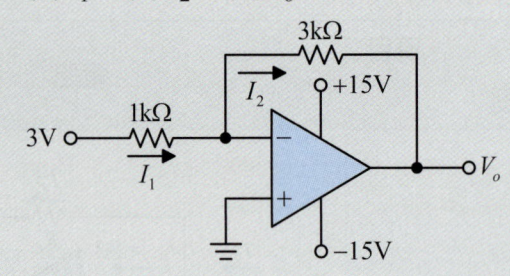

   答

非反相放大器的計算（基礎題）

老師教

2. 如下圖所示，試求：
   (1) I_1 (2) I_2 (3) V_o 分別為何？

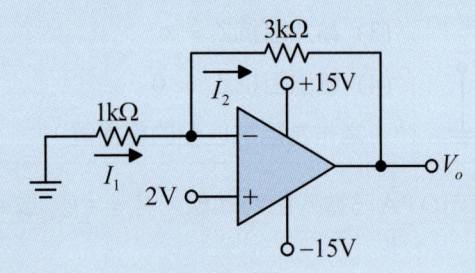

   （電路圖：反相端經 1kΩ 接地，回授電阻 3kΩ，非反相端輸入 2V，±15V 供電）

   解 **解一** 運用KCL
   (1) ∵ OPA輸入阻抗 $Z_i = \infty$
   ∴ $V_+ = V_- = 2\,V$
   $$I_1 = -\frac{2V - 0V}{1k\Omega} = -2\,mA = I_2$$
   (2) $V_o = 2 + 2mA \times 3k\Omega = 8\,V$

   解二 運用公式解
   $$V_o = (1 + \frac{R_f}{R_1}) \times V_s = (1 + \frac{3k\Omega}{1k\Omega}) \times 2V = 8\,V$$

學生做

2. 如下圖所示，試求：
   (1) I_1 (2) I_2 (3) V_o 分別為何？

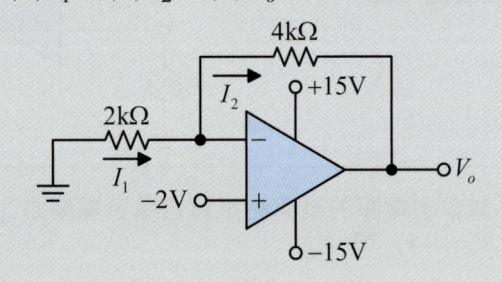

   （電路圖：反相端經 2kΩ 接地，回授電阻 4kΩ，非反相端輸入 −2V，±15V 供電）

   答

10-14

第 10 章 運算放大器

電壓隨耦器

老師教

3. 如下圖所示，若 $V_i = 5$ V，試求：
   (1) I_1 (2) I_2 (3) V_o 分別為何？

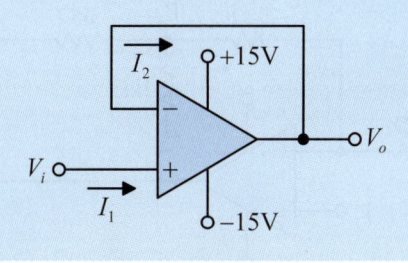

解
(1) ∵ OPA 輸入阻抗 $Z_i = \infty$
   $\Rightarrow I_1 = I_2 = 0$ A
(2) $V_+ = V_- = V_i = V_o = 5$ V

學生做

3. 如下圖所示，若 $V_i = 3$ V，試求：
   (1) I_1 (2) I_2 (3) V_o 分別為何？

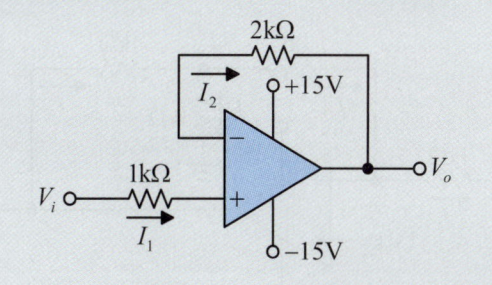

答

反相放大器的計算（進階題）

老師教

4. 如下圖所示，試求輸出電壓 V_o 為何？

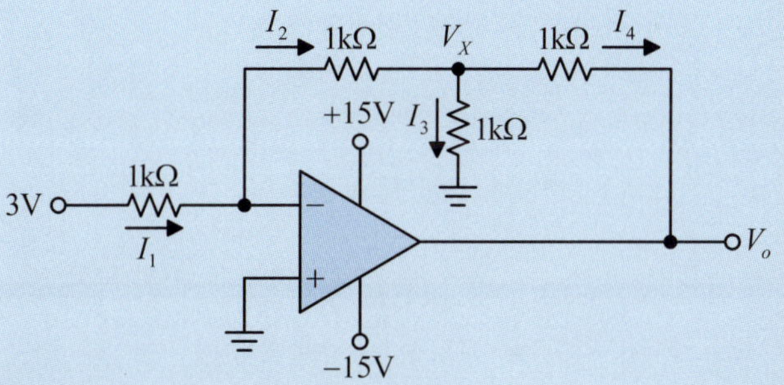

解
(1) ∵ $V_+ = V_- = 0$ V
   $\therefore I_1 = \dfrac{3\text{V} - 0\text{V}}{1\text{k}\Omega} = 3 \text{ mA} = I_2$

(2) $V_X = V_- - I_2 \times 1\text{k}\Omega$
   $= 0 - 3\text{mA} \times 1\text{k}\Omega = -3$ V

(3) $I_3 = -\dfrac{0\text{V} - (-3\text{V})}{1\text{k}\Omega} = -3$ mA

(4) $I_4 = 3\text{mA} + 3\text{mA} = 6$ mA

(5) $V_o = V_X - I_4 \times 1\text{k}\Omega$
   $= -3\text{V} - 6\text{mA} \times 1\text{k}\Omega = -9$ V

學生做

4. 如下圖所示，試求電壓增益 $A_v = \dfrac{V_o}{V_i}$ 為何？

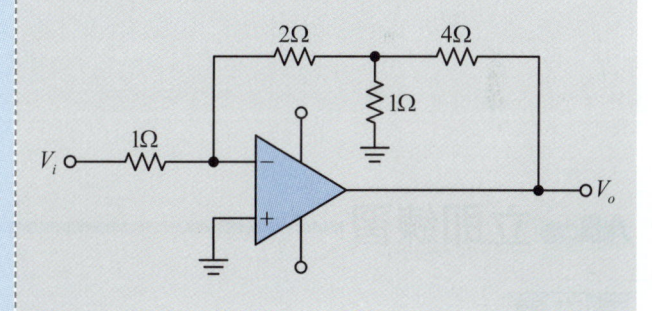

答

10-15

非反相放大器的計算（進階題）

老師教

5. 如下圖所示，試求輸出電壓 V_o 為何？

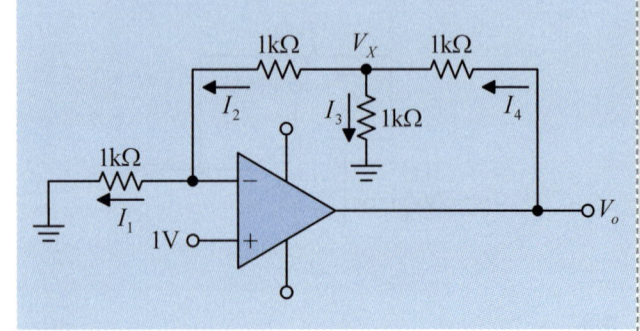

解 (1) $\because V_+ = V_- = 1\text{V}$

$$\therefore I_1 = \frac{1\text{V} - 0\text{V}}{1\text{k}\Omega} = 1\text{mA} = I_2$$

(2) $V_X = V_- + I_2 \times 1\text{k}\Omega$
$= 1 + 1\text{mA} \times 1\text{k}\Omega = 2\text{V}$

(3) $I_3 = \dfrac{2\text{V} - 0\text{V}}{1\text{k}\Omega} = 2\text{mA}$

(4) $I_4 = I_2 + I_3 = 1\text{mA} + 2\text{mA} = 3\text{mA}$

(5) $V_o = V_X + I_4 \times 1\text{k}\Omega$
$= 2\text{V} + 3\text{mA} \times 1\text{k}\Omega = 5\text{V}$

學生做

5. 如下圖所示，試求電壓增益 $A_v = \dfrac{V_o}{V_i}$ 為何？

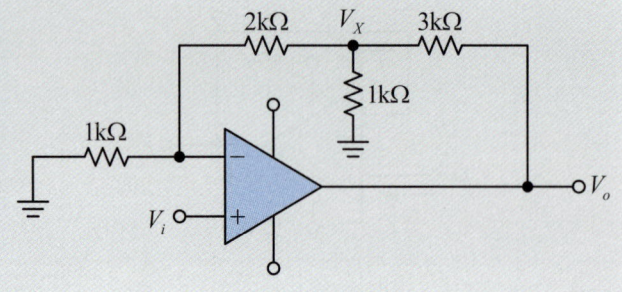

答

ABcD 立即練習

基礎題

( )1. 理想運算放大器兩輸入端的虛接地（virtual ground）特性，是指輸入阻抗 Z_i 與輸入電流 I_i 的值分別為何？
(A) $Z_i = \infty$、$I_i = \infty$　(B) $Z_i = 0$、$I_i = 0$　(C) $Z_i = \infty$、$I_i = 0$　(D) $Z_i = 0$、$I_i = \infty$

( )2. 如圖(1)所示，試求回授電阻 R_f 為何？　(A) 6kΩ　(B) 4kΩ　(C) 2kΩ　(D) 1kΩ

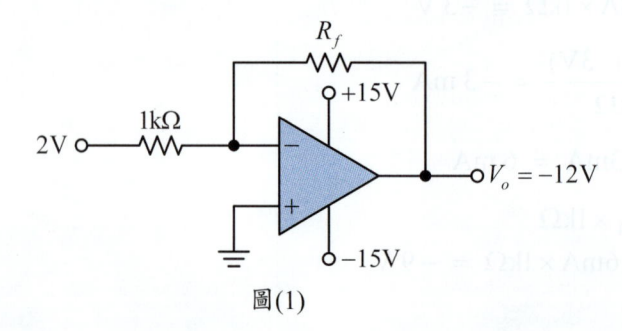

圖(1)

(　)3. 如圖(2)所示，試求輸出電壓V_o為何？　(A)−3V　(B)−9V　(C)3V　(D)9V

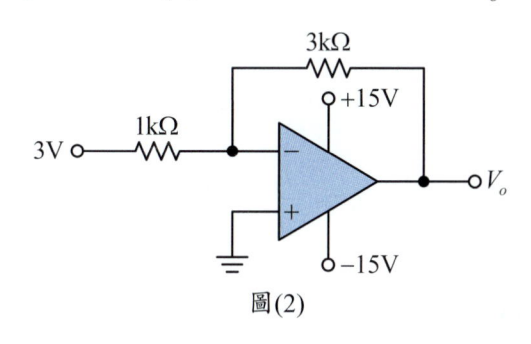

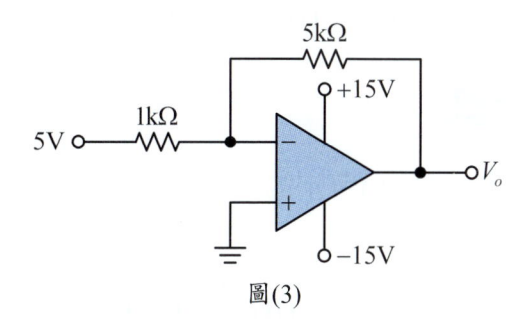

圖(2)

圖(3)

(　)4. 如圖(3)所示，試求輸出電壓V_o？　(A)−12V　(B)−15V　(C)−20V　(D)−25V

(　)5. 承上題所示，試求反相輸出端的電壓V_-約為何？
(A)2V　(B)−2V　(C)1.67V　(D)−1.67V

(　)6. 如圖(4)所示，則輸出電壓V_o為何？　(A)3V　(B)6V　(C)9V　(D)12V

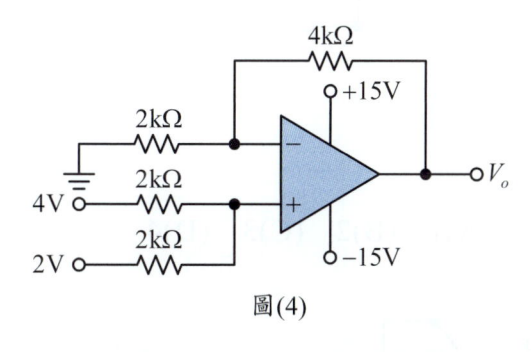

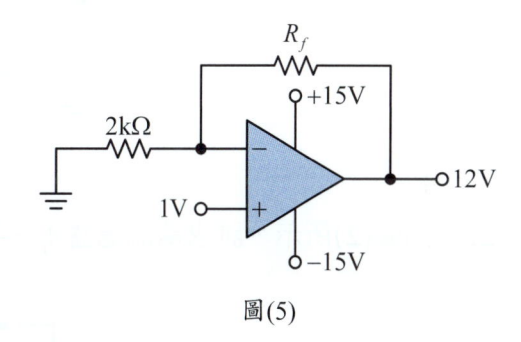

圖(4)

圖(5)

(　)7. 如圖(5)所示，試求回授電阻R_f為何？　(A)22kΩ　(B)12kΩ　(C)10kΩ　(D)8kΩ

(　)8. 如圖(6)所示，則輸出電壓V_o為何？　(A)3V　(B)6V　(C)9V　(D)12V

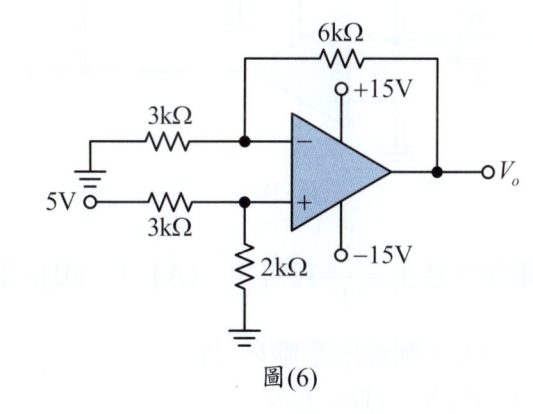

圖(6)

(　)9. 如圖(7)所示，試求第一級放大器的輸出電壓V_{o1}為何？
(A)2V　(B)4V　(C)6V　(D)8V

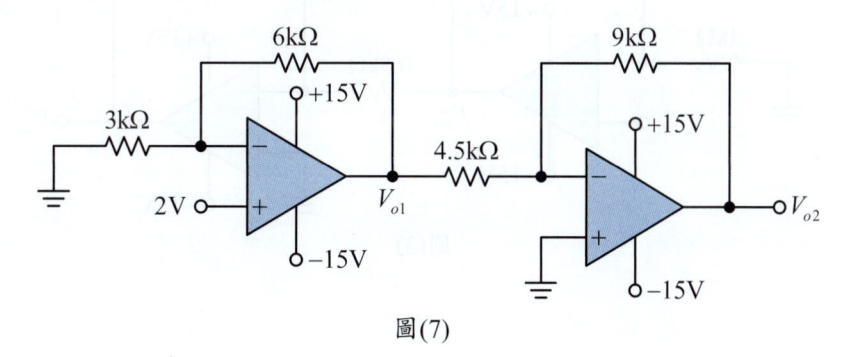

圖(7)

10-17

( )10. 承上題所示，試求第二級放大器的輸出電壓V_{o2}為何？
(A)8V (B)12V (C)−8V (D)−12V

進階題

( )1. 圖(1)所示的理想運算放大器電路中，若電流增益$A_i = \dfrac{I_L}{I} = 10$，則$R$值為多少歐姆？
(A)$\dfrac{1}{9}$kΩ (B)$\dfrac{10}{9}$kΩ (C)$\dfrac{5}{12}$kΩ (D)$\dfrac{7}{12}$kΩ

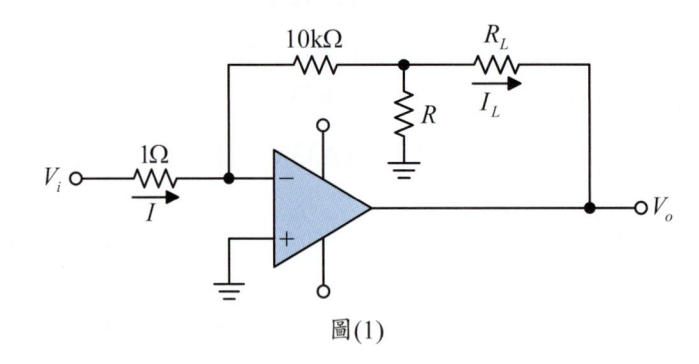

圖(1)

( )2. 如圖(2)所示，試求電流增益$A_i = \dfrac{I_o}{I_i}$為何？ (A)1 (B)2 (C)3 (D)4

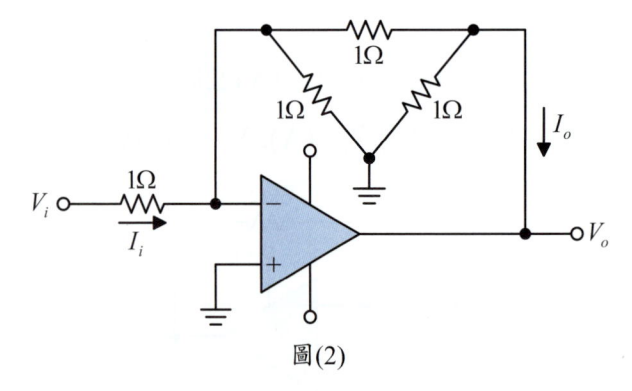

圖(2)

( )3. 承上題所示，試求電壓增益$A_v = \dfrac{V_o}{V_i}$為何？ (A)−1 (B)−2 (C)−3 (D)−4

( )4. 如圖(3)所示，若$V_{i1} = 1\text{V}$，則輸出電壓V_{o2}為？
(A)6V (B)−6V (C)12V (D)−12V

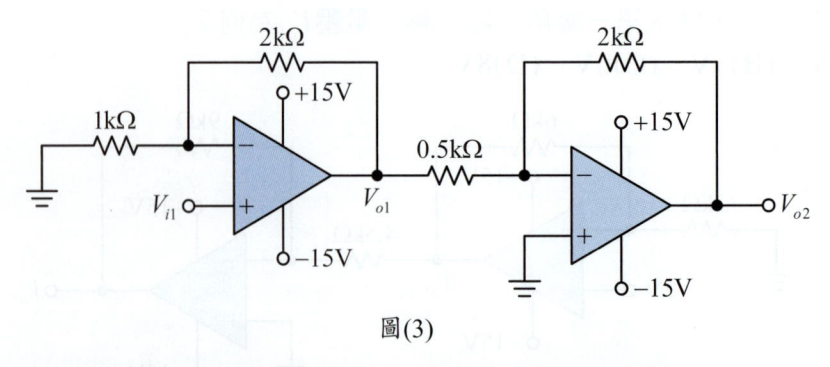

圖(3)

10-4　加法器及減法器

重點 1　加法器

OPA經過特別的設計可以將多個輸入的信號相加，稱此運算放大器為加法器，若輸入信號皆在反相端輸入，則稱為**反相加法器**（inverting adder）；若輸入信號皆在非反相端輸入，則稱為**非反相加法器**（non-inverting adder）。

項目名稱	電路	特性
反相加法器	（電路圖）	(1) 輸出電壓 $V_o = -(V_1 \times \dfrac{R_f}{R_1} + V_2 \times \dfrac{R_f}{R_2} + V_3 \times \dfrac{R_f}{R_3} + \cdots\cdots + V_n \times \dfrac{R_f}{R_n})$ (2) 若 $R_1 = R_2 = R_3 = \cdots\cdots = R_n = R_f$ $V_o = -(V_1 + V_2 + V_3 + \cdots\cdots + V_n)$（反相加法器）
非反相加法器	（電路圖）	(1) $V_{i(+)} = (\dfrac{V_1}{R_1} + \dfrac{V_2}{R_2} + \dfrac{V_3}{R_3} + \cdots\cdots + \dfrac{V_n}{R_n}) \times (R_1 // R_2 // R_3 // \cdots\cdots // R_n)$ (2) 輸出電壓 $V_o = V_{i(+)} \times (1 + \dfrac{R_f}{R_A})$ $= \dfrac{(\dfrac{V_1}{R_1} + \dfrac{V_2}{R_2} + \dfrac{V_3}{R_3} + \cdots\cdots + \dfrac{V_n}{R_n})}{(\dfrac{1}{R_1} + \dfrac{1}{R_2} + \dfrac{1}{R_3} + \cdots\cdots + \dfrac{1}{R_n})} \times (1 + \dfrac{R_f}{R_A})$ (3) 若 $R_1 = R_2 = R_3 = \cdots\cdots = R_n$ $V_o = \dfrac{(V_1 + V_2 + V_3 + \cdots\cdots + V_n)}{n} \times (1 + \dfrac{R_f}{R_A})$ (4) 若 $R_f = (n-1) \times R_A$ $V_o = V_1 + V_2 + V_3 + \cdots\cdots + V_n$（非反相加法器）

重點 2 減法器

將兩個輸入分別輸入信號,其輸出為兩輸入信號之差值,稱此OPA為**減法器**（subtracter）或稱為差值放大器。

項目名稱	電路	特性
減法器	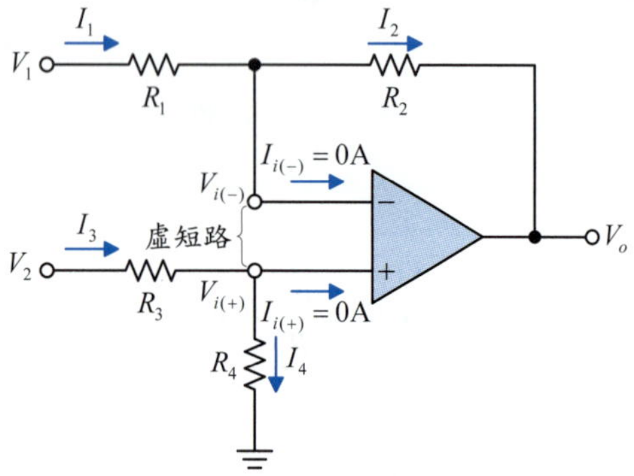 （電路圖）	(1) 輸出電壓（運用重疊定理） $V_o = V_2 \times \dfrac{R_4}{R_3 + R_4} \times (1 + \dfrac{R_2}{R_1}) - V_1 \times \dfrac{R_2}{R_1}$ (2) 若 $\dfrac{R_1}{R_2} = \dfrac{R_3}{R_4}$,即 $R_1 \times R_4 = R_2 \times R_3$ $V_o = \dfrac{R_2}{R_1} \times (V_2 - V_1)$ (3) 若 $R_1 = R_2 = R_3 = R_4$ $V_o = V_2 - V_1$（減法器）

反相加法器的計算

老師教

1. 如下圖所示,試求輸出電壓 V_o 為何?

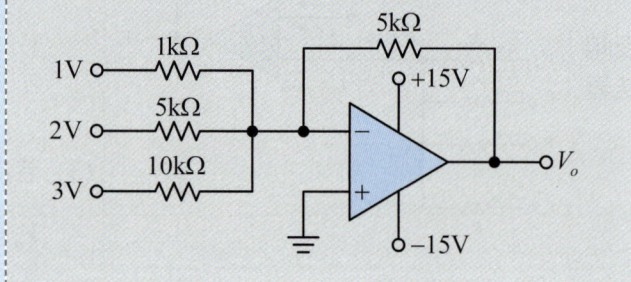

（電路圖：1V經1kΩ、2V經2kΩ、3V經3kΩ接到反相端,回授3kΩ,±15V供電）

解　**解一**　運用節點電壓法

∵ $V_- = V_+ = 0$ V（以 V_- 當作節點）

$\dfrac{0V - 1V}{1k\Omega} + \dfrac{0V - 2V}{2k\Omega} + \dfrac{0V - 3V}{3k\Omega} + \dfrac{0V - V_o}{3k\Omega} = 0$

$V_o = -9$ V

解二　運用公式解

$V_o = -(V_1 \times \dfrac{R_f}{R_1} + V_2 \times \dfrac{R_f}{R_2} + V_3 \times \dfrac{R_f}{R_3})$

$= -(1V \times \dfrac{3k\Omega}{1k\Omega} + 2V \times \dfrac{3k\Omega}{2k\Omega} + 3V \times \dfrac{3k\Omega}{3k\Omega})$

$= -9$ V

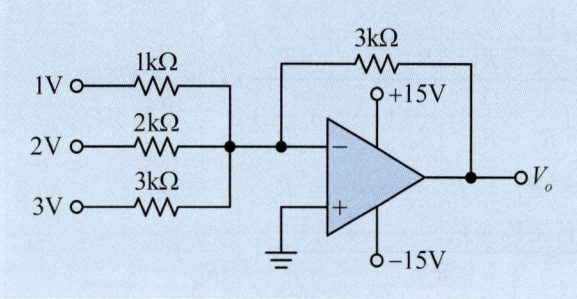

學生做

1. 如下圖所示,試求輸出電壓 V_o 為何?

（電路圖：1V經1kΩ、2V經5kΩ、3V經10kΩ接到反相端,回授5kΩ,±15V供電）

答

非反相加法器的計算

老師教

2. 如下圖所示，試求輸出電壓 V_o 為何？

學生做

2. 如下圖所示，試求輸出電壓 V_o 為何？

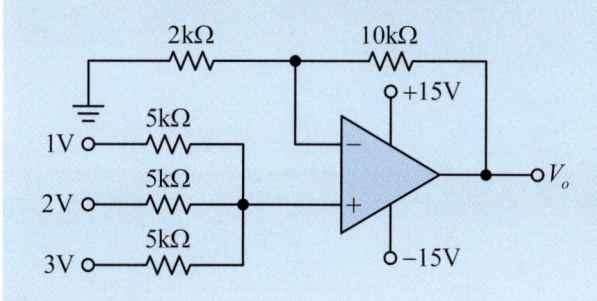

[解] 解一

(1) 運用密爾門定理求解 V_+

$$V_+ = \dfrac{\dfrac{1V}{5k\Omega} + \dfrac{2V}{5k\Omega} + \dfrac{3V}{5k\Omega}}{\dfrac{1}{5k\Omega} + \dfrac{1}{5k\Omega} + \dfrac{1}{5k\Omega}} = 2\text{ V}$$

(2) 運用節點電壓法（以 V_- 為節點）

$$\dfrac{2V - 0V}{2k\Omega} + \dfrac{2V - V_o}{10k\Omega} = 0$$

$$\Rightarrow V_o = 12\text{ V}$$

解二　運用公式解（先求出 $V_+ = 2$ V 後）

$$V_o = V_+ \times (1 + \dfrac{R_f}{R_1})$$

$$= 2V \times (1 + \dfrac{10k\Omega}{2k\Omega}) = 12\text{ V}$$

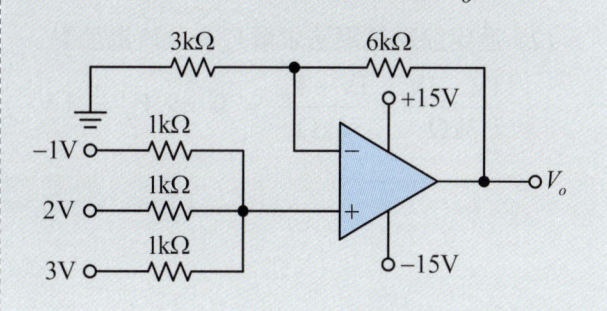

答

減法器的計算（基礎題）

老師教

3. 如下圖所示，試求輸出電壓 V_o 為何？

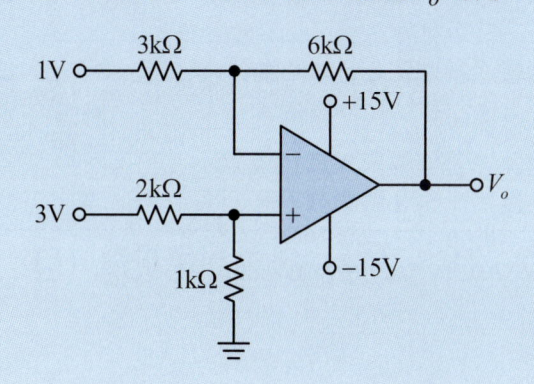

學生做

3. 如下圖所示，試求輸出電壓 V_o 為何？

10-21

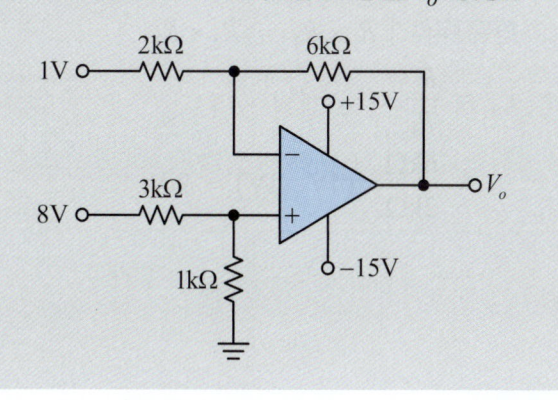

解 (1) 先求解 V_+（$V_+ = V_-$）

$$V_+ = \frac{3\text{V}}{2\text{k}\Omega + 1\text{k}\Omega} \times 1\text{k}\Omega = 1\text{ V}$$

(2) 運用節點電壓法求解 V_o（以 V_- 為節點）

$$\frac{1\text{V} - 1\text{V}}{3\text{k}\Omega} + \frac{1\text{V} - V_o}{6\text{k}\Omega} = 0 \Rightarrow V_o = 1\text{ V}$$

減法器的計算（進階題）

老師教

4. 如下圖所示，試求輸出電壓 V_o 為何？

學生做

4. 如下圖所示，試求輸出電壓 V_o 為何？

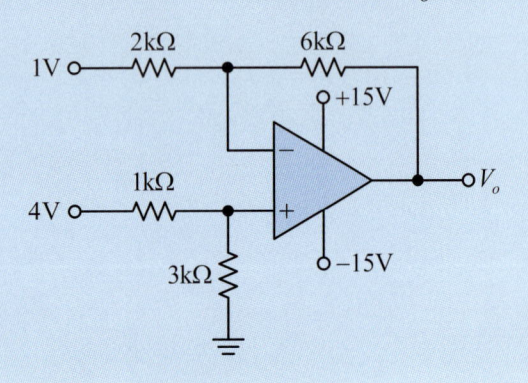

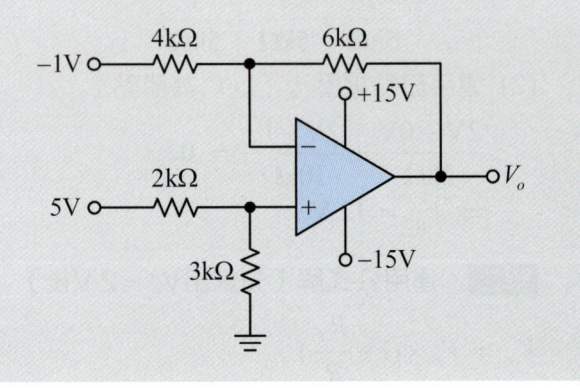

解 解一 運用節點電壓法

(1) 先求解 V_+（$V_+ = V_-$）

$$V_+ = \frac{4\text{V}}{3\text{k}\Omega + 1\text{k}\Omega} \times 3\text{k}\Omega = 3\text{ V}$$

(2) 運用節點電壓法求解 V_o（以 V_- 為節點）

$$\frac{3\text{V} - 1\text{V}}{2\text{k}\Omega} + \frac{3\text{V} - V_o}{6\text{k}\Omega} = 0 \Rightarrow V_o = 9\text{ V}$$

解二 運用公式

符合條件：$R_1 \times R_4 = R_2 \times R_3$

$$V_o = \frac{R_2}{R_1} \times (V_2 - V_1)$$

$$= \frac{6\text{k}\Omega}{2\text{k}\Omega} \times (4\text{V} - 1\text{V}) = 9\text{ V}$$

第 10 章 運算放大器

ABCD 立即練習

基礎題

( ) 1. 如圖(1)所示，$V_1 = 1\,\text{V}$，$V_2 = 2\,\text{V}$，$V_3 = 3\,\text{V}$，則輸出電壓 V_o 為
(A) -9V (B) -7V (C) 7V (D) 9V

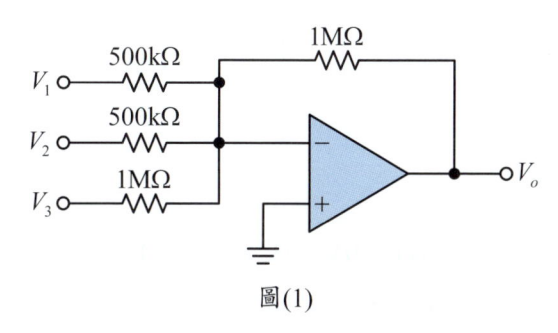

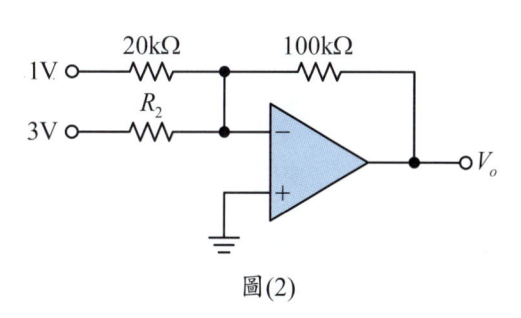

圖(1)　　　　　　　　　　圖(2)

( ) 2. 如圖(2)所示之理想運算放大器電路，在不飽和情況下，輸出 $V_o = -10\,\text{V}$，則 R_2 約為何？ (A) $20\text{k}\Omega$ (B) $40\text{k}\Omega$ (C) $60\text{k}\Omega$ (D) $100\text{k}\Omega$

( ) 3. 如圖(3)所示運算放大器電路，若要設計為非反相加法器使得 $V_o = V_1 + V_2 + V_3$，則電阻 R_f 應為多少歐姆？ (A) $5\text{k}\Omega$ (B) $10\text{k}\Omega$ (C) $20\text{k}\Omega$ (D) $30\text{k}\Omega$

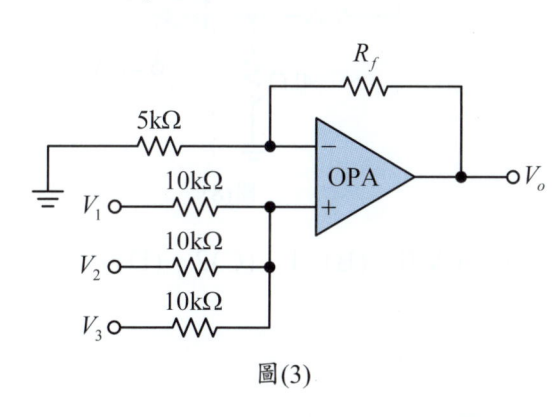

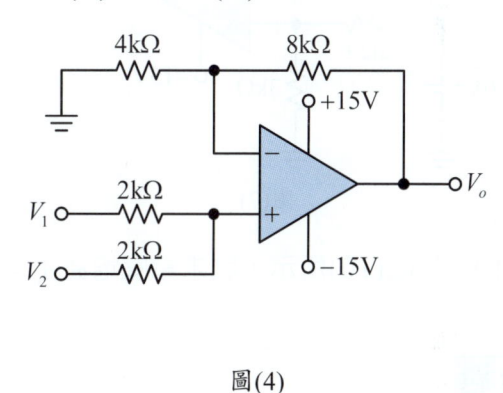

圖(3)　　　　　　　　　　圖(4)

( ) 4. 如圖(4)所示電路，其輸出電壓 V_o 為
(A) $\dfrac{3}{2}(V_1 + V_2)$ (B) $\dfrac{1}{2}(V_1 + V_2)$ (C) $\dfrac{1}{3}(V_1 + V_2)$ (D) $\dfrac{2}{3}(V_1 + V_2)$

( ) 5. 如圖(5)所示電路，其輸出電壓 V_o 為 (A) 6V (B) -6V (C) 12V (D) -12V

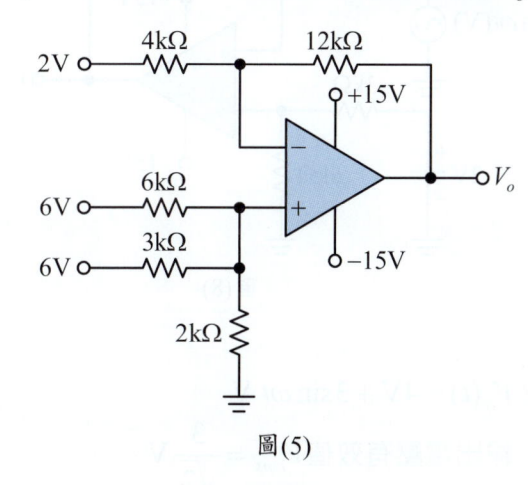

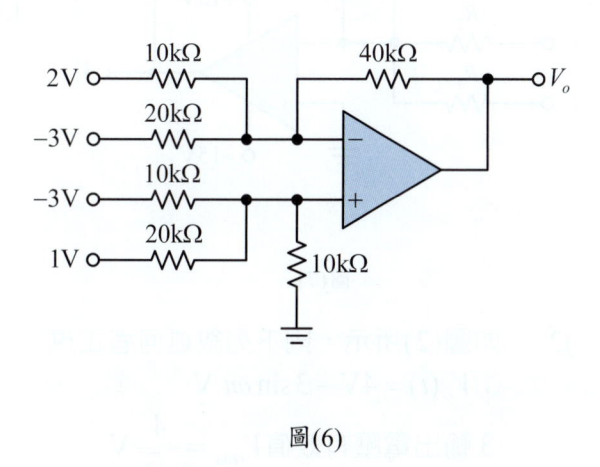

圖(5)　　　　　　　　　　圖(6)

( ) 6. 如圖(6)所示電路，其輸出電壓 V_o 為 (A) -9V (B) -7V (C) 3V (D) 4V

( )7. 如圖(7)所示電路，其輸出電壓V_o為 (A)−9V (B)9V (C)3V (D)4V

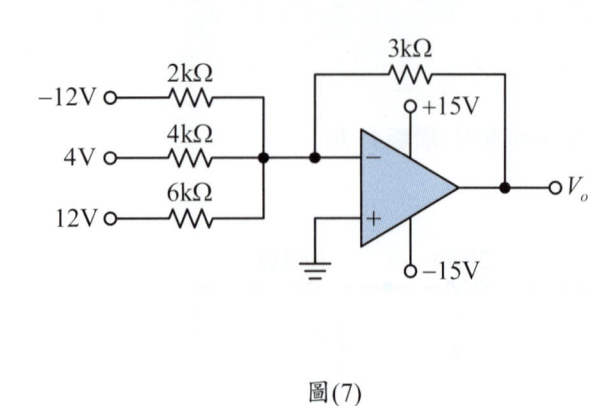

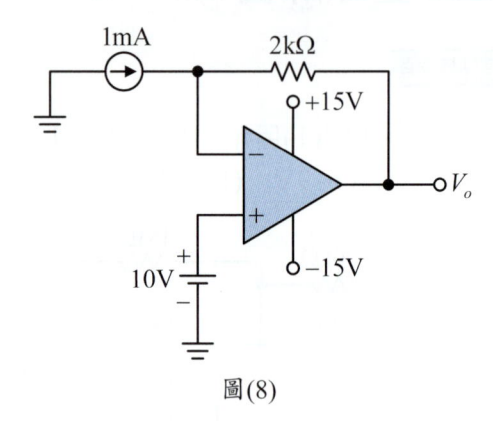

圖(7)

圖(8)

( )8. 如圖(8)所示電路，其輸出電壓V_o為 (A)10V (B)−10V (C)8V (D)−8V

( )9. 如圖(9)所示電路，其輸出電壓V_o為 (A)0V (B)−1V (C)2V (D)4V

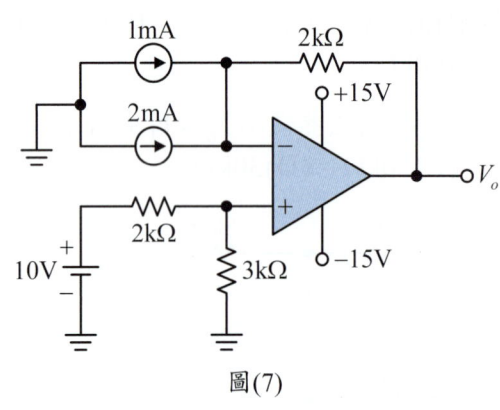

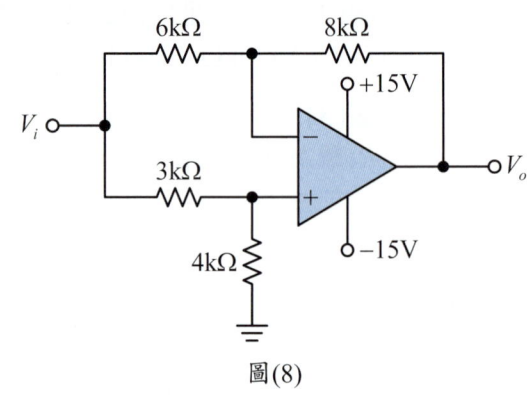

圖(7)

圖(8)

( )10. 如圖(10)所示，試求電壓增益$A_v = \dfrac{V_o}{V_i}$為何？ (A)0 (B)−1 (C)2 (D)4

進階題

( )1. 如圖(1)所示，若輸出電壓$V_o = -(V_1 + 2V_2 + 3V_3)$，試求$R_1 + R_2 + R_3$為
(A)10kΩ (B)15kΩ (C)22kΩ (D)30kΩ

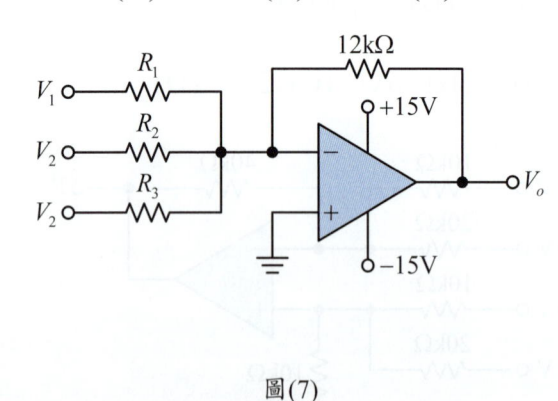

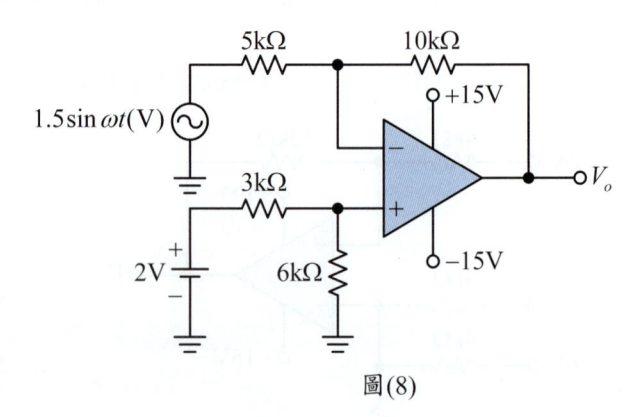

圖(7)

圖(8)

( )2. 如圖(2)所示，則下列敘述何者正確？
① $V_o(t) = 4\text{V} - 3\sin\omega t \text{ V}$ ② $V_o(t) = 4\text{V} + 3\sin\omega t \text{ V}$
③ 輸出電壓有效值$V_{rms} = \dfrac{4}{\sqrt{2}}$ V   ④ 輸出電壓有效值$V_{rms} = \dfrac{3}{\sqrt{2}}$ V
(A)①、③ (B)②、④ (C)①、④ (D)②、③

10-5 微分器及積分器

重點 1 微分器

1. 主動式微分器：

項目名稱	電路	特性
主動式微分器	(電路圖：$v_i(t)$ 經 C、R 接運算放大器，輸出 $v_o(t)$)	(1) $v_o(t) = -RC \times \dfrac{dv_i(t)}{dt}$ (2) $\|A_v\| = \left\| -\dfrac{R}{X_C} \right\| = \omega RC$

主動式微分器的電壓增益 $\|A_v\| = \omega RC$，因此在高頻信號時，頻率很大，使得電容抗 $X_C = \dfrac{1}{j2\pi fC}$ 很小，使得電壓增益 A_v 很大，造成高頻時的輸出波形失真

2. 改良型主動式微分器：

項目名稱	電路	特性
改良型主動式微分器	(電路圖：$v_i(t)$ 經 R_S、C、R 接運算放大器，輸出 $v_o(t)$)	$\|A_v\| = \left\| -\dfrac{R}{R_S + \dfrac{1}{j\omega C}} \right\| = \left\| \dfrac{-\dfrac{R}{R_S}}{1 + \dfrac{1}{j\omega R_S C}} \right\| = \dfrac{\dfrac{R}{R_S}}{\sqrt{1 + (\dfrac{1}{\omega R_S C})^2}}$ (1) 輸入為高頻頻率時（$\omega = 2\pi f \to \infty$） $\|A_v\| \approx \dfrac{R}{R_S}$ (2) 輸入頻率 $f = \dfrac{1}{2\pi R_S C}$（即 $\omega = \dfrac{1}{R_S C}$） $\|A_v\| = \dfrac{1}{\sqrt{2}} \times \dfrac{R}{R_S}$ 此電壓增益恰為中、高頻電壓增益的0.707倍，因此，此頻率稱為低頻截止頻率 f_L，又稱為半功率點

(1) 在微分器的反相輸入端再**串聯**一個電阻 R_S，可以避免高頻時的輸出波形失真

(2) 輸入頻率 $f_i < \dfrac{1}{2\pi R_S \cdot C}$ 可以當作**微分器**；

輸入頻率 $f_i > \dfrac{1}{2\pi R_S \cdot C}$ 可以當作**高通濾波器**

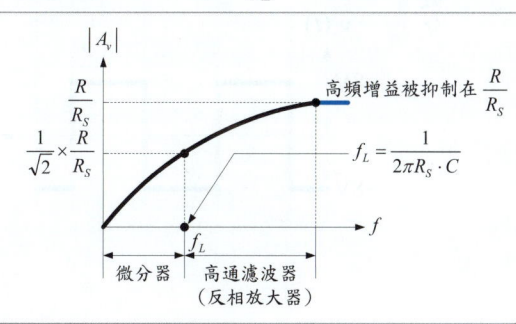

(圖：$|A_v|$ 對 f 特性曲線，高頻增益被抑制在 $\dfrac{R}{R_S}$，$\dfrac{1}{\sqrt{2}} \times \dfrac{R}{R_S}$ 對應 $f_L = \dfrac{1}{2\pi R_S \cdot C}$；微分器｜高通濾波器（反相放大器））

註：三角函數的微分：(1) $\dfrac{d\sin\omega t}{dt} = \cos\omega t \cdot \omega$　　(2) $\dfrac{d\cos\omega t}{dt} = -\sin\omega t \cdot \omega$

微分器的計算（輸入三角波）

老師教

1. 如下圖所示，電阻 $R=1\,k\Omega$、電容 $C=1\,\mu F$，若輸入的信號 $v_i(t)$ 為 $1\,kHz$、$\pm 2V$ 的三角波，則輸出波形為何？

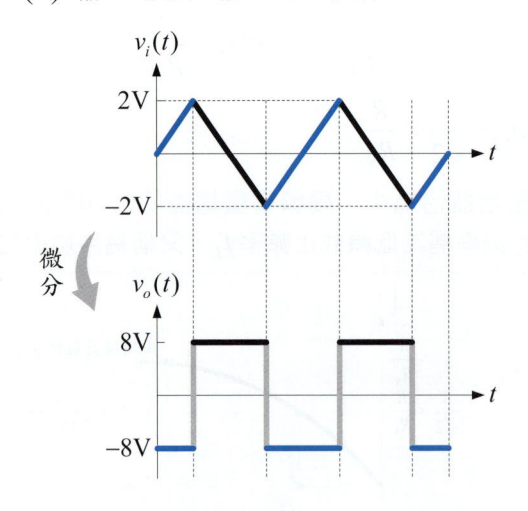

學生做

1. 如下圖所示，電阻 $R=2\,k\Omega$、電容 $C=1.5\,\mu F$，若輸入的信號 $v_i(t)$ 為 $1\,kHz$、$\pm 1V$ 的三角波，則輸出波形為何？

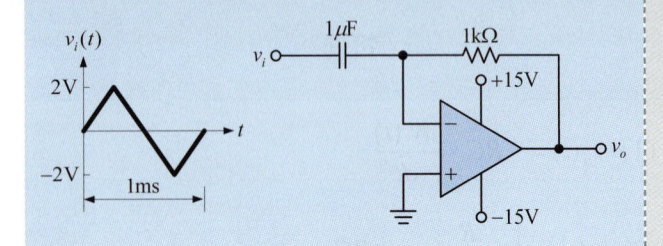

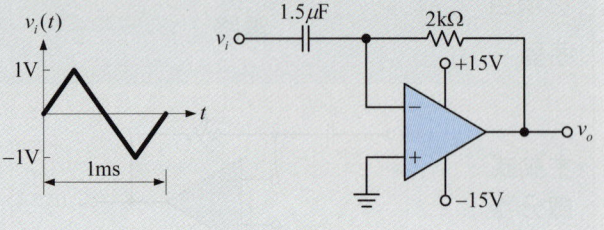

解

(1) $v_o(t) = -RC \times \dfrac{dv_i(t)}{dt}$ 的 $\dfrac{dv_i(t)}{dt}$ 相當於斜率，由輸入的電壓波形可以得知，三角波的正斜率為 $8\,V/ms$，而負斜率 $-8\,V/ms$。

(2) 三角波的正斜率所對應的輸出電壓

$$v_o(t) = -RC \times \dfrac{dv_i(t)}{dt}$$
$$= -1k\Omega \times 1\mu F \times 8\,V/ms$$
$$= -8\,V$$

(3) 三角波的負斜率所對應的輸出電壓

$$v_o(t) = -RC \times \dfrac{dv_i(t)}{dt}$$
$$= -1k\Omega \times 1\mu F \times -8\,V/ms$$
$$= 8\,V$$

(4) 輸入電壓與輸出電壓關係如下：

10-26

微分器的計算（輸入正弦波）

老師教

2. 如下圖所示，電阻 $R = 1\,\text{M}\Omega$、電容 $C = 10\,\mu\text{F}$，若輸入的信號 $v_i(t) = 2\sin(100t)\,\text{mV}$ 的正弦波，則輸出波形為何？

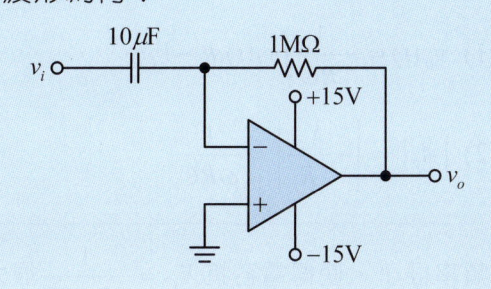

解
$$v_o(t) = -RC \times \frac{dv_i(t)}{dt}$$
$$= -1\,\text{M}\Omega \times 10\,\mu\text{F} \times \frac{d2\sin 100t(\text{mV})}{dt}$$
$$= -10 \times 2\cos(100t)\,\text{mV} \times 100$$
$$= -2\cos(100t)\,\text{V}$$
$$= 2\sin(100t - 90°)\,\text{V}$$
（輸出電壓滯後輸入電壓 90°）

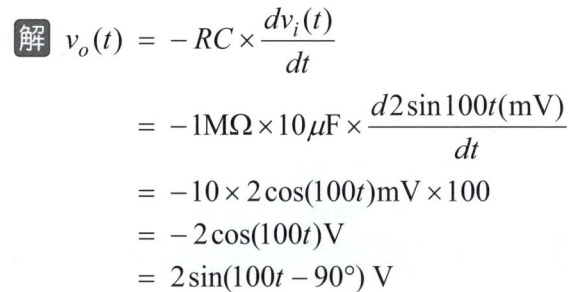

學生做

2. 如下圖所示，電阻 $R = 5\,\text{M}\Omega$、電容 $C = 2\,\mu\text{F}$，若輸入的信號 $v_i(t) = 5\sin(100t)\,\text{mV}$ 的正弦波，則輸出波形為何？

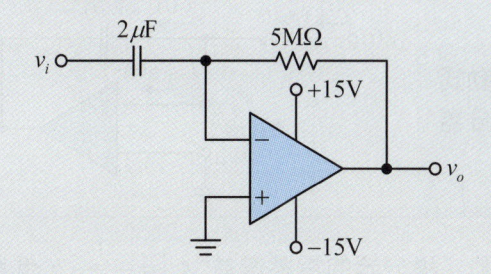

答

改良型主動式微分器的計算

老師教

3. 如下圖所示，試求高頻電壓增益 $|A_v|$、低頻截止頻率 f_L 與低頻截止頻率 f_L 的電壓增益為何？

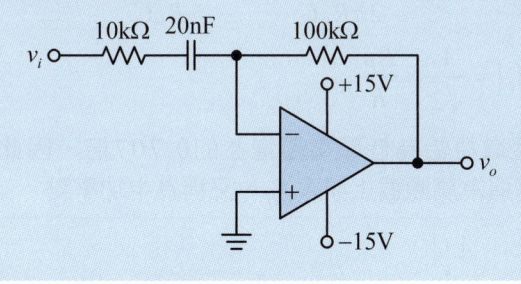

解 (1) 高頻電壓增益
$$|A_v| \approx \frac{R}{R_S} = \frac{100\,\text{k}\Omega}{10\,\text{k}\Omega} = 10$$

(2) 低頻截止頻率
$$f_L = \frac{1}{2\pi R_S C} \approx \frac{0.16}{10\,\text{k}\Omega \times 20\,\text{nF}} = 800\,\text{Hz}$$

(3) 低頻截止頻率 f_L 的電壓增益
$$= \frac{10}{\sqrt{2}} = 5\sqrt{2}$$

學生做

3. 如下圖所示，試求高頻電壓增益 $|A_v|$、低頻截止頻率 f_L 與低頻截止頻率 f_L 的電壓增益為何？

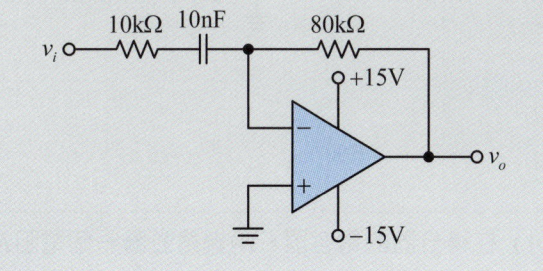

答

重點 2　積分器

1. 主動式積分器：

項目名稱	電路	特性
主動式積分器	(電路圖：$v_i(t)$ 經 R、C，運算放大器，虛接地，$I_{i(-)}=0A$，輸出 $v_o(t)$)	(1) $v_o(t) = -\dfrac{1}{RC}\int v_i(t)dt - V_{CO}$ (2) $\|A_v\| = \left\|-\dfrac{X_C}{R}\right\| = \dfrac{1}{\omega RC}$

主動式積分器的電壓增益 $\|A_v\| = \dfrac{1}{\omega RC}$，低頻信號時，頻率很小，使得電容抗 $X_C = \dfrac{1}{j2\pi fC}$ 很大，使得電壓增益 A_v 很大，造成低頻時的輸出波形失真

2. 改良型主動式積分器：

項目名稱	電路	特性
改良型主動式微分器	(電路圖：$v_i(t)$ 經 R，R_P 與 C 並聯作回授，運算放大器輸出 $v_o(t)$)	$\|A_v\| = \left\|-\dfrac{R_P // \dfrac{1}{j\omega C}}{R}\right\| = \left\|-\dfrac{\dfrac{R_P}{R}}{1+j\omega R_P C}\right\| = \dfrac{\dfrac{R_P}{R}}{\sqrt{1+(\omega R_P C)^2}}$ (1) 輸入為低頻頻率時（$\omega = 2\pi f \to 0$） $\|A_v\| \approx \dfrac{R_P}{R}$ (2) 輸入頻率 $f = \dfrac{1}{2\pi R_P C}$（即 $\omega = \dfrac{1}{R_P C}$） $\|A_v\| = \dfrac{1}{\sqrt{2}} \times \dfrac{R_P}{R}$ 此電壓增益恰為低頻電壓增益的 0.707 倍，因此，此頻率稱為高頻截止頻率 f_H，又稱為半功率點

(1) 在積分器的電容器 C 兩端再並聯一個電阻 R_P，可以避免低頻時的輸出波形失真

(2) 輸入頻率 $f_i < \dfrac{1}{2\pi R_P \cdot C}$ 可當低通濾波器；

　　輸入頻率 $f_i > \dfrac{1}{2\pi R_P \cdot C}$ 可當積分器

(頻率響應圖：低頻增益被抑制在 $\dfrac{R_P}{R}$，$\dfrac{1}{\sqrt{2}} \times \dfrac{R_P}{R}$，$f_H = \dfrac{1}{2\pi R_P \cdot C}$；低通濾波器（反相放大器）／積分器)

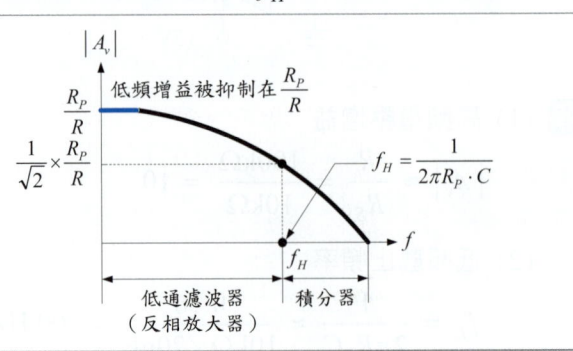

註：三角函數的積分：(1) $\int \sin(\omega t)dt = -\cos\omega t \times \dfrac{1}{\omega}$　　(2) $\int \cos(\omega t)dt = \sin\omega t \times \dfrac{1}{\omega}$

積分器的計算（輸入方波）

老師教

4. 如下圖所示，電阻 $R = 10\,\text{k}\Omega$、電容 $C = 0.1\,\mu\text{F}$，若輸入的信號 $v_i(t)$ 為 $1\,\text{kHz}$、$\pm 2\text{V}$ 的方波，且電容器的初始電壓為零，則輸出波形為何？

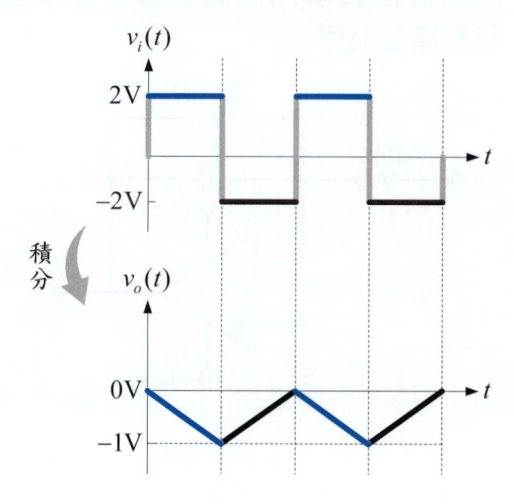

學生做

4. 如下圖所示，電阻 $R = 1\,\text{k}\Omega$、電容 $C = 1\,\mu\text{F}$，若輸入的信號 $v_i(t)$ 為 $1\,\text{kHz}$、$\pm 4\text{V}$ 的方波，且電容器的初始電壓為零，則輸出波形為何？

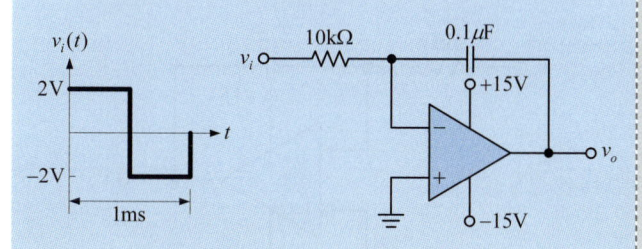

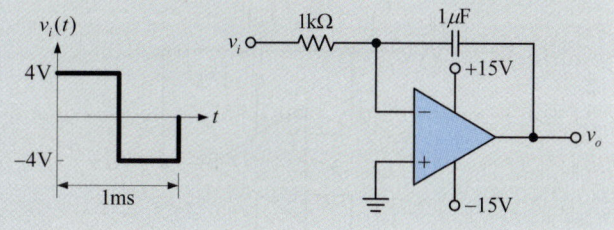

解 (1) 輸入電壓為2V（時間維持半個週期），即0.5ms（電容器初始電壓為0V）

$$v_o(t) = -\frac{1}{RC}\int v_i(t)dt$$

$$= -\frac{1}{10\text{k}\Omega \times 0.1\mu\text{F}}\int_0^{0.5\text{ms}} 2\,dt$$

$$= -2000t\Big|_0^{0.5\text{ms}} = -1\,\text{V}$$

而電容器的電壓 $V_C = 0 - (-1\text{V}) = 1\,\text{V}$
（下個負方波的初始電壓）

(2) 輸入電壓為 -2V（時間維持半個週期），即0.5ms（電容器初始電壓為1V）

$$v_o(t) = -\frac{1}{RC}\int v_i(t)dt - V_{CO}$$

$$= -\frac{1}{10\text{k}\Omega \times 0.1\mu\text{F}}\int_{0.5\text{ms}}^{1\text{ms}}(-2)dt - 1\text{V}$$

$$= 2000t\Big|_{0.5\text{ms}}^{1\text{ms}} - 1\text{V} = 0\,\text{V}$$

(3) 輸入電壓與輸出電壓關係如下：

積分器的計算（輸入正弦波）

老師教

5. 如下圖所示，電阻 $R = 1\,\text{k}\Omega$、電容 $C = 1\,\mu\text{F}$，若輸入的信號 $v_i(t) = 5\sin(1000t)$ V 的正弦波，則輸出波形為何？

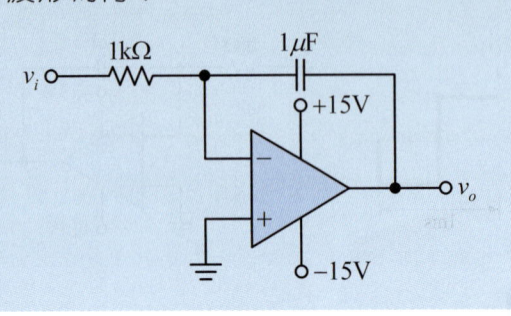

學生做

5. 如下圖所示，電阻 $R = 5\,\text{k}\Omega$、電容 $C = 2\,\mu\text{F}$，若輸入的信號 $v_i(t) = 10\sin(100t)$ V 的正弦波，則輸出波形為何？

解
$$v_o(t) = -\frac{1}{RC}\int v_i(t)\,dt$$
$$= -\frac{1}{1\text{k}\Omega \times 1\mu\text{F}}\int 5\sin(1000t)\,dt$$
$$= -1000 \times 5 \times -\cos(1000t) \times \frac{1}{1000}$$
$$= 5\cos(1000t)\,\text{V}$$
$$= 5\sin(1000t + 90°)\,\text{V}$$

（輸出電壓超前輸入電壓90°）

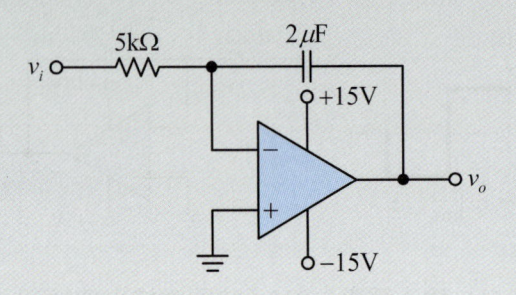

答

改良型主動式積分器的計算

老師教

6. 如下圖所示，試求低頻電壓增益 $|A_v|$、高頻截止頻率 f_H 與高頻截止頻率 f_H 的電壓增益為何？

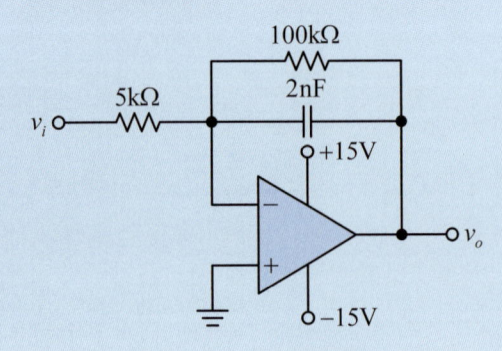

學生做

6. 如下圖所示，試求低頻電壓增益 $|A_v|$、高頻截止頻率 f_H 與高頻截止頻率 f_H 的電壓增益為何？

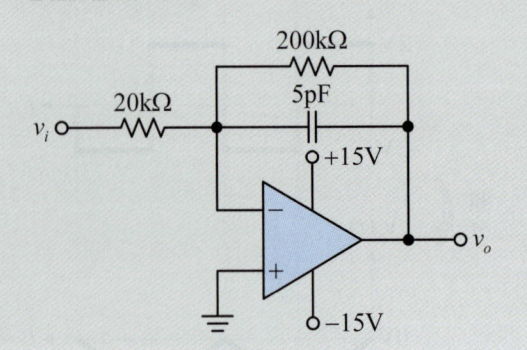

解 (1) 低頻電壓增益

$$|A_v| \approx \frac{R_P}{R} = \frac{100\text{k}\Omega}{5\text{k}\Omega} = 20$$

(2) 高頻截止頻率

$$f_H = \frac{1}{2\pi R_P \times C}$$

$$\approx \frac{0.16}{100\text{k}\Omega \times 2\text{nF}} = 800\,\text{Hz}$$

(3) 高頻截止頻率 f_H 的電壓增益

$$= \frac{20}{\sqrt{2}} = 10\sqrt{2}$$

答

ABCD 立即練習

基礎題

( ) 1. 將一個三角波輸入微分器，輸出波形為
(A)方波　(B)正弦波　(C)脈波　(D)三角波

( ) 2. 將一個正弦波輸入微分器，輸出波形為
(A)方波　(B)正弦波　(C)脈波　(D)三角波

( ) 3. 將一個方波波輸入積分器，輸出波形為
(A)方波　(B)正弦波　(C)脈波　(D)三角波

( ) 4. 如圖(1)所示，此電路可形成何種濾波器？
(A)低通濾波器（Low Pass Filter, LPF）
(B)高通濾波器(High Pass Filter, HPF)
(C)帶通濾波器（Band Pass Filter, BPF）
(D)帶拒濾波器（Band Reject Filter, BRF）

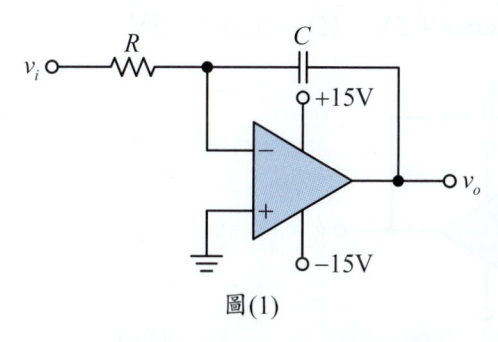

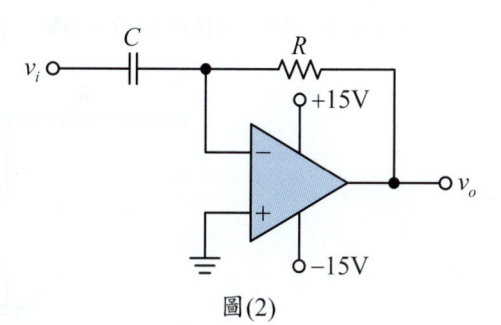

圖(1)　　　圖(2)

( ) 5. OPA應用電路中，如圖(2)屬於下列何種電路？
(A)微分器　(B)積分器　(C)指數放大器　(D)對數放大器

(　　)6. 如圖(3)所示，該電路做為積分器，輸入頻率f_i的條件為何？
(A) $f_i > \dfrac{1}{2\pi R_P C}$　(B) $f_i < \dfrac{1}{2\pi R_P C}$　(C) $f_i > \dfrac{1}{2\pi RC}$　(D) $f < \dfrac{1}{2\pi RC}$

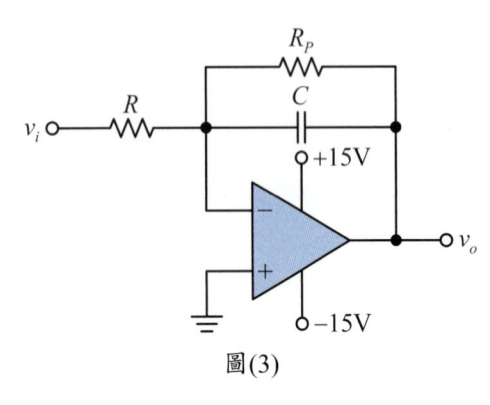

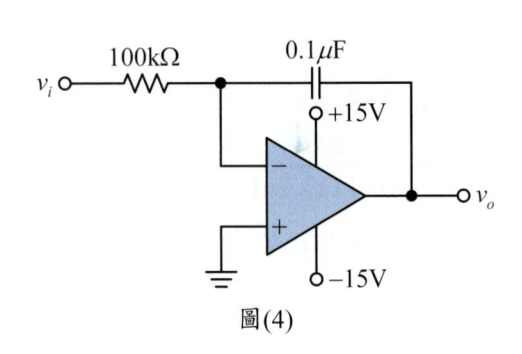

圖(3)　　圖(4)

(　　)7. 如圖(4)所示之電路，輸入電壓v_i為方波，頻率100Hz，峰值為±1V，則輸出電壓v_o之峰對峰值為何？
(A)5mV　(B)50mV　(C)250mV　(D)500mV

(　　)8. 圖(5)中電阻R_P的功能為
(A)抑制高頻電壓增益　　　　　　(B)抑制低頻電壓增益
(C)增加輸入阻抗　　　　　　　　(D)增加輸出阻抗

圖(5)

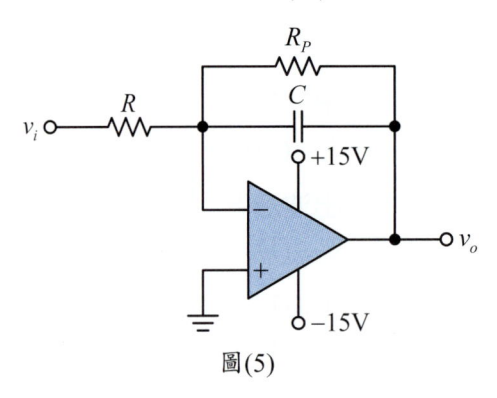

進階題

(　　)1. 如圖(1)所示，若電阻$R = 100\ \text{k}\Omega$，電容$C = 10\ \mu\text{F}$，若輸入電壓$v_i(t) = 5\sin t$ V，則輸出電壓$v_o(t)$為何？
(A) $5\cos t + 5$ V　(B) $5\cos t - 5$ V　(C) $-5\cos t + 5$ V　(D) $-5\cos t - 5$ V

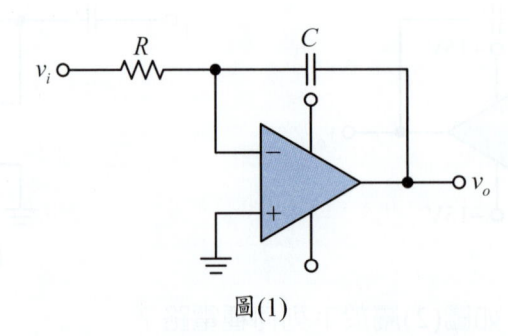

圖(1)

10-6 比較器

比較器（comparator）是一種開迴路（無回授網路）的運算放大器，且OPA的開迴路增益為無限大，因此只要反相輸入端$V_{i(-)}$與非反相輸入端$V_{i(+)}$間有些微的電位差，輸出端的電壓即被放大至最大值。但受限於OPA外加電源電壓的大小，因此，輸出電壓$V_o = \pm V_{sat}$（實際上輸出的飽和電壓$\pm V_{sat} \approx \pm 0.9 V_{CC}$）。

重點 1 基本比較器

項目\名稱	電路與特性曲線	特性
基本比較器	(a) 電路圖 (b) 特性曲線	(1) 若$V_1 = V_2$： 即$V_{i(+)} = V_{i(-)}$，因$V_o = A_{vo} \times (V_{i(+)} - V_{i(-)})$，故輸出電壓$V_o = 0$ V (2) 若$V_1 > V_2$： 即$V_{i(+)} > V_{i(-)}$，則輸出為**正飽和電壓**，即$V_o = +V_{sat}$ (3) 若$V_1 < V_2$： 即$V_{i(+)} < V_{i(-)}$，則輸出為**負飽和電壓**，即$V_o = -V_{sat}$

重點 2 非反相輸入型與反相輸入型比較器

項目\名稱	電路	特性
非反相輸入型比較器		(1) 當$V_i > V_{ref}$： 即$V_{i(+)} > V_{i(-)}$，則輸出為正飽和電壓，即$V_o = +V_{sat}$ (2) 當$V_i < V_{ref}$： 即$V_{i(+)} < V_{i(-)}$，則輸出為負飽和電壓，即$V_o = -V_{sat}$
反相輸入型比較器		(1) 當$V_i > V_{ref}$： 即$V_{i(-)} > V_{i(+)}$，則輸出為負飽和電壓，即$V_o = -V_{sat}$ (2) 當$V_i < V_{ref}$： 即$V_{i(-)} < V_{i(+)}$，則輸出為正飽和電壓，即$V_o = +V_{sat}$

重點 3　臨界電位比較器

項目＼名稱	電路與特性曲線	特性
臨界電位比較器（非反相輸入型）	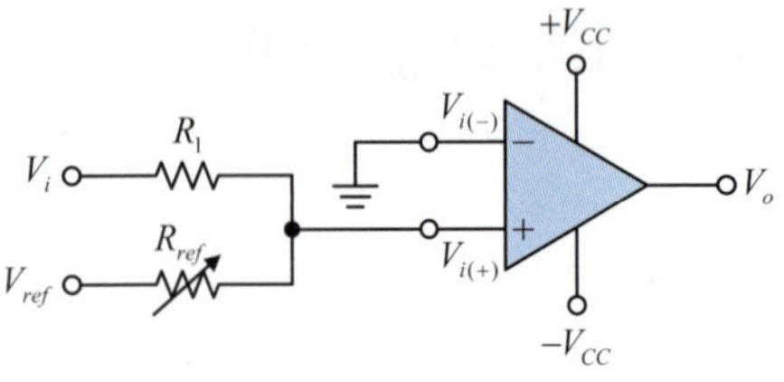 (a) 電路圖 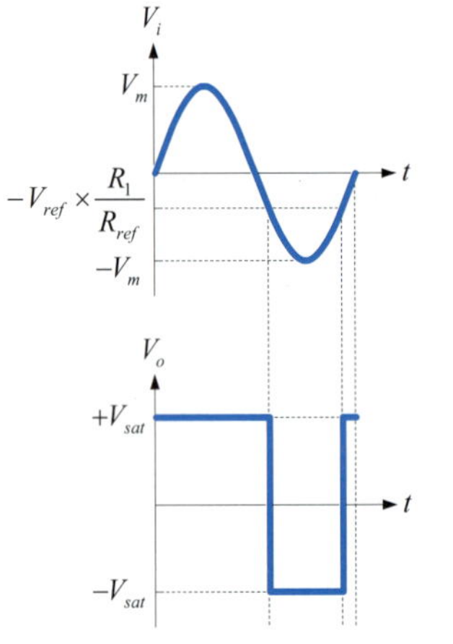 (b) 特性曲線	1. 運用重疊定理，可以得知： 　(1) 考慮輸入電壓V_i而參考電壓V_{ref}短路： 　　$V'_{i(+)} = V_i \times \dfrac{R_{ref}}{R_1 + R_{ref}}$ 　(2) 考慮參考電壓V_{ref}而輸入電壓V_i短路： 　　$V''_{i(+)} = V_{ref} \times \dfrac{R_1}{R_1 + R_{ref}}$ 　(3) 將$V'_{i(+)}$與$V''_{i(+)}$兩個電壓重疊： 　　$V_{i(+)} = V_i \times \dfrac{R_{ref}}{R_1 + R_{ref}} + V_{ref} \times \dfrac{R_1}{R_1 + R_{ref}}$ 2. 運用比較器的原理，整理後可以得知： 　(1) 若$V_i > -V_{ref} \times \dfrac{R_1}{R_{ref}}$，則$V_o = +V_{sat}$ 　(2) 若$V_i < -V_{ref} \times \dfrac{R_1}{R_{ref}}$，則$V_o = -V_{sat}$

基本比較器的計算

老師教

1. 如下圖所示，則輸出電壓V_o為何？

　（電路：+15V，−15V，反相端 4V，非反相端 3V）

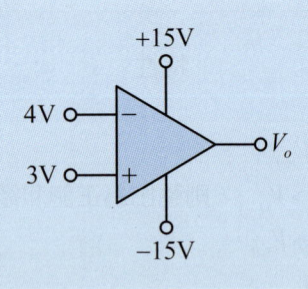

【解】　$V_- > V_+ \Rightarrow V_o = -V_{CC} = -15\text{ V}$

學生做

1. 如下圖所示，則輸出電壓V_o為何？

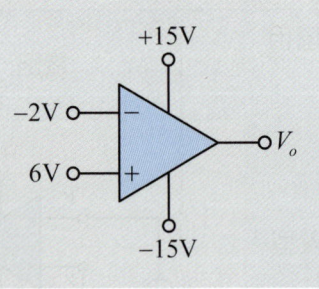

　（電路：+15V，−15V，反相端 −2V，非反相端 6V）

【答】

10-34

非反相輸入型比較器的計算

老師教

2. 如下圖所示,則輸出電壓 V_o 之
   (1) 波形 (2) 工作週期 (3) 平均值
   分別為何?

[電路圖:15V經3kΩ與2kΩ分壓至反相端,12sinωt(V)輸入至非反相端,±15V電源]

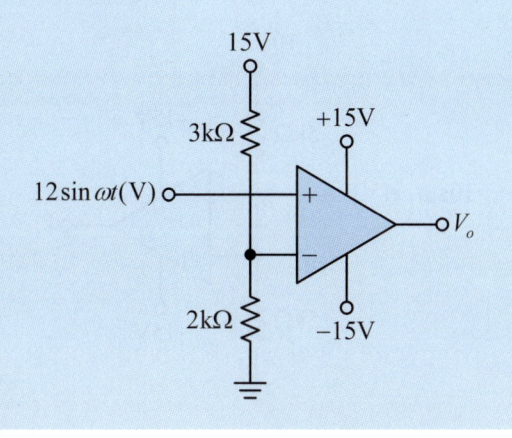

解 (1) $V_- = 15V \times \dfrac{2k\Omega}{3k\Omega + 2k\Omega} = 6\text{ V}$

(2) 當 $V_+ > 6V \Rightarrow V_o = +15\text{ V}$ ⎫
(3) 當 $V_+ < 6V \Rightarrow V_o = -15\text{ V}$ ⎬ 方波

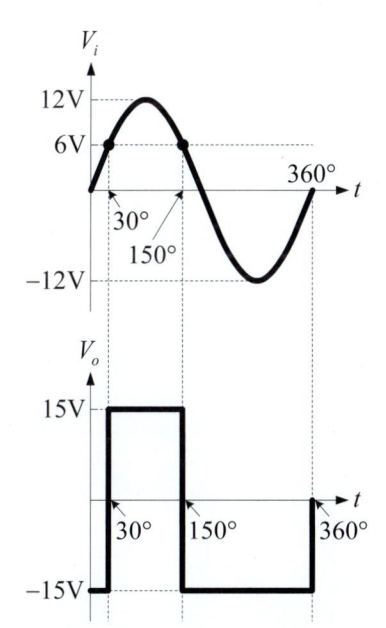

[波形圖:V_i 正弦波振幅12V,在30°與150°處跨越6V;V_o 方波,30°~150°為+15V,其餘為-15V]

(4) 工作週期

$$D\% = \dfrac{150° - 30°}{360°} \times 100\% \approx 33.33\%$$

(5) 平均值

$$V_{av} = \dfrac{15 \times (150° - 30°) - 15 \times 240°}{360°}$$
$$= -5\text{ V}$$

學生做

2. 如下圖所示,則輸出電壓 V_o 之
   (1) 波形 (2) 工作週期 (3) 平均值
   分別為何?

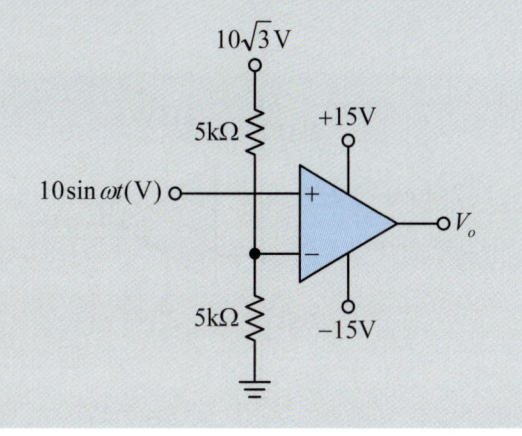

[電路圖:$10\sqrt{3}$V經5kΩ與5kΩ分壓至反相端,10sinωt(V)輸入至非反相端,±15V電源]

答

10-35

反相輸入型比較器的計算

老師教

3. 如下圖所示,則輸出電壓 V_o 之
(1) 波形 (2) 工作週期 (3) 平均值
分別為何?

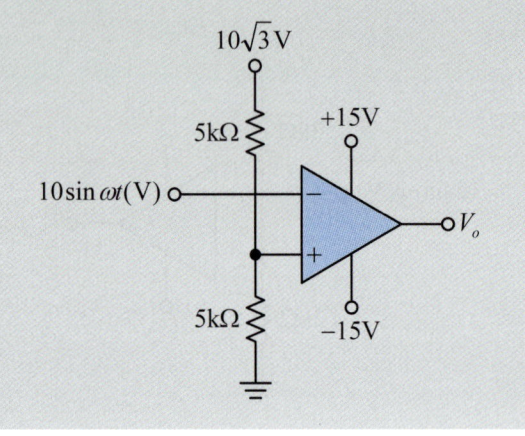

解 (1) $V_+ = 15V \times \dfrac{2k\Omega}{3k\Omega + 2k\Omega} = 6\ V$

(2) 當 $V_- > 6V \Rightarrow V_o = -15\ V$
(3) 當 $V_- < 6V \Rightarrow V_o = +15\ V$ }方波

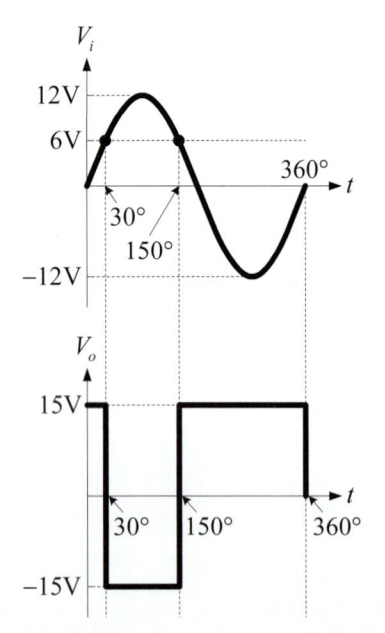

(4) 工作週期

$$D\% = \dfrac{30° + (360° - 150°)}{360°} \times 100\%$$
$$\approx 66.67\%$$

(5) 平均值

$$V_{av} = \dfrac{15 \times 240° - 15 \times 120°}{360°} = 5\ V$$

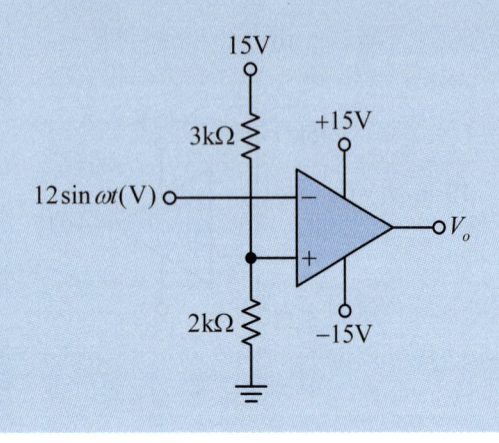

學生做

3. 如下圖所示,則輸出電壓 V_o 之
(1) 波形 (2) 工作週期 (3) 平均值
分別為何?

答

10-36

第 10 章　運算放大器

非反相輸入型臨界電位比較器的計算

老師教

4. 如下圖所示，則輸出電壓 V_o 之
(1) 波形　(2) 工作週期　(3) 平均值
分別為何？

（電路圖：$10\sin\omega t(V)$ 經 $10k\Omega$ 接至非反相輸入端，$1V$ 經 $2k\Omega$ 接至同一點，運算放大器 $\pm 15V$ 供電，輸出 V_o）

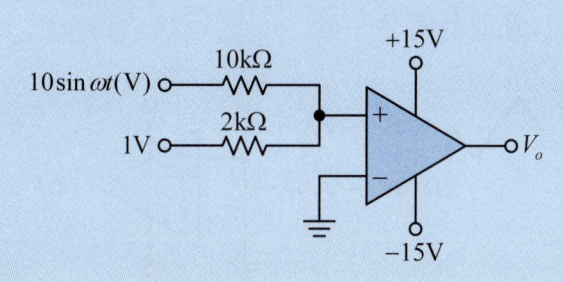

學生做

4. 如下圖所示，則輸出電壓 V_o 之
(1) 波形　(2) 工作週期　(3) 平均值
分別為何？

（電路圖：$10\sin\omega t(V)$ 經 $1k\Omega$ 接至非反相輸入端，$-5\sqrt{3}\,V$ 經 $1k\Omega$ 接至同一點，運算放大器 $\pm 15V$ 供電，輸出 V_o）

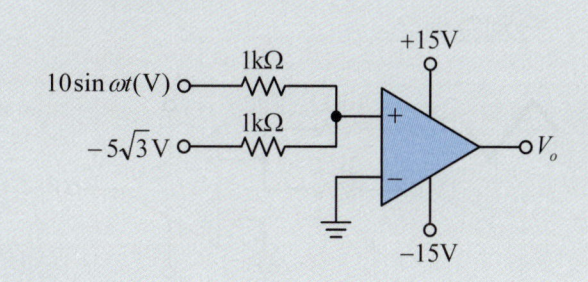

解 (1) 臨界準位

$$-V_{ref}\times\frac{R_1}{R_{ref}}=-1V\times\frac{10k\Omega}{2k\Omega}=-5V$$

(2) 當 $V_i > -5\,V$，則 $V_o = +15\,V$ ⎫
(3) 當 $V_i < -5\,V$，則 $V_o = -15\,V$ ⎭ 方波

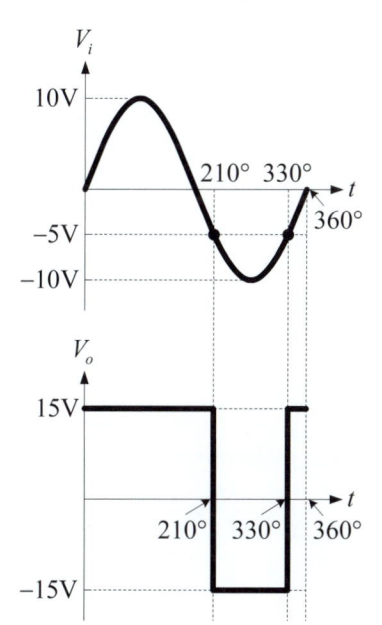

（V_i 波形圖：正弦波，標示 10V, −5V, −10V，與 −5V 交點在 210°、330°，週期至 360°）

（V_o 波形圖：方波，15V 與 −15V，切換點在 210°、330°，至 360°）

(4) 工作週期

$$D\% = \frac{210°+(360°-330°)}{360°}\times 100\%$$
$$\approx 66.67\%$$

(5) 平均值

$$V_{av}=\frac{15\times 240°-15\times 120°}{360°}=5\,V$$

10-37

反相輸入型臨界電位比較器的計算

老師教

5. 如下圖所示，若 $V_i = \pm 10$ V，週期為8秒的對稱三角波，則輸出電壓 V_o 之
(1) 波形　(2) 工作週期　(3) 平均值 分別為何？

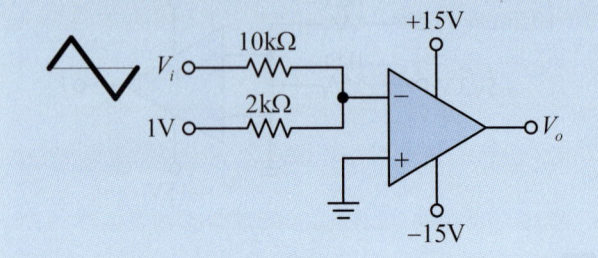

學生做

5. 如下圖所示，若 $V_i = \pm 10$ V，週期為8秒的對稱三角波，則輸出電壓 V_o 之
(1) 波形　(2) 工作週期　(3) 平均值 分別為何？

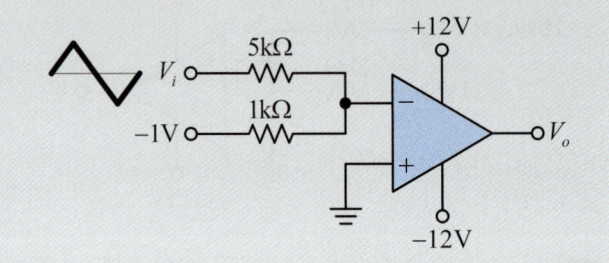

【解】(1) 臨界準位

$$-V_{ref} \times \frac{R_1}{R_{ref}} = -1\text{V} \times \frac{10\text{k}\Omega}{2\text{k}\Omega} = -5\text{V}$$

(2) 當 $V_i > -5$ V，則 $V_o = -15$ V
(3) 當 $V_i < -5$ V，則 $V_o = +15$ V 　方波

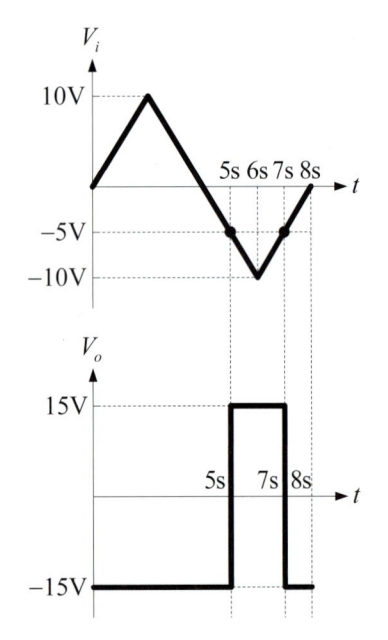

(4) 工作週期

$$D\% = \frac{7-5}{8} \times 100\% = 25\%$$

(5) 平均值

$$V_{av} = \frac{15 \times (7-5) - 15 \times 6}{8} = -7.5 \text{ V}$$

10-38

第 10 章　運算放大器

ABCD 立即練習

基礎題

(　　)1.　如圖(1)所示，下列敘述何者正確？
(A)該電路為反相放大器　(B)$V_1 > V_2$時LED點亮
(C)$V_1 < V_2$時LED熄滅　(D)電阻的目的是限流

(　　)2.　下列哪一個電路是開迴路型態？
(A)比較器　　　　　　(B)反相放大器
(C)非反相放大器　　　(D)加法器

(　　)3.　關於比較器的敘述，何者錯誤？
(A)輸入三角波時，輸出為方波
(B)電路無回授路徑
(C)輸入正弦波時，輸出為三角波
(D)參考電位為零電位之比較器稱為零準位比較器

(　　)4.　如圖(2)所示電路，運算放大器之開路增益80dB，則可產生正飽和的最小輸入電壓為多少？　(A)–150mV　(B)–15mV　(C)–1.5mV　(D)–0.15mV

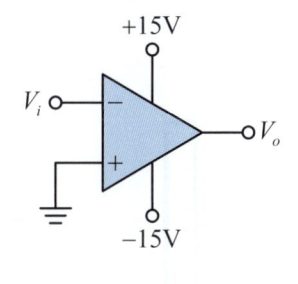

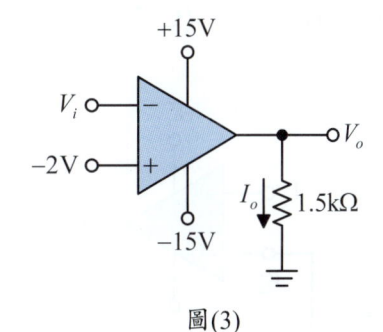

圖(2)　　　　　圖(3)

(　　)5.　如圖(3)所示，下列選項何者正確？
(A)若$V_i = -1\,\text{V}$，$I_o = 10\,\text{mA}$　　(B)若$V_i = -3\,\text{V}$，$I_o = 10\,\text{mA}$
(C)若$V_i = -1\,\text{V}$，$V_o = +15\,\text{V}$　　(D)若$V_i = -3\,\text{V}$，$V_o = -15\,\text{V}$

(　　)6.　如圖(4)所示，輸入信號為信號足夠大的正弦波，則輸出端V_o的波形為？
(A)三角波　(B)方波　(C)正弦波　(D)直流

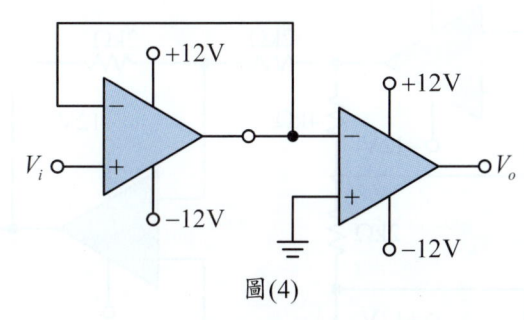

圖(4)

(　　)7.　理想運算放大器接上+12V及–12V電源，若將反相輸入端（–輸入端）接至+3V，非反相輸入端（+輸入端）接地，則輸出電壓為何？
(A)+12V　(B)–12V　(C)+6V　(D)–6V

10-39

(　　)8. 如圖(5)所示，下列何者正確？
   (A)LED₁燈滅，LED₂燈亮
   (B)LED₁燈亮，LED₂燈滅
   (C)LED₁燈亮，LED₂燈亮
   (D)LED₁燈滅，LED₂燈滅

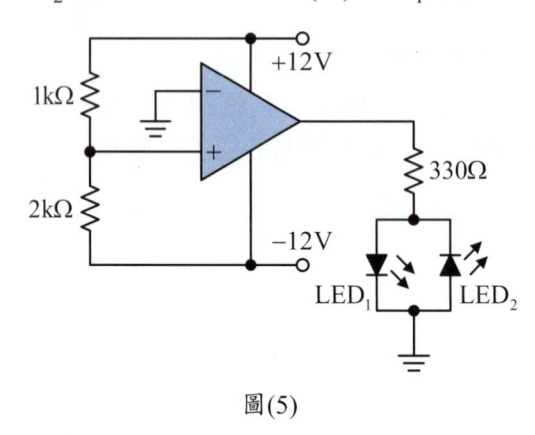

圖(5)

進階題

(　　)1. 圖(1)所示電路，若V_i為頻率1Hz且振幅±4V之對稱三角波，若輸出電壓V_o的工作週期（duty cycle）為20%，則V_A電壓應調整為多少伏特？
   (A)1.2V　(B)2.4V　(C)3.6V　(D)4.8V

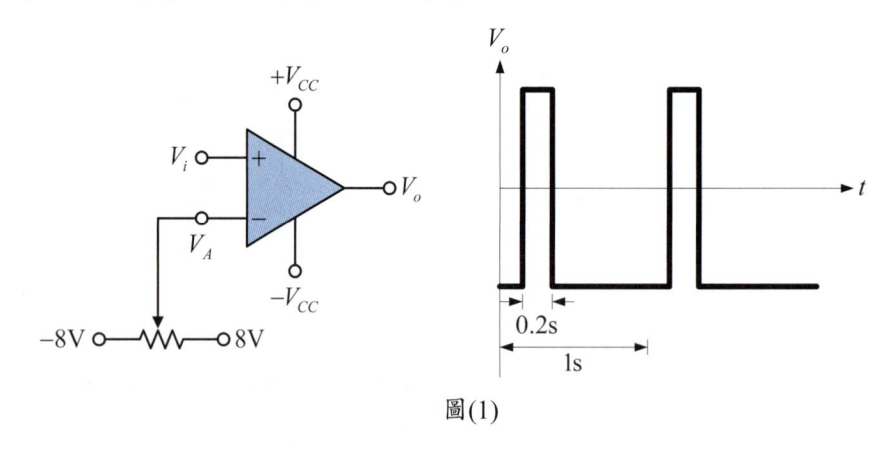

圖(1)

(　　)2. 如圖(2)電路，試求輸出電壓V_o為多少？　(A)10V　(B)−10V　(C)5V　(D)−5V

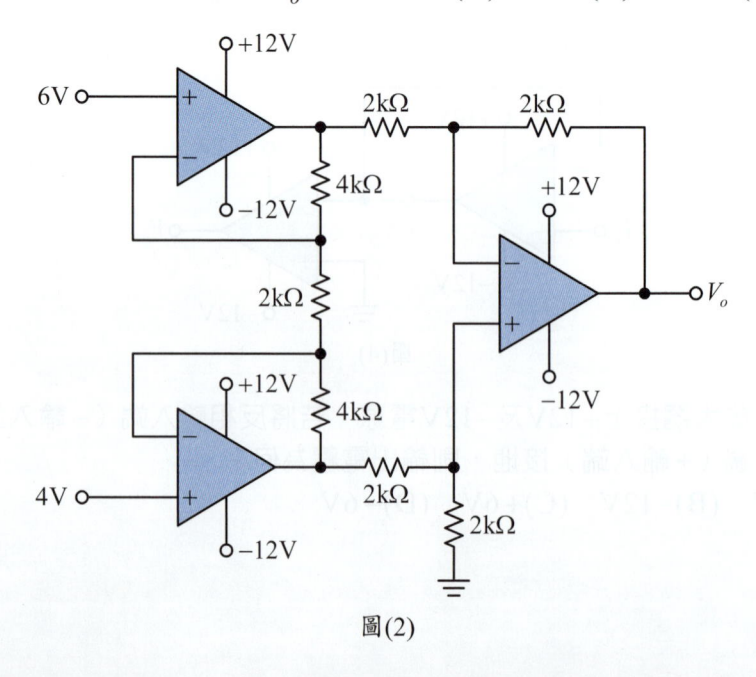

圖(2)

第10章 運算放大器

歷屆試題

電子學試題

(　　)1. 如圖(1)所示之理想運算放大器（OPA）組成的電路，若兩個輸入端分別輸入有效值電壓各為10mV與20mV之同頻率、同相位的正弦波信號，則該電路輸出V_o的有效值為何？　(A)50mV　(B)100mV　(C)150mV　(D)−150mV　　[統測]

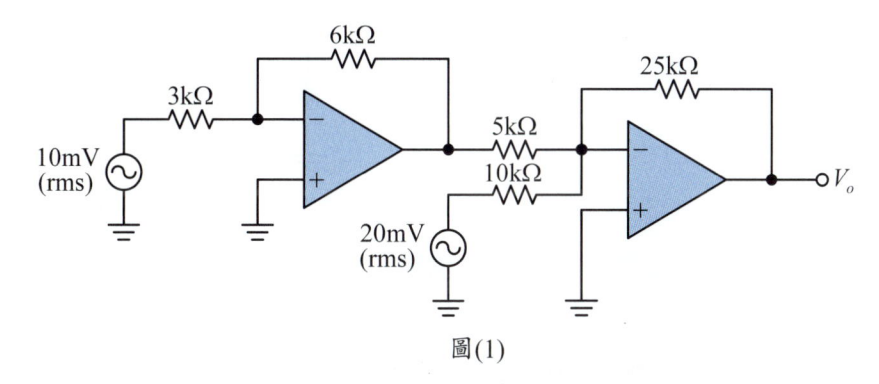

圖(1)

(　　)2. 如圖(2)所示之理想運算放大器電路，則輸出電壓V_o為何？
(A)5V　(B)7.5V　(C)10V　(D)−10V　　[統測]

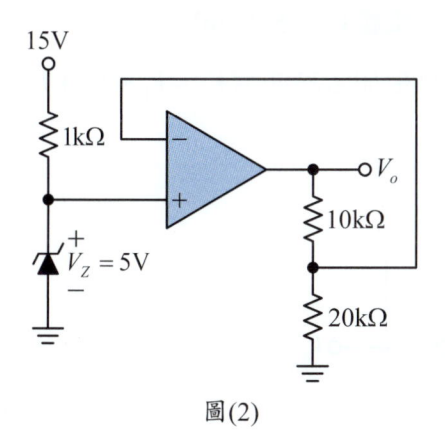

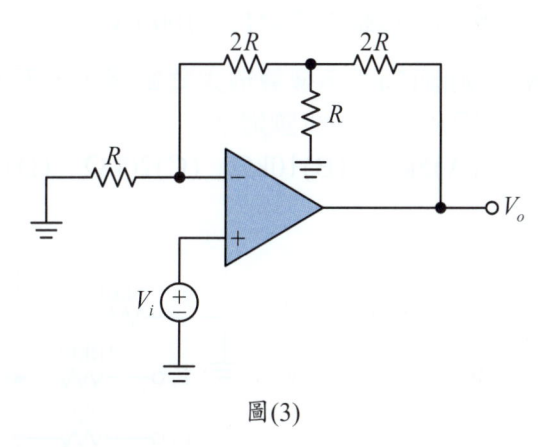

圖(2)　　　　　圖(3)

(　　)3. 如圖(3)所示之理想運算放大器電路，求電壓增益$A_v = V_o/V_i$值為何？
(A)5　(B)7　(C)9　(D)11　　[統測]

(　　)4. 如圖(4)所示之理想運算放大器電路，該放大器電路為單端信號輸入，差動輸出，求電壓增益$A_v = V_o/V_i$為何？　(A)2.52　(B)4.34　(C)6.83　(D)9.34　　[統測]

圖(4)

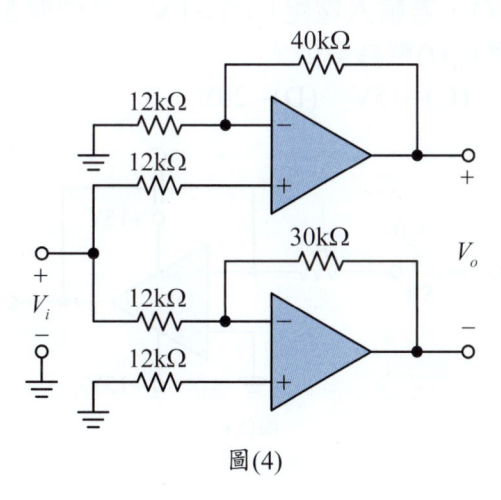

( )5. 圖(5)放大電路中，V_{io}為考慮運算放大器的輸入抵補電壓後的等效電壓值。若 $v_i(t) = 0$ V時，測得$v_o(t) = 20$ mV，則$V_{io} = ?$
(A)2.5mV (B)5mV (C)10mV (D)20mV [統測]

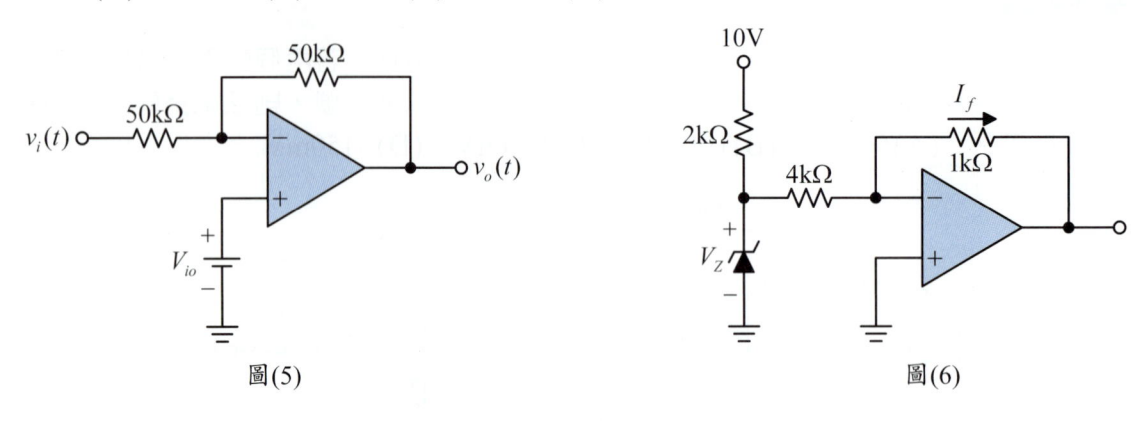

圖(5)

圖(6)

( )6. 圖(6)所示之運算放大器電路中，V_Z為稽納二極體的崩潰電壓，若$V_Z = 6$ V，試問在正常工作下的I_f為何？ (A)2mA (B)1.5mA (C)1.25mA (D)1mA [統測]

( )7. 一差動放大器，其兩輸入電壓分別為$V_{i1} = 55$ μV，$V_{i2} = 45$ μV，共模拒斥比 $CMRR(dB) = 40$ dB，差模增益為$A_d = 500$，則下列何者正確？
(A)共模增益$A_c = 10$ (B)差模輸入電壓$V_d = 5$ μV
(C)共模輸入電壓$V_c = 100$ μV (D)輸出電壓$V_o = 5.25$ mV [102統測]

( )8. 如圖(7)所示運算放大器電路，若要設計為非反相加法器使得$V_o = V_1 + V_2 + V_3$，則電阻R_f應為多少歐姆？
(A)5kΩ (B)10kΩ (C)20kΩ (D)30kΩ [102統測]

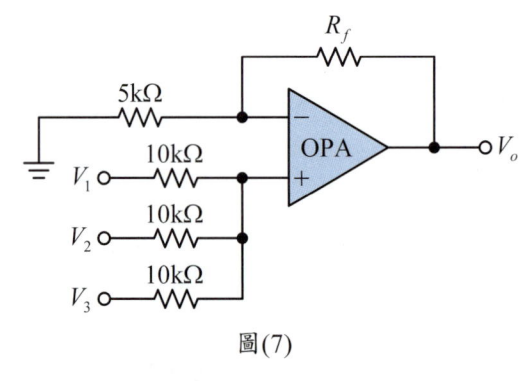

圖(7)

( )9. 如圖(8)所示之理想運算放大器電路，其中電容$C = 0.5$ μF，假設初始的電容電壓為零，電阻$R = 200$ kΩ，若輸入電壓$V_i(t) = 1$ V，當開關SW在$t = 0$時關上，則在經過2秒後，其輸出電壓$V_o(t)$應為多少？
(A)20V (B)15V (C)−15V (D)−20V [102統測]

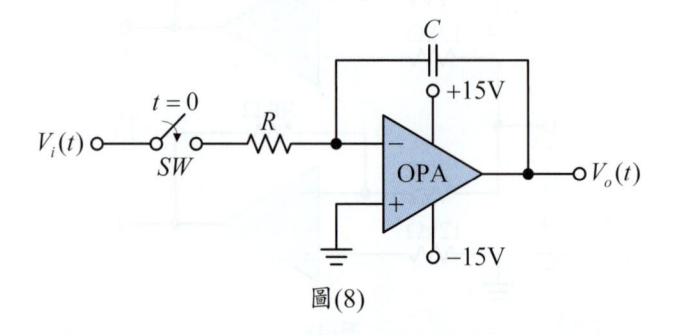

圖(8)

10-42

第 10 章　運算放大器

(　)10. 下列何者為運算放大器的輸入電壓變動時，輸出電壓的最大變化率？
(A)共模拒斥比（CMRR） (B)輸入抵補電壓
(C)轉動率（slew rate, SR） (D)輸出電壓擺幅 [103統測]

(　)11. 如圖(9)所示理想運算放大器之電路，V_o約為何？
(A)−6V (B)−10V (C)10V (D)12V [103統測]

圖(9)

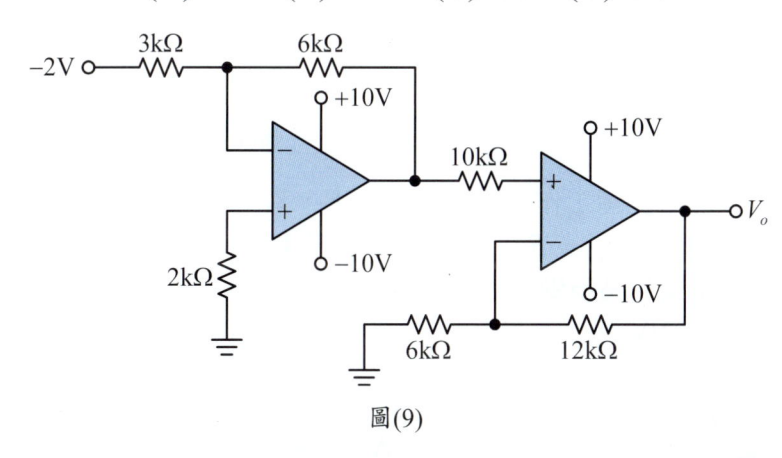

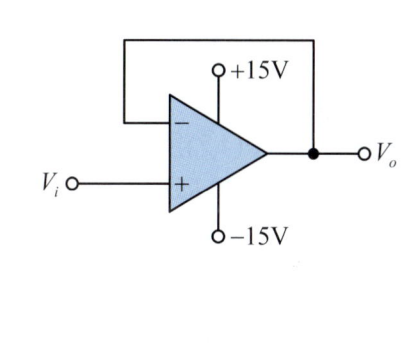

圖(10)

(　)12. 如圖(10)所示理想運算放大器之電路，則下列敘述何者正確？
(A)電流增益為1 (B)電壓增益為1
(C)輸入阻抗非常小 (D)輸出阻抗非常大 [103統測]

(　)13. 如圖(11)所示之理想運算放大器電路，$R=1\,\text{k}\Omega$，若$V_1=1\,\text{V}$，$V_2=2\,\text{V}$，$V_3=3\,\text{V}$，$V_4=4\,\text{V}$，則V_o為多少伏特？　(A)−2　(B)−1　(C)4　(D)7 [104統測]

(　)14. 承接上題，若$V_1=-1\,\text{V}$，$V_2=2\,\text{V}$，$V_3=-3\,\text{V}$時，$V_o=0\,\text{V}$，則V_4為多少伏特？
(A)−5　(B)−4　(C)4　(D)5 [104統測]

圖(11)

圖(12)

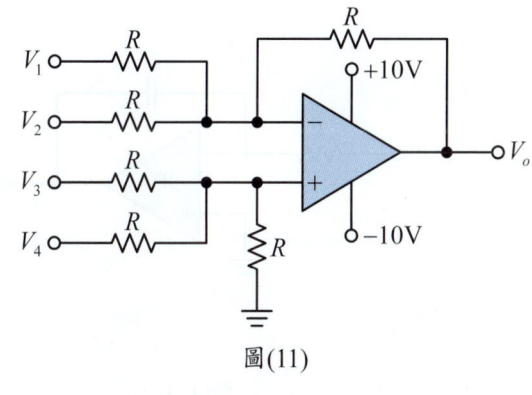

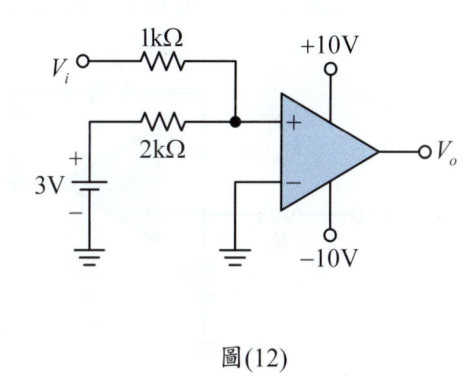

(　)15. 如圖(12)所示之電路，若V_i為峰值±3V之對稱三角波，則V_o之平均電壓約為多少伏特？　(A)−7.5　(B)−5　(C)5　(D)7.5 [104統測]

(　)16. 如圖(13)所示之運算放大器電路工作在未飽和情形下，請問電壓增益V_o/V_i為何？
(A)−10　(B)−5　(C)5　(D)10 [105統測]

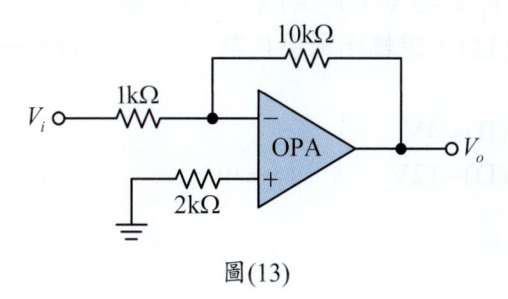

圖(13)

10-43

( )17. 如圖(14)所示之運算放大器電路，稽納二極體（Zener diode）的稽納崩潰電壓為 $V_Z = 6.2$ V，求在正常工作下的輸出電壓 V_o 為多少？
(A)3.1V
(B)6.2V
(C)12.4V
(D)15V
[105統測]

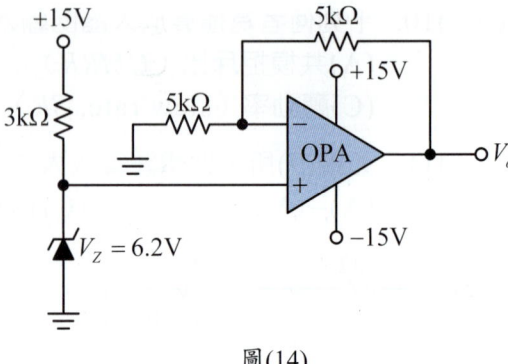

圖(14)

( )18. 如圖(15)所示之兩級運算放大器電路皆工作在未飽和情形下，其中電阻 $R_1 = 10$ kΩ、$R_2 = 20$ kΩ、$R_3 = R_4 = 30$ kΩ、$R_{f1} = R_{f2} = 30$ kΩ，當輸入電壓 $V_1 = 1$ V、$V_2 = 2$ V、$V_3 = 3$ V，請問輸出電壓 V_o 為多少？
(A)9V (B)6V (C)–6V (D)–9V
[105統測]

圖(15)

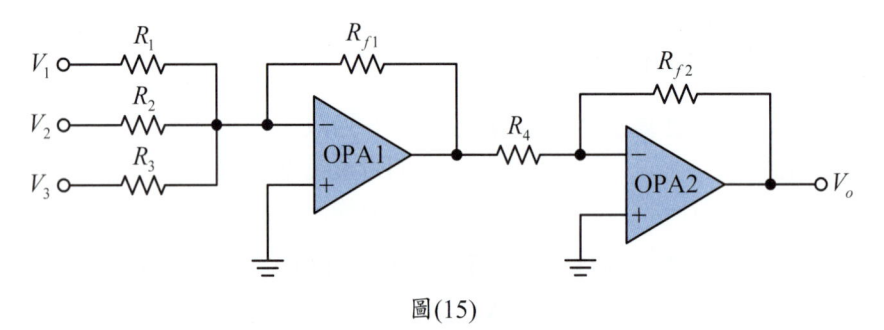

( )19. 如圖(16)所示之運算放大器電路，假設 $R_1 = R_2 = R_g = R_f = 10$ kΩ，且輸入電壓 $V_1 = 6$ V，$V_2 = 8$ V，求其正常工作於未飽和時的輸出電壓 V_o 為多少？
(A)14V (B)8V (C)2V (D)–6V
[106統測]

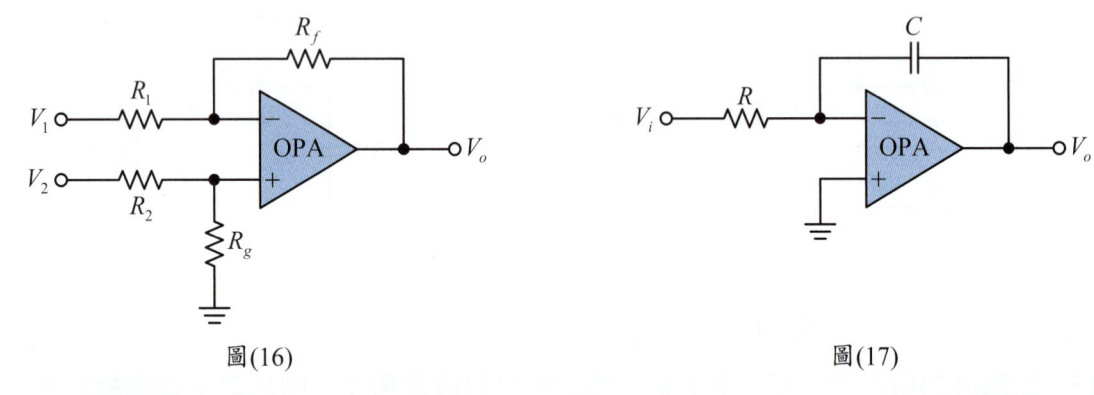

圖(16)   圖(17)

( )20. 如圖(17)所示電路，正常工作下輸出電壓波形為三角波時，則其輸入電壓波形為下列何者？ (A)方波 (B)正弦波 (C)三角波 (D)鋸齒波
[106統測]

( )21. 如圖(18)所示之電路，其OPA之正負飽和電壓為±12V，若 $V_i = -5$ V，$V_r = 1$ V，$R_1 = 5$ kΩ，$R_2 = 2$ kΩ，求輸出電壓 V_o 為多少？
(A)+12V (B)+4V
(C)–4V   (D)–12V
[106統測]

圖(18)

10-44

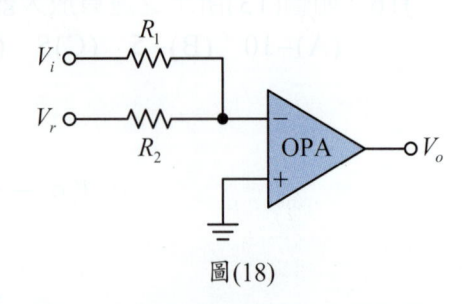

第10章 運算放大器

( )22. 如圖(19)所示之理想運算放大器電路，其輸出電壓V_o為何？
(A)1.5V　(B)2.5V　(C)6.0V　(D)9.0V　　　　　　　　　　[107統測]

圖(19)

圖(20)

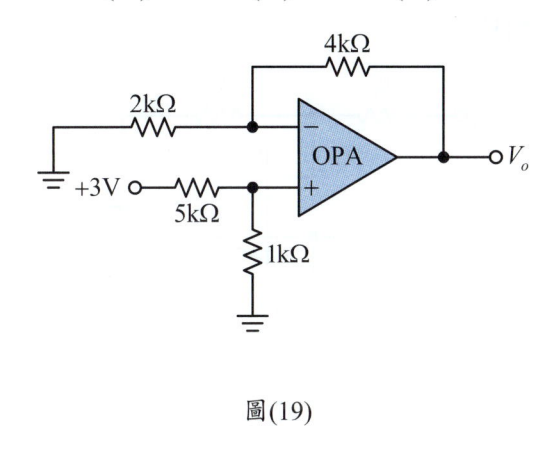

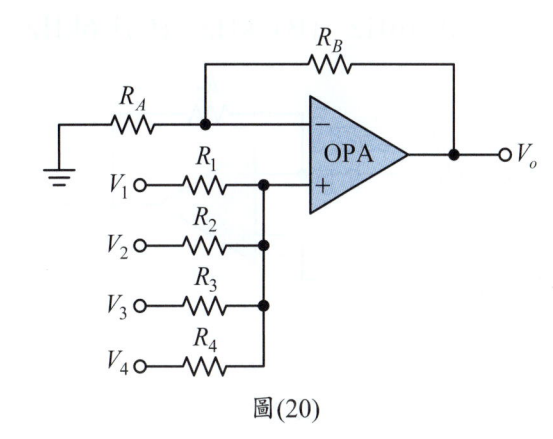

( )23. 如圖(20)所示之理想運算放大器電路，若電阻$R_1 = R_2 = R_3 = R_4 = 100\,k\Omega$，$R_A = 10\,k\Omega$，若欲設計輸出電壓$V_o = V_1 + V_2 + V_3 + V_4$，則$R_B$為何？
(A)5kΩ　(B)10kΩ　(C)20kΩ　(D)30kΩ　　　　　　　　　[107統測]

( )24. 如圖(21)所示之理想運算放大器（OPA）電路，輸入電壓信號v_s為對稱方波，且電路操作於未飽和狀態下，則其輸出電壓v_o應為何種波形？
(A)突波　(B)三角波　(C)弦波　(D)方波　　　　　　　　　[108統測]

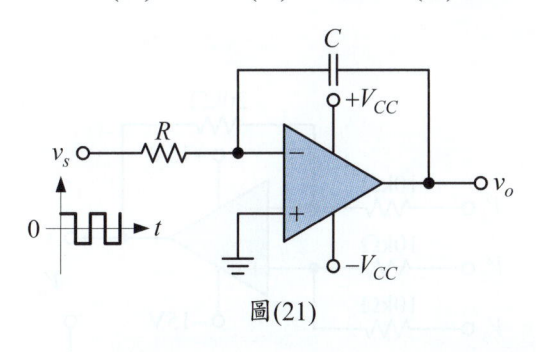

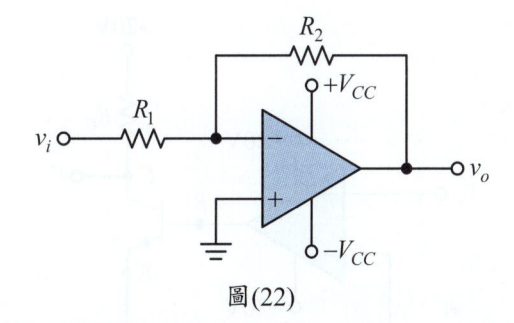

圖(21)

圖(22)

( )25. 如圖(22)所示之電路，欲使電壓增益為–11，且輸入電阻為30kΩ。則R_1及R_2之值各約為何？
(A)$R_1 = 2.5\,k\Omega$，$R_2 = 27.5\,k\Omega$　　　　(B)$R_1 = 27.5\,k\Omega$，$R_2 = 2.5\,k\Omega$
(C)$R_1 = 30\,k\Omega$，$R_2 = 330\,k\Omega$　　　　(D)$R_1 = 30\,k\Omega$，$R_2 = 2.73\,k\Omega$　　[108統測]

( )26. 如圖(23)所示之電路，已知$V_1 = 1\,V$，$V_2 = 2\,V$，$V_3 = 4\,V$，則V_o為何？
(A)5V　(B)7V　(C)9V　(D)11V　　　　　　　　　　　　　[108統測]

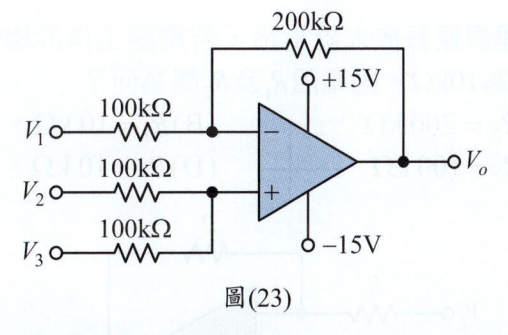

圖(23)

( )27. 運算放大器輸出方波信號時，若信號在$20\,\mu s$內由$-5V$變動到$+5V$，則其轉動率（slew rate）為何？　(A)$0.25\,V/\mu s$　(B)$0.5\,V/\mu s$　(C)$5\,V/\mu s$　(D)$10\,V/\mu s$　[109統測]

10-45

( )28. 如圖(24)所示為具有抑制高頻增益之微分電路，若 $R_1 = 1\,k\Omega$，$C = 0.1\,\mu F$，$R_2 = 100\,k\Omega$，則其低頻截止頻率 f_L 約為何？
(A)16Hz (B)1kHz (C)1.6kHz (D)1MHz [109統測]

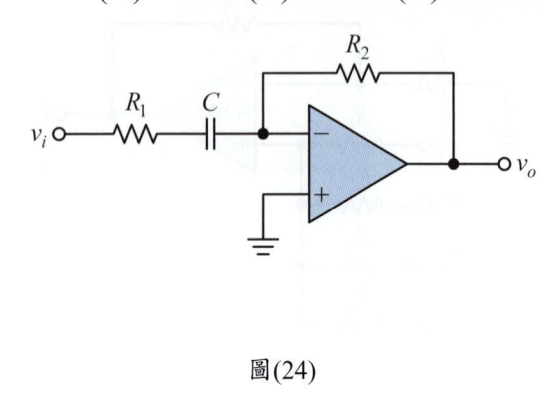

圖(24) 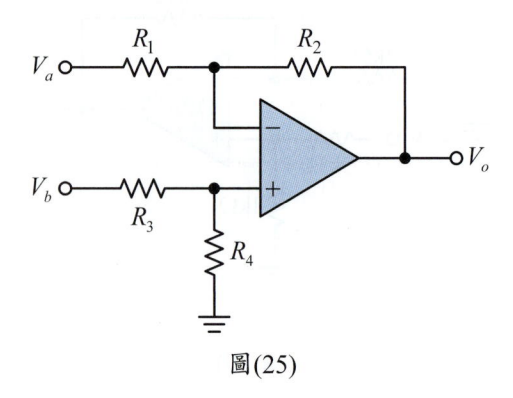　　　　　　　　　　　圖(25)

( )29. 如圖(25)所示電路，若 $R_1 = 2\,k\Omega$，$R_2 = 20\,k\Omega$，$R_3 = 3\,k\Omega$，$R_4 = 30\,k\Omega$，$V_a = -0.3\,V$，$V_b = 0.2\,V$，則輸出電壓 V_o 為何？
(A)5V (B)−5V (C)10V (D)−10V [109統測]

( )30. 如圖(26)所示之理想運算放大器電路，若BJT之 $\beta = 100$，$R_1 = R_2 = R_3 = 3\,k\Omega$，$R_C = 1\,k\Omega$，當 $V_s = 5\,V$，則 V_o 約為何？
(A)9V (B)11V (C)13V (D)15V [110統測]

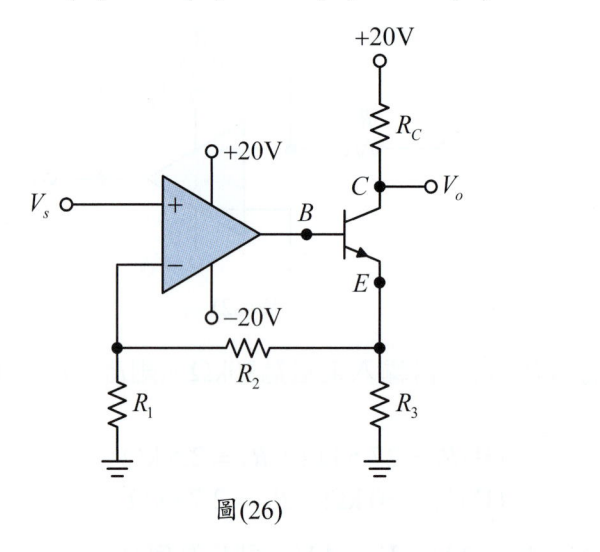

圖(26) 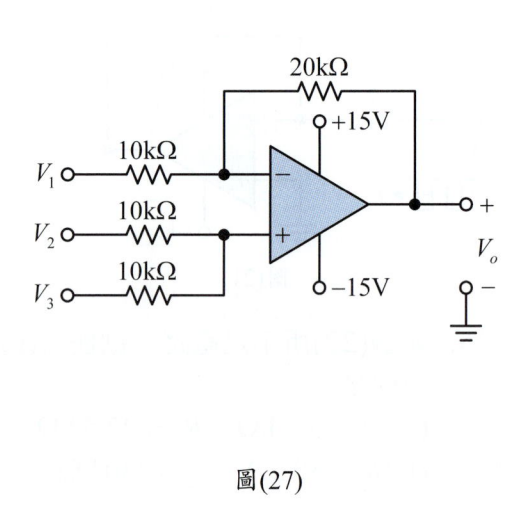　　　　　　　　　　　圖(27)

( )31. 如圖(27)所示之理想運算放大器電路，若 $V_1 = 2\,V$，$V_2 = 1\,V$，$V_3 = -2\,V$，則 V_o 為何？ (A)−5.5V (B)−7.5V (C)−9.5V (D)−11.5V [110統測]

( )32. 如圖(28)所示之理想運算放大器電路，若電路工作於線性放大區且電壓增益 V_o/V_i 為 −10，輸入電阻 R_i 為10kΩ，則電阻 R_1 及 R_2 應為何？
(A) $R_1 = 20\,k\Omega$、$R_2 = 200\,k\Omega$　　　　(B) $R_1 = 10\,k\Omega$、$R_2 = 200\,k\Omega$
(C) $R_1 = 20\,k\Omega$、$R_2 = 100\,k\Omega$　　　　(D) $R_1 = 10\,k\Omega$、$R_2 = 100\,k\Omega$ [110統測]

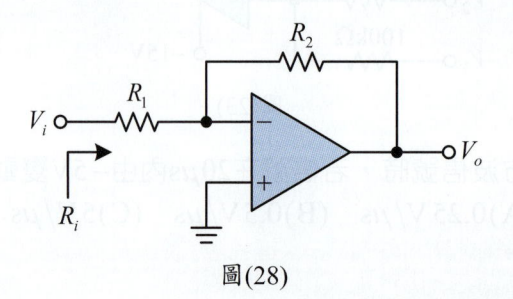

圖(28)

第10章 運算放大器

( )33. 如圖(29)所示理想運算放大器應用電路，在正常工作下，若 $V_o = V_1 + V_2$，則電阻 R_S 應為何？ (A)20kΩ (B)10kΩ (C)5kΩ (D)2.5kΩ [111統測]

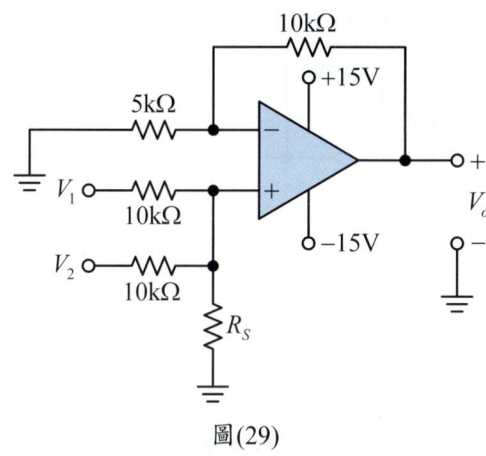

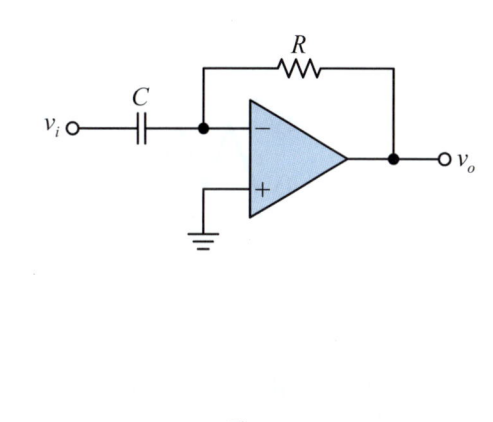

圖(29)

圖(30)

( )34. 如圖(30)所示理想運算放大器電路，下列敘述何者正確？
(A)此為積分電路
(B)若 v_i 為方波，則 v_o 為三角波
(C)若 v_i 為弦波，則 v_o 的振幅與 R 及 C 值有關
(D)若 v_i 為三角波，則 v_o 為正弦波 [111統測]

( )35. 如圖(31)所示理想運算放大器電路，輸入電壓 $V_i = 1\,\text{V}$ 時，分別量測到 V_x 為 -5V，V_o 為 -10V，則電阻 R_1 及 R_2 值分別為何？
(A) $R_1 = 1\,\text{k}\Omega$，$R_2 = 10\,\text{k}\Omega$
(B) $R_1 = 1\,\text{k}\Omega$，$R_2 = 5\,\text{k}\Omega$
(C) $R_1 = 5\,\text{k}\Omega$，$R_2 = 10\,\text{k}\Omega$
(D) $R_1 = 5\,\text{k}\Omega$，$R_2 = 5\,\text{k}\Omega$ [111統測]

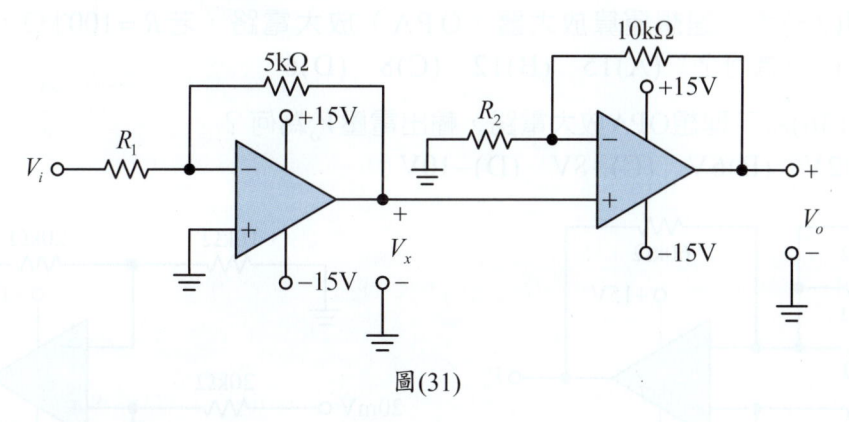

圖(31)

( )36. 如圖(32)所示電路，其中 $I_o = 1\,\text{mA}$，BJT之 $\beta = 99$，則電壓 V_R 及電阻 R 分別為何？
(A) $V_R = 7.5\,\text{V}$、$R = 2.5\,\Omega$
(B) $V_R = 7.5\,\text{V}$、$R = 10\,\Omega$
(C) $V_R = 10\,\text{V}$、$R = 50\,\Omega$
(D) $V_R = 10\,\text{V}$、$R = 100\,\Omega$ [112統測]

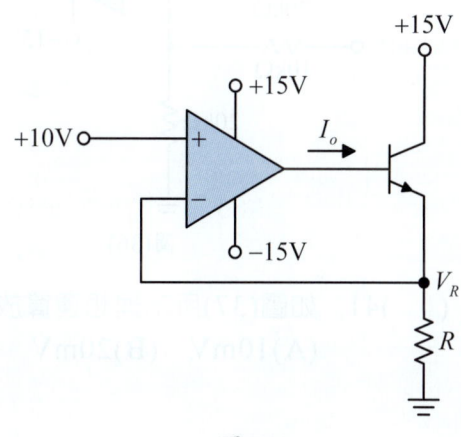

圖(32)

(　　)37. 如圖(33)所示之理想運算放大器電路與波形，若輸入電壓v_s為500Hz之對稱三角波，則輸出電壓v_o之峰對峰值為何？　(A)16V　(B)12V　(C)8V　(D)4V　[112統測]

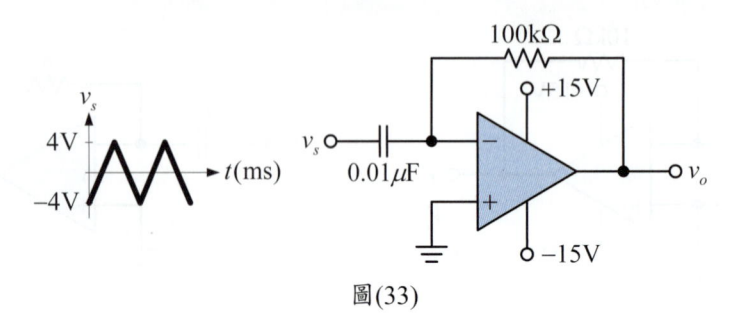

圖(33)

(　　)38. 如圖(34)所示之理想運算放大器電路，輸出電壓V_o為何？
(A)4V　(B)6V　(C)8V　(D)10V　[112統測]

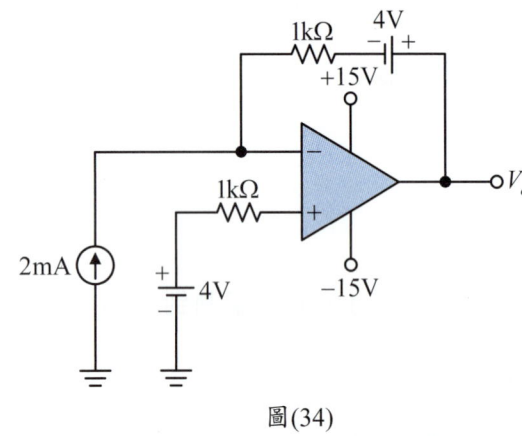

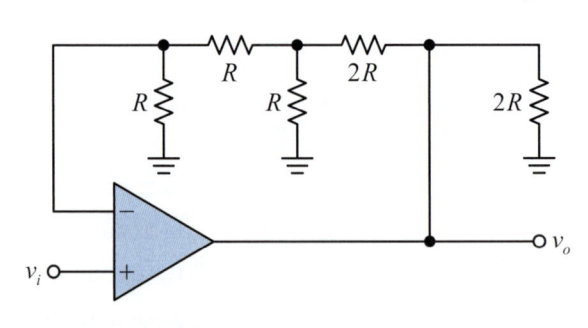

圖(34)　　　　　　　　　　　圖(35)

(　　)39. 如圖(35)所示理想運算放大器（OPA）放大電路，若$R = 100$ kΩ，則其電壓增益$A_v = v_o/v_i$為何？　(A)15　(B)12　(C)8　(D)6　[113統測]

(　　)40. 如圖(36)所示理想OPA放大電路，輸出電壓V_o為何？
(A)12V　(B)6V　(C)-8V　(D)-10V　[113統測]

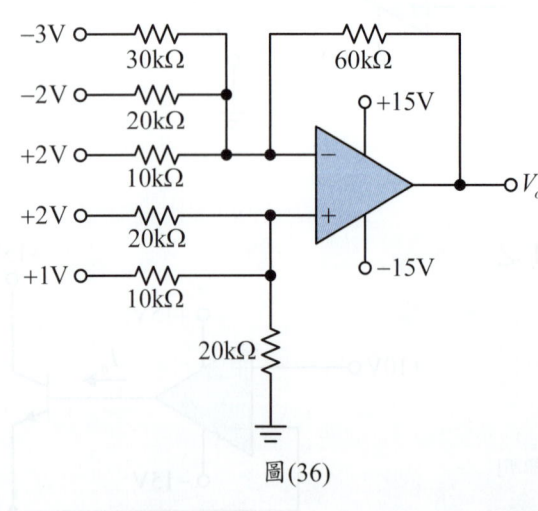

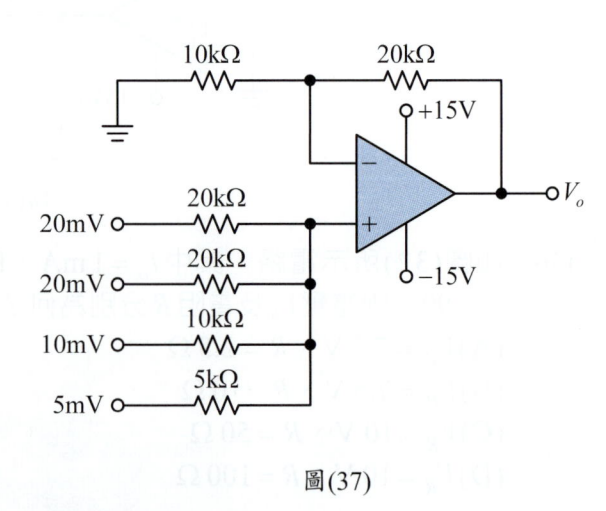

圖(36)　　　　　　　　　　　圖(37)

(　　)41. 如圖(37)所示理想運算放大器電路，其輸出電壓V_o為何？
(A)10mV　(B)20mV　(C)30mV　(D)55mV　[114統測]

10-48

(　　)42. 如圖(38)所示電路，輸出V_o飽和電壓為±15V，若輸出為+15V時，則輸入電壓V_i可能為何？　(A)−8V　(B)−2V　(C)2V　(D)8V

[114統測]

圖(38)

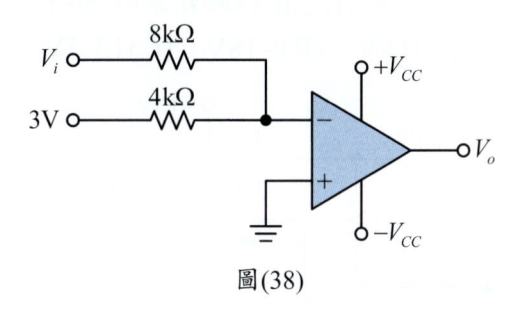

電子學實習試題

( )1. 圖(1)所示，已知運算放大器輸出之正負飽和電壓為±13.5V，設輸入電壓$V_i = -5\,V$，則其輸出電壓$V_o = ?$ (A)18V (B)–18V (C)13.5V (D)–13.5V [統測]

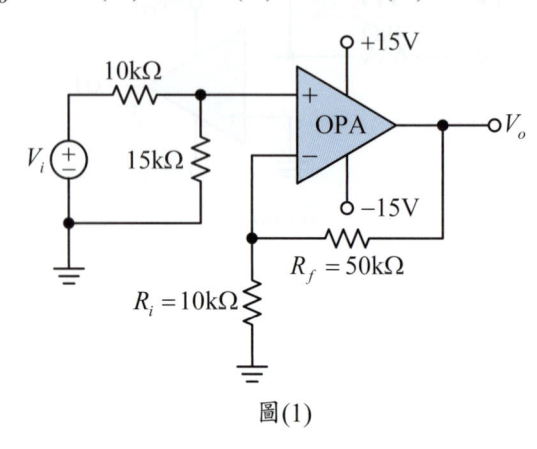

圖(1)

( )2. 圖(2)所示運算放大器電路，其輸出波形V_o為下列何者？ [統測]

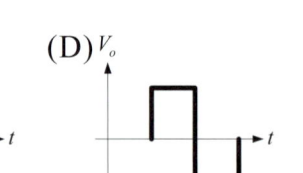

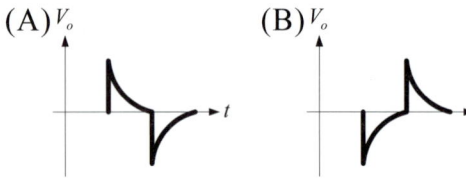

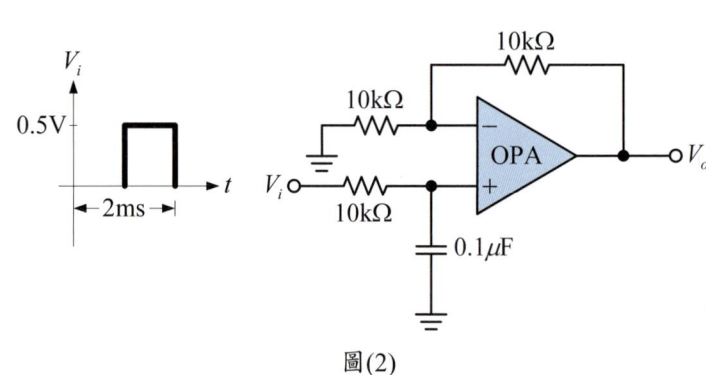

(A)V_o (B)V_o (C)V_o (D)V_o

圖(2)

( )3. 有關理想運算放大器的特性，下列敘述何者正確？
(A)開迴路電壓增益為1　　　　(B)輸入阻抗為0
(C)輸出阻抗為無限大　　　　(D)頻帶寬度為無限大 [統測]

( )4. 如圖(3)所示的電路，求輸出電壓V_o之值為何？
(A)–1.9V (B)–0.95V (C)–1.5V (D)2V [統測]

圖(3)

( )5. 有關理想運算放大器的特性敘述，下列何者有誤？
(A)頻帶寬度無限大　(B)輸入電阻為零　(C)電壓增益無限大　(D)輸出電阻為零 [統測]

( )6. 以下關於實際運算放大器的敘述，何者不正確？
(A)在其他條件相等的情形下，運算放大器的差模（Differential Mode）開迴路增益越大，所製作的應用電路特性會越好
(B)運算放大器的開迴路增益越大，共模拒斥比CMRR就越大
(C)運算放大器用來製作加法電路時，可完成反相與非反相兩種
(D)運算放大器的迴轉率（Slew Rate）越大，輸出訊號越不易失真 [統測]

( )7. 圖(4)是OPA電路的輸出波形V_o，示波器使用×1的探棒，垂直與水平刻度分別為 2V / DIV、1ms / DIV，則輸入信號V_i的峰值電壓為多少？ [102統測]

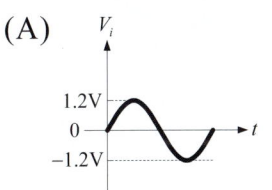

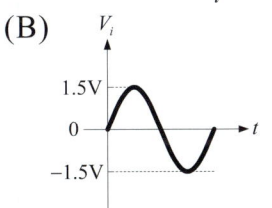

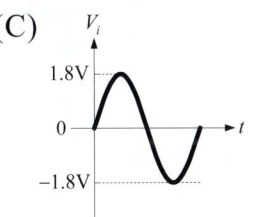

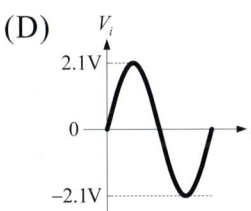

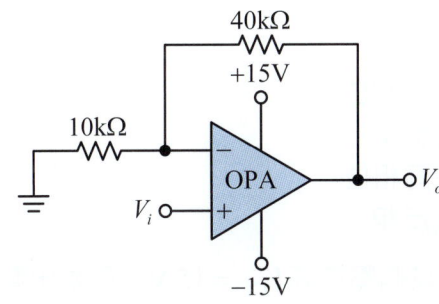

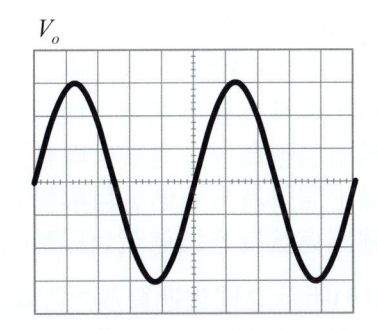

(A) 1.2V / −1.2V (B) 1.5V / −1.5V (C) 1.8V / −1.8V (D) 2.1V / −2.1V

圖(4)

( )8. 一個非反相放大器如圖(5)所示，下列敘述何者錯誤？
(A) $\dfrac{v_o}{v_i} = \dfrac{R_A + R_B}{R_A}$
(B)當$R_A = \infty$，$R_B = 0\,\Omega$時，$\dfrac{v_o}{v_i} = 1$
(C)本電路具有負回授
(D)當$R_A = 0\,\Omega$，$R_B = \infty$時，可視為電壓隨耦器 [102統測]

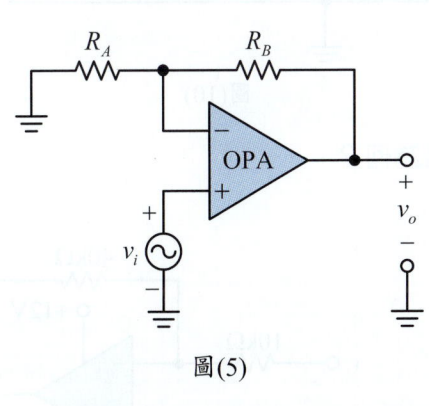

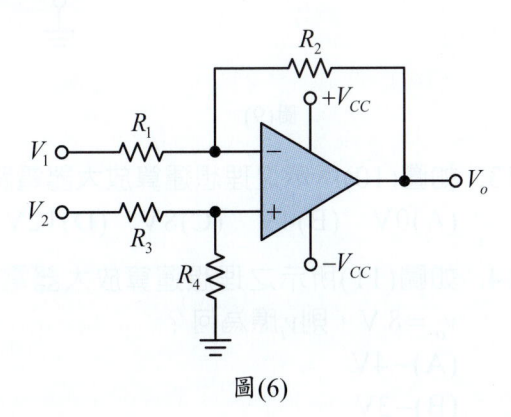

圖(5) 圖(6)

( )9. 如圖(6)所示之電路，若$V_{CC} = 15\,\text{V}$，$R_1 = R_3 = 10\,\text{k}\Omega$，$R_2 = R_4 = 20\,\text{k}\Omega$，$V_1 = 8\,\text{V}$，$V_2 = 5\,\text{V}$，則$V_o$為何？
(A)−6V (B)−3V (C)+3V (D)+6V [103統測]

10-51

(　　)10. 如圖(7)所示之電路，則下列敘述何者正確？
　　　　(A)LED₁燈滅，LED₂燈亮　　　　(B)LED₁燈亮，LED₂燈滅
　　　　(C)LED₁燈亮，LED₂燈亮　　　　(D)LED₁燈滅，LED₂燈滅
　　　　　　　　　　　　　　　　　　　　　　　　　　　　　　　[103統測]

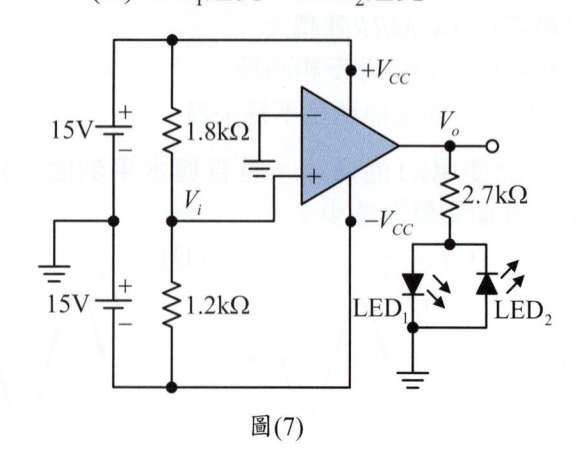

圖(7) 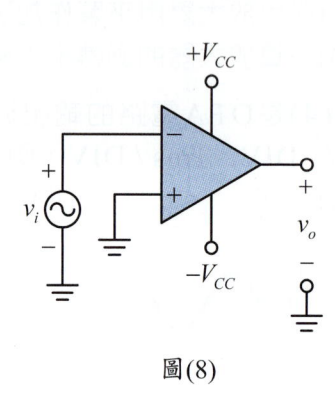　　　　　　　　　　　　　　　　圖(8)

(　　)11. 如圖(8)所示之電路，實驗時其偏壓電源 $V_{CC}=15\,\text{V}$，若輸入信號為振幅 1V 且頻率為 1kHz 之弦波電壓，則下列敘述何者正確？
　　　　(A)輸出信號為弦波信號且與輸入信號同相位
　　　　(B)輸出信號為弦波信號且與輸入信號反相
　　　　(C)輸出信號為方波信號且與輸入信號同相位
　　　　(D)輸出信號為方波信號且與輸入信號反相
　　　　　　　　　　　　　　　　　　　　　　　　　　　　　　　[104統測]

(　　)12. 如圖(9)所示之理想運算放大器電路，其偏壓電源 $V_{CC}=15\,\text{V}$，則輸出電壓 V_o 為何？
　　　　(A)10V　(B)5V　(C)−2V　(D)−4V　　　　　　　　　　　[104統測]

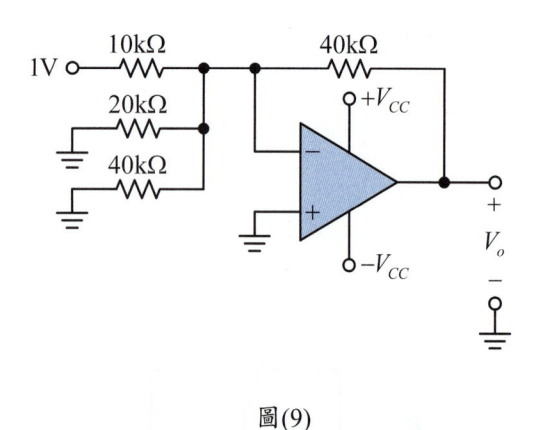

圖(9) 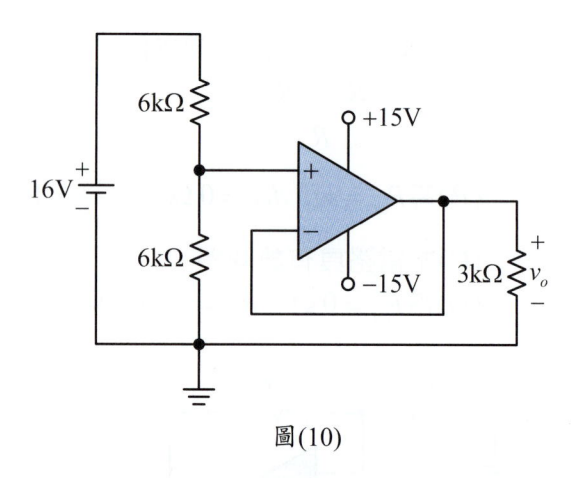　　　　　　　　　　　　　　　　圖(10)

(　　)13. 如圖(10)所示之理想運算放大器電路，v_o 值應為何？
　　　　(A)0V　(B)4V　(C)8V　(D)12V　　　　　　　　　　　　　[105統測]

(　　)14. 如圖(11)所示之理想運算放大器電路，若 $v_o=8\,\text{V}$，則 v_i 應為何？
　　　　(A)−4V
　　　　(B)−3V
　　　　(C)1V
　　　　(D)2V　　　　　　　　　　　　　　　　　　　　　　　　　[105統測]

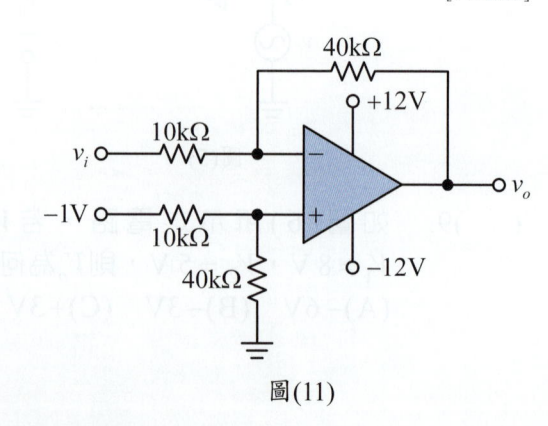

圖(11)

第 10 章　運算放大器

(　　)15. 關於運算放大器（OPA）應用電路的實現，下列何者為正確？
(A)利用運算放大器（OPA）實現非零電位檢測器時，OPA需使用負回授電路架構
(B)利用運算放大器（OPA）實現減法器時，OPA之非反相輸入端電壓會追隨反相輸入端電壓
(C)利用運算放大器（OPA）實現反相放大器時，此反相放大器之輸入阻抗為無限大
(D)利用運算放大器（OPA）實現積分器時，OPA會工作於線性區　　　　[105統測]

(　　)16. 小明上電子學實習課時，詳細聽老師講解運算放大器的理想特性與應用後，終於知道理想的運算放大器有幾項特點。由此，當選擇運算放大器來設計反相放大器時，下列何者錯誤？
(A)運算放大器的輸入阻抗愈大愈好
(B)運算放大器的共模拒斥比（CMRR），愈大愈能抑制雜訊效應
(C)運算放大器的差模增益A_d愈小愈好
(D)運算放大器的共模增益A_c愈小愈好　　　　[105統測]

(　　)17. 如圖(12)所示之理想運算放大器電路，$R = 20\ \text{k}\Omega$，若$v_o = 2\ \text{V}$，則R_f值應為何？
(A)20kΩ　(B)30kΩ　(C)40kΩ　(D)50kΩ　　　　[106統測]

圖(12)

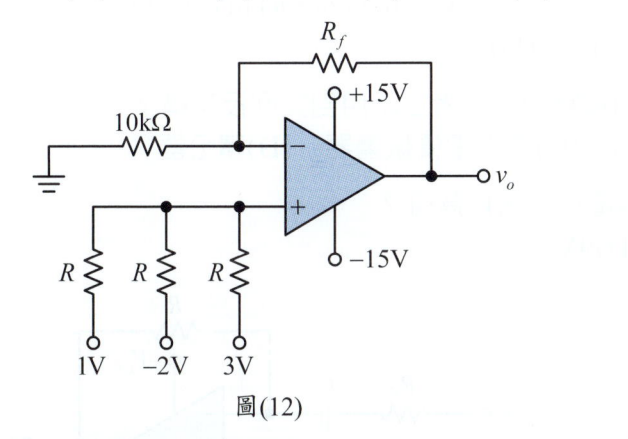

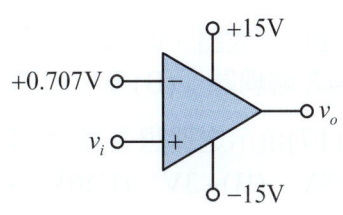

圖(13)

(　　)18. 如圖(13)所示之電路，若$v_i = \sin(2\pi t)$ V，則v_o波形每週期之正電壓時間與負電壓時間之比為何？　(A)1：1　(B)1：2　(C)1：3　(D)1：4　　　　[106統測]

(　　)19. 如圖(14)所示，為使用運算放大器（OPA）之四個不同應用電路。假設運算放大器均為理想，則下列敘述何者錯誤？　(A)圖(i)中$V_{o1} = -V_i$　(B)圖(ii)中$V_{o2} = 2V_i$　(C)圖(iii)中$V_{o3} = V_i$　(D)圖(iv)中$V_{o4} = V_1 - V_2$　　　　[106統測]

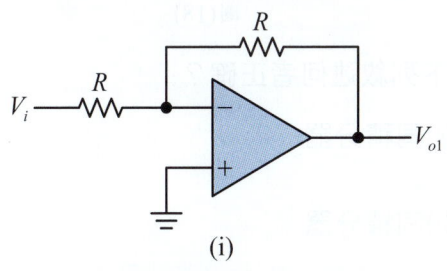

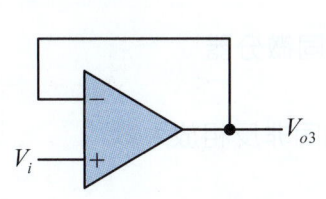

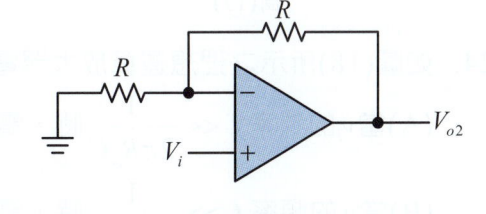

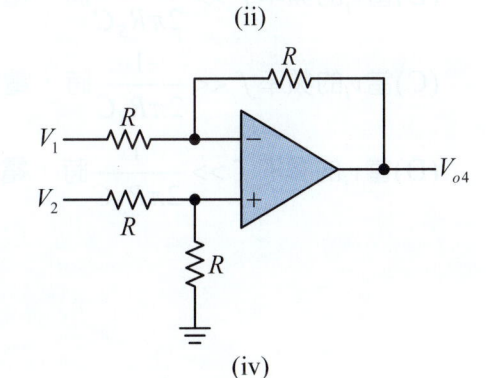

圖(14)

10-53

(　)20. 下列有關圖(15)所示的理想運算放大器電路之敘述，何者正確？
(A)R_P可限制低頻電壓增益
(B)R_P可提升輸出阻抗
(C)R_P用來限制高頻電壓增益
(D)R_P使A和B兩端點電壓不相等
[107統測]

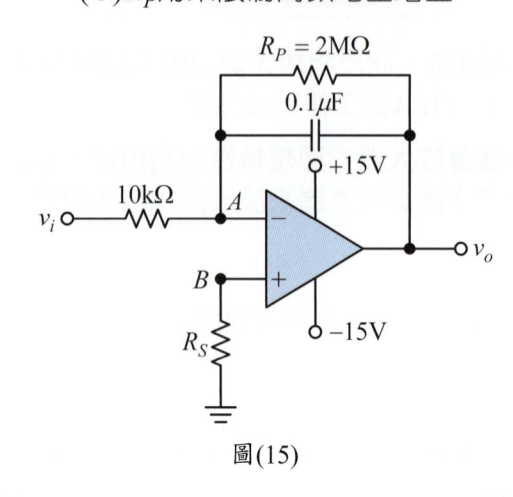

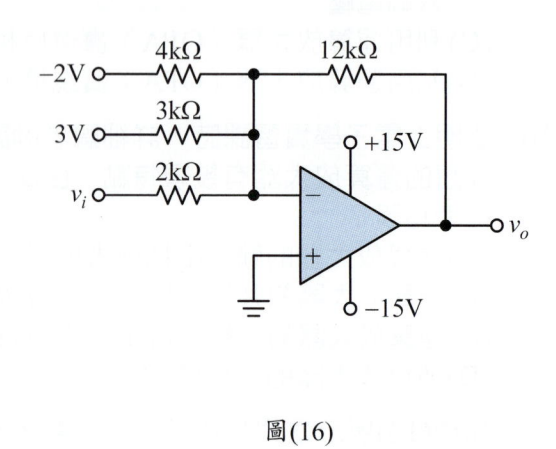

圖(15)　　　圖(16)

(　)21. 如圖(16)所示之理想運算放大器電路，若$v_i = 0.5\sin(30t)$ mV，則v_o之平均值約為何？　(A)–15V　(B)–6V　(C)4V　(D)8V
[107統測]

(　)22. 下列運算放大器（OPA）的應用電路中，何者並未用到負回授架構？
(A)電壓隨耦器　(B)窗形比較器　(C)韋恩電橋振盪器　(D)積分器
[107統測]

(　)23. 如圖(17)所示之理想運算放大器電路，則V_o為何？
(A)–9V　(B)–3V　(C)6V　(D)9V
[108統測]

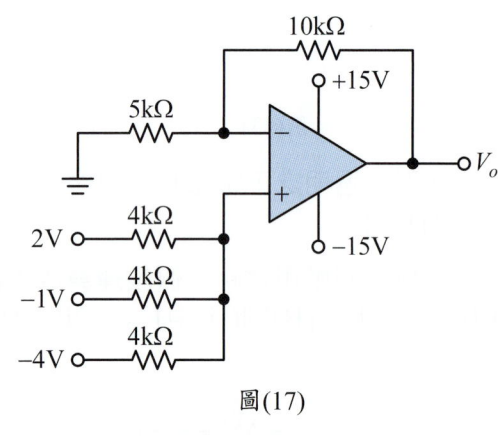

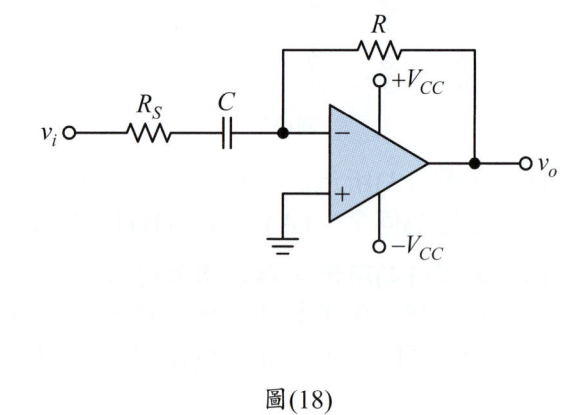

圖(17)　　　圖(18)

(　)24. 如圖(18)所示之理想運算放大器電路，則下列敘述何者正確？

(A)當v_i的頻率$f \ll \dfrac{1}{2\pi R_S C}$時，電路工作如同積分器

(B)當v_i的頻率$f \gg \dfrac{1}{2\pi R_S C}$時，電路工作如同積分器

(C)當v_i的頻率$f \ll \dfrac{1}{2\pi R_S C}$時，電路工作如同微分器

(D)當v_i的頻率$f \gg \dfrac{1}{2\pi R_S C}$時，電路工作如同非反相放大器
[108統測]

10-54

(　)25. 實驗圖(19)之電路，運算放大器進行線性放大功能，則輸出電壓V_o與輸入電壓間之表示式，下列何者正確？

(A)$V_o = -V_1 - V_2 + \dfrac{3(V_3 + V_4 + V_5)}{4}$ 　　(B)$V_o = -V_1 - V_2 + 2(V_3 + V_4 + V_5)$

(C)$V_o = -V_1 - V_2 + V_3 + V_4 + V_5$ 　　(D)$V_o = -V_1 - V_2 + \dfrac{3(V_3 + V_4 + V_5)}{2}$ 　　[108統測]

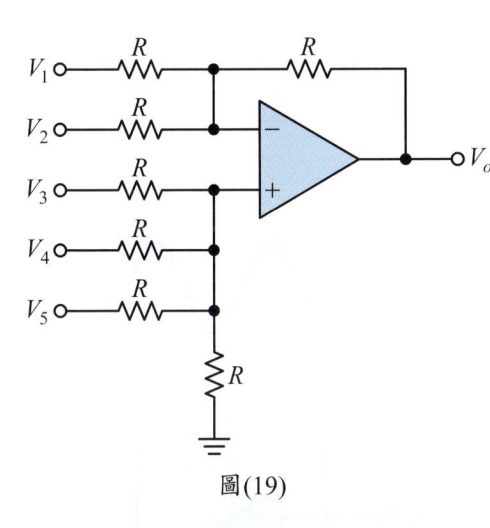

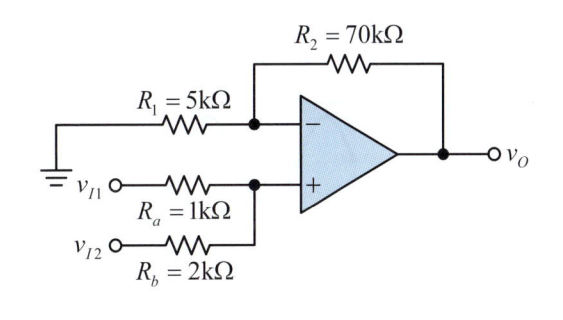

圖(19)　　　　圖(20)

(　)26. 一個使用運算放大器（OPA）的非反相加法器電路如圖(20)，輸出電壓v_O與兩個輸入電壓v_{I1}與v_{I2}的關係式為何？

(A)$v_O = 5v_{I1} + 10v_{I2}$　　(B)$v_O = 10v_{I1} + 5v_{I2}$

(C)$v_O = 10v_{I1} + 20v_{I2}$　　(D)$v_O = 20v_{I1} + 10v_{I2}$　　[109統測]

(　)27. 如圖(21)所示電路，運算放大器之輸出正、負飽和電壓分別為+12V和−12V，$V_i = 1.5\text{ V}$，則V_n為何？　(A)−1.5V　(B)0V　(C)1.2V　(D)1.5V　　[109統測]

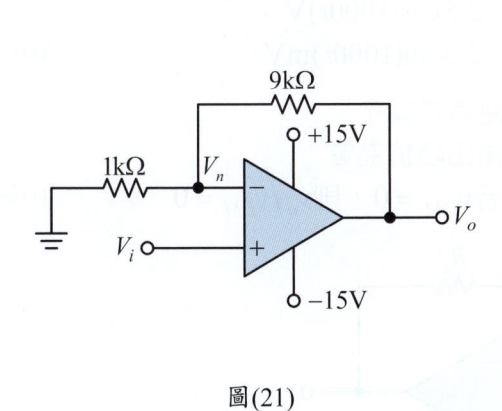

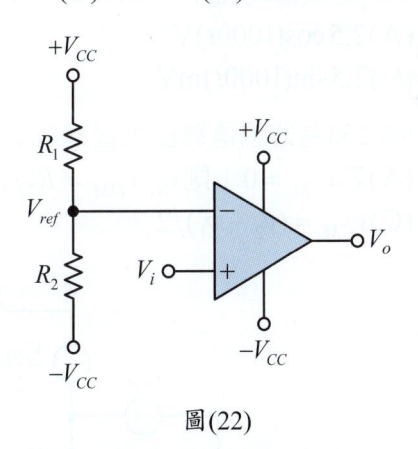

圖(21)　　　　圖(22)

(　)28. 如圖(22)所示運算放大器電路，已知$3R_1 = 2R_2$，運算放大器飽和電壓為$\pm V_{sat}$，則下列何者為其輸出、輸入轉移特性曲線？　　[109統測]

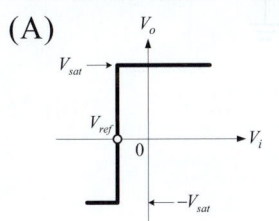

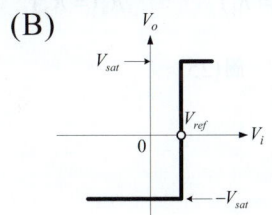

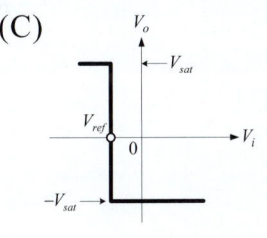

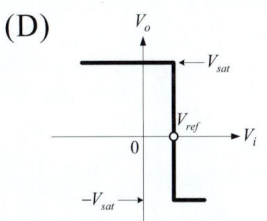

(A)　　(B)　　(C)　　(D)

10-55

(　　)29. 如圖(23)所示之電路，$V_{CC}=15\text{ V}$，$R_i=20\text{ k}\Omega$，$R_f=40\text{ k}\Omega$，若 $v_i=1\sin(\omega t)\text{ V}$，則 v_o 之波形為何？（示波器垂直檔位 2V / DIV，探棒 1：1） [110統測]

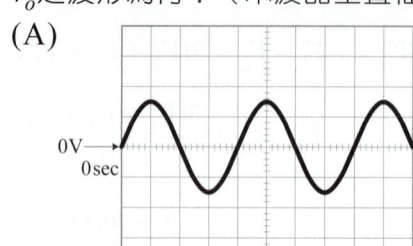

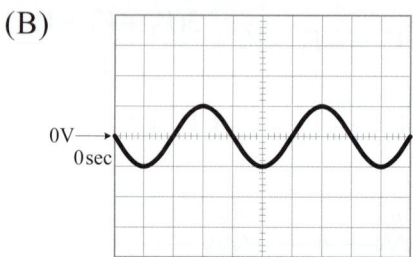

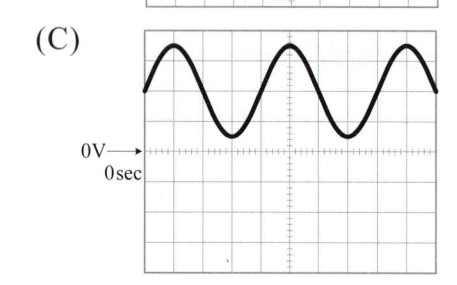

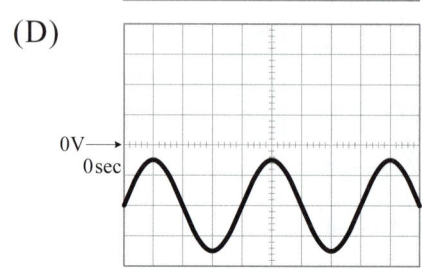

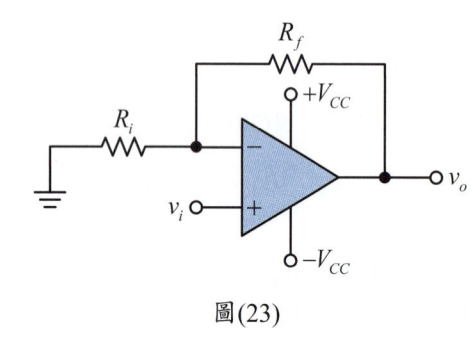

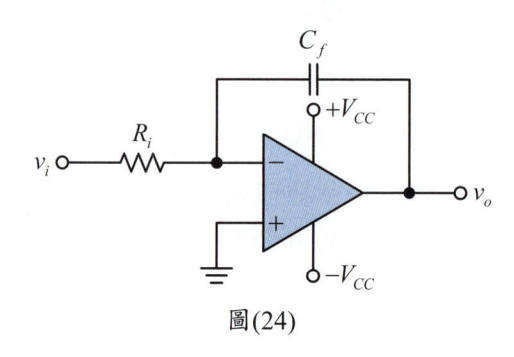

(A) (B) (C) (D)

圖(23)　　　圖(24)

(　　)30. 如圖(24)所示之電路，$V_{CC}=15\text{ V}$，$R_i=20\text{ k}\Omega$，$C_f=0.1\,\mu\text{F}$，若 $v_i=5\sin(1000t)\text{ V}$，則 v_o 之波形為何？
(A) $2.5\cos(1000t)\text{V}$
(B) $-2.5\cos(1000t)\text{V}$
(C) $2.5\sin(1000t)\text{mV}$
(D) $-2.5\sin(1000t)\text{mV}$ [110統測]

(　　)31. 圖(25)為理想運算放大器構成之電路，下列何者錯誤？
(A) 若 $v_{CM}=0$，則 $v_o/v_{DM}=R_2/R_1$
(B) 輸出阻抗為零
(C) $v_{CM}=(v_2-v_1)/2$
(D) 若 $v_{DM}=0$，則 $v_o/v_{CM}=0$ [110統測]

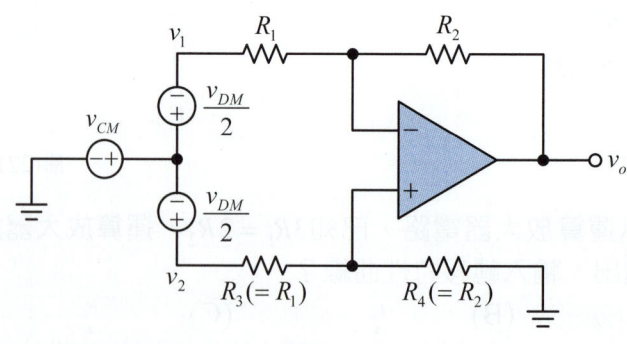

圖(25)

第 10 章　運算放大器

素養導向題

▲ 閱讀下文，回答第1～5題

英雄學園的電子學實習課程，是中忍晉升為上忍的必修課程，其中五條悟、悟空、埼玉以及香克斯，不約而同修了同一門課。圖(1)所示為運算放大器實驗電路，並且在以下問題中取得分數最高者，得以晉升上忍，試問：

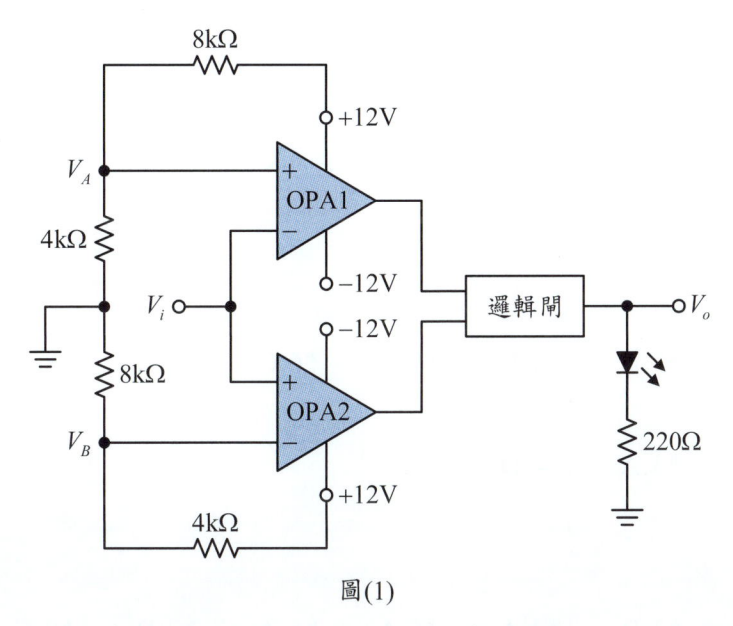

圖(1)

( ) 1. 該電路的功能是運算放大器OPA1與OPA2同時輸出0時，LED可以點亮（其他狀態熄滅），則邏輯閘的選用，下列敘述何者正確？
(A)五條悟：『採用AND閘』　　　(B)悟空：『採用NAND閘』
(C)埼玉：『採用NOR閘』　　　(D)香克斯：『採用XOR閘』

( ) 2. 運算放大器OPA1與OPA2的電路型態分別是
(A)五條悟：『反相放大器、非反相放大器』
(B)悟空：『比較器、非反相加法器』
(C)埼玉：『比較器、比較器』
(D)香克斯：『比較器、反相放大器』

( ) 3. 運算放大器OPA1與OPA2的電壓V_A與V_B分別為
(A)五條悟：『4V、8V』　　　(B)悟空：『4V、−8V』
(C)埼玉：『8V、−8V』　　　(D)香克斯：『−8V、8V』

( ) 4. 要使LED點亮的輸入電壓V_i範圍為何？
(A)五條悟：『$V_i < 4$ V 或 $V_i > 8$ V』　　(B)悟空：『$−4V < V_i < −8V$』
(C)埼玉：『$4V < V_i < 8V$』　　(D)香克斯：『$5V < V_i < 7V$』

( ) 5. 經過四題的測驗，最終晉升為上忍的是
(A)五條悟　(B)悟空　(C)埼玉　(D)香克斯

解答

10-1立即練習

基礎題

1.C　2.D　3.B　4.A　5.A　6.B　*7.C　8.B　9.C

進階題

*1.A

10-2立即練習

基礎題

*1.C　2.D　3.B　*4.B　*5.B　6.C　7.C　*8.D　9.B　10.D
11.A　12.C

10-3立即練習

基礎題

1.C　*2.A　*3.B　*4.B　*5.C　*6.C　*7.A　*8.B　*9.C　*10.D

進階題

*1.B　*2.B　*3.A　*4.D

10-4立即練習

基礎題

*1.A　*2.C　*3.B　*4.A　*5.A　*6.A　*7.B　*8.C　*9.A　*10.A

進階題

*1.C　*2.C

10-5立即練習

基礎題

1.A　2.B　3.D　4.A　5.A　6.A　*7.D　8.B

進階題

*1.B

10-6立即練習

基礎題

1.D　2.A　3.C　*4.C　*5.B　*6.B　7.B　*8.B

進階題

*1.B　*2.B

第10章 運算放大器

解 答

歷屆試題

電子學試題

*1.A	*2.B	*3.D	*4.C	*5.C	*6.B	*7.D	*8.B	*9.C	10.C
*11.C	*12.B	*13.C	*14.C	*15.C	*16.A	*17.C	*18.A	*19.C	*20.A
*21.A	*22.A	*23.D	*24.B	*25.C	*26.B	*27.B	*28.C	*29.A	*30.D
*31.A	*32.D	*33.B	*34.C	*35.A	*36.D	*37.A	*38.B	*39.C	*40.A
*41.C	*42.A								

電子學實習試題

*1.D	*2.C	3.D	*4.B	*5.B	6.B	*7.A	8.D	*9.A	*10.A
*11.D	*12.D	*13.C	*14.B	15.D	16.C	*17.A	*18.C	*19.D	20.A
*21.B	22.B	*23.B	24.C	*25.A	*26.B	*27.C	28.B	*29.A	*30.A
*31.C									

素養導向題

1.C	*2.C	*3.A	*4.C	5.C

NOTE

CHAPTER 11 運算放大器振盪電路及濾波器

本章學習重點

章節架構	必考重點	
11-1 正弦波產生器	• 各種正弦波產生器之判斷 • 各種正弦波產生器之計算	⚡⚡⚡
11-2 施密特觸發器	• 反相與非反相施密特電路之判斷 • 反相與非反相施密特電路之計算	⚡⚡⚡⚡⚡
11-3 方波產生電路與三角波產生電路	• 方波產生電路之計算 • 三角波產生電路之計算	⚡⚡⚡
11-4 一階濾波器	• 各種一階濾波器之判斷與計算	⚡⚡⚡⚡

統測命題分析

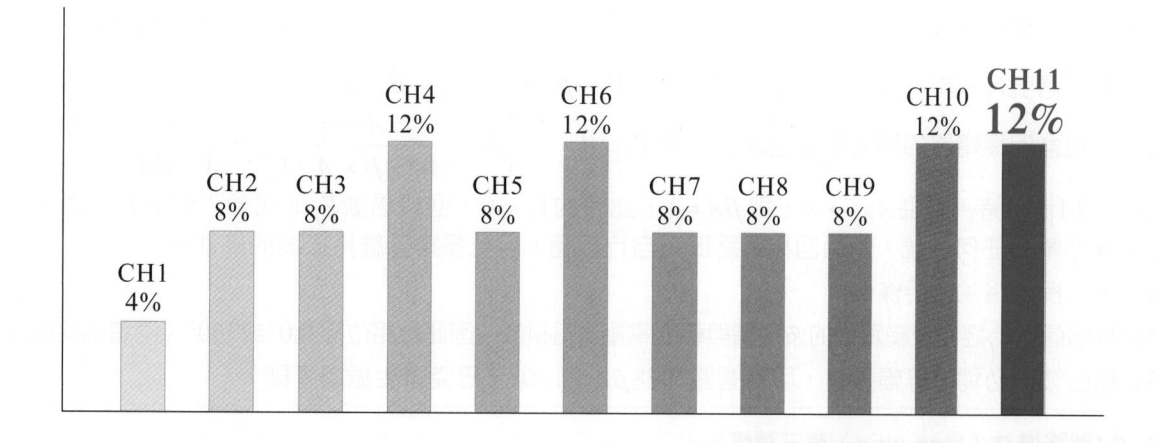

CH1	CH2	CH3	CH4	CH5	CH6	CH7	CH8	CH9	CH10	CH11
4%	8%	8%	12%	8%	12%	8%	8%	8%	12%	12%

11-1 正弦波產生器

振盪器（oscillator），又稱為波形產生電路，其功能是將直流信號轉為連續性且固定週期性的交流信號，而根據輸出信號的波形，振盪電路區分為**正弦波產生器**、**方波產生器**、**三角波產生器**。

重點 1 回授型態

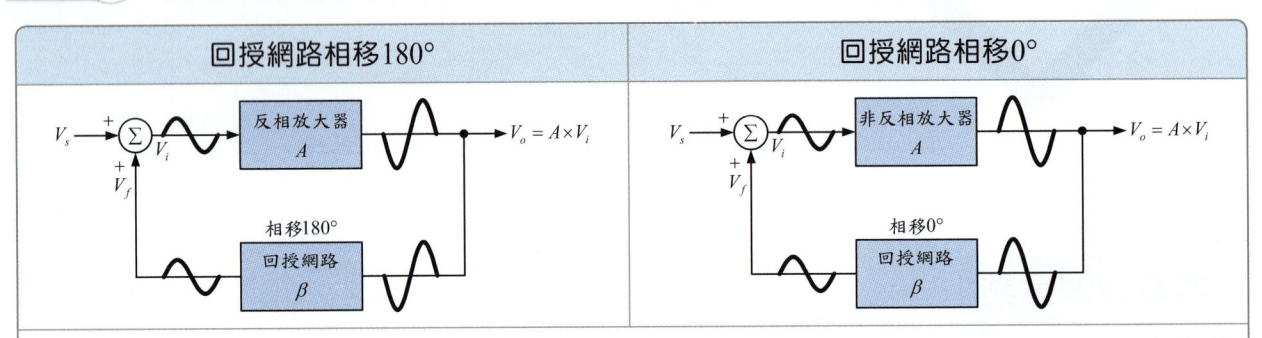

回授網路相移180°	回授網路相移0°

輸出信號V_o經具有特定頻率選擇功能的回授網路，產生一個特定頻率的回授信號V_f，經回授網路後的回授電壓V_f等於輸入電壓V_i，表示該電路不需要輸入任何信號，僅藉由回授網路即可自行振盪

註：回授是指將電路的輸出信號，透過回授網路反饋至輸入端：
(1) 若回授的目的在穩定工作點，避免工作點漂移，該回授型態稱為『**負回授**』（negative feedback）。
(2) 若回授的目的在使訊號不衰減，並且產生等幅的振盪信號，該回授型態稱為『**正回授**』（positive feedback）。

重點 2 巴克豪生振盪準則（Barkhausen criterion）

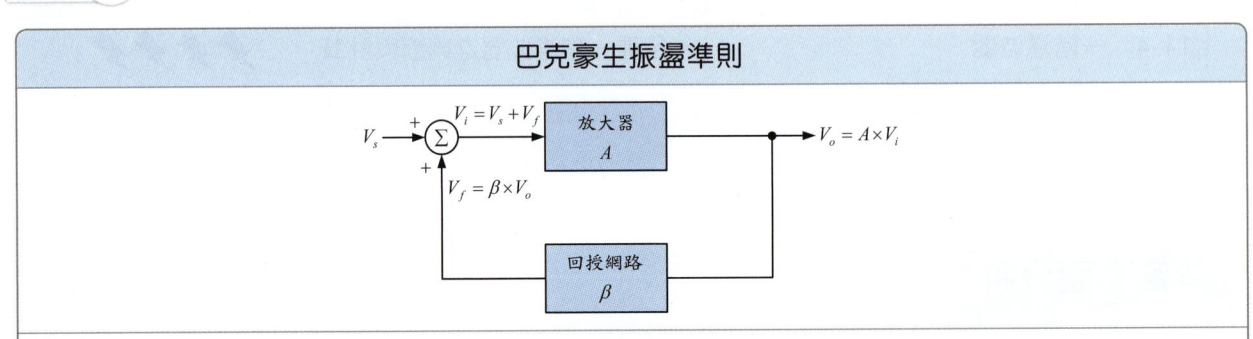

巴克豪生振盪準則

放大器的開迴路增益$A = \dfrac{V_o}{V_i}$與回授因數$\beta = \dfrac{V_f}{V_o}$，輸出電壓$V_o = A \times V_i$，而回授信號$V_f = \beta \times V_o$，其中輸入信號$V_i = V_s + V_f$，即$V_s = V_i - V_f = V_i - \beta \times V_o = V_i - \beta \times A \times V_i$，因此，包含回授電路的閉迴路增益$A_f$的表示式：$A_f = \dfrac{V_o}{V_s} = \dfrac{A \times V_i}{V_i - \beta \times A \times V_i} = \dfrac{A}{1 - \beta A}$

當$|1 - \beta A| = 0$時，增益$A_f \to \infty$，即$\beta A = 1$，此時的$V_s = 0$，回授信號V_f取代輸入信號V_s，表示該電路不需要輸入任何信號，藉由回授網路即可自行振盪。因此振盪器維持振盪的條件為：
(1) 正回授電路（首要條件）
(2) 輸出信號V_f經回授網路後的波形需與輸入電壓V_i同相位，因此為相位移為0°或360°（兩者為同位角）
(3) 輸出波形必需為等幅振盪，因此迴路增益$\beta A = 1 \angle 0°$（巴克豪生振盪準則）

註：βA迴路增益（loop gain）有三種情形：
(1) $\beta A < 1$，造成閉迴路增益A_f逐漸減小。　　(2) $\beta A > 1$，為增幅振盪，該回授型態為正回授。
(3) $\beta A = 1$，輸出為等幅振盪的波形。

第 11 章 運算放大器振盪電路及濾波器

巴克豪生振盪準則

老師教

1. 要滿足巴克豪生振盪準則，試求下列各條件：
   (1) $\beta = 0.5\angle -30°$，$A = ?$
   (2) $\beta = 2\angle 60°$，$A = ?$
   (3) $\beta = -0.25\angle 0°$，$A = ?$

解
(1) $\beta A = 1\angle 0° \Rightarrow 0.5\angle -30° \times A = 1\angle 0°$
$\Rightarrow A = 2\angle 30°$

(2) $\beta A = 1\angle 0° \Rightarrow 2\angle 60° \times A = 1\angle 0°$
$\Rightarrow A = 0.5\angle -60°$

(3) $\beta A = 1\angle 0° \Rightarrow -0.25\angle 0° \times A = 1\angle 0°$
$\Rightarrow A = 4\angle 180°$
（或 $-4\angle 0°$）

學生做

1. 滿足巴克豪生振盪準則，試求下列各條件：
   (1) $\beta = 2\angle 60°$，$A = ?$
   (2) $\beta = 0.5\angle 40°$，$A = ?$
   (3) $\beta = 4\angle 0°$，$A = ?$

答

閉迴路增益的計算與判斷

老師教

2. 試求閉迴路增益 $A_f = \dfrac{V_o}{V_s}$ 為何？以及輸出狀態為何？

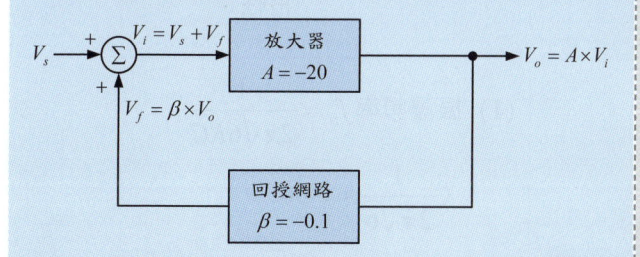

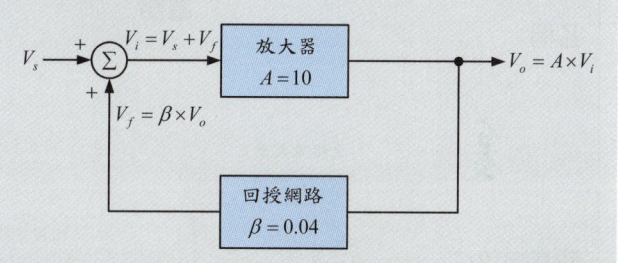

（方塊圖：$V_s \to \Sigma \to V_i = V_s + V_f \to$ 放大器 $A = -20 \to V_o = A \times V_i$；回授網路 $\beta = -0.1$，$V_f = \beta \times V_o$）

解
(1) $A_f = \dfrac{V_o}{V_s} = \dfrac{A}{1-\beta A}$
$= \dfrac{-20}{1-(-0.1)\times(-20)} = 20$

(2) $\beta A > 1$，造成閉迴路增益 A_f 逐漸增加，使得輸出波形逐漸變，為增幅振盪，受限於電路輸出的正負飽和電壓，因此電路達飽和後，輸出波形會有失真的情形，輸出波形近似於方波。

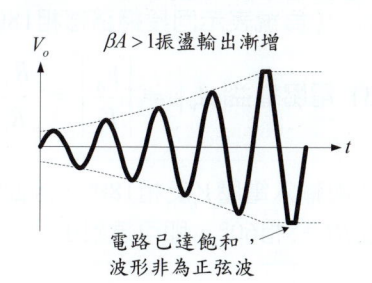

（圖：$\beta A > 1$ 振盪輸出漸增；電路已達飽和，波形非為正弦波）

學生做

2. 試求閉迴路增益 $A_f = \dfrac{V_o}{V_s}$ 為何？以及輸出狀態為何？

（方塊圖：$V_s \to \Sigma \to V_i = V_s + V_f \to$ 放大器 $A = 10 \to V_o = A \times V_i$；回授網路 $\beta = 0.04$，$V_f = \beta \times V_o$）

答

重點 3　正弦波產生器

1. 正弦波產生器，其輸出波形為正弦波，且根據正弦波的頻率，可區分為高頻與低頻用途的正弦波產生器。
2. **低頻振盪器**所組成的主要元件為電阻器 R 與電容器 C；而**高頻振盪器**所組成的主要元件為電感器 L 與電容器 C。

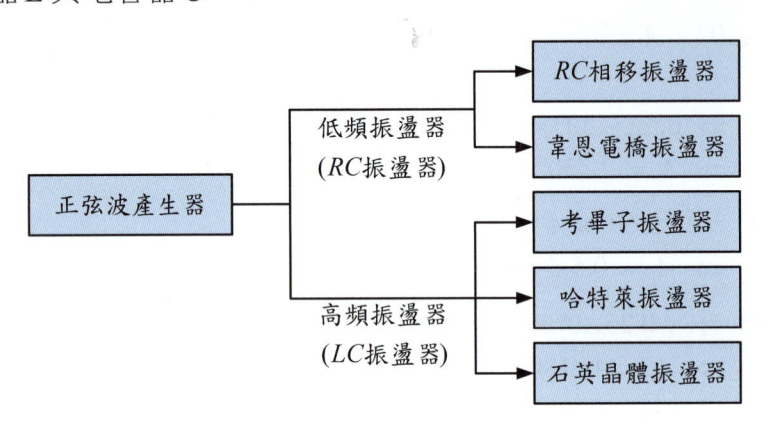

```
                         ┌─ 低頻振盪器 ─┬─ RC相移振盪器
                         │  (RC振盪器)  └─ 韋恩電橋振盪器
正弦波產生器 ────────────┤
                         │              ┌─ 考畢子振盪器
                         └─ 高頻振盪器 ─┼─ 哈特萊振盪器
                            (LC振盪器)  └─ 石英晶體振盪器
```

重點 4　低頻振盪器

1. RC 相移振盪器：

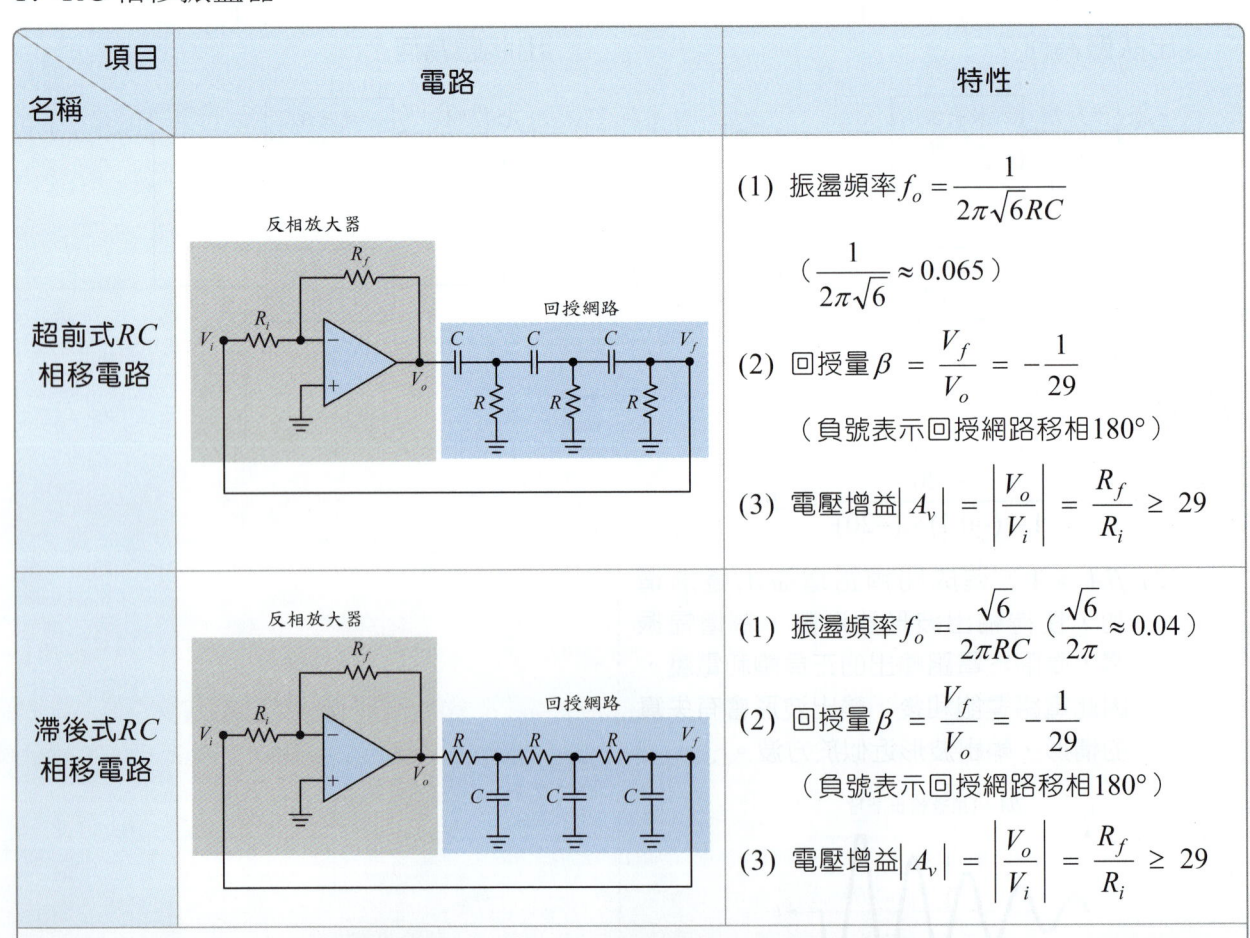

項目 名稱	電路	特性
超前式RC相移電路	反相放大器 + 回授網路（C-C-C 串聯，R 接地）	(1) 振盪頻率 $f_o = \dfrac{1}{2\pi\sqrt{6}RC}$ （$\dfrac{1}{2\pi\sqrt{6}} \approx 0.065$） (2) 回授量 $\beta = \dfrac{V_f}{V_o} = -\dfrac{1}{29}$ （負號表示回授網路移相180°） (3) 電壓增益 $\left|A_v\right| = \left|\dfrac{V_o}{V_i}\right| = \dfrac{R_f}{R_i} \geq 29$
滯後式RC相移電路	反相放大器 + 回授網路（R-R-R 串聯，C 接地）	(1) 振盪頻率 $f_o = \dfrac{\sqrt{6}}{2\pi RC}$ （$\dfrac{\sqrt{6}}{2\pi} \approx 0.04$） (2) 回授量 $\beta = \dfrac{V_f}{V_o} = -\dfrac{1}{29}$ （負號表示回授網路移相180°） (3) 電壓增益 $\left|A_v\right| = \left|\dfrac{V_o}{V_i}\right| = \dfrac{R_f}{R_i} \geq 29$

超前式與滯後式的 RC 相移振盪器經反相放大器，其輸出電壓 V_o 與輸入電壓 V_i 反相180°，因此回授網路的位移角需 180°，所以至少需要**三節**相同的 RC 相移電路，每節 RC 移相60°，即可達到正回授的功能

2. 韋恩電橋振盪器（Wien bridge oscillator）：

項目名稱	電路	特性
韋恩電橋振盪器	（非反相放大器與回授網路電路圖，包含 R_4、R_3、V_f、V_o、C_1、R_1（Z_1）、R_2、C_2（Z_2））	(1) 振盪頻率 f_o ① 若 $R_1 \neq R_2$；$C_1 \neq C_2$ $$f_o = \frac{1}{2\pi\sqrt{R_1 \times R_2 \times C_1 \times C_2}}$$ ② 若 $R_1 = R_2 = R$；$C_1 = C_2 = C$ $$f_o = \frac{1}{2\pi RC}$$ (2) 回授量 β ① 若 $R_1 \neq R_2$；$C_1 \neq C_2$ $$\beta = \frac{1}{1 + \frac{R_1}{R_2} + \frac{C_2}{C_1}}$$ ② 若 $R_1 = R_2 = R$；$C_1 = C_2 = C$ $$\beta = \frac{1}{3}$$ (3) 電壓增益 A_v ① 若 $R_1 \neq R_2$；$C_1 \neq C_2$ $$\left|A_v\right| = \left|\frac{V_o}{V_i}\right| = 1 + \frac{R_3}{R_4}$$ 振盪條件：$\frac{R_3}{R_4} \geq \frac{R_1}{R_2} + \frac{C_2}{C_1}$ ② 若 $R_1 = R_2 = R$；$C_1 = C_2 = C$ $$\left|A_v\right| = \left|\frac{V_o}{V_i}\right| = 1 + \frac{R_3}{R_4}$$ 振盪條件：$A_v \geq 3$ 且 $\frac{R_3}{R_4} \geq 2$

(1) 韋恩電橋振盪器是頻率1MHz以下，使用最廣泛的正弦波振盪器，其回授網路的相位移為0°（RC相移振盪器的相位移為180°）

(2) 電路結構是由一非反相放大器與回授網路所組成。回授網路中的 R_3、R_4 為負回授路徑，用來控制放大器的電壓增益；而回授網路中的 R_1、R_2、C_1 以及 C_2 為正回授路徑，用來控制電路之振盪頻率 f_o 以及正回授量 β

(3) 電阻 R_4 可以採用具正電阻溫度係數的敏電阻，而電阻 R_3 採用具負電阻溫度係數的熱電阻，來維持輸出電壓的振幅為定值，即自動振幅調整的韋恩電橋振盪器

註：低頻振盪器的振盪頻率範圍為20Hz～50kHz之音頻信號；
　　高頻振盪器的振盪頻率範圍為50kHz～30MHz之射頻信號。

超前式 RC 相移電路

老師教

3. 如下圖所示，試求：(1)振盪頻率 f_o (2)電阻 R_f 應大於多少 才能使電路振盪？

[電路圖：OPA，$R_i = 2k\Omega$，R_f，三級 10nF / 5kΩ 超前式 RC 網路]

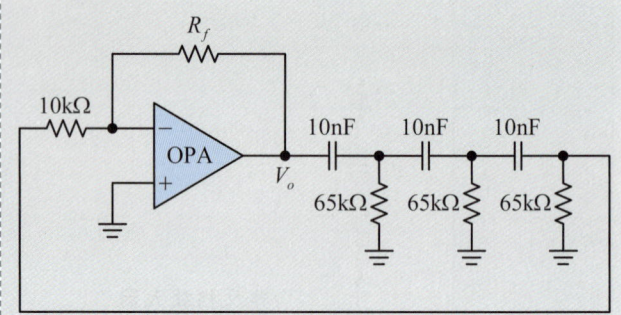

解 (1) $f_o = \dfrac{1}{2\pi\sqrt{6}RC}$

$= \dfrac{0.065}{5k\Omega \times 10nF} \approx 1300\text{ Hz}$

(2) $\dfrac{R_f}{R_i} \geq 29 \Rightarrow \dfrac{R_f}{2k\Omega} \geq 29$

$\Rightarrow R_f \geq 58\text{ k}\Omega$

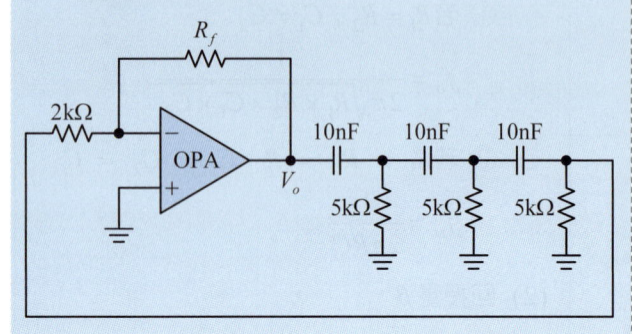

學生做

3. 如下圖所示，試求：(1)振盪頻率 f_o (2)電阻 R_f 應大於多少 才能使電路振盪？

[電路圖：OPA，$R_i = 10k\Omega$，R_f，三級 10nF / 65kΩ 超前式 RC 網路]

答

滯後式 RC 相移電路

老師教

4. 如下圖所示，試求：(1)振盪頻率 f_o (2)電阻 R_f 應大於多少 才能使電路振盪？

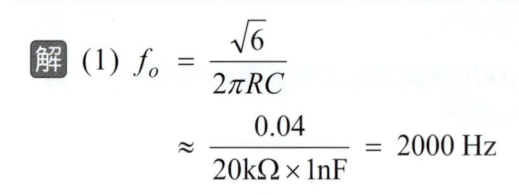

[電路圖：OPA，$R_i = 3k\Omega$，R_f，三級 20kΩ / 1nF 滯後式 RC 網路]

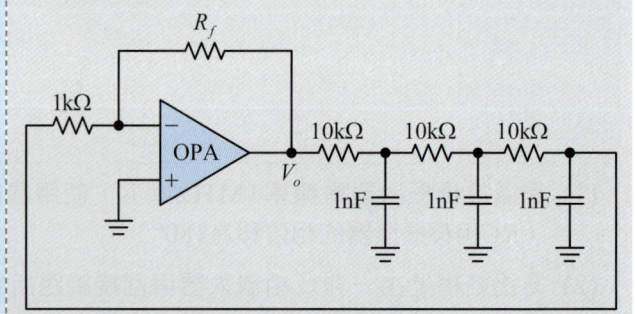

解 (1) $f_o = \dfrac{\sqrt{6}}{2\pi RC}$

$\approx \dfrac{0.04}{20k\Omega \times 1nF} = 2000\text{ Hz}$

(2) $\dfrac{R_f}{R_i} \geq 29 \Rightarrow \dfrac{R_f}{3k\Omega} \geq 29$

$\Rightarrow R_f \geq 87\text{ k}\Omega$

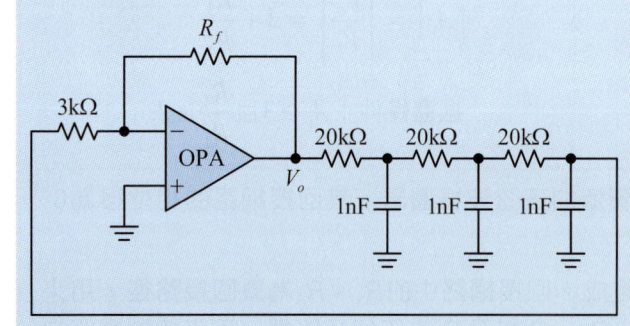

學生做

4. 如下圖所示，試求：(1)振盪頻率 f_o (2)電阻 R_f 應大於多少 才能使電路振盪？

[電路圖：OPA，$R_i = 1k\Omega$，R_f，三級 10kΩ / 1nF 滯後式 RC 網路]

答

第 11 章　運算放大器振盪電路及濾波器

韋恩電橋振盪器

老師教

5. 如下圖所示，試求：(1)振盪頻率 f_o (2)電阻 R 應大於多少　才能使電路振盪？

學生做

5. 如下圖所示，試求：(1)振盪頻率 f_o (2)電阻 R 應大於多少　才能使電路振盪？

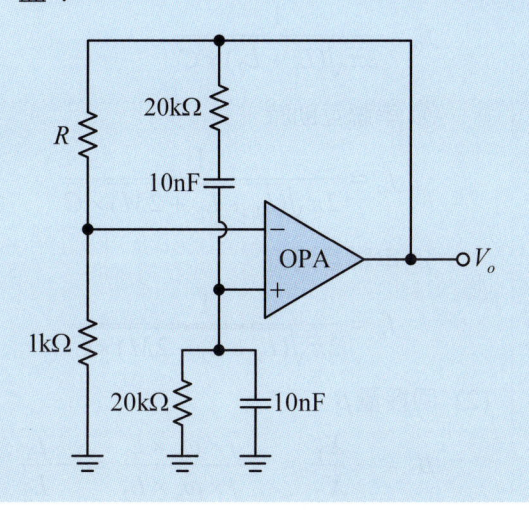

解 (1) $f_o = \dfrac{1}{2\pi\sqrt{R_1 \times R_2 \times C_1 \times C_2}}$

$= \dfrac{0.16}{20\text{k}\Omega \times 10\text{nF}} = 800\text{ Hz}$

(2) $\dfrac{R_3}{R_4} \geq \dfrac{R_1}{R_2} + \dfrac{C_2}{C_1}$

$\Rightarrow \dfrac{R}{1\text{k}\Omega} \geq \dfrac{20\text{k}\Omega}{20\text{k}\Omega} + \dfrac{10\text{nF}}{10\text{nF}}$

$\Rightarrow R \geq 3\text{ k}\Omega$

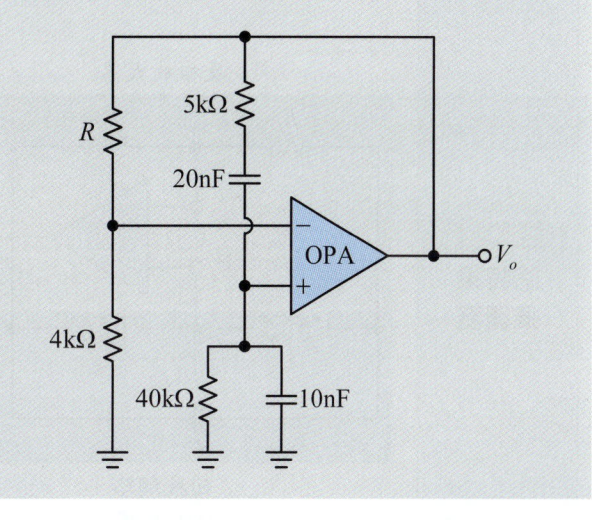

答

重點 5　高頻振盪器

1. RC振盪器的欲操作於高頻，則電阻與電容需設計較小，但會造成負載效應，使得電壓增益A_v衰減而無法產生振盪，因此，高頻振盪器一般採用LC振盪器。

2. LC電路是運用電容器（電能）與電感器（磁能）兩者間的能量轉換所產生的諧振現象，使電路振盪，因此，LC振盪電路又稱為LC**諧振電路**（resonant circuit）或**調諧電路**（tuning circuit）。

3. 哈特萊振盪器（Hartley oscillator）：

項目名稱	電路	特性
哈特萊振盪器	反相放大器（R_i、R_f、OPA、V_f、V_o）；回授網路（L_1、L_2、C）（180°相移）	(1) 振盪頻率 f_o $$f_o = \frac{1}{2\pi\sqrt{(L_1+L_2)\times C}}$$ ① 串聯互助時 $$f_o = \frac{1}{2\pi\sqrt{(L_1+L_2+2M)\times C}}$$ ② 串聯互消時 $$f_o = \frac{1}{2\pi\sqrt{(L_1+L_2-2M)\times C}}$$ (2) 回授量 β $$\beta = -\frac{X_1}{X_2} = -\frac{j\times\omega_o\times L_1}{j\times\omega_o\times L_2} = -\frac{L_1}{L_2}$$ (3) 電壓增益 A_v（巴克豪生振盪準則） $$A_v = \frac{1}{\beta} = -\frac{L_2}{L_1} = -\frac{R_f}{R_i}$$

4. 考畢子振盪器（Colpitts oscillator）：

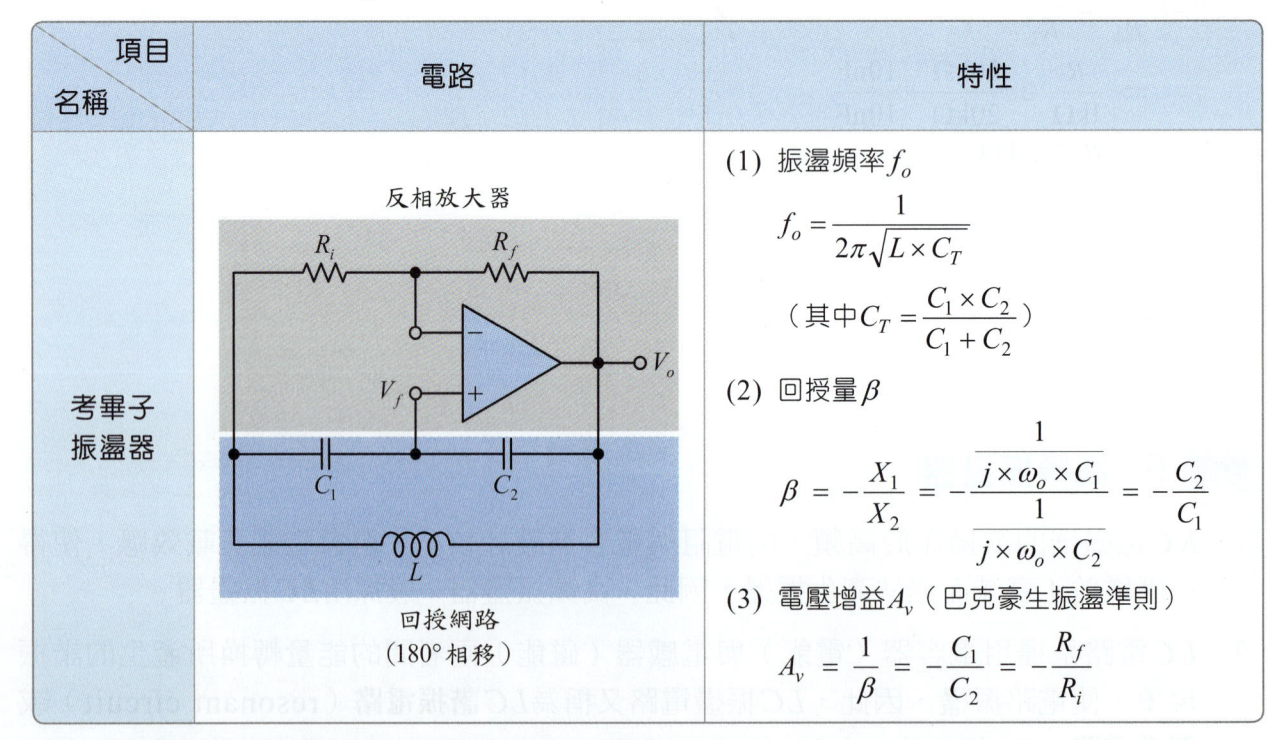

項目名稱	電路	特性
考畢子振盪器	反相放大器（R_i、R_f、OPA、V_f、V_o）；回授網路（C_1、C_2、L）（180°相移）	(1) 振盪頻率 f_o $$f_o = \frac{1}{2\pi\sqrt{L\times C_T}}$$ （其中 $C_T = \frac{C_1\times C_2}{C_1+C_2}$） (2) 回授量 β $$\beta = -\frac{X_1}{X_2} = -\frac{\frac{1}{j\times\omega_o\times C_1}}{\frac{1}{j\times\omega_o\times C_2}} = -\frac{C_2}{C_1}$$ (3) 電壓增益 A_v（巴克豪生振盪準則） $$A_v = \frac{1}{\beta} = -\frac{C_1}{C_2} = -\frac{R_f}{R_i}$$

註1：LC振盪器為高頻用振盪器，實際應用時其振盪頻率往往會受限於OPA轉動率的影響，而無法產生振盪或波形失真，因此常以FET或BJT來設計LC振盪器。

註2：LC振盪器常因電容器或是電感器元件的特性改變，使得振盪頻率產生漂移，造成振盪頻率的不穩定，因此可以運用某些晶體材料（如石英晶體）的**壓電效應**（piezoelectric effect），可獲得較穩定的振盪頻率，而運用晶體來產生振盪的振盪器，統稱為**晶體振盪器**（crystal oscillator）。

第 11 章　運算放大器振盪電路及濾波器

5. 石英晶體振盪器：

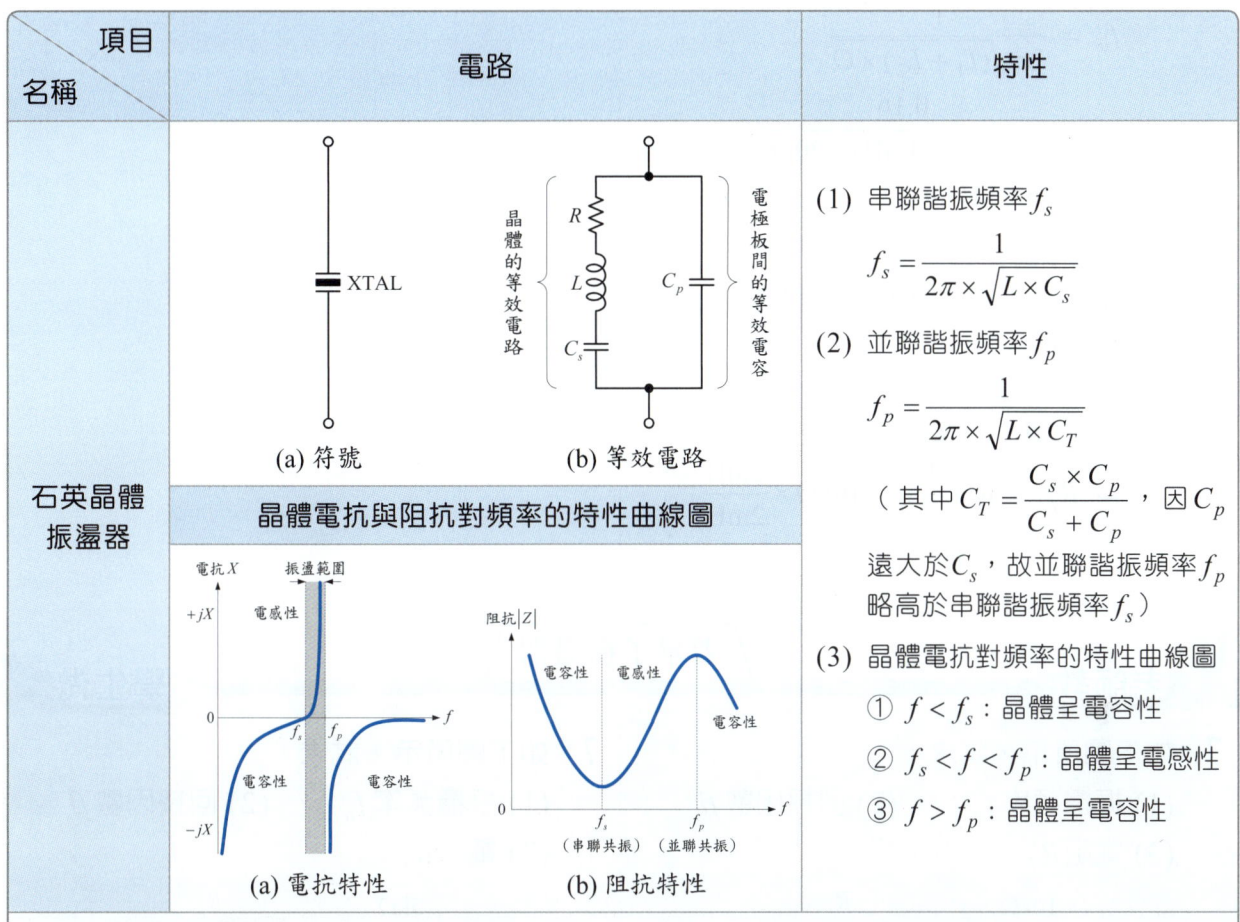

項目名稱	電路	特性
石英晶體振盪器	(a) 符號　(b) 等效電路 （晶體的等效電路：R、L、C_s；電極板間的等效電容：C_p） 晶體電抗與阻抗對頻率的特性曲線圖 (a) 電抗特性　(b) 阻抗特性	(1) 串聯諧振頻率 f_s $$f_s = \dfrac{1}{2\pi \times \sqrt{L \times C_s}}$$ (2) 並聯諧振頻率 f_p $$f_p = \dfrac{1}{2\pi \times \sqrt{L \times C_T}}$$ （其中 $C_T = \dfrac{C_s \times C_p}{C_s + C_p}$，因 C_p 遠大於 C_s，故並聯諧振頻率 f_p 略高於串聯諧振頻率 f_s） (3) 晶體電抗對頻率的特性曲線圖 ① $f < f_s$：晶體呈電容性 ② $f_s < f < f_p$：晶體呈電感性 ③ $f > f_p$：晶體呈電容性

石英振盪器的振盪原理，是利用機械能與電能之間的轉換，其效應稱之為**壓電效應**（piezoelectric effect），晶體的諧振頻率與晶體的大小、厚薄、切割方向有關（**愈薄則諧振頻率愈高**，反之則愈低）

哈特萊振盪器

老師教

6. 如下圖所示，若忽略互感量的影響，試求：(1)振盪頻率 f_o　(2)回授因數 β　(3)電阻 R_f

電路：10kΩ、R_f、OPA、4mH、4mH、20pF，輸出 V_o

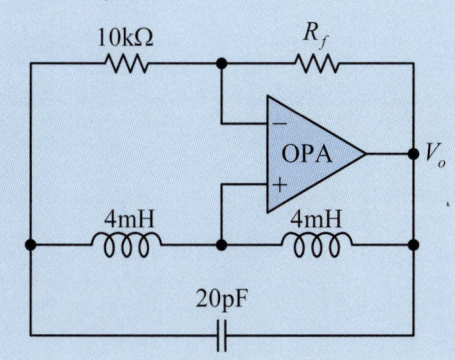

學生做

6. 如下圖所示，若忽略互感量的影響，試求：(1)振盪頻率 f_o　(2)回授因數 β　(3)電阻 R_f

電路：6kΩ、R_f、OPA、2mH、2mH、10pF，輸出 V_o

11-9

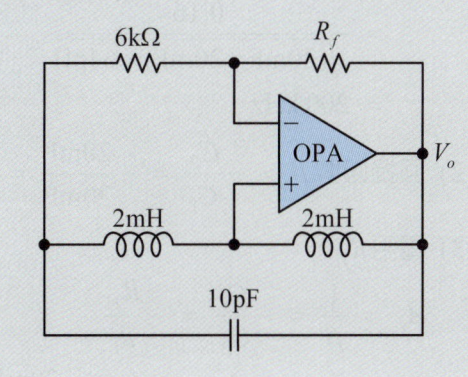

[解] (1) 振盪頻率

$$f_o = \frac{1}{2\pi\sqrt{(L_1+L_2)\times C}}$$

$$= \frac{0.16}{\sqrt{(4\text{mH}+4\text{mH})\times 20\text{pF}}}$$

$$= 400 \text{ kHz}$$

(2) 回授因數 $\beta = -\dfrac{L_1}{L_2} = -\dfrac{4\text{mH}}{4\text{mH}} = -1$

(3) 電阻 R_f

$$A_v = \frac{1}{\beta} = -\frac{L_2}{L_1} = -\frac{R_f}{R_i}$$

$$\Rightarrow R_f = R_i \times \frac{L_2}{L_1} = 10\text{k}\Omega \times \frac{2\text{mH}}{2\text{mH}}$$

$$= 10 \text{ k}\Omega$$

考畢子振盪器

老師教

7. 如下圖所示，試求：
   (1) 振盪頻率 f_o　(2) 回授因數 β
   (3) 電阻 R_f

（電路圖：10kΩ, R_f, OPA, V_o, 20mF, 20mF, 64pH）

學生做

7. 如下圖所示，試求：
   (1) 振盪頻率 f_o　(2) 回授因數 β
   (3) 電阻 R_f

（電路圖：5kΩ, R_f, OPA, V_o, 6mF, 3mF, 20pH）

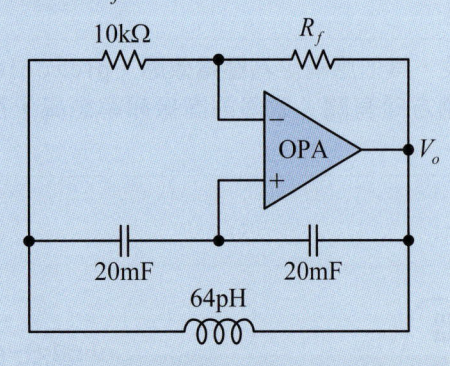

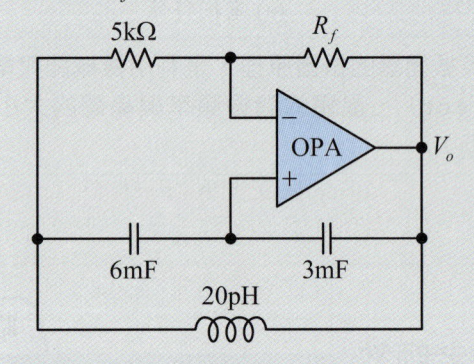

[解] (1) 振盪頻率

$$f_o = \frac{1}{2\pi\sqrt{(C_1 /\!/ C_2)\times L}}$$

$$= \frac{0.16}{\sqrt{(20\text{mF} /\!/ 20\text{mF})\times 64\text{pH}}}$$

$$= 200 \text{ kHz}$$

(2) 回授因數 $\beta = -\dfrac{C_2}{C_1} = -\dfrac{20\text{mF}}{20\text{mF}} = -1$

(3) 電阻 R_f

$$A_v = \frac{1}{\beta} = -\frac{C_1}{C_2} = -\frac{R_f}{R_i}$$

$$\Rightarrow R_f = R_i \times \frac{C_1}{C_2} = 10\text{k}\Omega \times \frac{20\text{mF}}{20\text{mF}}$$

$$= 10 \text{ k}\Omega$$

第 11 章 運算放大器振盪電路及濾波器

石英晶體振盪器

老師教

8. 石英晶體等效電路，若 $R = 10\,\Omega$、$C_s = 0.1\,\text{pF}$、$C_p = 10\,\text{pF}$、$L = 1\,\text{mH}$，試求：
   (1) 串聯諧振頻率 f_s
   (2) 並聯諧振頻率 f_p

解 (1) 串聯諧振頻率

$$f_s = \frac{1}{2\pi\sqrt{1\text{mH} \times 0.1\text{pF}}} \approx 16\,\text{MHz}$$

(2) 並聯諧振頻率

$$f_p = \frac{1}{2\pi \times \sqrt{1\text{mH} \times (\frac{0.1\text{pF} \times 10\text{pF}}{0.1\text{pF} + 10\text{pF}})}}$$

$$\approx 16.08\,\text{MHz}$$

學生做

8. 石英晶體等效電路，若 $R = 10\,\Omega$、$C_s = 0.2\,\text{pF}$、$C_p = 50\,\text{pF}$、$L = 2\,\text{mH}$，試求：
   (1) 串聯諧振頻率 f_s
   (2) 並聯諧振頻率 f_p

答

立即練習

基礎題

(　) 1. 振盪器可使用 RC 相移電路形成正回授，若利用 RC 電路來產生180°的相位移，至少須用幾級 RC 電路？　(A)一級　(B)二級　(C)三級　(D)四級

(　) 2. 有關於韋恩振盪器的敘述，何者正確？
(A)當正回授大於負回授時始有輸出　(B)電路之振盪頻率由負回授電路決定
(C)當 A_v 大於29才有振盪產生　(D)負回授網路由電阻、電容組成

(　) 3. 對於石英晶體而言，若頻率高於並聯諧振頻率，則晶體呈
(A)電感性　(B)電容性　(C)電阻性　(D)不一定

(　) 4. 一正回授電路，欲使其產生振盪，其環路增益之大小 βA 需等於
(A)0　(B)1　(C)2　(D)3

(　) 5. 考畢子振盪器（Colpitts oscillator），其正回授網路採用
(A)磁感應　(B)電容分壓式　(C)電感分壓式　(D)電阻分壓式

(　) 6. 哈特萊振盪器（Hartley oscillator），其正回授網路採用
(A)磁感應　(B)電容分壓式　(C)電感分壓式　(D)電阻分壓式

(　) 7. 某一放大器，其正回授量 $\beta = 0.05$，如欲使其產生振盪，則電壓增益 A_v 至少大於
(A)10　(B)20　(C)30　(D)40

(　) 8. 反相放大器欲利用 RC 相移電路產生振盪，則此 RC 電路必須提供的相位移為
(A)90°　(B)180°　(C)270°　(D)360°

11-11

(　　)9. 關於石英晶體的敘述，下列何者錯誤？
(A)串聯諧振率低於並聯諧振頻率　　(B)具有壓電效應
(C)振盪頻率很穩定　　(D)屬於低頻振盪元件

(　　)10. 一般RC相移振盪器所產生的波形為　(A)三角波　(B)方波　(C)正弦波　(D)脈衝波

(　　)11. 石英晶體加入訊號電壓以後，由於何種效應使得水晶片產生週期性的機械振動？
(A)霍爾效應　(B)席貝克效應　(C)壓電效應　(D)光電效應

(　　)12. 哈特萊振盪器屬於何種振盪器？
(A)低頻振盪　(B)高頻振盪　(C)音頻振盪　(D)以上皆非

(　　)13. 在設計一實用振盪器時，迴路增益 βA 必須
(A)等於1　(B)小於1　(C)略大於1　(D)等於0

(　　)14. 下列振盪器何者振盪頻率最穩定？
(A)LC振盪器　(B)石英晶體振盪器　(C)考畢子振盪器　(D)哈特萊振盪器

(　　)15. 正回授之放大器之目的為
(A)降低雜訊　(B)增加穩定性　(C)產生振盪　(D)增加頻寬

(　　)16. 哈特萊振盪器的回授（feedback）網路，通常由什麼組成？
(A)一個電感，一個電容　(B)二個電感，一個電容　(C)三個電感　(D)三個電容

(　　)17. 下列何者不是振盪電路正常工作的條件？
(A)正回授電路　　(B)充分彌補振盪電路的消耗能量
(C)回授電壓與輸入電壓同相　　(D)負回授電路

(　　)18. 考畢子振盪器的電感器以石英晶體取代，振盪工作時，石英晶體呈現
(A)電阻性　(B)電感性　(C)電容性　(D)不一定

(　　)19. 試問圖(1)是由運算放大器組成的哪一種振盪器電路？輸出 V_o 相移幾度？
(A)RC相移振盪器電路、相移0°　　(B)RC相移振盪器電路、相移90°
(C)韋恩電橋振盪器電路、相移0°　　(D)韋恩電橋振盪器電路、相移90°

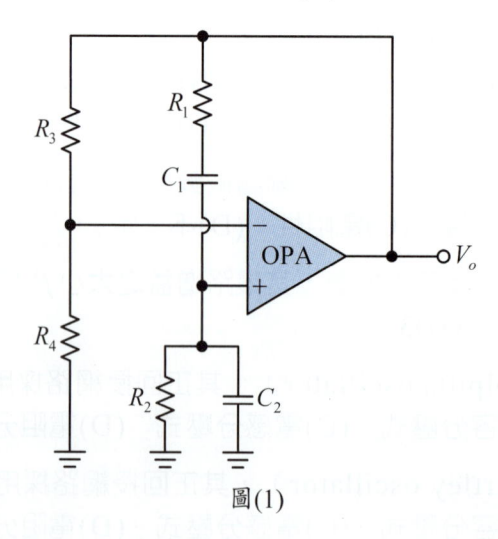

圖(1)

(　　)20. 承上題，若振盪頻率 $f = 1$ kHz，$R_1 = R_2 = R_3 = 10$ kΩ，且 $C_1 = C_2$，試求產生振盪時電阻 R_4 的範圍及電容量 C_1 為何？
(A)$R_4 \leq 5$ kΩ、$C_1 = 16$ nF　　(B)$R_4 \geq 5$ kΩ、$C_1 = 16$ nF
(C)$R_4 \leq 10$ kΩ、$C_1 = 8$ nF　　(D)$R_4 \geq 10$ kΩ、$C_1 = 8$ nF

11-2 施密特觸發器

施密特觸發器（Schmitt trigger），該電路相當於比較器的進階電路，其輸出狀態有正飽和電壓與負飽和電壓，因此有**兩個轉態電壓**（transition voltage），可以將任何輸入波形轉變為**方波**或是**脈波**。施密特觸發器又稱為**波形整形電路**（Waveform shaping circuit）。

重點 1 反相輸入型施密特觸發器

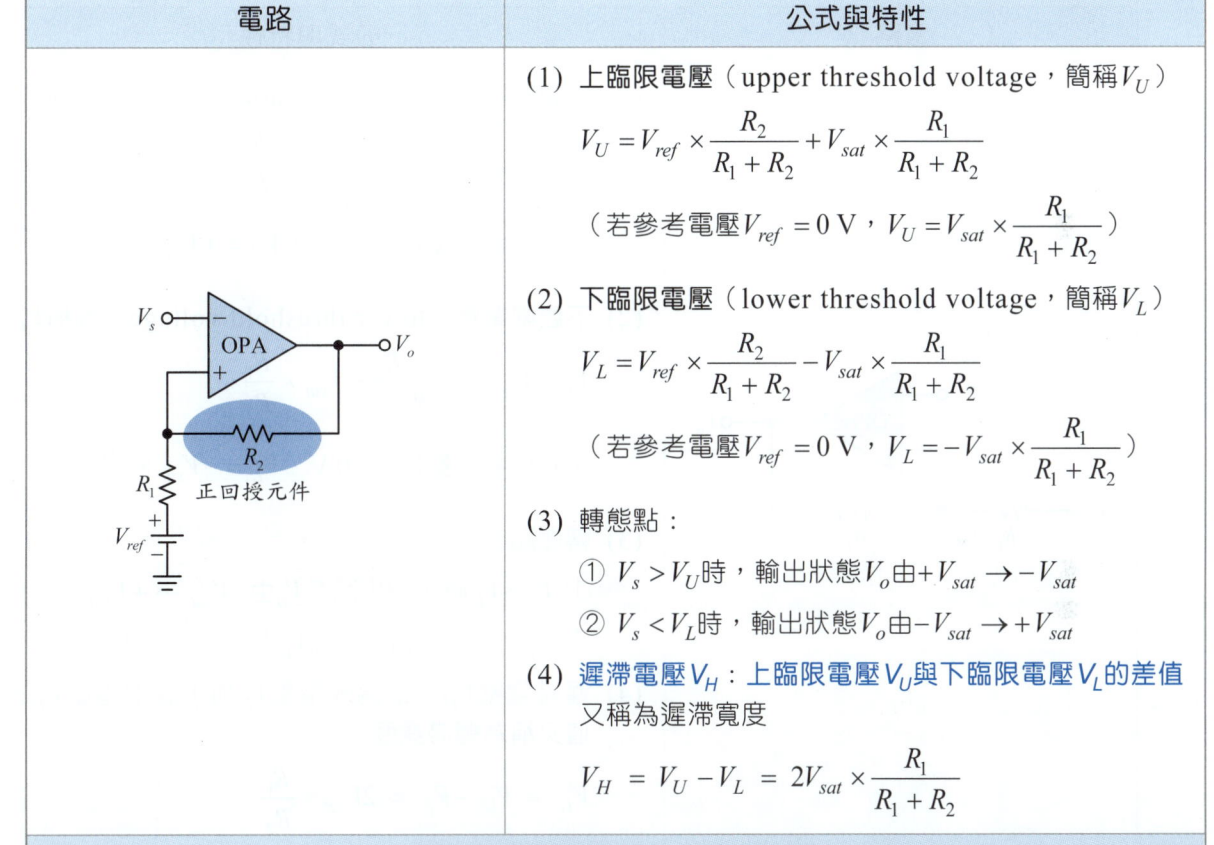

1. 反相輸入型施密特觸發器：

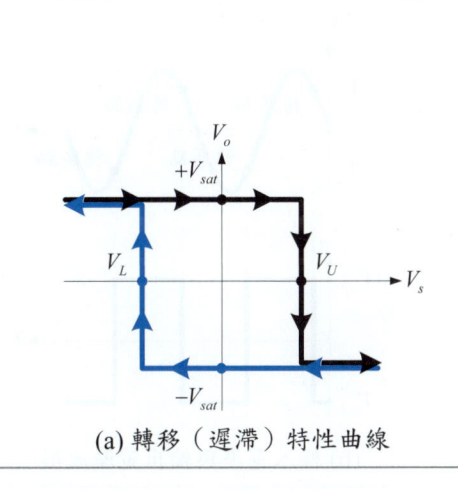

電路	公式與特性
（電路圖：V_s 接 OPA 反相端，輸出 V_o；R_1、R_2 與 V_{ref} 構成正回授元件）	(1) 上臨限電壓（upper threshold voltage，簡稱 V_U） $$V_U = V_{ref} \times \frac{R_2}{R_1+R_2} + V_{sat} \times \frac{R_1}{R_1+R_2}$$ （若參考電壓 $V_{ref}=0\ \text{V}$，$V_U = V_{sat} \times \frac{R_1}{R_1+R_2}$） (2) 下臨限電壓（lower threshold voltage，簡稱 V_L） $$V_L = V_{ref} \times \frac{R_2}{R_1+R_2} - V_{sat} \times \frac{R_1}{R_1+R_2}$$ （若參考電壓 $V_{ref}=0\ \text{V}$，$V_L = -V_{sat} \times \frac{R_1}{R_1+R_2}$） (3) 轉態點： ① $V_s > V_U$ 時，輸出狀態 V_o 由 $+V_{sat} \to -V_{sat}$ ② $V_s < V_L$ 時，輸出狀態 V_o 由 $-V_{sat} \to +V_{sat}$ (4) **遲滯電壓 V_H**：上臨限電壓 V_U 與下臨限電壓 V_L 的差值 又稱為遲滯寬度 $$V_H = V_U - V_L = 2V_{sat} \times \frac{R_1}{R_1+R_2}$$
轉移特性曲線及輸入與輸出波形	
(a) 轉移（遲滯）特性曲線	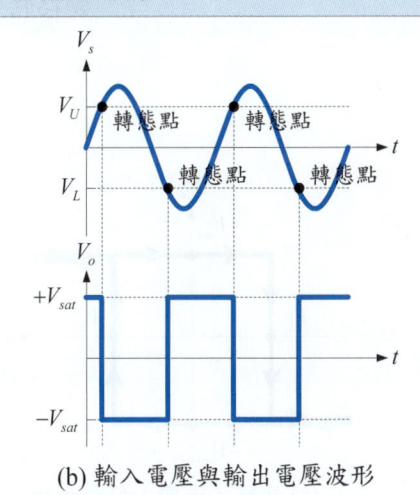 (b) 輸入電壓與輸出電壓波形

2. 遲滯電壓V_H的大小與參考電壓V_{ref}無關，僅與$\dfrac{R_1}{R_1+R_2}$的比值相關，其中$\dfrac{R_1}{R_1+R_2}$即為正回授因數值β。

3. 輸出電壓的頻率與輸入電壓的頻率相同（$f_o = f_i$），即兩者週期相同。

4. 參考電壓$V_{ref} > 0$時，遲滯曲線向右移，且輸出電壓的工作週期變大；
參考電壓$V_{ref} < 0$時，遲滯曲線向左移，且輸出電壓的工作週期變小。

重點 2 非反相輸入型施密特觸發器

1. 非反相輸入型施密特觸發器：

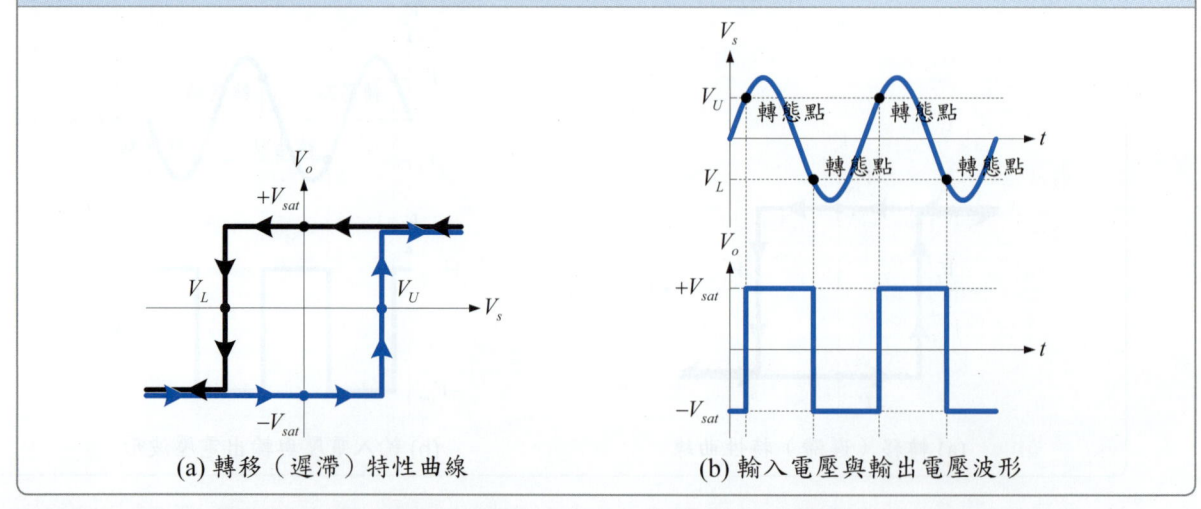

電路	公式與特性
（電路圖：OPA，V_{ref}接負端，V_s經R_1與R_2回授至正端，輸出V_o）	(1) 上臨限電壓（upper threshold voltage，簡稱V_U） $V_U = V_{ref} \times \dfrac{R_1+R_2}{R_2} + V_{sat} \times \dfrac{R_1}{R_2}$ （若參考電壓$V_{ref} = 0$ V，$V_U = +V_{sat} \times \dfrac{R_1}{R_2}$） (2) 下臨限電壓（lower threshold voltage，簡稱V_L） $V_L = V_{ref} \times \dfrac{R_1+R_2}{R_2} - V_{sat} \times \dfrac{R_1}{R_2}$ （若參考電壓$V_{ref} = 0$ V，$V_L = -V_{sat} \times \dfrac{R_1}{R_2}$） (3) 轉態點： ① $V_s > V_U$時，輸出狀態V_o由$-V_{sat} \to +V_{sat}$ ② $V_s < V_L$時，輸出狀態V_o由$+V_{sat} \to -V_{sat}$ (4) 遲滯電壓V_H：上臨限電壓V_U與下臨限電壓V_L的差值又稱為遲滯寬度 $V_H = V_U - V_L = 2V_{sat} \times \dfrac{R_1}{R_2}$
轉移特性曲線及輸入與輸出波形	
(a) 轉移（遲滯）特性曲線	(b) 輸入電壓與輸出電壓波形

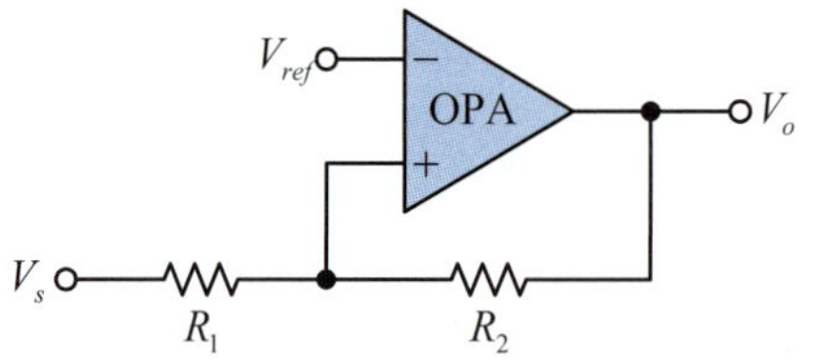

第 11 章 運算放大器振盪電路及濾波器

2. **遲滯電壓 V_H 的大小與參考電壓 V_{ref} 無關**，僅與 $\dfrac{R_1}{R_2}$ 的比值相關，其中 $\dfrac{R_1}{R_2}$ 即為正回授因數值 β。

3. 輸出電壓的頻率與輸入電壓的頻率相同（$f_o = f_i$），即兩者週期相同。

4. 參考電壓 $V_{ref} > 0$ 時，遲滯曲線向右移，且輸出電壓的工作週期變小；
   參考電壓 $V_{ref} < 0$ 時，遲滯曲線向左移，且輸出電壓的工作週期變大。

反相輸入型施密特觸發器

老師教

1. 如下圖所示，試求：
   (1) 上觸發電壓 V_U　(2) 下觸發電壓 V_L
   (3) 遲滯電壓 V_H　(4) 輸出波形 V_o

   （電路圖：$V_s = 10\sin(\omega t)\text{V}$，OPA，±12V，1kΩ，2kΩ）

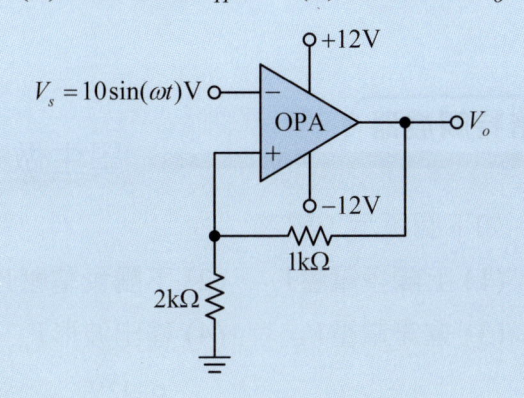

學生做

1. 如下圖所示，試求：
   (1) 上觸發電壓 V_U　(2) 下觸發電壓 V_L
   (3) 遲滯電壓 V_H　(4) 輸出波形 V_o

   （電路圖：$V_s = 10\sin(\omega t)\text{V}$，OPA，±12V，8kΩ，4kΩ）

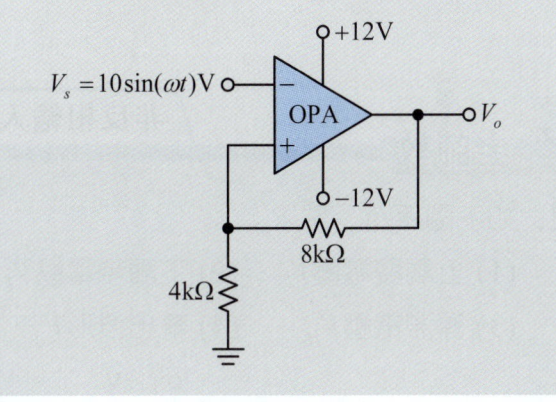

解 (1) 假設 $V_o = +12\text{ V}$，運用重疊定理可知

$$V_+ = 12\text{V} \times \dfrac{2\text{k}}{1\text{k}+2\text{k}} + 0\text{V} \times \dfrac{1\text{k}}{1\text{k}+2\text{k}}$$

$$= 8\text{ V}$$

當 $V_s > V_+$，
輸出狀態 V_o 由 $+12\text{V} \to -12\text{V}$
（其中 8V 即是上觸發電壓 V_U）

(2) 假設 $V_o = -12\text{ V}$，運用重疊定理可知

$$V_+ = -12\text{V} \times \dfrac{2\text{k}}{1\text{k}+2\text{k}} + 0\text{V} \times \dfrac{1\text{k}}{1\text{k}+2\text{k}}$$

$$= -8\text{ V}$$

當 $V_s < V_+$，
輸出狀態 V_o 由 $-12\text{V} \to +12\text{V}$
（其中 -8V 即是下觸發電壓 V_L）

(3) 遲滯電壓 $V_H = V_U - V_L$
$\qquad\qquad\qquad = 8\text{V} - (-8\text{V}) = 16\text{ V}$

答

(4) 輸出波形（週期相同）

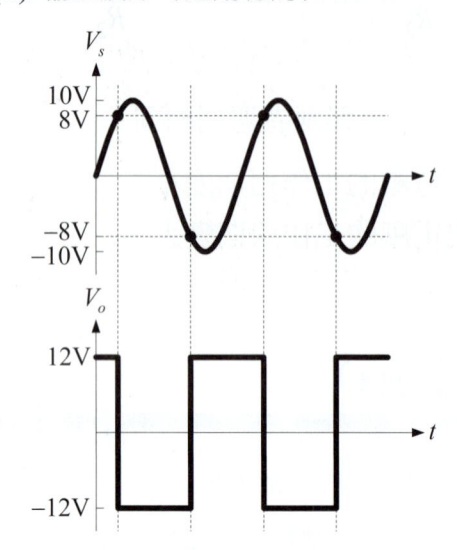

非反相輸入型施密特觸發器

老師教

2. 如下圖所示，試求：
   (1) 上觸發電壓 V_U　(2) 下觸發電壓 V_L
   (3) 遲滯電壓 V_H　(4) 輸出波形 V_o

[電路圖：輸入 $10\sin(\omega t)\text{V}$，電阻 1kΩ、2kΩ，運算放大器 ±12V 電源]

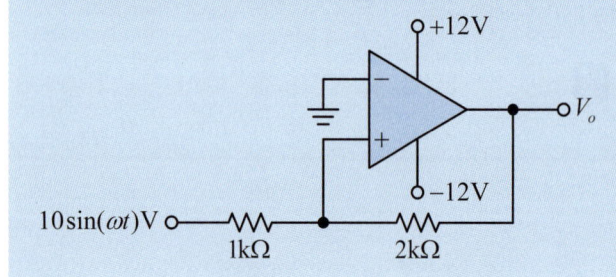

解
(1) 上觸發電壓 $V_U = +12\text{V} \times \dfrac{1\text{k}\Omega}{2\text{k}\Omega} = 6\text{ V}$

當 $V_s > 6\text{ V}$，
輸出狀態 V_o 由 $-12\text{V} \to +12\text{V}$

(2) 下觸發電壓 $V_L = -12\text{V} \times \dfrac{1\text{k}\Omega}{2\text{k}\Omega} = -6\text{ V}$

當 $V_s < -6\text{ V}$，
輸出狀態 V_o 由 $+12\text{V} \to -12\text{V}$

(3) 遲滯電壓 $V_H = V_U - V_L$
　　　　　　　$= 6\text{V} - (-6\text{V}) = 12\text{ V}$

學生做

2. 如下圖所示，試求：
   (1) 上觸發電壓 V_U　(2) 下觸發電壓 V_L
   (3) 遲滯電壓 V_H　(4) 輸出波形 V_o

[電路圖：輸入 $10\sin(\omega t)\text{V}$，電阻 2kΩ、6kΩ，運算放大器 ±12V 電源]

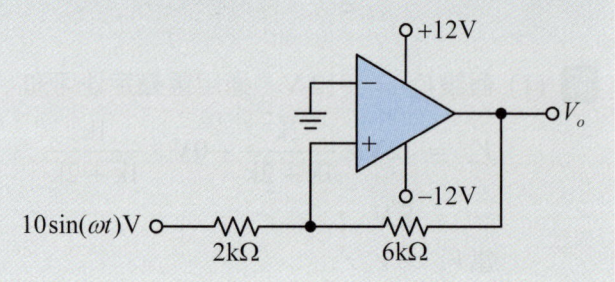

答

(4) 輸出波形（週期相同）

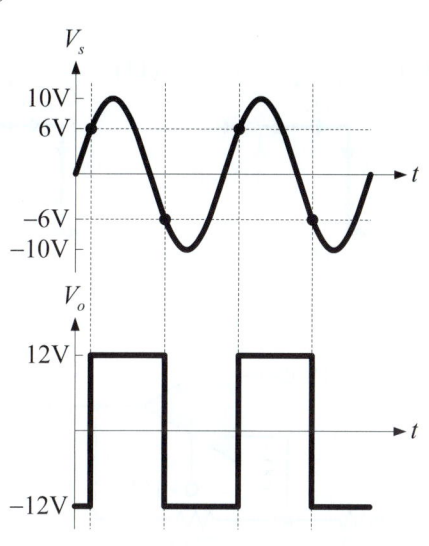

ABCD 立即練習

基礎題

( )1. 下列電路何者可將類比性訊號整形成數位性訊號？
(A)施密特觸發器　(B)帶通濾波器　(C)電壓隨耦器　(D)混波器

( )2. 施密特觸發電路能將何種波形，轉換為方波（若達轉態條件）？
(A)正弦波　(B)三角波　(C)鋸齒波　(D)任何波形

( )3. 達轉態條件之施密特觸發電路，輸出波形為
(A)鋸齒波　(B)正弦波　(C)三角波　(D)方波

( )4. 如圖(1)所示，若 $V_i = 20$ V 之 2kHz 正弦波訊號，則輸出 V_o 為
(A) $V_{o(P-P)} = 40$ V 之 2kHz 的正弦波　　(B) $V_{o(P-P)} = 40$ V 之 2kHz 的方波
(C) $V_{o(P-P)} = 24$ V 之 2kHz 的正弦波　　(D) $V_{o(P-P)} = 24$ V 之 2kHz 的方波

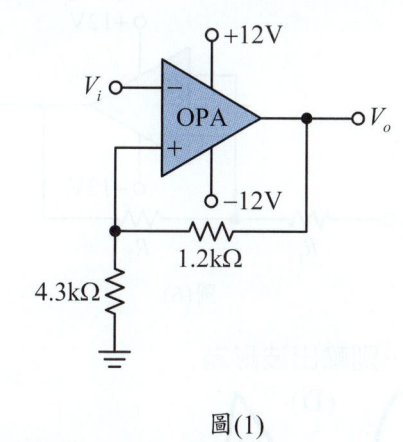

圖(1)　　圖(2)

( )5. 如圖(2)所示，試求上觸發電壓 V_U 及下觸發電壓 V_L 為何？
(A) $V_U = 9$ V；$V_L = -7$ V　　(B) $V_U = -9$ V；$V_L = 7$ V
(C) $V_U = 8$ V；$V_L = -6$ V　　(D) $V_U = -6$ V；$V_L = 8$ V

(　　)6. 承上題，遲滯電壓V_H為多少伏特？　(A)12V　(B)14V　(C)16V　(D)20V

(　　)7. 如圖(3)所示，遲滯曲線為何？

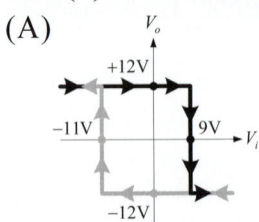

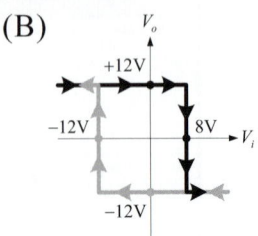

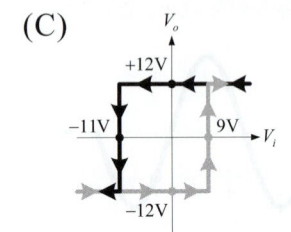

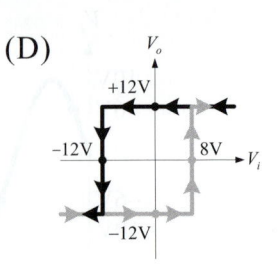

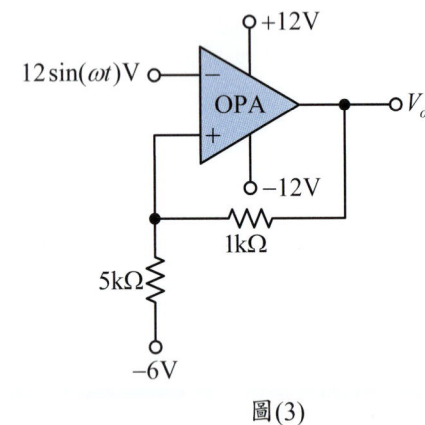

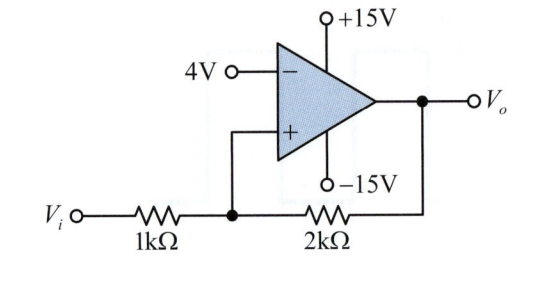

(A)　(B)　(C)　(D)

圖(3)

圖(4)

(　　)8. 如圖(4)所示，若$V_i = 15\sin(\omega t)$ V，試求上觸發電壓V_U及下觸發電壓V_L為何？
(A)$V_U = -1.5$ V；$V_L = 13.5$ V　　(B)$V_U = 13.5$ V；$V_L = -1.5$ V
(C)$V_U = 8$ V；$V_L = -6$ V　　(D)$V_U = -6$ V；$V_L = 8$ V

(　　)9. 承上題，遲滯電壓V_H為多少伏特？　(A)12V　(B)14V　(C)15V　(D)20V

(　　)10. 如圖(5)所示，遲滯曲線為何？

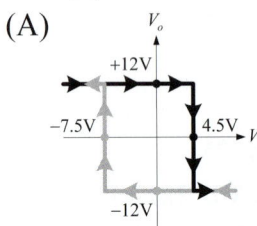

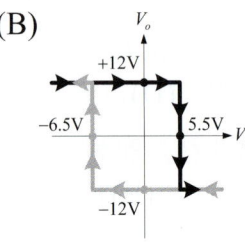

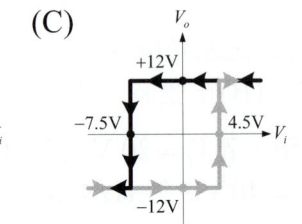

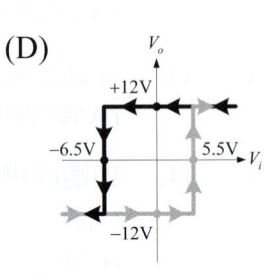

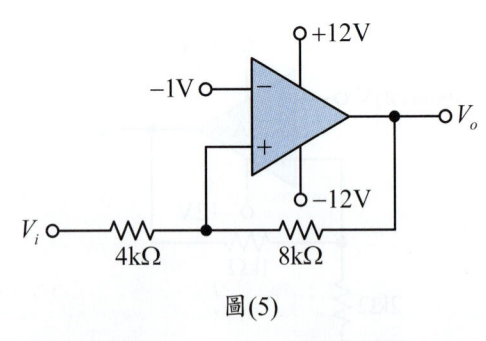

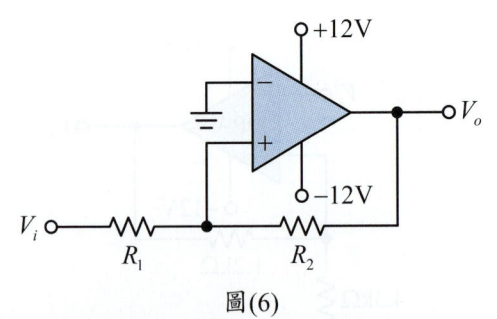

(A)　(B)　(C)　(D)

圖(5)

圖(6)

(　　)11. 如圖(6)所示，若V_i的變動範圍大於V_U與V_L，則輸出波形為
(A)　(B)　(C)　(D)

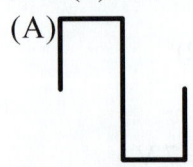

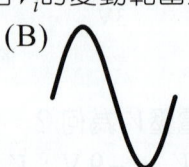

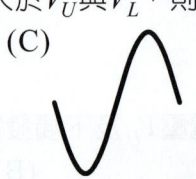

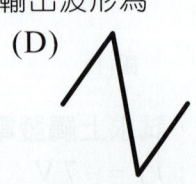

11-18

( )12. 如圖(7)所示的電路，下列選項何者正確？
 (A)若$V_A = -2$ V則$V_o = +6$ V　　(B)若$V_A = +5$ V則$V_o = +12$ V
 (C)若$V_A = -2$ V則$V_o = -6$ V　　(D)若$V_A = -5$ V則$V_o = +12$ V

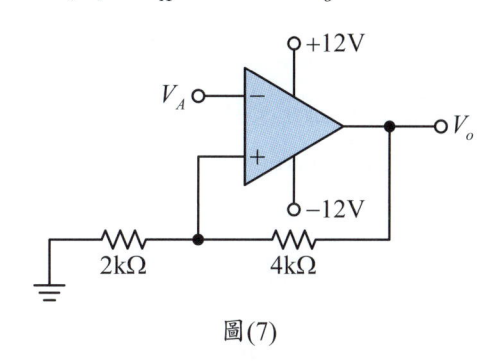

圖(7)

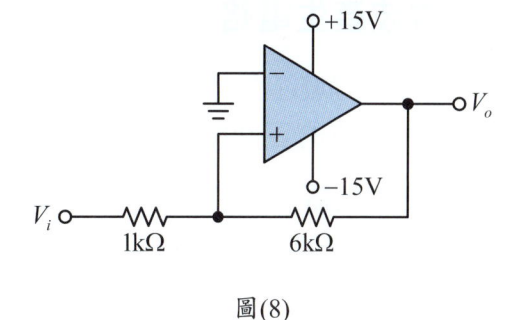

圖(8)

( )13. 如圖(8)所示的電路，下列選項何者正確？
 (A)若$V_i = 2$ V則$V_o = 15$ V　　(B)若$V_i = -2$ V則$V_o = -15$ V
 (C)若$V_i = -3$ V則$V_o = -15$ V　　(D)若$V_i = 4$ V則$V_o = -15$ V

( )14. 一個反相施密特觸發器（Schmitt trigger）如圖(9)所示，若V_o在正、負飽和時，輸出之電壓分別為+12V、-12V，上、下臨界電壓分別為+2V、-2V，則下列有關R_1與R_2之敘述，何者正確？
 (A)$R_2 = 5R_1$　(B)$R_2 = 2R_1$　(C)$R_1 = 5R_2$　(D)$R_1 = 2R_2$

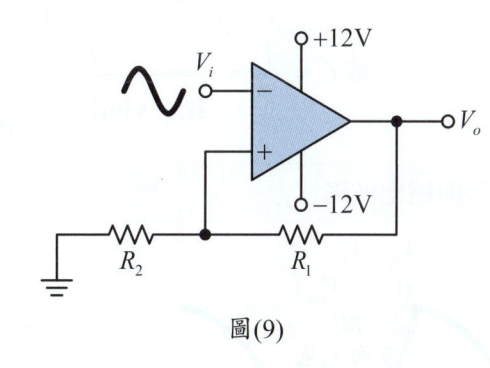

圖(9)

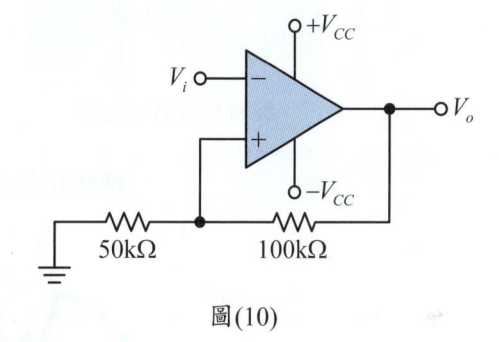

圖(10)

( )15. 如圖(10)所示之施密特觸發電路，若其遲滯電壓$V_H = 8$ V，則運算放大器的飽和電壓約為　(A)±8V　(B)±10V　(C)±12V　(D)±15V

進階題

( )1. 如圖(1)所示，若輸入波形為±12V、週期為100ms之對稱三角波，試求輸出波形之工作週期為何？
 (A)30%　(B)40%　(C)50%　(D)60%

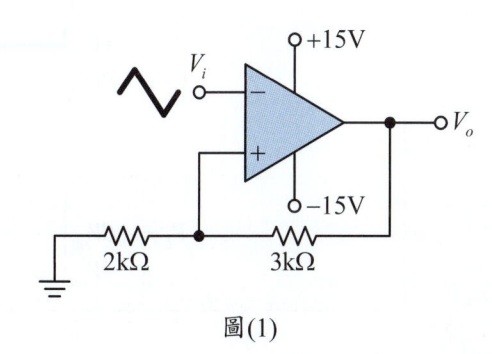

( )2. 承上題，試求輸出的電壓的平均值為何？
 (A)-8V　(B)-4V　(C)0V　(D)8V

( )3. 承上題，若輸入波形改為$5\sin 314t$ V之正弦波，則輸出波形為何？
 (A)一直線　(B)三角波　(C)方波　(D)正弦波

圖(1)

11-19

11-3 方波產生電路與三角波產生電路

重點 1　方波產生電路

1. OPA組成之方波產生器，電路中包含正回授與負回授電路，其中正回授電路為**電阻 R_1 與 R_2 所組成的正回授電路**；負回授電路為 RC 充放電電路。

2. OPA方波產生器：

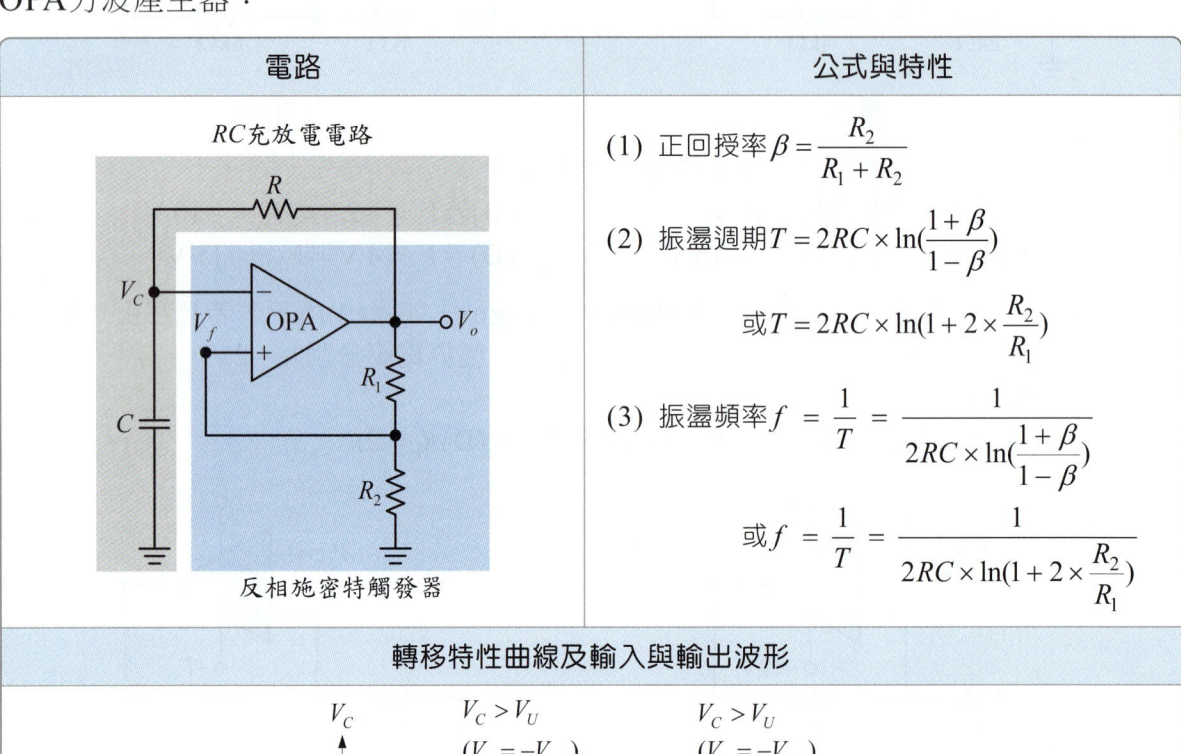

電路	公式與特性
（RC充放電電路、反相施密特觸發器，含 V_C、V_f、OPA、V_o、R_1、R_2、C、R）	(1) 正回授率 $\beta = \dfrac{R_2}{R_1 + R_2}$ (2) 振盪週期 $T = 2RC \times \ln\left(\dfrac{1+\beta}{1-\beta}\right)$ 或 $T = 2RC \times \ln\left(1 + 2 \times \dfrac{R_2}{R_1}\right)$ (3) 振盪頻率 $f = \dfrac{1}{T} = \dfrac{1}{2RC \times \ln\left(\dfrac{1+\beta}{1-\beta}\right)}$ 或 $f = \dfrac{1}{T} = \dfrac{1}{2RC \times \ln\left(1 + 2 \times \dfrac{R_2}{R_1}\right)}$

轉移特性曲線及輸入與輸出波形

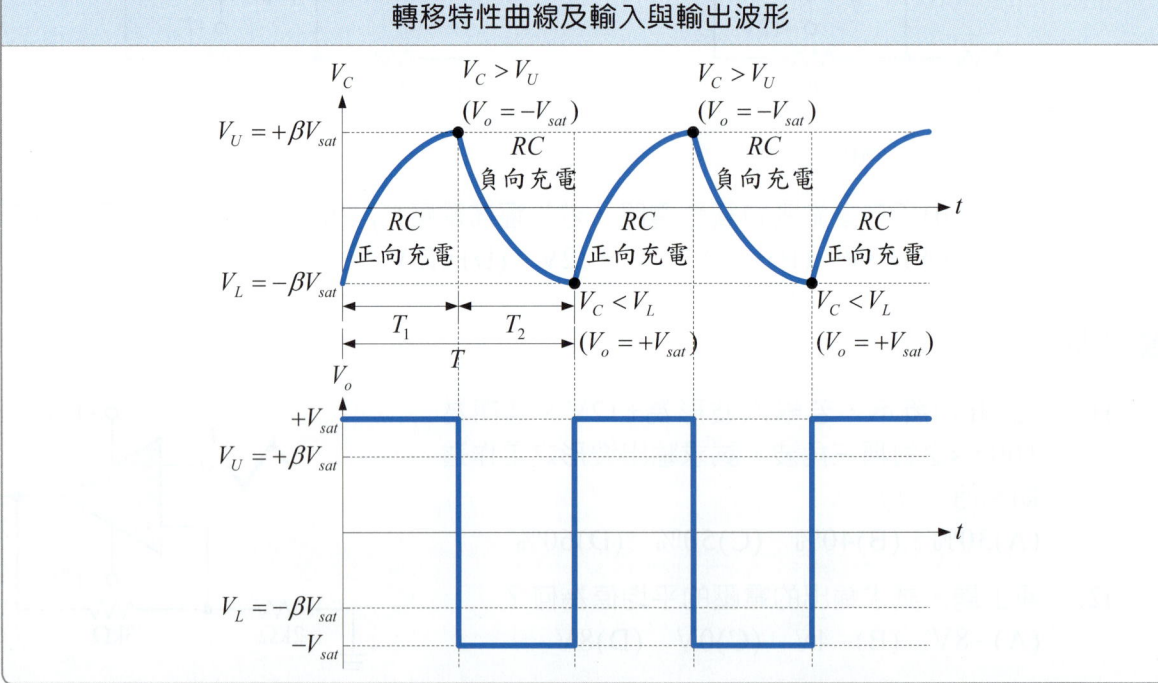

（V_C 波形：$V_U = +\beta V_{sat}$ 為上觸發，$V_L = -\beta V_{sat}$ 為下觸發；$V_C > V_U$ 時 $V_o = -V_{sat}$，RC負向充電；$V_C < V_L$ 時 $V_o = +V_{sat}$，RC正向充電。V_o 方波在 $+V_{sat}$ 與 $-V_{sat}$ 間切換。）

3. 電壓 $+\beta V_{sat}$ 即為上觸發電壓 V_U，此時輸出電壓 $+V_{sat}$ 對電容器 C 進行正向充電；若電容器電壓 V_C 大於回授電壓 V_f（即 $V_{i(-)} > V_{i(+)}$），此時輸出電壓轉為負飽和電壓 $-V_{sat}$。

4. 電壓 $-\beta V_{sat}$ 為下觸發電壓 V_L，此時輸出電壓 $-V_{sat}$ 對電容器 C 進行負向充電；若電容器電壓 V_C 小於回授電壓 V_f（即 $V_{i(-)} < V_{i(+)}$），此時輸出電壓轉為正飽和電壓 $+V_{sat}$。

重點 2　三角波產生電路

1. 第10章運算放大器的積分器，是將頻率較大的方波輸入積分器後可得到三角波的輸出波形，因此應用非反相施密特觸發電路結合積分器，便可以輸出三角波，該電路又常被稱為『**函數波產生器**』（function generator）。

2. OPA三角波產生器：

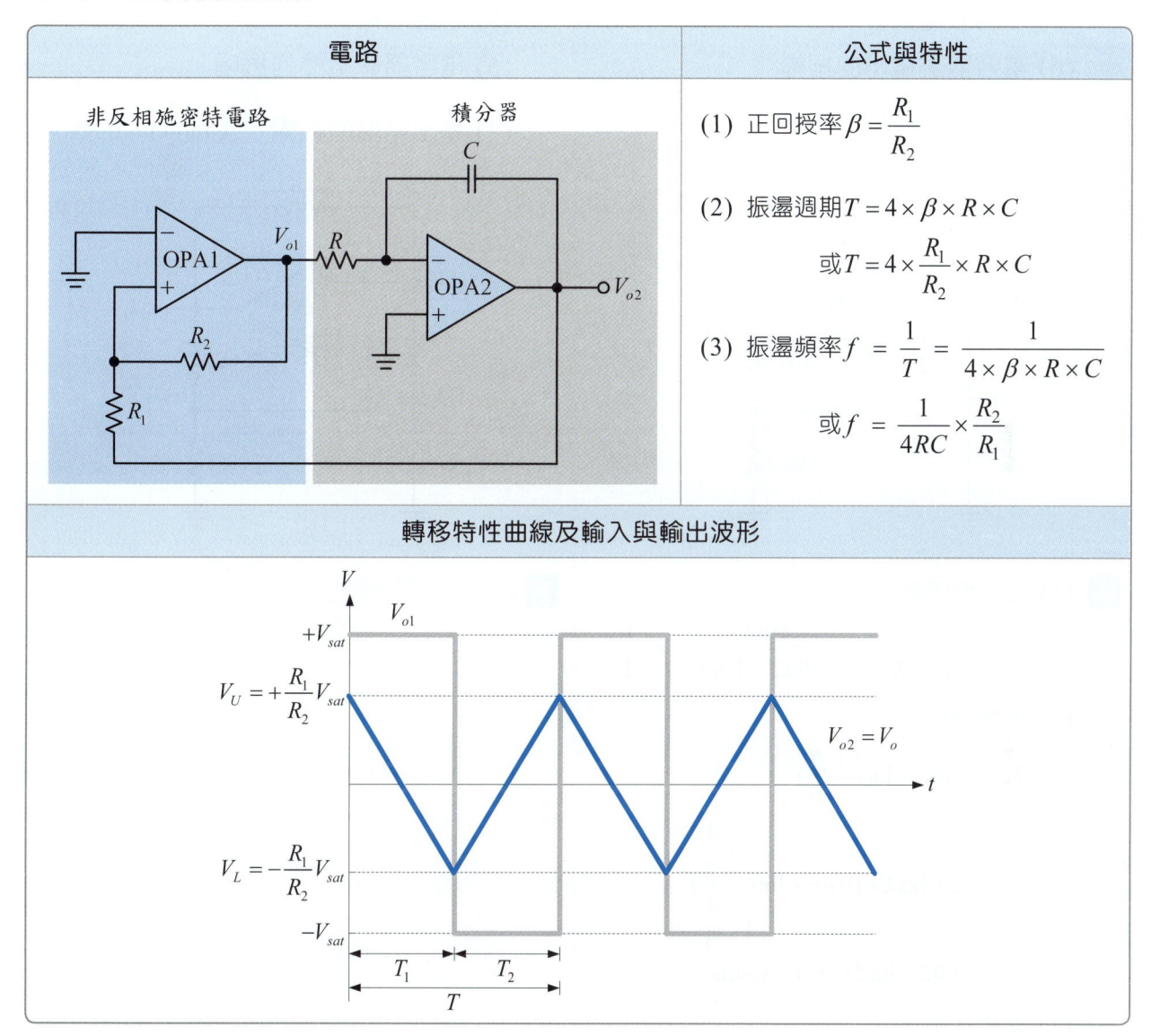

電路	公式與特性
非反相施密特電路　積分器 （OPA1 → V_{o1} → R → OPA2 → V_{o2}；OPA1 回授 R_2, R_1；OPA2 回授電容 C）	(1) 正回授率 $\beta = \dfrac{R_1}{R_2}$ (2) 振盪週期 $T = 4 \times \beta \times R \times C$ 　或 $T = 4 \times \dfrac{R_1}{R_2} \times R \times C$ (3) 振盪頻率 $f = \dfrac{1}{T} = \dfrac{1}{4 \times \beta \times R \times C}$ 　或 $f = \dfrac{1}{4RC} \times \dfrac{R_2}{R_1}$
轉移特性曲線及輸入與輸出波形	
$+V_{sat}$，V_{o1}；$V_U = +\dfrac{R_1}{R_2}V_{sat}$；$V_{o2}=V_o$；$V_L = -\dfrac{R_1}{R_2}V_{sat}$；$-V_{sat}$；$T_1$，$T_2$，$T$	

3. 第一部分是由OPA1組成的非反相施密特觸發器（輸出方波），第二部分是由OPA2組成的積分器（輸出三角波）。由波形圖可以得知方波及三角波之振盪週期相同。

11-21

方波產生器

老師教

1. 若輸出飽和電壓 $V_{sat} = \pm 12$ V，試求：
   (1) 正回授因數 β　　(2) 振盪週期 T
   (3) 振盪頻率 f　　(4) 上臨限電壓 V_U
   (5) 下臨限電壓 V_L
   (6) 電容器端電壓的振幅
   (7) 輸出電壓的振幅　（$\ln 2 = 0.693$）

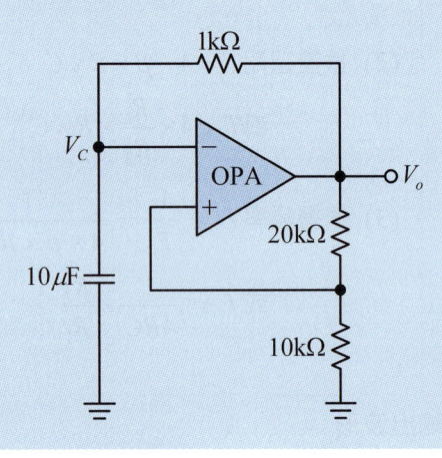

學生做

1. 若輸出飽和電壓 $V_{sat} = \pm 12$ V，試求：
   (1) 正回授因數 β　　(2) 振盪週期 T
   (3) 振盪頻率 f　　(4) 上臨限電壓 V_U
   (5) 下臨限電壓 V_L
   (6) 電容器端電壓的振幅
   (7) 輸出電壓的振幅　（$\ln(\frac{7}{3}) = 0.85$）

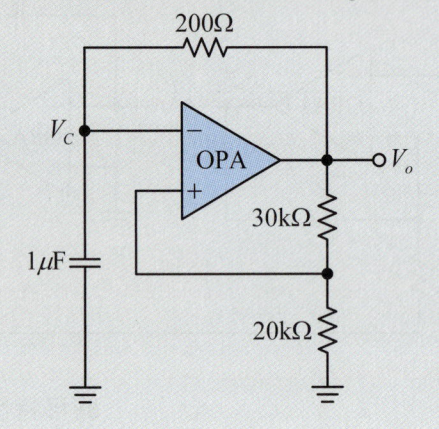

解 (1) 正回授因數

$$\beta = \frac{R_2}{R_1 + R_2} = \frac{10\text{k}\Omega}{20\text{k}\Omega + 10\text{k}\Omega} = \frac{1}{3}$$

(2) 振盪週期

$$T = 2RC \times \ln(\frac{1+\beta}{1-\beta})$$

$$= 2 \times 1\text{k}\Omega \times 10\mu\text{F} \times \ln(\frac{1+\frac{1}{3}}{1-\frac{1}{3}})$$

$$= 0.02 \times \ln(2) \approx 13.86 \text{ ms}$$

(3) 振盪頻率

$$f = \frac{1}{T} = \frac{1}{13.86\text{ms}} \approx 72.15 \text{ Hz}$$

(4) 上臨限電壓

$$V_U = +\beta V_{sat} = \frac{1}{3} \times 12\text{V} = 4 \text{ V}$$

(5) 下臨限電壓

$$V_L = -\beta V_{sat} = \frac{1}{3} \times (-12\text{V}) = -4 \text{ V}$$

(6) 電容器端電壓（三角波）的振幅 ±4V

(7) 輸出端電壓（方波）的振幅 ±12V

三角波產生器

老師教

2. 若輸出飽和電壓 $V_{sat} = \pm 12$ V，試求：
   (1) 正回授因數 β　(2) 振盪週期 T
   (3) 振盪頻率 f　(4) 上臨限電壓 V_U
   (5) 下臨限電壓 V_L
   (6) V_{o1} 的波形與振幅
   (7) V_{o2} 的波形與振幅

學生做

2. 若輸出飽和電壓 $V_{sat} = \pm 12$ V，試求：
   (1) 正回授因數 β　(2) 振盪週期 T
   (3) 振盪頻率 f　(4) 上臨限電壓 V_U
   (5) 下臨限電壓 V_L
   (6) V_{o1} 的波形與振幅
   (7) V_{o2} 的波形與振幅

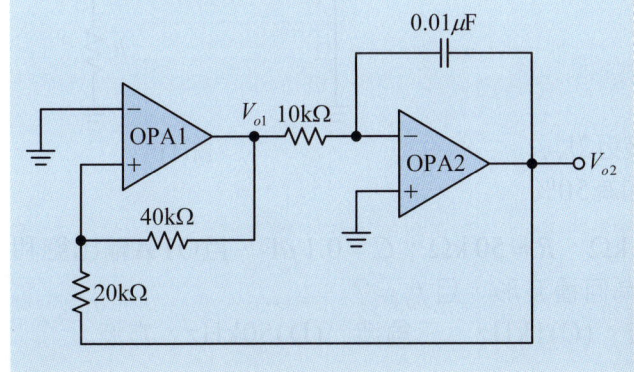

解
(1) 正回授因數
$$\beta = \frac{R_1}{R_2} = \frac{20\text{k}\Omega}{40\text{k}\Omega} = \frac{1}{2}$$

(2) 振盪週期
$$T = 4 \times \frac{R_1}{R_2} \times R \times C$$
$$= 4 \times \frac{20\text{k}\Omega}{40\text{k}\Omega} \times 10\text{k}\Omega \times 0.01\mu\text{F}$$
$$= 0.2 \text{ ms}$$

(3) 振盪頻率
$$f = \frac{1}{T} = \frac{1}{0.2\text{ms}} = 5 \text{ kHz}$$

(4) 上臨限電壓
$$V_U = +\beta V_{sat} = \frac{1}{2} \times 12\text{V} = 6 \text{ V}$$

(5) 下臨限電壓
$$V_L = -\beta V_{sat} = \frac{1}{2} \times (-12\text{V}) = -6 \text{ V}$$

(6) V_{o1} 為振幅 ± 12V 的方波

(7) V_{o2} 為振幅 ± 6V 的三角波

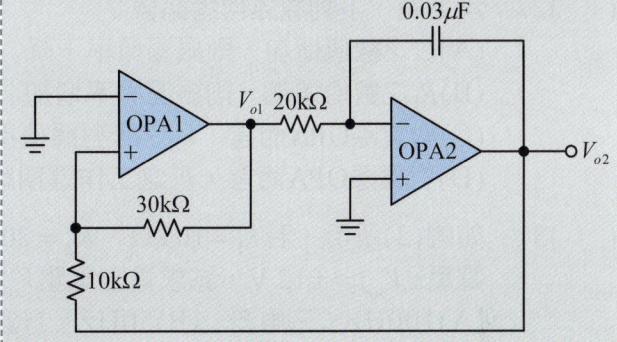

答

ABCD 立即練習

基礎題

(　)1. 如圖(1)所示之電路，下列選項何者正確？
(A)此電路為正弦波產生器
(B)電路之正回授因數 $\beta = \dfrac{R_1}{R_1 + R_2}$
(C)V_o 波形之週期和 R 成反比
(D)V_o 波形之週期和 C 成反比

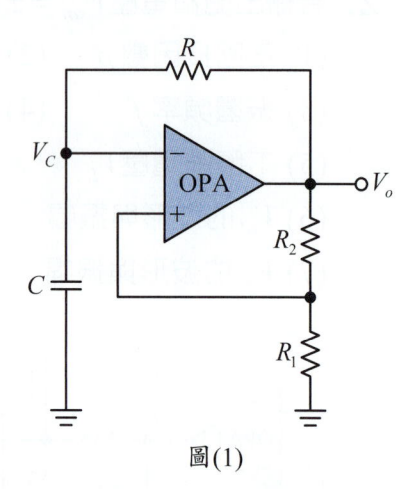

(　)2. 承上題，下列敘述何者錯誤？
(A)C 之數值增加，則振盪頻率下降
(B)R_1 之數值增加，則振盪頻率增加
(C)對實際OPA而言，V_o 之峰對峰值接近 $2V_{CC}$
(D)對實際OPA而言，V_o 之工作週期約為50%

(　)3. 如圖(2)所示，若 $R_1 = 10\,\text{k}\Omega$、$R_2 = 20\,\text{k}\Omega$、$R = 50\,\text{k}\Omega$、$C = 0.1\,\mu\text{F}$，且OPA輸出飽和電壓 $\pm V_{sat} = \pm 12\,\text{V}$，試求輸出電壓 V_o 為何種波形，且 $f_o = ?$
(A)100Hz、三角波　(B)50Hz、方波　(C)1kHz、三角波　(D)50kHz、方波

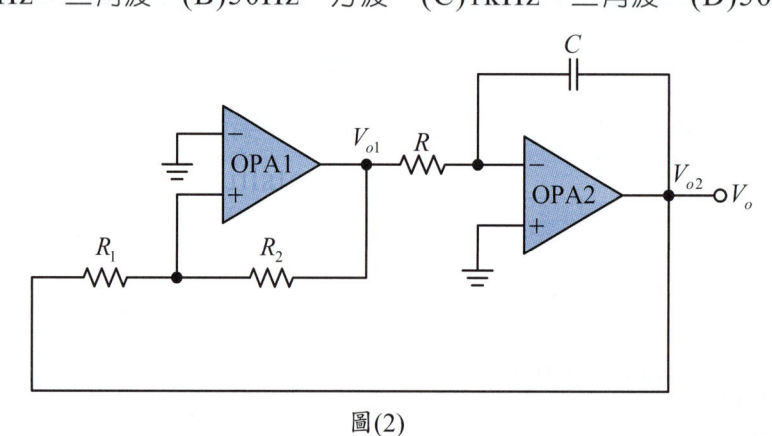

圖(1)

圖(2)

(　)4. 承上題，欲提高輸出電壓的振盪頻率，應該如何處置？
(A)同時增加 R_1 及 R_2　(B)同時減少 R_1 及 R_2　(C)增加 R_1 或減少 R_2　(D)減少 R_1 或增加 R_2

進階題

(　)1. 如圖(1)所示，若 $R_1 = 2\,\text{k}\Omega$、$R_2 = 4\,\text{k}\Omega$、$R = 2\,\text{k}\Omega$、$C = 0.5\,\mu\text{F}$，且OPA輸出飽和電壓 $\pm V_{sat} = \pm 12\,\text{V}$，$V_{Z1} = V_{Z2} = 4.3\,\text{V}$，試求輸出電壓 V_o 為何？
(A)$\pm 2.5\,\text{V}$ 的三角波　(B)$\pm 5\,\text{V}$ 的三角波　(C)$\pm 10\,\text{V}$ 的三角波　(D)$\pm 12\,\text{V}$ 的三角波

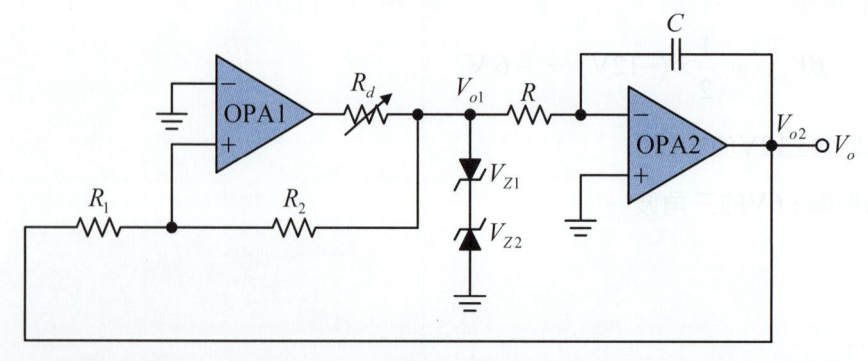

圖(1)

11-4 一階濾波器

重點 1 濾波器的基本觀念

1. **濾波器**（filter）由各種電子元件組合電路而成，可分為**被動**（passive）和**主動**（active）兩種。
2. 被動式濾波器包含有電阻、電感、電容等被動元件，功能僅在過濾雜訊。
3. 主動式濾波器除電阻、電感、電容外，還包含有電晶體或運算放大器等主動式元件，可放大濾波後之訊號（即具有增益）。
4. 濾波器依頻率響應可分為：**低通濾波器**（Low Pass Filter，簡稱LPF）、**高通濾波器**（High Pass Filter，簡稱HPF）、**帶通濾波器**（Band Pass Filter，簡稱BPF）與**帶拒濾波器**（Band Reject Filter，簡稱BRF）等四種。

重點 2 一階主動式低通濾波器

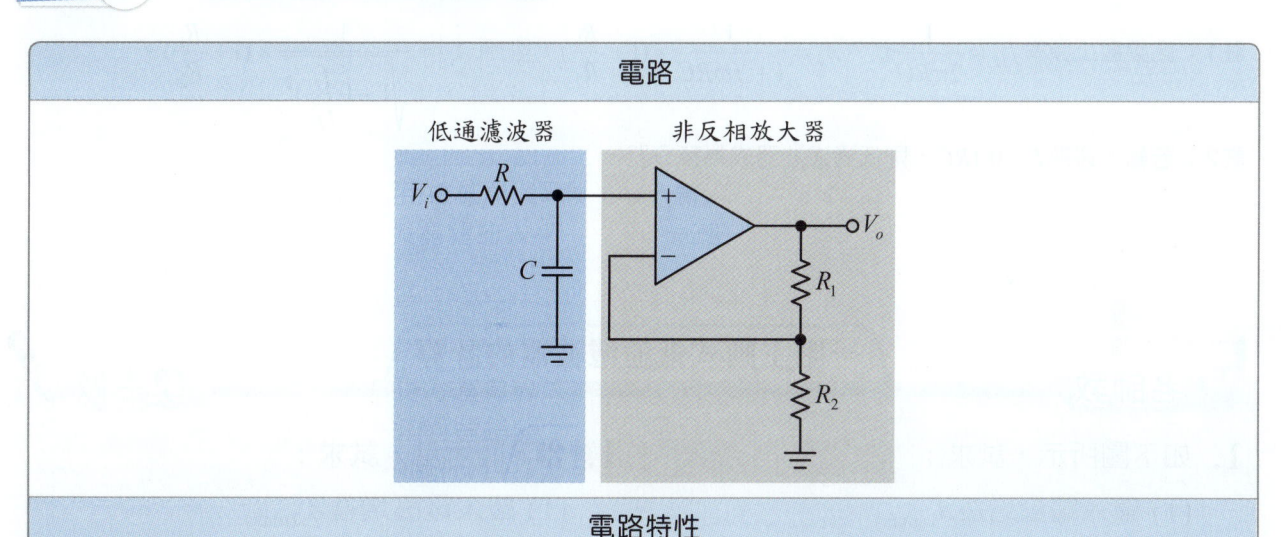

電路

電路特性

- 電壓增益 A_v

(1) $V_{i(+)} = V_i \times \dfrac{-jX_C}{R+(-jX_C)}$，其電壓增益 $A_v = \dfrac{V_o}{V_i} = \dfrac{-jX_C}{R-jX_C} \times (1+\dfrac{R_1}{R_2}) = \dfrac{\dfrac{1}{j\omega C}}{R+\dfrac{1}{j\omega C}} \times (1+\dfrac{R_1}{R_2})$

經整理後可得：電壓增益 $A_v = \dfrac{V_o}{V_i} = \dfrac{1}{1+j\omega RC} \times (1+\dfrac{R_1}{R_2})$

(2) 當輸入低頻訊號時（即 $\omega = 2\pi f \to 0$），則最大電壓增益 $A_{v(max)} = 1 + \dfrac{R_1}{R_2}$

More…

電路特性

- 高頻截止頻率 f_H 與頻帶寬度 BW

  (1) 高頻截止頻率 f_H

  當輸入頻率 $f = \dfrac{1}{2\pi RC}$（即 $\omega = \dfrac{1}{RC}$），電壓增益 $A_v = \dfrac{1}{1+j} \times (1+\dfrac{R_1}{R_2})$ 或 $|A_v| = \dfrac{1}{\sqrt{2}} \times (1+\dfrac{R_1}{R_2})$

  此電壓增益恰為低頻電壓增益的0.707倍，此頻率稱為高頻截止頻率 f_H，又稱為半功率點或 -3dB 頻率

  (2) **頻帶寬度 $BW = f_H = \dfrac{1}{2\pi RC}$**

- 頻率響應特性曲線

  (1) 當輸入頻率大於高頻截止頻率時，訊號開始衰減，相當於訊號被濾除，此時輸入信號的頻率每增加10倍，電壓增益下降20dB

  (2) 相當於低頻時訊號可通過，而高頻訊號被濾除，故稱為『**低通濾波器**』

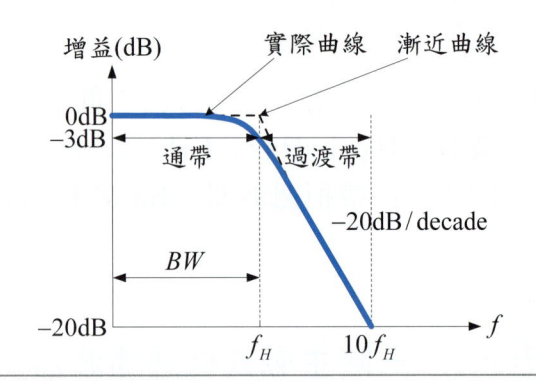

註1：高頻截止頻率 $f_H = \dfrac{1}{2\pi RC}$ 代入 $A_v = \dfrac{1}{1+j\omega RC} \times (1+\dfrac{R_1}{R_2})$，可得 $|A_v| = \dfrac{1}{\sqrt{1+(\dfrac{f_i}{f_H})^2}} \times (1+\dfrac{R_1}{R_2})$。

註2：若輸入週期 $T < 0.1RC$，則低通濾波器成為積分器。

一階主動式低通濾波器的計算

老師教

1. 如下圖所示，試求：
   (1) 最大電壓增益 $A_{v(\max)}$
   (2) 高頻截止頻率 f_H
   (3) 頻帶寬度 BW

   （電路：V_i，$1\text{k}\Omega$，$1\mu\text{F}$，OPA，$\pm 12\text{V}$，$9\text{k}\Omega$，$1\text{k}\Omega$，V_o）

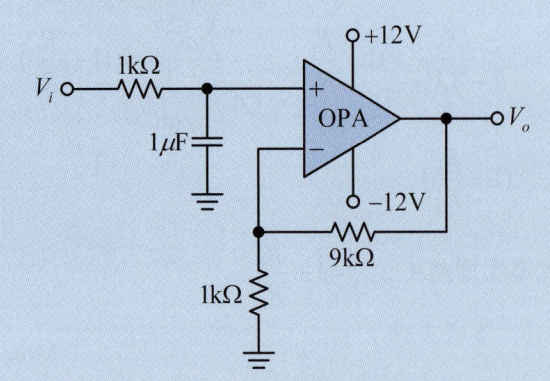

學生做

1. 如下圖所示，試求：
   (1) 最大電壓增益 $A_{v(\max)}$
   (2) 高頻截止頻率 f_H
   (3) 頻帶寬度 BW

   （電路：V_i，$1\text{k}\Omega$，$0.2\mu\text{F}$，OPA，$\pm 12\text{V}$，$19\text{k}\Omega$，$1\text{k}\Omega$，V_o）

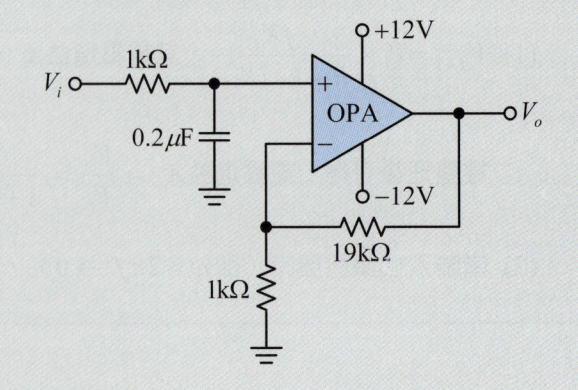

第 11 章　運算放大器振盪電路及濾波器

解 (1) 最大電壓增益

$$A_{v(\max)} = 1 + \frac{R_1}{R_2} = 1 + \frac{9\text{k}\Omega}{1\text{k}\Omega} = 10$$

(2) 高頻截止頻率

$$f_H = \frac{1}{2\pi RC} \approx \frac{0.16}{1\text{k}\Omega \times 1\mu\text{F}} = 160\,\text{Hz}$$

(3) 頻帶寬度 $BW = f_H = 160\,\text{Hz}$

答

截止頻率的電壓增益

老師教

2. 如下圖所示，試求在高頻截止頻率時的電壓增益為何？

學生做

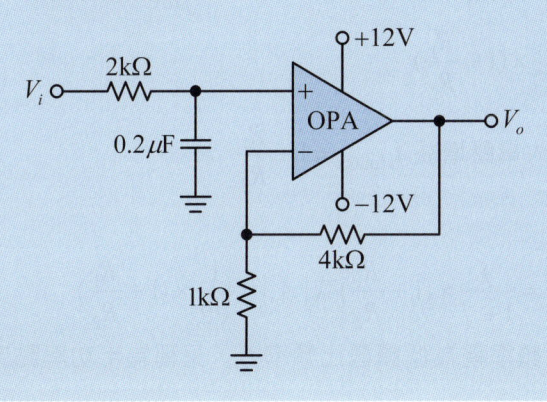

2. 如下圖所示，試求在高頻截止頻率時的電壓增益為何？

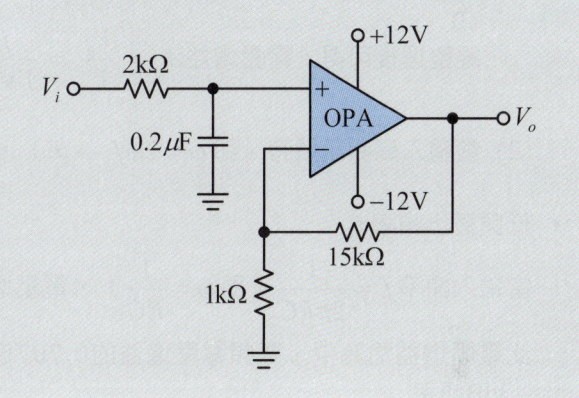

解 (1) 高頻截止頻率

$$f_H = \frac{1}{2\pi RC}$$

$$\approx \frac{0.16}{2\text{k}\Omega \times 0.2\mu\text{F}} = 400\,\text{Hz}$$

(2) 高頻截止頻率時的電壓增益

$$|A_v| = \frac{1}{\sqrt{1 + \left(\dfrac{f_i}{f_H}\right)^2}} \times \left(1 + \frac{R_1}{R_2}\right)$$

$$= \frac{1}{\sqrt{1 + \left(\dfrac{400}{400}\right)^2}} \times \left(1 + \frac{4\text{k}\Omega}{1\text{k}\Omega}\right) = \frac{5}{\sqrt{2}}$$

答

11-27

重點 3 一階主動式高通濾波器

電路

高通濾波器　　非反相放大器

電路特性

- 電壓增益A_v

  (1) $V_{i(+)} = V_i \times \dfrac{R}{R+(-jX_C)}$，其電壓增益$A_v = \dfrac{V_o}{V_i} = \dfrac{R}{R-jX_C} \times (1+\dfrac{R_1}{R_2}) = \dfrac{R}{R+\dfrac{1}{j\omega C}} \times (1+\dfrac{R_1}{R_2})$

  經整理後可得：電壓增益$A_v = \dfrac{V_o}{V_i} = \dfrac{j\omega RC}{1+j\omega RC} \times (1+\dfrac{R_1}{R_2})$

  (2) 當輸入高頻訊號時（即$\omega = 2\pi f \to \infty$），則最大電壓增益$A_{v(\max)} = 1+\dfrac{R_1}{R_2}$

- 低頻截止頻率f_L

  當輸入頻率$f = \dfrac{1}{2\pi RC}$（即$\omega = \dfrac{1}{RC}$），電壓增益$A_v = \dfrac{j}{1+j} \times (1+\dfrac{R_1}{R_2})$或$|A_v| = \dfrac{1}{\sqrt{2}} \times (1+\dfrac{R_1}{R_2})$

  此電壓增益恰為中、高頻電壓增益的0.707倍，此頻率稱為低頻截止頻率f_L，又稱為半功率點或-3dB頻率

- 頻率響應特性曲線

  (1) 當輸入頻率小於低頻截止頻率時，訊號開始衰減，相當於訊號被濾除，此時輸入信號的頻率每減少10倍，電壓增益下降20dB

  (2) 相當於高頻時訊號可通過，而低頻訊號被濾除，故稱為『高通濾波器』

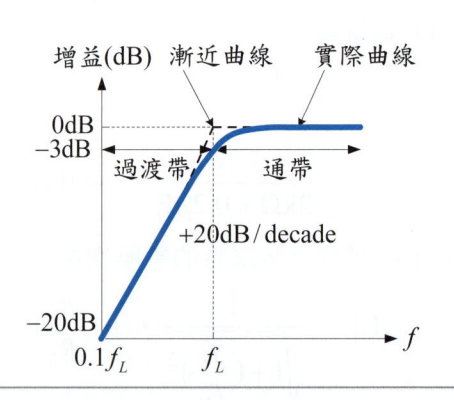

註1：低頻截止頻率$f_L = \dfrac{1}{2\pi RC}$代入$A_v = \dfrac{V_o}{V_i} = \dfrac{j\omega RC}{1+j\omega RC} \times (1+\dfrac{R_1}{R_2})$，可得$|A_v| = \dfrac{1}{\sqrt{1+(\dfrac{f_L}{f_i})^2}} \times (1+\dfrac{R_1}{R_2})$。

註2：若輸入週期$T > 10RC$，則高通濾波器成為微分器。

一階主動式高通濾波器的計算

老師教

3. 如下圖所示，試求：
   (1) 最大電壓增益 $A_{v(max)}$
   (2) 低頻截止頻率 f_L

學生做

3. 如下圖所示，試求：
   (1) 最大電壓增益 $A_{v(max)}$
   (2) 低頻截止頻率 f_L

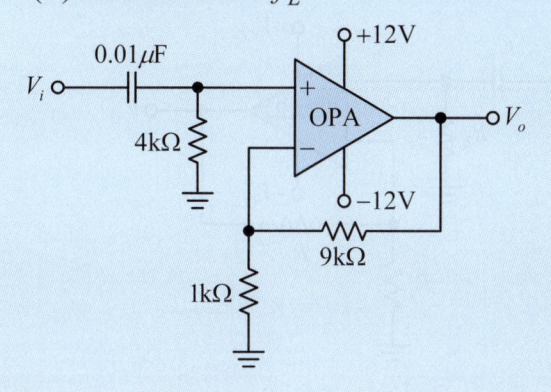

解 (1) 最大電壓增益

$$A_{v(max)} = 1 + \frac{R_1}{R_2} = 1 + \frac{9k\Omega}{1k\Omega} = 10$$

(2) 低頻截止頻率

$$f_L = \frac{1}{2\pi RC}$$

$$\approx \frac{0.16}{4k\Omega \times 0.01\mu F} = 4 \text{ kHz}$$

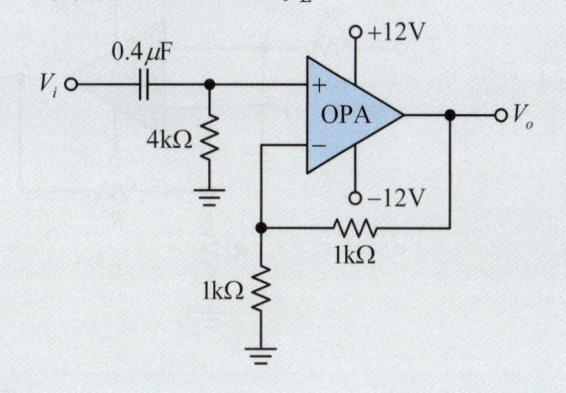

答

截止頻率的電壓增益

老師教

4. 如下圖所示，試求在低頻截止頻率時的電壓增益為何？

學生做

4. 如下圖所示，試求在低頻截止頻率時的電壓增益為何？

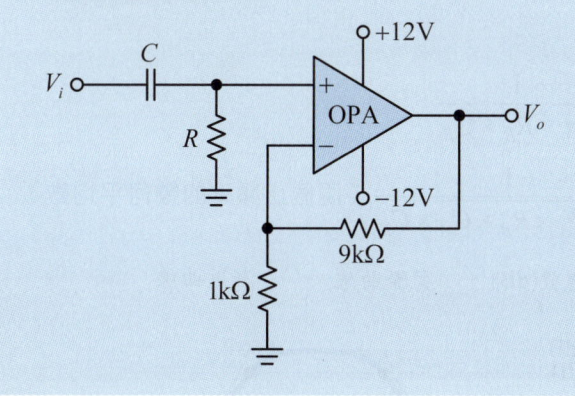

解

$$|A_v| = \frac{1}{\sqrt{1+(\frac{f_L}{f_i})^2}} \times (1+\frac{R_1}{R_2})$$

$$= \frac{1}{\sqrt{2}} \times (1+\frac{9k\Omega}{1k\Omega}) = 5\sqrt{2}$$

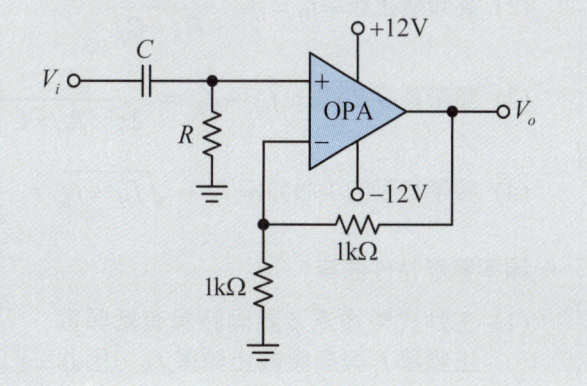

答

重點 4　一階主動式帶通濾波器

電路

電路結構為高通濾波器與低通濾波器兩者串聯所組成，其串聯的先後順序可以對調。

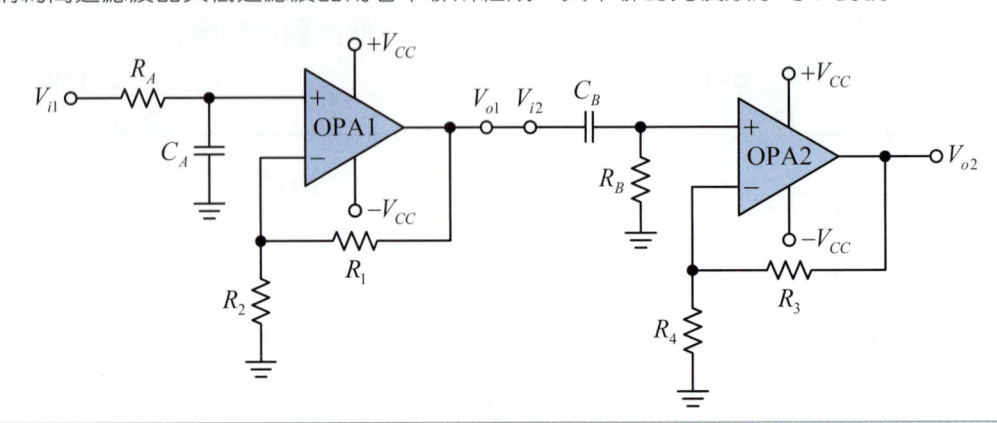

電路特性

- 電壓增益 A_v

    (1) 低通濾波器的電壓增益 $A_{v1} = \dfrac{V_{o1}}{V_{i1}} = \dfrac{1}{1+j\omega R_A C_A} \times (1+\dfrac{R_1}{R_2})$

    (2) 高通濾波器的電壓增益 $A_{v2} = \dfrac{V_{o2}}{V_{i2}} = \dfrac{j\omega R_B C_B}{1+j\omega R_B C_B} \times (1+\dfrac{R_3}{R_4})$

    (3) 總電壓增益 $A_{vT} = A_{v1} \times A_{v2} = \dfrac{1}{1+j\omega R_A C_A} \times \dfrac{j\omega R_B C_B}{1+j\omega R_B C_B} \times (1+\dfrac{R_1}{R_2}) \times (1+\dfrac{R_3}{R_4})$

    (4) 中頻最大電壓增益 $A_{vT(\max)} = (1+\dfrac{R_1}{R_2}) \times (1+\dfrac{R_3}{R_4})$

- 截止頻率 f_H、f_L 與頻帶寬度 BW

    (1) 低頻截止頻率 $f_L = \dfrac{1}{2\pi \times R_B \times C_B}$

    (2) 高頻截止頻率 $f_H = \dfrac{1}{2\pi \times R_A \times C_A}$

    (3) 頻帶寬度 $BW = f_H - f_L = \dfrac{1}{2\pi \times R_A \times C_A} - \dfrac{1}{2\pi \times R_B \times C_B}$

    (4) 頻帶寬度的中心頻率 $f_r = \sqrt{f_H \times f_L} = \dfrac{1}{2\pi\sqrt{R_A \times R_B \times C_A \times C_B}}$（兩截止頻率的幾何平均數）

- 頻率響應特性曲線

    (1) 主動式帶通濾波器同時具有低頻截止頻率 f_L 與高頻截止頻率 f_H，因此設計電路時，$f_H > f_L$
    （條件：$R_A \times C_A < R_B \times C_B$）

    (2) 電路只能讓介於此兩截止點之間的輸入信號通過，其餘的信號則被衰減濾除

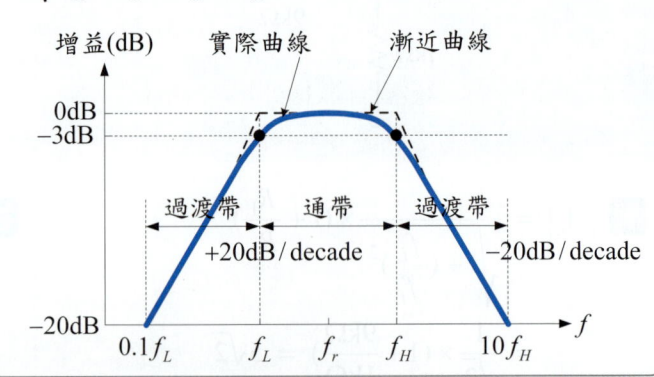

第 11 章　運算放大器振盪電路及濾波器

一階帶通濾波器的計算

老師教

5. 若 $R_1 = 10\text{ k}\Omega$、$R_2 = 5\text{ k}\Omega$、$R_3 = 20\text{ k}\Omega$、$R_4 = 4\text{ k}\Omega$、$R_A = 0.5\text{ k}\Omega$、$R_B = 2\text{ k}\Omega$、$C_A = C_B = 0.04\ \mu\text{F}$，試求：

(1) 最大電壓增益 $A_{vT(\max)}$

(2) 低頻截止頻率 f_L

(3) 高頻截止頻率 f_H

(4) 頻帶寬度 BW

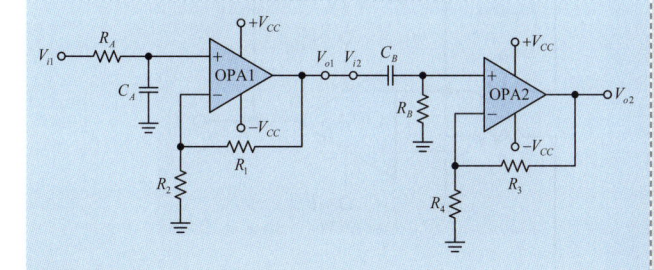

學生做

5. 若 $R_1 = 10\text{ k}\Omega$、$R_2 = 2\text{ k}\Omega$、$R_3 = 10\text{ k}\Omega$、$R_4 = 2\text{ k}\Omega$、$R_A = 2\text{ k}\Omega$、$R_B = 10\text{ k}\Omega$、$C_A = C_B = 0.02\ \mu\text{F}$，試求：

(1) 最大電壓增益 $A_{vT(\max)}$

(2) 低頻截止頻率 f_L

(3) 高頻截止頻率 f_H

(4) 頻帶寬度 BW

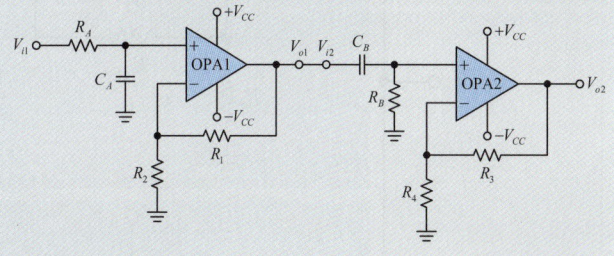

解 (1) 最大電壓增益

$$A_{vT(\max)} = (1 + \frac{R_1}{R_2}) \times (1 + \frac{R_3}{R_4})$$

$$= (1 + \frac{10\text{k}\Omega}{5\text{k}\Omega}) \times (1 + \frac{20\text{k}\Omega}{4\text{k}\Omega})$$

$$= 18$$

(2) 低頻截止頻率

$$f_L = \frac{1}{2\pi \times R_B \times C_B}$$

$$\approx \frac{0.16}{2\text{k}\Omega \times 0.04\mu\text{F}} = 2\text{ kHz}$$

(3) 高頻截止頻率

$$f_H = \frac{1}{2\pi \times R_A \times C_A}$$

$$\approx \frac{0.16}{0.5\text{k}\Omega \times 0.04\mu\text{F}} = 8\text{ kHz}$$

(4) 頻帶寬度

$$BW = f_H - f_L$$

$$= 8\text{kHz} - 2\text{kHz} = 6\text{ kHz}$$

答

11-31

重點 5　一階主動式帶陷濾波器

電路

帶陷濾波器又稱為帶拒濾波器，電路結構為高通濾波器與低通濾波器兩者並聯後，再分別串聯反相加法器所組成，其並聯的順序可以對調。

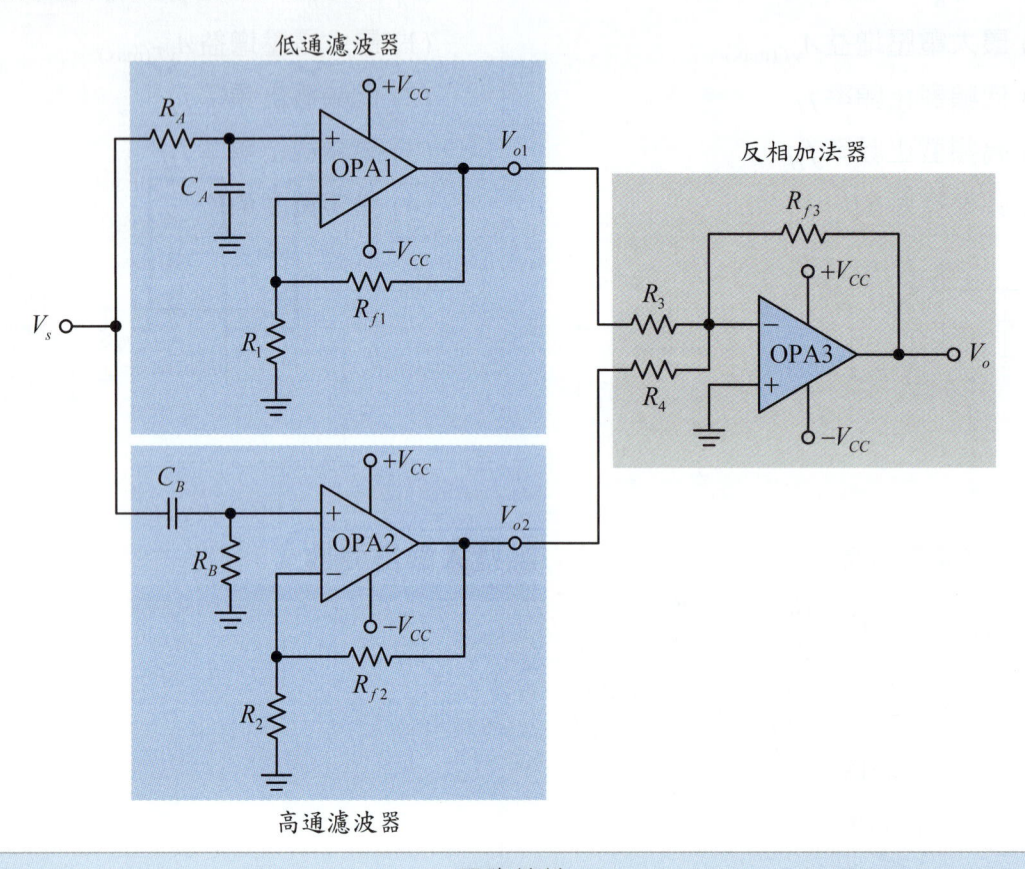

低通濾波器

反相加法器

高通濾波器

電路特性

- 電壓增益 A_v

  (1) 低頻時的電壓增益 $A_{vL} = \dfrac{V_o}{V_s} = -\dfrac{R_{f3}}{R_3} \times (1 + \dfrac{R_{f1}}{R_1})$

  （當輸入頻率遠低於低頻截止頻率，即 $f_i \ll f_L$）（即 $\omega = 2\pi f \to 0$）

  (2) 高頻時的電壓增益 $A_{vH} = \dfrac{V_o}{V_s} = -\dfrac{R_{f3}}{R_4} \times (1 + \dfrac{R_{f2}}{R_2})$

  （當輸入頻率遠高於高頻截止頻率，即 $f_i \gg f_H$）（即 $\omega = 2\pi f \to \infty$）

- 截止頻率 f_H、f_L 與頻帶寬度 BW

  (1) 低頻截止頻率 $f_L = \dfrac{1}{2\pi \times R_B \times C_B}$

  (2) 高頻截止頻率 $f_H = \dfrac{1}{2\pi \times R_A \times C_A}$

  (3) 頻帶寬度 $BW = f_H - f_L = \dfrac{1}{2\pi \times R_A \times C_A} - \dfrac{1}{2\pi \times R_B \times C_B}$

  (4) 頻帶寬度的中心頻率 $f_r = \sqrt{f_H \times f_L} = \dfrac{1}{2\pi\sqrt{R_A \times R_B \times C_A \times C_B}}$（幾何平均數）

More…

電路特性

- 頻率響應特性曲線

  主動式帶陷濾波器同時具有低頻截止頻率 f_L 與高頻截止頻率 f_H，因此，當輸入信號的頻率介於此兩者之間會被濾除，其餘的信號會通過

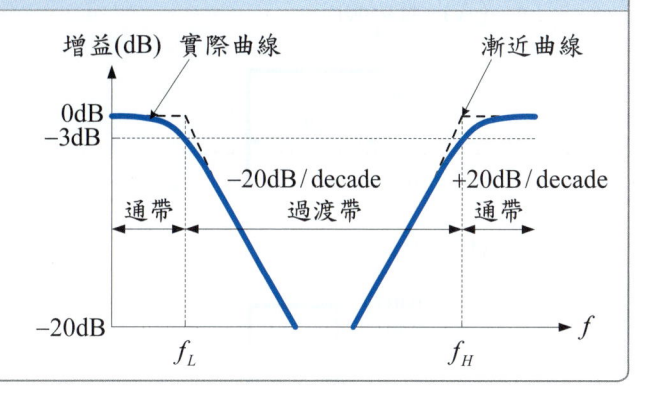

ABCD 立即練習

基礎題

( ) 1. 有關主動濾波器及被動濾波器之敘述，下列何者錯誤？
   (A)主動濾波器一般採用主動元件搭配被動元件設計
   (B)被動濾波器不包含主動元件
   (C)主動濾波器可適用於低頻範圍之應用
   (D)被動濾波器之最大電壓增益可大於1

( ) 2. 有一個濾波器，此濾波器必須濾除100Hz之頻率，且讓其他的頻率通過，此濾波器屬於
   (A)低通濾波器 (B)高通濾波器 (C)帶通濾波器 (D)帶拒濾波器

( ) 3. 有一濾波器的電壓增益 $A_v = \dfrac{1}{1+j\omega RC}$，試問此為何種濾波器？
   (A)低通 (B)高通 (C)帶通 (D)帶拒

( ) 4. 有一濾波器的電壓增益 $A_v = \dfrac{V_o}{V_i} = \dfrac{j\omega RC}{1+j\omega RC} \times (1+\dfrac{R_1}{R_2})$，試問此為何種濾波器？
   (A)低通 (B)高通 (C)帶通 (D)帶拒

( ) 5. 下列何者為高通濾波器的頻率響應（frequency response）特性曲線？

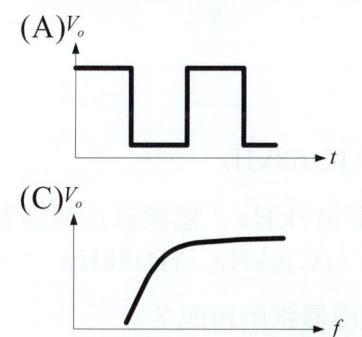

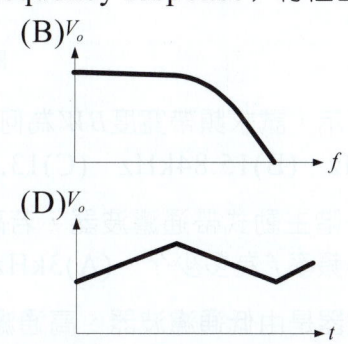

11-33

( )6. 下列何者為理想帶通濾波器的頻率響應特性曲線？

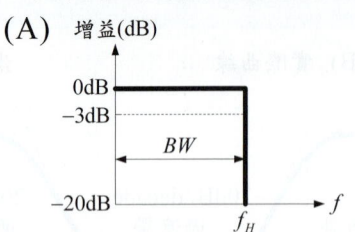

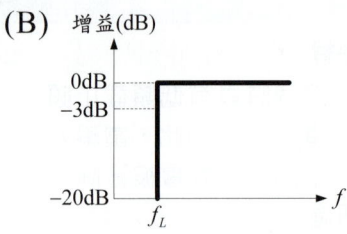

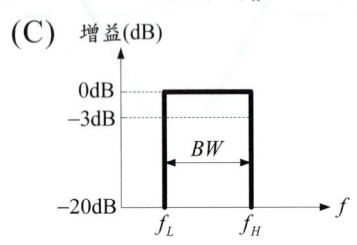

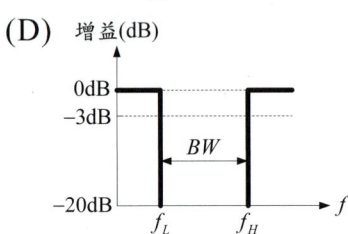

(A) 增益(dB)，0dB、-3dB、-20dB，BW，f_H

(B) 增益(dB)，0dB、-3dB、-20dB，f_L

(C) 增益(dB)，0dB、-3dB、-20dB，BW，f_L、f_H

(D) 增益(dB)，0dB、-3dB、-20dB，BW，f_L、f_H

( )7. 如圖(1)所示，若高頻截止頻率為8kHz，且最大電壓增益為10倍，試求電阻R與R_f分別為何？
(A)20Ω、9kΩ　(B)20Ω、10kΩ　(C)10Ω、9kΩ　(D)10Ω、10kΩ

圖(1)

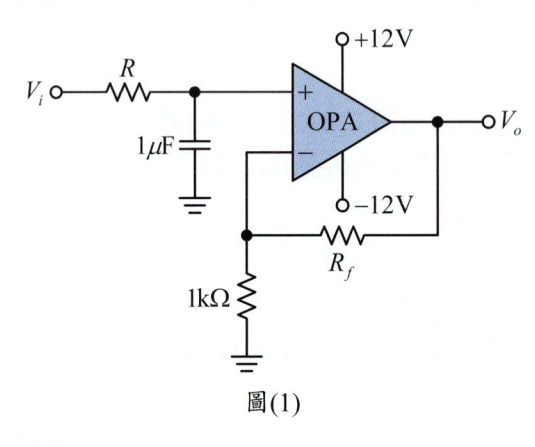

( )8. 圖(2)中，則此電路功能為何？
(A)低通濾波器　(B)高通濾波器　(C)帶通濾波器　(D)帶陷濾波器

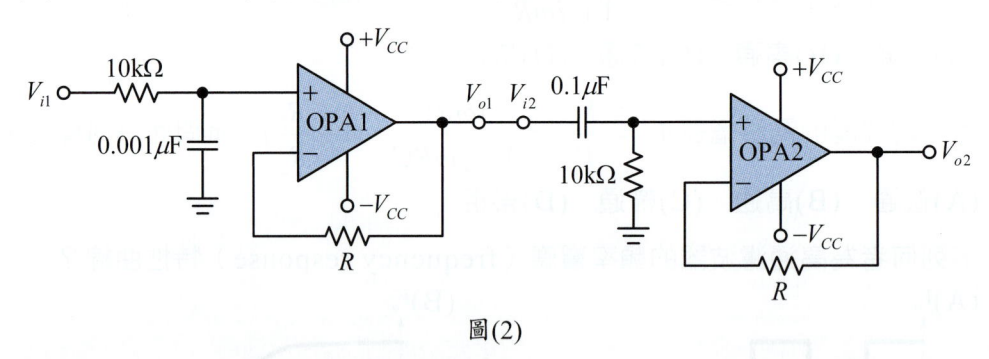

圖(2)

( )9. 承上題所示，試求頻帶寬度BW為何？
(A)16kHz　(B)15.84kHz　(C)13.64kHz　(D)12.68kHz

( )10. 有一個一階主動式帶通濾波器，若高頻截止頻率為9kHz，低頻截止頻率為4kHz，試求中心頻率f_r為多少？　(A)3kHz　(B)5kHz　(C)6kHz　(D)8kHz

( )11. 帶陷濾波器是由低通濾波器、高通濾波器以及何種電路所組成？
(A)反相加法器　(B)比較器　(C)施密特電路　(D)三角波產生器

第11章 運算放大器振盪電路及濾波器

進階題

( )1. 如圖(1)所示、若 $R_1 = 10\,\text{k}\Omega$、$R_{f1} = 20\,\text{k}\Omega$、$R_2 = 3\,\text{k}\Omega$、$R_{f2} = 9\,\text{k}\Omega$、$R_3 = 1\,\text{k}\Omega$、$R_4 = 2\,\text{k}\Omega$、$R_{f3} = 8\,\text{k}\Omega$、$R_A = 0.1\,\text{k}\Omega$、$R_B = 0.4\,\text{k}\Omega$、$C_A = C_B = 0.02\,\mu\text{F}$，試求低頻時的電壓增益 A_{vL}？
(A)−16 (B)−18 (C)−24 (D)−36

圖(1)

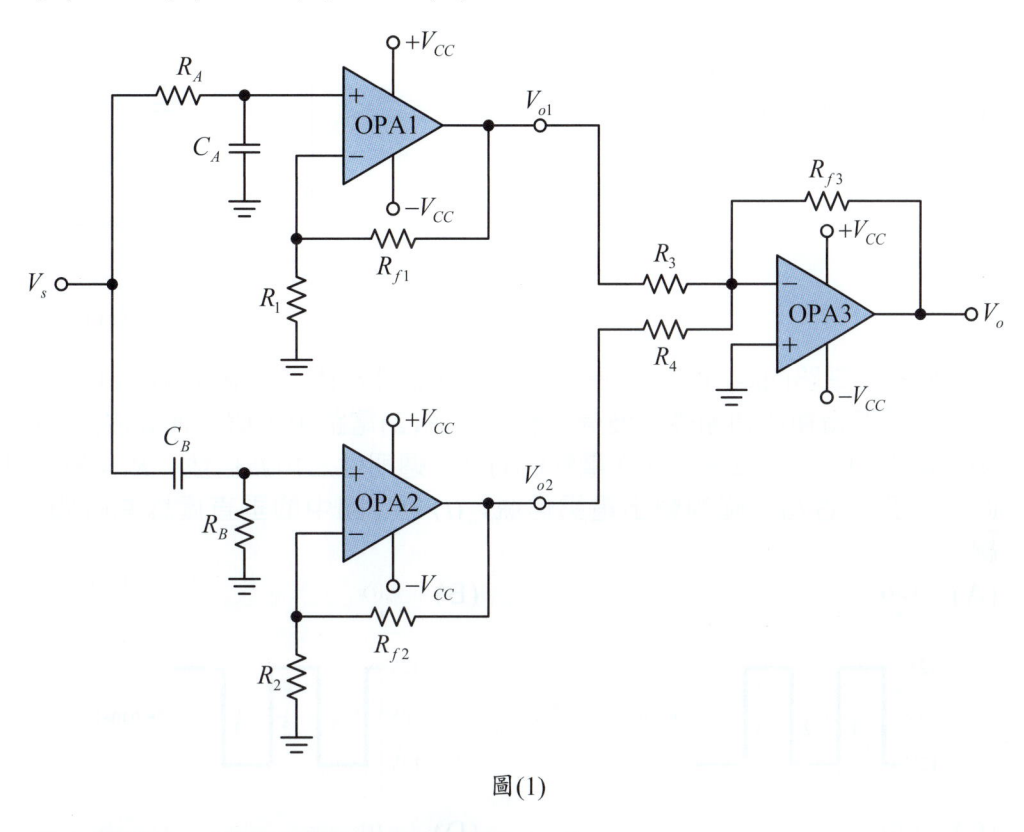

( )2. 承上題所示，試求高頻時的電壓增益 A_{vH}？
(A)−16 (B)−18 (C)−24 (D)−36

( )3. 承上題所示，試求頻帶寬度 BW 為何？
(A)25kHz (B)35kHz (C)60kHz (D)75kHz

歷屆試題

電子學試題

( )1. 圖(1)為理想運算放大器組成的振盪電路,請問下列相關敘述何者正確?
(A)僅適用於產生10kHz以下之低頻振盪信號
(B)此電路為考畢子(Colpitts)振盪電路
(C)電感值L愈大,振盪頻率愈高
(D)屬於RLC相移振盪電路的一種 [統測]

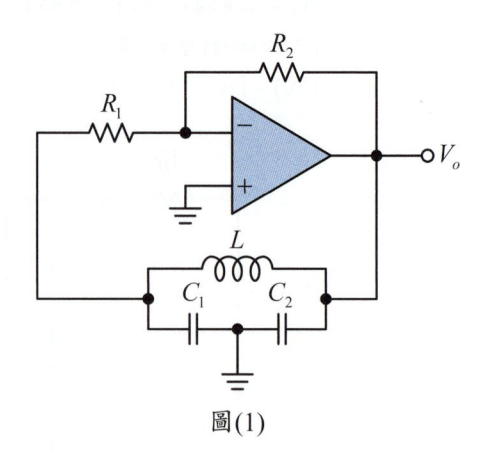

圖(1)

( )2. 施密特觸發電路的應用之一,是可以藉由其磁滯效應(hysteresis effect)將輸入的週期性信號轉換成週期性方波信號輸出。圖(2)電路中,假設運算放大器的輸出正負飽和電壓$\pm V_{sat} = \pm 12\,\text{V}$,輸入電壓$v_s(t)$為一週期性三角波信號,$R_2 = 3R_1$且$V_{ref} = 0\,\text{V}$時,下列何者為正確的輸出電壓信號$v_o(t)$?(圖中的垂直虛線為時間的參考對齊線)
[統測]

(A) $v_o(t)$
(B) $v_o(t)$
(C) $v_o(t)$
(D) $v_o(t)$

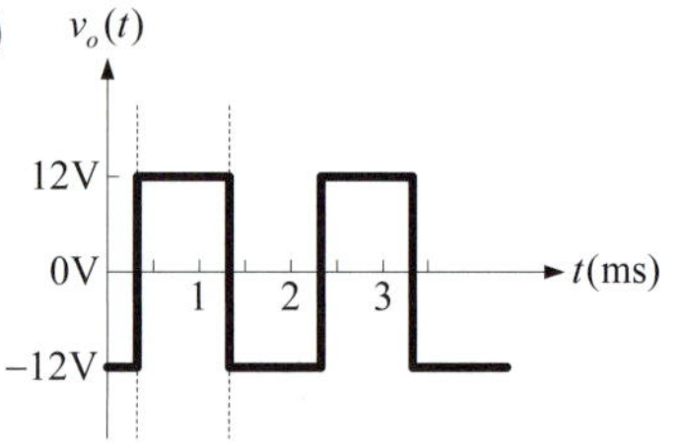

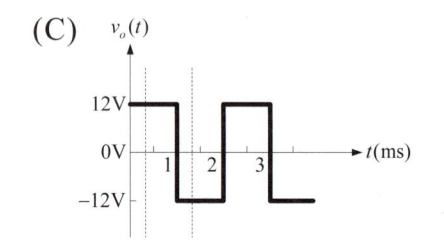

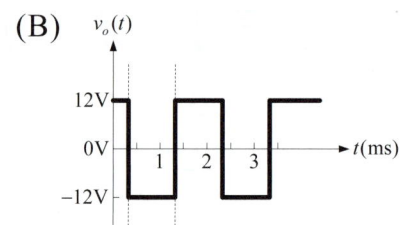

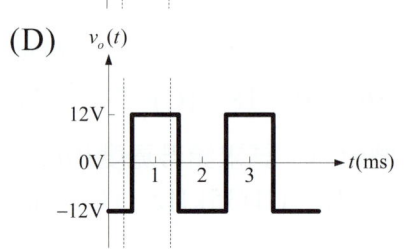

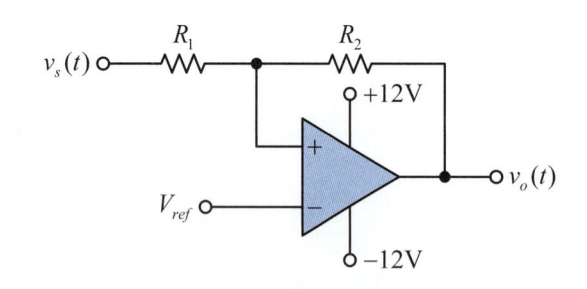

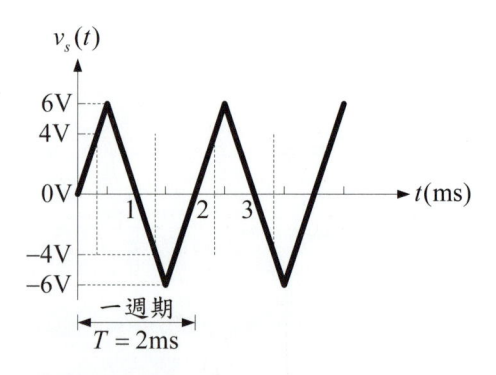

圖(2)

( )3. 承上題,下列措施,何者可有效提高輸出方波信號的頻率?
(A)提高V_{ref}值
(B)降低V_{ref}值
(C)減少R_2/R_1的比值
(D)縮短三角波信號$v_s(t)$的週期 [統測]

第 11 章　運算放大器振盪電路及濾波器

(　　)4. 高頻LC振盪器的方塊圖如圖(3)所示，請問下列敘述何者正確？
(A)當X_1與X_2為電容器，X_3為電感器時，此電路稱為哈特萊（Hartley）振盪器
(B)當X_1與X_3為電容器，X_2為電感器時，此電路稱為哈特萊（Hartley）振盪器
(C)當X_1與X_2為電容器，X_3為電感器時，此電路稱為考畢子（Colpitts）振盪器
(D)當X_1與X_3為電容器，X_2為電感器時，此電路稱為考畢子（Colpitts）振盪器
[102統測]

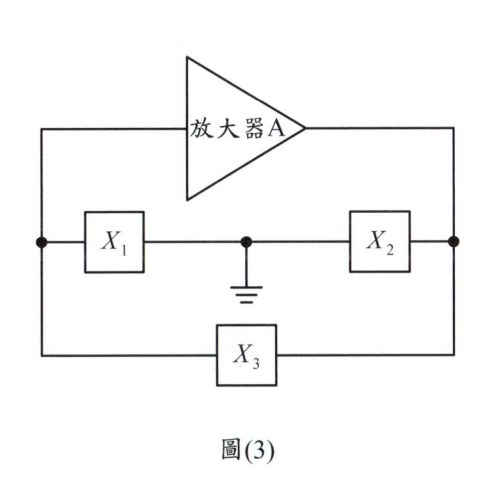

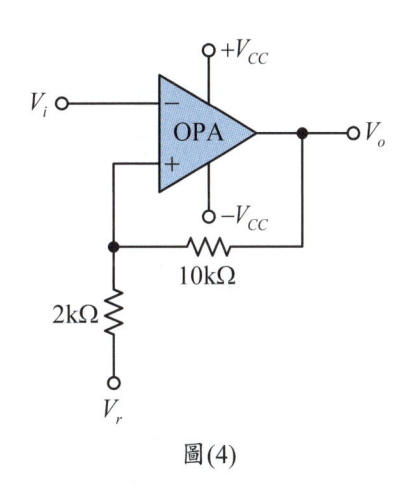

圖(3)　　　　　　　　　　　　　圖(4)

(　　)5. 如圖(4)所示之施密特（Schmitt）觸發電路，若已知電源電壓$V_{CC}=13\text{ V}$，輸出之正飽和電壓$+V_{sat}=12\text{ V}$，負飽和電壓$-V_{sat}=-12\text{ V}$，$V_r=3\text{ V}$，則各臨界電壓值，下列何者正確？
(A)上臨界電壓$V_U=4.5\text{ V}$　　　(B)上臨界電壓$V_U=12\text{ V}$
(C)下臨界電壓$V_L=3\text{ V}$　　　(D)下臨界電壓$V_L=1/3\text{ V}$
[102統測]

(　　)6. 如圖(5)所示之振盪電路，正常工作下V_o之頻率約為何？
(A)20Hz　(B)100Hz　(C)200Hz　(D)1000Hz
[103統測]

圖(5)

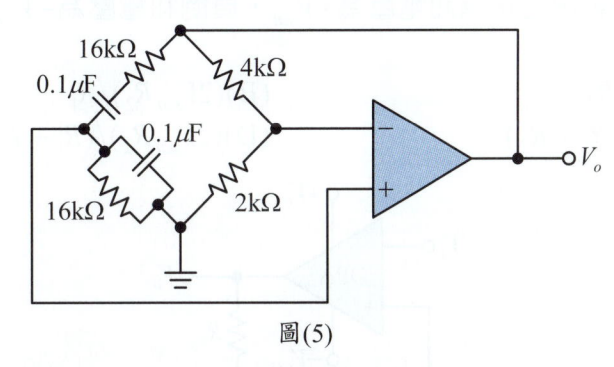

(　　)7. 如圖(6)所示之振盪電路，V_o之振盪頻率為10kHz，回授因數$\beta=-\dfrac{1}{29}$，則R_f之最小值約為何？　(A)10kΩ　(B)87kΩ　(C)92kΩ　(D)100kΩ
[103統測]

圖(6)

11-37

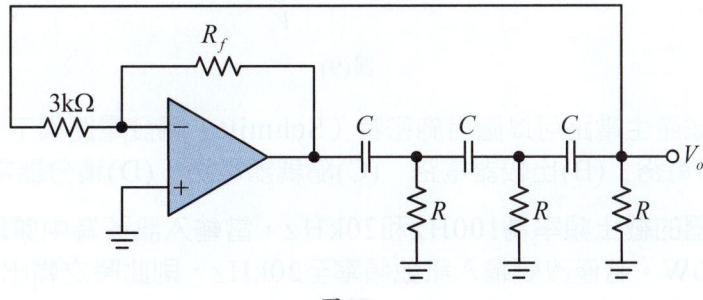

(　　)8. 如圖(7)所示之施密特觸發電路，其遲滯電壓為何？
　　　　(A)15V　(B)10V　(C)7V　(D)5V　　　　　　　　　　　　　　　　　　　[103統測]

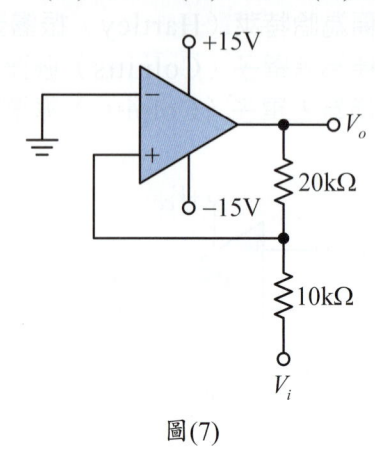

圖(7) 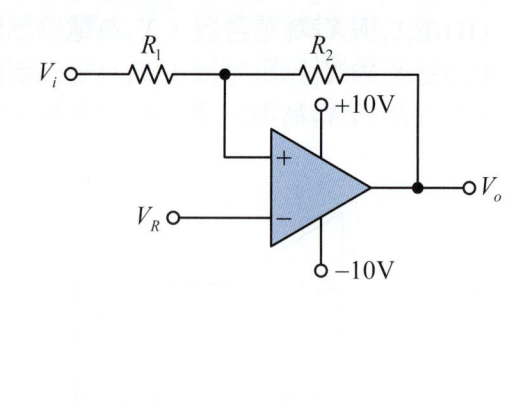　　　　　　　　　　　　　　　　　　圖(8)

(　　)9. 如圖(8)所示之電路，$R_2 = 2\,k\Omega$，$V_R = -2\,V$，若其上臨界電壓為4V，則R_1約為多少kΩ？　(A)1.5　(B)2.8　(C)3.6　(D)4.8　　　　　　　　　　　　　　　　[104統測]

(　　)10. 承接上題，若$R_1 = R_2 = 2\,k\Omega$且$V_R = 2\,V$，則其下臨界電壓為多少伏特？
　　　　(A)−8　(B)−6　(C)−4　(D)−2　　　　　　　　　　　　　　　　　　　[104統測]

(　　)11. 有關多諧振盪器的敘述，下列何者錯誤？
　　　　(A)多諧振盪器之輸出波形為非正弦波
　　　　(B)無穩態多諧振盪器有一個輸入觸發信號
　　　　(C)單穩態多諧振盪器的輸出狀態包括一種穩定狀態和一種暫時狀態
　　　　(D)雙穩態多諧振盪器之工作情形有如數位電路的正反器　　　　　　　　[105統測]

(　　)12. 有一施密特（Schmitt）觸發電路如圖(9)所示，其中$+V_{CC}$和$-V_{CC}$為電源電壓，V_r為參考電壓，若輸出之正飽和電壓為$+V_{sat}$，負飽和電壓為$-V_{sat}$，則其遲滯電壓V_H為下列何者？
　　　　(A)$(2V_{sat}R_1)/R_2$　　　　　　　　　(B)$(2V_{sat}R_2)/R_1$
　　　　(C)$(2V_{sat}R_1)/(R_1+R_2)$　　　　　(D)$(2V_{sat}R_2)/(R_1+R_2)$　　　　[105統測]

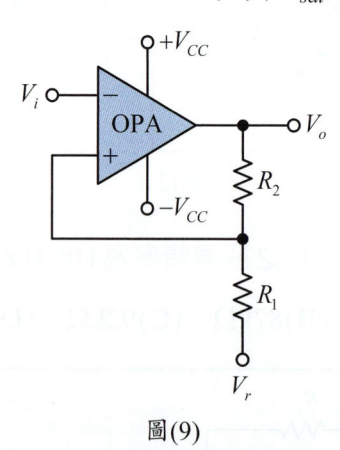

圖(9)

(　　)13. 三角波信號產生電路可以應用施密特（Schmitt）觸發電路與下列何種電路來組成？
　　　　(A)微分器電路　(B)比較器電路　(C)隨耦器電路　(D)積分器電路　　　[105統測]

(　　)14. 有一放大器的截止頻率為100Hz和20kHz，當輸入訊號為中頻段2kHz弦波時之輸出功率為120W。若僅改變輸入訊號頻率至20kHz，則此時之輸出功率約為多少？
　　　　(A)30W　(B)60W　(C)84.85W　(D)120W　　　　　　　　　　　　　　[106統測]

第 11 章 運算放大器振盪電路及濾波器

( )15. 關於弦波振盪器之敘述，下列何者錯誤？
(A)RC相移振盪器是屬於低頻弦波振盪器
(B)音頻振盪器一般使用考畢子振盪器（Colpitts oscillator）
(C)石英晶體振盪是應用晶體本身具有壓電效應而產生振盪
(D)振盪器電路是不需外加輸入信號，只要應用其直流電源即可轉換為特定頻率之弦波輸出 [106統測]

( )16. 如圖(10)所示之振盪電路，於正常工作下，輸出電壓V_o之頻率約為何？
(A)100Hz (B)398Hz (C)796Hz (D)100kHz [106統測]

圖(10)

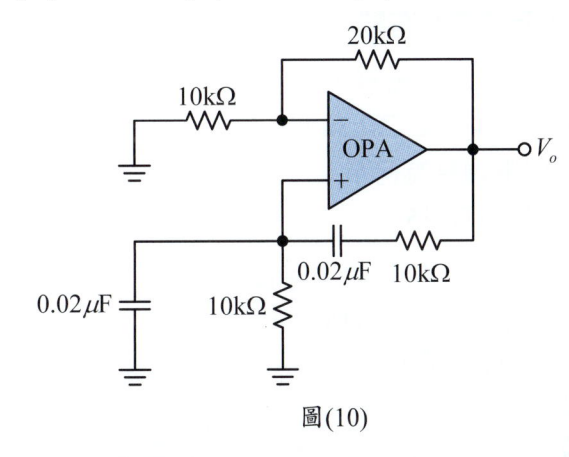

( )17. 如圖(11)所示之理想運算放大器RC相移振盪器，若此電路已工作於振盪頻率1300Hz 且$R_i \gg R$，則下列何者正確？（提示：$\sqrt{6} \approx 2.45$）
(A)$R = 500\,\Omega$，$C = 0.01\,\mu F$ (B)$R = 1\,k\Omega$，$C = 0.05\,\mu F$
(C)$R = 2\,k\Omega$，$C = 0.01\,\mu F$ (D)$R = 2\,k\Omega$，$C = 0.05\,\mu F$ [107統測]

圖(11) 　　　　圖(12)

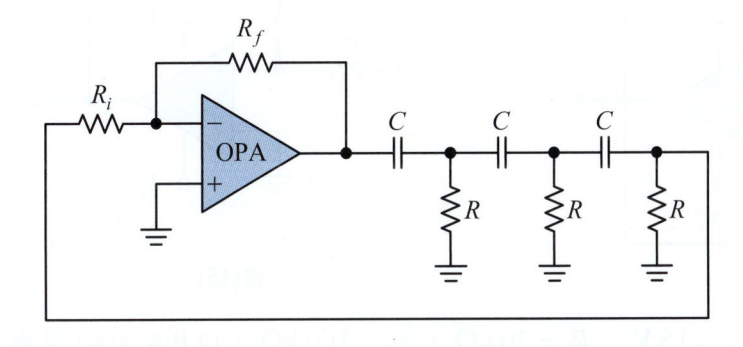

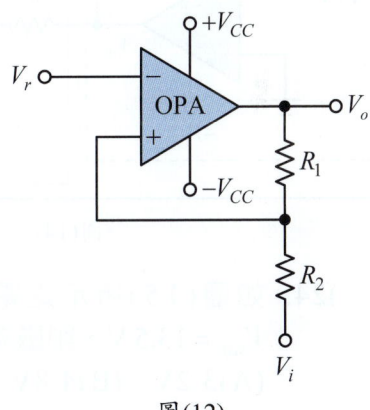

( )18. 如圖(12)所示之施密特（Schmitt）觸發電路，V_{CC}為電源電壓，OPA輸出飽和電壓大小為V_{sat}，V_r為參考電壓，V_i為輸入電壓，則其遲滯（hysteresis）電壓V_h為何？
(A)$2V_{sat}(R_2/R_1)$ (B)$2V_{sat}(R_1/R_2)$
(C)$(2V_{sat}R_2)/(R_1+R_2)$ (D)$(2V_{sat}R_1)/(R_1+R_2)$ [107統測]

( )19. 利用運算放大器及RC相移電路來設計振盪器，下列敘述何者錯誤？
(A)直流供電，產生交流信號輸出 (B)回授網路之相移為180度
(C)迴路增益$|\beta A| \geq 1$ (D)RC相移形成負回授特性 [108統測]

11-39

( )20. 有關正回授電路的特性，下列敘述何者正確？
(A)可增加系統穩定度　　　　　(B)可增加系統頻寬
(C)可降低雜訊干擾　　　　　　(D)可產生週期性信號 [108統測]

( )21. 如圖(13)所示之理想振盪器電路，下列敘述何者錯誤？
(A)v_o之波形為三角波
(B)電路可產生週期性信號
(C)電容C兩端之電壓波形近似三角波
(D)v_o之頻率與電阻R及電容C有關 [108統測]

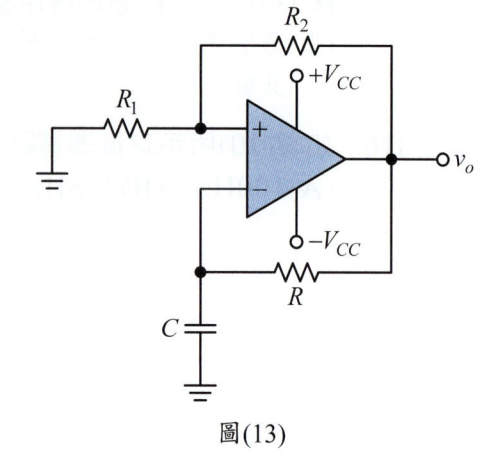

( )22. 一正回授放大器電路形成之振盪器，其回授增益$\beta = 0.02$，欲輸出振幅穩定之正弦波，則放大器之電壓增益$|A_v|$應調整為何？
(A)75　(B)50　(C)48　(D)45 [109統測]

( )23. 如圖(14)所示之振盪器電路，下列敘述何者正確？
(A)方塊A之OPA電路功能為微分電路
(B)方塊B之OPA電路功能為積分電路
(C)v_{o2}之輸出為方波
(D)v_{o1}之輸出為弦波 [109統測]

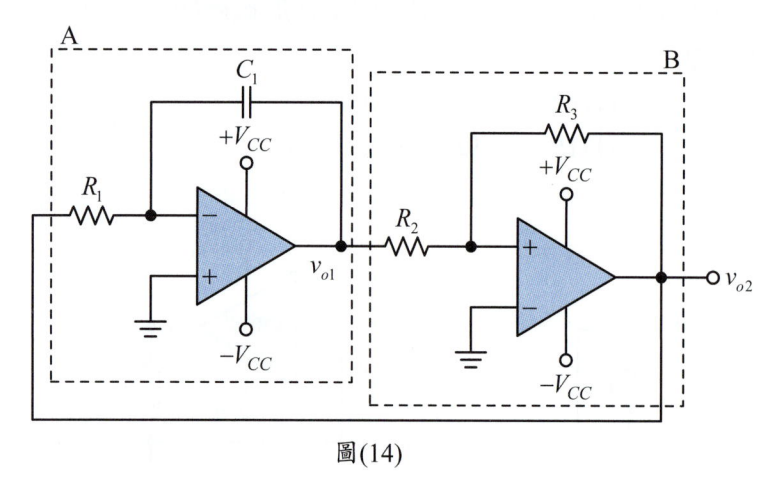

圖(13)

圖(14)

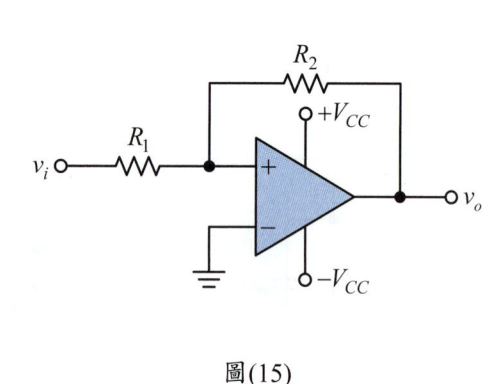

圖(15)

( )24. 如圖(15)所示之電路，$V_{CC}=15\,\text{V}$，$R_1=20\,\text{k}\Omega$，$R_2=100\,\text{k}\Omega$，OPA飽和電壓$V_{sat}=13.5\,\text{V}$，則磁滯（hysteresis）電壓為何？
(A)3.2V　(B)4.8V　(C)5.4V　(D)7.8V [109統測]

( )25. 有關史密特觸發器（Schmitt trigger），下列敘述何者錯誤？
(A)常用於波形整形電路　　　　(B)可消除雜訊干擾
(C)利用負回授技術　　　　　　(D)具有兩個臨界電壓 [110統測]

( )26. 如圖(16)所示電路，上臨界電壓V_U及遲滯電壓V_H各為何？
(A)$V_U=1\,\text{V}$、$V_H=3\,\text{V}$
(B)$V_U=1\,\text{V}$、$V_H=2\,\text{V}$
(C)$V_U=2\,\text{V}$、$V_H=3\,\text{V}$
(D)$V_U=4\,\text{V}$、$V_H=6\,\text{V}$ [110統測]

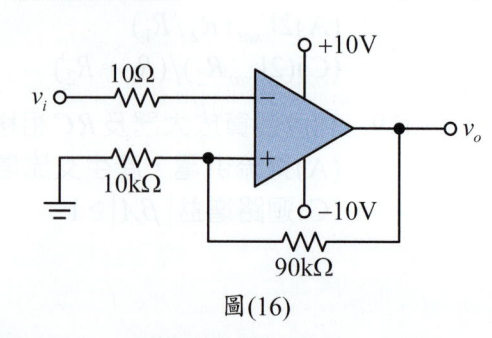

圖(16)

第 11 章 運算放大器振盪電路及濾波器

( )27. 有關多諧振盪器在正常工作下,下列敘述何者錯誤?
(A)以BJT組成無穩態多諧振盪器,BJT會切換於飽和區與截止區
(B)單穩態多諧振盪器被觸發時,才會輸出脈波
(C)無穩態多諧振盪器需另加觸發信號才可轉態
(D)雙穩態多諧振盪器需另加觸發信號才可轉態 [110統測]

( )28. 如圖(17)所示主動式帶通濾波器,其高頻截止頻率為f_H,低頻截止頻率為f_L,若 $C_2 = 5C_1$,$R_2 = 4R_1$,則f_H/f_L為何?
(A)0.05 (B)1.25 (C)10 (D)20 [111統測]

圖(17)

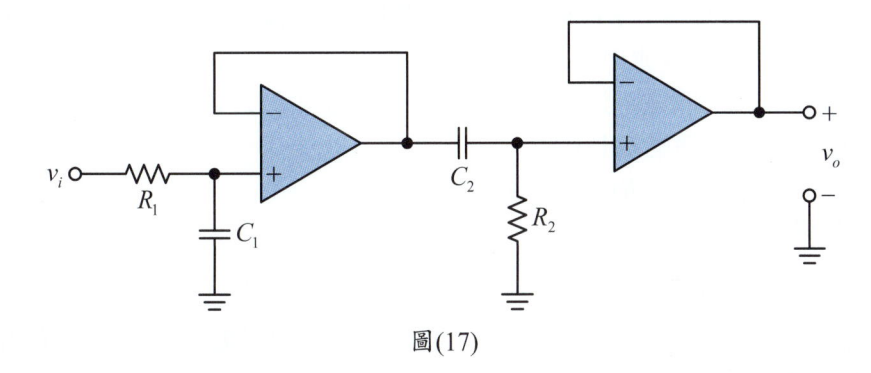

( )29. 如圖(18)所示電路,若$R_2 = 3R_1$,$C_2 = \frac{1}{3}C_1$,則下列敘述何者正確?
(A)此電路為韋恩電橋振盪器,當$(R_4/R_3) \geq 6$,則產生振盪
(B)此電路為韋恩電橋振盪器,當$(R_4/R_3) \leq \frac{1}{6}$,則產生振盪
(C)此電路為RC相移振盪器,當$(R_4/R_3) \geq 6$,則產生振盪
(D)此電路為RC相移振盪器,當$(R_4/R_3) \leq \frac{1}{6}$,則產生振盪 [111統測]

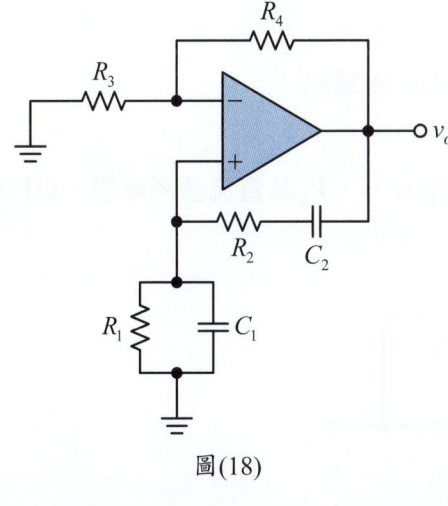

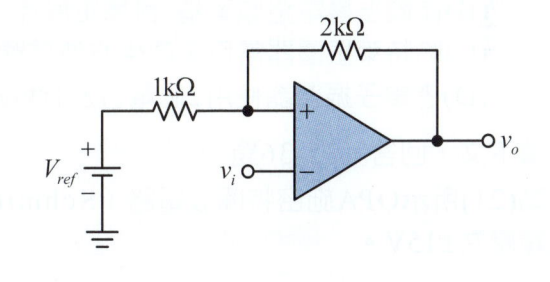

圖(18)　　　　圖(19)

( )30. 如圖(19)所示施密特(Schmitt)觸發器電路,其運算放大器的輸出飽和電壓為 ±12V,若觸發器之下臨限電壓為0V,則V_{ref}為何?
(A)12V (B)6V (C)0V (D)–12V [111統測]

11-41

( )31. 如圖(20)所示電路，輸入電壓 $v_s = 10\sin(3000t)$ V，若運算放大器的飽和電壓為±10V，則電路之上臨界電壓 V_{TH} 及遲滯電壓 V_H 分別為何？
(A) $V_{TH} = 1.2$ V、$V_H = 2.4$ V
(B) $V_{TH} = 2$ V、$V_H = 4$ V
(C) $V_{TH} = 3.6$ V、$V_H = 7.2$ V
(D) $V_{TH} = 9$ V、$V_H = 18$ V　　　　[112統測]

圖(20)

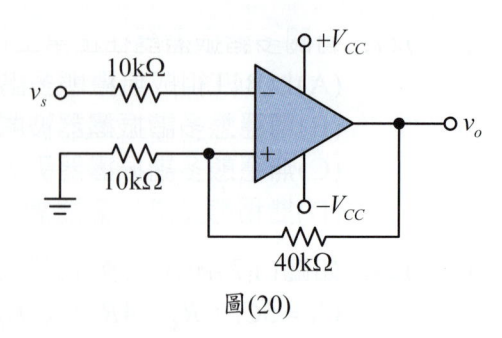

( )32. 利用反相放大器及最少RC相移電路節數來設計弦波振盪器，若各節RC電路之R、C值皆相同，則下列敘述何者錯誤？
(A)理論上，放大器電路增益值為−29時，會產生弦波輸出
(B)回授網路之相移應為180°
(C)回授網路可由二節RC相移電路所組成
(D)迴路增益 $\beta A = 1\angle 0°$　　　　[112統測]

▲ 閱讀下文，回答第33-34題
振盪器可以產生週而復始的交流信號輸出，並廣泛地應用於波形產生器、通訊系統，或是手機、電腦的時脈產生等等。

( )33. 關於運算放大器組成之波形產生電路，下列敘述何者正確？
(A)方波產生電路中之施密特觸發器（Schmitt trigger）為負回授電路
(B)方波產生電路可由施密特觸發器與微分器組成
(C)三角波產生電路可由施密特觸發器與積分器組成
(D)三角波產生電路僅需由施密特觸發器與電阻器組成　　　　[112統測]

( )34. 在各種振盪器中，下列敘述何者錯誤？
(A)弦波振盪條件須滿足巴克豪森準則（Barkhausen criterion）
(B)晶體振盪電路頻率精 且穩定度佳
(C)哈特萊振盪器常用來產生方波信號
(D)考畢子振盪器使用2個電容及1個電感構成振盪電路　　　　[112統測]

▲ 閱讀下文，回答第35-36題
如圖(21)所示OPA施密特觸發電路（Schmitt trigger），V_R 為直流參考電壓，OPA輸出飽和電壓為±15V。

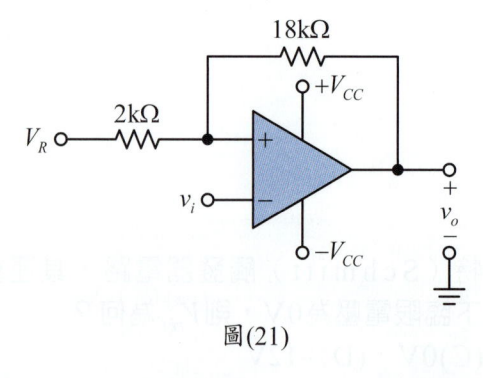

圖(21)

( )35. 若 $V_R = +1$ V，則此電路的上臨界電壓 V_U 及下臨界電壓 V_L 分別為何？
(A) $V_U = 8.1$ V、$V_L = -0.9$ V
(B) $V_U = 4.3$ V、$V_L = -2.5$ V
(C) $V_U = 2.4$ V、$V_L = -0.6$ V
(D) $V_U = 0.8$ V、$V_L = -3.4$ V　　　　[113統測]

( )36. 若 $V_R = 0$ V 且輸入 $v_i(t) = 3\sin(100t)$ V，則輸出 v_o 波形為何？
(A)+15V直流　(B)−15V直流　(C)方波　(D)三角波 [113統測]

( )37. 如圖(22)所示為理想ＯＰＡ一階帶通濾波電路，若 $R_A = 0.5$ kΩ、$C_A = 0.01\ \mu$F、$R_B = 1$ kΩ、$C_B = 0.05\ \mu$F、$R_{a1} = 5$ kΩ、$R_{f1} = 20$ kΩ、$R_{a2} = 4$ kΩ、$R_{f2} = 16$ kΩ，則濾波器之頻帶寬度 BW 約為何？（$\pi \approx 3.14$）
(A)18.66kHz　(B)22.54kHz　(C)28.66kHz　(D)36.54kHz [113統測]

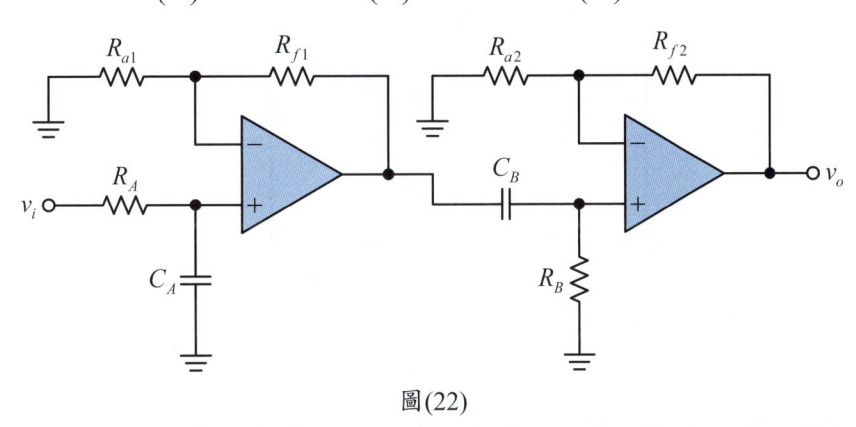

圖(22)

( )38. 如圖(23)所示理想運算放大器電路，若 $R = 50$ kΩ、$C = 0.2\ \mu$F、$R_1 = 10$ kΩ、$R_2 = 8.5$ kΩ，則電路輸出 v_o 的振盪頻率約為何？（自然對數：$\ln 1.85 \approx 0.62$、$\ln 2.18 \approx 0.78$、$\ln 2.7 \approx 1$、$\ln 3.35 \approx 1.2$）
(A)42Hz　(B)50Hz　(C)65Hz　(D)80Hz [113統測]

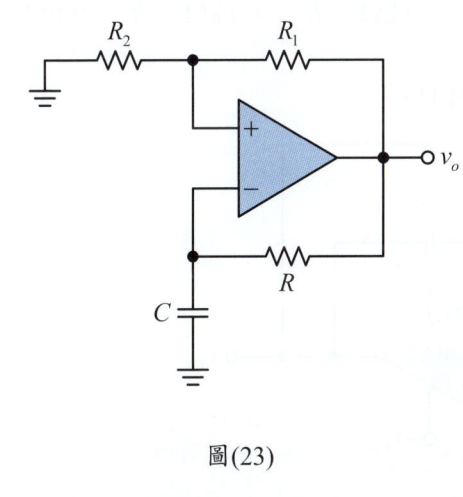

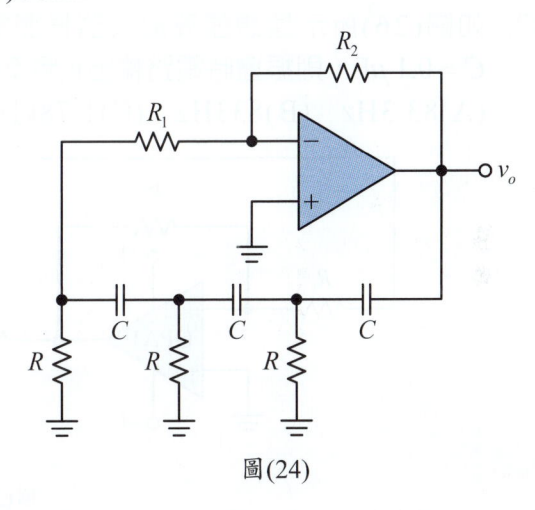

圖(23)　　　　　圖(24)

( )39. 如圖(24)所示理想OPA振盪電路，若 $R = 10$ kΩ，$C = 0.01\ \mu$F，$R_1 = 20$ kΩ，則 R_2 為何值可使電路產生振盪，且其振盪頻率為何？（$\sqrt{6} \approx 2.45$）
(A)$R_2 = 581$ kΩ、振盪頻率為650Hz
(B)$R_2 = 482$ kΩ、振盪頻率為650Hz
(C)$R_2 = 371$ kΩ、振盪頻率為320Hz
(D)$R_2 = 222$ kΩ、振盪頻率為320Hz [113統測]

▲ 閱讀下文，回答第40-41題

如圖(25)所示運算放大器振盪電路，電路各元件均為理想且 $R_i = 50\ \text{k}\Omega$、$L = 100\ \mu\text{H}$、$C_1 = 300\ \text{pF}$、$C_2 = 150\ \text{pF}$。

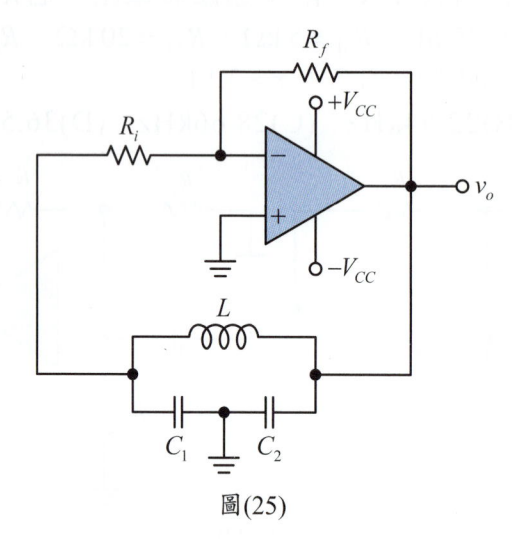

圖(25)

( )40. 當電路產生穩定弦波振盪時，則電阻 R_f 之理論值為何？
(A) $R_f = 20\ \text{k}\Omega$ (B) $R_f = 50\ \text{k}\Omega$ (C) $R_f = 100\ \text{k}\Omega$ (D) $R_f = 300\ \text{k}\Omega$ [114統測]

( )41. 此電路振盪頻率約為何？
(A) 1.59kHz (B) 3.18kHz (C) 1.59MHz (D) 3.18MHz [114統測]

( )42. 如圖(26)所示理想運算放大器振盪電路，若 $R_1 = 20\ \text{k}\Omega$、$R_2 = 60\ \text{k}\Omega$、$R_3 = 9\ \text{k}\Omega$、$C = 0.1\ \mu\text{F}$，則振盪時電路輸出 v_o 頻率約為何？
(A) 83.3Hz (B) 833Hz (C) 1.78kHz (D) 17.8kHz [114統測]

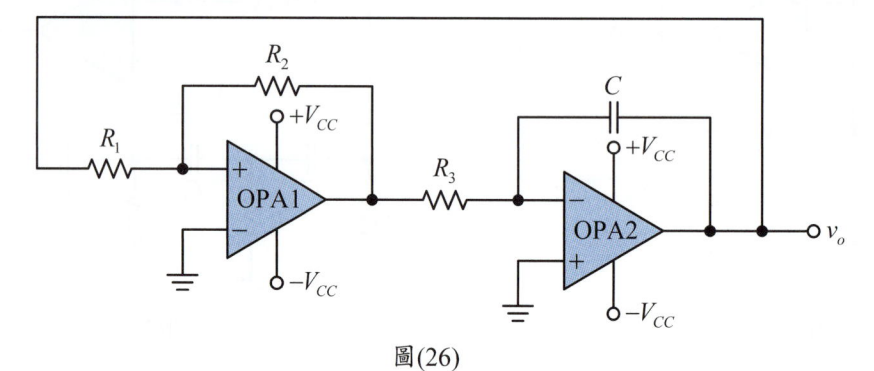

圖(26)

( )43. 如圖(27)所示理想運算放大器濾波電路，該濾波器類型及其截止頻率為何？
(A) 高通濾波器，截止頻率為 $\dfrac{1}{2\pi\sqrt{RC}}$ Hz
(B) 高通濾波器，截止頻率為 $\dfrac{1}{2\pi RC}$ Hz
(C) 低通濾波器，截止頻率為 $\dfrac{1}{2\pi\sqrt{RC}}$ Hz
(D) 低通濾波器，截止頻率為 $\dfrac{1}{2\pi RC}$ Hz

圖(27)

[114統測]

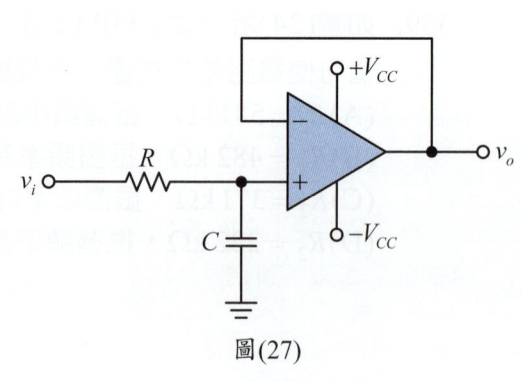

第 11 章　運算放大器振盪電路及濾波器

電子學實習試題

( )1. 下圖電路中，哪一種振盪器適合使用在高頻的正弦波範圍？ [統測]

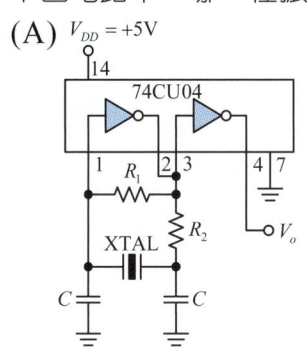

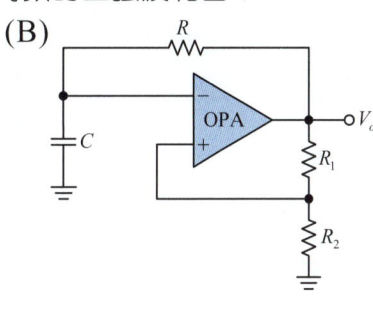

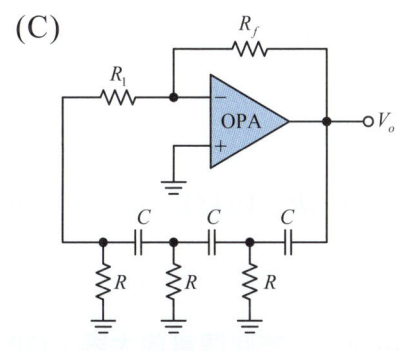

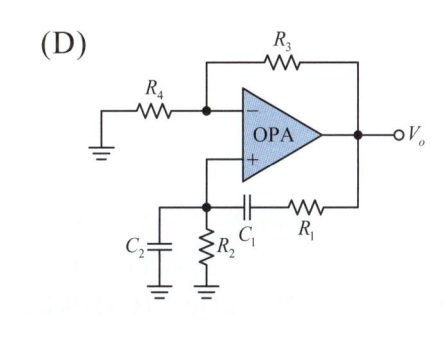

(A) 石英晶體振盪器（74CU04 + XTAL）
(B) 電感電容振盪器（OPA + R、C）
(C) RC 相移振盪器
(D) 韋恩電橋振盪器

( )2. 在史密特觸發電路的功能中，下列敘述何者不正確？
(A)應用於數位邏輯之時脈信號產生電路時，輸出信號易受雜訊干擾
(B)若輸入正弦波之振幅超過觸發臨界電壓，則電路可輸出方波
(C)若輸入三角波之振幅超過觸發臨界電壓，則電路可輸出方波
(D)可用來做波形整型 [統測]

( )3. 對於維持韋恩電橋振盪器工作的電壓增益（A_v），應為下列何者？
(A)3　(B)1　(C)−1　(D)−2 [統測]

( )4. 請問圖(1)是由運算放大器組成的哪一種振盪器電路？輸出V_o相移幾度？
(A)RC相移振盪器電路、相移0°　　(B)RC相移振盪器電路、相移90°
(C)韋恩電橋振盪器電路、相移0°　　(D)韋恩電橋振盪器電路、相移90° [102統測]

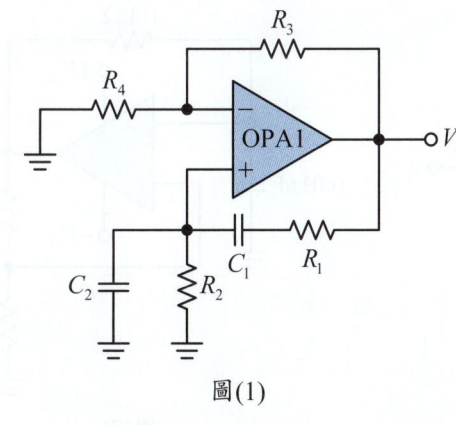

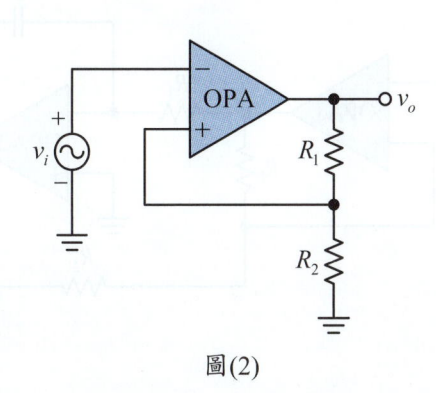

圖(1)　　圖(2)

( )5. 一個反相史密特觸發器（Schmitt trigger）如圖(2)所示，若v_o在正、負飽和時，輸出之電壓分別為+12V、−12V，上、下臨界（或觸發）電壓分別為+2V、−2V，則下列有關R_1與R_2之敘述，何者正確？
(A)$R_2 = 5R_1$　(B)$R_2 = 2R_1$　(C)$R_1 = 5R_2$　(D)$R_1 = 2R_2$ [102統測]

11-45

( )6. 如圖(3)所示之電路，$R_1 = 10\,k\Omega$，欲使電路產生振盪，則R_2之最小值應為何？
(A)5kΩ (B)10kΩ (C)15kΩ (D)20kΩ [103統測]

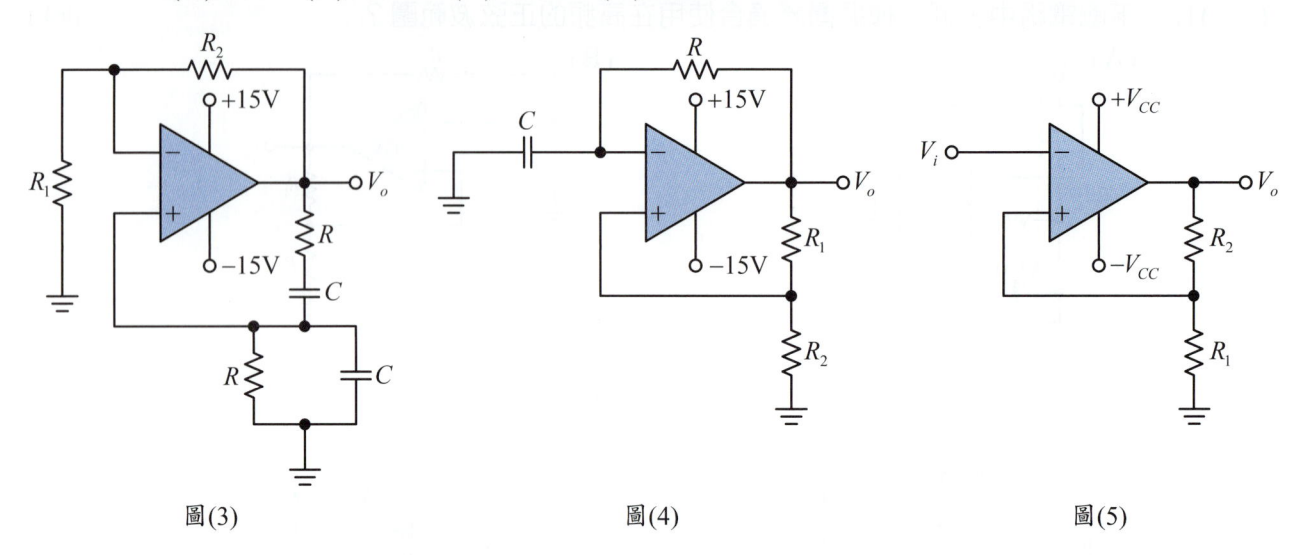

圖(3)　　　圖(4)　　　圖(5)

( )7. 如圖(4)所示之電路，若$R_1 = 1\,k\Omega$，$R_2 = 0.85\,k\Omega$，$R = 10\,k\Omega$，$C = 0.01\,\mu F$，則振盪頻率約為何？（自然對數$\ln(2.7) \approx 1$）？
(A)20kHz (B)15kHz (C)10kHz (D)5kHz [103統測]

( )8. 如圖(5)所示之施密特觸發電路（Schmitt trigger），若此運算放大器（OP Amp）之飽和電壓$\pm V_{sat} = \pm 12\,V$，$R_1 = 1\,k\Omega$，$R_2 = 9\,k\Omega$，則遲滯電壓（Hysteresis voltage）V_H為何？ (A)1.2V (B)1.8V (C)2.4V (D)3.0V [103統測]

( )9. 震盪電路設計如圖(6)，假設運算放大器OPA1、OPA2與電容器C皆為理想元件且C的初始電壓為零，請問下列敘述何者正確？
(甲)OPA1作為施密特觸發電路（Schmitt Trigger）之用；
(乙)OPA2、R_3與C構成微分電路；
(丙)此電路因缺乏輸入參考信號所以不會有輸出信號；
(丁)以示波器觀測OPA1的輸出v_{o1}為方波，OPA2的輸出v_o則為三角波；
(戊)當此電路產生輸出信號時，此信號的週期是由電容C及R_3決定並且與R_1及R_2無關
(A)(甲)(乙) (B)(乙)(丁) (C)(甲)(丁) (D)(丙)(戊) [103統測]

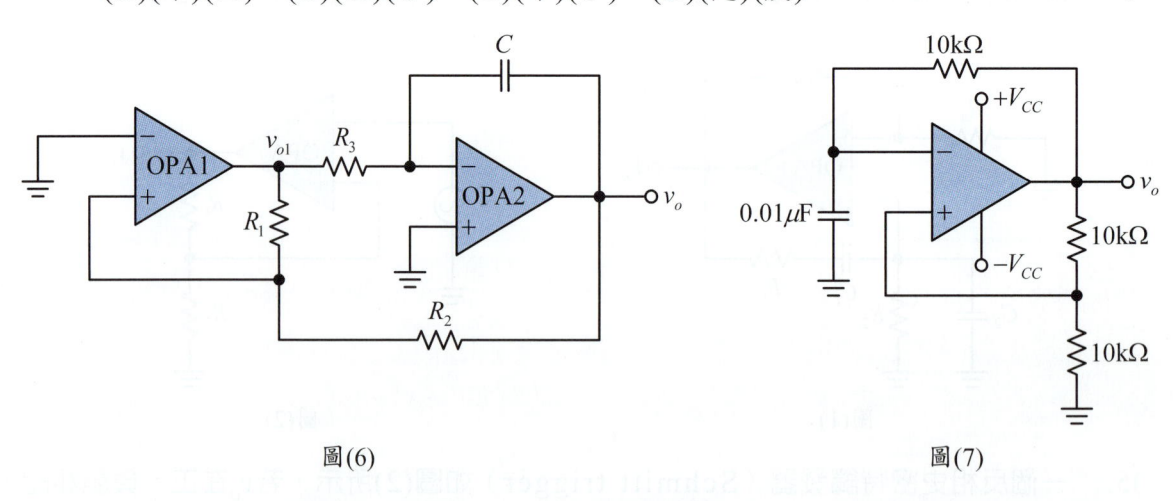

圖(6)　　　圖(7)

( )10. 如圖(7)所示之電路，若運算放大器之飽和電壓$+V_{sat}$與$-V_{sat}$分別為12V與−12V，則輸出信號v_o為何？
(A)峰值為6V之三角波　　　(B)峰值為12V之方波
(C)峰值為6V之方波　　　(D)峰值為12V之三角波 [104統測]

第 11 章　運算放大器振盪電路及濾波器

( )11. 下列有關圖(8)電路的敘述，何者錯誤？
(A)屬於無穩態多諧震盪器　　(B)V_o輸出端可產生方波
(C)振盪週期可由被動元件調整　　(D)V_X輸出端可產生弦波 [104統測]

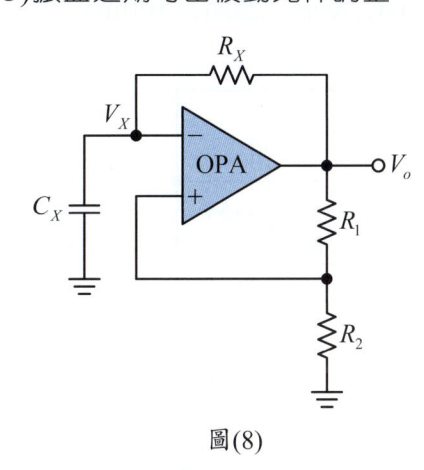

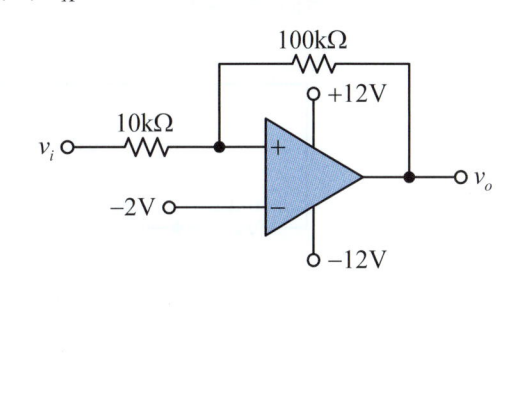

圖(8)　　　　　　　　　　　　圖(9)

( )12. 圖(9)所示之電路，若v_i為1V之直流電壓，則下列敘述何者正確？
(A)其上臨限電壓為2V　　(B)其下臨限電壓為$-2V$
(C)為反相施密特觸發器　　(D)$v_o = 12$ V [105統測]

( )13. 下列有關振盪器的敘述何者錯誤？
(A)石英晶體振盪電路振盪頻率穩定性差
(B)方波產生電路又稱為多諧振盪器
(C)輸入一觸發脈衝信號可產出一特定的矩形波信號之電路稱為單穩態多諧振盪器
(D)韋恩（Wien）電橋振盪器可產生正弦波電壓波形 [105統測]

( )14. 下列有關圖(10)所示電路之敘述，何者正確？
(A)兩電容C值增加，則v_o之頻率亦增加
(B)兩電阻R值增加，則v_o之頻率亦增加
(C)穩態時v_o為週期2π秒之弦波
(D)電路不會產生振盪 [106統測]

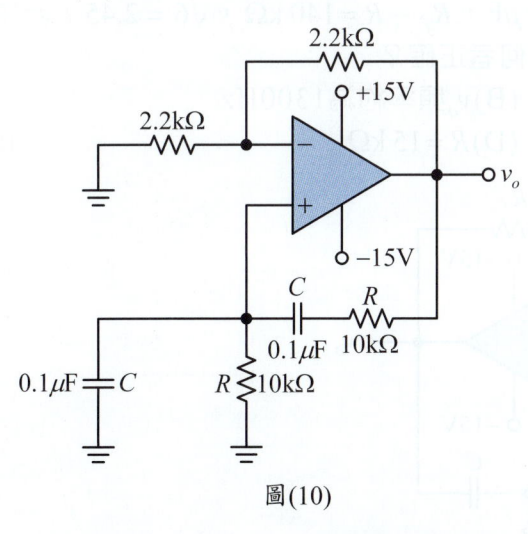

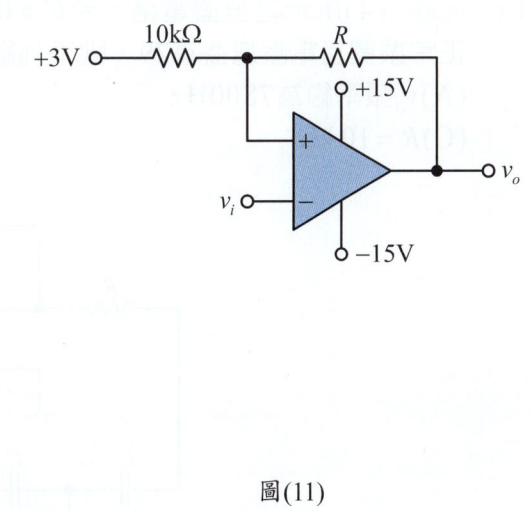

圖(10)　　　　　　　　　　　　圖(11)

( )15. 如圖(11)所示之施密特觸發器電路，運算放大器之輸出正、負飽和電壓分別為+15V和$-15V$，若其遲滯電壓為5V，則電阻R值應為何？
(A)5kΩ　(B)50kΩ　(C)100kΩ　(D)500kΩ [106統測]

11-47

( )16. 下列有關圖(12)所示理想運算放大器電路之敘述，何者正確？
(A)v_{o2}為峰值±7.5V之三角波
(B)v_{o2}為頻率500Hz之方波
(C)電壓增益$\dfrac{v_{o1}}{v_{o2}}=3$
(D)v_{o1}波形之週期為500ms
[106統測]

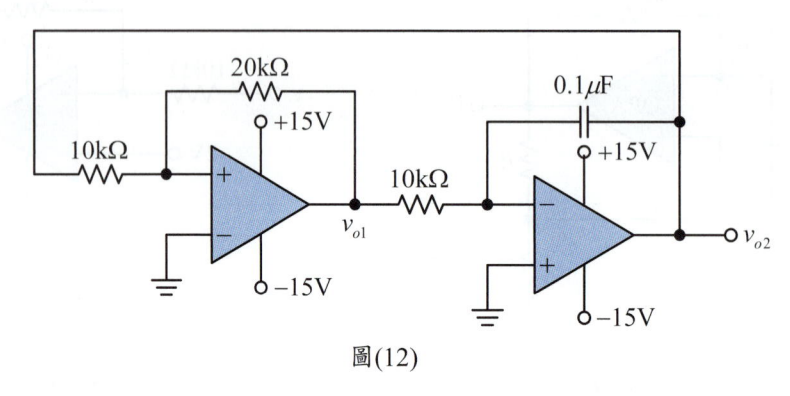

圖(12)

( )17. 如圖(13)所示為結合三級RC相移與運算放大器（OPA）之振盪電路。若希望藉由調整電阻R、電容C與電阻R_F之元件值來降低此振盪電路之輸出頻率，則下列元件值調整的組合，何者最有可能達成目標？
(A)R調大、R_F調大
(B)C調小、R_F調大
(C)C調小、R_F調小
(D)R調小、R_F調小
[106統測]

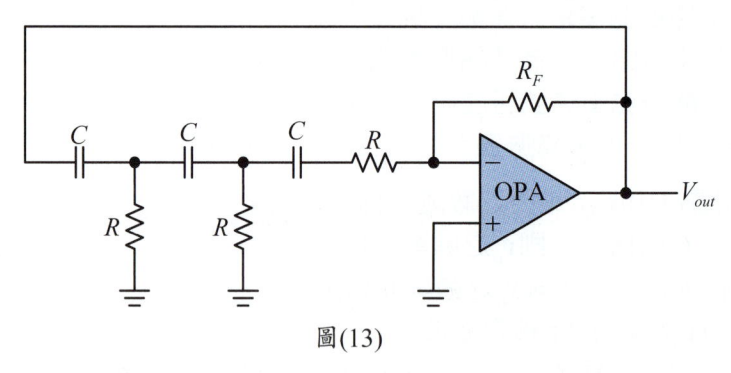

圖(13)

( )18. 如圖(14)所示之振盪電路，若$C=0.01\mu F$，$R_f - R = 140\,k\Omega$，$\sqrt{6}=2.45$，若電路能正常振盪且電壓增益為29，則下列敘述何者正確？
(A)v_o頻率約為7800Hz
(B)v_o頻率約為1300Hz
(C)$R=10\,k\Omega$
(D)$R=15\,k\Omega$
[107統測]

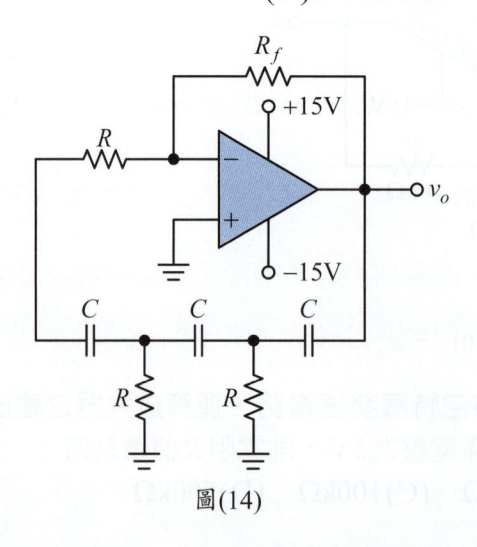

圖(14)

第 11 章 運算放大器振盪電路及濾波器

(　　)19. 如圖(15)所示之電路，運算放大器之輸出正、負飽和電壓分別為+10V和−10V，若 $v_i = 6\sin(60\pi t)$ V，則下列敘述何者正確？
(A) v_o 為正弦波
(B) v_o 為餘弦波
(C) v_o 頻率為60Hz
(D) v_o 頻率為30Hz
[107統測]

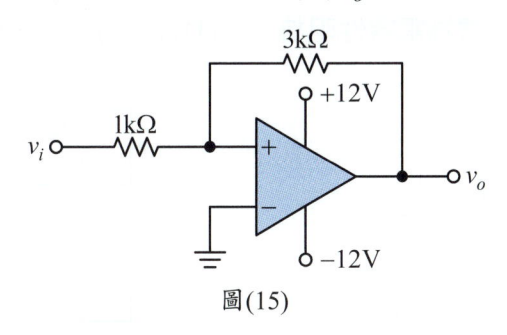

圖(15)

(　　)20. 如圖(16)為一個施密特觸發器（Schmitt Trigger），其中 $R_1 : R_2 = 2 : 1$，若運算放大器OPA的輸出之最正與最負電壓分別為+9V及−9V，則此電路的遲滯（Hysteresis）電壓為何？ (A)2V (B)4V (C)6V (D)10V
[107統測]

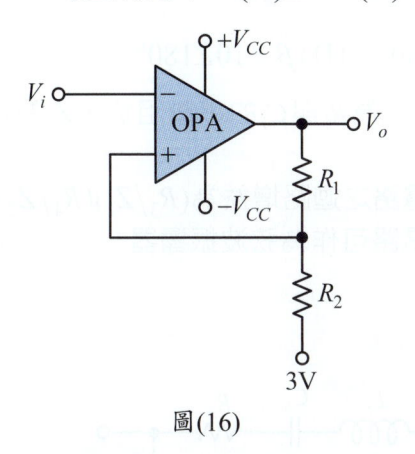

圖(16)

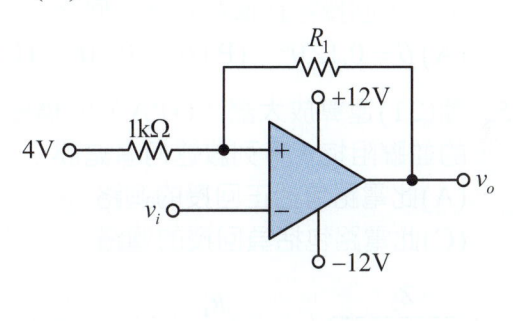

圖(17)

(　　)21. 如圖(17)所示之電路，運算放大器之輸出正、負飽和電壓分別為+10V和−10V，假設 v_o 轉態之下臨限（界）電壓為2.6V，則下列敘述何者正確？
(A) $R_1 = 6$ kΩ
(B)上臨限電壓為4.6V
(C)遲滯電壓為4V
(D) $v_i = 6$ V時， $v_o = 10$ V
[108統測]

(　　)22. 如圖(18)所示之振盪電路，兩運算放大器之輸出正、負飽和電壓分別為+15V和−15V，電路在正常工作下，則下列敘述何者正確？
(A) v_o 為頻率10Hz之三角波
(B) v_o 為頻率10Hz之方波
(C) v_o 之最大值為9V
(D) v_o 之最小值為−12V
[108統測]

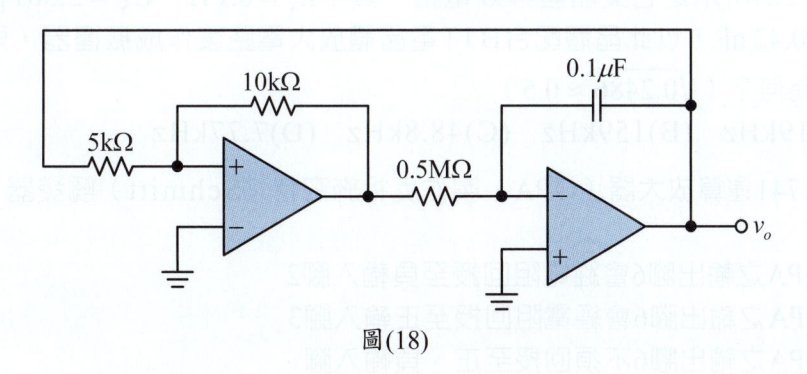

圖(18)

11-49

( )23. 如圖(19)所示石英晶體等效電路,工作頻率為 f_o,有關其串聯諧振頻率 f_s 和並聯諧振頻率 f_p 之敘述,下列何者錯誤?

(A) $f_s = \dfrac{1}{2\pi\sqrt{LC_S}}$ 　　(B) $f_p = \dfrac{1}{2\pi\sqrt{LC_P}}$

(C) $f_o < f_s$,石英晶體為電容性阻抗　　(D) $f_s < f_o < f_p$,石英晶體為電感性阻抗

[109統測]

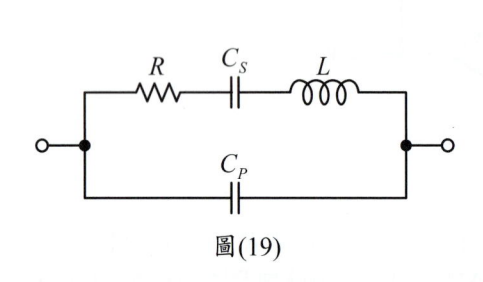

圖(19) 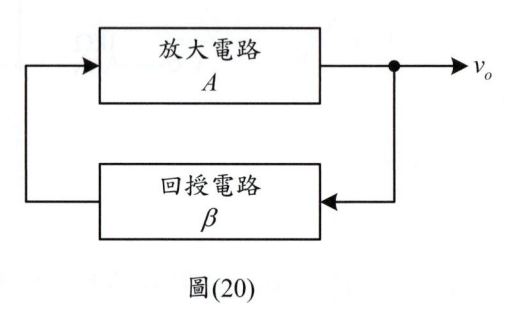　　　　圖(20)

( )24. 如圖(20)所示振盪器電路方塊圖,已知放大電路之電壓增益 $A = -10$,依據巴克豪生準則,回授電路增益 β 應為何?

(A) $\beta = 0.1\angle 0°$　　(B) $\beta = 10\angle 0°$　　(C) $\beta = 0.1\angle 180°$　　(D) $\beta = 10\angle 180°$

[109統測]

( )25. 圖(21)運算放大器(OPA)所構成的電路中,Z_1 為 R_1 與 C_1 的串聯阻抗,Z_2 為 R_2 與 C_2 的並聯阻抗,下列敘述何者錯誤?

(A)此電路包括正回授的迴路　　(B)此電路之迴路增益為 $(R_3/Z_1)(R_4/Z_2)$
(C)此電路包括負回授的迴路　　(D)此電路可作為弦波振盪器

[109統測]

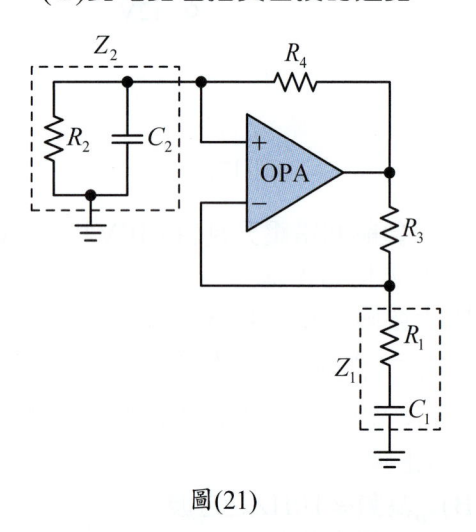

圖(21) 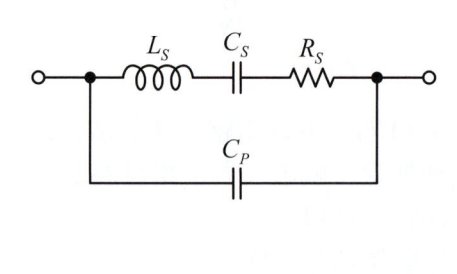　　　　圖(22)

( )26. 如圖(22)所示之石英晶體等效電路,其中 $L_S = 0.1\,\text{H}$,$C_S = 2.501\,\text{pF}$,$R_S = 150\,\Omega$,$C_P = 0.42\,\text{nF}$,以此晶體配合BJT電晶體放大電路製作成振盪器,則振盪器之振盪頻率約為何?($\sqrt{0.2486} \approx 0.5$)

(A)319kHz　(B)159kHz　(C)48.8kHz　(D)7.77kHz

[110統測]

( )27. 以 μA741運算放大器(OPA)製作反相施密特(Schmitt)觸發器,下列敘述何者正確?

(A)OPA之輸出腳6會經電阻回授至負輸入腳2
(B)OPA之輸出腳6會經電阻回授至正輸入腳3
(C)OPA之輸出腳6不須回授至正、負輸入腳
(D)輸入信號必須由正輸入腳3接入

[110統測]

(　)28. 圖(23)為理想運算放大器構成之振盪電路，下列敘述何者正確？
(A)此電路為RC相移振盪器
(B)R_3與R_4構成負回授網路
(C)Z_1與Z_2構成放大器電路
(D)振盪時V_f與V_o間構成180度的相位移

[110統測]

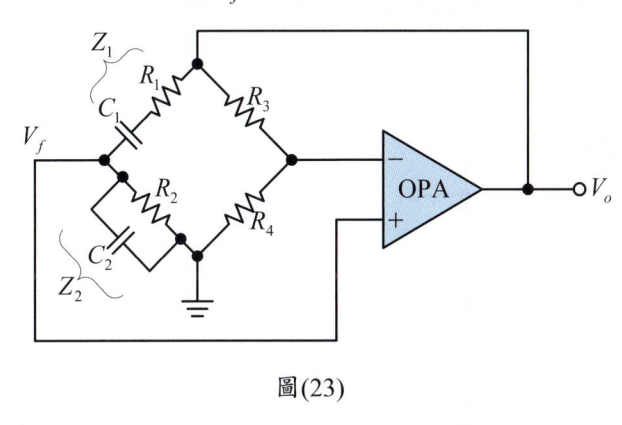

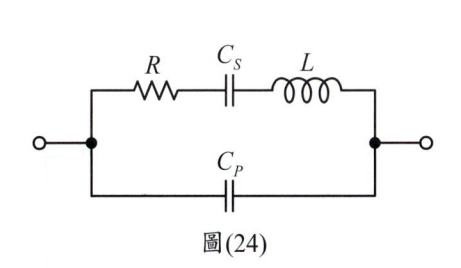

圖(23)　　　　圖(24)

(　)29. 石英晶體的等效電路如圖(24)所示，已知$R = 1\,\text{k}\Omega$，$L = 2\,\text{H}$，$C_S = 0.02\,\text{pF}$，$C_P = 5\,\text{pF}$，下列敘述何者正確？
(A)串聯諧振頻率約為$(2500/\pi)$kHz，在此頻率下石英晶體阻抗值最小
(B)並聯諧振頻率約為(5000)kHz，在此頻率下石英晶體阻抗值最小
(C)串聯諧振頻率約為$(2500/\pi)$kHz，在此頻率下石英晶體阻抗值最大
(D)並聯諧振頻率約為(5000)kHz，在此頻率下石英晶體阻抗值最大

[110統測]

素養導向題

▲ 閱讀下文，回答第1～5題

五條悟在進行振盪器電路的實驗時，如圖(1)所示，若電阻器 $R = R_1 = 20\,\text{k}\Omega$，電容器端電壓 $V_C = \pm 6\,\text{V}$，振盪頻率 $f = 1.2\,\text{kHz}$，且輸出飽和電壓 $V_{sat} = \pm 12\,\text{V}$，試問：

圖(1)

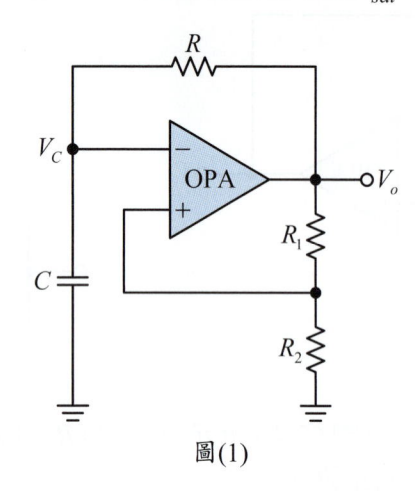

( ) 1. 以日式指針式三用電表的DCV 10V的檔位測量電容器兩端，則指針會
   (A)停留在6V (B)停留在10V (C)無法偏轉 (D)來回擺盪

( ) 2. 以示波器觀測輸出電壓 V_o，則波形為
   (A)三角波 (B)方波 (C)正弦波 (D)直線

( ) 3. 電阻 R_2 為何？
   (A)5kΩ (B)8kΩ (C)20kΩ (D)40kΩ

( ) 4. 電容 C 約為何？（$\ln 3 \approx 1.1$）
   (A)10nF (B)19nF (C)25nF (D)30nF

第11章 運算放大器振盪電路及濾波器

| 解　答 |

11-1立即練習

基礎題

*1.C　*2.A　3.B　4.B　5.B　6.C　*7.B　8.B　9.D　10.C
11.C　12.B　13.C　14.B　15.C　16.B　17.D　18.B　19.C　*20.A

11-2立即練習

基礎題

1.A　2.D　3.D　*4.D　*5.A　*6.C　*7.A　*8.B　*9.C　*10.C
11.A　*12.D　*13.C　*14.C　*15.C

進階題

*1.C　*2.C　*3.A

11-3立即練習

基礎題

*1.B　*2.B　*3.A　*4.D

進階題

*1.A

11-4立即練習

基礎題

*1.D　2.D　3.A　4.B　5.C　*6.C　*7.A　8.C　*9.B　*10.C
11.A

進階題

*1.C　*2.A　*3.C

歷屆試題

電子學試題

1.B　*2.A　*3.D　4.C　*5.A　*6.B　*7.B　*8.A　*9.A　*10.B
11.B　*12.C　13.D　*14.B　*15.B　*16.C　*17.B　*18.A　*19.D　20.D
*21.A　*22.B　*23.C　*24.C　*25.C　*26.B　27.C　*28.D　*29.A　*30.B
*31.B　*32.C　*33.C　*34.C　*35.C　*36.C　*37.C　*38.B　*39.A　*40.C
*41.C　*42.B　43.D

電子學實習試題

*1.A　2.A　3.A　4.C　*5.C　*6.D　*7.D　*8.C　9.C　*10.B
*11.D　*12.D　*13.A　*14.D　*15.B　*16.A　*17.A　*18.B　*19.D　*20.C
*21.B　*22.A　*23.B　*24.C　*25.B　*26.A　27.B　*28.B　*29.A
31.C

素養導向題

*1.D　2.B　*3.C　*4.B

NOTE

114學年度科技校院四年制與專科學校二年制統一入學測驗試題本

電機與電子群
專業科目（一）：電子學、電子學實習

( )26. 下列有關半導體材料之敘述,何者正確?
(A)矽（Si）摻雜（doping）砷（As），形成P型半導體
(B)N型半導體為電中性，其多數載子為電子
(C)P型半導體為正電性，其多數載子為電洞
(D)本質半導體摻雜三價元素，形成N型半導體

( )27. 單相理想二極體橋式全波整流電路，若輸入弦波電源且負載為純電阻，則輸出電壓的波形因數（form factor）為何？
(A)$\dfrac{1}{\sqrt{2}}$ (B)$\dfrac{2\sqrt{2}}{\pi}$ (C)$\dfrac{\pi}{2\sqrt{2}}$ (D)$\sqrt{2}$

( )28. 下列有關二極體之敘述，何者正確？
(A)PN接面二極體，空乏區內的電位差，稱為順向偏壓
(B)PN接面二極體，溫度升高時，逆向飽和電流降低
(C)一般發光二極體（LED）元件，發光顏色主要由工作電壓值大小決定
(D)發光二極體元件，順向偏壓下，電子和電洞復合時釋出能量發光

▲ 閱讀下文，回答第29-30題

如圖(十八)所示電路，$V_{CC}=12\,V$，$R_B=305\,k\Omega$，$R_C=1\,k\Omega$，$R_E=2.6\,k\Omega$，BJT之 $V_{BE}=0.7\,V$，$\beta=99$，熱電壓$V_T=26\,mV$。（C_1、C_2為耦合電容）

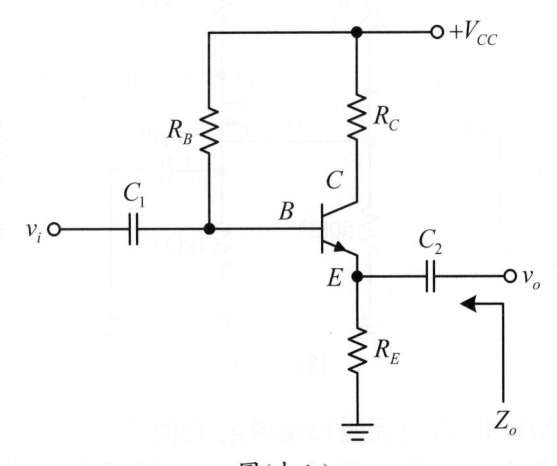

圖(十八)

( )29. 此放大器輸出阻抗Z_o約為何？
(A)12.9Ω (B)26Ω (C)129Ω (D)2.6kΩ

( )30. 若此BJT之基極交流電阻為r_π及射極交流電阻為r_e，則電壓增益v_o/v_i為何？
(A)$\dfrac{R_E}{r_e+r_\pi}$ (B)$\dfrac{r_\pi}{r_e+R_E}$ (C)$\dfrac{R_E}{r_e+R_E}$ (D)$\dfrac{R_E}{r_\pi+R_E}$

(　)31. 下列有關MOSFET之敘述，何者正確？
(A)D-MOSFET，閘源極間未加V_{GS}電壓時，汲源極間無法導通
(B)P通道E-MOSFET，閘源極間須加正電壓，才可使汲源極間導通
(C)E-MOSFET，閘源極間須加逆偏電壓，才可關閉汲源極間導通電流
(D)N通道MOSFET之基體（substrate）為P型半導體 [6-1]

(　)32. 如圖(十九)所示電路，$V_{DD}=12\,\text{V}$，MOSFET之夾止（pinch-off）電壓$V_P=-3\,\text{V}$，$I_{DSS}=9\,\text{mA}$，工作點之$I_D=1.44\,\text{mA}$，則電阻R_{G1}約為何？
(A)202.2kΩ
(B)180.8kΩ
(C)156.5kΩ
(D)112.6kΩ [6-2]

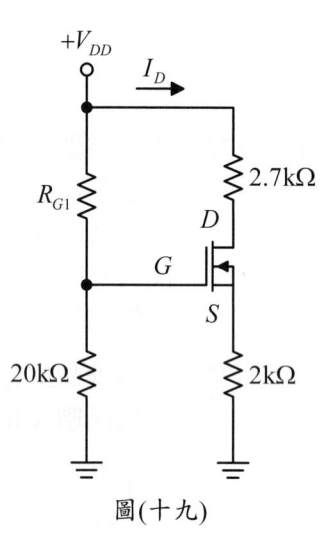

(　)33. 一N通道D-MOSFET電路操作於飽和區（夾止區），MOSFET之夾止電壓$V_P=-4\,\text{V}$，$I_{DSS}=10\,\text{mA}$，工作點之$V_{GS}=-3\,\text{V}$，則此工作點之交流轉移電導g_m為何？
(A)0.82 mA/V　　(B)1.25 mA/V
(C)1.56 mA/V　　(D)1.82 mA/V [7-1]

圖(十九)

▲ 閱讀下文，回答第34-35題
如圖(二十)所示之放大電路，$V_{DD}=15.6\,\text{V}$，MOSFET之臨界電壓（threshold voltage）$V_t=2\,\text{V}$，參數$K=0.3\,\text{mA/V}^2$，若調整R_{G1}使得直流工作點之汲極電流$I_D=1.2\,\text{mA}$。（F.G.為信號產生器）

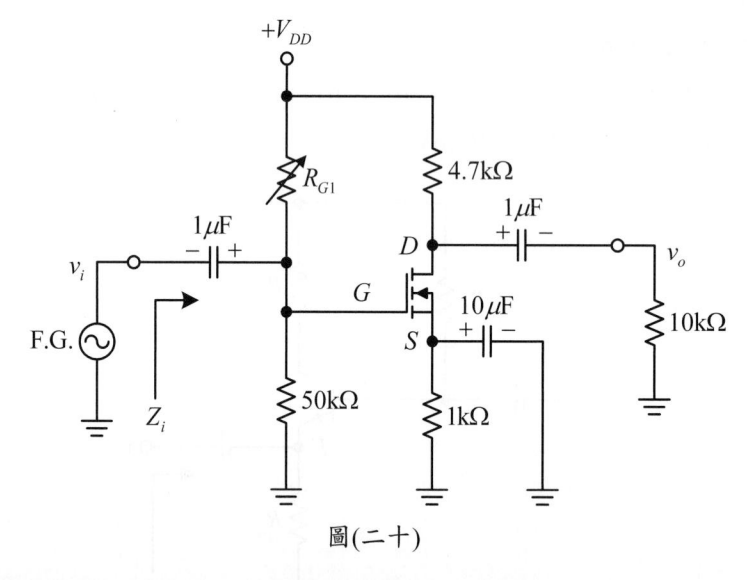

圖(二十)

(　)34. 則此工作點下之MOSFET交流轉移電導g_m為何？
(A)1.2 mA/V　(B)1.8 mA/V　(C)2.4 mA/V　(D)3.2 mA/V [7-3]

(　)35. 則此工作點下之輸入阻抗Z_i約為何？
(A)45.2kΩ　(B)38.6kΩ　(C)33.3kΩ　(D)24.5kΩ [7-3]

( )36. 如圖(二十一)所示理想運算放大器電路,其輸出電壓V_o為何?
(A)10mV　(B)20mV　(C)30mV　(D)55mV

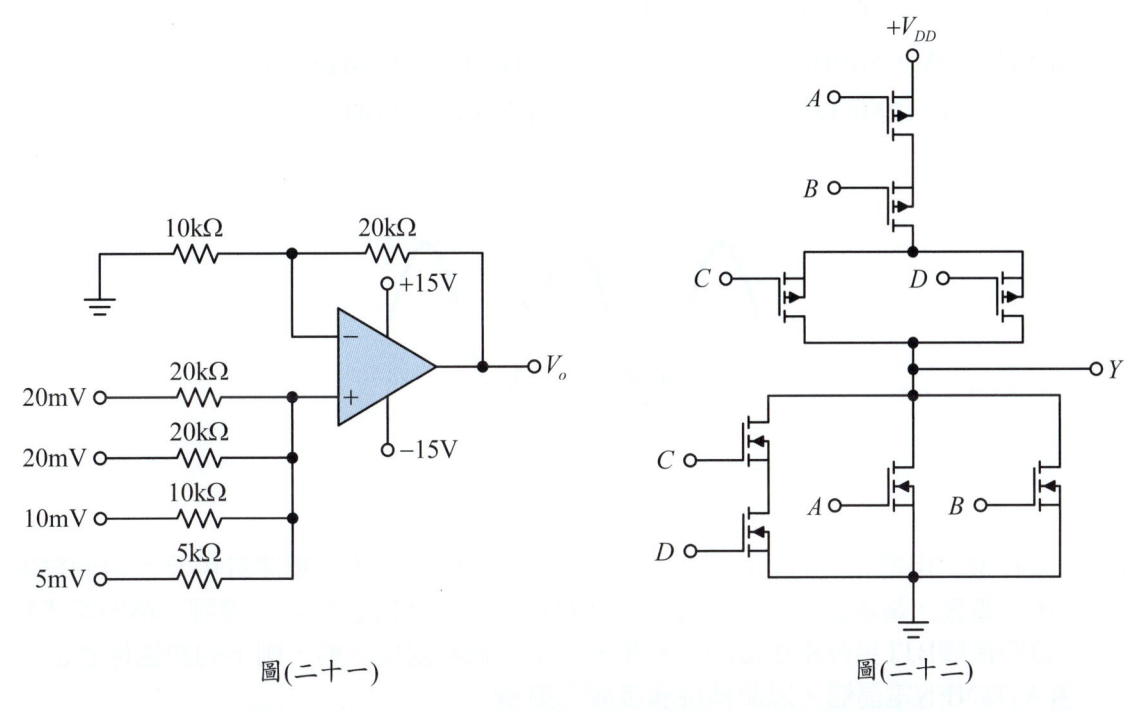

( )37. 如圖(二十二)所示CMOS數位電路,其輸出Y的布林代數式為何?
(A)$\overline{A}\,\overline{B}(C+D)$　(B)$AB(\overline{C}+\overline{D})$　(C)$AB(C+D)$　(D)$\overline{A}\,\overline{B}(\overline{C}+\overline{D})$

▲ 閱讀下文,回答第38-39題

如圖(二十三)所示運算放大器振盪電路,電路各元件均為理想且$R_i = 50\,k\Omega$、$L = 100\,\mu H$、$C_1 = 300\,pF$、$C_2 = 150\,pF$。

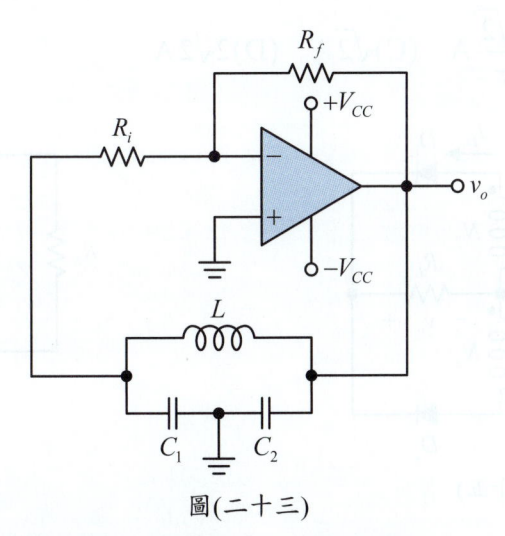

圖(二十三)

( )38. 當電路產生穩定弦波振盪時,則電阻R_f之理論值為何?
(A)$R_f = 20\,k\Omega$　(B)$R_f = 50\,k\Omega$　(C)$R_f = 100\,k\Omega$　(D)$R_f = 300\,k\Omega$

( )39. 此電路振盪頻率約為何?
(A)1.59kHz　(B)3.18kHz　(C)1.59MHz　(D)3.18MHz

(　　)40. 如圖(二十四)所示，示波器量測得之弦波電壓信號$v(t)$，測試棒及示波器端之衰減比皆設定為1：1，若示波器垂直刻度設定為2V／DIV、水平刻度設定為1ms／DIV，則此信號峰對峰值及頻率分別為何？
(A)$16\sqrt{2}$V、500Hz　　　　(B)16V、500Hz
(C)$8\sqrt{2}$V、250Hz　　　　(D)8V、250Hz　　　　　　　　　　[1-3]

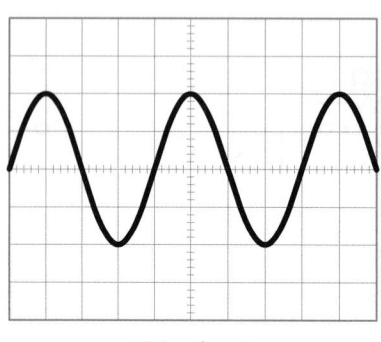

圖(二十四)

(　　)41. 指針型三用電表，將功能旋鈕轉至$R\times1k$歐姆檔，並依常規將紅色及黑色測試線正確接至電表。電表歸零後，將電表黑測棒固定接觸BJT之其中一接腳，再將電表紅測棒分別接觸BJT另外兩隻接腳，若電表皆指示低電阻值狀態，則下列敘述何者正確？
(A)為NPN電晶體，黑測棒接觸接腳為射極
(B)為PNP電晶體，黑測棒接觸接腳為基極
(C)為PNP電晶體，黑測棒接觸接腳為射極
(D)為NPN電晶體，黑測棒接觸接腳為基極　　　　　　　　　　　[3-6]

(　　)42. 如圖(二十五)所示理想二極體全波整流電路，$v_s=110\sqrt{2}\sin(377t)$ V，變壓器匝數比$N_1:N_2:N_3=11:1:1$，若負載$R_L=10\,\Omega$，則二極體電流i_D的平均值為何？
(A)$\dfrac{\sqrt{2}}{\pi}$A　(B)$\dfrac{2\sqrt{2}}{\pi}$A　(C)$\sqrt{2}$A　(D)$2\sqrt{2}$A　　　　　　　　　[2-4]

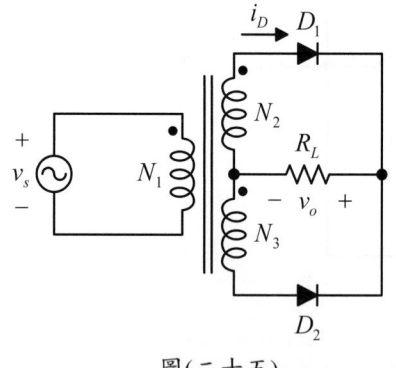

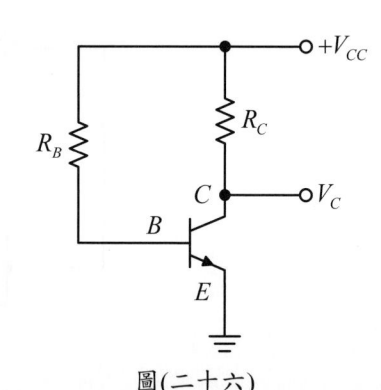

圖(二十五)　　　　　　　　　　圖(二十六)

(　　)43. 如圖(二十六)所示音訊放大器直流偏壓電路，$V_{CC}=12$ V、$R_B=452$ kΩ及$R_C=3$ kΩ，當BJT之$V_{BE}=0.7$ V、$\beta=80$時，則$V_C=\dfrac{V_{CC}}{2}=6$ V。若BJT之β變為100，則V_C為何？　(A)7.5V　(B)6.5V　(C)5.5V　(D)4.5V　　　　　　　　　　　[3-4]

▲ 閱讀下文，回答第44-45題

如圖(二十七)所示之串級放大實驗電路，電晶體Q_1採用2SC1815，形成第一級放大電路，Q_2採用2N3569，$\beta_2 = 80$，形成第二級放大電路。已調整R_{B1}及R_{B2}使得Q_1及Q_2直流工作點之$V_{CE} = 6\,V$。示波器CH1、CH2之輸入選擇開關設定於**DC耦合模式**，且垂直檔位均各自設置於適當檔位。

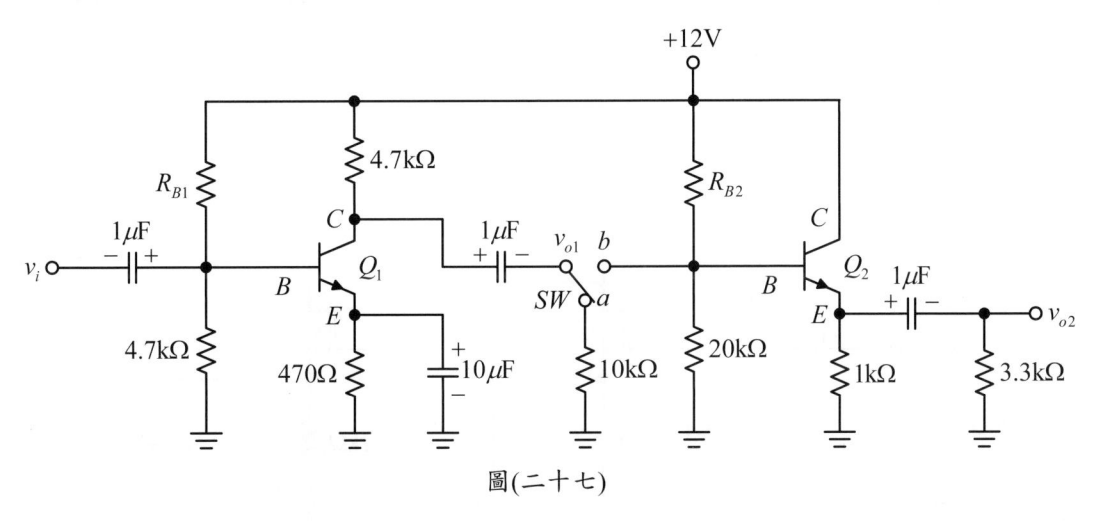

圖(二十七)

( )44. 若v_i輸入信號以示波器CH1量測波形如圖(二十八)所示，且當開關SW切於b處時，以CH2量測v_{o1}之示意波形可能為何？ [5-2]

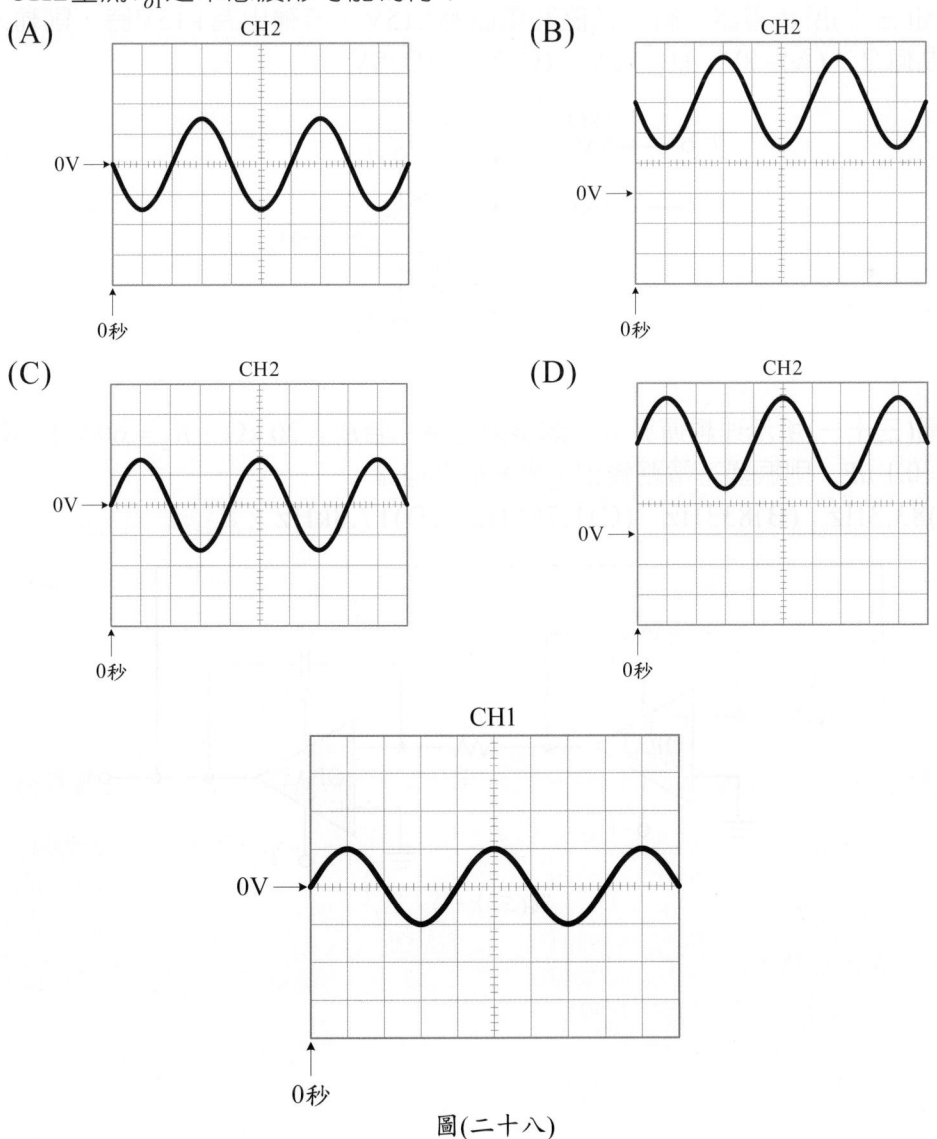

(A) CH2 (B) CH2

(C) CH2 (D) CH2

CH1

圖(二十八)

(　　)45. 電阻R_{B2}約為何？
(A)8.61kΩ　(B)12.96kΩ　(C)21.35kΩ　(D)24.36kΩ　[5-2]

(　　)46. 如圖(二十九)所示串級放大實驗電路，MOSFET Q_1之參數$K_1 = 0.5\,\text{mA}/\text{V}^2$、臨界電壓$V_{t1} = 1\,\text{V}$，$Q_2$之參數$K_2 = 0.5\,\text{mA}/\text{V}^2$、臨界電壓$V_{t2} = 1.5\,\text{V}$，調整$R_{G1}$後測得兩電晶體直流工作點之$Q_1$汲極電流$I_{D1} = 0.5\,\text{mA}$、$Q_2$汲極電流$I_{D2} = 2\,\text{mA}$，則放大器之電壓增益$v_o/v_i$為何？　(A)15　(B)−10　(C)−12　(D)−15　[8-2]

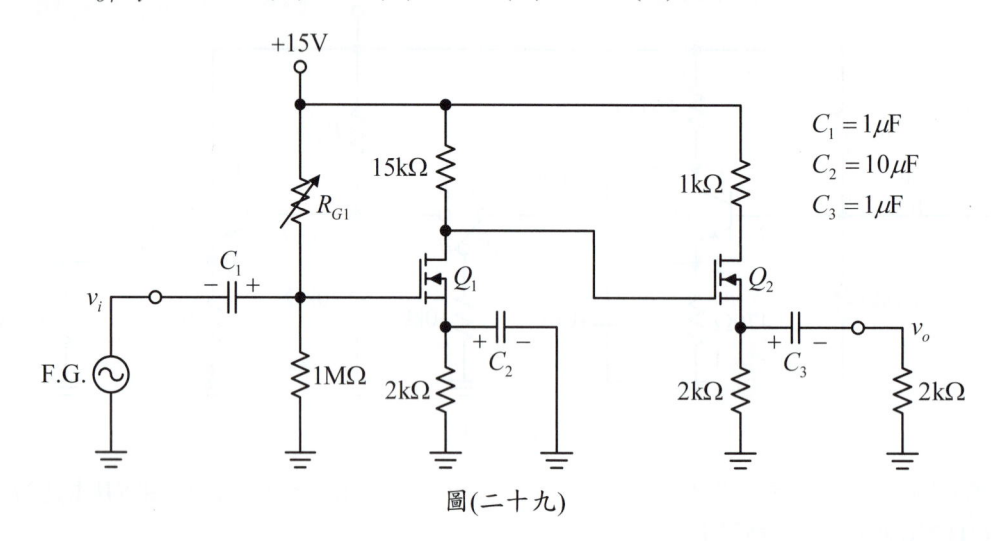

圖(二十九)

(　　)47. 如圖(三十)所示電路，輸出V_o飽和電壓為±15V，若輸出為+15V時，則輸入電壓V_i可能為何？　(A)−8V　(B)−2V　(C)2V　(D)8V　[10-6]

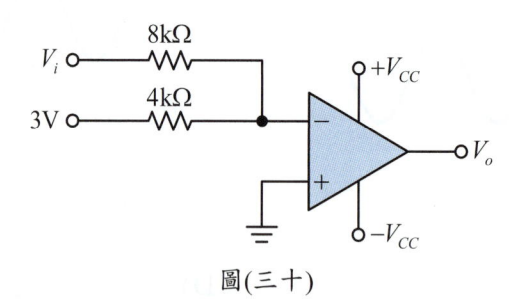

圖(三十)

(　　)48. 如圖(三十一)所示理想運算放大器振盪電路，若$R_1 = 20\,\text{k}\Omega$、$R_2 = 60\,\text{k}\Omega$、$R_3 = 9\,\text{k}\Omega$、$C = 0.1\,\mu\text{F}$，則振盪時電路輸出v_o頻率約為何？
(A)83.3Hz　(B)833Hz　(C)1.78kHz　(D)17.8kHz　[11-3]

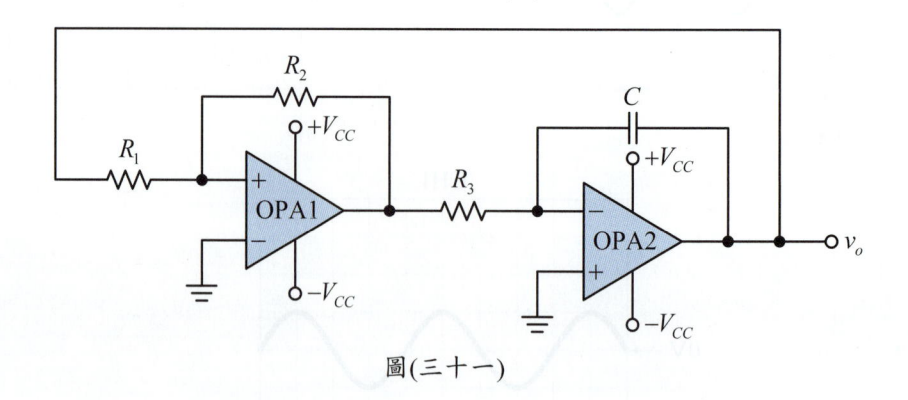

圖(三十一)

( )49. 如圖(三十二)所示理想運算放大器濾波電路，該濾波器類型及其截止頻率為何？
(A)高通濾波器，截止頻率為 $\dfrac{1}{2\pi\sqrt{RC}}$ Hz
(B)高通濾波器，截止頻率為 $\dfrac{1}{2\pi RC}$ Hz
(C)低通濾波器，截止頻率為 $\dfrac{1}{2\pi\sqrt{RC}}$ Hz
(D)低通濾波器，截止頻率為 $\dfrac{1}{2\pi RC}$ Hz [11-4]

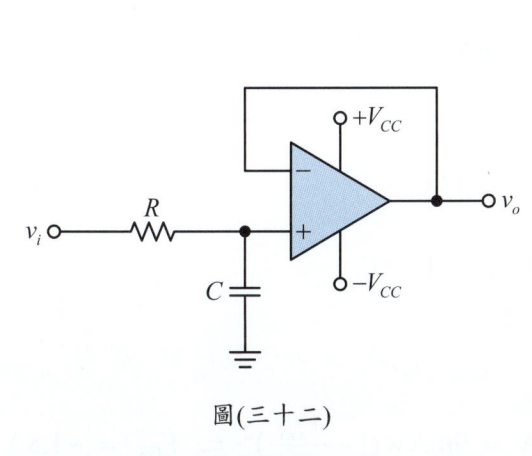

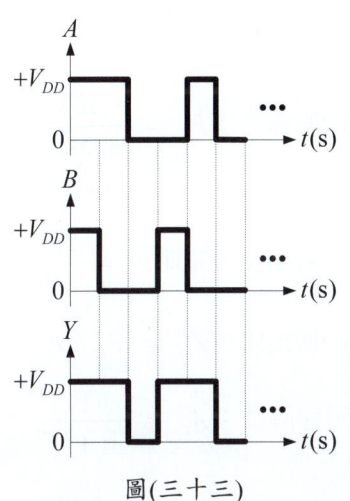

圖(三十二)

圖(三十三)

( )50. 某MOSFET數位電路的輸入A、B及輸出Y波形如圖(三十三)所示，若$+V_{DD}$為高準位（邏輯1），0V為低準位（邏輯0），則此數位電路為何？ [9-2]

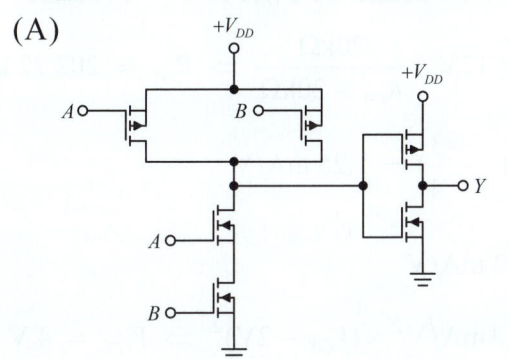

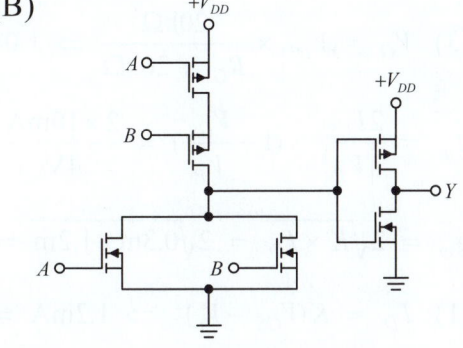

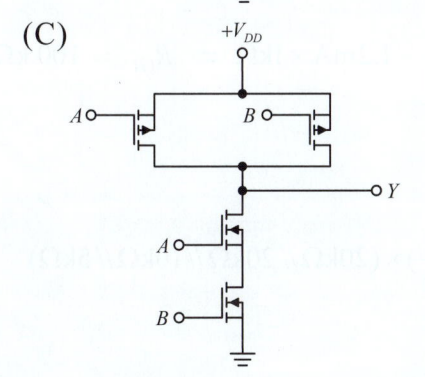

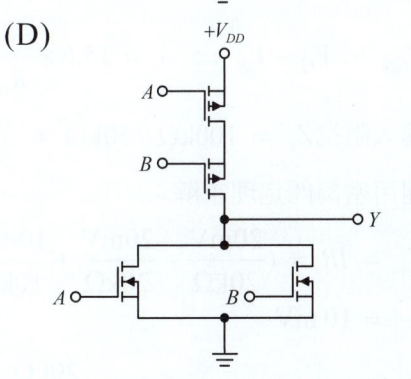

(A) (B) (C) (D)

解答

答

26.B	27.C	28.D	29.A	30.C	31.D	32.A	33.B	34.A	35.C
36.C	37.D	38.C	39.C	40.D	41.D	42.A	43.D	44.B	45.B
46.B	47.A	48.B	49.D	50.B

解

27. 波形因數 $FF = \dfrac{V_{rms}}{V_{av}} = \dfrac{\dfrac{1}{\sqrt{2}}V_m}{\dfrac{2}{\pi}V_m} = \dfrac{\pi}{2\sqrt{2}}$

29. (1) 射極電流 $I_E = \dfrac{12V - 0.7V}{\dfrac{305k\Omega}{1+99} + 2.6k\Omega} = 2\,mA$

   (2) 射極交流電阻 $r_e = \dfrac{26mV}{I_E} = \dfrac{26mV}{2mA} = 13\,\Omega$

   (3) 輸出阻抗 $Z_o = R_E // r_e = 2.6k\Omega // 13\Omega \approx 12.9\,\Omega$

30. 運用速解法：$A_v = \dfrac{下}{上+下} = \dfrac{R_E}{r_e + R_E}$

32. (1) $I_D = I_{DSS} \times (1 - \dfrac{V_{GS}}{V_P})^2 \Rightarrow 1.44mA = 9mA \times (1 - \dfrac{V_{GS}}{-3V})^2 \Rightarrow V_{GS} = -1.8\,V$

   (2) $V_{GS} = V_G - V_S \Rightarrow -1.8 = V_G - 1.44mA \times 2k\Omega \Rightarrow V_G = 1.08\,V$

   (3) $V_G = V_{DD} \times \dfrac{20k\Omega}{R_{G1} + 20k\Omega} \Rightarrow 1.08 = 12V \times \dfrac{20k\Omega}{R_{G1} + 20k\Omega} \Rightarrow R_{G1} \approx 202.22\,k\Omega$

33. $g_m = \dfrac{2I_{DSS}}{|V_P|} \times (1 - \dfrac{V_{GS}}{V_P}) = \dfrac{2 \times 10mA}{4V} \times (1 - \dfrac{-3}{-4}) = 1.25\,mA/V$

34. $g_m = 2\sqrt{K \times I_D} = 2\sqrt{0.3m \times 1.2m} = 1.2\,mA/V$

35. (1) $I_D = K(V_{GS} - V_t)^2 \Rightarrow 1.2mA = 0.3\,mA/V^2 \times (V_{GS} - 2V)^2 \Rightarrow V_{GS} = 4\,V$

   (2) $V_{GS} = V_G - V_S \Rightarrow 4 = 15.6 \times \dfrac{50k\Omega}{R_{G1} + 50k\Omega} - 1.2mA \times 1k\Omega \Rightarrow R_{G1} = 100\,k\Omega$

   (3) 輸入阻抗 $Z_i = 100k\Omega // 50k\Omega \approx 33.33\,k\Omega$

36. (1) 運用密爾門定理求解：

   $V_+ = IR = (\dfrac{20mV}{20k\Omega} + \dfrac{20mV}{20k\Omega} + \dfrac{10mV}{10k\Omega} + \dfrac{5mV}{5k\Omega}) \times (20k\Omega // 20k\Omega // 10k\Omega // 5k\Omega)$
   $= 10\,mV$

   (2) 輸出電壓 $V_o = 10mV \times (1 + \dfrac{20k\Omega}{10k\Omega}) = 30\,mV$

解答

37. $Y = \overline{CD + A + B} = (\overline{C} + \overline{D}) \cdot \overline{A} \cdot \overline{B}$

38. $\dfrac{R_f}{R_i} = \dfrac{C_1}{C_2} \Rightarrow \dfrac{R_f}{50\text{k}\Omega} = \dfrac{300\text{pF}}{150\text{pF}} \Rightarrow R_f = 100 \text{ k}\Omega$

39. $f_0 = \dfrac{1}{2\pi\sqrt{LC_T}} = \dfrac{0.159}{\sqrt{100\mu\text{F} \times (300\text{pF}//150\text{pF})}} = 1.59 \text{ MHz}$

40. (1) 峰對峰值 $V_{P-P} = 4\text{DIV} \times \dfrac{2\text{V}}{\text{DIV}} = 8 \text{ V}$

　　(2) 週期 $T = 4\text{DIV} \times \dfrac{1\text{ms}}{\text{DIV}} = 4 \text{ ms}$；頻率 $f = \dfrac{1}{T} = \dfrac{1}{4\text{ms}} = 250 \text{ Hz}$

42. (1) 電阻兩端之平均值電壓 $V_{av} = \dfrac{110\sqrt{2}}{11} \times \dfrac{2}{\pi} = \dfrac{20\sqrt{2}}{\pi} \text{ V}$

　　(2) 『單一個』二極體電流的平均值 $\dfrac{1}{2}\dfrac{V_{av}}{R_L} = \dfrac{1}{2} \times \dfrac{\frac{20\sqrt{2}}{\pi}}{10} = \dfrac{1}{2} \times \dfrac{2\sqrt{2}}{\pi} = \dfrac{\sqrt{2}}{\pi} \text{ A}$

43. (1) $I_B = \dfrac{12\text{V} - 0.7\text{V}}{452\text{k}\Omega} = 25 \text{ }\mu\text{A}$

　　(2) $I_C = \beta \times I_B = 100 \times 25\mu\text{A} = 2.5 \text{ mA}$

　　(3) $V_C = 12\text{V} - 2.5\text{mA} \times 3\text{k}\Omega = 4.5 \text{ V}$

44. 該電路為 RC 耦合串級放大電路，且第一級放大器為共射極，所以波形反相，並疊加在第二級的直流準位。

45. (1) 第二級放大器的 $V_{CE} = 6 \text{ V}$，則

$$I_{E2} = \dfrac{12\text{V} - 6\text{V}}{1\text{k}\Omega} = 6 \text{ mA}，I_{B2} = \dfrac{6\text{mA}}{1+80} \approx 0.075 \text{ mA}$$

　　(2) 第二級的基極電壓 $V_{B2} = V_{E2} + 0.7\text{V} = 6\text{mA} \times 1\text{k}\Omega + 0.7\text{V} = 6.7 \text{ V}$

　　(3) $R_{B2} = \dfrac{12\text{V} - 6.7\text{V}}{\text{通過}20\text{k}\Omega\text{之電流} + I_{B2}} = \dfrac{12\text{V} - 6.7\text{V}}{\dfrac{6.7\text{V}}{20\text{k}\Omega} + 0.075\text{mA}} \approx 12.9 \text{ k}\Omega$

46. (1) 第一級放大器的轉移互導 $g_{m1} = 2\sqrt{K_1 \times I_{D1}} = 2\sqrt{0.5\text{m} \times 0.5\text{m}} = 1 \text{ mA/V}$

　　(2) 第二級放大器的轉移互導 $g_{m2} = 2\sqrt{K_2 \times I_{D2}} = 2\sqrt{0.5\text{m} \times 2\text{m}} = 2 \text{ mA/V}$

　　(3) 第一級放大器的電壓增益 $A_{v1} = -\dfrac{上}{下} = -\dfrac{15\text{k}\Omega}{\dfrac{1}{1\text{mA/V}}} = -15$

　　(4) 第二級放大器的電壓增益 $A_{v2} = \dfrac{下}{上+下} = \dfrac{2\text{k}\Omega//2\text{k}\Omega}{\dfrac{1}{2\text{mA/V}} + (2\text{k}\Omega//2\text{k}\Omega)} = \dfrac{2}{3}$

(5) 總電壓增益 $A_{vT} = A_{v1} \times A_{v2} = -15 \times \dfrac{2}{3} = -10$

47. (1) 運用重疊定理：

$$V_- = V_i \times \dfrac{4\text{k}\Omega}{8\text{k}\Omega + 4\text{k}\Omega} + 3\text{V} \times \dfrac{8\text{k}\Omega}{8\text{k}\Omega + 4\text{k}\Omega} = \dfrac{1}{3}V_i + 2$$

(2) 當 $V_+ > V_-$ 時，輸出為 +15V

$$\Rightarrow 0 > \dfrac{1}{3}V_i + 2 \Rightarrow V_i < -6\text{ V}$$

48. $f = \dfrac{1}{4R_3 \times C} \times \dfrac{R_2}{R_1} = \dfrac{1}{4 \times 9\text{k}\Omega \times 0.1\mu\text{F}} \times \dfrac{60\text{k}\Omega}{20\text{k}\Omega} \approx 833\text{ Hz}$

50. 由波形可以得知該電路為或閘（OR）。